上海广告史

许正林　主编

上海古籍出版社

"十三五"国家重点图书出版规划

上海高校服务国家重大战略出版工程

上海市卓越新闻传播人才教育基地建设项目

上海高校高峰高原学科上海大学新闻传播学高原学科项目

《上海广告史》编辑委员会

专家指导委员会

缪　均　　应　钧　　孔祥毅　　薛九委　　丁俊杰　　黄升民
张金海　　全定海　　陈　刚　　姚　曦　　张惠辛　　程士安
姜智彬　　戴元光　　查灿长　　杨海军　　高　峻　　金志良
林志明　　花　勇

项目策划

许文超　　李定真　　陈　麟

主　编

许正林

编纂者（按姓氏拼音为序）

陈尚佳　　胡维平　　黄泠苣　　皇甫晓涛　李晓彬　　刘　杨
马　蕊　　桑　亮　　王　娟　　王淑芹　　王天平　　汪　洋
汪泳思　　许正林　　闫　峰　　闫　秀　　杨　瑶　　张立刚
张秀莉　　郑冬青　　郑佳蕾　　周　峰

主编简介

许正林 1958 年 10 月出生，湖北沙市人。1992 年 6 月毕业于南开大学，获中国现当代文学专业文学硕士学位；2001 年 6 月毕业于华中师范大学，获中国现当代文学专业文学博士学位。历任中南财经政法大学副教授、新闻系主任，上海大学影视学院新闻传播系副主任、广告学系主任、影视艺术技术学院副院长。现任上海大学新闻传播学院二级教授、博士生导师，国家社科基金重大项目《当代中国文化国际影响力的生成研究》（项目批准号：16ZDA219）主持人，教育部"马工程"建设项目（项目批准号：10JZDMG052）《新闻编辑》首席专家，上海市新闻传播学专业教学指导委员会副主任，上海市广告协会常务理事，中国广告学术委员会常务理事，中国广告教育专业委员会常务理事，中国老舍研究会常务理事，上海大学三杰体育传播研究所执行所长，上海大学广告与品牌研究中心主任，上海国际广告节执委会秘书长。多年来致力于新闻传播史论、广告史论、宗教史论、文学史论等方面的研究，已出版独立著作《欧洲传播思想史》、《基督教传播与大众文化》、《传播理念的核心与边界》、《中国新闻史》、《体育传播学》、《新闻编辑》、《中国现代文学与基督教》、《老舍》等，主编《中国文化影响力研究报告》、《西方广告学经典著作导读》、《广告与文化人类学经典读本》、《中国广告学研究 30 年文选》、《新媒体新营销与广告新理念》、《媒介融合背景下的新闻传播教育》、《冰心诗全编》、《冰心散文全编》等，合作著作《基督教文学》等，翻译《路牌广告史》、《广告与社会》等。在美国《中国神学志》，加拿大《文化中国》，德国《华裔学志》与《中国教讯》，以及中国香港《道风汉语神学学刊》，中国内地的《文学评论》、《江汉论坛》、《南开学报》、《新闻记者》、《当代电影》、《中国广告》、《广告研究》等多种学术期刊发表学术论文 140 余篇。

目　录

序

许正林

自 1843 年开埠后百年间,上海逐渐发展成中国的经济中心。旧上海是当时中国乃至远东重要的港口和工商业中心,工业发达,商贸繁荣,灯红酒绿,号称"东方巴黎"。中华人民共和国成立以后,上海作为中国经济中心的地位进一步加强。改革开放以来,上海正在逐步成长为国际经济、金融、贸易、航运中心和具有全球影响力的科技创新中心。经济的发展,也带来了上海广告业的成长。

上海,是中国的窗口,也是世界上最繁华的城市之一。"上海,连同它在近百年来成长发展的格局,一直是现代中国的缩影。"(罗兹·墨菲《上海:现代中国的钥匙》)上海广告亦随着上海经济的不断繁荣,在上海这座国际都市中萌动、发展、辉煌,不仅在经济发展中日益占据重要地位,而且在中国广告史上也具有重要地位。上海广告业是中国广告业的发源地,无论是过去、现在,甚至未来,都是中国广告发展的前沿阵地。从某种意义上说,上海广告,就是现代中国广告的缩影。

上海地区的历史源远流长。上海青浦区青龙镇遗址就证实了这里曾经是唐宋时期重要的对外贸易港口。所以我们的叙述是从开埠前的中国古代广告一直到现代都市媒体广告的兴起,从最原始的沿街叫卖和实物陈列,到店面装饰日趋讲究,再到橱窗等新式广告与展示的出现,以至现代以报纸广告为触点的广告。在"西力东侵"、"西俗东渐"的近代化过程中,传统广告与新式广告交互推进。英美烟公司简单移植欧美的广告思维,制作投放海盗大刀的广告画,不但不能引起国人的兴趣,甚至引发反感,吃了这一大亏以后,他们才在广告中使用中国文化元素来增强广告效果。这正反映了上海近代广告新旧混杂,华洋杂处,广告创意和技巧亦中西结合的现象。蔼庐在研究中国广告术时说"曾忆见一论广告之书,言我国店铺所悬之招牌,为绝妙之广告,极赞其方法之善",只是中国有部分商人喜欢因陋就简而已,不喜革新。而一部分华商也对洋商带入的新式霓虹灯、橱窗陈列叹为观止,甚为羡慕,模仿创新。

　　20世纪早期,上海的十里洋场不仅仅是商业和工业的中心,同时也是中西文明交往的焦点。虽然外国进来的商业竞争十分激烈,但是中国企业家们已经开始投资到现代工业中去了。他们在食品、服装、建材、烟酒等领域开工厂办企业,并且迫切地想把自己的产品推广出去。于是精明的商人通过各种新奇的巧妙构思,以纸上平面广告的形式拓展自己产品的销路,宣传产品、开拓市场,这一点首先我们可以从留下来的一些脍炙人口的广告语中窥见一斑。这些充满情感的广告用语内容紧贴大众内心,力图以充分的理由和良好的信誉来支持其承诺的品牌,于是这一时期市场上涌现出了一批有一定的认知度和美誉度的品牌,品牌的力量使一些原本名不见经传的企业迅速崛起,成为当时的强势品牌。而1931年"九一八"事变可以作为一个分水岭。在"九一八"事变以前的广告语大多是纯粹叫卖式的,并且强调以消费者为中心的理念,主要突出产品的质量好、价格便宜,强调产品物超所值。例如:1912年上海实业社生产的"三角"牌毛巾打出了"永不褪色"的广告语,并以其宏伟壮观的厂区暗示该社是中国一流的工业企业;1918年冠生园奶油太妃糖喊出了"滋养丰富,为冬令糖果中之杰品",并且物美价廉,"每磅一元";1922年上海中国化学工业社三星牙膏广告,强调"三星"牙膏"品质最高,牌子最老",这款牙膏也是现在"中华"牌牙膏的前身;抵羊毛线的广告语是"选好羊毛原料,确保信誉";天厨味精的广告语是"天厨味精,鲜美绝伦,质地净素,庖厨必备,完全国货,欢迎购买"。《上海广告史》编写的目的就是要将上海的广告历史和现状、广告文化和以及与之相关的整个上海城市文化风貌全面而详尽地呈现出来,服务当代的广告产业、品牌传播、城市文化与广告学术研究。

　　据考证,"广告"一词最早出现于日本1603年出版的《日葡辞典》一书中,后来的日本学者铃木保良在《现代广告手册》中认为,"广告"于明治二十年(1887)后在日本流行。19世纪末期,在中国人主办的报刊中也开始出现"广告"一词。1889年4月30日日本横滨出版的、由梁启超主办的第十三期《清议报》上最早出现了"广告"一词,它是一篇用日文撰写的招揽广告的告白《记事扩张广告募集》,同时还附载了《广告科》(即广告刊费表)。我国国内最早出现"广告"一词是在1901年10月18日《申报》第二版的《商务日报广告》一栏中。虽然"广告"一词在20世纪之前就已经开始出现在国内的报刊文体中,但直到20世纪初,报纸上的"广告"与"告白"词语还是经常混用,没有形成固定称谓。后来,"广告"一词的使用逐渐频繁,如1902年11月9日创刊的《大陆》杂志,每期扉页或插页上都刊登《作新社新书广告》、《作新社最新出版广告》;1906年清政府官办的《商务日报》第二期第29页《调查报告》中也出现"广告"一词,即"二曰多设广告之法",第四期第40页还刊登征稿广告《本报广告》一则。到了1910年左右,我国近代大报普遍使用"广告"一词,如1915

年1月20日上海中华书局创刊的《大中华》在"目次"刊登："兹特辟广告栏以便宝号刊登，以资推广。"此后，"广告"一词逐渐流行并固定下来。

我们对于广告与上海广告发展的历史分期基于以下基本理念："广告是传播信息的一种方式，目的是促进商品和劳务的销售、影响舆论、获得公众支持、推动一种事业或引起刊登广告者所希望的其他反应。广告通过各种媒介(包括报纸、杂志、电视、广播、路牌等)把信息传递给广告对象。广告区别于其他传播方式之处在于广告需要向媒体付费。"(《大不列颠百科全书》)广告主、广告受众和广告媒体三方面共同参与才构成完整的广告活动。广告主是广告制作、发布的源动力，广告活动的最终目的是为广告主服务；广告受众是广告活动影响的目的对象，广告效果以广告活动影响受众的程度来评价；广告媒体是广告活动的载体，是联系广告主和广告受众的桥梁和纽带。其次，广告活动是一种有偿付费的行为，广告主必须向广告媒体、广告公司支付广告费用。这也是本书研究考察上海广告史的内容主体，同时将促成广告活动完成的广告产业、广告组织、广告管理、广告大师、广告教育、广告学术以及公益广告等外部因素也纳入到本书的叙述范围。

分期是广告史叙述的基础，中国广告的历史发展分期不能仅按改朝换代的时间顺序罗列广告事件、现象和活动，重要的是总结中国广告本体的阶段性特征，分析影响中国广告和上海广告进程的内、外在因素，探索广告发展的客观历史规律，达到以史为鉴、古为今用的目的。影响我国广告发展水平的因素主要有三个：其一，生产力是影响广告发达程度的最根本因素。如中国近代工业未出现之前，广告形式主要只有招幌、招徕市声和招贴等几种，近代工业革命之后，商品大量被生产出来，广告业务量迅速增加，需要成立专业广告公司，广告逐渐发展为独立行业。其二，技术进步使传播媒介发生变化，成为推动广告业向前发展的最根本动力。如中国作为世界上最早发明印刷技术的国家，早在唐代就已发展出印刷广告。印刷品成为广告媒介后，新出现的书籍、包装和招贴等广告形式，突破了以往招幌、招徕市声广告面对面的传播方式，广告可以在更广泛的范围内进行传播。此后的广播、电视和互联网等传播技术的发明对广告业影响更为巨大。其三，商品经济、中外文化等也强烈地影响着广告业的繁荣程度，比如现代商业报刊、图书出版、电影、摄影、广播、霓虹灯、公共交通等媒介与传播文化样态都率先出现在上海，并影响到广告业的发展。中国广告发展历史可分为传统广告、近代广告和现代广告三大发展阶段。

我们认为，历史首先应该是内容的历史、社会的历史，其次才是时间的历史。因此本著在体例上没有采用通史的一般写法，而是按照广告的类型与构成广告活动的环节元素来叙述的，这样更能突出广告内容，而淡化了历史线索的叙述，这样应该更能反映广告本身的发展规律。当然，为了弥补这样平行叙述的不足，我们在全书最后编写了一个上海经济、媒体、广告发展的大事年表。

中国广告史料的丰富与学术界对中国广告史的研究相当匮乏的现状形成了鲜明的对比。从已有的研究成果看,迄今尚不多见集中探讨近代中国广告业的专著和专文,只是在一些相关的论著中对这一问题间有涉及,而且以叙述性的文字居多。就总体而言,学术界目前对近代中国广告的研究显然仍十分薄弱。尤其是相对理论广告学和实用广告学来说,我们对历史广告学的研究尚很不足。学者们虽然注意到了历史广告学在广告学科体系中的重要地位,但多是在其专著或教材中勾勒了中外广告发展、演变的脉络,并没有对这一问题进行深入、系统地研究。本著着力于地方性广告学研究是一种尝试。因为上海作为中国近代广告业的发源地,其涉及到的内容实在是太丰富了,我们只是希望把其中最主要的部分能够叙述出来,能够基本反映近代以来上海广告业的概貌,在史料上、脉络上给中国广告史的进一步研究起到积极的推动作用。

本书是一项集体劳动的成果。本书作为课题是由花勇博士于2004年向上海市教委申请立项的,2005年转由本人承担起具体的组织编写的任务。除本书主编外,先后有21位作者参与编写工作,历时10年。从立项之初就得到上海市工商管理局、上海市教育委员会、上海市广告协会、上海大学、上海市图书馆、上海博物馆、上海市档案馆等单位的领导与专家的大力支持与帮助。本书初稿完成以后,先后申请获得了国家"十三五"出版规划项目立项、2015年度上海市高校服务国家重大战略出版工程入选项目并获得资助,本书也同时获得了上海市卓越新闻传播人才教育培养基地建设项目的出版资助,在此一一表示衷心的感谢!最后还要特别感谢上海古籍出版社将本书纳入他们的出版规划,并力促书稿的完成与出版。

2016年2月于上海静安

第一章
追本溯源：上海古代广告

　　上海，地处长江入海口，是中国经济、金融、工业、科技、会展、交通和航运中心之一，属于江南吴越文化与西方工业文化相碰撞、融合所形成的独特的"海纳百川"海派文化。19世纪中期，上海开埠后，商业经济得到极大发展，上海一跃成为世界性大都市，其广告产业应运而生，飞速发展，成为中国近现代广告发展史上最为靓丽的地方。

　　然而，追本溯源，探寻整个上海古代广告史却非常棘手。因为，与许多历史悠久的名城古都相比，上海在很长一段历史中并非处于中国政治经济生活的中心，各种历史文献典籍极为缺乏，仅有的一些文献记载也是寥寥数语，语焉不详。有限的文献资料表明，今天的上海及周边地区，春秋战国时期先后属吴、越、楚；秦汉之后分属海盐、娄县、由拳各县；唐天宝十载(751)，吴郡太守在此设立华亭县(今天的吴淞江以南)，从此上海地区开始有了相对独立的行政区划；北宋时期，上海各地分属不同县，陆地属华亭县和昆山县，崇明岛属海门县；南宋嘉定十年(1218)，上海另一个独立行政区划单位嘉定县设立；元朝至元十四年(1277)，华亭县升为府，并于次年改名松江府；至元二十九年(1292)，上海县建立，属于松江府；此后，历经明清两朝发展，到嘉庆十年(1805)，上海地区基本形成了10县1厅的格局，即松江府华亭、上海、青浦、金山、南汇、娄县、奉贤、崇明、宝山、太仓州嘉定10个县及川沙抚民厅。

　　如果把公元751年华亭县的设立看作上海登上中国政治舞台的开始，也不过一千多年的历史。因此，对于拥有五千年文明的中国来说，上海在中国古代历史上亮点不多。尽管上海近现代广告星光璀璨，熠熠生辉，但上海古代广告却是乏善可陈。然而，当我们把上海古代广告放置于整个中国古代广告史的瀚海中，结合江南商业与经济类文献的只言片语以及考古文化遗存的少量片段，我们依然可以追本溯源，触摸到上海古代广告的发展轨迹与历史真实。

第一节　古代广告的源起

　　由人类学研究和考古发现成果可知，我国古代广告起源于旧石器时代晚期的产品交换活动。随着生产力发展,到了新石器时代晚期,第三次社会大分工完成,商人阶层出现,商品经济产生,古代广告得以进一步发展。

一、古代广告的内涵

关于现代广告的定义有许多种,各广告定义有共同之处:广告活动是由广告主、广告公司、广告受众和广告媒体等几方面共同参与完成的信息传播活动。广告主是广告制作、发布的原动力,广告活动的最终目的是为广告主服务;广告公司是广告主、广告受众和广告媒体三者之间的桥梁,以广告受众为中心,为广告主提供广告计划、制作和促销服务;广告受众是广告活动影响的目的对象,广告效果以广告活动影响受众的程度来评价;广告媒体是广告活动的载体,是联系广告主和广告受众的桥梁和纽带。仅从这个共同之处来看,无论是有偿付费的广告、非商业性质的公益广告,还是能够影响舆论、获得公众支持的社会广告等,都属于广义的广告范畴。但是人们通常认为,狭义上的现代广告主要指以赢利为目的的商业广告。所以,广告与产品交换、市场及商业经济的发展息息相关。

从广告发展史的角度分析,广告发展经历了从无到有,由简单到复杂的过程。古代广告的内涵与近、现代广告相比,存在明显差异,古代广告的广告主与广告媒体两个要素常常作为一个主体出现,广告主既是广告活动发布者,又是广告活动传播者,如中国古代的招幌或招徕市声广告,商贩们既是广告主,又是广告发布者。所以,古代促进商品销售的商业性宣传活动自然都包含在广告史研究范围内。然而,在人类社会的早期阶段,人们为了共同生存,需要彼此沟通与交流,原始的信息传播,即社会广告在社会发展中发挥了重要作用①。针对上海这样一个古代政治历史相对较薄弱、较短,古代商业经济并不发达的地区,在其古代广告史研究中,尤其是古代广告源起的探讨中,将信息传播的载体和活动形式,如人体彩绘与文身、拟态与手势语、装饰品、音乐响器等纳入其中,将有助于我们更好地理解广告信息传播各要素从无到有,广告信息传播活动由简单到复杂的过程。

我国古代广告活动持续时间很长,包括从旧石器时代晚期到 1840 年鸦片战争之前这段漫长历史时期。我国古代广告具有以下特点:

其一,广告主与广告发布者多为同一主体,这也是古代广告与近、现代广告的重要区别。

其二,专职的广告从业人员和独立的广告行业还没有形成,广告是商人为促进产品销售而采用的自发性的宣传行为。

其三,广告媒介简单,主要通过口头叫卖、招幌、招贴等方式进行传播。其中,口头广告只能达到声音所及范围,招幌广告只能达到视力所及范围。广告主与广告受众通常处于同一场景作面对面传播,招贴广告也仅在地区市场中传播,古代广告传播的时间、空间范围狭小。

其四,广告制作相对简单,大多简单介绍商品或服务,没有出现广告的整体策划。

---

① 陈培爱. 中外广告史[M]. 北京:中国物价出版社. 1997:9.

二、古代广告活动的滥觞

广告起源是学者们普遍关注的问题。中国广告起源于何时？早期广告的样式和形态怎样？这在古代文献中并没有明确记载，只有通过考古学来发现古代广告实物，并结合文化人类学材料来进行类比，才能得到较为合理的阐释。研究广告的历史，必须追溯商品交换的起源。[①] 理论上，商品交换形成后，宣传商品的广告就应该应运而生。商品交换产生于新石器时代末期人类社会第三次社会大分工之后，因此，至迟在新石器时代末期就产生了广告活动。

中国广告活动产生的时间是否更早呢？根据马克思主义理论，商品交换是人类社会生产力发展到一定水平，生产出大量剩余产品后所出现的比较高级的交换形态。但在商品交换产生前还存在产品交换时代，马克思对产品交换时代有过详细论述："产品交换是在不同的家庭、氏族、公社相互接触的地方产生的，因为在文化的初期，以独立资格互相接触的不是个人，而是家庭、氏族等等。不同的公社在各自的自然环境中，找到不同的生产资料和不同的生活资料。因此，他们的生产方式、生活方式和产品，也就各不相同。这种自然的差别，在公社互相接触时引起了产品的互相交换。"[②]根据马克思主义理论，为交换本集团缺少的产品，在不同人类社会集团相互接触的区域出现了最初的产品交换。由于早期人类生产力水平低下，产品为集团成员共同生产，集体拥有，并由集团统一分配，同一集团内部不存在产品交换，但集团与集团之间应该存在产品交换。所以，理论上，不同人类社会集团与集团之间在进行产品交换时，必然出现原始的产品推介活动，这便是广告活动的滥觞。

考古材料表明，旧石器时代晚期，中国境内的原始人类就开始了产品交换活动。当时的人类集团规模很小，一般只有几十个人，过着自给自足的生活，虽然如此，仍有极少量物品需要通过集团间的交换来获得。在北京周口店山顶洞人遗址中，发现了来自于二三百公里以外河北宣化的赤铁矿粉，以及渤海湾一带的海贝壳；在湖北鸡公山遗址发现了一处旧石器时代晚期石器制造场，生产的大量石制品绝不仅仅是为了满足几十个人的集团内部成员的需求，而是用于产品交换[③]。以上考古发现证明，在旧石器时代晚期，中国境内古人类集团与集团之间就已经存在简单的产品交换，在产品交换时必然出现产品介绍、推介等原始广告活动，也就是说，旧石器时代晚期我国应该已经出现了广告活动的滥觞。

原始广告活动样式、形态可以从民族学材料得到佐证。我国云南苦聪人和非洲俾格米人在进行交易时，都喜欢将产品放在路边，自己躲藏起来，而需要交换产品的人来到这里，将自己用于交换的物品留下，拿走所需要的产品。由此可见，产品交换初期没有固定的交换地点，人们没有"物有所值"的观念，集团根据需要，"以我所有，易我所无"，不存在

---

① 陈培爱. 中外广告史[M]. 北京：中国物价出版社. 1997：10.
② 马克思恩格斯全集. 第23卷[M]. 北京：人民出版社. 1963：390.
③ 王幼平. 500平方米的早期人类活动面——鸡公山遗址. 中国十年百大考古新发现(1990—1999)上册[M]. 北京：文物出版社. 2002：71—75.

一般等价物,也根本谈不上等价交换。以文化人类学研究方法来看,云南苦聪人和非洲俾格米人放在路边的产品具有展示、推介的作用,属于实物广告,这种情况应该和旧石器时代晚期人类的原始广告活动相似。

距今 12 000～9 000 年,中国进入新石器时代早期,人类发明了陶器、磨制石器,学会了种植水稻或者粟,渔猎采集业和手工业水平也有所提高。距今 9 000～4 000 年,中国进入新石器时代中期,手工业种类更加丰富,主要有制陶、石、玉、竹木、骨和编织等手工业形态。与旧石器时代晚期相比,新石器时代早、中期生产力水平、手工业技术都有较大提高,但并没有产生大量剩余产品,产品的生产主要是为了满足本集团内部成员的生活需求。而且,为了充分利用有限的生产、生活资源,产品由公社或氏族统一分配,个人对产品只有使用权而没有占有权。然而,由于所处自然环境不同,各人类集团具有各自不同的特色经济,彼此间为互通有无,产品交换相对于旧石器时代晚期则更加频繁,原始广告活动也更加丰富。

广告的产生、发展与商业市场密不可分,而原始市场与井则息息相关。早期的井,大都凿在人们聚居的地方,人们的生活围绕水井展开,水井周围是人们经常集中的地方。据文献记载,新石器时代晚期原始市场开始出现,如《易经·系辞下》说"神农氏作……日中为市,致天下之民,聚天下之货,交易而退,各得其所";《吕氏春秋·勿躬》、《世本·作篇》也讲"祝融作市",《古史考》中也说"祝融修市"。祝融是新石器时代晚期的部族首领,他为市场的建立和管理做出了贡献,因而被载入史册。这个时期的市场比较原始,《初学记》引《风俗通》记载"因井为市",《史记·平准书》张守节正义云"古人未有市,若朝聚井汲水,便将货物于井边货卖,故言市井",意指人们因打水而聚集在水井附近,于是,水井周围成了产品交易的原始市场,交易结束后人们散去,所以原始市场又称为市井。人类早期的物质生产是很有限的,所以那时的物品交易应该非常简单而偶然,人们到井边,用自己的东西与摆在井边的其他物品交换,没有等值的概念,甚至没有美观的概念。随着社会的发展,相传炎帝规定"日中为市",即将原来一日集市三次压缩成一次,而且明确定在"日中"集市。这时的集市规模扩大,而且人们会在交换中选择那些美观实用的物品进行物物交换。对"日中为市"的规定,说明那时的氏族首领开始有意识地对"市"进行管理,过去那种偶然的、不稳定的交换状态得以改变。原始市场的出现为广告提供了活动空间[①]。另外,地位较高的人在产品贸易中获取了更多经济利益,《史记·五帝本纪》记载舜"作什器于寿丘,就时于负夏",意思是说,作为酋邦首领的舜,根据市场行情变化,抓住时机,通过贸易获取利益。新石器时代晚期贵族贸易成为了主要的贸易形式,这些贵族中逐渐产生了新的社会阶层——商人。从此,广告信息发布活动中最活跃的主体因素出现。

综上所述,中国古代广告活动应该滥觞于旧石器时代末期的产品交换活动。到新石器时代,随着原始市场的出现、贵族商人阶层形成,商品交换逐渐繁荣,"以拙易工"成为共

---

① 龙登高. 中国传统市场史[M]. 北京:人民出版社. 1997:3—8.

识①。也就是说，实用、美观的东西可以达到更好的交换效果，这使商品交换中实物展示产生了唯优为佳的基本性能，只有优秀的产品或经过包装的、美的产品才能吸引更多的人来关注，达到交换的目的，这便形成了做广告。

三、史前时期的上海古代广告

考古证明，上海地区史前文化发端于距今 6 000 年左右的马家浜文化，其后历经崧泽文化、良渚文化，至距今 4 000 年左右的广富林文化。文明产生之后，夏商时期的马桥文化以其富有南方特色的地方文化代表而受到重视②。这段漫长的考古历史中，尽管证据是残缺的、零碎的，但还是留下了少许史前时期关于上海广告滥觞的佐证材料。

（一）文身——来自历史文献的早期信息传播载体

在旧石器时代晚期，原始人发展了审美意识，学会了用动物骨骼串成的项链、鲜花等装饰自己的身体，之后，又发现文身可以更长久地展示人的美观。《左传·哀公七年》记载："断发文身，裸以为饰。"表明我国古代的原始人喜欢文身，并会把文身展示出来给别人看，把自己身体的美传递给其他人。从这个意义上来说，文身具有传播信息、广告信息的作用，可以作为一种非商业类型的广告。

上海地理上属于东南沿海一带，史书中提到的"东夷"、"南蛮"，应该包括历史上长期属于吴越文化交界之地的上海。《礼记·王制》记载："东方曰夷，被发文身。"据此分析，上海地区的先民自古就有文身的习惯。又《汉书·地理志》中说："粤地（越）……其君禹后，帝少康之庶子云，封于会稽，文身断发，以避蛟龙之害。"历史学家顾颉刚解释："楚越一带，因林木繁茂，土地卑湿，人类与龙蛇同居，饱受其害……当时吴越人之所以断发文身，乃是起于保护生命的要求，其效用与动物的保护色相等。"据此可知，文身源于先民生存的需求，是为了保护身体的安全③。

后来，人们将文身加以美化，看起来更特别，或者把文身的图案换成各种动植物的图形，如虎、狼、鹰等，表明他们曾战胜或捕获过此类凶禽猛兽；或者换成本部落的图腾，显示自己属于什么部族，寻找归属感。这种人体装饰、展示与信息传播的载体，可以看作人类早期人体广告的发端。

在我国史前时期，从南到北，从东到西都有文身的习俗，如《后汉书·西夷传》中说："种人（同一部族的人）皆刻画其身，象龙文，衣皆着尾……"

不管文献记载的上海地区史前居民文身是为了实用，还是一种社会生活的反映，或一种美的展示，都充分说明文身是将人体作为一种信息传播的载体，是非商业性的人体广告。

（二）图腾与祭祀——来自考古片段的早期信息传播活动

能够用来进行艺术创制的、寓有宗教意识的，又能集中表现美质的自然界的现象或生

---

①　潘杰. 中国展览史［M］. 成都：电子科技大学出版社. 1993：26.
②　陈杰. 实证上海史：考古学视野下的古代上海［M］. 上海：上海古籍出版社. 2010：2.
③　潘杰. 中国展览史［M］. 成都：电子科技大学出版社. 1993：15.

物的图形,便成为全部落的一个共同标志。这种标志是整个部落的人们崇拜的对象,人们可以把它刻在重要的建筑物、武器或工具上,也可以直接刻画在人的身体上,这就是图腾。如果哪种动物是某个部落图腾的标志,那么整个部落都禁止食、杀该动物,并虔诚地膜拜此动物,该动物在部落里是神圣不可侵犯的东西。图腾作为部族的象征,每一个成员都必须参加图腾崇拜仪式,有可能是载歌载舞的仪式,了解图腾标志,从内心敬畏它,崇拜它,以期加强人与自然之间的关系,并接受它的保护。从图腾的部族内原始传播形态来看,它还有相当的装饰性、工艺性,以及音乐、舞蹈等综合性的东西,因而可以归为一种综合性、社会型的信息传播活动。

在史前上海及周边地区,出土过良渚文化时期拥有完整神像纹的玉器。该玉琮上的"神像"以浅浮雕加阴线刻的方式生动地展现了"神"的神秘与威武。"神像"的上面是头戴羽冠的神人,神人身体与下面的神兽连接在一起,此神像纹代表了一种半人半兽的图腾(见图1)①。

图1　良渚文化玉琮及神人兽面纹

图2　福泉山遗址出土的玉鸟

在史前时期,有许多与人类生活密切相关的特定信息传播活动,比如图腾崇拜、文身、祭祀活动、击鼓为号、烽火预警等。在良渚文化器物中,常见到鸟的形象,有的刻在陶器上,有的刻在玉器上,还有单独制成的玉鸟,等等。鸟是良渚文化重要的崇拜对象(见图2),是良渚文化的图腾,良渚先民希望通过崇拜的对象,加强与神灵之间的关系,并获得它们的护佑。所以,原始氏族的族长或首领要在特殊的时间和场所,让全族人都参与祭祀仪式,以此加强氏族间的关系,同时,通过对祭祀过程的控制,氏族首领还可以强化自己的神权地位。在祭祀仪式活动中,整个部落的人都要奉

---

①　陈杰. 实证上海史:考古学视野下的古代上海[M],上海:上海古籍出版社. 2010:93.

行传统习俗，参与互动，虔诚地祭祀神灵；否则，会招致神灵的诅咒，并带来厄运。

这个特殊的场所就是古文化遗址中的祭坛。上海地区最早的祭坛是在青浦区崧泽遗址发现的距今 6 000 年的马家浜文化时期的人工堆筑的祭坛。在青浦福泉山遗址中，祭坛呈阶梯状，由北向南，从下往上设有三级台阶，每级台阶的台面中间平整，周围堆以散乱的土块，整座祭坛，包括土块和地面都有大火烧过的痕迹，并且还洒过介壳末。此后，祭坛祭祀在距今 4 000 年前的良渚文化中极其盛行，在上海周边的浙江余杭瑶山、海宁大坟墩、卢村等遗址中都发现过祭坛遗迹。

除了祭坛外，良渚先民们还会有许多燎祭活动，在松江广富林、浙江海宁荷叶地、桐乡新地里和嘉兴大坟等遗址墓地中，都曾发现人们燎祭时遗留下的红烧土堆积或大片的灰烬。燎祭就是把薪柴等堆放于祭坛之上，在上面摆上玉等祭祀物品，点火燃烧，通过上升烟气达到祭祀神灵的目的。

从以上论述看，有关上海古代广告源起的历史文献记载及考古学证据数量极其有限，而且支离破碎，解释起来难度较大。但是，探索上海及周边地区史前广告信息传播空间、信息传播载体、信息传播活动遗留下来的些许痕迹，可以为我们认识古代广告起源提供一定的线索。

第二节　古代广告的发展历程：先秦至晚清

中国古代商品经济经过夏、商、西周三个时期的发展，至春秋战国时期达到第一次高峰。在发达的商品经济环境中，中国古代广告随之出现第一次发展高潮，招幌、招徕市声等中国古代广告形式基本具备，奠定了以后数千年中国古代广告的基本格局。

秦汉至魏晋南北朝时期，我国古代商品经济严重受阻。古代广告经历了一个缓慢、曲折的发展过程。隋唐时期，我国政治稳定，商品经济繁荣，古代广告随之复兴，广告形式和宣传策略进步明显。

隋唐之后，中国封建社会经历了"五代十国"50 多年的分裂割据局面。到宋、元时期，中国古代商品经济持续繁荣，古代广告随之进入成熟发展阶段。宋代商人更加自觉地运用广告来促销商品，有文化的士人阶层大量进入广告创作与宣传领域，提高了中国古代广告的水平[1]，各种形式的印刷广告的应用范围迅速扩大，消费者开始根据自己的喜好来购买名牌商品。宋、元时期的笔记小说、野史、诗歌词曲、绘画等作品中保留了大量我国古代广告的记载。

明清时期，中国古代商品经济发展至最高阶段，全国性市场经济体系和富有特色的区域经济形成[2]，商家运用广告招徕顾客的经营方式非常普遍，明代的对联广告，清代的区

---

[1]　张金花. 论宋代商人的广告自觉[J]. 浙江社会科学. 2004(4)：171～174；郭天昊. 试论宋代的专营店铺及招牌广告[J]. 史学月刊 1999(5)：105—108.

[2]　龙登高. 中国传统市场发展史[M]. 北京：人民出版社. 1997：439.

域广告等发展迅猛，中国古代广告进入顶峰发展时期。明清古籍中详细记载了这一时期古代广告发展的盛况。

一、夏至战国时期广告的初兴

夏代是中国第一个王朝，据说，夏末代君主夏桀荒淫无道，曾"放虎于市，以观其惊"，到商汤伐桀时，市场上的商人抛弃待售的货物，纷纷出城投奔商汤。可见，夏朝的市已经发展到一定的规模了①。商族人擅长商业活动，《世本·作》记载，商先王"相土作乘马"，"王亥作服牛"。《易·系辞》记载"服牛乘马，引重致远"，意指商先王用牛、马作为运输工具，与沿途部落进行贸易。商代城市中市场增多，如《六韬》："殷君善治宫室，大者百里，中有九市。"西周时期，统治阶级更加重视商品经济，出现了专门从事手工业生产的家族，他们生产的产品主要是为了贸易交换。春秋时期，世袭的"工商食官"制度逐渐被打破，出现了独立的手工业劳动者。这种制度调动了手工业者的劳动积极性，促进了生产力发展。到战国时期，中国古代商品经济迎来了第一个发展高峰。此时，市场繁荣，商品交易活跃，市场在城市生活中占有非常重要的地位，所有居民的日常生活都离不开市场。市场位于城市中的单独封闭地域，白天开放，晚上关闭。这一时期，商品宣传活动兴旺发达，繁盛的商品经济极大地推动了我国古代广告的发展，中国古代广告的各种形式大都产生了。

中国古代商人分为"行商"和"坐贾"两种，"行商"从事贩运贸易，"坐贾"从事囤积贸易。汉代郑玄在《周礼·地官·司市》注中说："通物曰商，居卖物曰贾。""商"即流动交易的行商，"贾"指定点贸易的坐贾。与"行商"和"坐贾"这两种商业形态相适应，中国古代广告形成了"招幌"和"市声"两种主要形式。招幌即"招牌"和"幌子"的复合称谓，"招牌"指店铺的户外标志，包括写有店铺名称、字号、图案、广告性词语的牌、匾、额、壁、联等等；"幌子"则是一种行业标志，一般放在店铺外显眼位置。古代人只要看到"幌子"样式便能知道店铺内出售的商品种类。"市声"广告是中国古代较早出现的一种广告形式，主要采用口头叫卖吆喝，以韵文等艺术化的语言，或加入各种乐器伴奏等形式，来增强对顾客的吸引力，促进产品销售②。

根据文献记载，战国时期我国还没有出现招牌广告。但用幌子招徕顾客，起源很早。战国时期幌子种类更为丰富，而且不同行业幌子的样式不同，这大概与中国古代市场中商品的分类陈设有关，相同行业的商品集中在一起，用统一的幌子作为标志来吸引顾客，丰富的幌子种类构成了中国古代广告的特色③。夏至战国时期，虽然招幌、市声等古代广告形式基本形成，但仍处于比较初级的形态。招幌主要是实物招幌，以出售商品的实物作为商品广告。中国酒文化源远流长，酒类行业中率先出现象征性招幌——酒旗，文献中称为

① 中华古文明大图集编辑委员会. 中华古文明大图集·通市[M]. 北京：人民日报出版社. 1992：5.
② 杨海军. 论中国古代的声响广告[J]. 商丘师范学院学报. 2003(3)：121—123.
③ 曲彦斌. 中国招幌辞典[M]. 上海：上海辞书出版社. 2001：4—20；曲彦斌. 中国招幌与招徕市声——古代广告艺术史略[M]. 沈阳：辽宁人民出版社. 2000；杨海军. 论中国古代的幌子广告[J]. 史学月刊，2002(9)：87—92；王树村. 店幌兴衰与历史文化[J].（台湾）历史文物. 2005(4)：24—35；林岩等. 中国店铺幌子研究[J]. 中国历史博物馆馆刊. 1995(2)：72—88.

"帜"和"表"。市声广告最原始的形态是口头叫卖吆喝，到夏商周时期，已经发展到使用简单的器具来引起顾客的注意。夏至战国时期我国的主要广告形式有：

1. **实物招幌广告**　由用实物来宣传商品是最直观、最简单的一种广告形式，我国最早产生的招幌是实物招幌。西周文献《诗经·卫风·氓》记载"氓之蚩蚩，抱布贸丝"，描写了一位面带笑容的殷勤男子抱着布与女主人公交换丝的情景，这是最早记录实物招幌——布和丝的文献。春秋战国文献《晏子春秋·内篇杂下》记载，齐灵公喜好宫中妇人穿男式服装，结果齐国女子都爱穿男装，齐灵公派官吏禁止这种行为，见到穿男服装的女子便"裂其衣，断其带"，结果国内裂衣断带者比比皆是。于是，灵公向晏子询问原因，晏子回答说："君使服之于内而禁之于外，犹悬牛首于门而卖马肉于内也。"意思是说：您行为表里不一，就像店铺外面悬挂着牛头招幌，而店铺里却出售马肉，国人怎么知道您命令的真实意图呢？这则记载透露出春秋战国时期马肉店铺外悬挂马肉作为实物招幌广告。

2. **象征招幌广告**　象征招幌在造型、色彩等方面与所出售商品并无直接联系，而是一种抽象化的广告标志。最早的象征性招幌是酤酒业中的酒旗。《韩非子·外储说右上》记载"狗猛酒酸"的寓言："宋人有酤酒者，升概甚平，遇客甚谨，为酒甚美，悬帜甚高，然而不售。酒酸，怪其故，问其所知闾长者杨倩，倩曰：'汝狗猛耶？'曰：'狗猛则酒何故而不售？'曰：'人畏焉。'"这则寓言本意是指国君身边存在奸佞小人，就像有猛狗在身旁，有道之士无法接近国君，但却透露出春秋战国时期酒店使用高悬的酒旗——"帜"作为招幌。酒旗招幌也称"表"，《晏子春秋》卷三《内篇问上第三》中记述："人有酤酒者，为器甚洁清，置表甚长，而酒酸不售。"

3. **市声广告**　口头吆喝是人类最本能的引起注意的方式，是最早的市声广告。商代，市声广告中已经开始使用乐器。著名的先秦史学家、楚辞专家姜亮夫在《殷商辨名》的下篇《说商》中考证，"商"本意是指商族人在做生意时用作广告宣传的乐器："（商）为一种乐器，盖无可议。考之近世，凡市卖多以高音器作呼唤，至今犹然。历代帝京及风土记中，亦复不少。今吾土卖麦芽糖者敲铁器，形如半环，卖酥油糖者则敲小锣，上海市人入夜卖馄饨者，敲一竹筒，开封市人夜卖蕃芋，红萝卜者亦敲竹筒，成都、昆明等地小食店则以铁勺击锅边，西安则卖杂货者吹唢呐，犹存古风矣。故'商'者，行商所用以叫卖之具，余于此则信而不疑。"[①]屈原《天问》中也有市声广告的记载："师望在肆，昌何志？鼓刀扬声，后何喜？"师望就是太公望，昌即周文王姬昌，太公望曾在商王都城朝歌内卖肉，为引起文王注意，他操起屠刀，拍打案板，扬声歌唱。"鼓刀扬声"描写了市场里卖肉商人以响器招徕顾客的情景。

为增强广告宣传效果，这时的招幌与市声广告常常被结合起来运用。《韩非子·难一》记载"自相矛盾"寓言："楚人有鬻盾与矛者，誉之曰：'吾盾之坚，物莫能陷也。'又誉其矛曰：'吾矛之利，于物无不陷也。'或曰：'以子之矛陷子之盾，何如？'其人弗能应也。"矛和盾是楚人出售商品的实物招幌广告，而吹嘘故事可以看作市声广告，楚人通过两者的结合

---

①　姜亮夫. 史学论集·殷商辨名[M]. 昆明：云南人民出版社. 2002：259—260.

极力夸张商品优点,刺激人们的购买欲望。

4. 标记广告　春秋战国时期,手工业制品上常标明工匠、制造者、监造者名称,作为标记广告。如齐国临淄城出土的陶器上戳印"某里某人"、"某鄙某邑某里某"等生产者、生产地点记号;咸阳出土的陶器上也戳印"咸阳如硕"、"咸阳成申"等工匠名字;长沙楚墓发现的漆器上刻画"某里某"等制作者名字。这些考古发现验证了《礼记·月令》"物勒工名,以考其诚"的记载。春秋战国时期政府对商品质量、价格管理严格,手工业者不能随意定价或者以次充好,所以手工业产品上往往要戳印标记,戳印的标记不仅有利于管理者对商品的监督,也起到了宣传商品的作用,是后来的商标广告的雏形。

值得注意的是,西周青铜器铭文上也铸有造器贵族的名称,但这个名称与春秋战国时期戳印作器者名称的性质完全不同。前者主要为荣耀家族而作的纪念性文字,并非用于商品交易的广告宣传,后者则主要为了便于对手工业制品的监督和促进产品市场销售而作的标记。所以,西周时期青铜器上的铭文不是广告。

5. 物价广告　春秋战国时期,市场上负责平抑物价的小吏将商品价格写在市亭旗帜上,成为最早的物价广告。《周礼·地官·司市》曾记载:"市之群吏,平肆、展成、奠贾,上旌于思次以令市。"

除了以上广告形式外,春秋战国时期的商人还利用各种产品销售手段招徕顾客,促进商品出售。如《战国策·燕策二》记载:"人有卖骏马者,比三旦立市,人莫之知。往见伯乐曰:'臣有骏马,欲卖之,比三旦立于市,人莫与言。愿子还而视之,去而顾之。臣请献一朝之贾。'伯乐乃还而视之,去而顾之,一旦而马价十倍。"意思是说卖马者连续卖了三天骏马,无人问津,于是请伯乐在马旁观察一圈,在离开时还回视骏马,伯乐的这一举动使马的价格在一天中涨了十倍。这是一则典型的利用名人促进商品销售的事例。

夏至战国时期,中国古代广告有三大特点,首先,广告出现在商品交换之前,是产品交换的产物,承担着产品质量、价格等信息交流媒介的功能。其次,商品经济是促进广告发展的原动力。西周时期,手工业者由官府供养,市场上可出售的商品少,广告活动不发达。春秋战国时期,中国古代商品经济达到第一个高峰,中国古代广告也随之兴盛起来。再次,这一时期各种广告形式的传播范围有限,无论招幌广告还是市声广告在买卖双方之间都是面对面的传播,酒旗广告也仅限于视力所及范围。受城市市场开放时间的影响,广告都出现在白天。总体来看,这一时期商人的文化水平和社会地位普遍较低,广告水平不高,尚处于初级发展阶段。但这一时期古代广告的主要形式大都已经形成,为以后数千年的中国广告的发展奠定了基本格局。

二、秦汉至六朝时期广告的曲折发展

秦始皇统一货币、度量衡和文字,建立了遍布全国的驿传系统,这些措施有力地推动了国家的统一。然而,秦朝又采取"重农抑商"的国策,使商品经济发展受到很大阻碍。西汉时期仍然施行抑制富商大贾的经济政策。东汉时期,"豪强货殖"现象浓厚,豪强凭借与统治阶级的密切关系,在市场上进行特权活动,扰乱了正常的商业活动。魏晋南北朝时期是我国历史上一个长期纷争割据的时代，门阀士族大土地所有制盛行，自给自足的庄园经济发展，封建依附关系加强，商业经济受到限制。尽管这一时期中国古代广告发展缓慢，广告活动不多，广告制作水平较为低下，但我国古代广告中的招幌、招徕市声、标记、物价等广告形式仍然继续发展。

象征性招幌广告所使用的行业范围和广告载体略有增加。《后汉书·方术传·费长房传》记载："费长房者，汝南人也，曾为市掾。市中有老翁卖药，悬一壶于肆头，及市罢，辄跳入壶中。市人莫之见，惟长房于楼上睹之，异焉……"这个故事讲述了一个掌管市场的小官吏费长房，看见一老翁卖药，药摊前悬挂一个壶，待交易结束便跳入壶中，便想拜老翁为师。于是，老翁带费长房进入壶中，游历仙境，学习医道。因害怕跟仙人学医会牵连家人，费长房便从老翁处拿一根青竹杖悬于费家屋后，而家人见到的却是费长房的样子，以为他已经悬梁自尽。从此，费长房潜心学道，十余年后重返人间，以神奇的医术为百姓造福，药铺悬壶的习俗也流传下来了。这段神奇的传说既展现了中国招幌广告独特的文化意蕴，也反映出我国汉代已有了医家悬壶作为广告的习俗，这是我国汉代象征性招幌广告的一个新发展。另外，用垆作为酒店招幌来进行广告宣传在汉代非常普遍。如《史记·司马相如列传》记载，司马相如携卓文君私奔到成都，无以为生，不久又回到临邛。为了生计，司马相如"尽卖其车骑，买一酒舍，酤酒而令文君当垆"。《三家注史记》中韦昭认为"垆，酒肆也。以土为堕，边高似垆。"此处代表酒店的象征性招幌。《玉台新咏》收录东汉辛延年《羽林郎》诗"胡姬年十五，春日独当垆"，也提到了用垆作为酒店招幌的广告形式（见图 3）。

图 3　东汉酒肆图像中酒肆前摆放的垆

东汉时期，响器在招徕市声广告中的应用也稍有发展。东汉著名学者郑玄为西周文献《诗经·周颂·有瞽》"既备乃奏，箫管备举"一句作的笺注中说："箫，编小竹管，如今卖饧者所吹也。管如篪，并而吹之。"郑玄在为《周礼·春官·小师》"小师掌鼓……箫、管、弦、歌"一句作的注中说："管，如今卖饧饧所吹者。"这说明，东汉卖饴糖的小商贩吹箫、管两种器乐作为招徕顾客的市声广告。

此外，名人命名广告、招贴广告等新的广告形式出现，中国古代广告的内容逐渐充实。

秦汉时期商品价格由政府统一制定,中国最早的有关物价广告的法律规定产生。秦代睡虎地竹简《秦律·金布律》中记载"有买及买(卖)殹也,各婴其贾(价)。小物不能各一钱者,勿婴"①。婴为悬挂、系之意,政府规定一钱以上的商品要悬挂价格标签,使买卖双方明确商品价格,这条规定起到了规范商品市场、吸引顾客并宣传商品的作用。

汉代,一些商家为了提高商品知名度,扩大产品销售,大量采用能工巧匠的名字命名商品,名人命名广告出现。《三辅决录》记载:"夫工欲善其事,必先利其器,用张芝笔、左伯纸及臣墨。"张芝笔、左伯纸及臣墨这三种文具都是东汉著名的文房用品,是分别以当时的名人名字命名的产品。张芝,字伯英,善草书,被称为"草圣";左伯,字子邑,山东东莱人,以造纸著名,被人们誉为"子邑之纸,妍妙辉光";韦诞,字仲将,所作笔、墨深受人们喜爱。在偏僻的西北边疆地区也盛行名人命名广告,甘肃武威磨咀子东汉墓中就曾出土过两件毛笔,竹质笔管上分别写着"史虎作"、"白马作"字样,"史虎"和"白马"是当地两个著名的制笔工匠,以他们的名字命名商品,能增加顾客对商品的信任感。

东汉造纸技术发明后,招贴广告出现。它利用纸张作为书写广告内容的载体,四处张贴,大大拓展了古代广告的传播范围,是这个时期我国古代广告取得的一个重要进步。招贴出现在东汉时期。清代学者顾张思在《土风录》中考证,《后汉书》"戴良有失父零丁"中的"零丁"指东汉时寻人的招子,即为寻找失散的亲人,各处张贴的寻人招贴广告。招贴广告也称为"牓"。《北齐书·马嗣明传》记载"从驾往晋阳,至辽阳山中,数处见牓,云有人家女病,若有能治差者,购钱十万"。"牓"原意为布告或告示,文中牓上书写求医问药内容和奖励办法,数处张贴,是北朝时期寻医治病的招贴广告。文献中关于这一时期招贴广告的记载仅有寥寥几处,说明其应用并不普遍。

这一时期,商人们更注重顾客的心理需求,利用各种广告宣传技巧,来增加顾客对产品的好奇心和信任感。北魏时期的商人就很擅长编造神奇故事,为自己所出售的商品进行口头广告宣传。杨衒之的《洛阳伽蓝记·法云寺》记载:"市西有延酤、治觞二里。里内之人多酝酒为业。河东人刘白堕善能酿酒。季夏六月,时暑赫晞,以罂贮酒,暴于日中,经一旬,其酒味不动,饮之香美而醉,经月不醒。京师朝贵多出郡登藩,远相饷馈,踰于千里。以其远至,号曰'鹤觞',亦名'骑驴酒'。永熙年中,南青州刺史毛鸿宾赍酒之藩,逢路贼盗,饮之即醉,皆被擒获,因此复名'擒奸酒'。游侠语曰:'不畏张弓拔刀,唯畏白堕春醪。'"②刘白堕的鹤觞酒借用"擒奸"这件具有传奇色彩的事得到了大肆渲染,被人们广泛传播,产品推广更为深入,更为成功。

三、隋唐时期广告的中兴

隋唐时代,我国疆域辽阔、政治稳定、交通发达、生产发展,城市经济繁荣,中国封建社会达到鼎盛时期,中国古代商品经济从低谷崛起,重新焕发活力,出现第二个高峰。当时

---

① 睡虎地秦墓竹简小组编. 睡虎地秦墓竹简·编年记[M]. 北京: 文物出版社. 2001: 37.
② 范祥雍. 洛阳伽蓝记校注[M]. 上海: 上海古籍出版社. 1978: 203—204.

的市场发达，市场中商品种类丰富，交易频繁，南北货物互通有无。中唐以后，坊市制度开始松散，有的商铺突破地域限制，开设在居民区内。长安的西京市、洛阳的东京市是唐朝最大的商业区，市内肆店行铺林立。中国古代广告历经秦汉至魏晋南北朝时期的曲折发展过程之后，再次迎来了兴盛的局面。唐诗、散文、笔记中保留了大量有关广告的记载。比如唐代刘禹锡散文《观市》中记载："肇下令之日，布市籍者咸至，夹轨道而分次焉。其左右前后，班间错跱，如在闤之制。其列题区榜，揭价名物，参外夷之货焉。马牛有牵，私属有闲。在巾笥者，织文及素焉；在几阁者，雕彤及质焉；在筐筥者，白黑巨细焉。业于饔者，列饔饎、陈饼饵而芯然；业于酒者，举酒旗、涤杯盂而泽然；鼓刀之人，设膏俎、解豕羊而赫然。华实之毛，畋渔之生，交蜇走，错水陆，群状夥名……"[1]意思是说，开市当天，商人们纷纷来到市场，在车道两旁设立摊位；市场中有一个大的榜题，贴着各种商品的价格；市场上商品丰富，有放在箱子里的丝织品，放在木板上的首饰等工艺品；箩筐里摆着各种土特产品，卖熟食的商贩垒起高高的饼，酒家高挑酒旗，酒杯清洗得光亮如新，屠夫在高高的案板上切着猪、羊肉，用刀背敲着案板，招徕顾客；酒家仍用旗帜，屠夫仍"鼓刀"作声以招徕顾客。这篇散文描写了当时沅州（今天的湖南黔阳一带）市集开张的热闹场面，集中反映了唐代市集中象征性招幌、实物招幌广告及招徕市声广告、表演广告等丰富多彩的广告活动。隋唐时期，招幌广告、招徕市声广告、招贴广告及表演广告等古代广告形式继续发展，这些广告的创作载体更加丰富，应用范围更加广泛，文化艺术水准更加高超。

　　商品附属物或附属物模型开始应用于招幌广告中，《太平广记》卷八五记载，四川成都一个姓李的小商贩，他"在城中卖杀鼠药，以一木鼠记"。木制老鼠是与鼠药这种商品功能相关的实物模型，这是实物招幌广告中一种新的表现手法。

　　除了商贩以外，唐代的僧侣也开始用招徕市声来促销商品。"唱衣"制度（因为所卖物品以衣着为主，故称"唱衣"）在唐代佛教寺院盛行。僧侣们"分卖"布施得来财物时，往往唱出出售物品的名目，以招徕顾客购买。北京图书馆藏敦煌写本"成字96号"《目连救母变文》背面写到："僧政愿清唱绯棉绫被，得布壹阡伍佰贰拾尺……金刚唱扇，得布伍拾伍尺……法律道英唱白绫袜，得布叁佰尺，又唱黄尽坡，得布伍佰尺……"[2]文中"唱"是"唱衣"、"估唱"的意思，"绯棉绫被"、"扇"及"白绫袜"都是唱卖的商品。僧人们为促销商品而进行的唱卖活动是招徕市声广告被人们使用的例证。另外，敦煌文书中还保留了唐代招徕市声广告的各种唱词。如"橘皮胡桃瓤，栀子高良……甜干枣，醋齿石榴……"这段唱词保存虽不完整，但文字朗朗上口，合仄押韵，可以想象当时的唱卖声一定十分动人可听[3]。

　　融合说唱和演出等多种形式为一体的表演广告在唐代很流行。《太平广记》卷八十五"蜀城卖药人"条记载，四川成都"市内有一人弄刀枪卖药"，这是典型的表演广告，其广告宣传效果更佳。

---

① 刘禹锡全集·卷二十·观市[M]. 上海：上海古籍出版社. 1999：140.
② 张永言. 关于一件唐代的"唱衣历". 敦煌吐鲁番文书研究[M]. 兰州：甘肃人民出版社. 1983.
③ 李正宇. 叫卖市声之祖——敦煌遗书中的店铺叫卖口号[J]. 寻根. 1997(4)：42—43.

隋唐时期,招贴广告应用范围非常广泛。酒店的招贴广告称为"酒榜"或"酒牌"。《张伯英草书歌》诗中说:"黄公酒垆兴偏入,阮籍不嗔嵇亦顾。长安酒榜醉后书,此日骋君千里步。"这是诗人皎然酒后诗性大发而作的一首诗,诗中提到了酒店的招贴广告——酒榜。

唐代,我国象征性招幌广告中的酒旗广告非常发达。它以布缀于竿上,悬挂于门首,是酒家用以招徕酒客的一种广告形式。酒是诗人吟诗的催化剂,诗人饮酒后往往会诗意迸发,与酒密切相关的酒旗自然就成为了诗人们歌咏的对象,唐代诗歌中保留了大量关于酒旗名称、悬挂地方、方式以及形制颜色的记载。唐诗中酒旗的称谓多姿多彩,有"酒旗"、"酒帘"、"酒旆"、"酒旌"、"酒幔"、"酒标"、"青帜"、"青帘"、"青旗"和"彩帜"等十多种称呼。酒旗悬挂的地方很多,有的置于桥边,如滕迈《杨柳枝词》"三条陌上拂金羁,万里桥边映酒旗";李群玉《长沙春望寄涔阳故人》"依微水戍闻疏鼓,掩映河桥见酒旗"。有的挂在高楼上,如李建勋《柳花寄宋明府(一作寄人)》"破石黏虫网,高楼扑酒旗"。还有的飘扬在阁楼上,如杜牧《自宣州赴官入京,路逢裴坦判官归宣州,因题赠》"萦风酒旆挂朱阁,半醉游人闻弄笙"。诗人们还以敏锐的洞察力细致观察了酒旗随风舞动的样子,如白居易《春末夏初闲游江郭二首》"雨埋钓舟小,风飐酒旗斜",白居易《曲江》"细草岸西东,酒旗摇水风",薛逢《九日曲池游眺》"陌上秋风动酒旗,江头丝竹竞相追"等诗句,描绘了酒旗随风偏斜、轻轻舞动的样子。唐诗中酒旗的颜色以青色最为常见。如郑谷《旅寓洛阳村舍》"青帘认酒家"、白居易《杭州春望》"青旗沽酒趁梨花"等。彩色酒旗也开始出现,如韦应物《酒肆行》"豪家沽酒长安陌,一旦起楼高百尺。碧流玲珑含春风,银题彩帜邀上客"。唐代诗歌对酒旗广泛的记载和详细的描绘,使我国传统的酒旗广告以一种生动具体的形象呈现出来,为我们更好地理解传统酒旗广告提供了宝贵资料。唐代诗人热衷于以酒旗为题材和内容来咏酒赋诗的文化现象极大地丰富了我国古代广告的内涵,奠定了以后数千年中国酒广告深厚的文化底蕴。

四、宋元时期广告的成熟发展

宋朝的政治和军事"积贫积弱",但在经济发展和商品贸易方面则达到了前所未有的水平。宋代城市经济尤为发达,随着坊市制度的彻底解体,城市中的工商业者可以面街开店,商品交易行为遍及城市中的每一个角落。首都东京代表了我国北宋时期城市商品经济发展的最高水平。据《东京梦华录》记载,开封大街小巷,店铺林立,勾栏瓦舍,热闹异常,连皇城南面的御街两旁,也是买卖交易活跃。御街南至朱雀门的两边,酒楼、饭店、香药铺、茶馆、商店夜市直至三更[①]。

元朝,蒙古族统治中原,农村经济遭受摧残。忽必烈时期采用"汉制",社会经济开始恢复并发展。城市中商业经济繁荣,北方的大都(今北京)和南方的杭州成为著名的工商业城市,沿海的泉州成为当时最主要的对外贸易港口。

宋代商品经济的持续兴盛使得中国古代广告整体水平提高,中国古代广告进入成熟

---

① 潘杰. 中国展览史[M]. 成都:电子科技大学出版社. 1993:380.

期。招幌广告、招徕市声广告快速发展，出现了豪华的彩楼欢门招幌，市声广告也更富艺术水准。印刷技术广泛应用到广告活动中，包装广告、书籍广告等形式的印刷广告十分盛行。宋代的文人雅士大量参与广告创作，极大地推动了我国古代广告的发展。

作为酒店的象征性招幌，宋代酒旗、彩楼欢门被赋予了更多的功能。酒旗装饰程度可以反映酒店的规模，大型酒店酒旗装饰豪华，小型酒店酒旗相对朴素（见图4、5）。南宋洪迈在《容斋随笔》卷十六"酒肆旗望"条中记载酒店"微者随其高卑小大。村店或挂瓶瓢、标帚秆，唐人多咏于诗"。气势宏大、豪华装饰的彩楼欢门是宋代大酒楼普遍使用的招幌[①]。北宋汴京城中市场繁荣，酒店众多，彩楼欢门兴盛，"九桥门街市酒店，彩楼相对，绣旆相招，掩翳天日"。《东京梦华录》也记载北宋汴京的豪华酒楼"门首皆缚彩楼欢门"，彩楼欢门的形象在宋代张择端名画《清明上河图》中非常突出[②]。大酒店由于财力雄厚，在酒楼上缚扎花卉等装饰物品，称为彩楼（见图6）；欢门是指用彩绘或各式鲜花装饰的酒店门首（见图7）。在中秋、重阳等重要节日时，酒店还要将彩楼欢门装饰一新，《东京梦华录》记载"中秋节前，诸店皆卖新酒，重新结络门面，彩楼花头画竿醉仙锦旆"，"九月重阳，都下赏菊……酒家皆以菊花缚成洞户"，这种做法增添了酒店内的节日气氛，吸引了众多顾客光临，起到了良好的广告宣传效果。彩楼欢门也具有反映酒店大小和等级的功能，宋代可以酿酒、卖酒、出售菜肴的大酒楼称为"正店"（见图8），其店铺规模宏大，有的高达三层楼，彩楼欢门也相应的宏大、气派。如汴京城中的丰乐楼"三层相高，五楼相向，各有飞桥栏槛，明暗相通，珠帘绣额，灯烛晃耀"。相对"正店"来说，"脚店"规模比较小（见图9），能卖酒及菜肴，但不能酿酒，其彩楼欢门的装饰和规模相对简朴。

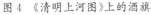

图4　《清明上河图》上的酒旗

图5　《清明上河图》上的酒店招幌和彩旗

① 杨海军. 论中国古代的店堂装饰广告[J]. 广告研究. 2006(3)：94—99.

② 谢洁. 从《清明上河图》看北宋的广告行为[J]. 开封教育学院学报. 2003(4)：14—15.

图 6 《清明上河图》上的酒店彩楼

图 7 《闸口盘车图》上的欢门

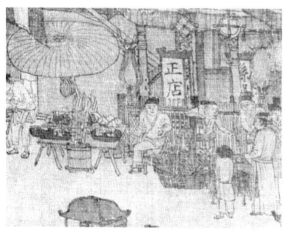

图 8 《清明上河图》上的正店

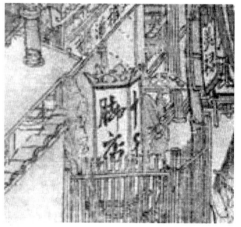

图 9 《清明上河图》上的脚店

象征性招幌应用广泛。在食店(见图 10)、浴室、胭脂绒线、算命铺(见图 11)等店铺内广告宣传随处可见。宋代吴曾的《能改斋漫录》记载:"今所在浴处,必挂壶于门。"①胭脂绒线店铺也使用"栲栳"作为招幌。宋代话本《志诚张主管》中写到:由于张胜生活困难,其母亲便让他取下挂在自家屋顶的包裹,张胜打开后,看见里面装着个"花栲栳",张胜母亲对儿子说"你如今依先做这道路,习爷的生意,卖些胭脂绒线",张胜便在门前"挂着花栲栳为记",开起了胭脂绒线店。"栲栳"原意是用竹篾或柳枝编制的用来盛针线的圆形盛具,这里代表胭脂绒线店的招幌广告。

---

① 吴曾. 能改斋漫录·卷一·事始·浴处挂壶于门[M]. 北京:中华书局. 1960:3.

图 10　《清明上河图》上的饺子铺招幌

图 11　《清明上河图》上的看命、神课招幌

　　宋代招徕市声广告更加丰富多彩，不同行业的市声广告不同。高承《事物纪原》记载："京师凡卖一物，必有声韵，其吟哦俱不同。"[①]（见图 12）不同行业使用的招徕响器不同，如收旧货的货郎手里摇晃"惊闺"，《醒世恒言·勘皮靴单证二郎神》记载："冉贵却装了一条杂货担，手持着一个玲珑珰啷的东西，叫做个'惊闺'，一路摇着。"这段文字详细记叙了惊闺的形状和使用方法。

图 12　《清明上河图》上的吆喝市声广告

　　宋代招徕市声广告的艺术水平有很大提高，一些曲调优美、朗朗上口的招徕市声广告还被加工成专门的艺术形式。如北宋徽宗崇宁、大观年间，形成了一种专门模仿市肆招徕市声的说唱艺术。高承《事物纪原·吟叫》中就写到："故市井初有叫果子之戏，其本盖自至和、嘉祐之间叫紫苏丸泪乐工杜人经十叫子始也……故市人采其声调，间以词章，以为戏乐也。"[②]文中的"叫紫苏丸"就是一种说唱艺术，当时也称"叫果子"。货郎和卖花商贩等都是叫卖市声的能手，他们叫卖市声的韵律格式被改编成《货郎儿》、《卖花声》和《叫声》等曲牌、词牌。本来在民间市肆中流传的招徕市声广告登上了文人艺术的大雅之堂，这一现象充分说明宋代的招徕市声广告已经具有相当高的艺术水准。

　　宋代招牌广告、标记广告、招贴广告和表演广告等广告形式使用更加广泛，广告创作技法更加成熟。

　　①　高承. 事物纪原［M］：北京：中华书局. 1989：496.
　　②　同上.

宋代商品经济繁荣,商品种类丰富,商业竞争加剧,消费者更加重视店铺的招牌,喜欢购买著名商铺生产的商品。宋代店铺的招牌广告摆脱了唐、五代时期只集中在政府统一管理的市场的局限,城乡各地的商铺纷纷拥有自己的广告招牌。宋人笔记中记载了大量店铺的招牌广告,这些招牌广告内容多以老板姓氏命名。如《枫窗小牍》中记载的东京著名小吃店铺有:王楼的梅花包子、曹婆婆的肉饼、薛家的羊肉饭、梅家的鹅鸭菜品、曹家的从食点心、徐家的瓠羹、郑家的油饼等等。孟元老《东京梦华录》中记载东京城著名的店铺有:食品店铺如曹婆婆的肉饼、孙好手的馒头、鹿家的包子等。餐馆中最著名的要数白厨和州桥之西安家巷的张秀家,其次为保康门李庆家、东鸡儿巷的郭厨等。他还特别提到皇城右掖门外西车子曲的"史家瓠羹、万家馒头,在京第一"。除饮食行业外,孟元老还记述了许多其他行业以老板姓氏命名的招牌,如:丑婆婆药铺、大鞋任家产科、山水李家口齿咽喉药、唐家金铺等。在宋代《清明上河图》上也生动再现了当时各种各样的招牌形象。如东水门城门之内的十字街口,一家酒楼的酒帘上写着"孙羊店"三个大字,并且树立"正店"的招牌(见图13),其他还有"刘家上色沉檀棟香"(见图14)、"久住,王员外家"(见图15)、"王家×明疋帛铺"招牌(见图16)等等。[①]

图13 《清明上河图》上的孙羊店招牌

宋代招牌广告艺术水准高,广告招牌的数量、放置位置都很讲究。《清明上河图》赵太丞家药房大门口放置了四块大招牌,上书"治酒所伤真方集香丸"、"大理中丸医肠胃冷"、"五劳七伤回春丸"及"赵太丞家统理男妇儿科"(见图17)。有的字招放在道路交汇处,很显眼。欧阳修《归田录》卷二说"京师食店卖酸馅者,皆大出牌榜于通衢",这里人流密集,能吸引更多行人的注意。

---

① 王肖生. 清明上河图与广告传播[J]. 同济大学学报(社会科学版). 2003(2):121—124.

图 14 《清明上河图》上的刘家
上色沉檀楝香铺招牌

图 15 《清明上河图》上的久住
王员外家招牌

图 16 《清明上河图》上的王家×明疋帛铺招牌

图 17 《清明上河图》上的赵太丞家招牌

标记广告在宋代广泛使用。商家喜欢在自己生产的商品上作出标记,这样不仅可以宣传商品,还可以作为出售商品的记录,以便对售出商品进行核查。宋话本《京本通俗小说》卷十《碾玉观音》记载崔宁常在所造玉观音底下碾上"崔宁造"字样。宋金时期,百戏、杂剧活动兴盛,戏台流行。张贴于演出场所外的招贴广告同样很发达,如洪迈《夷坚志》中记载茶肆外张贴的招贴广告:"四人同出嘉会门外茶肆中坐,见幅纸用绯帖,尾云'今晚讲说《汉书》'。"

我国古代雕版印刷技术最早出现在隋代,经过唐、五代时期发展,宋代已经十分成熟。宋代发达的印刷技术广泛地应用到广告制作中,印刷广告出现繁荣局面。中国历史博物馆收藏了一件北宋时期济南刘家功夫针铺的方形铜版,铜版上部横刻店铺名称"济南刘家功夫针铺"八个字;中间为"白兔儿为记"商标,商标图案为玉兔捣药,图案两侧竖刻"认门前白兔儿为记"八个字;图案下面竖刻告白,内容为"收买上等钢条,造功夫细针,不误宅院使用。客转兴贩,别有加饶。请记白"。这块铜牌图文并茂,包含了招牌、商标和广告词三个方面,明确告知了产品原料、质量及批量销售的优惠条件等内容。铜版用途很广,可用于印制传单、包裹纸等广告,是我国现存最早的印刷广告实物,它的出现比西方公认最早的印刷广告(1473年英国出版的为宣传宗教书籍而印制的广告)早了三四百年(见图18)①。

图18　北宋时期济南刘家功夫针铺方形铜版

宋代印刷广告主要有书籍广告和包装纸广告。书籍广告主要指在图书目录或序文后印刷的"刊语"和"牌子"。最初的图书刊语比较简单,后来长刊语出现。另外,宋代图书上还常常刊印牌记,近代学者叶德辉在《书林清话》卷六《宋刻书之牌记》中考证:"宋人刻书,于书之首尾或序后、目录后,往往刻一墨图记及牌记,其牌记亦谓之墨围,以其外墨栏环之也。又谓之碑牌,以其形式如碑也。"②牌记是标志书坊,促进书籍销售的书籍广告,也称

---

　①　陈培爱. 中外广告史[M]. 北京:中国物价出版社. 1997:30.
　②　叶德辉. 书林清话[M]. 北京:古籍出版社. 1957:152—154.

为"木印"、"墨记"、"牌子"等，不同书坊书籍中牌记的样式不同。

宋代文人非常关心世俗生活，在绘画作品中保留了大量宋代广告活动形式，如许多"货郎图"就描绘了货郎肩挑货担，走乡串户，贩卖日用杂货的叫卖广告活动，是研究宋代叫卖广告的珍贵资料（见图19—22）。

图 19　宋李嵩《货郎图》

图 20　宋李嵩《市担婴戏图》

图 21　《清明上河图》上的货郎

图 22　宋苏汉臣《货郎图》

宋代商人加强产品宣传、促进产品销售的自觉性也前所未有的提高。一些店家在店铺中悬挂名人字画以供人欣赏，借此达到招徕顾客的目的。《梦粱录》记载"汴京熟食店，张挂名画，所以勾引观者，留连食客，今杭城茶肆亦如之，插四时花，挂名人画，装点门面"[①]；《武林

---

① 吴自牧. 梦粱录·卷十六·茶肆[M]. 杭州：浙江人民出版社，1984：140.

旧事》卷三记载"御舟经断桥，桥旁有小酒肆，颇雅洁，中饰素屏风，书《风入松》一词于上……"[1]一些商人故弄玄虚，引起人们强烈的好奇心，以达到宣传产品的目的。庄绰《鸡肋编》载："京师凡卖熟食者，必为诡异标表语言，然后所售益广。尝有货环饼者，不言何物，但长叹曰：'亏便亏我也！'谓价廉不称耳。绍圣中，昭慈被废，居瑶华宫。而其人每至宫前，必置担太息大言。遂为开封府捕而究之，无他，犹断杖一百罪。自是改曰：'待我放下歇则个。'人莫不笑之，而买者增多。"[2]这则故事讲述一个小商贩为了出售环饼，故意不说出商品名称而诡称正在亏本出卖某件东西，以吸引人们注意力，甚至在官府门前也是这样故弄玄虚，尽管遭逮捕并杖罚，但是买饼的人越来越多。其实，在他受人们嘲笑时，已达到了宣传自己商品的目的。还有些商人通过魔术技巧来吸引人们对自己商品的注意力，洪迈《夷坚志·乙志》记载："王锡文在京师见一人推小车，车上有甖，其外有花门，立小牓曰'诸般染铺'，架上挂杂色缯十数条。人窥其甖，但贮浊汁斗许。或授以尺绢，曰：'欲染青。'受而投之，少顷取出，则成青绢矣。又以尺纱欲染茜，亦投于中，及取出，成茜纱矣。他或黄或赤或黑或白，以丹为碧，以紫为绛，从所求索，应之如响，而斗水未尝竭。视所染色，皆明洁精好，如练肆经日所为者，竟无人能测其何术。"[3]故事描述一个染匠在盛染料的容器中略施技巧，使人误以为一种染料就可以染出不同颜色，小小的魔术技巧引起了顾客们的注意，产品也得以推广。

图23 《卢沟运筏图》中的旗幌

在元代，古代广告继续繁荣，招幌广告（见图23）、招徕市声广告、招贴广告、印刷广告等广告形式继续发展。

《析津志·风俗》篇记载了繁华的元大都市内一些行业的招幌广告和招徕市声广告样式。如儿科医药铺："市中医小儿者，门首以木刻板作小儿，儿在锦棚中若方相模样为标榜。"接生之家："又有稳婆收生之家，门首以大红纸糊筬筐大鞋一双为记，专治妇人胎前产后以应病证，并有通血之药。"生产之家："而生产之家，门首悬草圈，上系以红帛，则诸人不相往来。"兽医之家："医兽之家，门首地位上以大木刻作壶瓶状，长可一丈，

---

① 四水潜夫. 武林旧事［M］. 杭州：西湖出版社. 1981：38.
② 庄绰. 鸡肋编［M］. 北京：中华书局. 1983：3.
③ 洪迈. 夷坚志·乙志［M］. 北京：中华书局. 2006：301.

以代赭石红之。通作十二柱，上搭芦以御群马。灌药之所，门之前画大马为记。"①剃头之家："剃头者以彩色画牙齿为记。"①《析津志》也记载了元大都酒店装饰的情况："酒槽坊门首多画四公子：春申君、孟尝君、平原君、信陵君，以红漆阑干护之，上仍盖巧细升斗，若宫室之状。两旁大壁，并画车马、驺从、伞仗俱全。又间画汉钟离、唐吕洞宾为门额。正门前起立金字牌，如山子样，三层，云'黄公垆'。夏月多载大冰块，入于大长石柜中，用此消冰之水醖酒，槽中水泥尺深。"②这个酒店规模宏大，既酿酒又卖酒，其四壁绘上了许多人物和动物的形象作为装饰以吸引顾客，结合用以酿酒的冰水的展示，达到了良好的广告宣传效果。

元大都城内商贩们的招徕市声丰富多样："街市蒸作面糕。诸蒸饼者，五更早起，以铜锣敲击，时而为之。及有以黄米作枣糕者，多至二三升米作一团，徐而切破，秤斤两而卖之。若蒸造者，以长木竿用大木权撑住，于当街悬挂，花馒头为子。小经纪者，以蒲盒就其家市之，上顶于头上，敲木鱼而货之。""一应卖乌盆、叫卖诸物，敲打有声。"③文献表明元代大都市内的小商贩们通过敲打铜锣、木鱼等响器来进行广告宣传。元代货郎手中的摇鼓也是招徕市声广告中用于伴奏的响器中的一种。始建于唐天宝年间、重修于元代的河北石家庄上京村毗卢寺的壁画描绘了"往古九流百家一切街市"的景象，其中一个货郎手持摇鼓，沿街叫卖自己的商品④。元代王焕的杂剧《逞风流王焕百花亭杂剧》第三折："查梨条卖也！查梨条卖也！……这果是家园制造，道地收来也！有福州府甜津津、香喷喷、红馥馥带浆儿新剥的圆眼荔枝也！有平江路酸溜溜、凉荫荫、美甘甘连叶儿整下的黄橙绿橘也！有松阳县软柔柔、白璞璞、蜜煎煎、带粉儿压匾的凝霜柿饼也！有婺洲府脆松松、鲜润润、明晃晃拌糖儿捏就的龙缠枣头也！有蜜和成、糖制就、细切的新建姜丝也！有日晒皱、风吹干、去壳的高邮菱米也！有黑的黑、红的红、魏郡收来的指顶大瓜子也！有酸不酸、甜不甜、宣城贩到的得法软梨条也……"⑤此处详细描绘了元代洛阳一带卖干果小商贩们络绎不绝的叫卖市声，而且这些叫卖声大量使用连绵词，朗朗上口，极有韵味。

元代文人也利用当时流行的艺术形式，创作出了许多脍炙人口的广告散曲。如李德载［中吕·阳春曲］《赠茶肆》⑥的广告词：

> 茶烟一缕轻轻飏，搅动兰膏四座香，烹煎妙手赛维扬。非是谎，下马试来尝。
> 黄金碾畔香尘细，碧玉瓯中白雪飞，扫醒破闷和脾胃。风韵美，唤醒睡希夷。
> 蒙山顶上春光早，扬子江心水味高，陶家学士更风骚。应笑倒，销金帐饮羊羔。
> 龙团香满三江水，石鼎诗成七步才，襄王无梦到阳台。归去来，随处是蓬莱。
> 一瓯佳味侵诗梦，七碗清香胜碧筒，竹炉汤沸火初红。两腋风，人在广寒宫。

① 熊梦祥. 析津志·辑佚·风俗［M］. 北京：北京古籍出版社. 2000：208—209.
② 熊梦祥. 析津志·辑佚·风俗［M］. 北京：北京古籍出版社. 2000：202.
③ 熊梦祥. 析津志·辑佚·风俗［M］. 北京：北京古籍出版社. 2000：207.
④ 林岩. 中国店铺幌子研究［J］. 中国历史博物馆馆刊. 1995(2).
⑤ 刘家林. 新编中外广告通史［M］. 暨南大学出版社. 2000：98—99.
⑥ 伍光辉. 论元代广告散曲［M］. 广州：中国文学研究. 2003(2).

木瓜香带千林杏，金橘寒生万壑冰，一瓯甘露更驰名。恰二更，梦断酒初醒。
兔毫盏内新尝罢，留得余香在齿牙，一瓶雪水最清佳。风韵煞，到底属陶家。
龙须喷雪浮瓯面，凤髓和云泛盏弦，劝君休惜杖头钱。学玉川，平地便升仙。
金樽满劝羊羔酒，不似灵芽泛玉瓯，声名喧满岳阳楼。夸妙手，博士便风流。
金芽嫩采枝头露，雪乳香浮塞上酥，我家奇品世间无。君听取，声价彻皇都。

这首散曲前半部分道出了茶水热气飘扬、香满四座，烹茶高手现场表演、烹制新茶，歌女们动情演唱，引得客人们"下马试来尝"的优美情境；后半部分则详细叙述了茶叶种类、茶水来源，茶具品种等。

乔吉的[双调·卖花声]《香茶》也是一则优美的散曲广告词："细研片脑梅花粉，新剥珍珠豆蔻仁，依方修合凤团春。醉魂清爽，舌尖香嫩，这孩儿那些风韵。"

元代，剧场外的招贴广告依然很流行。元代杂剧演出一般在勾栏内进行，而勾栏外张贴的有关戏剧的招贴广告，称为"招子"，如元杂剧《宦门子弟错立身》第四出《桂枝香》中写到"侵早已挂了招子"。这一时期还新出现了彩色招贴，称为"花招子"，如元杂剧《蓝采和》中写道"昨日帖出花招儿去"。彩色招贴也叫"花碌碌纸榜"，如杜仁杰[般涉调·耍孩儿]《庄家不识勾栏》中记载"来到城中买些纸火，正打街头过，见吊个花碌碌纸榜，不似那答儿闹穰穰人多"。

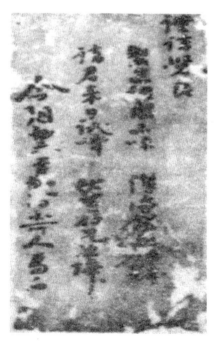

更为重要的是，1983～1984年内蒙古文物工作队在额济纳旗的黑城遗址中发现中国最早的纸质招贴广告实物（见图24），这是一张元代小商人张贴的纸质招贴广告，纸面长12.1厘米，宽7.9厘米，墨书，六字句，押韵，内容为：

谨请贤良
　　制造诸般品味　薄海馒头锦妆
　　请君来日试尝　伏望仁兄早降
　　　　　　今月初六至初八日小可人
马二①

图24　黑城遗址出土的元代招贴广告

在这段广告词中，店主声称可以烧制各种口味的菜肴，尤以馒头最有特色。店主口气谦卑，谦称自己为"小可"，而尊称顾客为"贤良"、"君"及"仁兄"，都是为了表达"顾客至上"的经营理念，让客人产生宾至如归的感觉；"伏望"一词则表达了店主期盼顾客光临本店的殷殷之情。这则广告出于元代一个普

①　朱启新. 招贴[J]. 文史知识. 1998(7). 伊永文.宋元的商标与广告[J]. 文史知识. 1994(2).

通城市中的小店主之手，说明当时的招贴广告不仅在大城市，而且在小城市小店铺中都已经被广泛应用。

　　元代印刷广告更为普及，连一些小县城、甚至边远地区也广泛使用。这从元代考古发现的中国最早的印刷广告实物可以得到证实。湖南沅陵县一座元代墓葬中曾出土过两张一尺见方的包装广告纸，广告词都为"潭洲昇平坊内白塔街大尼寺相对住，危家自烧洗无比鲜红紫艳上等银朱、水花二朱、雄黄，坚实匙筋，买者请将油漆试验，便见颜色与众不同。四远主顾，请认门首红字高牌为记"①。这是元代某油漆店的广告，广告纸上印明了店铺地址、商标标志，并着重宣传了油漆产品原料上等、质量坚实、颜色出众的优点（见图25）。另外，在边远的新疆地区也发现过两张元代印刷的包装广告纸。1906 年至 1907 年，吐鲁番木头沟的伯孜克里克石窟中发现一张 9 厘米宽的正方形纸片，上写"信实徐铺，打造南柜佛金诸般金箔，不误使用，住杭州官巷，在崔家巷口开铺"。1980 年，在同一个石窟中又发现了一张纸片，纸上内容为"□□□家打造南无佛金诸般金箔，见住杭州泰和楼大街南，坐西面东开铺，□□辨认，不误主顾使用"。这两张纸片都是杭州金铺的包装广告，广告以店铺地址、产品种类及店家的服务质量承诺为主要内容。

　　印刷广告中的书籍广告在元代也有新进展，牌记广告继续发展，还出现了封面广告和征稿广告。这时期书籍上的牌记广告有特定的样式，同一本书上还出现了多个不同的牌记。如建安余氏勤有堂元皇庆元年（1312）刻《集千家注分类杜工部诗》一书中，其目录后有钟形牌记和鼎形牌记两种。另外，元代同一书铺印制的不同书籍的书牌不尽相同，如建安余氏勤有堂书铺延祐五年（1318）印《书蔡氏传辑录纂注》一书中有"延祐戊午"钟形牌记，"勤有堂"鼎形牌记等，而此书铺印制的另一本《朱子说书纲领》书中却没有钟、鼎牌记。由此看来，元代书籍所使用的牌记并不统一，只能说书铺商标还处在萌芽阶段②。最早的封面广告见于元代余氏勤得堂书坊《十八史略》一书，其封面中间印有《古今通要十八史略》的书名，书名两旁有两行小字广告，右边为"通略之书行世久矣，惜其太简，读者憾焉"，左

图 25　元代高牌油漆包装纸广告

　　① 中外早期广告珍藏与评析［M］. 北京：中国广播电视出版社. 2003：2.
　　② 刘曼丽. 中国古籍的广告［J］. 华夏文化，2002(2)：38—41；范军. 元代的书业广告［J］. 湖北民族学院院报（哲学社会科学版）. 2003(6)：59—63.

边为"是编详略得宜,诚便后学,以梓与世共之",广告语叙述了该书原来版本的弊端及现版本的优点。最早的征稿广告见于元代至正二年(1336)天一阁藏本的《元诗》一书,其附页中印有一则征稿广告:"本堂今求名公诗篇,随得即刊,难以人品齿爵为序。四方吟坛多友,幸勿责其错综之编。倘有佳章,毋惜附示,庶无沧海遗珠之叹云。李氏建安书堂谨咨。"

五、明清时期广告的发展

明朝建立之后,生产力进一步发展。城市贸易比宋、元时期更为普及,北京是全国最大的商业中心,在苏州、杭州、景德镇等手工业城市,位于国内交通干道上的武汉、重庆等城市,及分布于沿海和沿边一带的广州、大同等城市中,商业经济非常繁荣。随着明朝手工业水平的进步,不同行业的劳动分工愈来愈细致,于是,在手工业发达的地区,兴起了一种新型的专业性城镇。这些专业性城镇都是在墟集市场的基础上发展起来的,如广东的佛山镇、江西的景德镇、陕西华州以冶铸为专业的柳子镇、苏州府以生产和流通松江布为中心的枫泾镇、朱泾镇等。

清朝,特别是在康、雍、乾三朝,国家经济日趋繁荣,我国完整的市集贸易体系形成,在全国范围内形成了不同等级的区域经济中心。各区域最高经济中心之下还形成了次级的小区域经济中心,如四大名镇,其商业经济十分繁华,各自成为了最高经济中心下的小区域经济中心。不同的区域中心形成了各自的经济特色,如江南松江、太仓以及华北地区的棉布,福建、湖南等地方的烟草,广东佛山的冶铁,河南、山西、湖南等地方的煤炭,广东、四川的蔗糖,广东、福建的水果等全国闻名,其产地也形成了全国性的生产和贸易中心。随着市场体系的扩大,广告宣传活动的需求也更加迫切,这些都促进了中国古代广告的进步,中国古代广告由此进入了鼎盛时期。

明代城乡商业经济的繁荣,中国古代广告发展迎来了鼎盛时期,传统的招幌、招徕市声等广告形式趋于完备,并出现了极具中国文化特色的对联广告。

明代北京和南京等地的各种店铺都流行使用招幌广告,还新出现了"冲天招牌"和"青龙牌"。中国历史博物馆馆藏的一幅常熟翁氏旧藏明人绘《南都繁会图卷》,就以生动的笔触描绘了明代后期南京城内商业经济的繁盛情况及市内形形色色的招幌广告,包括"冲天招牌"。这一时期"青龙牌"的出现也较为引人注目。它是明代店铺在柜台正中靠墙一面所立的一块表示商铺所属行业的站牌。不同店铺的"青龙牌"上书写的文句不同,如药店为"杏林春色",酒店为"太白遗风"、"飞觞醉月"、"香溢壶觞",天福、庚大、协大祥等绸布店为"七襄耀彩",徐源记等茶叶店为"卢陆停车"或"玉树含英",椿和老酱园为"调和鼎鼐"、"瓮分百二",萃齐南货店为"山海奇珍",板鸭店为"家凫精品",钱店、米店为"钱谷流通"、"裕客通商",张泰和、王泰和等药铺为"天地同春"、"寿域同登",三聚鞋店为"圯桥进履"等等。①

---

① 杨海军. 中国古代商业广告史[M]. 开封:河南大学出版社. 2005:101—102.

明代酒家十分重视酒店招幌上文句的艺术性与文化性,希望以此来提升注意力。如《水浒传》中蒋门神在快活林酒店外插着两把销金大旗,其上对仗书"醉里乾坤大,壶中日月长";《水浒传》中武松打虎时的景阳冈小酒店外也挂着"三碗不过岗"酒帘。此外,明代的实物招幌广告也普遍被商家所使用,种类极为繁多,《如梦录》就记载明代开封鞋铺以铁鞋作为招幌,借此表明所出售鞋的坚固耐穿等特性。

明代招徕市声广告较之以前更赋韵味,更具有感染力和吸引力。江苏吴江人史玄的《旧京遗事》记载过北京小商贩声情并茂的唱卖活动,如"京城五月,辐辏佳蔬名果,随声唱卖,听唱一声而辨其何物品者,何人担市也。唱麦麸,旧有四句,比叶成诗,巡城者加之以杖。于今惟麦麸者一声,而他物重叠,其词不止一句。盖以此曼声为招,彼以感耳而引。岂市之变端亦随俗为迁徙耶";又如"京城三月时桃花初出,满街唱卖,其声艳羡。数日花谢将阑,则曼声长哀,致情于不堪经久,燕赵悲歌之习也"等等。

招徕市声广告所使用的响器在明代已经非常完备,各行业对招徕响器的形制和使用方法都有了明确的规范。《祥符县志》卷九记载:"有摇小鼓,两旁自击,卖簪珥、女笄、胭脂、胡粉之属者;有鳞砌铁叶,进退有声,磨镜洗剪刀者;有摇郎当,卖彩线绣金者;有小旗招展,携巾箱卖零星绘帛者;有阁阁柝声,执勺卖油者;有拍小铜钹,卖豆沫者;有驱轆轳小车卖蒸羊者;有煮豆入酒肆,撒豆胡床,以求卖者;有挑卖团圆饼、薄夜、牢丸、毕罗、寒具、萧家馄饨、庚家粽子,如古人食品之妙者;有肩挑卖各种瓜果菜者;有入夜击小钲卖饧者;有悬便面于担易新者;有求残金笺扇等器熔出金者;有买肆中柜底土,及掏市沟刷街泥以搜钱银屑者;又有攒花于筐,璨然锦色,卖与人种植者。往来梭织,莫可殚纪。"许多货郎手敲铜锣,吸引孩童(见图26),另有一些流动商贩手摇"惊闺",招徕顾客,以出售女工用品和日用杂物。其"惊闺"为"二寸余长铁板八片,缀以皮条,手提摇之,声联络作响,所以惊闺中妇女也"(见《如梦录·小市纪》)。

明代书籍广告出现了一些新进展,书首广告、书尾广告、新书预告广告等新形式大量产生(见图27)。例如,明代汲古阁刻《南村辍耕录》书皮上刊印:"元末陶南村诸书,向来脍炙人口,惜隐沦不传,海内博雅君子辄秘而密娱,不啻和璧随珠矣!近有云间刻板,诠次颠倒,吴郡抄本,字虫鲁鱼,几失本来面目。不佞广搜博访,购得国初原刻,特恳汲古阁先生严加订正,以付剞劂,真九成之完璧,艺苑之胜事也。《说郛》、《会要》随有续刻。监官黄之义君宜甫谨识。"类似此则刊登于书首的广告是明代书商经常用以促销图书的一种新的广告形式,另外,这则广告语的末尾还刊印了该书坊即将

图26 明代《货郎图》

出版的书目,开创了新书预告广告的先河①。弘治戊午年(1498)金台岳家书铺刊印的《奇妙全相西厢记》一书书尾印刷"本坊谨依经书重写绘图,参订编次大字本,唱与图合,使寓于客邸,行于舟中,闲游坐客,得此一览始终,歌唱了然,爽人心意",这是一则典型的书尾广告。

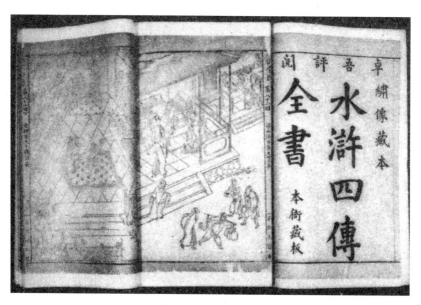

图 27 明刻本《水浒传》上的书铺广告宣传语

明代广告中最为重要的进展是对联广告的出现,它的出现最终丰富和完善了中国古代广告的主要类别。对联广告的渊源最早可以追溯到宋代招幌、招贴及店标广告上的对偶句,它是利用对联这种文体格式来创作合仄押韵的广告词,用以吸引顾客的一种广告形式。据明代陈云瞻《簪云楼杂说》记载,明太祖朱元璋撰写了中国较早的对联广告,书中说朱元璋因为喜爱对联,所以在定都金陵后要求春节时每户人家都要张贴对联,他本人也为一位阉猪的屠户撰写了一副对联"双手劈开生死路,一刀割断是非根"。该对联生动描述了阉猪行业的特点②,是一则颇具特色的对联广告。

清代,各地区富有特色的区域经济形成,官僚阶层和文人阶层广泛参与广告创作,造就了丰富多彩的具有地方特色和文化特色的中国古代广告。其中,北京地区,扬州、苏州及杭州地区(见本章第三节),成都地区和广州地区的广告特色代表了清代中国古代广告的发展成就。

(一)清代北京地区的广告

清朝时期,北京是北方地区的经济中心和全国的政治文化中心,这里的广告不仅具有十分浓郁的中国传统文化韵味,而且大多气势宏伟、豪华壮观,广告内容、形式和制作技巧

① 张传峰. 明代刻书广告述略[J]. 湖州师范学院学报. 2000(1):74—80.
② 杨海军. 论中国古代楹联广告的艺术特色[J]. 河南大学学报(社会科学版). 2004(5):29—33.

都非常考究。

　　清代，北京地区的招牌和幌子广告发展到极致，1987年博文书社出版的《老北京店铺的招幌》一书附录中刊登了王世襄先生的《圆明园内拟定铺面房装修拍子以及招牌幌子则例》，提到清代雍正和乾隆皇帝在圆明园内仿制了民间店铺街肆170例[①]，成为了解我国清代北京店铺招幌广告的重要资料。清代北京店铺中招牌、匾额广告种类繁多，形式多样，广告语字数不等。据清末闲园鞠农（蔡绳格）《燕市商标荟录》统计，北京店铺的匾额、牌幌有千种之多，其上的广告语字数有一字、二字、三字、四字、五字等，最多可达二十多字，尤以四言为多，如旅馆牌匾上的"脱字认号，临行看箱；公文财物，交明柜上；如若不交，失物不管"；也有一些牌匾上的字数并不固定，如澡堂牌匾上的"德爱堂沈家，祖传七代小儿七珍丹。只此一家，并无二处"。另外，店铺招牌上的广告语多用几种不同的文字组成，徐珂《清稗类钞》记载清代北京店铺"……商店悬牌于门以为标识广招徕者曰市招，俗呼招牌，大抵专用字，有参以满、蒙、回、藏者"。北京幌子广告的样式和种类也非常丰富，徐珂《清稗类钞》记载北京店铺实物幌子"更有不用字、不绘形，直揭其物于门外，或以象形之物代之，以其人多不识字也。如卖酒者悬酒一壶，卖炭者悬炭一支，而面店则悬纸条，鱼店则悬木鱼，俗所谓幌子是也"；佚名者的《燕台口号一百首》记载"当铺及油店俱悬锡球于门首，名'幌子'。卖槟榔者点蒲包……"其中，许多幌子生动有趣，强有力地宣传了店铺及其商品形象，清代夏仁虎《旧京琐记·市肆》记载"旧日都门市肆亦颇留心广告之术，特极幼稚耳。如黑猴公之帽铺，柜上踞一大黑猴。霍万春之鹿角胶，门上挂大鹿角。某扇铺之檐际悬一大扇。皆是引人注意"（见图28）。[②]

　　清代北京店铺富甲天下，铺面装饰雕梁画栋，金碧辉煌，与这种豪华的店面装饰相匹配，大型店铺中用作广告招牌的体量更加高大宏伟，装饰更为华丽。《燕京杂记》卷五记载"京师市店素讲局面，雕红刻翠，锦窗绣户，招牌至有高三丈者。夜则燃灯数十，纱笼角灯照耀，如同白日……总之，母钱或百万或千万，俱用为修饰之具。茶叶则贷于茶客，亦视其店之局面，华丽者即无母钱存贮，亦信而不疑，倘局面暗淡，虽楼积千万亦不敢贷矣。金玉其外，败絮其中，所由来也"。朱彝尊《日下旧闻》卷三

图28　黑猴帽店招幌（现代仿制）

---

①　林岩，黄燕生等编. 老北京店铺的招幌[M]. 北京：博文书社. 1987：附录.

②　夏仁虎. 旧京琐记·市肆[M]. 沈阳：辽宁教育出版社. 1998：12.

十八也记载过招牌的宏大和雕刻各式动物形象、涂上精美涂料来装饰招牌的情况,如"正阳门东西街招牌,有高三丈余者,泥金杀粉,或以斑竹镶之,或又镂刻金牛、白羊、黑驴诸形象,以为标识"。

北京招牌中最具特色的当数"冲天招牌"和"水牌"广告。"冲天招牌"的形象、摆放位置及装饰都很独特。据李一氓的考证,"关于冲天招牌,现在是很生疏了。那是用两片长条石,深埋地下,露出地面的两石之间则夹竖一个很长很长的黑漆金字招牌。石条有洞,

图29 北京当铺冲天招牌

可以把招牌拴紧,一般直立在店铺当中的街上,很高很高,意在使人老远就能看见这家大店所在。清代乾隆年间的《圆明园内铺面牌幌则例》还规定,冲天招牌顶上要雕装元宝或如意,真是很阔气,很神气了"①。在"冲天招牌"上往往写上广告宣传文字,如药店冲天招牌上的"同春堂自置川广闽浙各省地道生熟药材","同春堂遵古炮炙饮剂咀片诸般应症丸散膏丹"等(见图29)。"水牌"一般用油漆过的木牌制成,通常为白底、朱栏、黑字,广告文字可以随时清洗,随时改换。据李光庭《乡言解颐》卷四《物部》记载:"水牌,便于浮记之物也,粉地朱丝,罩以油,便于涂洗。……若京师酒肆、饭庄、戏庄,以载看馔,以纪日期,习以为常。"

清代北京地区小商贩种类众多,据《燕市负贩琐记》统计,共有500种之多②,小商贩们各种不同的叫卖声构成了极具北京特色的招徕市声广告,这些市声多委婉动听,京腔京味十足。如佚名的《燕京杂记》记载"京师荷担卖物者,每曼声婉转,动人听闻,有发数十字而不知其卖何物者","呼卖物者,高唱入云,旁观唤卖,殊不听闻,惟以掌虚复其耳无不闻者"。闲园鞠农的《燕市货声》则更为详细地记载了北京市内一年四季小商小贩的叫卖市声③。

还有些招徕市声广告中的叫卖广告词篇幅较长,在小商贩口中一气呵成,听起来流畅

① 李一氓. 广告·文学·文明[J]. 文艺报. 1985.12.7.
② 燕归来簃主人. 燕市负贩琐记. 转引自曲彦斌主编. 中国招幌辞典[M]. 上海:上海辞书出版社. 2001-8:217—221.
③ 转引自曲彦斌主编. 中国招幌辞典[M]. 上海:上海辞书出版社. 2001:201—216. 引文如下:
五月中卖桃的唱曰"樱桃嘴的桃呕嗷噎啊……"
七月卖枣的唱曰"枣儿来,糖的咯哒喽,尝一个再买来哎,一个光板喽!"
十月卖白薯的唱曰"栗子味的白糖来,是栗子的味的白薯来……烫手来蒸化了! 锅底儿赛过糖了,喝了蜜了,蒸透啦白薯啊,真热活呀!"
铺肆粥铺卖粥的唱曰"喝粥咧,喝粥咧,十里香粥热的咧! 炸了一个焦咧,烹了一个脆咧,脆咧焦咧,像个小粮船的咧,好大的个儿咧! 锅炒的果咧,油又香咧,面又白咧,扔在锅里漂起来咧! 白又胖咧,胖又白咧,赛过烧鹅的咧,一个大的油炸的果咧! 水饭咧,豆儿多咧,子母原汤儿的绿豆的粥咧!"

壮观，如北平俗曲《杂银嵌换钱》记载一个收杂货的小商贩的叫卖市声，自然生动①。

除了口头招徕市声广告外，北京各行各业的商贩们还使用各种响器，作为商品的辅助宣传手段，这些响器市声各有各的韵律、音调，与叫卖声和谐地融为一体。清道光年间笔记《韵鹤轩杂著》记载："百工杂技，荷担上街。每持器作声，各为记号。修脚者所摇折叠凳，曰'对君坐'；剃头担所持响鼓，曰'唤头'（见图 30）；医家所摇铜铁圈，曰'虎撑'（见图 31）；星家所敲小铜锣，曰'报君知'（见图 32）；磨镜者所持铁片，曰'惊闺'；锡匠所持铁器，曰'闹街'；卖油者所鸣小锣，曰'厨房晓'；卖食者所货者所敲小木梆，曰'击馋'（见图 33）；卖闺房杂货者所摇，曰'唤娇娘'；卖耍货者所持，曰'引孩儿'。"《燕京杂记》也记载"卖冰者，以二铜盏叠之作响以为号，故谓之冰盏。今卖果食者亦用冰盏"（见图 34），"有荷两筐击小鼓以收物者，谓之'打鼓'，交错于道，鼓音不绝"。净香居主人（杨米人）的《都门竹枝词》更生动地再现了北京冷饮店、小酒店、卖冷饮的小商贩使用响器营业的场景，"三月街头早卖冰"，冷饮店伙计"挥罢小旂摇响竹"；六月酷暑，冷饮店往往"天棚高搭院中间，到地帘垂绿竹斑。冷布作窗纱作幕，堆盆真个有冰山"；而走街串巷卖冷饮的小商贩"冰盏丁东响满街，玫瑰香露浸酸梅"，"卖酪人来冷透牙，沿街大块叫'西瓜'。晚凉一盏冰梅水，胜似卢仝七碗茶"；小酒店则"铁勺敲得连声响"，卖小吃的"'切糕'、'鬼腿'闹喳喳""'凉果'、'渣糕'聒耳多，'吊炉烧饼''艾窝窝'；'叉子火烧'刚买得，又听'硬面'叫'饽饽'"。还有一些北京地区的小商贩通过击打"惊绣"来销售女红用品，非常有特色，《谈徵·物部》引《事物绀珠》记载"惊绣"，"如小钲而厚，手提击，今卖花线者用之"（见图 35）。

清代北京的医药行业、娱乐行业、教育行业已经发展得非常成熟，其相关的招贴广告的内容也很大气，富有浓郁的中国文化特色。如杨静亭《都门杂咏·行医》记载医家招贴广告："满墙贴报博声名，世代专门写得清。恐惠亲朋送匾额，封条也挂御医生。"佚名《都门竹枝词》记载戏园的招贴广告："某日某园演某班，红黄条子贴通衢。太平锣鼓滩黄调，更有三堂'什不闲。'"学秋氏《续都门竹枝词》记载茶肆、酒肆的招贴广告："茶坊酒肆列通衢，飞舞龙蛇贴壁间。"药铺的招贴广告："回回三代狗皮膏，祖像招牌树得高。冬夏桥头常供奉，子孙买卖不辞劳。""鹿角招牌系世传，乌须妙药果通仙。老鳏老宦寻'仁寿'（药店

---

① 转引自刘家林. 新编中外广告通史[M]. 广州：暨南大学出版社. 2000：128—130. 引文如下：

杂银换钱，有那破罈子、烂罐子、马勺和盖垫，还有那酒漏子、酒壶、雨衣、褐衫、鸟枪和腰刀、撒带、号箭，有那夹剪和法马、戥子、算盘，有那使不着的旧秤、天平和钱盘，还有那厨房里的油裙，打破了的鼓板、打破的铙钹、法衣、偏衫，有那脚凳子、供器、桌围、帐幔，有那道士木鱼、鱼鼓、简板，有那打卦的竿子、算命的铁板，铜盆和衣架，使不着的案板、桌椅和板凳，摆坏了的佛龛，有那杉橹木垛，买卖人儿的扁担，有那车上煞绳、打牛的皮鞭、木匠的铁锯、铁匠的风扇，有那裱糊匠的刀尺、画匠的图传、锡匠的砧剪、棚匠的席竿，有那厨房的刀勺、庄家人的锄镰、瓦匠的瓦刀，还有铁锨，安不着的门框、竹简子、炕沿，有那古铜玩器、字帖手卷，这些个东西，都拿来换钱。旧靴子、旧袜子、旧褂子、旧帽子、旧袍子、旧罩子、凉席子、马褥子、套裤、口袋、破帽子、银簪子、铜镯子，待客使不得的火锅子、破灯笼、烂罩子，员外戴不着的扎巾子、胰子盒、手炉，待客使不得的锡壶子、金冠子和银扇子、吊破了的纱灯、旧钿子、蒜罐子、醋罈子，打破了的雨伞、竹帘子、破铺陈、乱毡子，裁缝赚下的破湾子、破琵琶、烂弦子、胡琴、星儿、托盘子、蜡扦子、灯坠子、剃头使不得的那破柜子、破纱橱、烂箱子，使不得的酒篓、小缸子、旧盆子、烂桶子，使不得的荷缸、小罐子、小刀子、手帕尖上的铜卡子、简妆子、镜架子、阿哥们穿不着的马褂子、平口子、旧袋子、烂条子、荷包、顺带子、旧剪子、坏簪子、奶奶们带不着的耳环子、铁钉子、铁镊子、灯台、香炉、蜡夹子、铜钮子、潮银子、卷宣，使不着的旧棉子、花棒槌、叉头子，小阿哥们玩的皮猴子、零绸子、碎缎子、姑娘们打带子剩下的绒辫子、马鞍子、透抽鞍、摔胸、肚带、錬金镫、扯手、鞭瓒共嚼环，这些个东西全都要，拿将出来看一看。

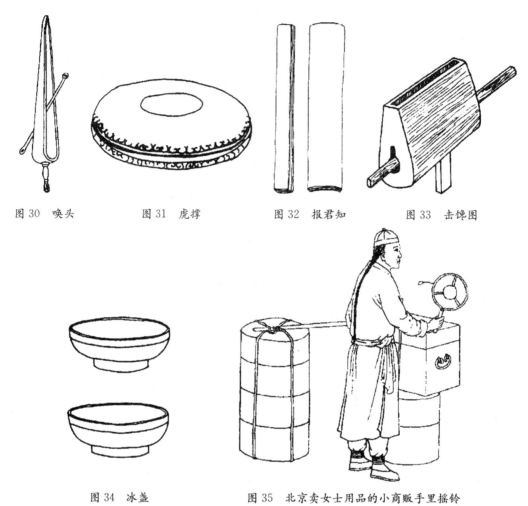

图 30 唤头　　　图 31 虎撑　　　图 32 报君知　　　图 33 击馋图

图 34 冰盏　　　　图 35 北京卖女士用品的小商贩手里摇铃

名称),暂把黄金买少年。"佚名《燕京杂记》记载蒙馆(学堂)招贴广告:"京师蒙馆外有招榜,大书一'学'字,旁书'秋爽来学'四小字。来学必以秋爽,不知何义。友人对以'冬季讽经'。京师寺外必大书此四字,以此为对,亦甚有趣。"

此外,清代北京地区的对联广告已经发展得十分完善,不同行业有自己成熟固定的广告语,如《续都门趣话》记载"从前京师澡堂,率于门首粉墙上署一联云:'金鸡未唱汤先热,红日东升客满堂。'千篇一律,几无人敢易一字"。而且,作为历朝古都,北京地区的皇亲国戚、达官贵人相对集中,他们常喜欢题写文字招牌、撰写商业对联,以此来表现自己的文学修养和艺术气质,使广告的文化色彩和民族特征大大增加。清代北京地区的对联广告鲜明地反映了这一特点。如宰相刘墉就曾为一家茶叶店撰写过一则对联广告"恒将雨露滋仙掌,泰转阳和益寿眉"。店名取自上下两联句首的两个字"恒泰",仙掌、寿眉都是长寿的意思,强烈的宣扬了"恒泰"店茶叶益寿延年的功效。

(二) 清代汉口地区的广告

汉口地处中国水陆交通的枢纽地带,素有"九省通衢"之称,清朝时期南来北往的客商聚集于此,商业经济兴旺,广告活动活跃。汉口地区的广告活动和广告形式多反映当地的历史文化传统和风俗习惯。

汉口地区店铺的招牌广告中,药店招牌多借用山名。《汉口竹枝词》第三十四首记载"玻璃八盏夜灯明,药店全凭铺面精。市井也知仁者寿,招牌一半借山名"。这段文字中的注释说"仁山、荣山、香山、寿山、松山、春山、长山、南山、泰山、华山、嵩山、恒山皆药店名"。还有些药店的招牌广告以表现药店医生的高超医术为主要内容,如汉口三元殿招牌上写有"一把抓",意思说该药店医生包治百病,药到病除。一些日用品商店的招牌喜欢用创始人名字来命名,以彰显其悠久的历史和信誉,《汉口竹枝词》第三十五首原注记载,"如罗天源帽、何云锦鞋、洪太和丝线、牛同兴剪子、王恒丰烟袋、罗明德牛烛、马公亮香货、叶开泰丸药、高黏除膏药、汪玉霞茶叶"等。还有些店铺的招牌广告以诚信和公平的经商之道为主要内容,清刘献廷《广阳杂记》记载:"予在武昌,见盐店招牌,书曰'重砠白盐'。余不知砠为何物,思之久而不得也。问之宗夏,宗夏曰:砠,秤锤也,音租。盐每包重八斤四两,制权两之而衡其轻重曰砠,如其数者为重砠也。"[①]这个招牌"重砠白盐"表明商家对出售的白盐决不缺斤短两的承诺。

汉口地区的招徕市声广告也十分盛行,清晨就可以在市内随处听到。《汉口竹枝词》第八十九首记载,汉口卖炒栗的商贩"街头炒栗一灯明,榾柮烟消火焰生。八个大钱称四两,未尝滋味早闻声"。另外,这一地区的市声语调悠长,具有极大的诱惑力。如《汉口竹枝词》第六十一首记载"四官殿与存仁巷,灯挂长竿样样全。夹道齐声呼'活的',谁家不费买灯钱",这段话既表明了四官殿与存仁巷这两家灯笼店主用极富感染力的市声广告"活的"来宣传产品、招徕顾客的行为,同时,也反映出两店簶扎纸糊的各种鱼、虾、兔、马等幌子做工精细、造型别致、活灵活现、生动逼真的情况。此外,汉口地区招徕市声广告所使用的响器也别具一格,《汉口竹枝词》第一九八首记载卖剪纸花的卖花女"手持'惊闺'沿户卖","收荒货"的小商贩则"大鼓蓬蓬到处摇"等。

(三) 清代成都地区的广告

四川成都地区属"天府之国",土地肥沃,人民富裕,商业经济发达,广告活动兴盛。晚清简阳人傅崇矩《成都通览》一书记载了清代成都地区地理气候环境、风土人情、社会经济等丰富内容,并附有《七十二行现相图》,将清代成都小商贩的广告活动刻画得生动而透彻[②]。

成都地区招幌广告花样繁多,内容丰富,"卖灯草"的商贩身背灯草,手摇悬挂灯草的竹竿;卖"布捆子"的商贩肩扛数匹折叠整齐的布匹;"卖泥娃娃"的商贩手提放着泥娃娃的篮子;"卖膏药"的商贩打着角上悬挂串串膏药的小伞;"卖风车"的商贩手里转动着精心制作的小风车;"卖糊糟"、"鸡贩子"、"补衣妇人"、"卖刷地笤箕"、"卖算盘"、"卖鱼担"、"甘蔗摊"、"卖缸钵"、"捏面娃娃"、"糖饼摊子"等商贩们各自在货架上插着制作精美的样品,以

---

① 刘献廷. 广阳杂记[M]. 北京:中华书局. 2007:196.

② 傅崇矩编. 成都通览[M]. 成都:巴蜀书社. 1987:7.

此作为广告宣传,吸引顾客的注意力。

成都地区招牌广告的使用也很广泛,尤以单纯的字招广告为特色,如"醋担子"商贩肩挑两只桶,前面的桶上悬着"陈醋"二字招牌;卖"咸牛肉"的商贩案前插"牛肉"二字招牌;卖"蚊烟"的商贩"用板凳肩担,手摇铃号,灯上写'药料蚊烟'及'卫生蚊烟'等字";"澡堂……其招牌则书'清水池塘'四字,门外挂布帘一幅"等等。

清代成都地区的招徕市声广告同样绚烂多彩、各有千秋,"换首饰"的商贩身负小木箱沿街呼唤;卖"牛肉"的商贩手作喇叭状放声吆喝;"淘井挖泥"、"阉鸡"的商贩双手敲着小铜锣;卖"线牌子"的商贩"肩立一线牌,如大掌扇形,沿街摇小鼓";卖"花草担子"的商贩"肩挑竹箱,手摇铜铛";其他如"抄手担子"、"打水井的"、"卖菜板"、"卖刷子"、"卖零星油"的商贩们手里也敲打着各自的响器,以此招揽生意。

另外,将招幌和市声两种广告方式结合起来,灵活运用的小商贩更多,如卖"皮梁子"的商贩一手展示商品,一手把着响器;卖"白麻糖"的商贩颈上悬吊着一盒麻糖,左手持铁叶片,右手持敲糖小锤;卖"提手篮"的商贩一手提木制提篮,一手摇拨浪鼓;卖"纸线箱"、"卖鲜花"、"补伞"、"补扇子"的商贩左手提篮,右手摇货郎鼓。

(四) 清代广东、福建地区的广告

清代,东南沿海的广东、福建等地区商业繁盛,对外贸易发达,出现了许多以对外贸易著名的港口镇市,广州更有"百货之肆,五都之市"之称,天下的商贾聚集于此。繁荣的商业贸易促进了这个地区广告活动的迅速发展。屈大均的《广东新语》比较详细地记载了广东地区的广告活动,如卷九就记载了广东地区富有地方特色的吹角市声广告:"顺德之容奇、桂州、黄连村,吹角卖鱼。予诗:'吹角卖鱼人,拾灯求子客。'其北水古、粉龙渚、马齐村,则吹角卖肉。相传黄巢屯兵其地,军中为市,以角声号召,此其遗风云。"施鸿保的《闽杂记》一书也记载了许多福建地区的广告活动,如卷十记载"闽俗荔枝熟时,亦以红笺书某处荔枝于某日开园",这是一则生动体现农民出售荔枝的招贴广告。

第三节 江浙地区及上海古代广告活动

江浙地区,主要指今天长江下游的苏南、浙江及上海三地。自古以来,三地在地理、文化、风俗、手工业、商业等方面的发展较为接近,互相之间有传承、有交织。所以,将上海古代广告置于江浙这样一个相对较大的范围内进行研究,会让我们获得更多、更清晰的有关上海古代广告活动的认识。

历史上,江浙地区商业经济发展虽有自己的源头,但受中原地区的影响深远,并且在动态发展中一直与中原互相促动。因而,依托商业经济发展起来的江浙地区古代广告发展依然遵循我国古代广告发展轨迹与发展规律,只不过在不同的历史时期,侧重点不同。

一、隋唐时期江浙地区古代广告快速拓展

（一）江浙地区古代商业经济飞速发展

隋唐时期，实行均田制、开凿大运河、巩固中央集权，疆域广阔，国泰民安，我国商品经济进入第二个发展高峰。在此背景下，江浙地区古代商业经济飞速发展。

这一时期，海外贸易加强，隋朝在扬州等地设置"市舶司"，管理往来的船舶交易，并向外商征税，南方城市商业贸易都得到快速发展。隋代江浙地区商业贸易较为兴盛的城市包括京口、余杭、江都、吴郡、会稽、东阳等，《隋书·地理志》记载"有海陆之饶，珍异所聚，故商贾并辏"，表明隋代时这些城市就已经有了很好的商业贸易环境。

唐代国力强盛，经济繁荣。尤其是中唐以后，不仅坊市制度解体，有的商铺突破地域限制，设在居民区内，而且扬州、苏州等地还冲破了市的时间限制，出现了夜市。晚唐诗人杜荀鹤在《送友游吴越》诗中记述了苏州"夜市桥边火，春风寺外船"的盛况[①]。随着夜市、草市及南方农村贸易集中地墟、集、庙会等的出现，唐代商品市场贸易更加成熟。

唐代江浙地区商业贸易较为发达的城市增多，有扬州、苏州、杭州等。作为南北交通交汇处，长江与大运河的汇合地，扬州设有对外贸易的港口，一度成为"万国通邦"的国际贸易中心。这里常年南北货物充足，中外富商大贾云集，数以千计的大食、波斯等国商旅侨居于此，正如《旧唐书·秦彦传》所记载"江、淮之间，广陵大镇，富甲天下"。扬州商品交易非常活跃，不仅有江、淮、荆及岭南的物产在此中转交易，而且设有唐代盐铁转运使，垄断盐铁售卖。苏州开始称吴郡，于唐代鼎盛时期崛起，人口众多，天宝之后，南迁人口越来越多，商业贸易也越来越繁荣。[②] 与苏州同时兴起的还有杭州，杭州是唐代的江南大郡，大量渔产品、海盐及纺织品在这里交易，其繁荣景象在唐李华《杭州刺史厅壁记》中得到了很好的描绘："杭州东南名郡""咽喉吴越，势雄江海""骈樯二十里，开肆三万室"。

古代上海，河湖交叉，是典型的水乡风光，其城市文化始终伴随着海上商业贸易及内河港口的发展而发展。唐天宝十载（751），因捍海塘在这一地区修成，耕地面积扩大，人口规模增加，于是设立华亭县，其范围北至吴淞江下游出海口，东至下沙，南至杭州湾，几乎囊括今天整个上海市。当时松江流域商船来往频繁，为了便于管理，松江南岸设立了青龙镇，此后逐渐发展成我国东南通商大镇。青龙镇坐落在吴淞江河口南岸，地理位置优越。唐代时，江南一带最大的贸易城市苏州的大部分货物都是由青龙镇转运出去的。

（二）江浙地区古代商业广告形式快速拓展

中国古代广告历经秦汉至魏晋南北朝时期的曲折发展过程之后，再次迎来了兴盛的局面。江浙地区古代商业广告在形式上和空间上以更快的速度拓展。

隋唐时期，招幌广告、招徕市声广告、招贴广告等古代广告形式在江浙地区继续发展，而且在形式上、空间上及应用范围中拓展更广泛，文化艺术水准更加高超。如唐代招贴广

---

① 冷鹏飞. 中国古代商品经济形态研究[M]. 北京：中华书局. 2002：262—290.
② 杨海军. 中国古代商业广告史[M]. 开封：河南大学出版社. 2005：45.

告的称谓逐渐繁多,除了叫"酒榜"或"酒牌"外,商铺用于宣传商品的招贴广告还可称为"商肆榜"。元稹《和乐天送客游岭南二十韵》诗中注:"吴中商肆多榜云:此有语儿巾子。"商肆榜是商人悬挂在店铺外的招贴广告,"此有语儿巾子"是商肆榜上书写的内容。语儿巾色彩艳丽、造型新颖,是岭南、苏杭一带人们喜爱的头巾,刚会说话的小孩儿看见了这种头巾也咿咿呀呀索要,"语儿巾"由此而得名。

隋唐时期,与中原一样,江浙地区也出现了灯幌广告、图画广告等一系列新型广告形式。灯幌广告是指以灯笼作为幌子的广告,一般在夜间悬挂于店铺门前,灯笼上用文字书写商号的行业性质,如"酒楼"、"茶馆"或"客栈"等字样①。灯幌广告的产生与唐代夜市的兴起密切相关,唐诗中描绘了夜市悬挂"千灯"的繁华景象。卢纶《送吉中孚校书归楚州旧山》:"沿溜入闾门,千灯夜市喧。喜逢邻舍伴,遥语问乡园。"王建《夜看扬州市》:"夜市千灯照碧云,高楼红袖客纷纷。如今不似时平日,犹自笙歌彻晓闻。"尽管夜市中的灯笼多用于照明,但灯幌广告应该已经出现。文献明确记载灯幌广告出现的时间是在五代。《都城纪胜·酒肆》记载"庵酒店,谓有娼妓在内,可以就欢,而于酒阁内暗藏卧床也。门首红栀子灯上,不以晴雨,必用箬盖之,以为记认。……酒家事物,门设红杈子、绯缘帘、贴金红纱栀子灯之类,旧传因五代郭高祖游幸汴京潘楼,至今成俗。"唐代还出现了中国最早的图画广告。据《唐国史补》记载:"江淮贾人,积米以待踊贵。图画为人持钱一千,买米一斗,以悬于市。扬子留后徐粲杖杀之。"文字描述一位囤积居奇的"江淮贾人",将一幅手持千钱购买斗米的图画悬挂于市场外,妄图通过图画的形象宣传引起人们对米价上涨的恐慌心理,借此牟取暴利,结果却被治罪。

唐代,江浙地区象征性招幌广告中的酒旗广告非常发达。酒旗的称谓丰富,悬挂的地方也很多,有的悬于长江边,如张籍《相和歌辞·江南曲》"长江午日酤春酒,高高酒旗悬江口";有的置于桥边,如杜牧《赠沈学士张歌人》"吴苑春风起,河桥酒旆悬";有的挂在画舫上,如杨汉公《明月楼》"吴兴城阙水云中,画舫青帘处处通"。有些诗人对唐代酒旗的观察更加细致入微,如皮日休在《酒中十咏·酒旗》诗中写道:"青帜阔数尺,悬于往来道。多为风所飏,时见酒名号。拂拂野桥幽,翻翻江市好。双眸复何事,终竟望君老。"这首诗全面生动地道出了酒旗的尺寸、颜色、悬挂方式、位置、内容及飘扬姿态等各方面,是当时描绘酒旗最为详尽的一首诗。

二、宋元时期江浙地区古代广告繁荣发展

(一)江浙地区古代商业经济的成熟

宋代城市经济尤为发达,商品交换品种增多,交换领域拓展,交换规模扩大,商业发展兴盛的城市在南方地区更多,如苏州、江宁、杭州、扬州、福州、广州等。而南宋都城临安(今杭州),繁华富裕的程度较之汴京鼎盛时期有过之而无不及。南宋临安商业经济的繁荣与其独特的地理位置密切相关,它处于汴河的最南端,与钱塘江相通,水上交通十分发达。而且,早在吴越时期,这里的城市发展就已经具有了一定的规模。北宋时期,它与京

---

① 陈培爱. 中外广告史——站在当代视角的全面回顾[M]. 北京:中国物价出版社. 2001:20.

都汴京一直保持着紧密的经济往来，商业贸易非常发达。因此，南宋迁都于此后，临安迅速成为了当时全国的政治、经济和文化中心。无论在城市规模上，还是在人口数量上，南宋都城临安都超过了北宋汴京。许多富商大贾和皇宫贵族都聚集临安城内，兴修高楼大屋，夜夜笙歌，尽情挥霍。应临安城生活所需，市场交易一片繁荣，苏州、湖州、四川、两湖、两广等全国各地的蔬菜、水果、食盐、水产、海鲜等物产纷至沓来，造成江浙一带经常是船舶云集、车马堵塞，客贩往来，不绝于道①。

江南乡村的草市规模不断扩大，逐渐发展成为新兴的市镇，有些发达的市镇规模甚至超过县城。范成大《吴船录》记载湖州"郡有乌墩、新市，虽曰镇务，然井邑之盛，赋入之多，县道所不及也"②。这些规模庞大的市镇最终与城市市场连在一起。宋代，尤其是南宋时期，江浙一带城市规模扩大，人口增加，大量农业产品，茶、水果等农副产品，丝织品、纸张、瓷器等手工业品都进入市场交易。两宋时期，临安、苏州还是书籍的主要产地，因此大量书籍和印刷产品在这里的书店里进行交易。

在上海地区，青龙镇发展最为繁盛，共36坊、22桥，加37塔、13寺，城镇里的市肆极为繁荣，史称"海舶百货交集，梵宇亭台极其壮丽，龙舟嬉水冠松江南，论者比之杭州"。宋代应熙曾作《青龙赋》赞美青龙镇"市廛杂夷夏之人，宝货富东南之物。讴歌嘹亮，开颜而莫尽欢欣……"南宋中叶，海岸线东移，黄浦江一带的上海镇设立，成为新的沿海贸易港口。从此，过往商家云集，市场兴旺，被誉为"江南新兴之贸易港"，成为华亭东北的巨镇。由于当时苏松地区的棉花及布织品，大都集中于此转运出口，所以贸易量极大，一个具有资本主义萌芽特征的工商业都市逐渐兴起了。

即使是在蒙古族掌权的元朝，南方的杭州、上海的松江府（由华亭县升格而来）依然是闻名全国的工商业城市和手工业城市。

（二）江浙地区古代广告的繁荣

宋元时期，江浙地区古代广告整体水平提高，进入成熟发展期。

象征性招幌广告应用广泛。大酒楼普遍使用豪华装饰的彩楼欢门作为招幌广告，如《梦粱录》记载临安一家酒店，"门首彩画欢门，设红绿杈子，绯绿帘幕，贴金红纱栀子灯，装饰厅院廊庑，花木森茂，酒店潇洒"③。其他数量众多的规模很小的酒馆或酒铺虽不设彩楼欢门，装饰简单，但也会用简单的象征性招幌作为酒店的广告，如《梦粱录》记载小酒馆门首仅"挂草葫芦、银马杓、银大碗，亦有挂银裹直卖牌，多是竹栅布幕，谓之'打碗头'，只三二碗便行"④。大的"食店"则多结欢门做宣传，《梦粱录》记载"且言食店门首及仪式：其门首，以枋木及花样渗结缚如山棚，上挂半边猪羊，一带近里门面窗牖，皆朱绿五彩装饰，谓之'欢门'"⑤。

---

① 杨海军. 中国古代商业广告史[M]. 开封：河南大学出版社. 2005：57.
② 范成大. 范成大笔记六种·吴船录[M]. 北京：中华书局. 2002：179—247.
③ 吴自牧. 梦粱录·酒肆[M]. 西安：三秦出版社. 2004：234.
④ 吴自牧. 梦粱录·酒肆[M]. 西安：三秦出版社. 2004：235.
⑤ 吴自牧. 梦粱录·面食店[M]. 西安：三秦出版社. 2004：241.

宋代江浙地区的招徕市声广告声音更加丰富多彩,田汝成《西湖游览志余》记载:"杭州三百六十行,各有市语。"《梦粱录》也记载临安商贩"吟叫百端,如汴京气象,殊可人意"①,"又有担架子卖香辣罐肺、香辣素粉羹、腊肉……各有叫声"②。以上记述充分说明宋代不同行业招徕市声广告有着细致明确的分工。随着宋代夜市的繁荣,招徕市声广告可以持续至深夜。如临安城,夜市繁盛,叫卖市声"至三更不绝"。《梦粱录》记载南宋临安端午时节小商贩的叫卖市声:"自初一至端午日,家家买桃、柳、葵……时果、五色瘟纸,当门供养。自隔宿及五更,沿门唱卖声满街不绝。"招徕市声广告中还使用各种不同的响器,来增强广告的感染力。而且,招徕市声广告的艺术水准远高于之前。有的商贩们在推销商品时,会演奏乐曲。如《梦粱录》记载:"向绍兴年间,卖梅花酒之肆,以鼓乐吹《梅花引》曲破卖之,用银盂杓盏子,亦如酒肆论一角二角。"③宋代耐得翁《都城纪胜·茶坊》中也记到:"绍兴间,用鼓乐吹梅花酒曲,用旋杓如酒肆间,正是论角,如京师量卖。茶楼多有都人子弟占此会聚,习学乐器或唱叫之类,谓之挂牌儿。"《梅花引》是宋代酒肆中经常演奏的曲目,乐曲的原型可能就是卖酒的酒曲,后被酒肆商人们借来为顾客吹奏助兴。有的商贩则在乐曲中配上歌词,《梦粱录》记载南宋临安"今街市与宅院,往往效京师叫声,以市井诸色歌叫卖物之声,采合宫商成其词也"④。

宋代招牌广告使用更为普遍。《都城纪胜》记载顾客:"大抵都下买物,多趋有名之家。"说明为迎合消费者看重店铺招牌的心理需求,宋代商家招牌上大都注有店铺名号。宋代还有许多店铺的招牌广告以店家的经营思想为主要内容。如吴自牧《梦粱录》中记载南宋临安城有"官巷前仁爱堂熟药铺,修义坊三不欺药铺"⑤。所谓"三不欺"是指店家在商品质量、斤两、价钱三方面都不作假的经营思想。另外,宋代招牌广告已具有相当的艺术水准,语言工整对仗。如陆游《老学庵笔记》卷八曾记载临安店铺"扁牓一新。好事者取以为对曰:'钤辖诸道进奏院,详定一司敕令所';'王防御契圣眼科,陆官人遇仙风药';'干湿脚气四斤丸,偏正头风一字散';'三朝御裹陈忠翊,四世儒医陆太丞';'东京石朝议女婿乐驻泊药铺,西蜀;费先生外甥寇保义卦肆',如此凡数十联,不能尽记"⑥。还有些商家为了使店铺显眼,在招牌表现形式和放置位置上别出心裁。如临安"染红王家胭脂铺"招牌中"染红"二字设计为红色,非常显眼,与其他同类店铺很容易区别。

宋代,表演广告规模庞大。如南宋时期,酒是国家专卖产品,只有大酒店才能从酒库取得酒引子以便自己酿造。临安大酒店纷纷利用到酒库中迎取酒引子的时机,在街上大作表演广告。每年清明节和中秋节前,各酒库要两次煮酒,每次新酒煮出后,都要把样品先后呈献给点检所(临安管理酒库的机构)与临安府检测,这个过程也被店家看成广告宣传的大好时机。《梦粱录》卷二《诸酒库迎煮》记载,到进呈之日的清晨,"各库排列整肃,前

① 吴自牧. 梦粱录·天晓诸人出市[M]. 西安:三秦出版社. 2004:196.
② 吴自牧. 梦粱录·夜市[M]. 西安:三秦出版社. 2004:198—199.
③ 吴自牧. 梦粱录·茶肆[M]. 西安:三秦出版社. 2004:140.
④ 吴自牧. 梦粱录·妓乐[M]. 西安:三秦出版社. 2004:193.
⑤ 吴自牧. 梦粱录·铺席[M]. 西安:三秦出版社. 2004:116—118.
⑥ 陆游. 老学庵笔记[M]. 西安:三秦出版社. 2003:270—298.

往州府教场伺候点呈。首以三丈余高白布写'某库选到有名高手酒匠,酝造一色上等酴辣无比高酒,呈中第一,谓之'布牌',以大长竹挂起,三五人扶之而行"。布牌后面是以大鼓为核心的庞大乐队,吹吹打打,好不热闹,再后是用来检点的样酒,"次以大鼓及乐官数辈,后以所呈样酒数担",沿途还赠送小点心给路人品尝,"次八仙道人、诸行社队,如鱼儿活担、糖糕、面食、诸般市食、车架、异桧奇松、赌钱行、渔父、出猎、台阁等社"。表演队伍的后面以官私妓女作为排场,"又有小女童子,执琴瑟;妓家服役婆嫂,乔妆艳体浪儿,手攀花篮……后十余辈,着大红衣,带卓时髻,名之'行首'"。酒库的专知大公,也十分威风,骑着高头大马,马前面几位大汉抬着临安府赏赐的"彩帛钱会银碗,令人肩驮于马前,以为荣耀"。"各库迎'引'出大街,直至鹅鸭桥北酒库,或俞家园都钱库,纳牌放散"。① 这些大酒店的酒楼也重新结缚彩楼欢门,热闹非凡。这种大型的广告表演活动,经常是轰动全城,起到了很好的宣传酒店的作用。

迄今为止,虽然尚未发现江浙地区宋代包装广告的实物,但《梦粱录》卷十三《团行》记载临安"其他工役之人,或名为'作分'者,如……裹帖作……作分"②,表明宋代包装广告盛行,并出现了专门制作包装纸的作坊——裹帖作,宋代包装广告纸上应该也印有店铺名称、商标、告白等内容。

在江浙一带,宋代商人们很注重广告技巧。《都城纪胜》记载"大茶坊张挂名人书画,在京师只熟食店挂画,所以消遣久待也。今茶坊皆然",这是利用名人字画招徕顾客的技巧。

三、明清时期江浙地区古代广告的完善

（一）江浙地区古代商业经济的鼎盛

明清时期,中国古代商品经济进入最高发展阶段,江浙地区商业较为发达的城市越来越多,包括南京、杭州、苏州、镇江、淮安、常州、扬州、嘉兴等。明代,江浙地区的南京是可以和北京相提并论的政治经济文化中心。为促进南京城市经济的发展,明初朱元璋曾下令全国两万户富豪迁至南京定居。所以,明初的南京,城市商业经济非常兴盛,城里城外市集遍布,不同的市场售卖不同的商品;城内客商众多,店铺林立,为此,南京城内还专门建造了十余座酒楼供各地客商食宿。据谢肇淛《五杂俎》卷三记载,当时的南京城秦淮河一带是"夹岸楼阁,中流箫鼓,日夜不绝,盖其繁华佳丽,自六朝以来已然矣"。另外,杭州的商业经济也具有一定的特色,杭州城内店铺遍布大街小巷,市集众多,南来北往的客商络绎不绝。其中最有名的是西湖的香市,香市多在春天举行,香市内店、摊、棚错落交织,商品琳琅满目,商业交易十分热闹。③ 在江浙手工业发达的地区,新型的专业性城镇兴起,如著名的苏、松、杭、嘉、湖江南五府集镇,以经营丝织业而闻名的江苏吴江县震泽镇、盛泽镇,以经营蚕桑业为主的湖州双林镇等等,这些手工业城镇的商业贸易也非常发达。

清朝,经济日趋繁荣稳定,我国完整的市集贸易体系形成。南方城市商业经济的发展

---

① 吴自牧. 梦粱录·诸库迎煮[M]. 西安:三秦出版社. 2004:23—24.
② 吴自牧. 梦粱录·团行[M]. 西安:三秦出版社. 2004:191—192.
③ 杨海军. 中国古代商业广告史[M]. 开封:河南大学出版社. 2005:94.

比北方更快,出现了区域经济中心。江浙地区的南京、苏州、杭州、扬州等地因具有良好的商业发展背景,又处于水路交通要道,客商往来熙攘,形成了苏杭、沿海及沿长江流域等几大商业贸易中心。至此,我国古代整个南方的商业贸易联系更加紧密,区域贸易经济更加活跃。江浙地区更小的、次级商业中心也随之形成,并各具特色。如江南松江府、浙江湖州、嘉兴、杭州的丝绸,浙江的茶叶等,各次级经济中心贸易繁荣,商业经济成熟发展。

清代中后期,上海港的商业地位日益重要。据嘉庆《上海县志》记载,上海港"闽、广、辽、沈之货,鳞萃羽集,远及西洋暹逻之舟,岁亦间至,地大物博,号称繁剧,诚江海之通津,东南之都会也"。港口的发达带来了城市的繁荣。在清中叶,上海城内已有大小街巷60余条,商业街道集中规划,里外洋货街专卖外地来沪货物;豆市街、花衣街专售大豆棉花;篾竹街、芦席街专卖本地手工制品。为应付客商云集的场面,上海还设置了各种行业组织,如商船会馆、钱业公所、布业公所等。[①]

(二) 江浙地区古代广告的完善

伴随明代城乡商业经济的繁荣,江浙地区传统的招幌、招徕市声等广告形式趋于完备,并在更宽泛的领域进一步得以传播。

明代江浙各商业市镇的店铺都喜欢使用招幌广告,尤其是"冲天招牌"。在《南都繁会图卷》中,招幌广告比比皆是。这幅图画长350厘米,高44厘米,画面中描绘的南京店铺招牌幌子共109种之多(见图36—38)。招幌上多书写店铺出售的商品种类,如"天之美禄"(见图39)、"东西两洋货物俱全"、"西北两口皮货发寄"、"兑珠换金"(见图40)、"万源号通商银钱出入公平"、"京式靴鞋店"、"极品宫带"(见图41)、"川广杂货"等。整幅图画所有招牌中最醒目的是"东西两洋货物俱全"的冲天招牌,这种招牌用布帘制成,最长者达数丈。

图36 《南都繁会图》中的张楼肉铺和成衣铺招幌

---

① 陈伯海.上海文化通史[M].上海:上海文艺出版社.2001:7—13.

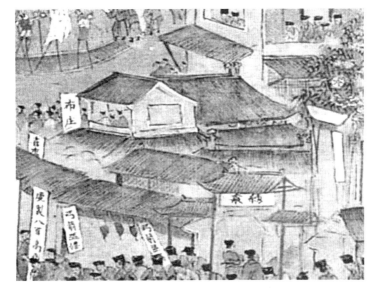

图 37 《南都繁会图》中的布庄招幌

图 38 《南都繁会图》中的酒楼、相馆招幌

图 39 《南都繁会图》中的酒店"天之美禄"招幌

图 40 《南都繁会图》中的"东西两洋货物俱全"、"西北
两口皮货发寄"、"兑换金珠"铺面招幌

图 41 《南都繁会图》中的"万源号通商银钱出入公平"、"京式靴鞋店"招幌

　　明代江浙招徕市声广告也比较有特点,韵味十足,如《生绡剪》第十一回记载苏州阊门
外吊河桥卖鼠药商贩吆喝"赛狸猫,老鼠药。大的吃了跳三跳,小的闻闻就跌倒",寥寥数
句广告语,将鼠药的威力传达得活灵活现。

　　明代江浙对联广告也具有相当大的促进商品售卖的作用。相传明代弘治年间,西湖

边上有母女俩开了一个"东兴"酒店，生意清淡，两人整日愁眉苦脸。一天，书法家祝枝山游览西湖，进入这家酒店饮酒，见酒店生意不好，便为酒店写了一副对联："东不管西不管，我管酒管；兴也罢衰也罢，请吧喝吧。"①这副对联广告诙谐幽默，流传甚广，酒店因此而生意兴隆。

清代，扬州、苏州及杭州地区经济较为发达，大商人很多，广告活动非常繁盛，广告特色显著。李斗的《扬州画舫录》，顾禄的《清嘉录》以及《桐桥倚棹录》中《市廛》《舟楫》《工作》等篇，苏州画家徐扬的《盛世滋生图》，范祖述的《杭俗遗风》等许多文献著作和绘画作品向我们描绘了清代这三地广告业的盛况。

江浙地区的一些店家不惜财力聘请名人名家为自己的店铺命名和撰写字号，以提升店铺的文化品位和知名度。如《扬州画舫录》提到"名肆，如伍少西毡铺扁额'伍烧西家'四字，为江宁杨纪军名法者所书，戴春林香铺'戴春林家'四字，传为董香光所书云"，这是扬州一些店家请书法名家为自己的店铺撰写的招牌。还有一些店家在招幌的样式上下足工夫，设计制作了形态特别、功能奇巧的招幌，如《扬州画舫录》卷十三记载扬州一家酒店老板创制的酒帘，酒帘很大、形式与众不同，"帘以青白布数幅为之"，下端裁为"燕尾"，更为精巧的是，为适应扬州城内繁华夜市的需要，该酒帘"上端夹板灯，上贴一'酒'字"，即便在夜晚，这样的设计使酒帘也能清晰可见。

江浙招徕市声广告在桥头、城门、河船等地方广为吟唱，如《桐桥倚棹录》卷十记载苏州卖丝线、丝带商贩"筐筐携至渡僧桥、月城内一带，拦地叫卖"；②《清稗类钞》记载苏州卖花女"清晨由女郎契小筠篮入城唤卖"；《桐桥倚棹录》记载卖菱儿的"菱船往来山塘河中叫卖"。而且，苏杭地区招徕市声广告具有当地独特的语言特点，软语温言、丝丝入微，委婉动听，如《扬州画舫录》记载扬州卖糖商贩"又有提篮鸣锣唱卖糖官人、糖宝塔、糖龟儿诸色者，味不甚佳，止供小儿之弄……口中唤唱，音节入古"；《扬州画舫录》卷十一记载卖豆腐脑、茯苓糕小商贩"唤声柔雅，渺渺可听"；《桐桥倚棹录》卷十二记载卖花商贩"成群入市，拦门吟卖，紫韵红腔，婉转堪听"。③杭州用响器来鸣锣卖鱼的招徕市声广告方式也颇具特色，范祖述《杭俗遗风》记载"杭州之江渔船来自宁波等海口，路遥天热，鱼皆藏于冰内，无论何时到地，江干设有冰鲜行，雇人肩挑大锣一面，其一头挂大灯笼一盏，号冰鲜行字号，遍行城厢内外上下段各路。如到船一只则敲锣两下，两只三下，通知各行贩前往贩卖。……先前以白昼鸣锣犯禁，后乃禀明大宪，则当官敲矣"。

江浙地区其他的广告形式，如招贴广告的内容多简洁清晰，让人一目了然，《扬州画舫录》卷九记载"大东门书场在董子祠坡儿下厕房旁，四面团座，中设书台。门悬书招，上三字横写，为评话人姓名。下四字直写，曰：开讲书词。屋主与评话以单双日相替敛钱，钱至一千者为名工。各门街巷皆有之"。对联广告多以描写江南美景著称，如《扬州画舫录》卷十三记载一家酒店的对联广告："地偏山水秀，酒绿河桥春。"包装（仿单）广告的内容一

①　陈培爱. 中外广告史——站在当代视角的全面回顾[M]. 北京：中国物价出版社. 2001：34.
②　顾禄. 桐桥倚棹录·市廛[M]. 上海：上海古籍出版社. 1980：150.
③　顾禄. 桐桥倚棹录·舟楫[M]. 上海：上海古籍出版社. 1980：168.

般会先介绍店家产品的制法和特点,然后提醒顾客要认明图章和店铺地址来购买,如杭州老三泰琴弦店的仿单广告:"祖传李世英按律法制太古琴弦、缠弦,各式各弦,一应俱全,发客。老铺历百余年,并无分出。凡士商赐顾者,请认杭省回回堂下首积善坊巷口老三泰图记,庶不致误。"扬州卢葵生漆器店的仿单广告:"其砚全以砂漆制法得宜,方能传久下墨。创自先祖,迄今一百一十余年,并无他人仿制。近有市卖者,假冒不得其法,未能漆砂经久。倘蒙赏鉴,须认明砚记、图章、住址不误。住扬州钞关门埂子街达士巷南首。古榆书屋卢氏。"①

此外,这一地区的商人也善于运用广告策略,制造奇事和悬疑,以达到广告宣传的目的。如《扬州画舫录》卷七记载扬州城"宰夫杨氏,工宰肉。得炙肉之法,谓之熏烧。肆中额云'丝竹何如'",肉铺中悬挂如此雅致的广告语引起了人们广泛的猜测,于是纷纷解释这四个字的含义,有人说"'虽无丝竹管弦之盛'语解之,谓其意在觞咏",也有人说"'丝不如竹,竹不如肉'语解之,谓其意在于肉",最后作者总结为:"然市井屠沽,每藉联扁新异,足以致金,是皆可以不解解之也。"屠户巧妙地利用一个字招引起人们的猜疑和轰动,使自己的产品畅销。《扬州画舫录》卷十一也记载"北人宋二,貌魁梧,色黝黑,嗜酒,好与禽兽伍,禽兽亦乐与之狎。得一奇异之物,置大桶中,绘图鸣金炫售,以为日奉酒钱。一日奇货尽,以犬纳桶中,炫售如故,见者嘲之,谓之'宋犬'"。这则故事描写了卖奇兽的小商人通过绘画怪兽模样,并鸣金来招徕顾客的宣传手法。

---

① 李一泯. 广告·文学·文明[N]. 文艺报. 1985 - 12 - 7.

第二章
纸上推销术：商业报刊与广告

近代上海广告并不是由中国传统广告延续发展而形成的，而是西风东渐的产物，是在外国列强入侵和中国民族资本主义壮大的过程中逐步产生和发展起来的。19世纪鸦片战争后，上海作为通商口岸开埠，一方面，西方列强们给古老封闭的上海带来了先进的生产技术；另一方面，一些外资企业在华的经济活动，为上海本土的民族企业带来了现代的广告营销理念。上海近代广告虽然是受西方现代广告业的影响而形成的，但并没有呈现出完整的现代广告形态，而是在较长的一段时期内保留了许多传统广告的特点。上海近代广告是处于中国传统广告和现代广告之间的一种过渡阶段的广告形态，但是与传统广告相比，上海近代广告具有明显进步。首先，近代广告媒体种类越来越多样，公交车辆、橱窗、海报、月份牌等都成为重要的广告载体，尤其是报纸和电台媒体出现后，广告的传播范围和影响力迅速扩大。其次，上海近代工业、企业广告主更加注重广告宣传，广告成为拓展市场、促销产品和扩大企业知名度的重要手段，一些有实力的公司设立专门的广告部来负责本企业的广告宣传工作，归国留学生也创办广告公司开展广告业务。在近代上海广告业发展的初期，一些大的工商企业为了增强竞争力，在其内部专设广告部，规模较大的有英美烟公司、中法药房、新世界、大世界、九福公司等大企业[①]。这些企业的广告部门为自己的产品实施广告策划，充分利用广告宣传活动推销产品。

19世纪末期，许多来到上海的外国商人，瞄准了中国的市场贸易机会。为了打开中国市场，他们采用积极的广告宣传方式，不惜花费巨资对产品进行设计、包装，并且通过在报纸上进行广告宣传和推销，使产品广告深入中国老百姓的观念。外商凭借积极的广告宣传手段，迅速打开了中国市场，赚取丰厚利润。外国资本企业的侵入，给上海本土的民族企业带来巨大的生存挑战。一方面，民族资本企业面临强大的外国资本企业竞争，另一方面，民族资本企业的内部竞争也不容小觑。民族企业的市场环境变得愈发严峻，想要在竞争中赢得市场，除了靠好的产品质量，更需模仿外资企业利用有效的广告宣传行销手段参与市场竞争。19世纪末期之后，我国在全国范围内掀起的一次次办报高潮，上海的报

---

① 如来生. 中国广告事业史[M]. 上海：新文化社. 1948：5.

刊事业开始繁荣。尤其在上海英美公共租界和法租界辟设以后,许多外国商人将英美商业报刊的模式植入上海,通过报刊广告以获取商业利润。办报不仅有利于宣传,而且还能找到赚钱机会,许多华人纷纷效仿,自办商业报刊以招揽广告。20 世纪初,上海报刊事业的规模和数量空前,影响力也覆盖全国。因此,在那个外货与国货进行激烈市场竞争的特殊年代,急剧扩张的报刊成了各大广告主们登载广告的首选,伴随着上海经济和上海报业的繁荣,上海广告业也随之成为了中国近代广告业的发源地和中心。

第一节　近代都市的开埠与报刊兴起

上海是近代中国经济和社会发展的窗口,1842 年《南京条约》中被迫开放为通商口岸后,上海以其独特的地理优势,迅速成长为近代中国经济中心。随着社会经济的繁荣,各式文化产业在上海生根发芽,报刊、学校、文化团体等新式文化机构如雨后春笋,遍布上海大地,这也日渐彰显了近代上海的文化地位。

自 1850 年 8 月上海历史上第一张英文周刊《北华捷报》(*North-China Herald*)创刊以来,上海的报刊业发展一枝独秀,至 1895 年,上海的报刊达 86 种之多,约占同期全国新创办报刊总数的二分之一,且多数是创办在租界之内。1895 年以后,经戊戌维新运动全国掀起创办报刊的热潮,上海创办报刊数量急剧上升,在 1896—1898 三年间,新创办的报刊达到 48 种,占同期全国新办报刊的 44.9%。此后,上海作为近代中国报刊中心的地位一直未变。《新闻报》也是诞生于这个百花齐放的年代。上海报业的繁荣,从侧面显现出上海社会对获取信息的极度渴求,逐渐增长的大众文化需求,以及上海商业的高度发达。

一、近代上海经济:民族工业的兴起

1843 年 11 月 17 日,上海正式开埠,其外贸经济迅速发展,很快成为中国最大的对外通商口岸和国内埠际贸易港口,外贸值和埠际贸易值占全国的 50% 左右。品种繁多而新奇的洋货从上海进入到国内,直接冲击着中国原有的自然经济体制,落后的制度在面临挑战的时候变得不堪一击。外来货品的增加,逐渐渗透到中国普通人民的日常生活中。据统计,上海洋货转运国内各口岸 1912 年为 133 241 017 关两,1921 年为 200 258 724 关两,1931 年为 192 107 124 关两[①]。在近代上海开放的格局下,中国商人同外商的交易越来越多。他们从内地收购中国土产,特别是江浙一带的丝、茶,向洋行销售,或从洋行购买进口商品,然后运销内地城乡。正如《海关十年报告》所说:"中国商人一年甚于一年地倾向于把上海作为中国北方贸易的商业中心……现在,中国人最大的商业机构几乎都设在这

---

① 国民政府实业部国际贸易局. 最近三十四年来中国通商口岸对外贸易统计[M]. 北京:商务印书馆. 1935:156.

里。"①上海不仅作为外来商品进入中国市场的窗口，同时也是中国农副产品输出的巨大平台。20世纪20—30年代上海出口的农副产品、手工制品有200—300个品种，庞大的商品交易市场使得上海成为当时全国有名的经济中心，上海街头充满了各式新奇的货物，只要想得到的东西，都可以在上海店铺里买到。

同时，20世纪20—30年代的上海，民族工业稳步推进。第一次世界大战期间，尽管国内战火四起，却也给中国民族资本主义提供了良好的发展机会。列强忙于战争，放松了对中国国内市场资源的掠夺，民族资本主义在此缝隙中迅速壮大起来。棉纺织品、面粉、针织品、火柴、肥皂、卷烟等等产品，每年都通过上海输入到内地各埠。其时，在一些地区上海货逐渐替代洋货成为输入工业品的主角。如安徽芜湖1925年报关的中国机制品超过洋货，此后中国机制品输入每年约在600万关两，洋货约在400—500关两，洋货与国货在上海争先恐后地抢占市场。

人口的增长也是促进上海商业发达的主要原因之一，20世纪20—30年代，上海城市人口稳定增长，1937年达381万，比民国初年净增了250多万，成为一座远东大城市。如此庞大的人口数量导致对生活资料的需求急剧增加，巨大的商品流通带动了整个上海经济市场的繁荣，上海在成为贸易交流通道的同时，也逐渐发展为一个综合型大都市。

二、近代上海报业：东方报业中心的形成

上海成为当时全国著名贸易口岸和经济中心，经济基础决定上层建筑，上海的报业因而呈现出一派生机勃勃的景象，官报、民报、外报共同发展，各式小报争相抢夺受众市场。1850年外国侨民在英租界创办了上海历史上第一张近代报纸《北华捷报》，至1895年，上海的报刊多达86种，1911年以前，中国境内出版的136种外文报刊中，54种在上海出版，占其中的39.7%，54种报刊中，英文34种，法文10种，德文3种，日文7种。全国范围内最具有影响的英、法、德文报刊《北华捷报》《字林西报》《中法新汇报》《德文新报》等均在上海出版。报刊种类，除普通日报、周报外，还有晚报、专业报刊、机关报等（见表1）。

表1　1865～1895年上海等城市新办报刊统计表

地　点	合计	上海	香港	澳门	广州	厦门	福州	汉口	天津	宁波	其他
外文报刊	91	41	12	14	5	2	5	2	2		7
中文报刊	86	45	6		10	3	4	7	1	2	8

在上海所创办的报刊，较有影响的主要有以下几种：

1. 英文报刊

在中国近代报纸发展史上，英、美等国的商人创办了一些英文报纸，这些英文报纸也同样重视广告刊登。其中，最著名的有英商字林洋行于1850年8月3日在上海创办的

---

① 张仲礼，沈祖炜. 近代上海市场发育的若干特点[J]. 上海社会科学院学术季刊. 1994.02.

《北华捷报》,是上海最早出版的英文周报。1864 年 7 月 1 日,报馆又推出日报《字林西报》,《北华捷报》成为《字林西报》的每周增刊。这两份报纸在外侨社会中具有很大影响,公共租界工部局和英国领事馆一度将其作为自己的发言机构,重要公告由其独家发表。此外,较有影响力的英文报刊还有:《皇家亚西亚文会北中国分会报》,1858 年创办,由伟烈亚力担任主笔,每年出版一册,但不久就停刊,至 1864 年重新复刊。多登载外国人研究对中国的文章,直到 20 世纪 30 年代仍在出版。

《上海趣事、真相与小说记事》,1859 年由《北华捷报》出版社出版的月刊,3 个月后停刊。

《上海每日时报》,天孙洋行出版,刊载贸易、商业和市场消息的商业性日报,史密斯主笔,1862 年 4 月该报因债务问题停刊。

《上海载记》,又译为《上海汇报》,由两名外侨科普和切西尔合组一家公司发行,由鲍克担任主笔,后由琼司继任。最初发行英文日报和周刊,1864 年另外出版《商务载记》,1865 年周刊停发,1869 年因经费问题停刊。

《晚差报》,又译为《晚快报》,1867 年 10 月 1 日创办,是上海第一家晚报,由琼司担任主笔。1869 年因债务问题一度停刊,后由债权人要求,报纸接受唐尼洋行管理,1871 年琼司因破产离开中国,报纸终刊。

《远东释疑》,1867 年创办,由伟烈亚力担任主笔,季刊,1872 年更名为《中国评论》,改为双月刊,1923 年又改名为《中国科学美术杂志》,每月一册,由苏尔西、苏柯仁、福开森等人负责。其内容起初泛论中国宗教、历史、语言等各个方面,兼评有关中国和远东问题的书籍,后逐渐转向专论科学、艺术。

《美国月报》,美国商人桑恩、温伯利于 1867 年 10 月 16 日出资创办,茹波特担任主笔,初名 Shanghai News Letter For California and Atlantic States,刊期不定,每逢美国商船到沪后数日出版,并由轮船带寄到美国、欧洲,主要刊载商船往来消息,兼及中外交涉事件、中国新闻、生意通告等内容,每期刊载新近来华的美国人名单。1871 年由英国人郎格购买,改为月刊,改名《上海通信》,1873 年底并入《上海锦囊与每周差报》。

《上海差报》,1868 年 10 月 1 日创办。最初由寓沪葡萄牙人罗扎瑞奥负责,后由郎格担任主编。俗称《晋源报》,又被译为《通闻西报》、《通闻晚报》,为英文晚报。1875 年郎格去世,该报与《晚报》合并,改称《上海差报与中国钞报》。

《上海锦囊与每周差报》,1871 年 1 月 4 日创办的英文周刊,是《上海差报》的海外版,读者对象主要为上海以外中国其他城市和中国以外其他国家的欧美侨民,1873 年与《上海通信》合并,改名为《上海锦囊与每周通信》,1875 年又与《上海差报》、《晚报》合并,改名《上海差报与中国钞报》。

《晚报》,1873 年 6 月 2 日创办,由柯泰洋行发行,巴尔福担任主笔,同年 9 月报馆被焚毁,暂停发行,次年初复刊,1875 年与《上海锦囊与每周通信》合并,改名为《上海差报与中国钞报》继续出版。

《华洋通闻》,1874 年 7 月 4 日出版,是《晚报》的海外版周刊,主要向欧美读者介绍远东事务,后《晚报》并入英文《文汇报》,该报作为《文汇报》的海外版继续发行。

《上海差报与中国钞报》，1875 年创办的英文晚报，由巴尔福、克拉克担任主笔。系由《上海锦囊与每周通信》《上海差报》《晚报》合并后产生，1879 年开始同时出版日刊、晚刊。同年 9 月因克拉克退出另办《文汇报》而停发晚刊，1890 年终刊，设备被转卖给《文汇报》。

《文汇报》，1879 年 4 月 17 日创办，克拉克退出《上海差报与中国钞报》后办理此报，由其本人和李闹登担任主笔。1890 年将《上海差报与中国钞报》并入，成为上海最有影响的西文晚报。该报社最早在上海使用煤气引擎轮转机印报。1900 年改组为有限公司，克拉克担任公司总董兼主笔。民国以后，股份逐渐被日本人所控制，1930 年 6 月停刊，其产业被美商《大美晚报》所收买。

《泰晤时报申报》，1901 年创办的日报，由美国人包尔担任主笔。又称《上海泰晤士报》，因曾合并《体育与清谈报》，英文全称一度为《泰晤时报申报·体育与清谈报》，最初为上海美侨的言论报刊，1907 年接受日本政府津贴，态度转向亲日。1914 年归英国人诺丁汉所有，1941 年日军占领租界后一度停刊，后在日军管制下复刊。

《大陆报》，1911 年 8 月 28 日由美国人密勒、克劳、费莱煦，华人伍廷芳、钟耀文等共同筹资创办的日报。

2. 法文和德文报刊

《上海新闻》，又被称为《上海报界》，1870 年 12 月 5 日创办，比埃担任主笔。这是中国境内出版的第一份法文报刊，受到公董局支持，并得到法国商人和天主教会资助。1872 年 12 月 31 日停刊。

《中国差报》，1896 年 6 月由瑞士人喀斯推剌创办的周刊，法国人雷墨尔担任主笔。每日附出一份 4 页副刊，刊登广告、进出口船期报告、邮政消息、汇率表、气象报告及本地新闻，免费赠送给订户，同年 9 月，被转让给雷墨尔，更名《中国通信》继续出版。

《中国通信》，1896 年 9 月 11 日创办，前身为《中国差报》，由雷墨尔购买，并担任主笔，原为周刊，1897 年 4 月 7 日改为日刊，由雷墨尔和克宁汉共同编辑。后所有权被法国天主教会所购买，于 1897 年 7 月 1 日改称《中法新汇报》。

《中法新汇报》，1897 年 7 月 1 日创办，由雷墨尔担任主笔。初创时中文名为《法兴时务报》，该报是法国人在上海及远东地区的主要日报报刊，由寓沪法侨蒂洛特等创办，资金来源为法国天主教会三德堂，行政管理则由法国驻沪领事馆负责，初期主要内容有商业广告、邮政信息、气象报告等，后增加新闻比重，1900 年以后又增设文艺栏目，介绍法国和中国文化。1901 年起增设周刊，刊登与中国市场有关的进出口商业消息与广告。1927 年 7 月 30 日停刊。

《德文新报》，1887 年创办，中国境内出版的第一份德文周报，由内维拉任、芬克担任主笔，最初内容侧重于商业消息，读者对象主要为上海及远东地区的德国侨民。1907 年增加出版《上海通讯》《商业通讯》两种德文附刊，1917 年中国对德国宣战后停刊。

3. 日文报刊

《上海新报》，1890 年 6 月 5 日创办，修文书馆印刷发行，由松野平三郎担任主笔，是日本人在上海最早出版的日文周报。1891 年 5 月，因报社与日清贸易研究所发生冲突，报纸被迫停刊。

4. 中文报刊

《六合丛谈》,1857 年 1 月 26 日创办,上海第一份中文杂志。由伟烈亚力担任主笔,设址于墨海书馆,1858 年停刊。共出版了 15 期,其内容主要涉及科学、文学、新闻、宗教、上海进出口消息等方面。

《上海新报》,1861 年 12 月由字林洋行创办,设社址于《字林西报》馆,该报主要为商业贸易服务,内容主要有中外新闻、物价、船期消息、告示等,也刊载一些科学知识。从 1868 年 2 月 1 日起,改为分版面排列,在其中的第一、三、四版中,广告占有大部分版面。初为周刊,1872 年改为日报,成为上海第一家华文报纸。1872 年 12 月 31 日停刊。

《申报》,1872 年 4 月 30 日由美查创办,设址于汉口路,初为二日刊,后改为日刊,1907 年后,报馆盘给华人买办,但名义上仍属于西人,1912 年出售给史量才,成为纯粹华人报纸,1949 年 5 月 27 日停刊。初创时日销 600 份,三年后日销 6 000 份,1877 年日销近万份,1926 年最高销售量达到 14.7 万份,其发行一直延续到 1949 年 5 月,先后共出版了七十七年,是近代中国历时最久、影响最大的报刊。

此外,清末创刊的著名的报纸还有 1893 年 2 月 17 日英国商人丹福士在上海创办的《新闻报》,该报至 1949 年 5 月停刊,先后共出版了五十六年。《新闻报》和《申报》是当时中国最具影响力的报纸,两家报纸为争取广告客户展开了长时间的激烈的竞争。

19 世纪 70 年代,华人也开始独立创办大量报纸,1874 年容闳在上海创办《汇报》、1876 年上海创办了《新报》。这些华人主办的报纸也刊登广告,广告收入是这些报纸重要的财政来源。发展到维新运动时期,维新派人士更加重视报纸建设,康有为于 1895 年 8 月 7 日创办《中外纪闻》,于 1896 年 1 月 2 日创办《强学报》,1896 年 8 月 9 日梁启超在上海办《时务报》。在中国各地办报热情高涨的背景下,光绪皇帝于 1898 年 6 月下令准许官民自由办报,之后,维新派报纸更如雨后春笋般地大量出现,主要有《福报》、《指南报》、《游戏报》、《知新报》、《广仁报》、《富强报》、《岭学报》、《蜀学报》、《东亚报》等等。这个时期有影响的报纸还有:1898 年 5 月 5 日创刊的中国最早的以女性为读者的《女学报》,1897 年 10 月上海出版的最早的白话报《演义白话报》。

维新运动以后,中国报刊业继续发展,到 1912 年,全国发行的报刊已达五百种,日销售量达四千二百万份(见表 2、表 3)。1912 年袁世凯篡夺了辛亥革命成果,颁布《暂行报律》,限制报刊发行,中国近代报刊良好的发展态势遭遇挫折。

表 2　1863～1903 年在上海创办的部分报刊简况表

报刊名称	语种	创办时间	创办人或主笔	地址	终刊时间	附　注
《中国之友》	英文	1863	笪润特			1868 年报纸所有权转让给琼司
《循环》*	英文	1870.5.7	罗扎瑞奥兄弟负责出版,詹姆生担任主笔		1871.6.30	周刊,主要刊载政治类、文学类文章

报刊名称	语种	创办时间	创办人或主笔	地址	终刊时间	附　注
《顽童》*	英文	1871.4				模仿英国著名《笨拙》周刊而创办的漫画类杂志
《中国顽童》*	英文	1872				与《顽童》竞争的漫画杂志
《戒酒联盟》*	英文	1879	开乐凯、巴拉德、麦基等人担任主笔			周刊，被时人称为"流浪汉小报"
《东方之星》	英文	1883.1	开乐凯、巴拉德、莱克斯等人创办并担任主笔			
《捷报》	英文	1894.7.2	欧希担任主笔		1912	
《上海社会》	英文	1906	肖洛克（女）担任主笔			
《进步》	法文	1871.3.21	莱皮西尔担任主笔		1872.1.23	
《上海差报》	法文	1873.1.16	弗迈特瑞担任主编			又称为《上海信使报》，仅出版3期后即停刊
《上海回声报》	法文	1886			8个月后	其前身为萨拉贝尔在日本横滨所创办的《日本回声报》
《亚东法报》	法文	1901	雷墨尔创办并担任主笔		几个月后停刊	
《远东报》	德文	1902	芬克		出版3卷后停刊	
《上海时报》	日文	1892	日本青年会		约一年后	
《上海周报》	日文	1894.1	日本侨民		甲午战争爆发后	1904年12月24日，寓沪日人竹川藤太郎重新创办同名报纸
《上海时事》	日文	1896.3.27				
《上海日报》	日文	1903.3.26	永岛高连			原名《上海新报》，1904年3月16日改为日刊并更名，由井手三郎负责，同年7月与同文沪报社合并，1939年并入《大陆新报》

续 表

报刊名称	语种	创办时间	创办人或主笔	地址	终刊时间	附 注
《北方报》	葡文	1867			1868	
《前进报》	葡文	1888	古德斯公司		1889	
《教会新报》	中文	1868.9.5	林乐知	林华书院		1874年后改称《万国公报》
《万国公报》	中文	1874.9.5	林乐知	林华书院	1907	
《格致汇编》	中文	1876.2	傅兰雅	汉口路	1892	
《沪报》	中文	1882.5.18	字林洋行	汉口路		后改称《字林沪报》
《新闻报》	中文	1893.2.17	丹福士		1960.5	1899年,该报被出售给福开森

说明:加 * 号者为杂志。

表3　1933年上海各主要外文报刊发行数量表

报 刊 种 类		每 期 印 数
英文日报	字林西报	8 650
	上海泰晤士报	3 250
	大陆报	7 000
	大美晚报	6 000
英文周刊	字林周报	2 120
	密勒氏评论报	5 400
	英语周刊	10 500
	上海泰晤士周报	5 100
	中国评论周报	7 000
法文报刊	上海法文日报	1 725
	La Verite	2 000
	Revue Nationale Chinoise	1 000
俄文报刊	上海柴拉	3 500
	Slovo	2 000
	Vehernee Vremia	1 000

续 表

报 刊 种 类		每 期 印 数
日文报刊	上海日报	35 005
	上海日日新闻	7 000
	上海每日新闻	7 000
	经济月报	600
	上海时论	3 000

五四运动以后，上海有四大报纸，分别是《新闻报》、《申报》、《时报》、《时事新报》，它们占据了上海绝大部分报业份额。五四运动后的上海，民主和自由的思想贯彻人心，报刊行业发展更加迅猛，学生办报的现象也愈加频繁，主要有《全国学生联合会日刊》、《上海学生联合会日刊》等。总的来说，民国时期上海报业呈现出百花齐放的状态，商业性报纸在民族资本主义和外国资本主义发展的环境下，获得了一线生机。

第二节　上海近代报刊广告的产生与发展

晚清至民国初期，西方现代广告形式、运作方式与中国传统文化、国民消费习惯相结合，孕育出了中国近代广告。报刊和广告的联姻是近代报刊最显著的特征，也是广告媒介诞生的标志。虽然，在中国古代出现了酒旗、叫卖等广告形式，但是并没有形成完整的系统。近代广告的出现和发展，与大众报刊媒体及其他传播媒介的出现密不可分。近代的广告是随着西方资本主义入侵中国，在中国境内创办报刊之后而产生的新事物。受其影响，中国人自办的一些近代报刊也在19世纪中叶开始出现，并且大多也以一定的版面登载广告，从而使具有近代特征的广告这一新事物在中国产生并得到发展。尤其到了20世纪20—30年代，民族工商业经济与外国资本主义展开激烈竞争，一方面，广告的作用逐渐被工商业界所重视，如何开展有效的广告行销手段也成为企业之间竞相追逐的焦点，商业广告竞争激烈，广告的质量也迅速提高；另一方面，传统媒体发展成熟，新兴媒体种类逐渐增加，摄影等技术的应用，也增强了广告的表现手法。在这一时期，由于世界广告业处于发展高峰，中国广告受世界广告环境影响，加上本国社会对广告的重视，广告宣传手段的增多，广告可以说在日常生活中随处可见。

中国近代广告兴起时期，报刊广告发展最为显著，上海近代报刊广告起源于西人创办的商业性报刊。除了以售卖商业信息来争取读者之外，还刊载广告用以推销之用。1850年8月3日在上海创办的《北华捷报》，该报创刊号第一版即以广告为主，内容包括上海的洋行、商店、保险公司、银行和房地产等广告。1864年，字林洋行又创立《字林西报》，《北华捷报》成为《字林西报》的一个副刊。直到 1951 年 3 月停刊,《北华捷报》先后出版了一百零一年,是上海创办最早,历史最久、影响力最大的外文报纸。

1861 年 12 月由字林洋行创办的《上海新报》,也是商业报纸性质。其创刊宗旨,以报道经济、商业信息为主,其带有发刊词性质的《本馆谨启》云:"大凡商贾贸易,贵乎信息流通。本行印此新报,所有一切国政军情、世俗利弊,生意价值、船货往来,无所不载。类如上海地方,五方杂处,为商贾者. 或以言语莫辨,或以音信无闻,以致买卖常有阻滞。观此新报,即可知某行现有某货,定于某日出售,届期亲赴看货面议,可免经手辗转富延,以及架买空盘之误。"又云:"开店铺者,每以货物不销,费用多金刷印招贴,一经风雨吹残,或叫闲人扯坏,即损无用。且如觅物寻人,延师访友,亦常见有招贴者。似不若叙明大略,印入此报,所费固后无多,传闻更觉周密。"此番告白,把报刊广告的特点描述地非常清楚和明白。另外,《上海新报》除了报道少量的新闻之外,其第一版、第三版、第四版全都刊载了大量的广告。为了替外国商行推销商品,该报还载有机器图样,如火轮车、种麦器、风琴、保险箱等,并各附文字予以说明,做到图文并茂。

中国近代广告在初兴时期,除了在商业性报刊登载广告之外,西人创办的宗教报刊也刊登广告,用以反哺报纸经营。在上海地区乃至全国影响最大、出版时间最长的宗教刊物是《万国公报》。该刊的前身是《教会新报》,于 1868 年 7 月在上海创刊,发行人及主编者为美国传教士林乐知。该刊前期系周刊,每年计出 50 期,合为一卷。初期的《教会新报》内容可分为三部分,"一分教会中事,一分新闻、教外之事,一分告白",连传教刊物也充满商业气息。该刊第二期起就刊登洋行广告,宣布该刊"既记录外国教会中事,也讲论各科学问以及生意买卖诸色正经事情"。《教会新报》从 1874 年的 301 期起,改名为《万国公报》,内容由"教"而"政",即由侧重传教的刊物变为侧重登载时事政治新闻的刊物,但对商业信息及广告的重视仍然有增无减。《万国公报》还多次在显要版面刊登汇丰银行、贾立费洋行、华英大药房、大英火轮船公司等英商企业的通栏广告。

上海作为中国近代广告孕育较早的城市,19 世纪末有一些报纸设"卖报人"专门接收和招揽广告,外文报纸聘用华人为买办招揽广告,后来,上海专业报刊广告代理人出现,称为捐客或跑街。[①] 其特点是广告招揽者经历了从非代理到专业代理的发展过程。根据国民党中央宣传部 1931 年 8 月编制的《全国日报销量统计表》统计,全国销量最大的报纸依次为《申报》(15 万份)、《新闻报》(15 万份)、《时事新报》(5 万份)、《大公报》(3.5 万份)、《时报》(3.5 万份)、《益世报》(3.5 万份)。1937 年《上海市统计年鉴》统计《申报》等 26 种有影响刊物在上海的日销售总量在 50 万份以上。报纸的种类已经非常丰富,1936 年上海市政府统计的数据显示,上海正式发行的杂志刊物共有 320 种,而 20 世纪 20—30 年代上海小报更在千种以上(据祝均宙统计)。随着报纸发行量和种类的不断扩大,其报纸广告形式、广告版面设计、广告图文、广告策略等方面的发展日趋成熟。报纸在日常生活中的影响力加强,尤其在上海等大城市当中,报刊已经成为市民日常生活中须臾不离的物品。

---

① 戈公振. 中国报学史[M]. 北京:中国和平出版社. 2014:217.

《申报》、《新闻报》、《大公报》是中国近代发行时间最长，影响最大的中文报纸之一，这些报纸在广告经营、广告内容、广告编排技巧等方面所取得的成绩非常引人注目，代表了中国近代广告发展时期的最高成就，这些成就也使《申报》、《新闻报》、《大公报》成为解析中国近代报纸广告发展历程的重要报刊。

一、《申报》的广告策略

《申报》是我国近现代影响最大的商业报纸。美查创办《申报》的目的就是为了赚钱，因此，对广告的重视自不待言。《申报》1875 年 10 月 11 日头版首载论说《论本馆作报本意》，一开头就直言不讳地宣布："夫新报之开馆卖报也，大抵以行业营生为计。"又云："若本报之开馆，余愿直言不讳焉，原因谋业所开者耳。"1912 年，史量才接办《申报》后，更是注重广告经营。广告在《申报》版面上越来越占有重要地位，版面、地盘不断扩大。考察《申报》从创刊起到 1949 年七十七年间的广告经营活动，包括广告的形式、价格、内容、表现方式、制作水平及版面等情况的变化，可以在一定程度上反映出上海近代报刊广告的发展。

（一）新闻与广告分开

《申报》广告在发展的过程中，广告格式与新闻逐渐区别开来，广告在报刊中占有的分量越来越高。1872 年 12 月 14 日《申报》刊登了中国第一个图文广告——成衣机器广告（见图 1），从此之后，除了文字说明之外，图像描绘成为报刊广告的重要形式。随着广告成为报社重要的收入来源，《申报》更加重视广告版式的编排，从 1873 年 12 月开始，该报使用木刻字体作为广告标题，穿插使用木刻画、铜锌版字体、图画等多样形式。为增加广告量，从 1873 年 12 月起，《申报》广告字体由原

图 1　1872 年 9 月 20 日《申报》刊登的
晋隆洋行出售成衣机器图文广告

来的四号改小为五号字体，以便容纳更多的广告。广告在《申报》中占有很高比例，在八个版面中，广告和商业行情占有四版。1905 年《申报》版面扩大为十六版，广告版面则增加至八版以上。

（二）报刊广告价格

上海近代广告孕育时期，随着《申报》发行量、影响力增大，报刊广告的价格逐渐提高。《申报》创刊之初，每日销售量在六百份左右，发展到 1876 年，每日销售量达二千份。《申报》创刊之时"本馆条例"上刊登了广告价格："如有招贴告白，货物船只经纪行情等款愿刊入本馆新报者，以五十字为式，买一天者取刊资二百五十文。倘字数多者，每加十字，照加钱五十文。买二天者取钱一百五十文，字数多者，每加十字，照加钱三十文起算。如有原买三天四天者，该价与第二天同。"另外，"如有西人告白欲附刻本馆新报中者，每五十字取

洋壹元。倘五十字外欲再添字,每字加洋一分,并先取刊资。此只论一天之例。若欲买日子长久,本馆新报限于篇幅,该价另议"。的确,最初《申报》上华商刊登的广告数量不多,广告刊费也较外商少,只需外商的四分之一即可。但随着华商对广告重视程度的提高,广告数量增多,华商与外商广告刊费逐渐达到一致。1887 年 1 月 19 日,《申报》广告价格又得到提高,当天的报刊启示说:"凡欲刊登广告者,其新价目规定如下:第一天每字五文,第二天至第七天每字三文,第八天后每字两文",随后又规定付款时改铜钱为洋计算,至此《申报》广告价格已经上涨了近一倍①。1905 年 3 月 16 日《申报》刊登《招登论前广告》启事:"本馆向章,告白皆登于新闻报道后幅,从未刊在言论前者。兹特改订新章,各绅商欲登论前告白,快人先睹,当以白字为率,多则以五十字递加,按每日每字取银一分,且可代镶花边,务求易于醒目。特此广告,请早赐登。"意思是说,从 1905 年开始,《申报》将广告内容的放置分为论前和论后,刊于新闻报道言论前面的广告的价格要比后面的贵。

(三)报刊广告内容

上海近代广告孕育时期,报刊广告的内容逐渐丰富。以《申报》为例,早期主要刊登彩票、药品等广告,发展到后来,有关社会文化、重工业等行业的广告内容大量刊登在《申报》上。《申报》早期的广告内容多为"戒烟丸"、"白鸽票"(发财票、彩票)等。1873 年之后,华商代理行、货号广告开始出现;外商经营的日用品、五金机械、西药等进口货物的广告也大量出现。除了商业广告外,1880 年后还新增了"启事"、"声明"、"寻人"等许多社会广告内容。华商中戏园老板最早发现广告可以增加收入,在《申报》开办五个月后的 1872 年 9 月 28 日便出现了最早的戏剧广告,这是《申报》史上第一个戏剧广告。最初戏园广告上仅刊登戏园和戏目名称,如 1872 年 9 月 28 日戏园广告内容:

丹 桂 茶 园

日戏:武昭关　大保国　宁武关　铁笼山　荡湖船　绣绒花

夜戏:辕门射戟　拦江救主　盗御马　连环套　麟骨床　南天门　赵家楼

思凡

直到 1883 年,一家名为"久乐园"的演出广东戏的戏园首次刊登了包含演员名字的戏园广告:"初八夜演:六国封相、瑞隆寻亲、新霸桥饯别、无须成套、七岁进朝堂。花旦芳正旦、小生荣鬼。包箱每间八元,桌位收洋八角,椅位收洋四角,板位收洋二角。出局收洋一元。"1905 年《申报》改革后,戏园广告还刊登了剧情介绍和舞台布景描述②。

从《申报》早期刊登的广告内容来看,中外商家略有不同。华商广告主一般刊登戏园、医疗保健和图书出版等几种行业的广告,外商广告主则主要刊登交通运输、矿山机械、金融等行业的广告。进入 20 世纪初,中国民族资本企业兴起,华商中有关纺织、金融、交通、

---

① 徐载平·徐瑞芳. 清末四十年申报史料[M]. 北京:新华出版社. 1988:77.
② 徐载平·徐瑞芳. 清末四十年申报史料[M]. 北京:新华出版社. 1988:71—84.

运输、食品加工等行业的广告内容逐渐增加。而且，华商广告内容也越来越详细，如 1908 年 11 月 4 日中法大药房的"日光月光铁丸"广告，先以三幅显微镜下血液标本为中心，接着讲血液成分、疾病根源，最后说明该药能"减白色之血轮，增红色之血轮"，还鼓励民族感情"使四万万众化弱为强，而为一国之基础"，极具感染力。

（四）报刊广告制作水平

上海近代广告孕育期，报刊广告的制作水平得到了很大的提高。19 世纪末至 20 世纪初，报纸广告形式多以简单的文字介绍产品功能为主，注重文字对读者的吸引力。后来，为突出报纸广告的醒目地位，报纸广告部分的周边镶上了由小图案组成的花边。另外，还出现了图文广告，即以商品形象图片作为装饰，配以文字说明。到 20 世纪上半叶，报纸广告制作水平已经大大提高，编排技巧日趋成熟[①]，主要表现在以下几个方面：

1. 图文并茂，编排技巧高超。20 世纪以后报纸广告注重图片与文字的巧妙结合，图文广告及成套的、系列的图文广告大量出现。如，五洲大药房"自来血"广告成系列推出（见图 2），其"过渡篇"和"誉满全球篇"都是图文并茂，令人赏心悦目。"过渡篇"广告中，画面上是一条正在横渡海洋的船，船上扬起人造自来血风帆，画面空白处书写广告主题"专制与共和之过渡"，意指爱国男儿欲成英雄，必须补血（见图 3）。"誉满全球篇"广告中，上半部右边地图上书写一封信，表明此药誉满全球，左边为三个环环相扣的圆环图，环中书写了一首古典词牌《浣溪沙》；下半部以文字覆盖。"誉满全球篇"广告中的文字阅读顺序奇特，地图内文字需"自右而左直贯中心"，三环相扣的圆环图内文字需"一二左旋，三右旋，起处标↓为记"，下半部方框内文字阅读为"飞鸿落雁之式"，要求读者"右读法，从中间环字起，以次旋挨顺序而转"，这样的图文并茂和阅读技巧大大提高了读者的好奇心和参与度（见图 4）。其他技巧高超的系列图文广告还有"艾罗补脑汁"之"儿童篇（见图 5）"、

"致富篇"；司各脱油广告之"不得此油以补身是为无福"、"共和国中尚容盗贼乎"、"君欲享长命快乐之幸福乎"、"有强健儿女其乐若何"等若干篇（见图 6）；阿司匹林系列广告；兜安氏秘制保肾丸系列广告；博利安灯泡系列广告（见图 7）；翠鸟牌香烟"烤"字系列广告等。这些成系列的图文广告往往描述一个与产品卖点相关的主题，或一则与产品相关的故事，使多幅广告巧妙地联系起来，引人入胜，吸引了大量的受众，其中的一些创作技巧直到今天仍有可借鉴之处。

图 2　五洲大药房

① 林升栋. 中国近现代经典广告创意评析[M]. 南京：东南大学出版社. 2005：12.

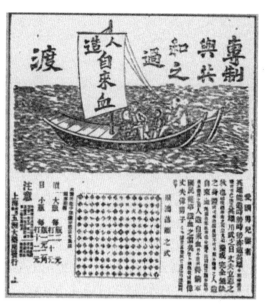

图3　过渡篇

图4　誉满全球篇

图5　五洲大药房自来血系列广告,儿童篇艾罗补脑汁广告

图6　司各脱油广告

图 7 博利安灯泡系列广告

2. 广告图案和文字艺术化。这一时期报纸广告的图案和文字不再简单和朴实，而是加入了很多艺术化的创作，生动而有趣。如 1917 年 5 月 2 日生联公司的广告中，公司名字"联生洋装金银首饰公司"每个字的笔画都由赤裸裸的小孩构成，颇具创意（见图 8）；1917 年 2 月 5 日人造自来血广告画面右面设计为一个放风筝小孩，风筝形状为"造"字，小孩脚边有一顶帽子似"血"字，表达了"造血"的含义，左侧写着"放风筝吸空气，服人造自来血壮体肥肌,这个孩子更欢喜,一手高擎,帽子吹到地。"整幅图文广告画面轻快活泼,简直就是一幅绝妙的艺术作品,清晰地表达了药品适用的人群及药品功效等内容(见图9)。另有些广告主题醒目,其中的文字使用大小不同的印刷字体或者艺术字体,让广告画面生动而特别。如1916年3月19日"唐拾义"医生广告中,"唐拾义"三个字占广告画面的80%以上,而且字体俊秀,十分显眼(见图10)。

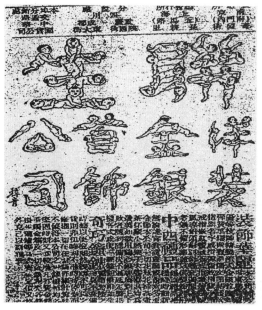

图8　联生洋装金银首饰公司广告

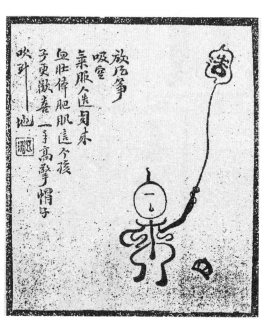

图9　人造自来血广告

图10　唐拾义医生广告

图11　双美人洗脸粉广告

3. 广告词创作精致化。这一时期报纸广告的广告词尽量避免平铺直叙，而是力求完美、精致，达到了较好的吸引消费者的目的。如双美人洗脸粉广告，广告画面中用粗黑笔墨大大的写着"这个这个！是这个！四万万国民好用称赞的就是这个双美人洗脸粉"，广告口号极富鼓动性和渲染力（见图 11）。

除以上几点成就之外，上海近代广告孕育期，报纸广告的广告策略更为丰富，吸引受众的手段更高明。比如，一些广告想方设法融入名人因素，以提高关注率，著名药商黄楚久的"艾罗补脑汁"广告就是一个典型的案例。黄楚久，出身医药世家，略通医术，曾在上海南市开设颐寿堂药房，1890 年将药房移至法租界，改名为"中法大药房"，开始出售以"万象"为商标的药品，商标图案设计为大象背上背着一盆万年青，意指药品可以使人万年常青。1904 年，黄楚久从药剂师吴坤荣处搞到一张滋补药方，于 1905 年实验成功，但他为了迎合人们信任西药的心理，就给自己的药品取了一个洋文药名"艾罗补脑汁"，并杜撰说它是由美国医生艾罗发明的，创造了一个值得人们信赖的名人。他还在《申报》《新闻报》等报刊广告上频繁刊登一个非常洋化的药名"Dr T. c. Yale"，其实，T.C 是其名"楚久"的英文译称，Yale 是由其姓"黄"的英文译称 Yellow 改写而来的，翻译成中文即为"艾罗"。另外，黄楚久还利用名人效应来扩大自己药品的影响力。1910 年 6 月 29 日，清末著名文人吴趼人的《还我灵魂记》及写给黄楚久的一封信刊登在《申报》上，信的内容如下："楚久仁兄大人阁下：承赐'艾罗补脑汁'六瓶，仅尽其五，而精神已复旧。弟犹不自觉也，家人自旁观察得之，深以为庆幸。然后弟自为审度，良然。取效于不知不觉间，是此药之长处。因撰《还魂记》一篇以自娱，录以呈政。弟以为不必以之发表登报，盖吾辈交游有日，发表之后，转疑为标榜耳。匆草奉布，惟照不宣。弟吴沃尧顿首。"这封信给老百姓的印象是：连吴趼人这样的名人都对"艾罗补脑汁"赞不绝口，我们更应该相信它的功效。而实际上，"艾罗补脑汁"并未使吴延年益寿，此文刊登三个月后他便病逝了。1910 年 7 月 10 日，曾国藩儿子曾纪泽也在《申报》上发表《艾罗补脑汁得此证书又增身价》，副标题为"世袭一等毅勇侯御前散佚大夫曾袭侯赐书照录"的文章，大肆吹嘘"艾罗补脑汁"的药用功效。随后，"艾罗补脑汁"名人广告在报纸上频频出现，受到了人们的极大关注。

（五）广告注意策略

在《申报》的广告中，其吸引读者的广告注意策略也值得一提。1918 年 10 月 4 日、21 日，兴华机器制面公司在广告中突出了两个醒目的大字"注意"，并故意不写出注意的下文，即商品的名字，而是卖关子一般写出"兴华机器制面公司新发明产品不日出世"，接连两天的广告吊起了人们对兴华机器制面公司新产品的强烈期待，这是一个故意制造悬念，吸引读者注意的高明的广告策略。一些商家利用赠品对顾客的诱惑来做产品促销，如 1917 年 1 月 20 日，《申报》上刊登的"精血丸"广告，广告文字不太突出，但赠品两个字却格外醒目，两字旁还标明了赠品的内容，即时装美女图；1918 年 11 月 6 日，英美烟公司刊登赠品广告，"既吸翠鸟牌香烟，又得新世界游券兑换空盒"，表明集齐翠鸟牌香烟空盒四十支便可兑换新世界游览券，这样的广告很有诱惑力。一些商家利用民众的爱国热情,大做广告,如1918年11月21日,南洋兄弟烟草公司在报纸上做广告时,时逢第一次世界大战结束,于是广告中写上了两个醒目的大字"战胜",其下书写"和平万岁"四个字,作为著名的国烟公司,南洋公司的这则广告宣扬了自己的爱国热情,树立了自己的爱国形象,获得了全体中国人的共鸣。另外,南洋烟草公司也非常擅长利用时事来宣传公司形象,比如为了庆祝第一次世界大战的胜利,南洋烟草公司策划召开了一个胜利庆祝会,并将活动内容刊登在报刊上,这是一场高明的广告策划活动,使得南洋烟草公司的整体爱国形象具体而实在。尤其在后来的五卅运动中,民族资本主义企业为宣扬自己的爱国形象所采取的广告策略,确确实实为他们带来了巨大的商业利益。

(六)广告版面设计

从广告版面的设计来看,这一时期的《申报》广告版面设计主要以新、奇为特色来吸引读者注意力。如鹰格索表广告版面上稀疏写着"一年之计"四个大字,突出了钟表在生活中的重要地位,更为精巧的设计是,"一年之计"这四个字的笔画分别由多个"鹰"、"格"、"索"、"表"小字构成(见图12)。"金鼠牌"香烟广告中,"金鼠牌"三个字巧妙地由小老鼠构成笔画结构。"第威德补肾丸"广告中间赫然写着"骨痛"两字(见图13),这两字的笔画由人体骨骼形象构成,这种恐怖诉求警告人们如果不使用该药后果不堪设想,给人以强烈的视觉冲击。

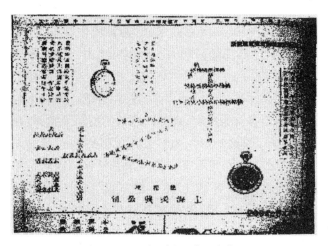

图12　1920年《申报》鹰格索表广告

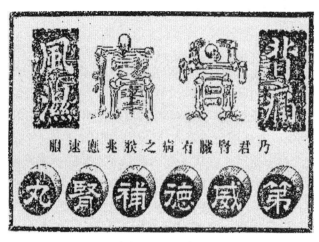

图13　1930年3月10日《申报》第威德补肾丸

(七)广告语言和图画

从广告语言来看,《申报》广告语言都力求简短精悍,寓意深刻,如美丽牌香烟广告语"有美皆备,无丽不臻",突出了香烟品质的美丽超群;"龙门牌"香烟广告语"回心转意",号召大家回头使用国货,弘扬了爱国主义精神;华生牌电扇广告语"今年无夏",意指华生牌电扇可以吹走炎热的酷夏。从《申报》广告的图画来看,多形象生动,充满艺术氛围。如热心牌热水瓶广告中的图画，是将一个热水瓶描绘成一架飞机机身的模样，上面还画着一个"心"形，提醒人们参加比赛时不要忘带"热心牌"热水瓶，画面非常形象（见图14）。

图14　1930年4月8日《申报》热心牌热水瓶广告

大型的系列图文广告不断出现，这些广告通过不同篇幅的故事宣扬同一个主题，往往在报刊上连续刊行很长一段时间，给人连续的、递进的震撼感。如南洋兄弟烟草公司从1920年4月份至1925年7月，在《申报》上为其"爱国牌"香烟连续发布"请阅读名家小说篇"、"爱国歌篇"、"权字篇"、"觉悟篇"、"春闺燕语篇"、"爱国征文揭晓篇"、"征文第一篇作品篇"、"请看救国良方篇"、"解放的真谛篇"、"壮夫断腕篇"、"多难篇"、"烟叶篇"、"烟草权利篇"、"钟前人语篇"等多篇系列图文广告（见图15），这些广告故事以爱国为主题，呼吁人们使用国货，以生动的图文阐明吸国产烟可以挽回祖国的权利，更是爱国的表现。1925年柯达公司也发行了一套较为出色的系列图文广告，一共十张，每月一张，画面结合时令气候的变化，充分展示了柯达胶卷在人们日常生活中的重要性（见图16）。

1920年7月28日《申报》，南洋兄弟烟草公司"爱国牌香烟"之"解放的真谛篇"

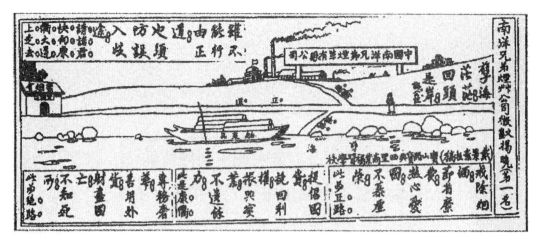

1920 年 6 月《申报》，南洋兄弟烟草公司"爱国牌香烟"之"征文第一名作品篇"

1920 年 5 月 14 日《申报》，南洋兄弟烟草公司"爱国牌香烟"之"觉悟篇"

1920 年 5 月 1 日《申报》，南洋兄弟烟草公司"爱国牌香烟"之"权字篇"

图 15　《申报》南洋兄弟烟草公司"爱国牌香烟"系列广告

毕业纪念

避暑纪念

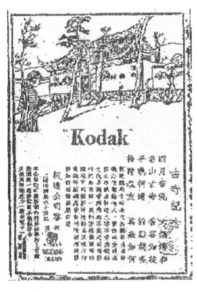

古寺纪念

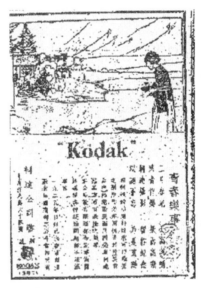

青春乐事

扫墓纪念

新年乐事

游园纪念　　　　　　　　　　运动纪念

中秋纪念　　　　　　　　　　重九纪念

图 16　1925 年《申报》柯达胶卷广告

　　20 世纪 20—40 年代时期《申报》的广告策略更为精湛,如南洋兄弟烟草公司 1925 年 1 月 4 日至 6 日,在《申报》上连续三天刊登"白金龙牌"香烟广告,第一天写"破迷信",第二天写"破除舶来品迷信",吊人们胃口,使人产生悬念,而在第三天突然打出"白金龙牌香烟横空出世"的广告,给人以强烈的心理冲击(见图 17)。南洋兄弟烟草公司还利用京剧名家梅兰芳的名字命名了"梅兰芳"牌香烟,寓意"梅兰芳是个出类拔萃的名角,梅兰芳牌香烟是个绝无仅有的好烟",使"梅兰芳"牌香烟得到了人们广泛的认可(见图 18)。力士香皂也将名人与产品紧密结合,通过邀请影星蝴蝶、阮玲玉、陈燕燕等人参加"力士香皂电影明星竞选"活动,使产品宣传更具轰动效应。对比广告也是一种非常完善的广告策略，如 1926 年，上海同昌车行的自行车报刊广告中，创作者将行进中的自行车分别与人的步行及飞驰的火车进行对比，阐述了自行车比人力步行速度快，而比电车更灵活的优势（见图 19）；1937 年面丽、面友化妆品广告中，将美女使用化妆品前后的效果作了对比，突出了化妆品的美容效果。而有关奖项、赠品的广告数量更多，技巧更成熟，如 1927 年大世界建成十周年时，刊登了"破天荒惊人之大赠品"报刊广告，广告中号称"抽签一枝，无一落空"，吸引人们到大世界参观游玩（见图 20）。此外，利用猜谜的方式来创作广告，在我国近代广告鼎盛时期也非常普遍，如 1933 年 10 月 25 日，孔雀化工社在报纸上刊登了猜谜广告，声称顾客如果将正确谜底寄回公司后，便可获得奖品。1938 年 7 月 2 日，香港版《申报》刊登的六张鹰唛广告，申明如果顾客收集全部广告，找出其中的错字并改正后寄回公司就可获得象棋一副。这类形式的广告让人们在参与游戏的过程中，加深了对公司及其产品的印象，达到了良好的广告宣传效果。

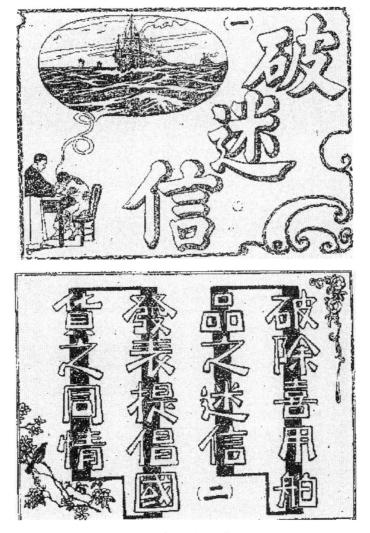

破除喜用舶来品迷信

图17　1925年1月4日至6日《申报》白金龙香烟广告

图18　1926年《申报》南洋兄弟烟草公司梅兰芳香烟广告

图19　《申报》1926年同昌车行广告，"人力不能与机械力竞争"

图 20　1927 年《申报》"大世界十周年赠品"广告

二、《新闻报》的广告经营

上海另一家大报是《新闻报》，该报由英国商人丹福士等于 1893 年 2 月 17 日创刊（见图 21），晚于《申报》21 年。1899 年由美国人福开森出资购得，特聘华人汪汉溪为总经理。汪氏主持《新闻报》后，以"经济自立，无党无偏，力崇正谊，不为威胁，不为利诱"为办报宗旨。汪汉溪父子兢兢业业为《新闻报》打拼，其发行量和广告量逐年上升，1916 年汪汉溪刚执掌报馆时，发行量达 33 045 份；1919 年，达 45 782 份；1921 年，达 59 349 份；到 1924 年汪汉溪去世时，销量增长到 105 727 份，超过当时风头甚劲的《申报》。尤其在 1919—1928 这个阶段，《新

新闻报创刊号

图 21　《新闻报》创刊号

闻报》销量从 45 782 份迅速增加到 148 152 份。同时,根据史实资料记载,1890 年到 1927 年间,上海人口增加至 264 万余人①,也就是说,大约每二十人中就有一人购买过《新闻报》。《新闻报》以其独特的经营风格和理念,与《申报》一道,成为民国报业市场中的领头羊,也成为民国报业最高水平的代表者。

(一)《新闻报》的经营

《新闻报》自 1893 年创刊以后,经历了多次内部组建和外部收购等事件,报纸的经营跟随各个阶段的变化而呈现出不同的特点。1899 年《新闻报》由丹福士转让给美商福开森,福开森当时在南洋公学(今上海交通大学)任监院(即校长),事务繁忙,无暇顾及报纸业务,于是委托原在该校担任总务之职的汪汉溪总理报纸事务。1924 年汪汉溪辞世之后,《新闻报》由汪伯奇和汪仲韦管理。

1.《新闻报》办报理念

在进行报纸管理时,经营理念往往起着指导性作用。尽管《新闻报》的经营方针总体来说是一脉相承的,但是由于报纸的实际经营与当时社会环境息息相关,各个阶段的经营侧重点也不尽相同,因此《新闻报》在 1919—1928 年的经营理念上呈现出"总体继承,个别变化"的形散而神不散的脉络。

汪汉溪主理《新闻报》后即与福开森等议定,"以经济自立,无党无偏,对于言论主持公道,不为威胁,不为利诱,广延人才,推广销数,报章内容,力求丰富为宗旨"。之后《新闻报》一直秉承"无党无偏、完全中立、经济自主"的办报方针,并且敏锐地洞察到:"上海人口从事工商业者为最多,我们办报,首先应当适应工商界的需要。"因而确定以工商业主、店员和一般中下层市民作为自己的主要读者对象,内容着重于经济新闻和社会新闻,尽可能地满足工商界人士和普通市民阶层的信息需求。②

概括地来说,《新闻报》的经营遵循着以下四方面原则:

第一,轻政重商。"轻政"并不是轻视政治,而是要对政治进行实事求是的报道。"重商"则是《新闻报》一贯的立场,重视工商阶级的声音,做到无党无偏。1919 年五四运动爆发后,《新闻报》不仅对该事件进行了相关报道,也刊登出呼吁"抗日救国"的启事。

第二,营造企业文化。在汪汉溪时期,《新闻报》内部有几句耳熟能详的口号:"新闻快速"、"纸张洁白"、"校对精良"、"编排醒目"。汪汉溪注重营造公司企业内部文化,以此来增强凝聚力和统一观念。当初,人们习惯于将《申报》、《新闻报》合称为"申新二报",而汪汉溪规定,报馆工作人员必须将《新闻报》置之《申报》前面,为"新申二报"。同时必须对前来要求做广告的人讲明这一点,如若广告主不同意如此文字的刊登,那么宁愿不要接受这份生意。长此以往,《新闻报》工作人员形成了独特的认知,也增强了报馆人员的竞争意识。

第三,竞近不竞远。"《新闻报》一向采取'竞近不竞远'的方针:在上海和靠近上海的地区,它出死力相搏,绝不让对方占先,离上海较远的地方(如华北、华南和长江上游一带)

---

① 施宣圆. 上海 700 年[M]. 上海:上海人民出版社. 2000:224.
② 张立勤. 1927—1937 年民营报业经营研究——以《申报》、《新闻报》为考察中心[D]. 上海:复旦大学博士学位论文. 2012:44.

则任其自然，不较短长。"①那时，上海各报的本市新闻，叫做本埠新闻，为了争取本埠读者，积极扩充新闻来源，在会审公堂、救火会、巡捕房、医院等处特约了报事员，使得上海市各处的新闻能够及时地反馈到报馆。

第四，开辟《经济新闻》专栏。《新闻报》以注重经济新闻见称，这是尽人皆知的。但是汪汉溪除了以商情表的准确来号召之外，还不满足现状，乃于1922年特辟《经济新闻》版，重金聘请徐沧水、朱羲农来主持其事。② 这个专版有一至两个版面，辟有"市况提要"、"金融市场"、"汇兑市场"、"证券市场"、"纱花市场"、"上海商情"、"国内经济事情"、"国外经济事情"等专栏。此外，每天都有市价一览，详细提供物价信息，有时还请经济专家对商情和市场变化进行分析，其内容之丰富，实为各大报之冠。③《经济新闻》专栏的开辟，吸收了不少工商阶级人士的眼光，他们阅读《新闻报》，以此作为商业舆情的动态情报，同时不断在报纸上投放自身产品及品牌广告。

《新闻报》坚持无党无偏的理念，在发展期间，不受政治因素影响，真正做到了以市场为导向。同时因为是商人办报，在坚持经济自立的基础上，以追求报业利润为主要目的，因而其经营理念也极大地体现出《新闻报》对商业经济的重视。

2.《新闻报》广告经营：细化职权、合理定价、扩大销量

1919—1928年是《新闻报》逐渐找到自身发展特点和方向的时期，这段时间在汪汉溪父子的领导下，《新闻报》销量上成功超越《申报》，成为上海第一大民营商业报纸，这与《新闻报》的机构设置、销售渠道和定价策略完全分不开。有了上文所述经营理念的指导，《新闻报》在发展过程中收放自如，灵活处理不同市场所面临的问题。

第一，机构设置：分级管理、细化职责

随着广告在《新闻报》所占比例的增加，《新闻报》报馆机构也随之改变，下面列出的是《新闻报》三个阶段的部门设置（见表4），从中更加直观地看到《新闻报》的分工变化，合理的机构设置能够有利于报社的正常运转，促进报业集团的稳步前进。

表4④　　1907年前后《新闻报》内部组织

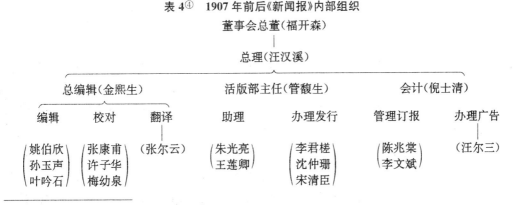

---

① 陈玉申.《新闻报》经营策略探析[J]. 新闻界. 2006.06.
② 郑逸梅. 书报话旧[M]. 上海：学林出版社. 1983：211.
③ 陈玉申.《新闻报》经营策略探析[J]. 新闻界. 2006.06.
④ 姚福申. 解放前《新闻报》经营策略研究[J]. 新闻大学. 1994.01.

可以看到,1907 年左右《新闻报》的内部组织,有了初步的规划和部门设置,总体分为四层,各部门主管负责自己所属职责,工作跨度缩小,有利于更优质的完成分内工作。直式管理也利于上一级对下一级方向的控制和领导。这个时期《新闻报》已经开始重视广告的地位,设置了专员进行广告办理事务,但是部门分配仍隶属于会计部门,这样的部门设置并不是非常合理。

随着广告业务的增多,《新闻报》便设立了专门的广告科来管理报业广告事务。戈公振先生在其著作《中国报学史》中,把《新闻报》的组织框架作为案例进行分析(见表 5)。

表 5　1925 年《新闻报》内部结构
(来源于戈公振《中国报学史》"报馆之组织"一节)

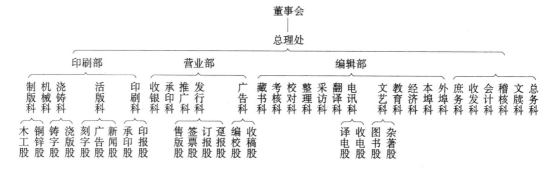

从表 5 中不难发现,1925 年左右的《新闻报》管理阶级已经分成五级,各部门各司其职,职责范围更加细化。总理处直接管辖六科室。同时,设立独立的发行科和广告科,负责报纸的销售和广告的投放。"汪(汉溪)又在发行科之外增设推广科,其任务为研究邮政线路,推广外埠发行。《新闻报》在打开本市销路之后,便又着眼于推广外埠的发行。当时,全国交通情况经常变动,包括新辟航钱、新建公路、铁路以及改订行车(船)时刻等等,均与邮政线路有关,报馆必须及时了解情况,主动与邮局联系,协助他们改变投递线路,以便提早到达。"[①]由此可见,汪汉溪对于广告和新闻发行工作的重视。

值得注意的是,在编辑部下设"本埠科"和"外埠科",分别负责上海本地和外地的新闻广告内容。另外,建立自己的无线电收报台,设立电讯科专门接收无线电讯,及时获取新闻。

尽管《新闻报》之后的部门设置有所调整,但是总体的结构并没有太大的变化,根据上海图书馆馆藏 1931 年《新闻报概况》一书记载,1929 年《新闻报》组织结构上,总理处直接管理的科室更名为课,并且增加了准备课、出纳课、统计课和设计课,一共为九个。营业部属下的收银科与承印科取消,由出纳课和准备课负责相关工作。准备课主要负责事先筹划广告的版面,通过总理处命令编辑部按划定的版面安排新闻和文章。编辑部取消整理科,印刷部取消机械科,增设物料科,原机械科工作由制版科承担。制版科新增铜版股、赛

---

① 陶菊隐. 我所了解的新闻报[J]. 新闻研究资料. 1981.01.

银股，可见《新闻报》印刷工艺的丰富和进步。

第二，价格设定：适时而变、分类收费

一份商业报纸的价格问题主要包含两部分：报纸本身的定价及广告刊例价。而这两者又是相互影响相互促进的。

报纸的定价要考虑到成本、销量和收益问题，而销量越大，前来办理的广告客户越多，广告费随即增加，报纸收益也就越好。但是报纸的定价还需要综合考虑整个市场环境，不能过高或者过低，过高则吓跑顾客，过低则让自身亏损，除非带来的广告收益可以弥补这一损失。所以说，报纸的定价策略是该报进行营销的一个重要手段。《新闻报》诞生于民国民营报业昌盛之际，毋庸置疑，如何定价将影响《新闻报》在一个看似饱和的市场分到属于自己的一块蛋糕。

《新闻报》在 1893 年 2 月 17 日（清光绪十九年正月初一）正式发刊，前三日免费赠阅。因为"时机不可失也。《申》、《沪》两报新年休假，出报以初四为期，凡喜阅报章者，正苦消息不通，我则乘间而兴，连赠阅者三日，始基立矣，异日扩充，未可量也"。这一方法使得《新闻报》初战告捷。随后，"《新闻报》就以 7 文钱一份的低廉价格高调打响了这场残酷的竞争战，这样的价格比《申报》足足低了 3 文钱"。

1919 年至 1928 年间，《新闻报》售价发生过一次变更。1919 年初，《新闻报》四张售大洋三分。至 1920 年 7 月 16 日，四张售价大洋三分六厘。之后该价格一直维持到 1928 年 12 月 31 日。1922 年 11 月 4 日，《新闻报》庆祝成立三十周年的庆典上，汪汉溪细算过《新闻报》的账。当时，《新闻报》的售价为每份大洋三分六厘，但是私下批发给本埠报贩的价格是每份小洋二分二厘，折合大洋不足一分八厘。常规出版为每份五大张，每份成本为大洋三分多，如此算来，每卖一份，就要亏损一分多。而若批发给外埠报贩，每份大洋二分左右，加上相关的邮费，每份报纸亏损二分多。照如此计算，《新闻报》单靠卖报是无法盈利的，而且卖得越多，亏得越多。但是，就如上文所提，发行量的大小在一定程度上决定了广告收入的多少。报纸销量越大，广告收入越多，广告费用越高，则报纸费用的亏损可以用广告收入来弥补。

《新闻报》作为是一份"广告报"，其在报纸头版清楚地写明了各类广告的价格，以"广告刊例"为名，但在 1922 年更名为"本馆广告刊例"，至 1926 年又更改为"广告价目"，从这个细节中就可以看到《新闻报》对文字的斟酌和慎重。广告刊例的等级和价格都是随着实际情况在变动的，本文分别选取 1919 年 5 月 1 日、1922 年 5 月 1 日、1928 年 9 月 3 日三天的《新闻报》头版广告刊例，以便于读者更为直观地观察到其中的变化趋势。

1919.5.1 广告刊例：

头等　登于谕前及封面以二行起码　第一日每行洋一元二角　第二日起每行洋七角五分

二等　登于中间以二行起码　第一日每行七角　第二日起每行五角

三等　长行告白以三行起码　第一日每行四角五分　第二日起每行三角五分

四等　短行告白以五十字起码　第一日每字六厘　第二日起每字五厘

1922.5.1 本馆广告刊例:

特等　登于新闻之中计二十二字为一行　以五行起码　每日每行洋四角五分

头等　登于封面及时评前以二行起码　每日每行洋一元四角

二等　以五十字起码　每日每字一分二厘

三等　快活林及所有栏下　每日每字一分二厘

四等　长行登于普通地位　以三行起码　每日每行七角

四等　短行登于普通地位　每日每字一分

1928.9.3 广告价目:

特等　新闻栏中计二十六字为一行　五行起码　每日每行洋四角五分

头等　自封面至评前止　八十字为一行　二行起码　每日每行一元四角

二等　紧要分类六十字起码　如超过六十字　依十五字起加　每日每字洋一分二厘

三等　快活林栏内与二等同

四等　普通地位八十字为一行　三行起码　每日每行洋八角

五等　短行普通地位每字每日一分

六等　每一方寸洋五角

从以上案例中不难看出《新闻报》广告的一些变化。首先,在分级上更加细化(从最初的四个等级细分成后来的七个等级),更加注重结合报纸栏目的特点(比如在 1928 年 9 月 3 日的报纸广告价目表中,就出现了"快活林"栏目周围的广告价位),这样使得广告价目更加清晰明白。其次,在价格上,同样的广告位置费用也在逐年增加,如报纸封面的位置,从每行一元二角到每行一元四角。最后,在广告促销手段上,从最初的"第二日"折扣,到取消这一折扣,体现了《新闻报》的广告客户数量之多,完全不需要再用如此折扣来吸引广告主了。

汪仲韦曾经回忆在《新闻报》的工作时指出,"报纸有欧美式、日本式两种,欧美式张数多,广告费廉;日本则相反(原因是欧美多数是产纸国)。《新闻报》是仿效欧美的……对中间商——广告公司给予二成回佣"[①]。可以说,《新闻报》在广告招揽方式是走在前列的。

第三,销路发行:速度为上、扩大市场

报纸的发行和销路对于整个报业集团来说,是至关重要的。好的报纸只有实现了顾客购买,才能算真正完成使命。从 1919 年到 1928 年,《新闻报》销数由四五万逐年上升至十四五万以上(见表6),广告年收入也增至百万余元。

---

① 汪仲韦. 我与《新闻报》的关系[J]. 新闻与传播研究. 1982.02.

表 6　1919—1928 年《新闻报》销路比较表

年　份	1919	1920	1921	1922	1923	1924	1925	1926	1927	1928
数量（份）	45 782	50 788	59 349	74 284	81 737	105 727	127 719	141 717	144 079	148 152

根据上海图书馆馆藏 1931 年《新闻报概况》绘制

《新闻报》十分重视报纸的发行，不仅在部门设置时专门设立了发行科和推广科，而且在实际操作中也采取了不少非常独特的方式进行销售。

在上海本埠的发行中，《新闻报》一改往常报纸的销售方式，即每天早晨报贩到报馆取报。为更迅速地把报纸送到报贩手中，更快捷地让读者买到报纸，《新闻报》独创了一套发行方案，那就是把上海分成北区、西北区、中西区、西南区、东南区五个区，在每个区选取一个电影院作为该区报纸发放点，每天清早用卡车把报纸送到电影院，散落在该区的报贩便直接从电影院中取报，大大缩短了报纸在本埠的发行时间，利于读者在更短的时间内拿到最新的报纸。

而在外埠的发行中，由于路程远，又受到当地报纸的竞争，《新闻报》不得不实施其他的方式来扩大销量。"《新闻报》最初的销售路线，据孙玉声《报海前尘录》说，当时火车未通，送往外埠的报纸，皆由小轮船和信局的脚划船递送。为加快送包速度，《新闻报》雇佣一个挑报人，每晚 12 点以后，将已印成的明日报纸先发若干份，捆作两大包，挑送至南翔镇白坑缸地方河滨，河中预先雇有小划船一艘，载入船中，连夜开驶，次日午后即可到苏州，由都亭桥分馆当日批售，立时购取一空。"①伴随着沪宁、沪锡铁路的开通，《新闻报》便利用铁路交通的便捷性进行报纸运输。后来，《新闻报》在外地设立分馆专门负责当地的报业销售。

《新闻报》在其头版报头下方明确列出外埠订报价目（摘自《新闻报》1923 年 5 月 1 日头版）：

　　　　中国境内　逐日寄每月洋一元一角

　　　　欧美各埠　逐日寄每月洋二元二角

　　　　日本各埠　逐日寄每月洋一元一角

　　　　订报三个月期码　报费先惠（邮票不收）

可见其已经远销海外。据 1923 年统计，"次第设立分馆、分销处，计前后成立者五百余处：国外如南洋群岛及各国都城、各大商埠，订阅者亦数千户"②。《新闻报》不断寻找新方式进行推广报纸，终于在报业市场上站稳了脚跟。

（二）《新闻报》的广告版面

民国时期著名新闻人陶菊隐曾说，"在旧上海，不少有闲阶级把报纸当作一种消遣品，

---

① 熊月之. 都市空间、社群与市民生活[M]. 上海：上海社会科学院出版社. 2008：205.
② 姚福申. 解放前《新闻报》经营策略研究[J]. 新闻大学. 1994.01.

看新闻只把大题目翻阅一下,看广告却看得非常仔细"①。报纸的头版广告则是最先抢得读者眼球的。

从 1919—1928 年的《新闻报》中,根据等距原则进行抽样,每四天抽一份报纸,共抽取852 天报纸进行头版广告的研究。将从所抽样的头版广告中进行版面结构的分析及广告特点的归纳。抽样共抽取 852 份《新闻报》头版进行统计分析,共计 19 222 篇广告。

1. 版面结构:风格延续统一

《新闻报》头版版面结构的最大特点就是:结构紧凑、信息量大。报纸尺寸也历经几次扩充,"1909 年 9 月 29 日尺寸改为 28×38 cm;1911 年 11 月 10 日尺寸改为 54×40 cm"②。纵观 1919—1928 年所有《新闻报》头版,除了特殊的半版或整版广告形式外,《新闻报》头版风格一直是统一的,均是沿用上下两部分的结构形式。

报纸头版是该报的门面,代表着整份报纸的办报理念。研究头版,可以更好地了解这份报纸。如图 22 所示,《新闻报》报头是固定的,置于报纸的右上方。都说报头是报纸的眼睛,《新闻报》也不例外,报头中的报名是全版最为醒目的地方。《新闻报》报头上除了报名,还刊登出版单位、当日出版日期、当日出版版数、出版总期数、价格、报馆地址电话、广告刊例和订报价目等,如此多的信息却被安排得错落有致,毫无版面浪费的现象。值得一提的是,《新闻报》报头里还有英文标注的报馆信息,可见当时报纸的国际化程度之高。

除了报头之外,上方部分的其他版面和下方所有版面均是广告位置,当然,如果报馆有对外通告,则会放置在最靠近报头的地方。

一般的广告文字都采取从右往左方式排列,也有少数广告文字会采用从左往右的方式。广告简洁,基本上为标题加文字。不过,随着报纸广告的进步,头版广告形式逐渐多样化,图片所占比例也渐渐增加,下文将会对此进行具体阐述。广告与广告之间,《新闻报》都采取边框设计,这样使得众多广告得以

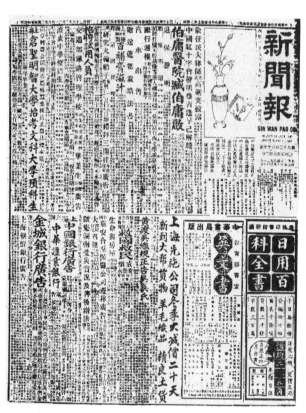

图 22　1919 年 1 月 15 日《新闻报》头版

①　陶菊隐. 我所了解的新闻报[J]. 新闻研究资料. 1981. 01.
②　杨朕宇.《新闻报》广告与近代上海休闲生活的建构年第 1927—1937[D]. 复旦大学博士学位论文. 2009:3.

清晰地显现在读者眼前。

　　总之,《新闻报》头版版面风格统一,排版简单而有序,因此尽管广告繁多,信息量大,也并没有给人以繁乱之感。

　　2. 广告分类：社会广告和商务广告为主

　　戈公振先生在《中国报学史》中对广告进行了分类：

　　　　商务广告：

　　　　(1) 商事　指商店开张、迁移、让盘、拍卖等

　　　　(2) 商品　指商品之未列入特项者

　　　　(3) 金融　指金融界之广告及储蓄招股等

　　　　(4) 物价　指市价涨落

　　　　(5) 机器　指重要机械物品

　　　　(6) 医药　指医生及药品

　　　　(7) 奢侈品　指烟酒及化妆品等

　　　　社会广告：

　　　　(1) 集会　指各商业机关各商店召集之会议

　　　　(2) 声辩　指声明辩正等

　　　　(3) 法律　指公告律师保障等

　　　　(4) 招寻　指寻人谋事招租等

　　　　(5) 慈善　指赈济施舍等

　　　　(6) 游戏　指戏剧游艺等

　　　　(7) 赌博　指彩票跑马等

　　　　文化广告：

　　　　(1) 教育　指学校招生开学展览会等

　　　　(2) 书籍　指各种出版物

　　　　交通广告：

　　　　指航期车班邮电等

　　　　杂项：

　　　　凡不能列入以上各门者属之

　　根据戈公振先生的广告分类,对所抽取的广告进行了统计(如图23)。

　　从中不难发现,在所有广告分类中,"声辩"、"商事"、"金融"所占比例为前三,同时三者的比例总和占所有广告的56%。声辩广告包含个人和商铺的声明辩正,绝大部分是相互关系的声明,如断绝关系、股票作废等,也有对之前出现的消息进行辩正说明,功能与现代的公关有异曲同工之妙。可见在当时人们对自身声誉和口碑的重视,拥有"立字为据"的观念,以及报纸在社会中的严肃性和权威性。

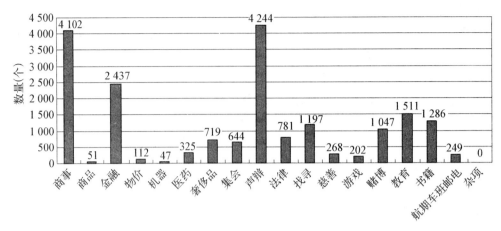

图 23 《新闻报》抽样广告分类统计图

"商事"广告总数排列在第二位,商户的开张、迁移等活动频繁,间接反映出商业的高度发达。"金融"广告则集中在银行业务介绍、招揽客户等方面,如 1919 年 1 月 15 日的《新闻报》刊登了一则金城银行的广告,内容如下:"本行遵照中华民国公司条例,集资本银二百万元,经理商业银行各项业务……"该广告从介绍自身业务能力方面来吸引客户。

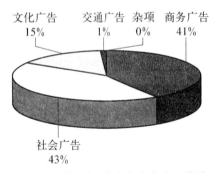

图 24 《新闻报》广告大类分类统计图

头版中的"奢侈品"广告主要集中在烟草行业。在国货烟草成长成熟的过程中,国货烟草广告与洋货烟草广告之间的竞争日益白热化,双方各尽所能创意出新,夺取受众的眼球,以达到宣传产品和品牌的效果。

图 24 则从广告大类方面进行统计,社会类广告数量占据了总体的 43%;商务广告排列第二,为 41%;文化广告所占比例是 15%,排在第三位。从中反映出《新闻报》头版广告是以生活等基本物质需求为主,但是也存在一定的娱乐和教育等精神需求,并且伴随着社会经济的发展,精神方面的需求逐渐增加且形式多样化。

3. 版面元素:文字与图画的和谐之作

1919—1928 年头版商业广告的元素种类并不多,仅为文字、边框和插画,暂时还未出现图片广告。

《新闻报》头版文字如此之多,如何能够突出重点和区别,其采用的是在广告刊登时采用多种字体和粗细来达到不同效果。印刷工艺的进步,使字体的形式变得丰富起来,除了大小和粗细的变化,也出现了特殊显示效果,如加阴影、打底色等,往往一个广告里字体变化有两三种。还有的广告把横行排版和竖行排版相结合,横竖交替,变化多样,非常具有创意。

除了不同的字体,报纸广告还利用边框设计来达到宣传目的。从最初的简单竖线边框逐渐发展到使用多种花纹边框、立体边框。同时，广告里出现曲线图案，与直线排版相得益彰。如 1924 年 8 月 1 日的《新闻报》头版有一条标题为"勿识货货比货"的广告，标题中插入了两个圆形图案作为分隔号，在竖行排版的版面中非常醒目。1925 年 5 月 2 日《新闻报》头版刊登了一则题为"全国各大药房特别注意"的广告（见图25），初看会误以为是通告类广告。该广告用不同大小的方形框和箭头引导受众阅读，最后发现是亚细亚防疫臭药水的广告，不得不说，这种阅读引导的方式简洁和新颖，很容易给读者留下深刻的印象。

插画的使用则使得广告变得愈加活泼和亲切，从最初的简单线性画到后来复杂的剪影图、人物插画，插图广告受到越来越多广告主的青睐。《新闻报》头版商业插画广告包括两种类型：实物插画广告和情境插画广告。前者是直观的产品，尽管形式比较机械，但还是在一定程度上美化了该品牌广告，如 1926 年 5 月 1 日中国三兴烟草公司孙文牌香烟广告，在广告最上方放置了一幅卷烟画，上面印有孙中山头像。而后者情境插画广告是以描绘场景和使用效果为主。三烟台香烟广告也使用该类插画，有时候是一男一女两位人士在环境幽雅的场所抽三烟台香烟，有时候使用的插画则是一位男士在惬意地抽烟，把吸烟时怡然自得的神态刻画得淋漓尽致，这样的手法使得受众对该牌香烟有更好的想象和印象。

图 26 为《新闻报》在 1925 年头版刊登的一则广告，该广告基本上涵盖了所有《新闻报》头版广告元素，很具有代表性。这则广告大致分为五块：上、中、左下、中下和右下，整体非常清晰。广告最上方的引题和正标题，采用了横行排版，而其他文字介绍则采用竖行排版，横竖交替，共包括 12 种字体。广告文案字体大小并用，起到了突出重点的作用。在整体竖版的情况下，加入了曲线图案进行视觉中和，中间插画里的心形

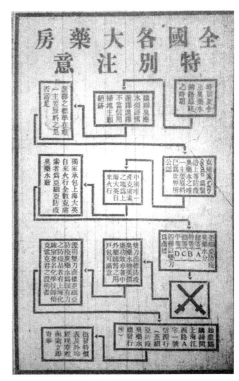

图 25　亚细亚防疫臭药水广告

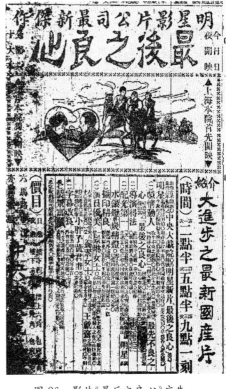

图 26　影片《最后之良心》广告

框,以及中下板块的圆形分隔号,都属于曲线图案。同时,这个广告的边框样式共使用了三种:插画周围的※形边框、中下板块详细介绍外围的加粗边框以及整个广告外的普通边框。该广告插画的运用是其一大亮点,以影片海报作为广告插图进行宣传,并且利用心形对话框营造出两个场景,达到了一图两景的效果,可以说,这是插画广告上的巨大创新。

(三)《新闻报》的广告内容

1. 广告文案:信息为王,一切为了吸引受众

广告文案是由标题、副标题、广告正文、广告口号组成的。它是广告内容的文字化表现。《新闻报》头版商业广告涵盖了多种行业,且行业内的竞争加剧,迫使广告主提升广告内容,提高广告关注度。

首先,标题上力求醒目。面对密集的报纸广告环境,一小块版面的确很容易让读者一扫而过。虽然《新闻报》以广告居多,以广告闻名,但是头版上还是会出现政府和报馆通告、个人讣告等,为更迅速地给读者提供广告信息,一些广告标题会直接添加"广告"两字,如"第一造林场广告"、"上海信通公司广告"等,尽管只是加上了两个字,但是却简洁有力,让受众很容易就搜索到想要的信息。

同时,标题内容也尽可能全面。因为标题往往是最先受到读者关注的地方,而且类似于轮船铁路等交通广告,只有标题部分,并没有正文,更要借助于标题的力量来扩充广告内容,所以广告主在标题中逐渐添加了时间、名称和效用等相关信息。如"宁兴快轮十五日礼拜一开往福州三北公司启"、"华孚银行定于夏历四月初三日先行交易"、"真正血实有补脑之伟力"、"江湾赛马四月初四日下午一点半钟起赛"等广告标题中,不仅包括广告主名称,而且包含具体活动名称、活动时间或者产品效果,这一形式在《新闻报》头版的广告中颇受欢迎。另一方面,广告标题的用词也开始采用表示程度的词语,以彰显产品或活动的独一无二性,如"破天荒之大廉价"、"中国首创机器染色厂"、"救国救民戒烟奇药水"等标题,用"破天荒"、"首创"、"奇"等语词,十分容易抢夺读者眼球。

还有的标题使用设问句,制造悬念。中西大药房出售的"洋碘精"以"你有说不出的苦?"为标题,十分含蓄却也让人忍不住往下读。商务印书馆开办的《商业预科》课程开班广告标题为"来日何如?",进而引出要想成为商业人才,现在就要报名参加该班学习。

其次,广告副标题及引题的使用也是《新闻报》广告中的重大发展。它们的出现让广告标题内容极大丰富,形式也进一步拓展。"先施公司冬季大减价二十天"标题下出现了副标题"新到大帮货物羊毛织品精良土货"字样,而广告"逍遥茶舞会"在该正标题下印有"百老汇路闵行路口益利饭店舞场"的副标题,广告"元泰呢绒洋货号大减价"上方则有引题"三洋泾桥爱多亚路"。从以上例子可以看到,副标题及引题的使用,可以大大增加标题的信息量。

再次,广告正文以中文为主,但是也会出现英文广告,这与当时的社会环境有关。广告内容以直白式为主,以一则题为"美国老牌棉帆布"的广告为例,其广告词是这样的:"本公司自美国引进一批 Woodberry 棉帆布,厚薄均匀,赐顾者请至四川路十九号本公司或虹口东西华路成记布铺。永盛公司。"广告语非常直接和简单,简明清晰地交代产品及购买地点。

随着广告的增加和竞争的激烈,也出现了其他文体的广告。"艾罗补脑汁"广告词是:"机器以马达为总机关! 如果马达损坏,立刻全部停止。车辆以轮轴为总机关! 如果轮轴损坏,立刻不能行动。人身以脑部为总机关! 如果脑筋损坏,立刻危及生命。"(见 1927 年 5 月 1 日《新闻报》头版)在这个广告里并不是平铺直叙阐述产品功能,而是采用了对比的手法来强调脑部对人体的重要性,继而凸显其产品的价值。

还有一种广告是以声明和告示的形式出现,对市场上的假冒产品或者谣言进行说明,因此这类广告主要着重于对品牌和声誉的构建,广告词的风格也较上文所述广告有所不同,广告目的也类似于今日的公关广告,不但能够维护品牌与产品的信誉,而且能够增强读者对其品牌的印象,达到一举两得的效果。

不过也有商家利用口碑营销来达到宣传自己的目的。诸如一些保险公司,会以保险者的身份刊登告示,说明该保险公司有诚信、赔款迅速等。这种广告另辟蹊径,不是从商家的角度,而是从买家的角度来阐述,更有亲和力。这类广告习惯于以"鸣谢××保险公司赔款迅速"等为标题,看似个人声明,其实是公司广告。

另外,当时《新闻报》头版还出现了商品的赠券广告,类似于今天的"集齐有奖"广告。该类广告的文案不在于介绍产品功能,而是介绍活动。永安公司在 1921 年 6 月刊登了一则题为"特别兑换期外不在此例"的广告(见图 27),内容是"每听赢家牌香烟内所附之赠券一张,积成四张可换赢家牌香烟一听;每包赢家牌香烟内所附之赠券一张,积成四张可换赢家牌香烟一包。祈速将君有之赢家牌香烟赠券持向各烟店兑换。永安公司上海总理"。可见当时广告形式之灵活。

广告口号是《新闻报》广告发展得较为成熟的表现,它是广告在一定时期内反复使用的简短的文字,是广告品牌的一部分,它的使用标志着报纸广告的初步现代化。烟草等大型企业在使用报纸广告进行宣传时,往往会开展系列广告,也较多地采用广告口号来彰显其广告的连续性。五三牌香烟在《新闻报》头版刊登广告时,便使用"五三香烟虽微,关系中国前途"为口号,把自身产品与国家命运相挂钩,呼吁国货救国。

2. 广告形式:多样化手段的使用

对 1919—1928 年《新闻报》头版广告整理可以

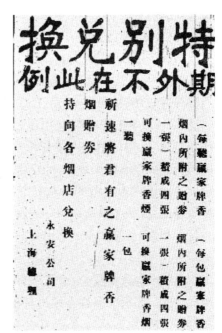

图 27　永安公司赠券广告

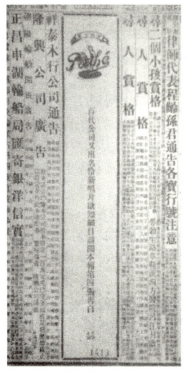

图 28 1928 年 12 月 1 日
《新闻报》头版

发现,尽管头版延续着一直以来的风格,沿中线分为上下两块,但是广告形式多样化,出现了版面留白、半版及整版广告等广告宣传促销手段,使得《新闻报》头版广告的内容丰富起来。

广告版面留白是指利用广告作品的空白来达到广告宣传的效果。对于报纸来说,由于版面有限,为尽可能地多安排稿件,都是把版面排版得密不透风,就算碰到版面上偶尔出现的"白位",编辑都会尽可能找来文字补上,这就是补白。可是,在这样的背景下,《新闻报》广告采用的是不同寻常的方式——留白,来获取不一样的视觉效果。图 28 是百代公司的一则广告,上面为公司 logo,下面为广告语:"百代公司又出名伶新唱片,欲知细目请阅本报第四张告白。"在周围版面如此密集和高度利用的环境下,该广告另辟蹊径,整个广告只有简单的一行字外加一个公司标志。这种留白方式很容易引起受众的兴趣和注意,反倒会对广告进行仔细阅读和研究。

与此同时,半版及整版广告的出现,更是报纸广告形式的一大突破。半版广告多集中在烟草、药品、舞会等行业,前期出现频率较低,且均为单独出现,即上半面为半版广告,下半面为常规广告,或者相互置换一下。不过,到 20 世纪 20 年代后期,同类产品间争夺市场的趋势加剧,《新闻报》头版上时常出现两个半版广告,大部分是同行业间不同品牌产品广告。

1928 年 9 月 3 日,美王牌薄荷香烟与五三牌香烟便在《新闻报》头版上打起了广告战(见图 29)。美王牌香烟利用留白艺术,突出产品名称,再用简单的文字介绍产品的特性,即薄荷香烟还有医用效果,此广告是从理性的角度来阐述广告卖点的。而五三牌香烟从国货角度出发,把中国前途和五三牌国产香烟用一杆秤相连,从感性角度上用爱国情节来打动消费者。

整版广告数量较少,但是广告质量却是值得称道的。在所抽取样本中出现的整版广告,集中在交易所、烟草公司、茶叶公司等企业,而广告也主要是对即将进行或正在进行的大型企

图 29 1928 年 9 月 3 日《新闻报》头版

业活动进行宣传，如开幕、促销等。双龙茶店有限公司所做的广告较具有代表性，图30是该茶店在《新闻报》上刊登的一则开幕广告。广告文字采用横竖交错排版，同时利用边框和字体、曲线框和方形框来分配受众的注意力。广告内容包括开业宣言、产品介绍、促销赠品以及招聘启事，信息量较大，但却并未显得杂乱无序，反而给消费者以清晰的视觉感受。

图 30　双龙茶店广告

不过，民国报纸广告较之现代报纸广告来说，创意还是有限的，因此《新闻报》头版上的广告比较局限于版面的设定，即使是整版广告，也是遵循上下两部分的原则进行，并没有打破框架的束缚。

3. 品牌商标：品牌化的起步

尽管民国时期的广告处于初步发展的阶段，报纸广告较为分散和不连贯，但是随着系列广告的出现，以及商家认识到，在竞争激烈的市场环境下，固定的产品或品牌标识有利于消费者的记忆，因此，品牌商标在《新闻报》头版广告中崭露头角，这是企业品牌化进程中的重要一步。如五子牌香烟商标是以五个小

图 31　肺形牌商标

男孩组成的图形为品牌标志，肺形牌药品则是以圆形和三角形组成的图案为商标（见图31），并标注"肺形商标"字样，在四个角上分别写上"注册商标"四个字，非常规范和清晰，有利于保护自身品牌的合法权益。这对于现代广告商标的发展和中国广告商标发展历史的研究都有积极作用。

4. 广告内容特点：近代社会的活化石

1919—1928 年正值民国报刊广告最活跃的时期，正所谓"一纸风行，不胫而走。故报纸所到之区，即广告势力所及之地。且茶坊酒肆，每藉报纸为谈料。消息所播，谁不洞知。永印脑筋，未易磨灭。非若他项广告之流行不远，传单之随手散佚也。是故新闻愈发达，广告之作用亦愈宏"[①]。《新闻报》是当时广告最为全面和丰富的报纸之一，广告内容反映了当时社会的方方面面，可以说是研究近代社会的活化石。这段时期头版广告的特点有：

第一，报纸头版的重头戏

广告在头版中所占比例逐渐提高，成为头版的重要组成部分。随着报刊广告的发达，广告成为《新闻报》经营的生命线，广告在《新闻报》整体报纸中的比重上升，广告在头版也

① 薛雨孙. 新闻纸与广告之关系[M]. 上海：申报馆. 1923：87.

占据了独一无二的地位,政府声明、公告等性质文章不再出现在头版,而是转移到其他版面,这更加符合《新闻报》作为商业报的性质。

读者购买《新闻报》,很大程度都是被其广告,尤其是被头版广告所吸引。为更多地夺取消费者眼球,头版广告形式也逐渐丰富多样,不拘一格,广告种类涵盖不同行业不同产业,尽可能覆盖到最广大的受众群体。从百姓日常所使用的肥皂到较高阶层才能观看的跑马赛,从银行金融服务到社会保险业务,《新闻报》头版均有相关广告刊登,从最大程度上满足读者多种需求。

第二,中西势力的对抗赛

民国初期至20年代末,外国资本主义在上海迅速打开市场。一战过后,尽管欧美列强一方面要处理国内战后事宜,另一方面重新把目光瞄准了中国,瞄准了上海。加上之前外国资本主义在上海的发展基础,卷土重来的国外企业更是加紧了抢占市场的步伐。

不过,这时候的上海市场并不如之前那么容易分割,第一次世界大战的契机和不断涌现的爱国企业家,使得中国民族企业蓬勃发展,与外国经济势力相抗衡,在一定程度上遏制了国外资本主义的经济侵略。同时,全国涌动的抵制外货活动推动了民族企业的前进,在某些行业甚至出现了全国闻名的制造企业,如荣宗敬、荣德生两兄弟创办的面粉厂和纺织厂,数量之多、产量之大,实属辉煌,荣氏兄弟也被人称为"面粉大王"和"棉纱大王"。

在这种商业背景下,双方的经济战争打得非常激烈,不仅在产品的销售上,而且在广告的宣传中也是不甘示弱,从《新闻报》头版的广告便可见一斑。

国外的民用产品品牌,在面对中国国内竞争者的时候,大部分制作软性广告,强调产品的先进性和优越性,营造洋货品质好,使用起来有面子上档次的感觉。香烟广告多是使用插图来表现惬意富足的生活环境,吸取该品牌香烟给人一种悠然自得的生活态度。因此,该类产品受到资产阶级上流社会的热爱和追捧。

同时,外国产品广告也多集中在一些知名科技品牌上,为其打入中国市场进行宣传,如飞利浦灯泡、柯达照相机等。飞利浦是国际著名品牌,在《新闻报》头版刊登广告时,既使用飞利浦产品的大幅图片,也用文字详细介绍该产品的使用情况。受众从广告中可以获取飞利浦品牌信息,以及电子产品的使用方法。不得不说,该类广告在一定程度上普及了先进技术,促进了社会生活的便利化。

而国内广告则侧重于从国货角度和中国传统文化角度来施展。上海友义烟公司在《新闻报》上刊登了一则广告,广告仿制书签的样式,上头绘有青松和明月,下面绘有该品牌烟盒,中间则有两句广告词"吸爱民牌香烟,如临清风明月"。所使用的"青松""清风"和"明月"等元素,非常具有中国传统典雅的气质,同时香烟取名为"爱民牌",也是借鉴了当时的社会大背景。

总体来说,《新闻报》的头版既有洋货广告又有国货品牌,头版广告以一种独特的形式彰显了中西方的势力对抗。

第三，爱国情怀的宣传片

翻阅《新闻报》头版，很难不被国货广告所吸引。国货广告的出现是伴随着中国民族资本主义的国货运动而产生的。"20世纪初，以反美爱国运动为发轫，中国工商资产阶级掀起了一场以提倡生产、改良、销售国货为主要内容的长达40多年的国货运动。"①19世纪末20世纪初，大量工商资产阶级开办国货工厂，打出实业救国、国货救国的口号，将购买国货与爱国主义联系起来，呼吁为民族富强和经济独立而努力，同时进行大量广告宣传，以此来提升民众对民族资本主义的支持，对抗外国资本主义经济的侵略。

民族企业家创办国货工厂的热情高涨，也带动了国民消费国货的积极性，百姓在选择商品时，受广告等宣传手段影响，也更容易关注国货。1919—1928年的《新闻报》头版，出现了大量包含"国货"、"爱国"字眼的广告，国货也被重新定位于爱国情怀的展现，消费国货便是爱国的具体表现形式和民族主义的强烈认同。如标题为"救国救民戒烟奇药水"的广告（1919-1-15），就把戒掉烟草鸦片等同于爱国爱民，在广告文案中也强调烟草鸦片的危害性和该药品的神奇性（只需两天便可戒掉烟瘾）。

尤其在社会重大事件发生以后，报纸大部分广告会集中在国货广告中，有些公司也会利用这种时机来冠名自己的产品，国货广告数量便会大幅攀升。以五卅惨案为例，惨案发生后，《新闻报》头版在较长时间内对此事件给予了重大关注，头版也倾向于刊登国货广告。有社会通告，如南京路商界联合会发出的"警告各界"："此次惨剧，务请静待解决。如无重要事件，幸勿除外。如在路上行走，万勿停留观看，或拍手呼喊，更勿暴动，以免危险，至要至要。"（1925-6-2）上海童子军会发出的启事："原定六月四日至七日假龙华操场举行露宿，刻因沪地发生事故，暂缓举行，特此布达。"（1925-6-2）还有商业广告，如中西大药房的胃轮药片广告，就以"受人欺辱，不要气，只要记"为题，写道："大凡受人欺辱，只要悉心静气、尽策尽力、以谋抵制，自有圆满的结果。如因气愤不平，一味无理取闹，试问何济于事？小而家庭，大而国际，都能不气而记，就不致有五分钟热度的讥诮了。然而爱国之心，人孰无之？一时激于义愤，热血上冲，难以抑制，肝旺火升，势更不免，将何以解救之？惟有速服此'胃轮'药片，则肝定而气平，胃健而血和，身体壮而记忆强，神经充而气恼无，当不致有暴动闹事之举，而可能得圆满结果之望了。"（1924-6-3）标题为"今日国货透凉罗临时卖场开幕"的广告，文案中写道："五卅惨案发生以来，凡我国人，无不愤激，誓与经济绝交，提倡中华国货，民气难摧。本公司因鉴于夏令要品之蚊帐……且爱国诸君日间奔走国事，晚间苦于蚊患，不能安精养气，恐积劳成疾，因此特有国货透凉罗临时卖场之设立，以供给爱国诸君时令上之需要。"（1925-6-22）同一天的头版上还有人丹的广告："举国一致，购用国货，人丹。总经理：国货大药房。"也有"大章国货绸缎布匹商店今日开幕减价一月"，"触目惊心请用国货五卅纪念面盆"（1925-7-2）等广告，均属该类。

这些具有爱国情怀的广告，借助抵御外国强权的社会背景，强调国货即是爱国的思想，以此取得良好的社会效益和经济效益。

---

① 王儒年.国货广告与市民消费中的民族认同——《申报》广告解读[J].江西师范大学学报.2003.07.

第四,社会文化的映照镜

广告作为社会文化的重要组成部分,其体现的独特文化内涵和文化观念,直接或间接地对人产生教化作用。戈公振先生曾说,"广告为商业发展之史乘,亦即文化进步之纪录"[①]。可见广告对于文化的发展保持着记载和传承的作用。

广告文字和图片信息,以及广告所传达的生活价值等都影响着受众对于社会的认知;而人们生活观念的变化与更新,也推动着广告内容和形式的与时俱进。可以说,广告是一面镜子,映照着社会文化的方方面面。

注重基本物质生活的品质。大量西方商品的涌入,让上海市民见识到此前从未闻见的各种生活用品,上海百姓对基本物质生活的要求,不再仅仅是最初的有饭充饥有衣遮体有屋睡觉,而是追求更为精致的生活水准。饮食上更加讲究,喝牛奶饮咖啡吃甜品,也喜欢品尝各地各国的美食。如"美国克宁牛奶粉:请问下列诸君方知克宁牛奶粉之优美,请将克宁牛奶粉与市上所售别种牛奶粉比较,方知此牛奶粉之价廉物美"(1925-7-5),以及"惠而康西菜馆"(1923-8-1)、"上海天香糖果公司开幕"(1921-3-25)、"新开大雅春和楼川菜馆"(1923-7-20)等广告,都表明了上海市民的饮食文化受到外国文化的影响,也逐渐地接受这些变化。穿着上更加西式,不再以长袍大褂为主,而是穿起了西服套装,各类百货公司的开幕和促销广告经常可见。出行上更加便捷,逐渐抛弃马车改为汽车,这些从头版刊登的汽车租赁出售广告中可见一斑。轮船的大规模使用也方便了市民的出行,这时候的轮船公司也非常多,有招商局、裕大船局、长江轮船公票总局等,目的地有江浙一带,也有到海参崴和香港等较远地区。与此同时,还有一个现象值得注意的就是,头版出现了大量银行发息声明以及股东会告示,除了能够反映出金融业的繁荣外,也说明当时理财途径的多样和理财产品的丰富,间接显示出市民的生活水准。

市民娱乐休闲方式的丰富。近代上海市民在享受着传统下棋遛鸟逛公园的业余生活时,也逐渐学习西方的休闲方式,享受娱乐生活丰富化带来的快乐。观潮专线铁路的开通,跑马会的活动等,都为百姓的业余生活提供了新的选择。如以"上海赛马"为题的广告:"准定于阳历四月二号即夏历二月二十四日星期六下午一点一刻起赛,入场券每位一元,场内特备西餐茶点。中西来宾概由马霍路十四号进出,特此布告。"(1921-3-31)可见,赛马会成为了一种时尚的消遣方式。另外,各类影戏院的成立,也让上海人有了打发时间的好去处,而且这类广告往往呈扎堆式刊登,如1927年8月12日的头版,影戏院广告均刊登在一起,几乎占了一半的头版版面,分别是中央大戏院的《美人计》(见图32)、新中央大戏院的《梁赛珍》、卡德戏院的《三国志》、中华大戏院的《真假千金》和万国大戏院的《义侠女伶》。这些广告让受众可以很好地选择自己想看的电影或戏剧,从这些影戏院上演的戏曲名称来看,大部分讲述的是上流社会女子的故事,而这正符合人们的某些好奇,从这里可以看出,商家对受众心理的洞悉和良苦用心。除此之外,学外语的热情也激发了外语学校、培训班的开办,以及英文词典、教科书的热卖。

---

① 戈公振. 中国报学史[M]. 湖南:岳麓书社. 2011:184.

自我提升需求的增加。基本生活资料的丰富满足了人们最低层次的需求，渐而开始注重自身其他的需求。一方面渴望提升自身的文化修养。阅读书籍和接受学校教育成为社会趋势，习惯发布律师声明，使用法律手段来保护自己的权益和声誉。另一方面对物质方面的需求也提升了。注意使用保健药品进行身体保健，也会进行人寿保险，对生命的重视和爱护程度提高。在生活用品上，不再限于最基本的需求，而是愈发注重产品的附加价值，如开始使用香薰香皂，佩戴高级腕表等。

图 32　中央大戏院的《美人计》广告

异乡人的同乡情节。上海是一座海纳百川的大城市，经济的繁荣吸引不少外地人来沪打拼。"独在异乡为异客"，孤独的异乡人很难寻求到归属感，因此把思乡之情寄托在同乡群体中。上海的同乡会十分发达，从《新闻报》头版上刊登的广告可见一二，如"苏州旅沪同乡会选举大会展期通告：第二届选举大会原定夏历五月十九日，兹因手续繁多，付印不及，展缓一星期，准于夏历五月二十六日举行。诚恐诸乡台未及通知，特此通告，尚祈谅察为荷"（1920-7-4）。还有宁波旅沪同乡会、黔邑旅沪同乡会、湖州旅沪同乡会等类似组织团体。

高度发达的民族工商业。民族工商业的发达，促进了社会就业。大量面粉厂、纺织厂等民族企业扩大生产，发布招聘信息，如"上海华商纱布交易所招请职员"（1921-3-20），"招请庆花纺纱厂职员"（1925-7-5）等。

个人声音的大胆表现。在《新闻报》头版上，个人广告并不少，其中赏格和讣告广告居多。赏格广告与其他广告相比，广告形式出现了一个明显的进步，那就是照片的使用。在其他广告使用文字和插画的时候，赏格广告由于其特殊性，出现了需要缉拿或者寻人的照片头像。而讣告广告表达形式多样，有"报丧""恕讣不周""谢丧""出殡路由"等，可见对措辞的严谨和对逝者的缅怀。

（四）《新闻报》的广告元素

报纸作为载体，连接着广告活动的双方。对广告主和广告受众分布的研究，可以侧面促进对广告流通和广告效果的了解。

1. *广告主：覆盖全民的广告盛宴*

广告主作为广告信息的投放者，其意志直接影响着广告的表现形式和质量，同时广告主通过广告与受众进行观念的较量。因此，研究《新闻报》广告主，可以更好地理解《新闻报》上的广告表现和内容。《新闻报》广告主覆盖面极广,上至政府下至百姓,大至企业小至个人,都可以很容易地成为《新闻报》的广告主。据笔者阅读相关广告文本,大致可将《新闻报》头版上的广告主分为外资企业、华资企业、政府、社会团体及个人。随机选取1921年5月1日头版进行统计,结果如表8所示。

表 7　1921 年 5 月 1 日《新闻报》头版广告统计

广　告　标　题	广告主类型
苏州电气厂各股东鉴	华资企业
苏经苏纶老股东开临时会	华资企业
大陆汽车有限公司开幕广告	华资企业
专治肺痨药水改换瓶盒启事	华资企业
通知崇海同乡会建筑会馆招人投标广告	社会团体
大中华纺织有限公司扩充股本广告	华资企业
江阴利用纱厂发息通告	华资企业
孙乙青启事	个人
虞景珊启事	个人
归建徽启事	个人
梅华铨大律师代表郭秀夫启事	个人
南京公济公典投标召卖春盘满货广告	华资企业
退保声明	个人
英商天祥洋行水火保险部广告	外资企业
保众火险公司赔款迅速	外资企业
中国棉业银行召集创立会通告	华资企业
宁波旅沪同乡会新会所开幕广告	社会团体
李瑞九启事	个人
杜廷组鉴	个人
登三鉴	个人
苏经苏纶廿四日临时会奉令停止紧急通告	华资企业
德盛恒声明	华资企业
裕记酒行声明	华资企业
遗失提单	个人
注意赏格一百元	个人
沙布号公鉴	个人

续　表

广　告　标　题	广告主类型
上海会审公堂	华资企业
颜氏文房四宝	华资企业
新到德国最新望远镜及头等照相镜看跑马最相宜	华资企业
山东峄县中兴煤矿有限公司开股东会广告	华资企业
申大面粉公司发息广告	华资企业
立大面粉公司定期发息通告	华资企业
上海万国义勇军中华队第十六年招考预备队员	政府
菓昌洋行迁移广告	外资企业
永利行迁移广告	外资企业
特备龙华寺半淞园汽车可坐四位	华资企业
上海春季大赛马上海跑马总会	华资企业
三北公司升孚快伦廿四日礼拜开往海参崴	华资企业
太古行通州轮船准于三月廿六日下午开往威海烟台天津	华资企业
新开大新绸缎局	华资企业

　　《新闻报》头版广告中,中外商业机构广告主所占的比重最大,华资企业和外资企业在广告上的投放一直在进行着较量:

　　第一,外资企业

　　外国洋行随着上海的开埠进入到中国市场,"这些洋行从事进出口贸易,同时也在上海市场上扮演批发商和零售商的角色。19 世纪末 20 世纪初,在沪洋行同外国制造业者的关系进一步密切,往往直接充当外国厂家在华代理,包销外国产品"[①]。洋行的入驻方便了外国商品在华的销售,同时,为了更好的把洋货推销出去,洋行极力创新广告宣传策略和模式,把西方消费理念、价值观和生活方式融入到广告中,冲击着上海市民日常的生活习惯。而后,一些大型欧美公司直接进入到中国市场,通过公司内部设立专门的部门负责广告销售,"聘请专业的设计人员制作广告,而且在媒体投放上投入大量预算,以英美烟草公司为例,其年度广告预算到二三十年代高达 20 余万元"[②]。可见外资企业对打开中国市场卯足了劲。

　　英美烟公司是民国时期上海市场最具有代表性的外资企业之一,"1906—1915 年间,英美烟公司在中国进行了大量投资,主要用于扩大生产能力,在上海、汉口等地设立大型

---

　① 张仲礼,沈祖炜. 近代上海市场发育的若干特点[J]. 上海社会科学院学术季刊. 1994.02.
　② 林升栋. 中国近现代经典广告创意评析——《申报》七十七年[M]. 南京:东南人学出版社. 2005:118.

烟厂"①,"并于1919年成立上海英美烟公司,总揽其在华所有业务"②。截至1928年,英美烟公司在全国创立了的著名卷烟品牌有"三炮台"、"老刀"、"哈德门"、"大前门"、"大英"等,声誉传遍全国各地。当然,除了英美烟公司的产品质量有保证之外,产品广告的推动作用不容忽视。英美烟公司从来就注重产品的广告宣传,尤其在报纸媒体上重点选择《新闻报》作为其产品推广平台。三炮台香烟在《新闻报》上刊登插图广告时(见图33),采用的广告语是:"三炮台香烟,餐后每觉油腻,满口一吸,自能油去腻除,面颊增香,盖此烟系由英国名厂用佛及尼埃烟叶制造者也。"而哈德门香烟则选取女性形象怡然自若的吸烟神态,既表现出女性吸香烟的时尚性,也表达出吸香烟的"千金"美好时刻(见图34)。

图33 三炮台香烟广告

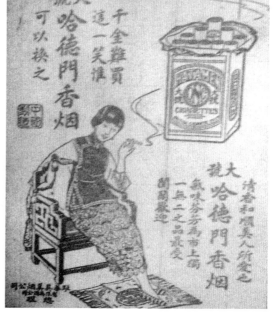

图34 哈德门香烟广告

英美烟公司在进行报纸广告发布时,往往采用大幅插图形式,一来版面较大,更容易吸引读者的注意力;二则广告表现力强,给受众带来的视觉冲击力大,不易被遗忘。因此,英美烟公司特意聘请中国插画师进行插画绘制,更加贴近中国国民的传统和生活。同时,在每则广告中都会出现"英国"、"英美烟公司"等标识。不过也有例外的情况发生,每当社会发生较大规模反抗示威活动后,英美烟公司为避免触动中国人民的抵制情绪,便把广告中有关"洋"、"英美"等字眼删除。

《新闻报》头版还有一道夺目的风景线,那就是百货公司的广告。当时人们对零售百货的接纳和热情日益高涨,外商也将目光对准了这一市场,"如英商惠罗公司,地处上海南

---

① 吴明菊. 烟税特权与英美烟公司在华优势地位的形成[J]. 成都教育学院学报. 2006.12.
② 张小莉. 英美烟公司在华促销策略初探[J]. 北京师范大学学报. 2001.02.

京路闹市，董事会却设于伦敦，该公司是上海最著名的外资百货公司，经销电器、纺织品等各式日用百货"①。这类广告铺天盖地的刊登在报纸上。

由此可见，外国资本渗透到中国社会的方方面面，同时在报纸上大肆宣传，以此来开辟中国新兴市场。

第二，华资企业

华资包括华侨资本和本国国民资本，华资企业的崛起和发展，从《新闻报》头版可见一斑。除了纯商业的投资，民族资本也投入到教育、出版等带有公益色彩的行业，当然，这种投资也是以企业的形式存在，以营利为目的的。

报纸的头版广告中，华资企业广告占据了极为众多的位置，甚至有些时候达到大半个版面，因此，对于《新闻报》头版来说，华资企业是其重要的广告主来源。在《新闻报》头版广告的阅读中，华资企业广告包含了日常用品、教育、娱乐等行业，如屈臣氏、龙虎人丹等，上文所述百货公司广告中，也包括了华资百货公司广告。

民国时期沪上著名的四大民族资本百货公司有永安百货、先施百货、新新百货和大新百货。它们经营着品类齐全的各式商品，也备受消费者的青睐。这四大百货公司在《新闻报》头版上均刊登过相关广告，积极采用新颖的广告形式来吸引消费者，同时会利用开幕、节假日等特殊日子来进行打折宣传。

在众多华资企业广告中，商务印书馆的广告别具一格。商务印书馆是中国第一家现代出版机构，于1897年2月11日始创于上海，其产品种类十分丰富，因此其在《新闻报》头版刊登的广告内容也是多样化的，从出版的书籍，到自动铅笔、折叠扇等文具用品，还有商业科等课程，都有相关广告出现。值得注意的是，商务印书馆报纸广告大约自1923年起，其位置就是固定的，即商务印书馆买断了《新闻报》头版的固定广告版面。这种做法在当时的广告主中属于比较罕见的，因为在那个时期，报纸版面是非常紧缺的资源，而众多的广告主都在寻求自己的一隅之地。商务印书馆如此的做法，既让自己未来的广告版面有了着落，又能够让受众形成固定效应，若需要搜索商务印书馆的广告信息，便可直接阅读该位置广告。

第三，政府

尽管《新闻报》头版以商业广告为主，但是在某些特定的时候，政府会将重要的通知和告示在头版上予以颁布。如"交通部租船监督处通告：本处前奉交通部训令，特将船务以及各轮之保险修理各费按照合同委托裕丰航业公司代办垫付，该处仍应切实监督，以免虚耗"（1920-6-30），"上海县教育会通告"、"中国国民党上海特别市党部商民部改称商人部启事"、"中国国民党上海特别市临时执行委员监察委员就职典礼通告"、"国民政府交通部通告"（均刊登于1927-9-23《新闻报》头版）等。通告发布者都是政府机构。

第四，社会团体

《新闻报》头版众多广告中，还存在部分社会团体广告，如红十字会、上海济生会等。

---

① 张仲礼，沈祖炜. 近代上海市场发育的若干特点[J]. 上海社会科学院学术季刊. 1994.02.

它们利用报纸头版的显著性,以文字的形式进行宣传和告示。

20世纪初期起,上海资产阶级开始组织各业社团,有1904年出现的第一个女性社团——对俄同志女会,也有1906年绅商虞洽卿发起成立的"华商体操会"。"1843年至1911年间,新成立了二十一个同乡团体和八十一个同业团体"①。施宣圆先生就此现象在其书中评价说,"20世纪初上海社会工商业、教育、地方自治、文化、医疗、宗教、女界等各界社团组织的纷纷成立,直接反映了上海社会已形成了各种以共同要求为目标的社会群体,简介表现了上海社会的组织结构近代化趋向,即工商业经济发展,各个组成部分正在日益分化和细化,功能在不断发展"②。这些社会团体不断地寻找自身精准的定位,同时在报纸上刊登内部公告,以此来壮大自身组织力量。这些社会团体大都以功能性为基础而进行集聚,同乡会却是其中的例外。同乡会,顾名思义为各地同乡之间为方便交流和联络组成的团体,是具有地域性的。

在进行《新闻报》头版广告的统计时,笔者发现,同乡会启事出现的频率非常高,以上海周边省份城市为主,如浙江、江苏和安徽等。当然,也有广州、湖北等距离较远的省市。同乡会的产生和繁多,反映了上海作为国际著名大都市,海纳百川,吸引着各地能人志士。同时,可以看到上海的异乡人寻找归属感的迫切和强烈。

第五,个人

个人广告在《新闻报》头版中所占数量并不少,广告内容也五花八门,类目多样。不过,总体来说,个人广告倾向于纯文字叙述,有普通人的婚嫁丧娶,有小商人的商事告白,也有名流官绅的号召等。

2. 广告受众:生活与娱乐的分工

《新闻报》一直就有在头版刊登广告的传统,可以说,《新闻报》的广告受众也就是《新闻报》的受众群体。《新闻报》创刊后,采取各种措施与《申报》展开激烈的竞争,为了争取更多的读者,《新闻报》准确定位受众群体,以轻政重商的内容定位满足目标受众的需求。《新闻报》以经济新闻取胜,开辟"经济新闻"专栏,以商情的准确来号召绅商,并以客观、通俗易懂的短新闻、短评争取一般商人和小市民阶层的读者,使《新闻报》最终成为绅商各界大至工厂、公司、洋行、小至澡堂、理发店所必读之报。以下是其具有代表性的受众群体:

第一,工商阶级

《新闻报》自创刊以来,就以工商阶级为自己的目标读者,因此工商阶级是《新闻报》的主要广告受众群。当然,这里的工商阶级范围比较广,从处于上游的商界大亨,到普通的工人及小生意人。他们希望从报纸上能够及时了解到市场行情、消费者动态、最新潮流等,既为满足对经济走向的信息需求,也能够提高自身对行业的敏感度,同时还能够增加交际娱乐资本。这些因素决定了工商阶级对广告对《新闻报》的青睐,因为《新闻报》广告

---

① 施宣圆. 上海700年[M]. 上海:上海人民出版社. 2000:260.

② 同上.

量涵盖面极广极全面,阅读《新闻报》广告便成为了他们日常生活的一部分。

第二,阔绰小姐夫人

家庭宽裕的小姐夫人们,往往拥有比较充沛的个人时间。她们精力充沛,热爱时尚和新鲜事物,接受西方先进思想和消费文化,对广告中的新奇商品和观念往往拥有更加包容的心态。这类广告受众乐于阅读跑马赛、影戏院等休闲娱乐广告,分享奢侈品化妆品等时尚资讯。

第三,文化人

指接受过文化教育的人。这部分人群热衷于翻看报纸来获取资讯与灵感。而且,他们更具有学习新文化的兴趣和能力。广告宣传的新观念和新产品,于这类人群来说是很容易被接受的。

第四,政府官员

指当地行政机关的官员及拥有权势的乡绅。他们负有维护社会秩序的责任,因此也要经常阅读报纸新闻广告来观察社会热点和舆论趋势。由于工作上不可避免地与上流社会人士进行接触,生活方式逐渐受到影响,因此也会对休闲娱乐广告有所关注。当然,不排除将此作为工作或交际的手段。

三、《文汇报》广告的异军突起

上海《文汇报》自 1938 年 1 月 25 日创办。1937 年 11 月 12 日上海沦为"孤岛"后,由于日本侵略者和租界当局纷纷施压,大批抗日报刊如《救亡日报》、《时事新报》、《神州日报》、《大公报》(沪版)、《申报》相继停刊,而此时《中华日报》、《新申报》等日伪报纸充斥着蛊惑民心、混淆视听的信息。1937 年 12 月 16 日,在日伪开始对租界中文报纸实施检查的当天,美商《大美晚报》社长发表一则启事,指明《大美晚报》英文版和华文版同属一家,编辑方针完全相同,"皆服膺报纸言论自由之精义,敢作无畏及切实之评论,及登载不参成见,纯重事实之新闻"。"两报不受任何方面之检查"。这一做法让不少有志之士看到了曙光,严宝礼便是这其中一员。严宝礼与曾在英文版 *Mercury*(《文汇报》)工作过的英格兰人克明商议共同创办一份报纸,设立了英商文汇有限公司,成立了董事会,中国方面董事有严宝礼、胡雄飞、沈彬翰、徐耻痕、方伯奋,英方董事有克明、劳合乔治、小克明等。

1938 年,在战争环境下上海《文汇报》创刊。在其创刊号上,由克明署名发表了一篇《为本报创刊告读者》的文章,指出:"本报本着言论自由的最高原则,绝不受任何方面有形与无形的控制"、"本报刊行,绝非为投机取利,而实为应环境需要而产生,故必竭本报同人之力,为社会服务,凡若有利于社会公众之事业,无不欲先后兴办,以谋大众之幸福,而副读者之期望也!"以极为明确的语言告知公众,《文汇报》绝不是为日伪侵略者服务,不会接受其检查,其创办宗旨是报道真实的情况,发表正确的言论,而在之后的艰难发展中确实做到了这些。《文汇报》始终拥护抗日民族统一战线政策,积极报道战事,正确引导舆论,鼓舞民众积极抗日,成为"孤岛"时期坚持抗日的大报。

（一）早期《文汇报》广告发布情况

作为一份民营报刊，早期《文汇报》广告版面的出售情况直接影响到了报纸的生存。因此，从创刊之初广告便占有报纸版面极大的比重。之后半年内《文汇报》的五次扩版，广告版面增加都是很重要的动因。

早期《文汇报》自1938年1月25日创刊，至1945年5月18日被迫停刊，共发行477天。在版面设置上，创刊时，为对开一大张4版，版面具体安排为：头版要闻；第二版国际新闻；第三版上海及邻近地区新闻；第四版副刊《文会》（2月11日改为《世纪风》）。至1938年3月5日第一次增刊，由对开一大张改出两大张8版。这次扩版，分别增加了要闻、国际新闻版面和经济新闻版。版面具体安排为：一版要闻；二版社论及要闻；三、四版国际新闻；五、六版本市及各地新闻；七版经济新闻；八版副刊《世纪风》。

为适应广告的增加，在4月7日第二次扩版，改出两张半10版。广告篇幅增加，如4月7日至9日三天头版均是"金字塔香烟"的整版广告，其他篇幅未变，仅在版面序次略有调整。4月14日第三次扩版，改出三大张12版，主要是要闻版篇幅增加，另增设教育与体育新闻、各地乡讯、社会服务三版。版面安排：一版要闻；二版社论及要闻；三版要闻及通讯；四、五版国际新闻；六、七版本市新闻；八版教育与体育；九版经济新闻；十版各地乡讯；十一版社会服务；十二版副刊《世纪风》。7月1日，第四次扩版，改出三大张半14版。这次扩版，一是扩充经济版，经济新闻增加"经济特载"栏；二是增设"时论"栏，与通讯共置一版；三是增设副刊《灯塔》。版面安排：一版要闻；二版社论、要闻；三版通讯、时论选辑；四、五版国际新闻；六版郊县新闻；七、八版本市新闻；九版经济新闻；十版教育与体育；十一版，副刊《灯塔》；十二版各地乡讯；十三版社会服务；十四版副刊《世纪风》。7月17日第五次扩版，增为日出四大张16版。版面安排：一、二版要闻；三版社论；四、五版国际新闻；六、七、八版本地新闻；九版经济新闻；十版教育与体育；十一版副刊《灯塔》；十二版法讯；十三版重要通讯、通信和时论；十四版各地乡讯；十五版社会服务；十六版副刊《世纪风》。

从创刊至1938年7月17日，短短半年内（174天）共增刊5次，版面从对开一张4版扩展至四大张16版。版面类型除了要闻版也增设了教育体育、社会服务等类型版面。早期《文汇报》在创刊的半年内快速发展，成为当时上海较为重要的抗日综合性报纸。

表8　"孤岛"时期广告版面数据表

日　期	广告版面	广告版面所占比例	广告版面增长率
1938.1.25—2.19	1.04	26%	
2.20—3.4	2.15	53.75%	27.75%
3.5—4.6	4.72	59%	5.25%
4.7—4.13	6.75	67.5%	8.5%

续　表

日　期	广告版面	广告版面所占比例	广告版面增长率
4. 14—5. 28	8. 35	69.583％	2.083％
5. 29—6. 30	9. 32	77.67％	8.087％
7. 1—7. 16	9. 25	66.07％	−11.6％
7. 17—8. 2	9. 4	58.75％	−7.32％
8. 3—8. 5	7. 75	55.36％	−3.39％
8. 6—8. 13	8. 19	54.6％	−0.76％
8. 14—10. 28	9. 0	60.1％	5.5％
10. 29—11. 26	7. 2	55.38％	−4.72％
11. 27—12. 27	5. 65	47.08％	−8.3％
12. 28—1939. 1. 28	5. 75	47.92％	0.84％
1. 29—2. 29	4. 69	39.1％	−8.82％
3. 30—4. 30	4. 49	37.42％	−1.68％
5. 1—5. 18	4. 36	36.335％	−1.085％

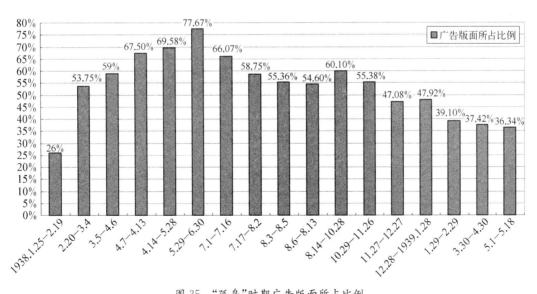

图 35　"孤岛"时期广告版面所占比例

　　由以上图表可看出,从创刊至 2 月 19 日四周里,4 版的报纸版面广告部分平均为 1.04 版,仅占 26％。而且广告的重复率极高。统计这 28 天的头版广告,"新鲜童鸡汁"广告有 7 天,"双十牌一百号牙膏"广告有 5 天,"黑鸡白凤丸"广告有 4 天,"金字塔香烟"广告有 5 天。一般而言,头版广告的刊例价是较高的,可见创刊之初的《文汇报》广告业务并不是很多。

到 2 月 20 日起,广告有了较大增幅,平均 4 版有 2.15 版,超过一半的比例。3 月 5 日报纸版面扩至两大张 8 版,广告版面也相应有了增加,4 月 7 日至 13 日一周内,报纸版面增至 10 版,而广告版面也超过了新闻类版面,占 67.5%。此后到 7 月初的两个月内,广告版面平稳有升,6 月底升至最高值,平均值超过 70%,是创刊之初的 298.73%,半年时间增加近 3 倍。此后尽管报纸版面始终在 12—16 版之间有所变化,但广告版面所占比例明显减少,一方面是由于 6 月底 7 月初广告所占比例达到最高值后增幅空间将不会很大,而另一个重要原因是来自同行的竞争。作为创刊仅半年的新型报纸,同期的《每日译报》的增刊、《新闻报》重回抗日报刊阵营等均给《文汇报》造成了一定的压力,尤其是对广告业务的影响。而之后的《申报》在上海复刊,更是使得《文汇报》的广告量大大下降。从 1938 年11 月 27 日至停刊,《文汇报》版面维持在 12 版,而广告版面比例也总体下降,最后的 5 月份平均为 4.36 版,仅占 36.33%,比最高时下降了一半多。

(二) 广告版面编排及版式设计

1938 年 1 月 25 日《文汇报》创刊号上,4 版报纸版面中广告版面占 1.56 版,约 40%版面由广告占据。由此可以看出,作为一份民营报纸,《文汇报》的运营很大程度上依附于广告版面的出售。而大量的广告存在必然需要考虑版面的编排问题。版面编排的好坏直接关系到受众接收信息的效果,决定着广告主发布广告是否有效,同时也影响报纸本身新闻类信息的传达。

1. 广告版面的编排方式

初期的《文汇报》采用较为保守的编排方式,竖排的形式居多。在版面位置上,创刊之初,除第四版的电影戏剧类广告以整版上下方为固定版面外,其余均以规整四方形的格式位于报纸版面的下方或侧边。此后版式逐渐变化,竖排横排的组合、H 型、L 型等,丰富了版面样式、提升了读者对广告的注意度。1938 年 4 月 17 日第三版广告版面占 3/4(见图36),分为半版和 1/4 版两部分。其中半版中采用横竖混排的方式,中间"青年知识画报"广告以横排方式呈现,左右两侧的广告均保持竖排,比例协调,整体对称。7 月 23 日第二版较大幅的"三星蚊香"广告将版面中间的新闻部分分割成 L 型,相比一贯整齐的四方形,更富有新意,给读者以视觉上的变化感。1939 年 4 月 11 日第七版(见图 37),宏兴药房的广告更是居于版面正中,纵向将整版分为左右两侧,改变原有广告版面很少位于读者视线注意力中心的形式,在广告版面编排上有了大胆的突破。

2. 广告版面与报纸版面的和谐度

报纸的广告版面是报纸版面编排的有机组成部分,广告版面应与报纸版面保持风格、节奏上的一致。在战争环境下,当报纸新闻类版面集中反映战事等较为严肃的话题时,广告本身的商业性决定了其无法完全与前者保持风格上的完全一致,但仍旧可以看出《文汇报》在这方面尝试尽量协调好战争对广告版面的影响。创刊初期《文汇报》第四版往往刊登散文、随笔等政治性较弱的文章,与其呼应,这一版更多是刊登电影、舞台剧等剧目上映以及舞厅歌厅这类娱乐性的广告,以免发生不必要的冲突,引起读者对广告的反感。然

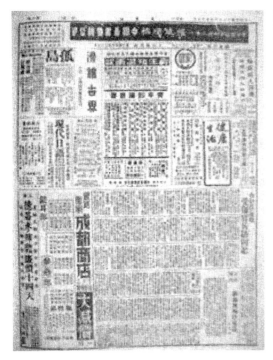 

图 36　《文汇报》1938 年 4 月 17 日第 3 版　　　　图 37　《文汇报》1939 年 4 月 11 日第 7 版

而如果出现广告之间的冲突，那么就是报纸本身编排的问题了。1938 年 2 月 24 日第 2 版以黑色背景凸显了"派克牌香烟"广告，而就在其第 3 版，大号字体"注意戒烟"标识某医院保证绝无任何痛苦便可戒烟，这无疑极大降低了前者香烟的广告效果。当然导致这种情况的原因无从得知，但在之后《文汇报》广告刊登更为成熟时，此类情况没有再出现。

从早期《文汇报》广告编排可以看出 20 世纪 30 年代之后上海报纸广告排版不再是单一样式，已经告别单调机械的时代，开始考虑编排样式，富有变化的版面更能吸引读者的注意，提升了广告本身的传播效果。

（三）《文汇报》广告内容分析

20 世纪 30—40 年代，在租界这一特殊环境下，西式洋货大量传入上海，使得商品类型更为多样，商品市场出现了畸形繁荣。早期《文汇报》医药、卷烟、服饰、日化用品等广告大量出现，满足了上海民众对商品信息的需求。此外报纸广告创意也开始注重加入一些新鲜元素以提升广告传播效果。图画、留白、系列式广告、促销策略等技巧的运用是当时报纸广告创意较高水准的体现。

1. 广告商品类型分析

早期《文汇报》广告类型较为丰富，从医药、服装类到食品、日化用品类，几乎涵盖了人们日常生活所需的各种商品类别。由此反映当时上海报纸广告发展已经初具规模，各个商业经营者意识到广告发布对于商品销售的极大帮助作用。同时也体现了当时社会民众对各种商品广告的需求性，渴望从广告中获取所需的商品信息，也期待广告能够展示一些

新的生活理念,其中最具代表性的广告主要有以下几类:

第一,医药类广告

药品、保健品、医院、药房广告在早期《文汇报》广告中占有很大比重,从广告发布频率上看,医药类广告每天均在固定的分类广告版面登载,与其他商品广告相比,总体数量最多。1938 年 5 月的《文汇报》广告中,医药类广告数量近 40%,除了 5 月 1 日、2 日、4 日三天外,其余时间每天都有整版报纸版面刊登分类式的医药广告(见图 38)。这些广告都是医院的分类式广告,发布频率极高,广告设计较为简单,仅有简单的文字信息。而药品、保健品广告则会考虑采用图画的广告创意元素,提升传播效果。在统计中发现这些广告往往重复发布,在创意设计方面不会有太大的变化。例如 1938 年 5 月的医药广告,上海信谊化学制药厂生产的长命牌"力弗肝"保健品刊登频率较高,分别在 1、5、10、13、18、24、27日共七天发布(见图 39),其中 10 日连续在第 3 版、6 版登载。广告图文结合,一个女性饱受病痛的折磨,英文"LIVER"明显地标注中间,形象地说明了保健品的功效,另有广告文案介绍,补充强调"力弗肝"的功能疗效。

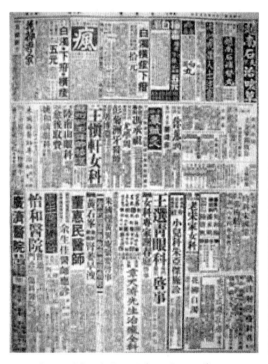

图 38 《文汇报》1938 年 5 月 6 日第 9 版

图 39 《文汇报》1938 年 5 月 1 日第 6 版

20 世纪 30—40 年代,对于医药类广告的发布并没有严格的法规限制,因此在早期《文汇报》医药类广告中大量地存在一些小诊所宣称专治疑难杂症的信息,其真实程度不能不让人产生怀疑。此外,还有很多涉及诸如壮阳、治疗性病等较为敏感的医疗广告,这些广告文案、图画都非常直白,较少使用隐晦的词汇加以修饰。由此反映当时上海广告业监管制度尚不完善,缺乏对广告真实性和社会负面影响的审查和监管。

第二,卷烟类广告

上海是中国近代民族卷烟工业主要发源地和卷烟工业之中心。卷烟类广告在早期《文汇报》商品广告中拥有不可忽视的地位,在当时强大的外资卷烟势力占据中国市场的情况下,中国民族卷烟企业艰难生存。作为以爱国主义为办报宗旨的《文汇报》支持民族企业,为华成、福新等处于发展低谷的企业提供了发布广告提升销售的平台。早期《文汇报》卷烟类广告,没有单一叙述产品信息的文案式广告,而是图片配合文案,形象生动地传递商品信息。例如,在1938年7月及1939年3月的《文汇报》中,其发布的广告主均为民族卷烟企业,这与早期《文汇报》的办报宗旨相吻合。由于受到战争的影响,大批民族卷烟厂纷纷停产,能够正常生产的厂商处境也很困难、销售不容乐观。由其在《文汇报》上发布的广告可以看出,刊登广告的仅有华成、福新等为数不多的几家。此外,广告重复率极高,以1938年7月的华成烟公司广告为例,其广告集中在20日至30日的时间内,"美丽牌"香烟发布五天广告,"金鼠牌"发布两天。为避免同一公司品牌之间竞争,它们不会在同一天发布。福新烟公司的几个品牌香烟广告也呈现出这样的规律。而1939年3月的卷烟品牌相对1938年而言更加少,几乎只有华成、福新两家,友利掠记烟公司的"蓝凤牌"仅在19日发布了一天广告(见表9、表10)。

表9 1938年7月卷烟类广告发布情况统计表

卷 烟 牌 号	所 属 公 司	发 布 日 期	所占版面
"派克牌、金字塔、旗舰牌"香烟	中国福新烟公司	1938年7月12日第5版 1938年7月15日第5版 1938年7月18日第5版 1938年7月19日第4版 1938年7月29日第7版	0.25版/天
大宫殿牌香烟	鲁信烟业股份有限公司	1938年7月10日第6版	0.4版/天
红宝牌香烟	中国南兴烟草公司	1938年7月18日第1版	0.25版/天
美丽牌香烟	华成烟公司	1938年7月20日第3版 1938年7月21日第5版 1938年7月24日第3版 1938年7月26日第3版 1938年7月30日第3版	0.25版/天
金字塔香烟	中国福新烟公司	1938年7月20日第3版 1938年7月21日第2版	0.25版/天
金鼠牌香烟	华成烟公司	1938年7月23日第3版 1938年7月27日第3版	0.25版/天
红妹牌香烟	中国和兴烟公司	1938年7月26日第1版	0.25版/天
白兰地牌香烟	大东南烟公司	1938年7月4日第3版	0.4版/天
红高而富牌香烟	大东南烟公司	1938年7月21日第4版	0.25版/天

表 10   1939 年 3 月卷烟类广告发布情况统计表

卷 烟 牌 号	所 属 公 司	发 布 日 期	所占版面
金字塔香烟	中国福新烟公司	1939 年 3 月 1 日第 7 版 1939 年 3 月 2 日第 2 版 1939 年 3 月 3 日第 1 版 1939 年 3 月 7 日第 4 版 1939 年 3 月 8 日第 1 版 1939 年 3 月 9 日第 2 版 1939 年 3 月 11 日第 1 版 1939 年 3 月 12 日第 2 版 1939 年 3 月 22 日第 1 版 1939 年 3 月 30 日第 1 版 1939 年 3 月 31 日第 1 版	0.25 版/天
金鼠牌香烟	华成烟公司	1939 年 3 月 1 日第 2 版 1939 年 3 月 7 日第 2 版 1939 年 3 月 13 日第 2 版 1939 年 3 月 19 日第 2 版 1939 年 3 月 25 日第 2 版	0.25 版/天
美丽牌香烟	华成烟公司	1939 年 3 月 4 日第 2 版 1939 年 3 月 10 日第 2 版 1939 年 3 月 16 日第 2 版 1939 年 3 月 22 日第 2 版 1939 年 3 月 28 日第 4 版	0.25 版/天
蓝凤牌香烟	中国友利振记烟公司	1939 年 3 月 19 日第 1 版	0.25 版/天

此外,就广告形式而言,卷烟类广告多数以较大版面发布,一般是每则广告占 0.25 的版面,兼有文案、图画,表现力强,强化读者对广告的记忆度。而且卷烟类广告相对其他商品广告而言更富有创意,系列式广告策略、促销策略的使用都很好增强了广告的传播力,这些将在后文广告创意研究中有详细的分析。

第三,服装、鞋帽等纺织商品广告

上海是中国近代纺织工业的发源地。开埠后的很长的一段历史时期中,上海纺织工业一直都是上海地区经济的主要支柱。八一三事变后,处于战区的 20 多家民营纺织厂受到严重破坏,损失的纱锭、布机分别占民族资本棉纺织设备总数的 25% 和 35%。[①] 少数地处租界中的纺织厂,虽曾在短期内出现畸形繁荣,但是好景不长。

早期《文汇报》广告中服装、帽子、袜厂、绸庄等纺织类商品广告数量不多,但多是大幅的图片配合文案,单则广告占据较大的广告版面。以 1938 年 5 月 28 日第 1 版(见图 40)冠新公司草帽广告为例,广告位于当日报纸的头版,有近 50% 的报纸版面。广告集中介绍了公司促销活动、不同的草帽款式等多项信息,巧妙地排版设计以及近似实物的草帽图片使得广告信息不会显得繁冗,便于受众接受。又如 1938 年 5 月 21 日第 4 版(见图 41)

---

① 赵君豪. 上海报人的奋斗[M]. 上海:尔雅书店. 1944.

中国内衣公司注册的 A．B．C 服装品牌，广告版面占 25％，大号加粗的 LOGO"A．B．C"非常显著。广告设有四个板块，分别为工装裤、溜冰裤，以及新设的内衣部、廉价部，每个板块信息简练、整体规整，表格式的设计使得广告不会因为内容过多而显得混乱。

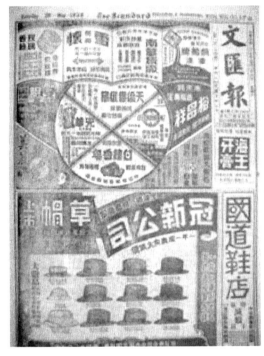 

图 40　《文汇报》1938 年 5 月 28 日第 1 版　　　　图 41　《文汇报》1938 年 5 月 21 日第 4 版

此外，还有袜厂、绸庄等广告类型，但发布频率均不高，数量较少。这与战争影响下重要民营纺织厂纷纷停产有密切的关系。而在纺织类商品广告创意上，这些广告往往不是简单的信息告知，单个广告占据较大版面、图文结合，这些恰恰反映了纺织类广告在无法达到高重复发布的情况下，希望能够依靠较好的创意来实现广告传播效果的提升。

第四，糖果、饮料等食品类广告

作为中国开放较早的城市之一，上海市民的生活习惯及消费理念已经深受西方文化的影响，尤其是食品方面。中国传统的饮食文化博大精深，八大菜系扬名海外，然而上海海纳百川的文化特点使得西方饮食文化仍旧可以在此得以生存，糖果、饼干、牛奶、啤酒、汽水等新兴食品得到上海民众的认可和推崇。一批规模较大的食品厂商，如泰康、冠生园、马宝山、比赛、沙利文、海宁洋行等糖果饼干厂和正广和、屈臣氏、益利、大美等汽水厂相继开业，产品除市销外，远销全国各地[①]。

早期《文汇报》食品类广告以西式食品居多，啤酒、汽水、牛奶、饼干等广告图文并茂，商品信息结合广告创意有效达到了广告诉求点。分析时发现食品类广告的品牌数量总体

---

① 程其恒. 战时中国报业［M］. 桂林：铭真出版社. 1944.

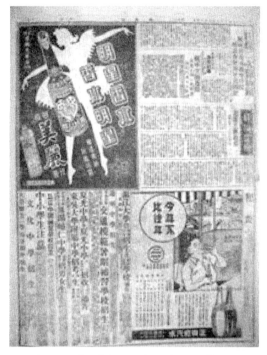

图 42 《文汇报》1938 年 6 月 14 日第 3 版

偏少,广告发布频率低。相比较而言,上海啤酒、正广和汽水、屈臣氏汽水三个品牌广告出现频率较高,而且在一个刊登周期内以系列式广告的形式出现。以 1938 年 6 月 14 日第 3 版(见图 42)正广和汽水为例,图画中一位男士畅饮汽水,表情愉悦。旁边圆形框里以极为显著的字体标示"今年不比往年"。初看到一定会感到诧异,广告怎么会这么写?难道是在说汽水销量不比往年?再仔细阅读下面的文案,原来是说上海今年人口多于往年,然而全国又逢鼠疫泛滥,因此人们在夏天选择汽水饮料时更需注意卫生安全,而饮用正广和汽水可以绝对放心,是最佳饮品。如此一来,达到先抑后扬,必定会引起读者的关注,强化记忆度,是不错的创意。此外,在对 1938 年 6 月的正广和汽水广告进行分析时,发现该品牌广告分别在 7、14、24、28 日四天内刊登,这些广告设置了不同的生活场景,但从品牌标志到广告语,甚至是广告整体的排版,都高度统一,是典型的系列式广告,毋庸置疑,这种广告策略的使用极大地提升了广告传播效果。关于系列式广告的具体研究将会在后文广告创意中有更详尽的分析。

第五,香水、香皂等日化用品广告

上海开埠后洋货源源不断流入,外商在上海开设洋行,经营各种日化用品,如香皂、洋烛、洋伞、香水、香粉等。百货商品种类繁多,丰富多彩。上海沦为"孤岛"后,内外流入人口多,市场呈现畸形繁荣,据统计,1939 年租界内百货商业多达 1 000 余户,比战前激增 1 倍。[①] 20 世纪 30—40 年代,上海民众的生活方式、生活习惯越来越趋于西化,香皂、香水、牙膏等新式日化用品已经是生活中不可或缺的日用品。

早期《文汇报》广告中香水、牙膏、香皂为主要的日化用品广告,每个种类的广告主不多,广告品牌较为单一。发布频率较高的有中国广生行出品的双妹牌花露水、上海明星公司的明星香水、中国信记香皂厂出品的白檀香皂、上海中西大药房发行的美丽牌牙膏、上海中国化学工业社出品的三星牙膏和黑人牙膏。这些广告以女性为广告代言人,图文并茂,紧紧围绕产品特点展开诉求。1938 年 7 月 10 日第 3 版(见图 43)白檀香皂广告,广告讲述的是"白雪公主与白檀香皂"的故事,广告创意点是白檀香皂能使你与白雪公主相媲美,将白檀香皂使人白皙这一信息巧妙地传达,更便于读者接受。这种广告创意在当时报纸广告中并不多

---

① 朱邦兴等. 上海产业与上海职工[M]. 上海:上海人民出版社. 1984.

见。此外,香水、牙膏等日化品广告也多以女性为代言人,将产品主要信息与广告创意相结合,有效地向受众传达广告诉求点。

第六,电影、戏剧、舞厅等休闲活动类广告

"孤岛"特殊的社会环境使得 20 世纪 30—40 年代上海中上层仍旧热衷于逛影院、舞厅等休闲娱乐活动。早期《文汇报》每天均有固定版面刊登新的电影、戏剧上映、歌舞厅开业等广告。这些广告数量多,发布频率极高,总体所占版面较大,但是广告设计较为单一,多是剧目等信息的简单介绍,单个广告版面小。这些休闲娱乐式的广告更多体现了那个时期上海中上阶层追求享乐而缺失民族兴亡匹夫有责的观念形态。对此的更多分析将会在后文有详细论述。

图 43 《文汇报》1938 年 7 月 10 日第 3 版

此外,早期《文汇报》广告中大量出现学校招生的教育类广告,多是分类广告的形式,每天都给予其固定的报纸版面发布。单个广告所占版面极少,只有简单的文字信息,广告创意不足,发布频率较高。从这些广告中也可以看出中西文明的融合使得那个时期上海民众开始关注教育、关注知识素养的提升。

早期《文汇报》中极少出现房地产业、重型机械业等这些当时上海重要行业的广告,而查阅了其他资料,发现同时期的《申报》大量登载此类广告,主要原因是广告主考虑到《文汇报》仅仅创办一年,仍需提高竞争力,因此他们往往选择在历史更为长久、发展相对成熟的报刊如《申报》中发布广告。

2. 广告创意分析

20 世纪初以《申报》为代表的上海报纸广告在形式上没有太大创新,标题与字体内容一样大,一版一栏,没有画面,缺乏动人华丽的词句。而《文汇报》创刊时上海报纸广告已经告别单调老套的时代,从广告内容创意到平面设计都尝试着采用新颖的方式吸引读者的注意,例如:

第一,图画为广告注入新鲜元素。从仅有文案说明到图文并茂,一方面丰富了广告样式,增强了报纸的美观感,同时也避免了读者对广告的自动屏蔽,更有效地将其注意力转移到广告版面上。以 1938 年 3 月 11 日第 2 版(见图 44)"至善油"广告为例,画面占据近一半的广告版面,一个遭受咳嗽困扰的男士愁容满面,旁边一个救助的手捧出了"至善油"。尽管创意较平淡,但画面却成为该广告的强势点。尤其是整体看该版报纸,整页的文字给读者一种沉重感,左下方的广告虽然不位于视线的中心点,但正是由于其画面使得该广告很好地吸引了读者的注意,此种注意程度甚至可同上方较大字号标注的"松江附近

图 44 《文汇报》1938 年 3 月 11 日第 2 版

图 45 《文汇报》1938 年 1 月 25 日的创刊号第 2 版

时有战事"这一时事性新闻媲美。

第二,留白、字体字号、深色背景的使用增强广告视觉效果。当时广告文案多是商品、商家、购买途径等基本信息的堆加,较少出现精悍、记忆度高的广告语。如何能够在信息传达方式上有新意以便读者更好接受?在早期《文汇报》广告中有使用留白、改变文案字体格式或者加入深色背景的方式加以实现。以 1938 年 1 月 25 日的创刊号第二版(见图 45)上"老九章公记绸庄"的广告为例,绸庄名称"老九章"以初号加粗字体标示,"大贱卖"促销字样采用小初字体以极显著的形式居于广告最上端,其余广告具体信息则分别使用小四、五号等字体。此外,还分别采用楷体、行楷、隶书等不同样式的字体加以区别。字号字体的不同给读者以视觉上的变化,避免了重复性,同时缓解了较大广告信息量所产生的繁重。又如 1938 年 6 月 20 日第 11 版(见图 46)"神仁丹"广告中用葫芦药瓶的样式巧妙地排列大量广告信息,使得广告文案不显得太过冗繁,读者不会在读之前就产生心理上的排斥。另外深色的背景与留白的对比,增强了视觉上的冲击性,在整版报纸中起到凸显的作用。1938 年 7 月 2 日第 6 版(见图 47)"扬子舞厅选举白雪公主"活动启事则充分运用了留白的设计技巧。广告 2/3 是留白,在最左边占1/3 的版面标注活动内容。如此设计与其"白雪公主"的广告诉求相吻合。整版报纸看去,留白处广告极为明显,达到很好的传播效果。

第三,系列式广告整合单一广告的创意思路,提升了广告整体的传播效果。在早期的《文汇报》广告中,同一商品在刊登周期内的广告内容基本一样,较少会有设计、创意方面的变化。如此硬性重复效果可以增强读者的记忆度,但也容易造成读者对广告内容的审美疲劳。而系列式广告的使用避免了这一盲点的出现。以"正广和汽水"系列广告为例分析(见图 48,图 49,图 50),三幅广告已经具有系列式广告的基本要素。

图46　《文汇报》1938年6月20日第11版　　　　图47　《文汇报》1938年7月2日第6版

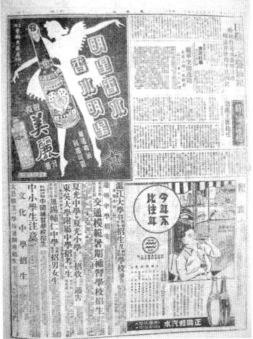

图48　《文汇报》1938年6月7日第3版家庭篇　　图49　《文汇报》1938年6月14日第4版社交篇

图 50 《文汇报》1938 年 7 月 24 日第 3 版浪漫篇

图 51 《文汇报》1938 年 7 月 10 日第 6 版的
"大宫殿"牌香烟广告

首先，LOGO 使用同一版本。"正广和汽水"使用同样的字号和字体，饮料图片也是相同的样式，统一的 LOGO 可以得到受众较高的认知度和记忆度。

其次，广告设计、编排一致。均是图片结合文案叙述，图画位于右上方，文案靠左排，广告语都以圆形框的形式位于广告突出位置，LOGO 则统一排至广告下方。如此一致的编排设计有助于读者对品牌和广告的注意，更有利于记忆。

另外，三幅广告分别设有各自的场景，但其间又有一定的联系。家庭篇是母亲在给几个小孩准备汽水，文案：儿童一致爱饮。社交篇是几个男士在餐厅畅饮正广和汽水，文案：今年不比往年，暗示在全国爆发鼠疫的情况下更应该选择卫生安全的正广和作为饮品。浪漫篇是一对男女刚游过泳在泳池边饮用汽水，两人深情注视对方，场面浪漫。与简单的商品信息堆积相比，三幅广告均设置的是人们熟悉的日常生活场景，首先给读者以亲切感，不会有抵触心理，更易产生共鸣。在信息传递上也不会显得生硬，便于读者接受并加以记忆。

第四，促销式广告策略紧紧结合商品诉求点和受众需求点，较好地吸引了受众对商品及广告的关注。早期《文汇报》广告中不乏有促销式的，大多是如"买一赠一"、"大对折"、"周年庆大减价"这种较为简单的策略。在分析卷烟类广告时，发现其促销类的举措相对新颖，可以看出是经过广告主一番精心策划的，以"大宫殿"和"吸红包"为例说明。

1938 年 7 月 10 日第 6 版的"大宫殿"牌香烟广告（见图 51）表明，包包都有奖金，八种奖额，最高五百元。文案更是大字标示"吃好烟，发旺财，人人有得五百元之希望"，非常醒目，有效地吸引着读者的注意。这种直接在烟盒里放现金的促销方式在当时并不多见，势必引起较多关注。

　　1938 年 7 月 18 日第 1 版的"红包"牌香烟广告（见图 52）促销方式更为独特。"空壳五只可换红包牌奖券一条，空壳十只可换红包牌奖券一张"。"人人可得头奖国币一千元奖金之希望"。采用收集烟盒空壳的方式兑换奖券，改变以往一贯打折促销的传统做法，更有新意。同时，空壳兑换必会促发再次购买行为，从某种意义上达到了惯性消费的效果，而且消费者也愿意如此循环购买。不能不说在当时的消费环境下能够创造出这样的促销策略是广告主的成功，更表明营销思维的极大进步。

　　第五，女性广告代言人的使用。20 世纪 30—40 年代，上海作为全国最为开放的城市，女性解放意识已经比较强烈，她们摆脱封建社会封闭状态，乐于参加社会交际、穿高跟鞋、烫头发、听西洋歌、看西方话剧电影。在这一时期的报纸广告中，从时尚女郎到贤妻良母形象，女性代言人已经极为普遍。其中香烟广告最有代表性。吸烟的风气最初从妓女发展到时髦女性，又从时髦女性流行到一般女性。此时的上海，香烟成为女性在交际中必不可少的东西。从早期《文汇报》卷烟类广告中可以明显看出，广告普遍使用漂亮、时髦的女性作为代言人。她们大多身材苗条、弯眉细眼、吞云吐雾，很享受吸烟的过程。（见图 53）广告中使用女性代言人的策略引起了众人的共鸣，反映了当时民众对于美的欣赏以及对于女性时尚意识的关注。

　　20 世纪 30 年代之后的上海报纸广告已经开始告别纯粹文字信息堆积的时代，尝试广告设计方向的创新。占据最佳的刊登版面当然重要，但对于大多数广告而言，图

图 52　《文汇报》1938 年 7 月 18 日
第 1 版的"红包"牌香烟广告

图 53　《文汇报》1939 年 3 月 19 日
第 2 版"金鼠"牌香烟广告

画、留白、系列式广告策略等技巧的使用,同样也可以达到较好的传播效果。当然不可否认,由于受到技术的限制,《文汇报》广告在设计上仍显粗糙,尤其是带有图画的广告,设计不够细腻,有深色背景的画面较为模糊,印刷效果还不够理想。

(四)《文汇报》广告中"孤岛"时期上海民众的生活形态

广告作为一种文化现象,从某种意义上讲是当时社会民众生活形态的反射镜。作为重要的发布媒体,早期《文汇报》广告为探究当时社会民众的某些生活形态提供了丰富的史料。

1. 影剧院、舞厅等广告发布频繁,反映了上海中上阶层对休闲娱乐生活的追求。尽管身处战争年代,但"孤岛"这一特殊环境使得上海中上阶层仍旧可以享受众多休闲娱乐生活。从早期《文汇报》广告中可以明显看出,当时的娱乐活动种类丰富、模式新颖,带有较浓重的西式风格。

图54 《文汇报》1938年7月2日第8版

抽取1938年7月的《文汇报》作为分析样本,据统计,在该月平均每天有0.5版的固定版面刊登戏剧电影类广告,最多一天是1938年7月2日第8版(见图54)使用了3/4版面。既有京剧、越剧等传统戏剧,又有《英雄末路》、《上海三姐妹》、《蜡像陈列厅之秘密》等中外电影,《火烧红莲寺》、《貂蝉》等舞台剧目。刊登广告有新光大戏院、皇后剧院、明星剧院、时代剧场、黄金大戏院、荣记大世界、鑫记大舞台等30年代上海知名影剧院。

舞厅广告也吸引着爱好娱乐活动者的眼球。1938年7月2日第7版"伟运屋顶舞厅"广告文案:"舞星美丽窈窕,音乐婉转动人;沪上舞业翘楚,消夏纳凉胜地。"[1]4日第8版刊登"大东跳舞场"举办歌唱舞蹈锦标赛的广告;丽都舞厅、璇宫舞厅等广告均有发布。

此外,游泳、溜冰也是上海市民娱乐休闲活动的项目。兰园游泳池、土陵游泳场的夏季开幕广告,永安跑冰场"半价跑冰、并有上等锡兰红茶连同牛奶方糖提供"广告等。

20世纪30—40年代,整个中国充斥着兵荒马乱的战争气息。而上海租界这一特殊的环境使得此处依旧可以灯红酒绿、歌舞升平。上溯至1843年上海开埠,随着外国资本

---

① 周立华."孤岛"时期文汇报上发刊广告的史料价值[J]. 新闻记者. 2007.07.

进入中国，西方休闲寻乐的"洋娱乐"也大量流入，赛马、跳舞、看电影等新鲜刺激的娱乐方式让传统的中国人看到西方文明的新奇，纷纷效仿。由此至20世纪30年代，这些休闲娱乐活动已经深入人心，尤其得到上海中上阶层的推崇。从某种角度讲，电影舞蹈等"洋娱乐"的流入加速了上海文化的现代化进程，具有一定的进步意义。然而结合中国抗日救亡的社会大背景，上海中上阶层从自身有产阶级角度出发，更多地精力用于追求自身享乐，而社会责任意识并不强烈。加之当时国共两党之间存在着潜在、无法调和的矛盾，无法使中上阶层形成明确的政治倾向，缺乏爱国向心力，没有贡献更多力量做出抗日救国、拯救民族的爱国举动。电影、舞厅歌厅等娱乐性广告的大量出现从某种意义上讲不能不说是20世纪30—40年代上海中上阶层爱国主流意识缺失的体现。

2. 香烟、香水、西药等广告反映上海民众生活方式的西化趋势明显。从开埠至20世纪30年代后期，短短半个世纪上海已经发展成为中国最具西洋气息的城市，成为中西交流的桥梁。西方国家的文化往往由上海传至内地城市。

从早期《文汇报》大量的香烟、西药、香水等广告中可以明显感受到上海民众的日常生活习惯已经越来越西洋化。

香烟成为各种交际场合的必备之物，各种香烟广告琳琅满目。1938年7月4日第3版"白兰地香烟"广告"惊人大赠品：包包有赠，人人可得"，"有金镯金链真皮皮夹汗衫手帕毛巾"；7月10日第6版"大宫殿香烟"广告"吃好烟，发旺财"；7月12日第5版派克香烟、金字塔香烟、旗舰香烟更是以联合的形式统一发布广告，增强气势；7月20日第3版（见图55）同时刊登"美丽牌香烟"和"金字塔香烟"广告。可见当时香烟业的竞争相当激烈。香水是上海女性出入交际场合的重要饰品，香水广告也有较大的比例。1938年7月3日第4版"白玫瑰香水"广告"明星香水，香水明星"；7月11日"明星花露香水"广告"无远弗销，到处可买"；7月19日第6版"太和花露香水"广告"香气馥郁，持久不散；湿滴衣巾，快人胸怀；洗面浴身，醒脑辟邪；痱疹虫咬，片刻消退"等。

饮食方面，西式食品成为沪上民众较为流行的选择。广告中如牛奶、饼干、麦乳精、饮料、冰淇淋等食品类占有一定比重。1938年7月5日第4版"正广和鲜橘水"广告"纯洁卫生，儿童一致爱饮"；7月6日第9版"要吃就吃'美女牌冰淇淋'"广告；7日第3版"冰轮牌果汁冰棒"广告"五大卫生保障，绝对清洁可靠"。

图55　《文汇报》1938年7月20日第3版

此外,香皂、钢笔等广告也在显示 20 世纪 30 年代上海民众的生活意识已经深受西方影响,使得其生活习惯发生了一些较为显著的变化。而这些从某种程度上讲是现代化的一种标志,是社会进步的表征。

3. 学校教育类广告反映了上海民众受中国传统教育观念和西方现代文明的双重影响,注重提升自身的知识素养。在早期《文汇报》的学校招生、图书出版等教育类广告中,每期都有固定的分类广告版面,这些广告都相对较朴素,仅有文案而且单个广告所占版面极小,但是每天必登所产生的累积效果也不容忽视。在教育类广告中近 70% 都是学校的

图 56 《文汇报》1938 年 6 月 30 日第 3 版

招生信息,既有一般全日制学校,又有暑期学校招生、补习班招生等。从这些高频率、学校种类繁多的广告中可以看出,虽然处于战争年代,但民众仍旧重视下一代的知识培养,中国传统的教育观念仍旧根深蒂固。在这些招生类广告中,出现了一些诸如英文、法文等外语类的补习学校招生广告,如1938 年 6 月 30 日第 3 版(见图 56)的“第四中华职业补习学校”的“实用英文”暑期补习班广告。由此可见,开埠后外国人的大量来沪,使得上海民众开始有了学习外语的兴趣与需求。此外,广告中有一定比重的女子学校招生广告,可见,20 世纪 30 年代后的上海,封建女子无才便是德的思想已经不再占主流,男女平等、女孩也要读书的观念被更多普通民众所接受。同样是 6 月 30 日第 3版的分类广告中,共有 46 条学校招生广告,其中女子学校有 8 条,占近 20%。

4. 西药、保健品、医院广告比重大,反映了西方国家文化对民众健康观念的重要影响。与传统封建神化思维相比,西方国家相对科学的看病就医理念对上海民众健康观念具有深远影响。上海作为当时中国最重要的通商口岸,也是西医西药传入中国的首要城市。从早期《文汇报》广告明显看出,各种西医药品、保健品、医院、诊所等医疗类的广告占据着最多的比重。抽样统计 1938 年 5 月广告中医疗类广告数量占近 40%,其中多以分类广告形式大量刊登,如 1938 年 5 月 12 日第 10 版用近整版刊登医疗类广告。这些分类广告信息简单,多是文字式的直接陈述,较少富含创意的广告出现。此外,医院类广告中既有综合性医院,如 1939 年 3 月 2 日第 7 版“山西医院”广告(见图 57),有喉科、外科等,治疗戒烟、花柳、性病等。但多是某一专科类,比如眼科、儿科、妇产科、内科等。药品类广告更是繁多,有治疗心血管疾病药、润肺止咳类药、退热止痛类药、治疗性病药、治痢疾药、胃肠类药等等。

此外，除了疗效类广告外，较大比重的保养滋补产品广告同样反映了当时民众已经注重身体的保健与养生。如 1938 年 11 月 10 日第 4 版"五洲乳白鱼肝油"、"地球牌麦精鱼肝油"广告"经科学方法精密研制，维他命含量丰富，营养功效高"。

上海《文汇报》是在抗日救亡的战争背景下创办的。在"孤岛"这一特殊的社会环境中，《文汇报》适应社会发展的趋势，满足"孤岛"民众了解战事真实情况的需求，积极进行爱国主义宣传、坚持抗日、鼓励民众，发挥着重要的舆论引导作用，是当时上海积极抗日的大报。在《大公报》、《申报》、《救亡日报》等重要报纸被迫停刊的情况下，早期上海《文汇报》占有重要份额的报纸广告市场，其刊登的大量广告对研究上海当时报纸广告发展状况提供了不可多得的史料。

图 57 《文汇报》1939 年 3 月 2 日
第 7 版"山西医院"广告

第三节　新中国上海报刊广告发展

一、新中国上海报业的发展

1949 年 5 月 27 日上海全部解放，10 月 1 日中华人民共和国成立。上海在接管和改造旧有的新闻事业机构的同时，逐步建立起中国共产党领导下的社会主义报纸体系。

上海解放前夕，报馆尚存 70 余家，大部分处于停刊或半停刊状态。解放后一个时期，实行军事管制，对国民党政府、党派、军队等部门的报纸，如《中央日报》、《和平日报》、《东南日报》、《前线日报》、《大晚报》等 14 家报纸，一律实行接管。对商办、民办的《申报》、《新闻报》，因抗战胜利后为国民党所控制，掺入了官股，解放时，属于官僚资本的部分被接管，属于私人资本的部分予以保留，仍归私人所有。两报自上海解放之日起停刊。

解放时，上海还留下英美外商办的《字林西报》、《大美晚报》和《密勒氏评论报》三家，只要不敌视中国人民，军管会仍允许其继续出版。英商《字林西报》1949 年 6 月 10 日，因报道失实受到军管会警告，《字林西报》表示愿意登报道歉。该报出版至 1956 年 3 月 31 日自行停刊。《大美晚报》则刊登类似消息而不愿更正，同时因报馆内部发生劳资纠纷，难以继续出版而停刊。《密勒氏评论报》解放后曾多次发表文章批评某些西方报纸对新中国的造谣诬蔑，后因揭露美国在侵朝战争中使用化学武器，遭到美国政府的邮禁，由此失去海外大量订户,不得不于 1953 年 6 月停刊。

人民的报纸随着上海的解放、社会生活的稳定和经济的发展而陆续创刊。1949 年 5 月 28 日上海全部解放当天,沿用延安《解放日报》报名的中共中央华东局兼中共上海市委机关报的上海《解放日报》创刊。6、7 月间,由上海工会联合会主办的《劳动报》,中国新民主主义青年团上海市委主办的《青年报》也先后创刊。

《文汇报》与《新民报·晚刊》是解放前在读者中有广泛影响的进步报纸,曾在民国 36 年(1947 年)被国民党勒令停刊。《新民报·晚刊》两月后复刊,上海解放时继续出版。《文汇报》于 6 月 21 日复刊。《大公报》在革命战争年代有过一些不利于人民解放事业的报道与言论,曾受到进步舆论界的批评,上海解放时一度休刊。6 月 17 日发表了由该报社长兼总编辑王芸生执笔的《大公报新生宣言》,对该报过去错误进行自我批评,取得了读者的谅解,恢复出版。

《新闻报》和英文《大陆报》解放后停止出版。为了促进工商业的恢复与改造和宣传新中国经济建设的方针、政策,创办了《新闻日报》,由金仲华主持报社工作,于 1949 年 6 月 29 日在《新闻报》原址出版。上海当时还有不少外侨,利用《大陆报》原有设备,创办了解放后国内第一张英文报纸《上海新闻》。同年 7 月间,上海还先后出版了《大报》、《亦报》、《人民文化报》、《剧影日报》。上海报业的结构日益趋向多元化。

1952 年,根据"整顿巩固,提高质量,重点发展,稳步前进"的方针,上海报业进行全面调整。英文《上海新闻》迁北京,《大公报》迁天津;《大报》、《亦报》并入《新民报·晚刊》。1956 年 5 月,《文汇报》迁北京改出《教师报》,同年 10 月又迁回上海复刊。1958 年,《新民报·晚刊》改名《新民晚报》。

60 年代初,三年经济困难时期,上海报业结构再度发生变化。1960 年 6 月《新闻日报》与《解放日报》合并,《新闻日报》停刊。12 月《劳动报》停刊。

"文革"中,上海新闻事业受到严重的破坏。《新民晚报》和《青年报》在"造反派"的冲击下,先后被迫停刊,上海仅剩《解放日报》和《文汇报》两家。1967 年 1 月,《解放》、《文汇》两报也被"造反组织"夺权,成为林彪、江青两个反革命集团篡党夺权、制造反革命内乱的舆论工具。此时,社会上出现《工人造反报》、《红卫战报》等形形色色的"造反组织"报纸,极尽造谣诬蔑之能事。这些报纸随着"造反组织"内讧,先后停刊。

1976 年 10 月,江青反革命集团被一举粉碎,《解放日报》、《文汇报》恢复了作为党和人民报纸的地位。中共十一届三中全会后,上海报业进入一个新的发展时期。1979 年 6 月《青年报》复刊,紧接着《新民晚报》和《劳动报》相继复刊。随着改革开放的逐步发展,反映国外经济发展的《世界经济导报》,宣传在中国共产党领导下多党合作、政治协商的《联合时报》,以及全国城市 120 位市长倡议的《城市导报》相继创刊。

《解放》、《文汇》两报在中共十一届三中全会后,除了发挥自身优势外,还创办了多种其他报刊。1980 年元旦,解放日报社创办《报刊文摘》,采集各报刊之新,以扩大读者思路和视野,增长读者见闻,受到广泛欢迎,从初期内部发行逐渐改为公开发行,发行量最高时达到 340 万份。文汇报社创办了《文汇电影时报》、《文汇月刊》及《文汇读书周报》等多种报刊。《青年报》继承和发展 30 年代邹韬奋关心社会青年精神生活的传统，1985 年创办《生活周刊》，期发数达到 16 万份。

80 年代是上海报纸创办最多的时期，1985 年底达到 76 种，其中以专业性的报纸为最多。在经济方面，如《上海经济报》《上海商报》《新闻报》等，涉及工业、商业、财贸、交通运输、邮电等部门；政治法制、科学技术、教育卫生、文艺体育方面的，有《上海法制报》《上海科技报》《社会科学报》《大众卫生报》《上海文化报》《新民体育报》等；以特定读者为对象，由群众团体主办的报纸也有十余种，其中少年儿童方面报纸，有《少年报》《小主人报》《小伙伴报》《中学生知识报》和《上海学生英文报》等。此外，铁路、海港、汽车以及上海石油化工总厂、宝山钢铁总厂等企业，还办有《上海铁道报》《上海海运报》《上海汽车报》和《新金山报》《宝钢报》等企业报，总计 100 多种。形成多层次、多样化的报纸体系，涉及许多以前不曾涉及的领域，开拓了社会主义报纸的新功能，也适应改革开放以来社会生活丰富多彩的文化需求，体现了上海作为一个经济、文化中心的特色。

在众多报纸中，当时除了《解放日报》《文汇报》《新民晚报》为每日发行的报纸外，大部分是对开 4 版或 4 开 4 版的周刊、周二刊。报纸发行量在 100 万份以上的有 6 种，50 万以上的有 6 种，20 万份以上的有 8 种，10 万份以上的有 11 种，其他均在 1 万份左右。在全国报纸的统计中，1985 年上海报纸的发行量占全国第二位。由于上海部分报纸立足上海、面向全国，发行至全国许多城市和城区，尤其是在长江三角洲拥有众多的读者，《文汇报》《新民晚报》的外埠发行量，几乎占总发行量的一半。

进入 90 年代，又有《上海金融报》《上海证券报》等报纸创刊，总数达到 90 种。《新闻报》《劳动报》《青年报》《消费报》《上海证券报》发展为日报。《劳动报》每周发行《经济周刊》和《新闻广角》；《青年报》发行《学生导刊》和《生活周刊》。其他有的报纸增出周末版和月末版，部分报纸版面也由过去的 4 版，增加到 8 版或 12 版。1995 年《解放日报》在香港随《星岛日报》发行《解放日报·中国经济版》。1994 年 11 月《新民晚报》在美国洛杉矶发行了美国版；通过卫星同步传真，在洛杉矶印刷，利用时间差，上海的晚报当天上午即可在美国与当地读者见面，为中国报业史上首创。

1998 年 7 月 25 日，中共上海市委宣布成立文汇新民联合报业集团，由创刊 60 年的《文汇报》和创刊 69 年的《新民晚报》联合组建而成。2003 年 7 月 7 日，集团创刊《东方早报》，以服务上海和长三角地区的经济发展，繁荣中国报业市场为目的，客观详尽地传播长三角地区经济信息，全方位反映长三角地区经济运行状况，为三地政府、业界人士、广大读者提供决策参考、信息咨询和生活指南。文汇新民联合报业集团是中国最大的报业集团之一，集团先后拥有 17 家报刊，包括《文汇报》《新民晚报》*SHANGHAI DAILY*（英文《上海日报》）、《东方早报》《东方体育日报》5 份日报；《文学报》《文汇读书周报》《上海星期三》《新民晚报社区版》《行报》《外滩画报》6 份周报；《新民周刊》《新闻记者》《今日上海》《上海滩》《新读写》《私家地理》等 6 份刊物，另有文汇出版社、文新传媒网站以及彩信手机报等，形成了日报与周报，早报与晚报，中文报与英文报，半月刊与月刊，纸质媒体与新媒体相结合的结构合理、品种较为齐全的媒体产业群。

1998 年 1 月 1 日，原《解放日报》创刊《申江服务导报》，这是一份面向现代都市年轻人，融新闻性和服务性于一体的综合性周报。创办之初，在上海报业市场上迅速崛起，发行量从最初的 7 万份一路增长到逾 40 万份，成为上海周报的第一品牌，特别在年轻读者中深具亲和力和影响力。创办第一年广告收入 1 700 万元，1999 年逾 4 000 万元，2000 年达到 8 000 万元，2001 年达到 9 400 万元。之后，《解放日报》在 1999 年又推出《新闻晚报》和全国第一份城市晨报《新闻晨报》。2000 年 10 月 9 日，《解放日报》携其各个子报组建解放日报报业集团，拥有《解放日报》、《新闻晨报》、《新闻晚报》、《报刊文摘》、《申江服务导报》、《上海学生英文报》、《人才市场报》、《时代周报》、《房地产时报》、《支部生活》、《上海小说》、《新上海人》、解放日报电子网络版、上海沪剧院等九报三刊一网络一剧院，其规模仅次于文汇新民联合报业集团。

为了加快传统媒体和新媒体融合发展，打造"形态多样、手段先进、具有强大传播力和竞争力的新型主流媒体"，2013 年 10 月 28 日，经中共上海市委批准，由解放日报报业集团和文汇新民联合报业集团整合重组为上海报业集团，原《解放日报》、《文汇报》、《新民晚报》等主要报纸相继改版，为了优化报业机构，突出报纸特色，发力新媒体平台，上海报业集团先后陆续推出"上海观察"、"澎湃新闻"、"界面"等新媒体项目。

二、新中国上海报刊广告的发展

全国解放前夕，我国的广告业和当时的经济形势一样艰难。由于恶性通货膨胀，物资缺乏，物价飞涨，民不聊生，工商业停滞，广告行业也处于奄奄一息的状态。建国后，为了大力发展工农业生产，活跃城乡经济，上海采取了一系列措施以加强对广告业的引导、整顿和管理，将解放前遗留下来的分散私营广告社合并成一些较具规模的广告企业，并对一些大的报刊实行补贴和公私合营。

1949 年上海解放后，《申报》、《新闻报》等一些报刊陆续停刊。《大公报》、《文汇报》、《新民报》这三家在新政权建立后都跃跃欲试，准备在新的环境下大显身手，但是很快这些民营报刊在经营上也面临前所未有的挑战，销路下滑，广告萎靡。1950 年 6 月，《大公报》的发行量只剩下了 4.66 万份，报社的亏损已经达到了 16.55 亿元。《文汇报》到 1950 年 9 月，亏损高达到 54 亿多元，濒临难以维持的境地。面对巨额亏损，为解决生存问题，三家报纸决定采用公私合营方式，

在 1953—1965 年实行社会主义改造和建设时期，在公私合营改造的高潮中，中国广告业有了新的发展，但很快又进入萎缩阶段。1959 年，全国广告营业额最多达到 972 万元，但是在经历了三年自然灾害之后，1962 年，全国广告营业额只有 346 万元。相应地，此时上海广告业也经历了从新的发展到急剧萎缩的转变，到 1965 年底，个人消费品广告急剧减少，只剩下生产资料广告和书刊、电影等文化类广告。

1966—1976 年"文革"期间，广告作为商品的宣传手段被彻底否定，被斥为资本主义的产物，1970 年 1 月 19 日，《人民日报》在刊登了 3 条工业产品广告之后，就连这类生产资料类的商业广告也从报纸版面上彻底消失了。

1978 年底，中共十一届三中全会召开之后，国家实行以经济建设为中心，对外开放、

对内搞活的重大方针，大力发展社会主义商品经济，把消费品生产工业的发展提高到重要地位。1979年是中国现代广告事业的元年，在这个大背景下，上海广告业重新开始恢复并大力发展，最早开始迈开脚步的是上海报刊广告。

1979年1月14日，上海《文汇报》在当天报纸的第二版右上角显著位置，发表了当时的上海包装广告进出口公司广告科科长丁允朋的文章《为广告正名》。文章指出我们的报纸、刊物、广播、电视等，都应该多为我们的新产品、新技术、新工艺、新的服务部门做好广告。半个月后，1979年1月28日，《解放日报》率先刊登商业广告。首次在二版下部及三版下部登载了两条通栏广告：一条是"上海工艺美术工业公司所属部分工厂产品介绍"，包括各种乐器、道具等产品；另一条是"上海市食品工业公司所属厂产品介绍"，包括饮料、啤酒、补酒、味精等产品。紧随其后，2月10日，《文汇报》也在当天的第三版刊载一条通栏广告，内容是介绍上海市药材公司经销的杏仁止咳糖浆、止咳霸、三七片、活血膏等类中成药品。随着经济的发展和市场的繁荣，上海广告业得到突飞猛进的发展，其历年的增长率均高于经济增长率。从1981年起，我国才开始有了广告经营数据统计。据统计，1981年到1998年的17年间，中国广告营业额从1981年的1.18亿元猛增加到1998年的537.8327亿元。1998年的广告营业额是1981年的455倍多。1998年的总广告额占中国国民生产总值比重0.475%。[①] 上海广告投入从1983年的1.4155亿元发展到1998年的477.933亿元，增长近338倍。1983年，全国报纸广告营业额为7330.3万元，但是到1998年，全国报纸广告营业额上涨为1043546万元，比1983年增长142倍之多，占全国广告营业额的比重19.4%。1998年，上海地区几大报纸的广告营业额也迅速扩增，1998年，新闻晚报社广告营业额为73400万元，解放日报社的广告营业额为22221万元，文汇报社的广告营业额为11034万元。1999年，文汇新闻联合报业集团的广告营业额为82987万元。

新千年以后，受金融危机和经济不景气的影响，报纸广告市场出现萎缩的迹象。由于报业广告市场广告类型的集中度较高，主要依赖少数几个产业，如房地产和汽车行业。因此，广告源的收入调整，对报纸广告定价必然存在向下的压力。在上海报业市场上，竞争者包括本地报纸、异地进入这一区域的报纸以及上海报业与异地合办的报刊，其中上海本地报纸是竞争的主流。整体而言，解放日报报业集团和文汇新民联合报业集团是报业市场的领导者。从上海报纸广告收入中（见表11）我们可以看出，在排名前十位的10份报纸中，解放日报报业集团下的有4份，文汇新民联合报业集团下的有3份。

表11　2009年7月上海市报纸广告前10强

排　名	媒体名称	市场份额	竞争指数
1	新闻晨报	27.14%	1.33
2	新民晚报	20.46%	1.57

---

① 现代广告杂志社编. 中国广告业二十年统计资料汇编[M]. 北京：中国统计出版社. 2000：3.

排　　名	媒 体 名 称	市 场 份 额	竞 争 指 数
3	东方早报	13.02%	1.04
4	新闻晚报	12.51%	2.64
5	申江服务导报	4.74%	1.09
6	解放日报	4.36%	1.27
7	外滩画报	3.42%	1.17
8	上海证券报	2.94%	1.32
9	天天新报	2.22%	1.03
10	青年报	2.15%	1.05

数据来源：慧聪研究 2009 年 12 月《中国报刊广告市场（月度）研究报告》

从单份报纸的排名来看，《新闻晨报》与其他报纸拉开的差距较大，占总市场份额的27.14%，《新民晚报》、《东方早报》、《新闻晚报》旗鼓相当，各占百分之十几，这四大报纸与其他报纸相比又有着绝对的领先优势。从不同层次的报纸市场来看，市场分割导致的寡头地位更加明显：《新闻晨报》、《东方早报》、《天天新报》在综合性晨报中差距拉开较大，《新闻晨报》、《东方早报》寡头地位明显，《新民晚报》、《新闻晚报》在综合性晚报竞争中势均力敌，《新民晚报》屡有领先，《申江服务导报》、《外滩画报》在生活服务类周报市场份额相差不多，《申江服务导报》较为领先，《解放日报》在党报竞争中较《青年报》有优势。2012年，上海市工商局曾发布 2012 年度《上海广告市场状况报告》，显示上海广告业营业收入继续增长，但增幅放缓，报纸媒体广告营业收入首次出现两位数负增长，互联网媒体广告迅速崛起，营业额高速增长，首次超越报纸媒体广告。

第三章
以刊养刊：上海的期刊与广告

上海早期的期刊经历了初创期和发展期两个历史阶段。上海期刊发轫于传教士在华创办的刊物，发展于是戊戌变法和辛亥革命时期。从类别上来看，这一时期的期刊可以分为外国传教士出版的中文期刊、宣传资产阶级及进步思想的期刊、文艺期刊、科技期刊等几种类型。

第一节　上海期刊广告的兴起与发展

一、上海早期期刊概况

（一）上海早期期刊的发展

上海期刊是随着西方资本主义国家入侵中国而产生发展起来的。鸦片战争以后，教会势力把他们原来在国外创办的中文期刊转移到我国境内，创办了一批我国早期的中文刊物。1857 年 1 月 26 日，西方传教士伟烈亚力主编了上海第一份整合性中文月刊《六合丛谈》。1868 年 9 月 5 日，美国传教士林乐知在上海创办了《万国公报》，原名为《中国教会报》，1874 年第 301 期更名为《万国公报》（见图 1）。19 世纪 80 年代以前，上海中文期刊大都由外国教会势力创办。

1896 年 8 月，梁启超等人在上海创办了《时务报》旬刊，这是中国人创办的第一份以时事政治为主的综合性期刊（见图 2）。宣传进步思想和政治主张，是这一时期上海期刊的一个主要特点。

研究国学与传播西方文化、科学技术，是上海近代期刊的另一个特点。这一类型的主要期刊有《政艺通报》，半月刊，1902 年 2 月创刊，1912 年停刊，是我国最早的、持续定期出版时间最长的一份宣传国粹主义的刊物。《国粹学报》1905 年 2 月创刊，以"发扬国学、保存国粹"为宗旨，是革命学术团体国学保存会的机关刊物。同时这一时期上海还出现了一批以介绍自然科学为主的刊物，其中有《农学报》（1897 年 4 月创刊）、《新学报》（1897 年 8 月创刊）、《格致新报》（1898 年 3 月创刊）等。

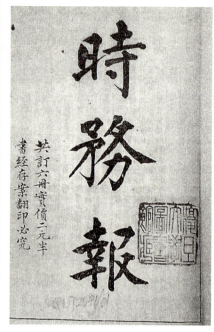

图 1 《万国公报》　　　　　　图 2 《时务报》

文学期刊也是上海近代期刊的一个重要组成部分。这一时期是上海近代文学风格形成的时期,文学期刊从不同侧面反映了当时各阶层的生活和思想风貌,是上海近代重要舆论阵地之一。这个时期主要文学期刊有《瀛寰琐记》,月刊,1872 年 9 月创刊,1874 年 1 月停刊,上海《申报》出版,以刊载诗文为主,并有政论、史传材料,为我国最早文学刊物。《点石斋画报》,旬刊,随《申报》附送,1884 年 5 月 8 日创刊(见图 3)1896 年停刊,共 13 年,473 期,是我国清末影响较大的画报。《二十世纪大舞台》,半月刊,1904 年 10 月创刊,由陈去病主编,是中国最早的戏剧杂志。《月月小说》,月刊,1906 年 10 月创刊(见图 4),1909 年 1 月终刊,共 24 期。

这一时期上海还出现了各类专业及综合性刊物。如 1904 年 4 月出版的大型综合性刊物《东方杂志》,是上海早期期刊中出版时间较长,影响较大的一个期刊。其他较有影响的还有 1901 年 5 月由王国维主编的教育期刊《教育世界》;1898 年 7 月创刊的女性期刊《女学报》;1897 年 10 月创办的专为蒙童而设,以启蒙为主的《蒙学报》;1898 年 9 月创刊,主要介绍中国商政以及各种商务的《工商学报》;1897 年 5 月创刊的我国最早的文摘刊物《集成报》等。

(二) 上海早期期刊广告的诞生

在上海早期期刊广告的发展过程中,外来期刊广告是其发展的先声。我们仅以《六合丛谈》、《万国公报》等外来期刊的广告为例,介绍当时上海广告的主要情况。在《六合丛谈》一年多的出版时间中,商业性信息成为该刊中最为固定的栏目之一。该刊从第一期起就十分重视对商业情况的报道,这些报道置于每期的最后,所占的版面 2—4 页不等。除最后一期之外,每期都详细刊载上海各月份进出口商品及其贸易量的"进口货单"和"出口

图 3　《点石斋画报》

图 4　《月月小说》

货单"栏,此外还有报道兑换行情("银票单")、运费("水脚单")及进出上海港口商船的信息。与先前的宗教中文月刊相比较,《六合丛谈》还有一个显著的特色——集中介绍和宣传新近出版或即将出版的书籍。在第二章第三节"内容与栏目设置"中列有详细的表格,从第 1 卷第 2 号开始就刊有西方传教士所著书籍的广告,除第 1 卷第 5 号、第 6 号之外,直至第 2 卷第 2 号即终刊号都登载有"新出书籍"的内容。这些书籍涵盖非常广泛,涉及宗教、地理、医学、历法、物理等多个领域。

在第 2 卷的《小引》中,伟烈亚力说:"每号尾附载货单,使各商知货值昂贱,可以消费得时,盖此书命意,务欲公诸同好,不以雅俗为优劣也。"[1]伟烈亚力注重广告宣传的理念,为当时上海的欧美商人提供了更多的经济信息,迎合了上海作为新兴贸易集散地的发展趋势,在增加刊物内容、提高报刊质量的同时,还吸引了更多的商业人士购买报刊,从而扩大了发行,降低了办报成本。

《万国公报》出版 40 年,近千期,是外国传教士所办的中文报刊中历史最长、发行最广、影响最大的一家期刊(见图 5),

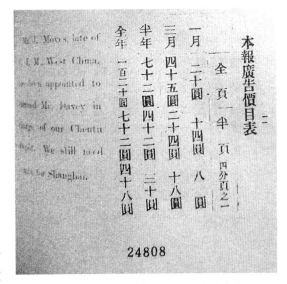

图 5　《万国公报》第 214 册目录页广告

---

① 沈国威编著.《六合丛谈(附解题、索引)》. 上海辞书出版社. 2006：732.

从第 2 期就开始刊发通栏广告,多为银行、药房、轮船等行业广告。该报复刊伊始就登载征榜告白:"务望文坛飞将,儒林文人,侈笔陈之雄谈,抒草庐之胜算,利国利民,教孝教忠,事可备乎劝征,义不惭乎正则,药君珠贝,光我简编。"①《万国公报》认为通商是符合上帝意志的,主张"通商西学何为,即以有易无也,此天下自然之理也"。

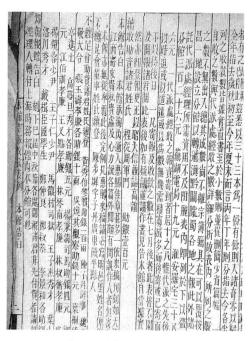

图 6 《时务报》39 册广告

在传教士创办的期刊的影响下,本土自主创办的期刊也迅速发展起来。《时务报》,1896 年 8 月 9 日(光绪二十二年七月初一)创刊于上海,该报最早由黄遵宪、汪康年等倡导出版,汪康年任总经理,梁启超为主编,每十天出一册。《时务报》虽是一份政治报刊,在经营中却非常重视广告,在创办初《时务报》开办告白即说明:"本报并有新译各书附印报后,如《铁路章程》、《造铁路书》、《华盛顿传》、《西国学校章程》、《俄罗斯经营东方本末》等书,皆新出希见之书,于讲求实学裨益不浅,并此奉告。"《时务报》在第 52 册刊登了《告白价表》,标明了广告价格(见图 6):两行起码,一次五元,三次十三元五角,九次十五元,十八次六十三元,三十六次一百四十元。价格策略相当灵活而具有吸引力,配合《时务报》在受众中的巨大影响,其广告效应可想而知。

创刊于 1884 年的《点石斋画报》是我国清末影响较大的画报。其曾刊登启事:"启者:本馆画报业已印行三次,尽有购阅本号而并补购以前数号者,故又添印数千,以仰副诸君雅意。兹于月之十四日发售第四号。此次图后新增告白,诸商号家如有愿登告白者,请即购阅四号画报,便知详细。此布。"也可见其对广告的重视。创刊于 1906 年的《月月小说》,总共出版 24 期。该刊广告众多,24 期共计有 170 多则(重复者不计),一般出现在每期杂志的封二、封三、封底或杂志内所附的红、蓝、绿、黄等彩色薄纸上,广告内容涉及图书广告、药品广告、新书预告、版权声明、编辑所地址迁移、代派处章程、预订单及订阅优惠措施等等(见图 7)。其征文广告独具特色,某种程度上是编者办刊宗旨的体现,也是编者与作者之间互动联系的桥梁。如在《月月小说》第 14 号登载"特别征文":"本社现欲征求短篇小说,每篇约二三千字及中西丛谈逸事等稿,海内著作家如有以佳什欲附报流传者,望投函本社审定刊登,或酬墨金,或谢书报,均望于来函中表明意见,以便商付。投稿设有于本社宗旨不符者,恕不作复,亦不检璧。"同时其商业广告也非常繁荣,如第 3 号的"寄售顶上婆源圆心寿板"之广告:"有欲买者请至棋盘街乐群书局看货议价。"第 6 号中振弱斋的

---

① 林乐知. 兴复《万国公报》序[J]. 万国公报. 16;1;10.

大幅"戒烟丸"广告及第 14、21、24 号中创新五洲大药房所登的"人造自来血"、"助肺呼吸香胶"、"补天汁"、"普嘉鱼肝油精丸"、"非洲树皮丸"、"女界宝"、"月月红"等七种药品广告。诸如此类的广告，明显反映了杂志的商业意识(见图 8)。

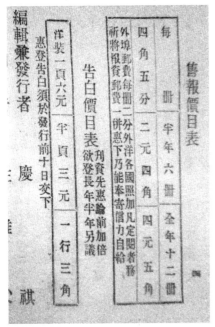 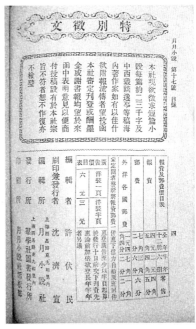

图 7 《月月小说》第一号广告   图 8 《月月小说》第十七号广告

二、上海早期期刊广告的特点

（一）上海早期期刊广告的内容

在近代广告的萌生期，广告内容无外是商品的行情物价、船期货价，主要功能是简单的商品销售信息或商业服务信息，尚未涉及商品或服务的质量、性能、特点等方面。自从"五口通商"以后，西方的商品倾销中国，广告商品范围逐步扩大，火车、汽车、飞机、电报、电话、电灯、电扇、电影、摄影、留声机、唱片、时钟、手表、缝纫机、香烟、香皂、皮鞋、时装、汽水、西药、无线电广播等等新鲜事物出现，广告内容也不再是简单的信息传递，而是涉及到商品的质量、价格、特性、优点、信用及运销方式、销售地点、办公时间等方方面面，这时的广告已成为上海早期期刊的一个不可分割的组成部分了。

（二）上海早期期刊广告的形式

与现代广告相比，上海近代早期期刊广告的形式显得粗糙，也没有太多的创造性，但也有一个由简单向丰富、由粗糙向精致发展的过程。最早出现的广告是没有标题的，直接就是一段介绍性的文字。后来为了让消费者易于辨认，逐步将日期及物品名称等纳入广告标题，接着有些广告又把修饰词引入标题，后来又出现了正副标题及引题，广告标题日趋丰富。从表现形式上看，最初的广告几乎纯是文字的介绍，没有插图。插图的出现是近代早期广告形式的一个发展,为了配合宣传的需要,上海期刊广告不仅改进了内容,而且也发展了形式。除了增加了与文字介绍相应的图片外,还对广告文字进行不同的编排,注意排版是早期广告形式的又一种变化。横行的标题,竖行的正文是当时统一的广告排版格式,然而总有些广告对文字的排列加以变动,以显示与众不同。一些期刊广告在设计上十分讲究,不仅充分利用版面资源,增强注目率,而且常常图文并茂,形象醒目。广告中的画片或照片,与文字内容交错排列,增强了视觉冲击力和信息的传递效果。

纵观上海早期的期刊,中西融合是广告设计艺术的一个重要的风格特征。上海早期的许多期刊广告设计中都采用了中国传统的寿桃、梅花、石榴、如意、百合、古钱、吉祥纹样等图案,而且针对当时国人对戏曲、历史故事人物及神话故事人物的喜爱,在广告中适时地运用了《红楼梦》、《三国演义》、《封神榜》等故事与传统传说中的人物形象。加上西方文化的影响,在表现上也表现出构思新颖,多色调、多样化的广告宣传手法,使消费者产生强烈新奇的感官刺激。于是这一时期,出现了有机地融合本土化的符号形式和西方化的传播理念的广告作品。

三、上海早期期刊广告的传播

近代广告在传播中一个显著的特点是不加任何修饰,直接把商品的质量、价格、特性、优点、信用及运销方式、销售地点、办公时间等方方面面,如实地用语言文字传递出来,有时也不回避产品或服务的缺陷和不足,表现出广告真实性的本质特性。但这也并不是说近代期刊广告传播就没有创意,在这个时期,许多优秀的期刊广告往往针对消费者的心理制作,表现出两个显著的传播特点。其一,利用国人的爱国心理,借助舆论,正面宣传国货,取得民众支持,扩大商品销售。其二,利用中国传统的人伦亲情作为强烈的情感表现形式,实现认知产品、激发兴趣和购买动机的广告传播目的。许多外商广告也常常利用中国人传统的观念来传递产品信息。广告内容涉及到很多中国传统故事,诸如四大名著、《封神演义》、二十四孝、济公、京剧脸谱等,从而为"洋货"顺利进入国内市场开辟道路。为了让品牌和商品深入人心,外商还特别注重因时、因地制作形象广告,逢年过节时,还会以恭贺广告的形式出现。

随着上海近代广告的发展,这一时期的期刊广告也开始改变直白式的语言,改用消费者的口吻来做广告。广告主做了角色转换,以期增加消费者对广告商品的信赖。

期刊广告支持和促进了期刊本身的发展。上海期刊广告不仅传递了商品和服务信息,为民间沟通和营造舆论提供了一个平台,而且刺激和引导了上海大众的消费,参与培育了上海近代的消费市场,影响了消费者的行为和习惯,更新了市民的消费理念和生活模式,促使当时的社会形成了"崇洋"、"西化"等为特征的消费风尚。近代上海期刊广告推介了大量书籍,推进了近代文教事业的发展,促进了中西文化的交融,推动了社会的进步。

第二节 上海近代期刊广告的发展

1911 年以后,上海期刊依然处于增长的势头。1915 年 9 月,陈独秀创办《青年期刊》,次年改名《新青年》,1917 年 1 月迁址北京,1920 年 9 月又迁回上海。随着五四新文化运动的开展,一大批宣传新思想、新文化的刊物面世。1918 年任鸿隽、杨杏佛等人创办的《科学》期刊移到上海出版。1920 年,随着上海共产主义小组的成立,《劳动界》、《共产党》、《向导》、《中国青年》等共产党人主办的刊物相继出版。1926 年,印刷精美、广告颇丰的《良友画报》在上海创刊。1933～1935 年间,上海期刊的创办更是迅猛增长,形成了 30 年代的"期刊年"。据统计,1933 年,上海有各类期刊 215 种,至 1935 年 6 月底,增长到 398 种。如张闻天等人主编的《新思潮》、王造时的《自由言论》、陈独秀等主编的《无产者》、陶百川的《汗血》、左翼作家的《北斗》、林语堂的《论语》等,邹韬奋主编的《生活》周刊,成为当时发行量最大的刊物。抗日战争爆发,上海沦为"孤岛"以后,抗日人士用英商、美商、苏商名义出版了《译报》周刊、《华美》周刊等刊物,另外也有一批通俗文学、文娱、教育、画报等。抗日战争胜利以后,上海出现了《周报》、《民主》、《文萃》、《文艺复兴》等刊物,重庆和内地的一批期刊也先后迁来上海出版。这一时期,《文萃》、《观察》、《展望》等时事政治刊物影响很大。总之,在中国现代期刊百多年历史的头几十年中,上海占据着出版中心的位置。在这新旧交替的历史过程中,广告呈现出异彩纷呈,绚丽夺目的特色。广告引导中国的消费者开拓眼界,接受新的商品的同时,也引导他们开始认同和接受现代文明。

下面,我们以当时比较有影响的期刊为例,概览上海近代期刊广告的繁荣状况。

一、上海近代期刊广告概览

(一) 辛亥革命时期的主要期刊

辛亥革命时期,上海的期刊主要有《东方杂志》、《东方期刊》、《国粹学报》、《小说林》、《小说月报》、《教育世界》、《女学报》、《中国女报》等。《中国女报》,1907 年 1 月创刊,是我国资产阶级民主革命时期最早的一批妇女报刊之一。《戏剧丛报》,1915 年 3 月创刊,由夏秋风、胡寄尘、钱化佛主编。《美术》,1918 年 10 月创刊,为上海图画美术学校的校刊,撰稿者有刘海粟、丁惊等,是我国早期美术专刊。《东方期刊》,1904 年 4 月开始创刊,月刊,1920 年 17 卷后改为半月刊,1947 年 7 月后又改为月刊,1948 年 12 月停刊,是我国近代期刊中影响较大的一个期刊,登载广告多为外商广告,当时的派克笔、李施德林牙膏等都在上面刊登广告。《国粹学报》,1905 年 2 月创刊于上海,1912 年初停刊,共出 82 期,是辛亥革命时期一份重要的研究国学的权威期刊。这一时期,大多数出版家和书局创办杂志的目的都是为了给自己的业务做广告。如《东方杂志》、《小说月报》、《教育杂志》,从创刊开始就充斥着大量篇幅的广告。在这些广告中,除了琳琅满目的教科书广告外,同时也出现了各种各样的其他类型的广告。早在光绪三十一年(1905),《东方杂志》就刊登了美国司各脱鱼肝油商标广告,这是上海最早的杂志广告。其后《东方杂志》每年都会有大量的广告刊载(见图9)。《东方杂志》在前后将近40年的时间里,几乎每期都充满了各种教科书的广告。在这些期刊广告中,商务印书馆出版的《小说月报》,每期上都有六页以上篇幅的广告,在一定程度上代表了上海广告的繁荣(见图10)。

这里,我们就以《小说月报》为例,谈一谈当时广告的繁荣景象(见图11—13)。

图9 《东方杂志》

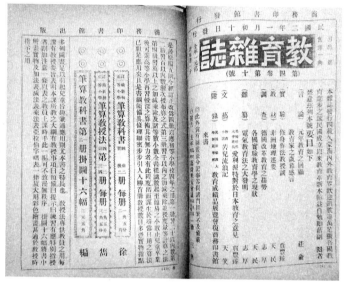

图10 《东方杂志》第九卷第七号增刊书籍广告

图11 《小说月报》

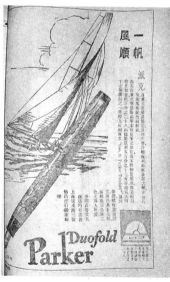

图12 22卷7月号广告

图13 22卷7月号广告

在《小说月报》第四卷第一期中，刊登了一则药品广告，其文案如下：

如何使肺有力（标题）

欲使肺有力保护全体抵御冬季各疾，则必须有稠红温和之好血管而成有力之流川，然欲得此好血则非服韦廉士大医生红色补丸不可。北京西苑禁卫军二协四标二营军官谭子占君近日来函云：余前患咳嗽兼抱他症，日夕被困，以致形容憔悴，身体赢弱，胃口失调，呼吸短促，心虚气弱，延医调治，罔见效验。友人常星五君见余形骸日非，劝服韦廉士大医生红色补丸。即向京都华英大药房购取数瓶，服之未几，即觉神清气爽，咳嗽亦减，于是连服数瓶，精神焕发。（正文）

韦廉士大医生红色补丸已曾治愈无数（附谭子占画像和产品图）

《小说月报》第十一卷第八期刊登了这样一则广告：

巴黎吊袜带

进步之潮流（标题）

华人之锐于进取者，咸以能得美国款式精美之巴黎吊袜带为快，盖以钱购物贵得用，亦贵在价值相宜也。巴黎吊袜带之带夹既不着肉，制造又极精巧，无脱落折损之虑。君购此种吊袜带时，当注意带上商标是不是 PARIS 牌号，盖君所欲购者乃美国款式精美之巴黎吊袜带也。（正文）

《小说月报》第十一卷第二月号广告：

马玉山　责任所在（标题）

工人的责任是制造国货，商人的责任是贩卖国货，社会的责任是提倡国货。

马玉山糖果饼干公司是用纯粹的土产制成最新鲜最有益最完全的国货，是很负责任的国货（正文）

第二十二卷第二月号"派克"广告：

吸墨一次　可写六千字（标题）

派克自来水笔储墨量极大，吸墨一次可写六千字，而无猝然中止之弊。有如骆驼之长途跋涉，无须饮水，故最合事务冗忙者之应用。派克自来水笔除能储多大墨量外，尚有四千十六种优点。其著着为笔尖书写流利，不费腕力，案头夹袋，一笔可以两用，笔管坚固雅丽，永不破裂，较以橡皮制成者轻百分之二十八亦一优点，余不赘述。（正文）（附骆驼图和产品图）

由此,我们可以看到,当时作为"冒险家乐园"的大上海,租界林立,洋人众多,同时也汇集了中国最为富裕的资产阶级和中产阶级阶层,他们希望追求那些新鲜刺激的摩登感受。这个特殊的城市,较早地接触并慢慢接纳西方现代文明的涌入与渗透。像外国进入的商品大做广告,宣传他们的产品优势,迎合上海滩名流们的生活趣味与奢华享受。另一方面,这一时期各地规模空前的本土新商号相继崛起,像百货业的先施公司、永安公司等。它们的投资商或创办人有的是在国外创业成功后,回国支持发展民族工商业的爱国华侨,有的是土生土长的中国商人。这些民族资本家具有强烈的家国情怀。因此广告中出现了格外推崇国货的现象。国货的提倡与洋货的推崇,在这个时期的上海期刊广告里,就这样矛盾而有特色地存在着。

(二)五四运动前后的期刊广告

五四时期,随着时代的发展,上海出现了一些以宣传先进思想为主的期刊,有的时间比较短暂,这里仅介绍其中比较有特色的几种期刊。《新青年》,1920年创刊,是为宣传共产党的建党理论而创办的,1921年停刊。《小说画报》,1917年1月创刊,用白话体,注重图画特色。《礼拜六》,1914年6月创刊,1916年4月停刊,共出刊百期。其主要对象是大中城市的市民阶层及知识分子,追求消遣性、趣味性与娱乐性,曾经风靡一时。当时的杂志所刊载的广告多以教科书、教材类的广告为大宗。教科书是当时出版社最重要的促销产品,而且多在每年春、秋学生开课前夕,此类广告几乎每期刊登,用以招徕教学的需求。当然,除了书籍广告的繁盛外,也充斥着大量的商品广告。我们以《妇女杂志》为代表,分析一下当时的广告情景。

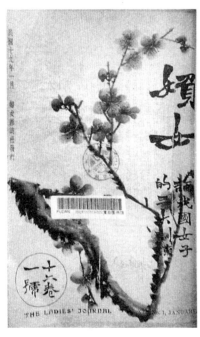

图14 《妇女杂志》

《妇女杂志》,1915年由上海商务印书馆创刊,是一份面向女性发行的综合性大型杂志。1932年1月28日商务印书馆被日军炸毁而停刊,前后长达17年,刊登了7000多则广告。《妇女杂志》在当时成为深受欢迎的"女界之明星",它以深入切合女性读者需求的趣味、内容,色彩丰富、编排新颖的外在形式,以及广告宣传的心理诱导、版式的精美编排,隽秀雅致的视觉享受给人们留下深刻的印象(见图14—16)。作为以女性为受众的《妇女杂志》,其广告分类颇多,在广告登载上又有自己的特色。如医药广告,在创刊之始就刊登"五洲大药房之广告",尤其用些"入形入微"的形象来展示广告。关于"妇科"问题及生育问题的医药广告也屡见不鲜。同时,杂志也为商务印书馆出版物做着免费的宣传,刊登商务印书馆本版的书籍广告。

 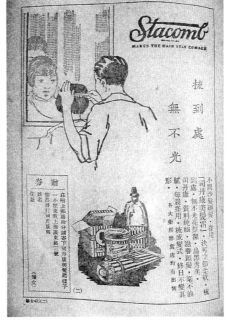

图 15 《妇女杂志》十六卷一号　　图 16 《妇女杂志》十六卷二号　封面
　　　　羊绒广告　　　　　　　　　　　　美发霜广告

（三）20—30 年代的期刊广告

　　上海的期刊广告总是能紧跟时代的脉搏，运用新载体、新工艺，创作出那个时代广告的时尚。20 世纪 20—30 年代的上海广告出现了各种精美的设计作品，既丰富了人们的文化生活，也对 20 世纪前期上海工商业的发展起到了推动作用，使得这一时期的期刊广告成为旧中国广告的繁荣期。这一时期的期刊广告与人们日常生活密切相关，表现出浓烈的生活气息。下面我们以比较知名的《生活》周刊为例，概览一下这一时期广告的风貌。

　　1925 年 10 月 11 日，《生活》周刊在上海创办，是中华职业教育社的机关刊物，是深受城市平民阶层欢迎的大众通俗文化生活杂志。1933 年 12 月 16 日刊物出至第 8 卷第 50 期，被国民党政府查封。《生活》周刊采用低价策略，让利于读者，全方位推广发行；重视广告经营，协调事业性和商业性的关系，注重事业性与商业性的相辅相成；强调广告要讲究社会信用，注意社会影响；突出广告版面与刊物风格和谐。这一观点反映到《生活》周刊的实践上，就是将广告作为重要的"赚钱之道"，实行"以刊养刊"。从 1929 年第 5 卷第 1 期起，《生活》周刊由单张、一张半改为 16 开本杂志，每期广告面积也随刊物篇幅的增加而增加。在广告类别上，打破了此前书籍广告一枝独秀的格局，广告涉及城市平民生活的各个方面（见图 17—18）。据统计，第 5 卷第 1 期至第 3 期广告面积分别占每期总面积的 27.3％、33.8％、29.98％，而且商品广告、金融广告、医疗广告、化妆品广告相应增加，四者合计分别占每期广告总面积的 71.04％、79.2％、71.4％，书籍广告则相应减少为 16.6％—22.88％。

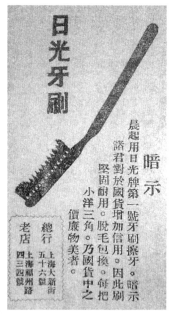

图 17 《生活》周刊 　　　　　　　图 18 五卷二十六期广告

　　《生活》周刊的广告中，"连环牌乒乓球"是刊登较频繁的（见图 19）。"连环牌乒乓球"广告从《生活》周刊第 5 卷第 20 期首次刊登，直至第 8 卷第 49 期，累计刊登广告次数近百。而广告并非一成不变。广告文本并没有花费笔墨主观地从正面罗列和堆砌产品的优点，而是客观地从侧面通过名家名队、重大赛事以及物美价廉等方面加以诉求，内容紧扣产品的诉求重点，有力地宣传了"连环牌乒乓球"。

图 19 《生活》第五卷二十六期广告

在《生活》周刊中，"日光牙刷"也是刊登较多的广告。"日光牙刷"广告以系列的形式在《生活》周刊上刊登，多主题，多视角，不仅较好地传递了产品的特点，而且广泛地展示了广告本身的丰富多彩，比起当时同类广告，在内容和形式方面都有了较大的改变，收到了良好的经济效益和社会效益。

《生活》周刊的主编邹韬奋主张"提倡小广告，反对大广告"。《生活》周刊主要以小广告为主，广告条数多、面积小。像"胜三牌搪瓷品"、"月里嫦娥牌蚊香"、"玫瑰牌袜子（见图20）"、"大中华唱片（见图21）"、"冠生园陈皮梅"、"雪园西餐馆"、"章华呢绒"、"正泰橡胶"、"亚浦尔电气"、"集成麦精鱼肝油"、"双十牌牙刷"、"孔雀牌牙膏牙粉"、"三角牌毛巾"、"蜜蜂牌药皂"、"立鹤牌搪瓷器皿"、"美亚绸缎"、"双喜牌手帕"、"双钱牌橡胶套鞋"、"华生牌电扇"、"天厨味精"、"长城牌民丹"、"大隆牌柴油机"等一百多幅几乎常年刊于《生活》的小广告，所占版面都不大。

図20　1931年10月10日广告　　　　図21　1930年12月13日广告

在《生活》周刊上多次出现并占据绝对版面优势的是"云飞出租汽车公司"广告。"云飞汽车"是1919年7月由美商库尔特（L. P. Kurt）开办的，是上海规模最大的出租汽车公司。

20世纪二三十年代，上海许多报刊，都以登载推销洋货广告居多。一般是"外货居十之六七，国货仅十之二三"。《生活》周刊则始终坚持"有国货代用品的，外国货广告不登"，并且"国货广告，尤为欢迎，刊费特别克己，以示提倡"。

这一时期的广告运势强力，标题醒目，气度不凡，具有强大的说服力和冲击力，触及了国人内心深处的爱国情结，掀起了民众抵制洋货的高潮，有力地促进了民族企业的迅猛发展。许多民族企业抓住时机，以"提倡使用国货"、"爱国先爱国货"等为口号，迅速展开宣传攻势,亮出自己产品是国货的旗号,并且到处张贴和散发广告,造成声势,使许多民族企业和他们的产品一下子声名鹊起。

在外商抢先控制的广告阵地上寸土必争,诉诸爱国的情怀,这是许多后来著名国货品牌的成功要诀之一,这种广告意识和策略也是当时民族企业家日益走向成熟的表现。

下面我们通过这一时期颇有成就的《良友》期刊,回顾当时的广告情景。《良友》1926年2月创刊,1945年10月停刊,历时近二十年,广告繁多,据统计,平均每期19则。《良友》广告商来自各行各业,涉及饮食、医药、家电、书刊、电影、摄影等多个行业,其中不乏中外知名企业(见图22—30)。广告版面面积分为1/8、1/4、1/2、按版面需要也出现了2/3版、1/3版。

《良友》主编伍联德在创刊之始就确定了《良友》商业化方向,"以商业的方式而努力于民众的教育文化事业,这就是我们的旨趣"①。这也是良友画报的经营理念。《良友》在首刊的封面内页便刊登了上海新新公司整版广告,可以说是以广告拉开了《良友》辉煌旅程的序幕。当时的大牌企业都与《良友》有过长期或短期的广告合作,如当时号称上海百货业三巨头的先施、新新、永安,摄影器材龙头柯达、矮克发,食品行业中桂格麦片、冠生园、还有广生行日化、派克钢笔、南洋烟草公司、华侨陈嘉庚公司等等。同时,良友公司自设广告部专门接洽和管理广告事务。《良友》在杂志广告经营方面则因其独特的经营模式,能够保持一定的独立性而不纯粹依附于广告收入,使得杂志能在商业气息之外保持自己文化品格。

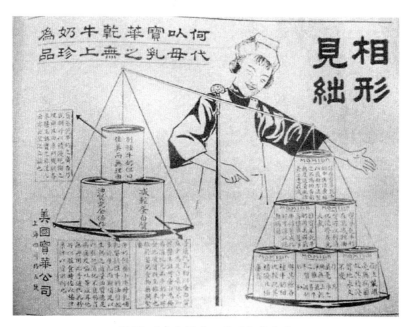

图22　《良友》7期　美国奶粉广告

① 伍联德. 再为良友发言[J]. 良友,1929,4:36.

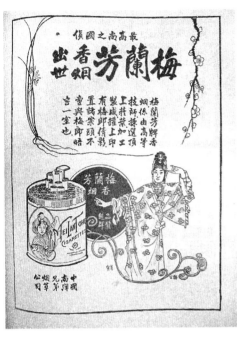

图23 《良友》15期 梅兰芳香烟广告　　　图24 《良友》19期 桂格麦片广告　　　图25 《良友》22期 牙膏广告

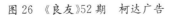

图26 《良友》52期 柯达广告

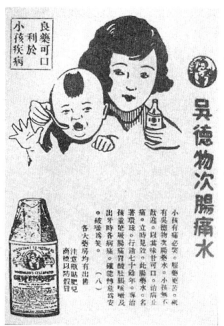

图 27 《良友》99 期　毛绒广告　　　　　图 28 《良友》107 期　香糖广告

图 29 《良友》118 期　化妆品广告　　　　　图 30 《良友》123 期　电话广告

同时期的《现代》文学月刊，1932 年 5 月创刊，现代书局发行，也是当时中国广告界一份具有较大影响的刊物。从创刊之日起到 1935 年出版至第 6 卷第 4 期停刊，每期《现代》的广告都很丰富，种类众多，形式各异。随着期刊本身的发展，刊登其上的广告也渐趋稳定和成熟（见图 31—32）。

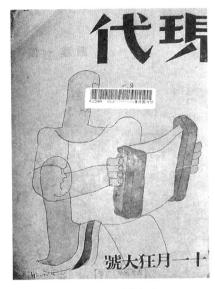

图 31 《现代》杂志 　　　　　　　　　图 32 《现代》杂志广告

在《现代》杂志中，首当其冲的还是其琳琅满目的书籍广告：为了加大书刊的发行量，《现代》杂志中的许多书籍都做重复宣传，《歌德名著三篇》、《爱经》（戴望舒译）、《灵凤小说集》、《灵凤小品集》、《南北极》、《田汉戏曲集》、《文艺自由论辩集》（苏汉编撰）、《高尔基研究》、《沉醉的太阳》、《文凭》等书刊广告都多次地刊载在杂志的各卷中。

在《现代》杂志中登载的次数较多的还有其他商业广告，比如香烟（"金鼠牌"香烟、"美丽牌"香烟）广告、味精广告（"天厨牌"味精广告）、自行车广告（同昌"飞人牌"自行车）、银行储蓄广告（上海宁波实业银行，统原商业储蓄银行）、自来水笔广告等。

《现代》杂志的广告，不仅数量庞大，而且广告宣传的手法灵活多变，具有现代广告的营销理念。对于期刊广告的文案设计都是结合着卖点与热点来进行的。有些广告上还附有图案，字体设计也别出心裁。

同时期其他较有影响的期刊，如《文学》、《世界知识》等，也都注意广告的经营和刊登，但是其广告数量和广告范围都无法超越前面介绍的期刊。

（四）抗战时期的上海期刊广告

抗战时期，抗日、救亡成为社会的主题，也成为期刊宣传的中心，这一时期的期刊大都注重进步思想的宣传，注重社会时局的关注，广告尤其是商业广告的数量有大幅的下降。在这一时期比较有影响的期刊有《抗战》（1937 年创刊，曾经迁址汉口、重庆）、《救亡》、《文化战线》、《世界知识》、《呐喊》等。孤岛时期的期刊主要有：《职业生活》、《上海妇女》、《文艺》、《野火》、《译林周报》等（见图 33—37）。

图 33　《救亡周刊》

图 34　《呐喊》

图 35　《上海妇女》

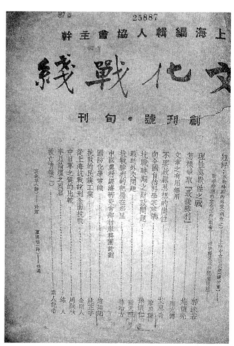

图 36　《文化战线》

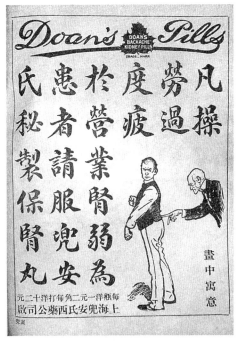

图 37 《上海妇女》第四卷第二期广告　　　图 38 《东方杂志》十卷七号　药品广告

二、上海近代期刊广告的特点

（一）上海近代期刊广告的内容

这一时期，上海的广告业刚刚起步，期刊大多为自己书局的书和杂志免费做宣传，扩大影响。同时，也为其他商品刊登广告，收取费用，作为获利的一条途径，广告在上海的各报刊杂志上逐步兴旺起来，广告的内容也随之丰富起来。姚公鹤对上海的广告类型做过分类："一、戏馆。闻之伶界中人言，其初戏馆及初到艺员，按日刊登广告，其用意或虑报纸之讥毁，故借此以为联络之具，而今已成为巨款之月收。二、医药。医药之销场，全在广告之传播（见图 38）。三、书籍。新出书籍，非广登启事，购者无从知悉。四、杂项。商界往来出入及人事上之声明陈述。此事在沪上，几与别国之登录、吾国之存案有同等效力。故荟萃全埠一岁之所入，其数也至为不少。此又沪报之特别情形也。"[1]其实，这一时期的广告内容有一个变化发展的过程。在近代广告的萌生期，其广告内容无外是商品的行情物价、船期货价，其主要内容也只是简单的商品销售和商业服务信息（见图 39—41）。但近代中国是最为风云变幻的历史阶段，自从"五口通商"以后，欧美风雨强烈地吹进中国，令国人目不暇接，各种新鲜事物的出现使近代中国的广告内容逐渐呈现出异彩纷呈的特征。

---

① 高小康. 世纪晚钟——当代文化与艺术趣味评述[M]. 东方出版社，1995：23.

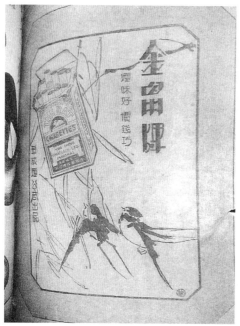

图39 《现代》杂志　香烟广告　　　　　　图40 《小说月报》　牙膏广告

图41 《东方杂志》上刊登的电扇广告

（二）上海近代期刊广告的形式

广告形式是广告成熟与否的外在标志，设计新颖，内涵丰富，富有创造性的广告形式是成熟广告所必备的。中国近代广告的广告形式不能说是成熟的，但在其外在的表现上，也出现了许多设计独具一格的作品。总起来看，这一时期的广告出现了由单调向丰富、由粗糙向精致发展的历程。由最初的只有文字宣传，到后来的文图并茂，乃至独具特色的设计，上海的期刊广告其实代表了当时中国广告的设计水平。这一时期，广告标题中开始出现修饰词，广告的格式上也有许多力求新颖、美观的表现。当时广告中的插图，主要以渲染使用广告商品的情境和效果为主，以此来引起人们对广告商品的购买欲。在版面编排上，出现了对广告文字进行不同的排版的改变，广告版面与编排方式的也随之不断翻新。广告设计配合广告编排，使当时的广告呈现出鲜明的中西融合的设计风格。一方面会注重到国人的传统情结，一方面又要表现其产品的先进性，于是便出现了众多的以西方先进的材料、技术为内容，以中国传统样式为形式的产品设计，有的甚至是中西样式混用。同时，现代广告中经常用到比较、悬念、名人代言、顾客证言、赠品广告、连环漫画等表现手法，在当时上海的期刊广告中都能找到先例。

三、上海近代期刊广告的传播

（一）上海近代期刊广告的传播策略

如前所述，上海近代期刊普遍重视广告宣传，借以影响受众，提升发行量和社会影响力。结合政治形势进行广告宣传，发挥广泛的社会力量，宣扬爱国理念，推崇民族工商业，是近代期刊广告宣传的一个显著特点。五四运动后，一些期刊配合国内兴起的"拒用日货"运动，决不刊登日商的商业广告，对民族企业的产品则是大力宣传，积极扶持。一些民族企业在与洋商的竞争中，努力消除消费者普遍的崇洋心理，提出了"振兴国货"的宣传策略，配合当时特殊的政治环境，这种广告不仅起到了促销作用，还教育了民众，颇受欢迎。

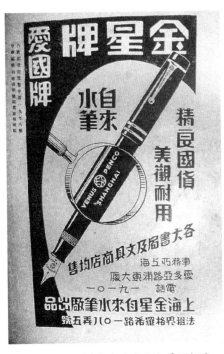

图42　《现代》杂志广告大打爱国概念

这一策略成为当时华商在广告竞争中立足的法宝。民国后，尤其是到了20、30年代，具有爱国主义与民族精神的民族企业家在期刊上广泛开展国货广告宣传，利用广告，在商战中变被动为主动，变弱者为强者，大大提高了自身实力。"商业广告与政治宣传本属殊途，但在特定的社会历史条件下，商业广告可以与政治宣传结合起来，借助于政治宣传的助力，以增强促销效应。近代上海国货广告具体体现在经济落后的中国要求摆脱外来经济侵略和政治压迫的愿望，每当民族危亡加深，国内反帝爱国运动高涨，要求抵制外货、振兴国货的民族激情昂扬的时候，上海的国货总是抓住这一有利时机，投合国人的爱国心理，注入一定的政治内容（见图42）。这是在近代中国特定的历史条件下采取的一种特殊的广告手段。由于时机适宜，运用得当，产生了经济、社会双重效应，一方面使国货工业精品在'中国人要用中国货'的政治鼓动

图 43 《小说月报》广告，
借用名人宣传

下扩大了市场占有率，真正成为社会公认的名牌；另一方面又使民族主义，爱国主义成为广大人民群众能够真切感受到和具体触摸到的物质成果。"①

此时的上海期刊广告另一个明显的宣传特点就是名人效用的利用。借用当代的名人或历史人物做广告，是现代广告通常用的宣传手法，也是近代上海期刊广告的一个常用的宣传手段。通过知名人物的推荐，把消费者对名人的注意力部分地转移到对产品的关注上，使具有从众心理与崇尚名人心理的消费者关注产品，通过名人的个人魅力，提升产品形象（见图 43）。这一时期的许多广告，都采用过这一手法，著名的莫过于当时的香烟广告。很多香烟公司直接将一些著名人物的名字注册成香烟品牌名称，借助于名人的光环效应，使人过耳不忘。如"胡蝶"香烟、"梅兰芳"香烟、"马占山将军"香烟等。只不过当时香烟广告选择的名人大多是娱乐界人士或政治人物，不像今天可供选择的名人范围广泛。

当时广告宣传第三个重要特色就是重复宣传。这一时期的许多期刊都重视对同一广告的重复宣传。为了吸引更多的读者，为了推销产品，每个期刊都有几个重要的宣传产品，在不同的时期进行宣传，有时会在语言或画面上有些改变，有时几乎就是照搬过来。

（二）上海近代期刊广告的传播效果

近代的上海期刊在出版的过程中，大量刊登广告，解决了报刊出版的部分经费。尤其是一些销售量较大的期刊，许多中外企业都愿意在上面登广告。姚公鹤根据当时的状况总结道："报馆于售报之外，其大宗收入，本以广告为首。且沪报少则三张，多则四五张，即在数年前，仅供纸本，已虞不敷，故报馆营业之盈绌，实以广告之多少为衡。"②借助广告的收入，上海近代的期刊降低了成本，价格低廉，扩大了销售量，增强了影响力；而影响力的扩大，又带来了更多的广告收入。两者良性的互动，直接推动了上海商业及文化的传播。

都市工商业的发展、繁荣，使得当时的社会生活时尚逐渐发生新的变化。像当时期刊广告中的西化的商品广告的刊登、新的生活方式的介绍等，实际上已经向世人昭示了上海由传统生活向现代消闲、娱乐生活方式的转向。此时的广告宣传，也加剧了这一倾向。

---

① 潘君祥. 近代中国国货运动研究［M］. 上海社会科学院出版社. 1998：285.
② 姚公鹤. 上海闲话［M］. 上海古籍出版社. 1989：136.

第三节　新中国初期上海期刊广告的发展

一、新中国初期上海期刊概览

　　1949 年 5 月上海解放以后，解放前遭国民党政府查封的进步刊物如《展望》（见图 44）、《世界知识》（见图 45）等迅速复刊，《科学画报》、《大众医学》、《大众农业》、《中国工业》、《电世界》、《小朋友》、《新中华》、《新儿童教育》等继续出版。同时，有些刊物合并，有些刊物停刊。1949 年 10 月建国以后，北京成为我国的政治中心和文化中心，包括中央级刊物和北京的地方刊物，北京出版的刊物最多，但在全国各省市中，上海的期刊种数仍名列前茅。这一时期，包括期刊业在内的全国出版事业都在计划经济的大框架下运行操作。1953 年起，上海市对包括期刊社在内的私营出版业采取歇业、转业、合并、合营等不同方式进行整顿和改造。《小朋友》、《中国工业》、《大众医学》等转入新的出版社，《新儿童画报》、《新儿童教育》、《家》等一批期刊歇业。解放以后，出版了一批刊物："华"字头的有《华东妇女》、《华东农民》（见图 46—47）、《华东画报》、《华东战士》、《华东税务》、《华东卫生》、《华东贸易通讯》、《华东交通》、《华东水产》、《华东农村》等；"上"字头的有《上海工商》（见图 48—49）、《上海金融周报》、《上海商情》、《上海音乐》等；"人"字头的有《人民警察》、《人民诗歌》、《人民世界》（见图 50—52）等。这些刊物寿命都不长，大多数于 1954 年前后终刊。1955 年起，上海各大学陆续开始出版学报，如《复旦大学学报》（见图 53）、《第一医学院学报》等。1957

图 44　《展望》周刊 1959 年
第 8 期封底广告

图 45　《世界知识》第 20 卷
第 23 期封底书籍广告

年,有《历史教学问题》《学术月刊》(见图 54—55)、《上海教育》《上影画报》等刊物问世。该年,上海共有期刊 49 种。1958 上海期刊总数为 58 种,包括教育、文艺、历史、外语教学、少儿、妇女、音乐、农林、金融、戏曲、造船等领域,通常同类刊物只有一种。1959 年,因为纸张紧张,上海许多期刊开始压缩篇幅,甚至停刊,这一时期,期刊广告十分萧条。1966 年"文革"开始,上海绝大多数期刊一下子停刊,勉强出版的只是寥寥可数的几种,期刊广告几近绝迹,直到 1978 年 12 月中国共产党十一届三中全会以后,上海期刊才重新繁荣起来。

图 46 《华东农民》第 2 本封底广告

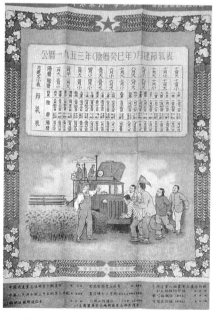
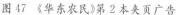

图 47 《华东农民》第 2 本夹页广告　　图 48 《上海工商》1960 年　封底广告

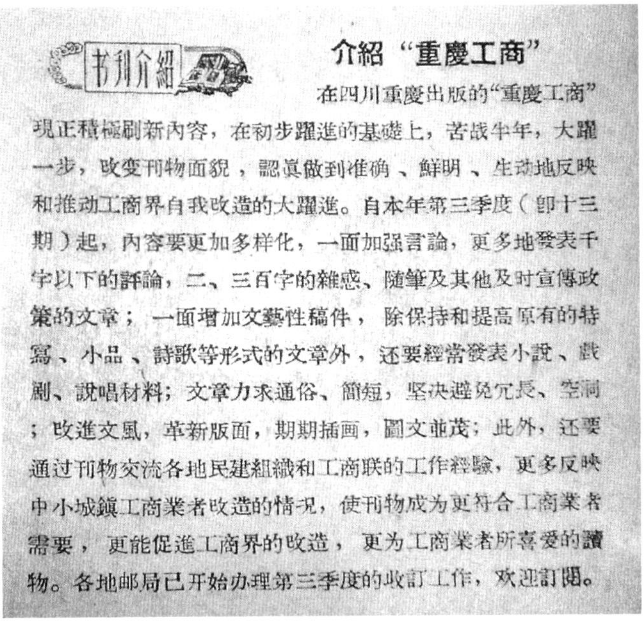

介绍 "重庆工商"

在四川重庆出版的"重庆工商"现正积极刷新内容，在初步跃进的基础上，苦战半年，大跃一步，改变刊物面貌，認真做到准确、鮮明、生动地反映和推动工商界自我改造的大跃进。自本年第三季度（卽十三期）起，內容要更加多样化，一面加强言論，更多地發表千字以下的評論，二、三百字的雜感、随笔及其他及时宣傳政策的文章；一面增加文藝性稿件，除保持和提高原有的特寫、小品、詩歌等形式的文章外，还要經常發表小說、戲劇、說唱材料；文章力求通俗、簡短、坚决避免冗長、空洞；改進文風，革新版面，期期插画，圖文並茂；此外，还要通过刊物交流各地民建組織和工商联的工作經驗，更多反映中小城鎮工商業者改造的情况，使刊物成为更符合工商業者需要，更能促進工商界的改造，更为工商業者所喜爱的讀物。各地邮局已开始办理第三季度的收訂工作，欢迎訂閱。

图49 《上海工商》1960年1期内页书刊广告

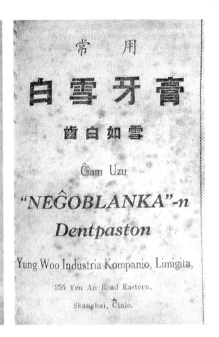

图50 《人民世界》第一卷
第3期牙膏广告

图51 《人民世界》1950年第一卷
第3期封底书籍广告

图52 《人民世界》第一卷第2期
封底药品广告

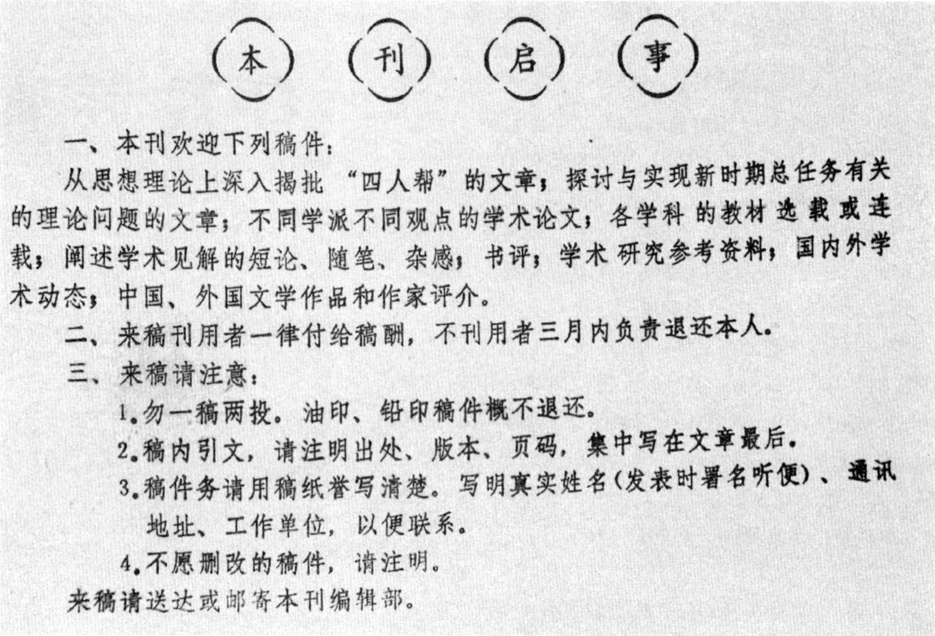

(本)(刊)(启)(事)

一、本刊欢迎下列稿件：

从思想理论上深入揭批“四人帮”的文章；探讨与实现新时期总任务有关的理论问题的文章；不同学派不同观点的学术论文；各学科的教材选载或连载；阐述学术见解的短论、随笔、杂感；书评；学术研究参考资料；国内外学术动态；中国、外国文学作品和作家评介。

二、来稿刊用者一律付给稿酬，不刊用者三月内负责退还本人。

三、来稿请注意：

1.勿一稿两投。油印、铅印稿件概不退还。

2.稿内引文，请注明出处、版本、页码，集中写在文章最后。

3.稿件务请用稿纸誊写清楚。写明真实姓名（发表时署名听便）、通讯地址、工作单位，以便联系。

4.不愿删改的稿件，请注明。

来稿请送达或邮寄本刊编辑部。

图 53 《复旦大学学报》1962 年第 1 期内页征稿广告

全国主要报刊資料索引

QUANGUO ZHUYAO BAOKAN ZILIAO SUOYIN

·月 刊·

索引是一种檢查指定范圍內書刊所有特項知識的工具，也就是查找指定的某一方面資料的一把总鑰匙。本館为适应国家建設对資料的需要，于1955年开始編印《全国主要期刊資料索引》双月刊。这个資料索引曾受到各方面的欢迎，起了一定参考的作用。

为了进一步适应客观要求，《全国主要期刊資料索引》自1956年起，在資料搜集方面增加全国主要报紙資料，改名为《全国主要报刊資料索引》，并于同年7月起改为月刊。本刊每期搜集資料包括全国主要杂志約五百余种，报紙四十三种，所索报刊之多寡，根据出版情况的变动而增减，每期約有資料九千条左右，以中国人民大学图書館图書分类法（第三版）为基础，进行分类。

为滿足讀者需要，更好地使資料索引工作为科学研究者服务，本刊决定自1959年起分自然、技术科学部分、哲学社会科学部分两类出版。

讀 者 对 象

机关团体、学校、出版社、广播电台、工矿企业单位、图書館、資料室、档案室以及科学研究工作者（包括政治性与学术性）和教学工作者。

面数：自然、技术科学部分約96面

哲学社会科学部分約136面

定价：自然、技术科学部分 每期0.50元 每季1.50元

哲学社会科学部分 每期0.70元 每季2.10元

編輯出版：上海图書館

总发行处：上海市报刊发行处

訂購处：全国各地邮电局

代售处：全国各地新华書店

小启：由于本社工作人員的疏忽，誤将七月底停刊的《出版消息》征訂广告，列登在《学术月刊》第八期封底上，有劳讀者詢問，特致歉意。

上海人民出版社

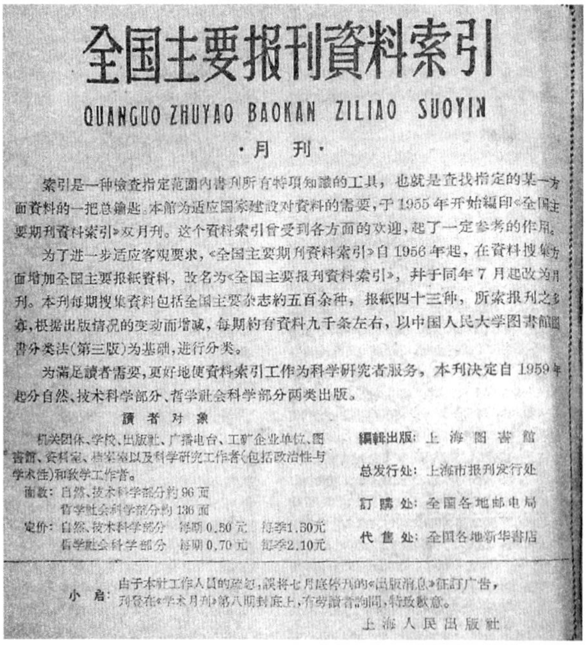

图 54 《学术月刊》1959 年 9 期封底期刊广告

稿 約

本刊是上海哲学与社会科学各学术团体共同创办的综合性的学术刊物。它的基本任务是：在马克思列宁主义思想指导下，貫彻“百花齐放，百家爭鳴”的方針，展开学术討論，促进学术研究，以闡揚马克思列宁主义的各項基本理論，批判資产阶級的学术思想，探討我国的革命斗爭实踐——特別是社会主义建設与社会主义改造实踐中的重要理論問題，整理和研究我国的文化遺产。

一、本刊欢迎下列內容的稿件：

(1) 闡揚馬克思列宁主义关于哲学与社会科学各門学科的基本理論，反对修正主义和教条主义；

(2) 从思想本質和社会根源上深入批判哲学与社会科学各門学科的資产阶級反动理論；

(3) 从我国高級知識分子的思想实际出发，联系当前政治上、思想上的阶級斗爭，論述社会主义的政治思想教育和知識分子自我改造等方面的問題；

(4) 从我国的具体条件和实踐經驗出发，探討我国的革命斗爭，特別是社会主义建設和社会主义改造中的重要理論問題（包括对中国革命史的研究）；

(5) 哲学与社会科学各門学科中重要理論問題的爭論和研究；

(6) 我国哲学与社会科学各方面文化遺产的整理、分析、批判、吸收和发揚；

(7) 典型調查报告、典型經驗的介紹及其他以华东各地为主的近代、現代的可供哲学与社会科学进行学术研究的資料和統計材料；

(8) 国內外学术思想与学术論著的評述和学术动态的报导。

二、投寄本刊稿件，希望符合以下要求：

(1) 有論点、有材料、有具体的分析和明晰的說理；要有的放矢，提出問題、解决問題；避免泛泛的空論和一般性的解釋。

(2) 多討論能有助于学术研究和从理論上探討实际經驗的关鍵性問題，避免无关重要的煩瑣的論述。

(3) 文字力求簡洁；避免繁詞冗句和非必要的大量引証（論著篇幅以五千字至八千字为宜，最长不宜超过一万字，其它文稿更求簡短；研究資料可分期連載）。

三、本刊稿件，形式不拘，大致分为八类：(1)評論、短評；(2)論文、研究报告；(3)問題討論、座談記录；(4)学述討論綜述、国內外学术动态；(5)調查报告、研究資料、統計材料；(6)学术思想和学术論著評述、研究札記；(7)有关学术研究的各項杂文（其內容包括：〔甲〕对学术研究上学风文风的評述；〔乙〕治学經驗——特別是学术研究与实踐活动相結合的經驗；〔丙〕学术上的質疑問难；〔丁〕学术研究上的一得之見）；(8)关于学术研究的有价值的通信和演講稿。

四、来稿务請用稿紙繕写清楚，并加标点符号（請占用一格），引文請切实校对正确，注明出处。

五、本刊所用稿件，文責自負。但本刊在文字上得酌予修改，在內容上得提請作者考虑修改，不愿修改者請来稿时申明。

六、来稿請注明作者真实姓名及通信处，以便联系，发表时笔名听便。

七、来稿一經发表，即致稿酬；未刊之稿，除三千字以下之短文概不退还外，其余均妥予寄还，但一般均不附具意见。

八、来稿請寄上海市高安路9弄3号本刊編輯部。

图 55 《学术月刊》1959 年 9 期内页约稿广告

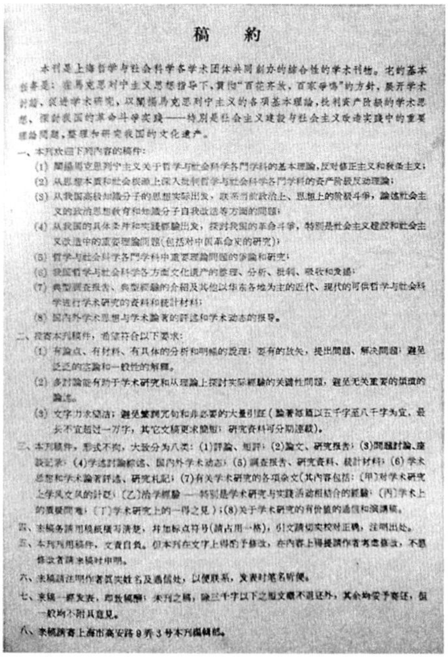

二、新中国初期上海期刊广告的特点

新中国成立后，中央各机关刊物相继创办，其内容目录和书讯成为广告的一个重要内容，电影、戏剧、演出公告及期刊类广告在建国初期占了大部分份额。由于当时新中国刚刚建立，百废待兴，中央政府提出"一五"、"二五"计划，国防工业、机器制造业等重工业作为新中国的基石优先发展，社会资源要素也对此倾斜，民众的消费选择性需求较弱，商品广告仍处于起步阶段。新中国的经济是有计划经济，虽然消费品广告开始增多，但工业品广告仍然占据绝大部分，自行车、手表、收音机、电唱机等家庭轻工业品所占比例并不太高。随着社会主义经济建设的迅速展开，轻工业制成品广告开始增多。与以前不同的是，这些消费品都印着当时的时代印记，像"飞跃牌胶鞋"、"大虎牌炼钢鞋"、"齿轮牌经济煤油汽炉"、"双钱牌打炉"、"幸福牌跑车"、"长城牌热水瓶"、"玉叶牙膏"、"亚洲合成洗衣粉"等。这一时期的特点是广告内容比较纯正，以介绍性的文字为主。广告类型比较单纯，书籍类广告较多，"文革"之前还有商业性的广告，内容也比较丰富，比如银行、笔、线、药品的广告等。由于当时经济条件的限制，期刊纸张比较粗糙，编排和印刷的质量也不是很高，版式并不精美，照片或者插图都画面模糊、色调单一。在形象设计上，多用五星红旗、劳动的场面、天安门的背景。在人物的处理上，多是农民形象，神态却明显带有月份牌广告的影子。"文革"时期，就几乎没有广告存在了。

三、新中国初期上海期刊广告的传播

上海的解放不仅给城市带来了新的社会政治秩序和新的文化内容，而且带来了新的消费群体和新的消费观念。这一时期的广告传播，也在新的政策和形式下进行着改革，如何在新旧两种生活方式和消费观念中做到游刃有余，既能有效地将新的政治话语、形象、主题、符号等引入广告的设计当中，使广告获得"合法"身份，又能将城市固有的现代消费观念、心理和方式曲折地传达给新的消费群体，便成为广告宣传的策略之一。

20世纪50年代，广告处于产品时代。只要是优良产品，能给消费者带来利益，总会受到青睐。上海期刊此间的广告表现比较平实，对商品、劳务和企业的功能信息交待比较全面，而对其审美价值方面的观念性信息则较为欠缺。1959年8月在上海召开的21个开放城市的广告会议，第一次提出了社会主义商业广告的方针是"必须把商品宣传和政治宣传结合起来，做到具有社会主义的思想性、政策性、真实性、艺术性和民族风格"。[1] 赋予广告以政治传播使命。在"文化大革命"时期，广告被认为是资本主义制度腐朽的表现，没有广告是社会主义优越性的标志，这是在当时日渐普遍的一种共识。[2] 在这一时期，广告承担了愈来愈多的政治宣传任务，即便是一个文艺演出的广告，也要标明"为工农兵演出"的字样，商业广告中商品的名称也有了许多如"反帝牌"、"反修牌"、"大无畏牌"、"赶超

---

[1] 刘林清，陈季修. 广告管理[M]. 北京：中国财政出版社. 1989：67.
[2] 于光远. 谈谈广告[J]. 中国广告. 1986：2.

牌"、"跃进牌"的商标名称。广告信息急剧减少,到 1970 年 1 月 19 日,生产资料广告就从报纸的版面上消失了。[①] 这一时期的广告,业务水平明显下降。由于过度甚至不惜牵强附会地大量借用和改造新的政治形象、话语和符号,使得建国前后的广告出现了一些偏失。许多广告由于没有遵循广告发展的客观规律,不考虑人们消费心理的变化,无法引起人们观看、收听的兴趣,并没有实现广告宣传的目的。

第四节　新时期上海期刊广告的发展

一、新时期上海期刊广告概览

改革开放后,尤其是 20 世纪 80 年代至 90 年代中期,上海期刊进入发展的高峰期。期刊品种空前丰富:《故事会》、《世界时装之苑》、《上海服饰》、《青年一代》、《收获》、《少年文艺》、《萌芽》、《大众医学》、《青春与健康》、《上海画报》、《世界之窗》、《文化与生活》、《音乐艺术》、《理财周刊》……几乎每一本都是同类期刊中的翘楚。上海期刊总量达 600 多种,无论从设计、内容、编排还是印制上说,整体质量都超过历史任何一个时期,再度呈现领先全国的优势。

这个时期上海期刊广告,也是中国大城市广告发展的一个典范。广告对于一本期刊的生存,有着至关重要的作用。上海期刊广告逐步与世界期刊广告接轨。

这一时期的上海的时尚期刊繁荣异常。上海向来是中国时尚之都,有时尚类期刊的消费基础——《上海服饰》、《秀》、《露茜》、《大都市》、《你》、《今日风采》、《都市生活》……各种层次、各种定位的时尚期刊,雨后春笋般地出现在上海,时尚期刊的广告更是缤纷多彩。

新时期上海期刊广告的发展可以分为这样几个时期:

(1) 20 世纪 80 年代创刊的期刊,主要靠发行量做后盾,靠着多年努力塑造出的品牌效应支撑,并同时获得广告收入。这一时期的期刊发行量是最大的,广告收入却不是最高的。这一时期是广告业的恢复期,尚未全面接触世界上先进的广告理论和创意技巧,因此从表现形式上来说,只是传统广告的恢复和延续,从总体上看还很粗糙,但也出现了一些比较优秀的个案。这一阶段,广告设计偏重于手绘技艺,广告设计制作呈现出浓烈的手绘特点。

另外,广告恢复初期的设计一般是"简单告白＋艺术装饰"。最初的广告从业人员与企业家认为广告主要是传达信息,单纯地将广告变成产品报道,即宣传有什么产品,产品的特性功能、用途是什么,有时还加上一些承诺,如"实行三包,代办托运"等等。这一时期的广告宣传多采用叙述的方式,广告创作人员尚无品牌意识,也不会利用各种媒体的特征

---

① 黄升民. 中国广告活动实证分析[M]. 北京:北京广播学院出版. 1992:21.

来分类制作广告并获得广告最佳效果。广告语或文案，配以产品说明，并介绍获奖情况，成为当时的广告"时尚"。当时的广告主要用"奖状"或"证书"来推举产品，慢慢滋长了一股浮夸虚假之风。"质地优良"、"誉满全国"、"荣获省优（部优、国优）"、"享誉世界，驰名中外"等广告标语充斥于当时的各类广告之中，期刊广告也不例外。

随着广告业的发展，一些设计优美、制作精良的外商广告在中国普遍出现。80 年代中期，纯报道式的或者手绘广告彻底在各期刊广告中普遍消失，期刊广告开始出现了新的表现形式。

（2）20 世纪 90 年代中后期，许多商家相继进入期刊界，上海出现了许多新的期刊，《上海家居》、《家居主张》、《今日风采》、《车迷》、《微型世界》、《名车志》等新刊应运而生，并成为上海期刊界的新风景。在这个时期，上海期刊以大刊名刊为龙头，形成了一大批有实力、多品种、优势相对集中的"期刊群"出版单位。2004 年，上海文艺出版总社正式组建，加之更早成立的上海世纪出版集团、上海教育报刊总社以及上海市作协，四大出版机构旗下的期刊几乎网罗了上海市场的所有大刊名刊，形成品种多、资源集中的"期刊群"。上海文艺出版总社旗下的期刊以《故事会》（见图 56—58）为主，拥有《小说界》、《咬文嚼字》、《上海画报》等 27 个品种期刊，文化特色突出；世纪出版集团下辖科技、人民、译文、教育等出版社，《ELLE 世界时装之苑》、《上海服饰》、《大众医学》、《少年文艺》、《家居主张》、《理财周刊》等 44 个品种涵盖众多细分市场；上海教育报刊总社的教辅期刊和上海作协的文学期刊《萌芽》、《收获》、《上海文学》等都在全国的同类期刊中占据重要地位。

图 56　2008 年 8 月《故事会》封底　洗发水广告　　图 57　《故事会》2008 年 8 月内页　书籍广告

图 58 《故事会》2009 年 8 月内页 化妆品广告

据统计,上海期刊广告收入排名前几位的有以下期刊:《世界时装之苑》、《东方航空》、《上海航空》、《上海服饰》、《故事会》、《上海电视》、《今日风采》、《金卡生活》、《印染》和《大都市》。广告收入比较多的期刊主要类型有:时尚类期刊、生活类期刊、财经类期刊、专业类期刊、社会新闻类期刊和文学艺术类期刊。其中,时尚类期刊有:《世界时装之苑》、《上海服饰》、《今日风采》、《金卡生活》、《大都市》、《家居主张》、《国际服装技术》、《秀·WITH》、《出色》、《美家》和《今日佳丽》。生活类期刊有:《东方航空》、《上海航空》、《上海电视》、《为了孩子》和《现代家庭》。专业类期刊有:《印染》、《低压电器》、《印刷》、《小氮肥》、《电世界》、《中国广告》(见图 59)、《自动化仪表》和《计算机》。财经类期刊有:《理财周刊》(见图 60—61)。社会新闻类期刊有:《新民周刊》、《检察风云》和《海上文坛》。文学艺术类期刊有:《故事会》和《上海故事》。上海期刊的广告类型比较丰富,时尚类期刊无论是从品种数还是从经营额角度看,在广告营销方面都占据了最重要的位置。专业类期刊显示了较为强劲的广告实

图 59 《中国广告》2011 年第 7 期
广西电视台广告

力。文学期刊主要是靠发行获得利润空间的，理论上不是广告的最好投放媒体，但由于其发行量大、知名度高，上海的两本故事期刊也跻身 30 强之列，这在全国期刊中也是不多见的。

图 60　《理财周刊》2010 年 1 月 4 日封二　汽车广告

图 61　《理财周刊》2010 年 1 月 4 日内页　书籍广告

这个时期上海的期刊广告可谓飞速发展，异彩纷呈。既有与世界期刊同一水平的期刊广告，如《世界时装之苑》，又有一些大众化、本土特色的期刊广告，如《故事会》。出现了一些月发行量达到数十万份的期刊，年广告总额大多维持在几十万、上百万元的水平。随着广告的发展,期刊广告发生了重大改变,从早期的与报纸广告相差不大,到有了自己的特色,并逐渐出现以理性向感性的转变,各种软广告与期刊栏目融为一体,在情感沟通的基础上传递信息,以文字为主的广告多从消费者的角度出发,在传递的信息的同时,做到与消费者的共利双赢,以精致的图片为主的广告越来越多,从吸引消费者视线的角度,以悦目的形式引起消费者的情感共鸣。

从国内期刊广告的发展来看,上海期刊广告确实是站在了中国期刊广告发展的前沿,但是与国际期刊广告的发展相比,却有相当大的差距。一位国外期刊界人士在期刊会议上介绍,国际上公认的观点是,一家期刊的广告收入应占整个销售收入的50%,如果能达到70%—80%,那就比较理想,也说明这家期刊在期刊市场上已有相当影响,并有很大的发展潜力。如德国古纳亚尔公司出版100多种报刊,1999—2000年财政收入达210亿人民币,在利润中广告占42%。从上海来看,一些发展较好的期刊也有可观的广告收入,在国内同类期刊中排在前位,有的已成为期刊发展的经济命脉。例如,上海科学技术出版社期刊的广告收入已成了期刊利润的主要来源,期刊利润又占出版社利润的50%,而多数期刊广告都没有达到发到国家期刊广告的水平。但是,在上海期刊广告的发展中,我们仍然可以看到一种良性发展,刊物的质量、发行量与广告收入成为一种相互依存的关系,期刊要靠自身的特色定位形成风格,形成品牌,拥有稳定的读者群,在发行量稳步增长的同时,促进广告营业额同步增长,期刊广告在了解刊物读者定位的基础上刊登广告,并把这些信息传递给期刊经营者,帮助经营者在确保刊物质量的前提下及时而准确地把握市场动态,调整市场定位,以使刊物的市场定位更加合理,也使得广告定位更能满足广告主的要求。

我们知道,期刊的盈利模式有三种:一是靠发行挣钱,如《读者》、《家庭》等,一般定价高于成本,且发行量越大,发行收入也越高。二是靠广告挣钱,这是当前国内期刊业最为热衷的赢利模式。这类期刊以《时尚》、《瑞丽》、《世界时装之苑》(上海)、《财富》、《汽车》等为代表,其共同特征是全彩印刷,图片比例高,且印制精美。2002年,《世界时装之苑》的广告收入(刊例)就高达1.6亿元人民币。近年来,还出现了一些免费投递期刊即DM期刊,这类期刊完全放弃发行获利,而是通过特定的内容吸引有特殊需求的读者,进而将这些读者的注意力转卖给广告主以获得收入。三是发行、广告都挣钱,像《汽车之友》等。[①]从长远的发展观点来看,期刊不仅应该关注发行量的提高,而且要关注广告的收入。以时尚类、经济类、计算机类为主的这些期刊不但赢得了许多全球化品牌在中国市场的广告投放,对国内大品牌的广告投放也具有相当大的吸引力。

上海期刊广告收入持续大幅上涨,期刊广告印刷质量大幅提高,期刊的出版周期缩短,期刊广告主要集中于时尚产品和高价奢侈品,期刊同质化严重,多数期刊仍以发行为主要收入来源,期刊广告占期刊页数的比例偏低,期刊广告收入占期刊总收入的比重不高。根据慧聪媒体研究中心的统计数据,2004年上半年,在广告经营方面,时尚类期刊、

---

① 黄升民,周艳. 中国报刊媒体产业经营趋势[M]. 中国传媒大学出版社. 2005:120、138.

财经类期刊、计算机类期刊是中国期刊广告市场上表现最出色的三大类。

总体来看，上海期刊的广告来源主要是化妆品及日常用品、计算机、服装服饰、机动车和通讯行业，由于期刊具有印刷精致和易保存的特征，使其成为这些行业的中高档品牌非常理想的广告媒体。在各主要类别中，时尚类期刊在广告市场上明显地依赖化妆品及日常用品、服装服饰两行业；而财经类期刊则刊登的机动车、计算机行业广告比较多；计算机类期刊四分之三以上的广告来源于计算机行业。可见，由于内容侧重点以及面对的读者不同，各种类别期刊的广告结构差异很大。

二、新时期期刊广告的繁荣

（一）上海文学期刊广告经营

《北京文学》期刊社社长章德宁曾经指出，文学期刊广告上不去有很多原因：首先，要做广告，期刊的发行量就要达到一定的数量，否则便很难达到广告主所要求的广告效果。其次，文学期刊的读者群虽然比较稳定，但也很分散，从广告角度看并不是一个消费特征非常明显的人群。再次，也有体制上的原因，很多期刊社并不是一个独立的财务核算单位……没有相应的广告策略，编辑、发行人员也就没有这方面的积极性。最重要的是，文学期刊的经营人才十分缺乏，办文学期刊的人多是那些纯粹的文人，经营意识相对较弱。但是，广告本身是一种商业文化，是企业借以体现自身的商品价值和文化理念的一种外在形式。广告折射着期刊的定位、办刊思想和市场价值。人们会通过广告来判断期刊的档次、办刊思想和价值取向。

而上海的文学期刊中，也有很多这种现象，但是令人欣慰的是，上海仍然有许多可喜的成就。上海《故事会》的成功，为许多文学类期刊广告的成功提供了经验。早在1987年，《故事会》就开始刊登广告，在《故事会》20多年的广告经营中，始终坚持用期刊品牌成就品牌广告的经营理念。主编何承伟认为，品牌广告的含义包括了这样的内容：形成与期刊相互呼应的广告风格，从广告信息内容、广告发布等方面形成期刊广告的个性特色；在刊登广告的过程中，首先应该考虑到社会效益而不是经济效益；以广告主、期刊、消费者三方同强共赢为广告的最终目标。这些广告经营理念，形成了《故事会》颇具特色的经营风格，并因此确立了一个成熟完善的广告运作系统。

我们具体分析《故事会》的广告：

《故事会》的读者，以城市市民、乡村百姓、在校学生居多，它的广告，以小型生产机器、家电产品、手机信息下载、服饰邮购等生产类、娱乐类、邮寄类广告为主，广告与刊物内容相一致。其自身广告如"掌上灵通杯"《故事会》优秀作品月月评、《故事会》"我最喜欢的封面图片"评选启事、首届"梅陇杯"法制故事大赛征文启事等等，为媒体与大众沟通搭建了一个特别的话语平台，形成良好的互动效果。为了为期刊品牌形象增值，《故事会》常常借助公益广告的形式，展现自己富有责任感与荣誉感的形象。《故事会》常利用版面空隙开展"弘扬先进文化，繁荣故事创作"的标题式公益广告。事件广告是一种具有丰富的话题性、参与的群体性、持续的新闻性的广告活动，也是一种具有良好的诉求效果的传播活动。

在《故事会》中，创意颇具特色的《哈哈驿站》是具有典型性的事件广告。《故事会》还采取长期广告的形式，稳定广告客户资源，确保期刊的广告收入。如广东穗华科贸发展有限公司在《故事会》上开展的"创富项目大展台"的广告宣传。这些各具特色的广告诉求，不仅赢得了很好的广告效果，而且也使期刊的版式设计更灵活、内容含量更广博，展示了期刊广告策划创意的魅力。

广告是期刊市场化运作完善成熟的标志，对于步入市场化经营的媒介而言，发行与广告缺一不可。《故事会》的发行量逐年提高，其广告收入也逐年增加。这些事实　方面说明读者并未因为期刊广告而减少对于期刊的阅读兴趣，另一方面也说明广告主对于这些期刊的传播效果有充分的信心。而一份期刊能够在读者、广告主、自身经济收入之间达到高度的和谐与协调，说明其市场运作已非常成功。

（二）财经期刊广告经营

财经类期刊既有综合类的，又有证券类的，还有管理类、营销类、理财类等。在媒体资源网上搜到的上海财经类期刊有：《理财周刊》、《上海国资》、《上海金融》、《总裁财经》、《新沪商》、《基金观察》、《理财情报》、《包装财富》、《创业家——自己当老板》、《东方企业家》、《第一资本》、《国际市场》、《工业品营销》、《环球商业评论》、《沪港经济》、《价值科学与财富》、《家族企业》、《经济展望》、《全球商业经典》、《上海经理人》、《仕通商务》、《世界经济文汇》、《上海会计》、《世界华商》、《台商》、《中国招商》、《中国广告》、《财经研究》、《中国台商》等。

财经期刊崛起最晚，但发展也最快，虽然财经期刊的定价都在十元左右，但发行基本不赚钱，与时尚期刊一样是靠广告为生。近年来，上海财经期刊的广告收入和广告量在期刊广告总量中呈上升增长的趋势，财经期刊广告仅次于时尚类期刊，但多数财经期刊处于维持甚至亏损状态。与国外财经期刊相比，上海财经期刊的发行量普遍偏低，学术类和行业类财经期刊的发行量仅几千册，而那些走市场化道路的经管营销类财经期刊，月发行量大多在一万册左右徘徊。财经期刊的主要广告客户为机动车、计算机、服装服饰、教育、房地产、旅游餐饮休闲、商展会议和招商招标等行业，基本遍及各个经济领域，且多是国内外知名品牌。其中机动车和计算机两大类所占份额最大。

财经期刊目前可分为三大类：一类是靠发行收入为生的期刊，如学术类财经期刊。一类是靠广告收入为生的财经期刊。国外著名财经期刊的中文版大都是靠广告收入获利的，如《财富》中文版和《商业周刊》中文版。还有一类是发行广告并重，两种收入平分秋色。一些发行量很大的营销类财经期刊主要依靠此种盈利模式，如《销售与市场》和《商界》等。

从上海财经期刊的操作状况来看，广告开发上做得并不是很出色。尤其是一些影响不大、期刊发行量不高的期刊，只能依靠广告作为主要经营手段。随着财经期刊广告源的激烈竞争，单靠财经期刊广告部门为主，销售广告版面的做法已跟不上形势的需要，急需通过其他广告中介代理公司共同参与运作。财经期刊在版面内容中，除了经济要闻外，还有许多是专题版面，涉及健康、房产、医药、化妆品、汽车、食品等各种内容。财经期刊的广告部门则可以审时度势，抓住契机，立足服务，在这些专题版面上留出专门位置开辟专版配套广告，及时向读者推出企业、行业的宣传介绍，开展版面策划及广告销售，并由此建立来年的长远合作关系。总之，财经期刊广告的经营方式应由单一的主营制迅速向多元化的代理制和佣金制相结合的多轨制发展，这样将使财经期刊的广告资源得到最大化的开发和利用。

下面我们以《理财周刊》为例，分析一下上海财经类期刊的广告现状。

2001年3月，《理财周刊》在上海创办，创刊时就投放了150多万的推广广告，至今"你不理财，财不理你"的广告让人记忆犹新。2003年，广告营业额达到了1 200万元，面向个人和家庭，侧重个人投资理财内容，成为中国大陆第一本个人投资理财专业周刊。因为有明确的市场定位，便于根据目标读者的要求有针对性地设置内容，并采取有针对性的营销策略，创刊后成长速度比较快，其品牌在几个月之内就具有了一定知名度。

从目前的情况看，虽然《理财周刊》的广告经营早已突破了1 300万人民币，在国内的期刊市场上，也属于有广告经营规模量的纸质媒体，但从发展的趋势看，《理财周刊》纸媒内容作为产业结构的核心部分，直接创造的利润仍然是非常有限的。

从《理财周刊》的广告来看，其与期刊的定位和风格大致是符合的，但是其广告版面远远少于国际成熟的财经类期刊。而随着期刊经营的发展，财经期刊的广告化趋势势在必然。所以，在上海，即使是成熟的期刊，广告的发展空间也非常大。目前财经期刊的广告还普遍存在着广告数量少、广告收入少、广告经营水平低、品牌期刊少的特点，期刊特有的广告效果没有充分发挥出来。

（三）不同类型的专业期刊

上海的专业类期刊因其专业的不同也呈现不同的特色，这里介绍主要的几个类型：

1. 科技期刊

上海科技期刊的广告价位相对较低，目标对象明确，广告内容大多为产品广告或项目介绍，文字解说词较多，图片资料少。上海许多科技期刊都有广告，但并没有专设广告经营部门，而是由文案编辑身兼二职。因此，相比而言，一些科技期刊广告的设计缺乏创意，图片呆板，广告仅仅是图片和文字的简单排列。还有的科技期刊在设计时，为了追求广告效益，将彩页广告设计成小海报，密密麻麻，缺乏视觉审美效果。在广告类型方面，也因为缺乏专题策划，广告类型单一，造成广告长年不变的现象。科技期刊广告设计一般要求与期刊的专业特点、整体风格统一，上海的科技期刊也做到了这一点，如《家庭医生》刊登常用药品广告，《科学》期刊刊登科学仪器广告等。但与其他期刊广告相比，期刊广告相对单调，效果也不显著。

2. 学术期刊

学术期刊的有效周期长，读者层次高，具有较强的权威性，广告信息的有效到达率强，针对目标消费者的覆盖率高，广告效果好。加上学术期刊已经加入各种数据库以及被各种科技文摘摘录，增大了学术期刊的受众面，增强了学术期刊的广告效果。但是目前上海学术期刊广告的影响力并没有被认可，学术期刊仍然主要是学术交流的园地，其刊登的广告非常有限。

3. 旅游类期刊

旅游类期刊最早出现于 20 世纪 80 年代初,慧聪媒体研究中心的广告监测数据表明,旅游休闲类期刊的广告刊登额相比其他类别的期刊,增速迅猛。旅游本身的高消费性质,使得旅游期刊一般追求时尚、精美、高档,广告策划由"硬"至"软"。目前市场上大多数旅游期刊广告形式都很一致,通常都是将汽车、电子等旅游相关产品,直接硬性地供读者浏览。因此,旅游期刊广告可以借鉴其他期刊的经营方式,结合自己的特点,组建读者俱乐部,与旅游企业合作。目前,旅游期刊的广告商业气息太过明显,对旅游者出游实用的信息含量较低。广告形态雷同,广告版式单一,很多期刊广告位置集中在封二、封三、封底和最后几页,设计缺乏美感。

4. 时尚类期刊

上海时尚期刊起源于 1927 年,以《良友》公司出版的《现代妇女》为开端。这一时期还出现了《玲珑》(1931 年创刊)、《良友画报》等具有一定社会影响力的综合性画报。1949 年新中国成立到 1979 年,三十年的时间里没有严格意义的女性时尚期刊。1988 年法国桦榭集团和上海译文出版社开始版权合作,推出《ELLE—世界时装之苑》,经过多年的发展,树立了自己在时尚期刊界的地位。本土的几种女性时尚期刊,如《上海服饰》、《今日风采》、《金卡生活》、《大都市》、《HOW・好》、《家居主张》、《国际服装技术》、《秀・WITH》、《出色》、《美家》和《今日佳丽》等,也跻身于女性时尚期刊阵营之中,用全铜版纸印刷,图案精美,广告多而且档次较高,以此表述着自己的时尚追求。

综观上海的时尚期刊广告,其诉求对象多是高收入且具有一定教育水平的女性,内容涉及美容、服装、健康、旅游、消费等。广告在时尚期刊中所占的比重非常高,人物形象多用女性、明星、模特,化妆品和服装服饰两个行业的广告较多。广告形式分为软和硬两部分。硬广告多表现为期刊前后各部分的折页、全页、跨页、半页以及分类广告,其中部分广告采取拉页、夹页、异形页,硬彩以及配合广告图片的各种形式裁剪透视表现广告产品。广告形式多样,吸引受众眼球之外也增加期刊的层次感和活泼感。期刊的软文广告如介绍服饰搭配或者美容技巧的页面也随处可见。

在广告表现上,上海时尚期刊广告呈现出视觉化的特点。常常是模特整体或局部的特写图,占去大半的版面,重点突出的部位随产品的不同而不同,比如睫毛膏广告就特写眼部,指甲油的广告就突出手部。广告产品的精美图片,在护肤品和彩妆的平面广告中居多,产品的形象在广告画面中被放大,基本与模特的特写平分秋色。女性时尚期刊一度被描述为"进口铜版纸彩色印刷+流行大开本模式+大量的精美图片+大量高端广告"。魅力的外表下充斥着奢华,流溢着优雅,高贵,小资情调和另类。在诉求上,以美丽作为主要主题,包含了性感、媚惑、另类、华丽、高贵、神秘、奢侈、精致、自由等等诸多语言要素。这些与广告中梦幻的色彩,浪漫的情景,戏剧性的效果结合在一起,构成唯美的情境。趣味性的图片具有鲜明新颖的抢眼性,而与文字的配合,又自然合理的传达出意旨。

　　随着广告意识的增强,上海时尚期刊也出现了厚刊化的倾向。同时也逐步开发更具个性的广告形式,灵活满足广告客户的多元化需求。在这方面《世界时装之苑》(见图62、63)做得比较成功,对广告售后服务方面,及时与读者进行沟通,及时测量广告的效果,及时了解读者对广告的反应,并第一时间向广告客户通告,以便帮助广告客户及时调整广告表现和媒体投放方式。目前,其在上海的发行量占全国的19%,不仅给客户提供广告服务,还请著名的调查公司,对整个女性消费市场做细致的调查提供给顾客。《世界时装之苑》还是国内第一个建立了读者俱乐部的期刊,目前的忠实会员已经超过26万。所有这些都为上海乃至全国期刊广告的发展提供了可以借鉴的模式。

图62　《世界时装之苑》2012年
第4期封底首饰广告

图63　《世界时装之苑》2012年
第5期内页化妆品广告

5. DM 期刊

　　DM期刊源于美国,是"Direct Mail Advertising"的缩写,汉语译为"直邮广告",指将单页或者多页的广告宣传品通过邮政渠道以实名邮寄的方式直接递送给最终消费者,也有人将"DM"理解为"Direct Magazine"。90年代中期传入中国,并逐步发展成熟,其内容涵盖综合美食类、美容类、服饰类、房地产类、汽车类、电子类、旅游类、家庭装修类、婚庆类等等;主要以信件、免费明信片、报纸、期刊、商场传单、优惠赠券册、样品目录、单张海报、行业商情、商业请柬、产品宣传册等形式发行,靠邮局邮寄、定点投放、专人派发、报刊夹页、来函索取等进行传播。

　　上海最早的DM期刊《生活通道》创刊于1999年3月。随后,《百花·上海》、《上海漫步》、《城市周报》、《生活在上 high》、《Yoyo 精彩上海》等一批期刊相继诞生,到现在,上海的 DM 期刊已有七八十种,占到全市总期刊的十分之一强。上海虽然不是中国 DM 期刊的发祥地,却是 DM 期刊发展速度最为快、品种最全的城市。除了中文期刊,还有英文、日文、韩文等 DM 期刊,满足在上海不同国籍的人士的阅读需要。目前上海发行量较大的 DM 期刊有《百花·上海》、《地铁下一站》、《生活在上 high》、《生活速递》上海版、《生活漫

图 64　《酷棒》2010 年 5 月 63 页食品广告

步》、《Yoyo 精彩上海》、《上海漫步》、《酷棒》、《美容志》等。

综合类 DM 期刊主要介绍上海的经济、文化,内容涵盖衣、食、住、行等生活的各个领域,提供各种实用或消费信息。如《生活速递》上海版、《目标广告》、《生活通道》、《百花·上海》、《下一站》、《Yoyo 精彩上海》、《上海漫步》中文版、《酷棒》、《Smart 周末指示》等 DM 期刊都属此类。

在上海众多的 DM 期刊中,有很多种期刊均有一定数量的广告版面是以消费折扣券的形式出现的。如上海漫步传媒旗下的《酷棒 Coupon》(见图 64、65)DM 月刊,以流行、消费热点为主,每期期刊包含约 600 张折扣券,基本上是一本折扣券的集合册。内容涉及时装、餐饮、美容、健身、学校、住宅、电影、音乐、娱乐等方面。[①]

图 65　《酷棒》2011 年 5 月 59 页酒店广告

① 根据漫步系列杂志官方网站资料整理. www.mediamanbu.com.

在上海 39 种盈利性 DM 期刊中，除了 *That Shanghai* 已由免费发行改为每册定价 10 元销售之外，其余 38 种期刊均实行免费赠阅制。期刊的发行零收入，使得其收回制作成本和获取经营利润完全依托于期刊的广告收入。少数具有一定知名度和影响力的 DM 期刊如《目标广告》、《生活速递》上海版、*Whenever Shanghai* 等，可以获得会展、商务活动等部分广告活动衍生收入，广告收入是盈利性 DM 期刊的生命线。上海 DM 期刊以广告为主，读者细分化，印刷制作精良，制作专业化，使其广告劝服功能的发挥更有目的性和针对性，从而深受广告主和读者的喜爱。

三、新时期期刊广告的特点

（一）新时期期刊广告的类型

目前，上海期刊广告中比重较大的有日常生活用品、计算机、服装服饰、电子、文教媒介、机动车、通讯、建材、医药、机械设备、房地产和家电等行业，是期刊广告收入的主要来源。消费类期刊广告市场明显地依赖计算机、化妆品、服装服饰、通讯、汽车等行业，而行业类期刊则主要依赖特定行业的广告投放规模，上海期刊广告市场的状态也主要取决于这些行业的投放趋势。

（二）新时期期刊广告的形式

上海期刊的广告形式多种多样，随着期刊广告的繁荣，期刊广告的形式也在不断创新。与其他平面媒体相比，期刊更易于进行广告形式的创新，尤其是广告代理公司的加盟，更使广告的形式五彩缤纷。插页、立体画面等创意新颖的广告不断涌现，知识性、趣味性、故事性的广告越来越多，也越来越受到读者的喜爱。

广告图像化是目前上海期刊广告的一个主要特点。期刊在进行广告图片处理时的一个重大特点是采用"出血版面"，即将广告图片或插图占满全版，四周不留空白边，或占有部分边白位置的版面。画面扑面而来，给人以很强的视觉冲击力，文字的运用和以往的期刊相比讲求少而精，比较符合读者的时尚阅读心理。在图片的处理上，往往采取仿真处理，多采用照片形式，绝大部分是彩版，用纸也很讲究，印刷精美，并且比较注意广告构图、设计的细微处理，以图文并茂、色彩鲜明逼真的商品形象引起读者的注意，激发购买兴趣。为了配合广告图像化的表达方式，文案的设计也非常精致，标题醒目，有先声夺人的气势，正文一般用艺术的编排手法分散在广告画面中，在提供产品信息的同时，也具有点缀画面的功能。对字体的设计也有很高的要求。汉字印刷体最常用的是宋体、仿宋体、长仿体、楷体和黑体这五种字体，照相排版时，往往通过对字体的拉长、压扁、倾斜等实现与广告内容和图片的配合，达到理想的广告效果。

上海期刊广告特别注重画面布局的美感和色彩的运用。通常采用色彩的铺呈来渲染整个广告的格调，在色彩运用上非常出色。色彩是广告表现的一个重要因素，期刊广告的色彩本来就起着吸引眼球的作用，独到的色彩设计甚至能起到信息的传达、品牌的识别与形象的象征作用。期刊广告多数采用彩色摄影，也有彩色喷绘，广告内容由色调加以烘托。期刊采用的彩色铜版纸质，在服装、室内装饰用品、豪华灯具、新轿车等的广告中，逼真色彩的价值是明显的，在这些广告中，色彩能比文字更绘声绘色地告诉读者这些产品的优点和特色。期刊中的广告一般善于运用色彩创造产品的特色,比如金色和银色表现豪华,粉红、桃红等红色系列代表美艳、风情,黄色显示高贵,绿色象征着自然、健康、新鲜,蓝色彰显酷凉、清爽的效果,黑色寓意庄重、严肃等等。除了色彩的象征性影响着人们的感受外,期刊广告还注重文字的作用。

　　版面编排细节化是随着期刊广告竞争形成的现象。随着期刊广告的发展,期刊的广告越来越注重版面安排,注重版面的细节化的处理,广告版面布局新异、别致。期刊广告注意每个版面的细化处理,编排方式灵活多样,如中心插页制作整版广告,各种形式的跨页广告,以及配合期刊内容灵活机动编排广告。很多时尚期刊都采取灵活利用版面版位,设计多样化的方式来安排广告版面。期刊广告通常没有限定的外轮廓线,也不像其他平面媒体广告那样容易受到周围版面的视觉干扰。如采用目录页插入广告,专栏前用广告做成类似图书辑封的栏前广告,将相邻两页的底部做成广告,上半部分自成一个整体的版面内容等多种形式。在广告制作中,也采用了多种多样的方式,使得上海期刊广告的设计各具特色。有折页广告,采取一折、双折、三折等形式;跨页广告,广告的面积是单页广告所占面积的两倍;多页广告,在一本期刊内,连续刊登多页广告,以扩大广告的知名度;插页广告,在期刊内插入可以分开列出的独页广告,使广告更加醒目,增加广告商品的传播效果;异型广告,按照广告商提出的要求印制特别的异型广告。还有联券广告、香味广告、立体广告以及有声广告等。有的甚至采用立体形式,以增强广告的真实性和感染力。

　　版面风格一致化。期刊一般都有统一的版面编排设计的风格,广告的编排设计大都采取符合期刊的目标读者的审美习惯,运用专业化设计技术来编排。在期刊的广告设计中,经常会运用各种艺术手法,实现色彩、构图的风格与整体期刊风格的统一。

　　期刊的有效扩张。上海期刊广告出现了厚页化的倾向,在不影响内容的前提下,进行期刊版面扩增。这在时尚类和财经类期刊的广告中表现更为明显。如《ELLE 世界时装之苑》等时尚期刊的广告页数可以占期刊页数的三分之一、二分之一,甚至更多。同时,上海期刊广告采用封面拉页式广告,加大了封面的广告空间,提高了与报纸等宽幅平面媒介的竞争力。还在内文版面中加入广告,拓展内页广告(见图66、67)。

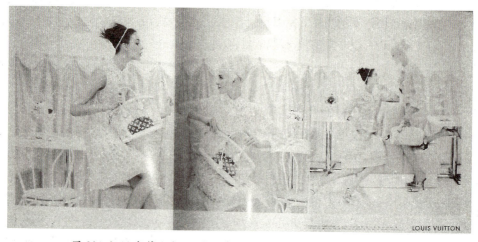

图66　2012年第5期《世界时装之苑》LOUIS VUITTON 折页广告

图 67　《今日风采》2011 年 8 期折页广告

四、新时期期刊广告的传播

（一）新时期期刊广告的传播理念

期刊作为一个商业产品在市场上有两次销售：一个是内容的销售，一个是广告的销售。目前，上海期刊已经摆脱了早期以发行为主的赢利模式，把广告作为一种重要的盈利手段。虽然，在其盈利的过程中，上海期刊广告良莠不齐，但总体广告的发展已经表现出良好的态势。

广告与期刊品牌相适应。在上海期刊的广告理念中，塑造期刊的品牌形象，让期刊比竞争对手更具吸引力，是期刊广告经营的一个重要思想。期刊广告广泛注重前期的分析与调研工作，期刊广告的选择一般以期刊的目标读者群的特征为依据。期刊广告的经营不以近期的经济效益为目标，而是刊登与自己的刊物风格、读者需求相一致的广告，如《ELLE 世界时装之苑》属于高端时尚期刊，与其相对应的广告品牌基本上都是国际一线品牌。而《HOW·好》则属于中高端时尚期刊，与其对应的广告品牌基本始终高端产品品牌。所选择的广告产品的种类及档次基本符合目标读者的品位及档次，实现期刊与广告目标人群的统一性，最大限度地发挥了期刊广告的效果。

坚持互动双赢的广告营销理念，注重与广告商的沟通，提供更多的增值服务。把广告客户摆在一个与自己利益共享的位置上，加强为商家企业全程服务的态度、水平与能力。通过有创意的方案来吸引广告商，与广告商建立良好的关系，给广告商提供更多的服务，如提供广告数据库，提供调研结果等，变机械单一的线性推销为全方位的立体营销（见图 68—71）。

图 68 《今日风采》2011 年第 8 期
加入了二维码的互动广告

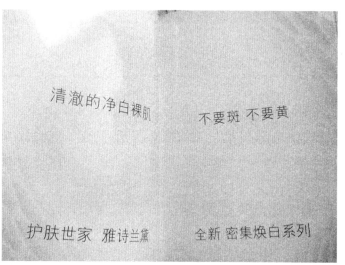

图 69 《世界时装之苑》2012 年第 5 期留白化妆品

图 70 《世界时装之苑》2012 年第 5 期
化妆品广告送试用装

图 71 《世界时装之苑》2012 年第 5 期
化妆品广告输密码互动广告

　　注重期刊读者的心理,在广告编排上,更加关注期刊的阅读效果和接受者的心理愉悦。由过去注重版面空间广告插入的量到注重广告版面的整体性,广告与期刊的内容尽量结合在一起,尽量使插入的广告与正文在版面空间上保持和谐,避免广告的插入引起读者的心理厌烦,最大限度地实现广告自身的宣传效果。期刊广告布局设计上也适应接受者的心理需求,充分体现广告创意的内容,将商品信息或广告主信息最大限度地传递给目标市场。

（二）新时期期刊广告的传播策略

虽然，上海期刊广告在近年来逐渐走向成熟，但是很多期刊广告仍然存在这样那样的问题。如即使是广告收入居于前列的两份时尚期刊，《ELLE 世界时装之苑》和《上海服饰》，两者都没有设立专门的广告部门进行独立核算。这不符合成熟的期刊的定位。同时，期刊广告还存在着同质化竞争激烈，广告西化严重，广告内容过于物质化，广告形式呆板，广告设计缺乏美感，文案欠新颖，不能满足读者的审美需求等问题。鉴于期刊的广告收入已日渐成为期刊的主要经济支柱，成为优化期刊市场定位的首要因素，如何提高上海期刊广告的经营，已经成为期刊经营值得探讨的重要问题。

注重期刊广告整体形象策划，打造品牌期刊。充分挖掘、提炼期刊广告的特色，把期刊独有的个性呈现出来；建立良好传递期刊广告理念的优良设计，让接受者很快的识别出期刊个性。推行广告代理制。借鉴《故事会》的广告经营经验，[1]建立完善的广告评审制度，配备专业性、权威性的广告审查员，并与广告主建立良好的合作关系。细分期刊广告的市场目标，特别是其中一些专业味很浓的期刊，具有明显的行业特征和业内服务特点，因而需在编辑、广告、发行、营销等诸多方面进行深入的策划。

加强广告经营专业化与规模化经营与管理。随着上海期刊发展的集团化趋势，期刊广告的经营必须有专业化的营销策略，许多品牌期刊已经开始了具有一定规模的公司化运作，与沪上一些知名广告公司建立关系，深入研究广告购买者的行为和心理，建立一套全面反映广告购买评价指标体系的数据库系统，形成期刊经营者与广告主、广告代理商与消费者良好的产业链。

在广告经营中，除了重视自身品牌建设，重视广告客户关系管理外，还要增强广告的设计创意和加强质量管理。在广告设计上力求美观大方，富有创意，开展成功的期刊广告经营和设置网络服务链，聘请广告代理公司加盟。广告形式富有创意，融知识性、趣味性、故事性于一体，在传递商业信息的同时，也给人以审美的愉悦。注重广告的经营活动是和期刊的整体形象、营销活动相辅相成、密不可分的。在期刊经营上，着力开展事件营销，通过举办各种专题的营销活动，提升期刊的知名度，加深与读者间的联系以及客户品牌在读者中的认知度，以促进期刊广告的良好发展。

---

[1] 经历了自主经营、委托经营、招标经营三个阶段，特别是 1998 年《故事会》的广告竞标活动，更具有里程碑意义——开创了中国平面媒体广告招标的先河。期刊广告收入逐年递增的事实证明，通过广告招标开展经营活动，确实是媒体广告经营的一个有效方略。

第四章

流动风景：多彩的户外广告

户外广告指在户外特定场所，以不特定多数为对象，在一定的期间内持续提供视觉传达沟通的广告物。[①] 户外广告是人类历史上最古老、最经济、最丰富的媒介形式，包括路牌、灯箱、霓虹灯、橱窗、招贴、公交车身、LED看板、升空气球、飞艇等许多形式。作为一种有效的空间传播载体，户外广告与城市文明紧紧地联系在一起，在繁荣经济、美化城市等方面发挥着重要的作用。

我国户外广告历史悠久，比如传统的招幌广告就在我国延续了几千年，是我国古代最基本的广告形式之一，从北宋著名画家张择端的《清明上河图》中可以看到当时开封城内汴河两岸悬挂的各式各样的户外广告和商业繁荣的景象。然而，真正具有现代意义的户外广告则发端于我国近代的上海。

上海是我国现代广告的发源地，也是霓虹灯、橱窗、电车车身等多种户外广告的开创地。上海户外广告的历史和上海广告业的发展历程相似，是与城市商业经济紧密相连，经历了一个由简单到复杂，由朴素到精致的过程。19世纪中叶上海开埠以后，近代户外广告开始在上海出现，历经一个半世纪，即使后来的印刷、广播、电视和互联网广告层出不穷，户外广告仍然是品牌建设和市场信息传递的最有效、最被广泛应用的媒体之一。直至今日，上海户外广告这种传统媒介广告的形式与内容都发生了很大的变化，但其精湛的制作水平和创新理念依然走在全国前列，基本上代表了中国户外广告行业的整体水平。[②]

上海开埠以后的户外广告历程可以分为四个阶段，即初步发展阶段（1843年上海开埠—1911年辛亥革命）、形式创新与发明阶段（1911年辛亥革命—1949年新中国成立）、艰难探索阶段（1949年新中国成立—1977年）和繁荣发展阶段（1978年改革开放至今）。

---

① 樊志育. 户外广告[M]. 上海人民出版社. 2003：3.
② 上海师范大学中国新广告研究中心，上海市广告协会. 上海市广告业"十一五"发展战略研究[M]. 上海：学林出版社. 2007：67.

第一节　上海近代户外广告的初步发展

　　1840 年鸦片战争爆发，1842 年清政府被迫签订丧权辱国的不平等条约《南京条约》，广州、厦门、福州、宁波、上海五地被辟为通商口岸。1843 年，上海开埠，允许英商租地居留。从此，号称"江海之通津，东南之都会"的上海成为了外国商人冒险家的乐园和西方殖民者倾销商品和掠夺中国原材料的基地。随着外国商品像潮水一样涌入上海市场，西方广告宣传模式也被移植到上海。应该说，上海近代广告是西风东渐的产物，是在外国列强入侵和中国民族资本主义壮大的过程中逐步产生和发展起来的。

　　上海开埠至辛亥革命前夕是上海近代广告的孕育时期，报刊广告、电影广告、月份牌广告画等新型广告形式诞生并得以发展。但是，由于当时广告商社会地位低下，技艺手段落后，上海户外广告的发展尚处于初步发展阶段，仍然以延续传统为主，除了墙壁广告和公交车身广告少量出现外，其形式和内容都比较单一和简陋。而且，这一时期外商企业力量强大，资本雄厚，有足够的人力、物力和财力"挟广告为利器"，为其商品在上海倾销鸣锣开道，外商广告包括户外广告在上海大行其道。上海本土工商界只能处于被动挨打的局面。[①] 相比较而言，华商广告尽管已经出现在上海主要媒体上，但逊色得多。

一、墙面广告的出现

　　墙面广告是路牌广告的前身，主要是将广告画张贴或写在墙壁上，以吸引过路人的注意。这一时期，由于西方商品源源不断地输入，许多外国商人在海外印刷招贴广告，再运到中国张贴，后来改为直接在墙面上用铅皮、油漆作画。[②] 墙面广告的形式十分简单，主要以文字为主，介绍商品名称，没有设计感（见图 1）。

　　20 世纪初，美国的"美孚火油"、德国的"白礼氏蜡烛"、日本的"仁丹"等外国商品的墙面广告深入到农村，在沪宁、

图 1　清末上海墙体广告

沪杭铁路沿线及杭嘉湖内河航道两岸，特别是县城、市镇的民房墙壁上都可见到。这些墙面广告制作简陋，多采用蓝底白字来表明商品的品名和效用。大多数墙面广告由油漆招牌店

---

　　① 胡云芳，上海市工业经济联合会等编著. 上海工商业在 20 世纪上半叶与外商的品牌战，上海工业老品牌[M]. 上海：上海市工业经济联合会. 2007：299.
　　② 由月东主编. 上海日用工业品商业志[M]. 上海：上海社会科学院出版社. 1999：419—420.

承包,只使用一些石灰和靛蓝,制作成本低廉,施工简便,屋主因能获得墙壁修缮、赠品或少许租费等好处,也乐于接受。但是由于这些墙面广告缺乏美感,其宣传效果并不是十分理想。

随着中外广告公司在上海的不断崛起,尤其是专门经营户外广告的公司,如清光绪三十年(1904)成立的以经营路牌广告为主的闵泰广告社等的出现,上海墙面广告及其后继者路牌广告迅速发展起来。

二、车辆广告的诞生

车辆广告是指设置在车辆车体或车厢周边的广告,随着车体的移动宣传商品或企业形象,是迄今依然非常流行的户外广告之一,也是现代化城市的一道风景线。车身广告,在上海有较早的历史。

20世纪初,汽车刚刚传入上海,敏锐的商家便看到了流动车辆传播信息的巨大潜力。于是,一些商家开始利用自家运送货物的汽车车厢做不花钱的广告,向沿途的人们宣传自己的商品。据*Twenty Impressions of HongKong,Shanghai and Other Treaty Potes of China*(Arnold Wright主编,1908年)一书介绍,1892年英商正广和洋行在上海创办"泌乐汽水公司",其生产的汽水产品在市场上很旺销,不仅供应上海以及沿海城市的需求,还出口到远东、英国和澳大利亚等国。该书还刊登了一张在"泌乐汽水公司"门口用于送货的马车和汽车的照片,车辆的车身上满是宣传"泌乐汽水公司"产品的广告(见图2)。[①] 这表明,至晚在1908年,上海已出现了运货汽车车身广告。

图2 泌乐汽水马车、汽车广告

1905年(清光绪三十一年)英商上海电车公司成立,1908年3月5日该公司在上海的第一条有轨电车正式通车营业,行程西起静安寺,东至外滩,成为贯穿上海最繁华区域的一条电车路线。法商电车于1908年5月通车。这些每天穿行于闹市区的公共交通车辆的出现,成为公共车辆广告发展的最有效载体。

由于这时的车辆广告刚刚诞生,商家多是在自家车厢外壁的两侧做广告,车体的其他广告位置并没有得到充分的利用,广告内容也很简略,仅绘上企业名称、商标及品牌等。

三、招幌广告延续传统

招幌包括招牌和幌子,作为我国最古老的一种户外广告形式,是一种特定的行业标识

---

① 黄志伟,黄莹. 为世纪代言——中国近代广告[M]. 上海:学林出版社. 2004:185.

和标榜手段。① 招幌广告内容繁杂，涉及面广，主要以图案、造型和文字符号来传播信息，是商家向社会宣传经营内容、特点和信誉，引导消费的基本手段。古往今来，五彩斑斓的各行招幌广告为我们勾勒出一幅幅经济繁荣的商业图景。明清时期，因人文地理环境的不同，南方的招幌广告已形成自己的区域特色，② 与北方讲究气派、庄重的招幌有了明显的差异。

鸦片战争之后，上海成为全国对外贸易的中心，上海招幌广告作为南方的典型代表，延续了传统的形式和内容，显示出勃勃生机（见图3）。商家们非常重视店面的装饰，多采用写有特定文字和相应图案的招牌吸引顾客。酱园、典当铺在高大的墙上或当铺门前的照壁上写着很大的"酱园"或"营"字作为招牌，以便彰显店铺的实力，招揽顾客（见图4）。咸丰十年（1860）分设上海的百年老店雷允上在店招上书写"雷诵芬堂"，以出售中药"六神丸"著称。南京路邵万生食品店以"浙宁茶食，南北杂货"作为店招。上海专制防痨治咳丸的知名药厂店招为"唐拾义"。国药店"各省药材，丸散膏丹"店招简洁大气。当时的上海商业中心区南市老城厢商铺林立，店招更是五彩缤纷，一家出售国产商品的规模较大的老双成商店，招牌上分别写着"白云铜器"、"苏广烟袋"和"时新嫁妆"……此外，香烟、药品等外国商品源源不断地进入上海市场，华洋共处，店铺的招牌也与之相适应，如一家大德号的招牌书写着"福建皮丝"、"兰州水烟"和"西洋鼻烟"等，另一家商店直接以"东西洋广京货"为招牌。同时，各种幌子广告也依然风行，上面书有店铺名称或正在出售的商品名称。

图3　清末上海南京路招幌广告

图4　清末当铺、酱园广告

这一时期的上海招幌广告多延续传统的形式和内容，招牌中竖式、横式、坐式、墙壁式等形制有别，幌子中布幌、木牌幌、实物幌等形色各异，广告内容大多简洁清晰，让人一目了然。如此多姿多彩的上海户外招幌广告，不仅标榜着商家独特的商业理念和经营艺术，

① 由国庆. 再见老广告[M]. 天津：百花文艺出版社. 2003：1.
② 汪洋. 中国广告通史[M]. 上海：上海交通大学出版社. 2010：37.

而且在提升商家和产品的知名度、招徕顾客及促进销售方面功不可没。因此,许多知名老店以其店招所具有的行业特殊性、文化品位性和艺术性称雄商界。

第二节 上海近代户外广告形式创新

民国之后,尤其是 20 世纪 20~40 年代,随着城市的扩展,商业的繁荣,上海广告行业已经相当发达,上海近代户外广告也进入了鼎盛发展时期,许多创新性的户外广告形式开始出现。从 20 年代上海诞生中国第一家广告公司开始,到 1935 年,落户上海的中外广告公司已达 100 多家。很多商家逐渐成熟起来,他们除了熟谙生意经之外,也具有了较高的广告意识。于是,许多企业、商店会选择各种广告形式来营销自己的形象,推销商品。专业化经营、服务周到、讲究信誉的专营户外广告公司的诞生,户外广告管理法规的出现,近代广告新兴业态的形成,促进了户外广告形式的创新和发明,上海近代户外广告飞速发展。

橱窗、路牌、车辆、霓虹灯、空中气球等新的户外广告媒体相继被开发利用,其宣传手段和制作技巧日臻成熟。这些户外媒体广告与报纸、广播、月份牌画等其他广告形式齐头并进,争奇斗艳。① "人丹"、"冠生园糖果饼干"、"五洲固本皂"、"先施化妆品"、"三和酱菜"等户外广告(见图 5),创造了老上海许多家喻户晓的著名品牌。户外广告在突出品牌、倡导爱国精神方面独树一帜。在纽约、巴黎街头所见到的广告也同样都能在上海最繁华的南京路上找到,绚丽夺目的霓虹灯、鳞次栉比的路牌、色彩鲜艳的各式招贴等广告成了老上海十里洋场的重要标志。

图 5 "五洲固本皂"、"三和酱菜"等老品牌户外广告

一、霓虹灯广告

霓虹灯广告原称充气管式电光广告,是上海开发较早的户外广告的主要形式之一。霓虹灯由变形成各种文字和图案的玻璃管制成,管内注入氖气或氩气等,接通专用高压电源后会发出漂亮的光,如果在灯管内壁涂上不同荧光物质,还能发出更丰富多彩的光。夜幕下,艳丽璀璨、妩媚多姿的霓虹灯广告在开拓信息传播、装饰美化城市景观方面独具

---

① 平襟亚·陈子谦. 上海地方史资料(三),上海广告史话[M]. 上海:上海社会科学院出版. 1984:132—141.

魅力。

1912年，世界最早的霓虹灯广告在蒙马尔特4号大街的理发店门口出现，是出红色大字组成的"豪华理发店"。[①] 1926年，中国最早的霓虹灯广告在上海南京路伊文斯图书公司橱窗内诞生，它是从国外传入的"ROYAL"牌（皇家牌）打字机的英文吊灯广告。这种新生事物一出现，马上吸引了市民和商家的高度关注。此后，霓虹灯招牌和霓虹灯露天广告在上海大量出现。随着霓虹灯需求量的增多，上海霓虹灯制造厂纷纷开设。1926年，上海首家霓虹电器厂"远东化学制造厂"成立。1927年，美国人斯威兹和海纳等在上海开设了"丽安电器公司"生产霓虹灯，该厂设备齐全，于解放前夕改名为"中国霓虹灯厂"。1928年，葡萄牙人在上海开设"丽耀霓虹灯厂"，不久，将工厂转让给华商，更名为"通明霓虹灯厂"。1929年，中国人开始创办自己的霓虹灯厂，如董景安创立的"远东霓虹灯厂"，后改名为"东方霓虹灯厂"。其中，"中国霓虹灯厂"和"东方霓虹灯厂"是上海最大的两家霓虹灯生产厂商。[②] 30年代初，上海已有很多生产霓虹灯广告用品的工厂，这些工厂有外商独资的，中外合资的，也有大量中国人自己开设的。抗日战争爆发，上海广告业备受摧残，各霓虹灯厂纷纷转行或关闭。抗战胜利后，上海广告业逐渐恢复，霓虹灯广告卷土重来，"中国"、"开明"、"奇异"、"明星"、"金星"等厂又陆续出现。至解放前夕，上海已有32家中资霓虹灯厂。[③]

这些霓虹灯制造厂的成立，对上海霓虹灯广告的发展具有极大的促进作用。最初，霓虹灯广告的光线和灯管造型都比较单一和固定，后来，技术改进，光线丰富并能跳动，造型逐渐多样化，栩栩如生。于是，商场、酒楼、舞厅、戏院等都竞相装置霓虹灯。根据解放前上海地方性户外广告实施细则，安装霓虹灯招牌者均需事先向公用局登记领照，经公用局核准，再向工务局申领建筑执照，完工后经公用局检验合格，才能通电使用。20世纪20—30年代的上海被称为"不夜城"，南京路等商业中心高大建筑上的霓虹灯广告熠熠生辉，点亮了夜空。

1927年霓虹灯招牌出现，远东厂承制的"中央大旅社"（中文）和"CENTRAL HOTEL"（英文）横式招牌矗立在湖北路中央大旅社门口。稍后，美商丽安公司承制的"先施"二字安装在南京路先施公司（现上海时装商店大楼）屋顶。永安公司的"永安"两字霓虹灯竖式排列，高高的耸立在屋顶（见图6）。九福公司的霓虹灯广告"百龄机"三个大字安装在大世界屋顶上。上海邮政大楼顶端的"中国航空公司"五个大字及下边两旁竖放的"载客"、"运邮"两排霓虹灯广告字，夜幕下十分醒目（见图7）。中国南洋烟草公司的"白金龙香烟"五个大字霓虹灯广告树立在大世界顶楼，光彩夺目（见图8）。上海八仙桥青年会楼顶安装了"抵羊"牌绒线两只羊相抵的活动性霓虹灯广告，表达了抵制日货的爱国精神。解放前最高的霓虹灯广告当推国际饭店屋顶上的"天厨味精"四个大字，气魄非凡。而最大的霓虹灯广告应属1928年美商丽安公司承制、英美烟草公司设置在大世界斜

　① 白光. 中外早期广告珍藏与评析[M]. 北京：中国广播电视出版社. 2003：117.
　② 刘家林. 新编中外广告通史[M]. 广州：暨南大学出版社. 2000：169—170.
　③ 由月东主编. 上海日用工业品商业志[M]. 上海：上海社会科学院出版社. 1999：420—422.

对面屋顶上的红锡包香烟广告,该霓虹灯广告设计新颖别致,由一座计时的大时钟及周围"红锡包香烟"五个霓虹灯大字环绕,还有一包香烟,一支支烟从烟盒内顺次跳出,最后一支则是烟云缭绕正燃着的香烟,耀眼的时钟、跳动的大字、形象的产品强烈地吸引着行人的目光。五卅运动后,红锡包香烟广告期满被拆除,换成了"蜂房牌"绒线霓虹灯广告,除有"蜂房牌"商标和"优等绒线"四个大字外,还有一只只翩翩飞舞的蜜蜂飞进蜂房的形象,引得路人伫立观望,收到了很好的广告效果。影剧院也大量使用霓虹灯广告,每当傍晚来临,电影、戏剧开演,上海黄金大戏院等建筑物上的霓虹灯广告就会全部开放,灯火通明,分外夺人眼球(见图9)。可以说,千姿百态、辉煌炫目的霓虹灯广告是解放前上海主要商业区的形象代言人,在夜空中凸显着城市商业经济的繁荣与发达。1945年光明霓虹厂首次进口了一批荧光粉喷涂粉管,为信谊药厂生产的"消治龙"产品制作霓虹灯广告,该广告光度强烈,色彩艳丽,效果非凡,各霓虹厂相继仿效。此外,1948年初商务印书馆出版了《霓虹灯广告》一书,对霓虹灯广告设计和制作方法进行了推广。这些都对上海霓虹灯广告的发展起到了推波助澜的作用。

图6　上海南京路永安公司霓虹灯广告　　图7　中国航空公司霓虹灯广告

二、橱窗广告

　　橱窗广告是户外广告的重要组成部分,它借助玻璃橱窗等媒介物,运用科技和艺术手段,通过实物、模型、道具、色彩、灯光、文字、图片、装饰等方式,展示商店经营的重要商品及其品牌内涵,形成一组富有情趣的商品群,让顾客产生强烈消费欲望,达到刺激消费的目的。相比其他户外广告而言,橱窗广告更真实、更立体、更直观,更能适应消费者的消费心理。

图 8　中国南洋烟草公司的"白金龙　　　　图 9　上海黄金大戏院霓虹灯广告
　　　香烟"霓虹灯广告

　　橱窗广告起源于 18 世纪的美国，当时美国的一些商店十分重视橱窗广告的设计和制作，由专职的橱窗研究和设计人制作，起到了很好的展示和宣传效果。19 世纪后，西方商店橱窗装饰方式传入我国，并在上海和广州等开埠较早的城市中流行起来。① 上海橱窗广告的起源有两方面的原因，一是吸收了上海开埠后西方人所开设的洋行及百货公司店铺装饰的经验，二是上海新式建筑的出现，有了可供设计广告的媒体空间。

　　上海开埠后，中外贸易发展，外国资本通过开设在上海的洋行，使上海的消费市场数量和规模迅速增长，我国旧式的前店后坊式经营方式逐渐发生变化，出现了批发和零售分工明确的新式经营模式。如城隍庙四周上百家零售商店连成一片，是当时上海有名的"庙市场"，成为沪上一景。后来这些零售商业向租界内发展，形成许多颇具特色的商店。这样形成的店铺，其装潢和陈列也都仿效外国人在上海开设的洋货行，讲究店面的装饰，甚至使用牌楼式建筑作为店面，美轮美奂，以显示自己的规模和实力状况，吸引顾客。而且，随着 20 世纪前后许多新式建筑的出现，商店也由原来没有适合商品展示橱窗的石库门房子改为沿街的"排门店"，柜台、橱窗功能区分开来，橱窗的装饰和布置不仅讲究，且更为灵活，有的还用光彩夺目的灯光来点缀，②上海橱窗广告出现并迅速发展。

　　此外，近代上海商业的繁荣及国内外贸易的发展直接导入了一批新型的专营零售业务的百货公司，百货公司的兴起标志着上海新式商业发展到高峰。1846 年英商爱德华·霍尔在上海南京路 14 号开办以自己姓名为店名的百货商店。1855 年 9 月刊登广告宣称

　　①　黄志伟，黄莹. 为世纪代言—中国近代广告[M]. 上海：学林出版社. 2004：253.
　　②　朱国栋，王国章. 上海商业史[M]. 上海：上海财经大学出版社. 1999：107—111.

改用"福利"招牌。1883 年 1 月经过改组集资,招商吸纳社会股份后改名为"福利百货股份有限公司",经营鞋帽、食品、家具等日常用品及办公用品等。1850 年英商连氏与卡刺佛在香港联合开办"连架刺佛公司",后来扩展到内地,在上海的分公司称为"泰兴",经营洋酒、食品、服装、家具、铁器五金、运动器材、船具兼航运代理欧美数十家厂商的产品销售业务。1904 年英国"惠罗公司"在南京路、四川路转角处设立分公司,经营呢绒绸缎、服饰用品、鞋帽及欧美各厂高等货品。1875 年"汇司公司"在宁波路江西路口设立,后迁移到南京路,经营绸布、服装等百货与批发零售业务。这些外资百货公司往往规模宏大、装潢新颖、经营品种繁多、橱窗展示设计考究,营业蒸蒸日上。到 20 世纪 20 年代,"福利公司"、"泰兴公司"、"惠罗公司"、"汇司公司"被人们称为南京路上四大外资百货公司。[①]

外商百货公司的设立与火热经营刺激了中国百货业同行的投资竞争。一些民族资本企业家,由于早先已在国外了解了这种新式商业的经营模式,且已获得在国外和香港创办大型百货商店经营成功的经验,为了与外商百货公司竞争,他们于民国时期起在上海陆续创办起了中国人自己的百货公司。1900 年澳洲华侨、广东中山人马应彪在香港创建"先施公司",1917 年扩展到上海南京路,商场建筑优美、设备新颖、设施高档,销售的商品包罗万象,达到一万多种,令洋商百货公司望尘莫及。紧接着,1918 年 9 月 5 日"永安公司"开业,1926 年 1 月 23 日"新新公司"开业。至 1930 年上海百货商业同业公会成立时,会员已多达 500 多家,连同非会员百货商店,全市共 700 多家。[②] 1936 年 1 月 10 日"大新公司"开业。从此,本土与外商百货公司展开了激烈的竞争,模特秀、媒体广告、开幕典礼等都成为华商与外商竞争的最佳手段,在橱窗展示方面更是动足脑筋。

1927 年,上海本土橱窗广告出现。这一年,中西药房新楼落成,楼中设有橱窗,外商便委托中西药房设计布置了"勒吐精奶粉"橱窗广告。此后,各商店都开始重视橱窗布置。早期的橱窗布置多用皱纸和彩纸装饰,或作为底色突出商品,或环绕橱窗周围衬托中心的商品,广告内容和形式简略,实物展示较为普遍。然而,正是这种朴实、直接的橱窗展示,让许多商店商品的销售量得到了大幅提高。随后,经营药品、化妆品、香烟、罐头、食品、文具等的商店纷纷仿效,橱窗布置更受重视。

到了 30 年代,上海橱窗广告已经非常普及。"惠罗"、"汇司"、"福利"及"泰兴"四大著名的外资百货公司运用自己独特的艺术形式,设计制作了一个个造型别致、形态生动的橱窗广告。而在竞争中成长起来的"先施"、"永安"、"新新"及"大新"四大民族资本百货公司的橱窗广告则后来者居上,最终在 30 年代末战胜外商四大公司,占据了绝对的优势。起初,在向国外进口商品时,这些本土百货公司常常会收到商品目录、橱窗设计图案和展示道具的介绍,便按照外商的样式设计橱窗。在吸取精华、拓展思路、发挥潜能之后,本土百货公司自己设计制作了许多美观、整洁的橱窗广告,增强了售卖商品对顾客的吸引力。到

---

① 黄志伟,黄莹. 为世纪代言——中国近代广告[M]. 上海:学林出版社. 2004:145—148.
② 刘兰兮主编,陆兴龙著. 近代上海商业企业的发展和制度演进,中国现代化过程中的企业发展[M]. 福州:福建人民出版社. 2006:156—170.

后来，本土百货公司的橱窗广告更加发达，还设有专门人员来负责橱窗广告的陈列设计，橱窗的立体化设计受到极大的重视，橱窗的空间透视效果更明显，格调高雅，体现民族性和艺术独特性的优秀橱窗广告层出不穷，大大促进了民族工业的发展。上海新光标准内衣制造厂生产的"司麦脱"衬衫，是当时著名的衬衫品牌，为了树立良好的品牌形象，"司麦脱"在四大公司中设立了橱窗广告，这一紧跟时尚潮流的做法使"司麦脱"品牌深入人心，赢得顾客一片赞誉之声（见图 10）。

图 10　永安公司司麦脱橱窗广告

此外，百代丽歌唱片行、太平洋手表公司、俄国书店等许多商店都布置了精美的橱窗广告（见图 11）。[1]为了提高本土橱窗广告的水平，上海还举办了几届国货橱窗陈列设计竞赛活动，参赛者都是国货名牌。一些设计精美的橱窗在竞赛中脱颖而出，

图 11　上海俄国书店橱窗广告

如五洲大药房"一三一头水化妆品"橱窗广告便取得了优秀橱窗设计布置奖。

而另一些中小型企业因财力所限，橱窗布置往往会因陋就简，即使这样，它们也创造过许多令人难忘的橱窗广告。冠生园食品公司门市部在中秋月饼的橱窗布置中，设计制作了"莺莺拜月"的动态陈列广告，莺莺小姐对月焚香，张生在假山背后探头窥视，画面栩栩如生。由此，静止的商品变得富有情趣，充满活力，十分引人注目，有效地提高了商品的销售。南洋衫裤厂设在南京路的橱窗高而狭、开间小，创作者据此特点，利用铅丝、木条、绳子等把橱窗设计得起伏有致，层次分明，商品价格清晰可见，让人一目了然，拉近了与顾客的关系。茂昌眼镜公司的橱窗广告是在橱窗内壁安装玻璃镜，利用光学反射原理，让路人获得深远的视觉效果：一层层商品扩散开来，狭小的店面似乎没有尽头。著名的橱窗广告设计家和广告画家蔡振华曾为商务印书馆的橱窗设计过广告，他把该橱窗绘制成屏风型装饰，在淡绿色调的花枝中点缀着一只带有红色羽毛的小鸟，恰如"万绿丛中一点红"，清新雅致，充满诗情画意。宏兴西药房的橱窗广告则设计成了"广东人舞狮子"的场景，各种动作有节奏地出现，人物敲锣打鼓，狮子争抢绣球，一幅活力四射、动感十足的画

① 黄志伟，黄莹. 为世纪代言——中国近代广告［M］. 上海：学林出版社. 2004：253—256.

图 12　上海服装百货商店橱窗广告

面,极具吸引力。

抗日战争胜利到解放前夕,上海橱窗广告进入兴盛时期,几乎每一家商店都会精心设计制作自己的橱窗,全市专营橱窗广告的企业就达到了10多家。在南京路等主要的商业区,橱窗广告精彩纷呈,艺术性很强(见图12)。许多设计师选择用光线和色彩来增强商品的表现力,甚至用霓虹灯点缀其中,这些精心构思、巧妙制作的橱窗广告不仅强烈地吸引着消费者的目光,同时也给上海这座当时中国最时尚的城市增添了一道亮丽的风景线。

三、路牌广告

路牌广告起源于早期的墙面广告,主要是指在公路或交通要道两侧以及闹市区等区域张贴或直接描绘在固定路牌上的广告,是户外广告的一种重要形式。路牌广告不仅面积大、形象稳定、使用长久、生命力旺盛,能够充分发挥广告效益,较好地树立和保持品牌形象,而且表现形式丰富,也能够起到美化市容的作用。

上海路牌广告已有近百年的历史。民国初年,上海"明泰"、"又新"两家广告社雇佣漆匠在铁皮路牌上绘制日本三头洋行仁丹广告,这是上海最早的路牌广告。初期的路牌广告制作简单,多用印刷的招贴纸拼贴而成,主要设置在车站等人流较大的地方,大多用来宣传美孚石油和中将汤等外国商品。英美烟公司等外资公司是路牌广告的主要使用者。为了与外商竞争,一些民族企业也不甘落后,纷纷竖起中国人自己的广告路牌。如20世纪20年代安装在南京路和浙江路交界的"一乐天"茶楼,以及黄浦江边(面对外滩公园)的广告路牌,是上海较早的民族广告路牌。①

这些放置在户外的拼贴广告画很容易受到风雨的侵袭,造成剥落和损毁,所以,后来的路牌广告制作逐渐精细安全,改为木架、铅皮装置,油漆绘画。1930年前后,上海市政府公用局在斜桥安装了一块铅皮路牌,作为此地的公共广告栏,面积达10×20平方英尺。随后,公用局又安装了几十块广告路牌,广告内容都用油漆绘制,分布在九亩地(今大境路、露香园路一带)、城隍庙九曲桥等地方。此后,路牌广告在上海市内外迅速扩散开来,市区主要道路、车站、港口及铁路沿线两旁,甚至房屋墙壁和屋顶上都放置了路牌广告。30年代,上海路牌广告已经非常发达,据上海公用局统计,仅1932—1934年上海公共场

①　益斌,柳又明,甘振虎. 老上海广告[M]. 上海:上海画报出版社. 1995:5.

所所使用的正规广告牌面积已近 4 000 平方米,且大多是民用广告。[①] 吴淞口岸设立了绘有"冠生园陈皮梅"的巨型路牌广告,成为老上海规模最大的路牌广告之一。"五洲固本皂"和"三和酱菜"等巨型路牌广告特色鲜明。为了与外国品牌争夺市场,"上海安乐纺织厂"在沪宁、沪杭铁路沿线、车站等地设置了许多"英雄"牌绒线广告牌,为自己出产的"英雄"牌国货绒线展开强大的宣传攻势(见图 13)。"可口可乐"路牌广告沿着上海大街小巷、公路、水道、铁路扩散到四面八方,成就了这种清新美味饮料的流行……这些路牌广告较少作刻意的修饰,仅仅运用几个醒目、精炼的大字,使产品品牌一目了然,迅速映入观众的眼帘,广告宣传效果显著。还有许多在建筑物建造期间所建围墙上设置的路牌广告,也称临时路牌广告,这些广告同样必须先将式样送至公用局核定,核准后盖戳,并缴足税款后方可发布。

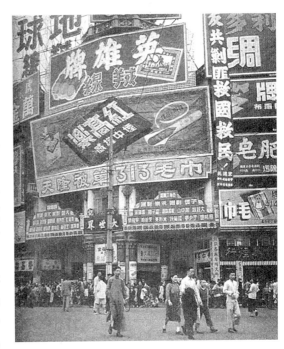

图 13　"英雄"牌绒线广告牌

更难能可贵的是,30 年代后上海路牌广告已经出现立体化倾向,画面图文并茂,简洁易懂,视觉效应极佳。美灵登广告公司设计的"可的"牛奶路牌广告,用白铁皮、木架、水泥及磨碎的玻璃等材料制成,耀眼夺目,备受关注。荣昌祥广告公司在南京西路上海花鸟商店原址前的草坪上为五和织造厂精心构思的"鹅牌"衬衫路牌广告,立体感最强,用水泥制成的五只白鹅,形态各异,造型生动,就像在草坪上闲庭信步一样,"五和"(宁波话中鹅与和同音)商标形象因此深入人心(见图 14)。电影立体化路牌广告也是风生水起,如美国电影《芝加哥大火记》的电影商在上海树立的立体路牌,宣传效果明显。在静安寺、成都路口,国产电影《夜半歌声》广告也被设计成了立体舞台式场景,影片主人公被塑造成一个披头散发、面目狰狞的巨怪,电动装置使两只眼睛发出绿色的光,身体上下左右摆动,活灵活现的恐怖广告凸显了该片的特色。

1945 年抗日战争结束后,上海的路牌广告发展更是繁荣,广告路牌随处可见(见图15)。跑马厅(今天的人民广场及人民公园一带)是当时路牌广告最丰富、最集中的地方,一大片区域内上百块广告路牌高高耸立,"红锡包"、"白锡包"、"消治龙药膏"、"艾罗补脑汁"、"老刀牌香烟"、"科发十滴水"、"双钱牌胶鞋"、炫目的电影海报等各种醒目突出的路

---

①　上海市市政报告(1932—1934)第九章[M]. 上海:上海汉文正楷书局. 1936:85.

图 14 "鹅牌"衬衫广告

图 15 公交车站广告牌

牌广告强烈地吸引着路人的目光。① 除此之外,静安寺周围、西藏路和北京路交叉口等闹市区域,路牌广告也很繁盛。

随着民国以后路牌广告需求量的增加,制作路牌广告成为许多广告公司的一项重要业务,克劳、美灵登、法兴、华商、交通等广告公司都以此作为自己最主要的收入来源。正如1936年英商美灵登广告公司所作《上海之户外广告》一书中所说:"今日则大不相同矣,如周行本部通衢,则路牌广告触目皆是,甚至有若干区域(例如静安寺路),路牌之盛,反较住户为多。"各广告公司经营方式略有不同,有的主要承包广告媒介,如经过投标承包京沪、沪杭甬两线车站的路牌广告;有的主要设置路牌位置并出租,按月收取租金,像克劳、美灵登等公司都拥有许多路牌位置;有的主要靠拥有一些忠诚的客户来保证经营利润,如克劳广告公司拥有许多美商、美灵登广告公司拥有许多英商、华商广告公司拥有许多美商等。②

路牌广告的发展造就了许多优秀的路牌广告公司和一批本土路牌广告技术人员。

① 由月东主编. 上海日用工业品商业志[M]. 上海:上海社会科学院出版社. 1999:419—420.
② 益斌,柳又明,甘振虎. 老上海广告[M]. 上海:上海画报出版社. 1995:7.

1918 年，美国商人在上海设立克劳广告公司，为大美烟公司制作了"红屋牌"香烟广告。该公司的蒋梦麟广招技术工人，经过锻炼，这些人后来都成为上海地区制作路牌广告的骨干力量。1921 年，荣昌祥广告社成立，到 1927 年，受美灵登及陈泰兴联合广告公司的委托，开始承办路牌广告。此后，该公司路牌广告业务蒸蒸日上，几乎包办了上海所有马路及沪宁、沪杭铁路沿线的路牌广告。抗战期间，荣昌祥广告社合并了上海的克劳、麦克和彼美等著名广告公司，成立荣昌祥广告股份有限公司，在上海路牌广告经营中占有重要地位，成为当时上海乃至全国最大的路牌广告公司。解放后，荣昌祥广告公司成长为上海著名的广告企业。

四、公共车辆广告

公共车辆广告是与城市老百姓日常生活息息相关、渗透力极强的一种户外媒体广告，它具有广告画面冲击力大、广告影响持久、到达率高等特点。上海公共车辆广告发端于民国时期，是早期运货车车辆广告的延续。随着公共交通车辆的迅速发展，精明的商家不再满足于仅将广告绘在运货车车厢的两侧，上海车辆广告内容及设置位置获得了进一步的发展。

1908 年第一辆外商有轨电车在上海通车后，中外商人纷至沓来。1912 年中国商人陆佰鸿集资成立华商电车公司，第二年，从十六铺到沪杭火车站的路线全线落成通车。1914年，英商电车公司在公共租界创立，同年 11 月 15 日，上海第一条无轨电车在福州路上正式通车，该线南起郑家木桥，北至老闸桥，沿途经过上海最热闹的南京路、北京路一带（见图 16）。民国时期，公共汽车也开始出现。1922 年 8 月 13 日，华商董杏生将卡车改装成大客车，途经线路自静安寺到曹家渡，从此上海公共汽车诞生。1924 年 10 月，英商公共汽车开始在上海的马路上行驶。1933 年 6 月，上海又引进了 25 辆双层公共汽车。这些有轨电车、无轨电车、公共汽车以及双层公共汽车等交通运输车辆在运营过程中，大都经过人流密集、商业繁华的地带。在 20 世纪早期，公交车辆还是一种新鲜事物，所以每当一条新的公交线路被开辟出来，车辆本身就会受到极大的关注，新闻界会竞相报道，老百姓会议论纷纷。根据当时《时报》报道，无轨电车通车时"道旁竖立而观者，殊为拥挤"。公共车体所蕴涵的巨大商业价值显露无遗，广告商为之侧目，都纷纷将公车车体作为产品宣传的有效载体，大做公共交通车辆广告。

由此，许多产品广告出现

图 16　1914 年英商电车公司创办的无轨电车

在了公交车车体上,广告信息随着公交车体的移动在熙熙攘攘的人群中广泛传播开来,车体成了流动的广告宣传牌。相较民国之前的运货车车体广告,民国之后公交广告载体大大拓展,不仅车厢两侧、车身前后、车顶以及座位靠背等地方都布满了广告(见图17、18),如有些双层公共汽车的座位靠背的后面也装置着广告。公交广告产品信息也大为丰富,药品、饮料、化妆品、香烟等广告频繁地出现在公车车体上,[①]给乘客和观众留下了极深的印象。一般来说,香烟和日用品广告设置在车顶或车体两侧,而跑马厅、跑狗场和回力球场等广告则设置在车身前后,并标明赛马、跑狗日期和宣传回力球赛等。这些车体广告不再仅是简单的文字介绍,很多采用文图结合、明快的色彩来表达,比较适合视觉快速移动的需求。如1935年彩色"英雄"牌绒线广告就被绘在公共汽车车身两侧,随着车子每天穿梭于各条马路,将国货品牌信息传递给行人,并且反复加强该品牌在人们心目中的印象。英国人伊文思也将"申园跑狗场"巨幅广告做到公交车上,让它随车体四处奔跑,吸引了不少赌客的目光。

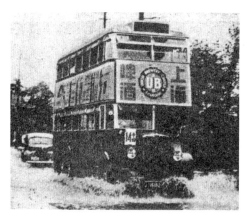 

图17 双层公共汽车上的"上海啤酒"广告   图18 公共汽车车顶广告

与此同时,一些以承包公共车辆广告媒介为主要经营业务的广告公司开始出现,如美灵登广告公司等,大大促进了公交车辆广告的发展。从民国开始,直至解放前夕的30多年里,上海公交车辆广告一直兴盛不衰,这可以从当时美灵登公司所著《上海之户外广告》一书中窥见,书中记载:"今日上海成效卓著之广告法,为双层汽车之两旁地位。自此车最初驶行之时,此项广告地位,争相登载。虽至今日,为时一年有余,此每日行驶全埠之二十五辆双层汽车广告未尝或缺。又双层汽车座椅背后之广告,亦为宣传物品之利器。至于电车广告,亦未尝后于公共汽车也,且有以电车常处于路中心,故广告易为行人注视。"

五、招贴广告

招贴广告是以纸张作为广告载体,张贴于纸板、路牌、墙体或车辆上的印刷广告,是最

---

① 黄志伟,黄莹. 为世纪代言——中国近代广告[M]. 上海:学林出版社. 2004:298—300.

古老的户外广告形式之一。招贴广告也称为"海报"或"宣传画"，分布于各处街道、机场、码头、车站、公园、商业区、影剧院、展览会等公共场所，是一种手续简便、见效较快的户外广告形式，在国外被称为"瞬间"的街头艺术。招贴广告不仅能简洁清晰地宣传产品信息，而且在美化城市、丰富人们的精神生活等方面有积极意义。早在东汉时期，我国招贴广告就已经出现，①发展到清末民国时期，招贴广告的制作水平日臻成熟，广告传播范围渐趋广泛。

　　20世纪初的上海，华洋杂处，华商与外商展开了激烈的广告竞争与较量，招贴广告获得了更大的发展。据说，当时有的公司能以每天5 000张的规模，运动式地张贴广告，而且还出现了专以贴招纸为业的人。上海招贴广告主要有两种印制方法，一种是外商的招贴广告，以印刷为主，通常在国外印成招贴，运到上海张贴。到了20世纪20、30年代，随着印刷技术的广泛应用，外商印刷的招贴广告逐渐普及，不仅遍布于城市的城垣及街道两旁的墙壁，而且向农村扩展。日本的仁丹、中将汤、大学眼药、英国和美国的香烟等招贴广告布满上海主要干道及闹市区，成为宣传商品、吸引顾客目光的有效手段。如盛宣怀未刊信稿记载："招徕生意，全赖广告，英美烟公司之广告，一连数十，凡可张贴之处，几乎到处糊满，华商偶贴数纸，皆为其淹没。"另一种是国内企业制作的招贴广告，多以手绘为主，色彩鲜艳（见图19）。如可口可乐在1927年进入上海，与著名的国内企业"屈臣氏汽水股份有限公司"合作推出可口可乐，邀请广告画家绘制了一张招贴广告，张贴在上海大街小巷，彩色画面形象生动，极具诱惑力，吸引许多年轻人成了该品牌的忠实消费者（见图20）。1934年祥生汽车公司为了与外商出租汽车公司竞争，别出心裁地设计了一张彩色招贴广告。招贴中汉字"祥生"和英文字母"J"组合成一个突出的标记，标记两边为叫车电话：华界22400，租界40000。广告词"新式轿车　座位舒适　接送一元　服务周到"分布在招贴左下方，右面广告图案为两部绿色的"祥生"出租汽车快速行驶在

图19　香烟招贴广告

崎岖的盘山公路上（见图21）。该招贴广告图文并茂，将祥生汽车公司服务宗旨、价格及汽车的优良性能完美地呈现出来，扩大了企业的社会影响力，促进了出租业务的迅速发展。"王开"照相馆更是高价聘请许多专业画家，创作了一系列具有强烈视觉冲击效果的招贴广告。其中一张为一个小孩倚栏高楼，手拿相机，微笑着拍照的画面，温馨和谐的场景瞬间俘获了观众的心，为"王开"照相馆业务开拓创造了商机。②

————————

　　① 汪洋. 中国广告通史[M]. 上海：上海交通大学出版社. 2010：16.
　　② 黄志伟，黄莹. 为世纪代言——中国近代广告[M]. 上海：学林出版社. 2004：174；21；116.

图 20　可口可乐女性形象广告

图 21　祥生出租车招贴广告

图 22　美国电影海报

图 23　西洋马戏团在上海演出的印刷海报

各类招贴广告中,戏院招贴广告和电影海报最为丰富,也最具特色(见图 22、23)。戏院招贴广告数量多且颜色醒目,经常在红纸上用金色的字写上戏目名称及艺人的艺名。过期的招贴广告纸风干后被风吹落地上,马路上的流浪者便拾起来当作被头,称作"金花锦被",这是对当时丰富的招贴广告的真实写照。

电影公司经常在新片放映前和放映期间,将由文字、图画及摄影等视觉艺术组成的电影宣传画张贴在路牌、墙壁及电影院门口,称为"海报"。19 世纪末,法国出现了世界上最早的电影海报,此后,电影海报逐渐成为电影宣传的重要形式。民国时期,电影海报在上海兴起。1919 年,上海商务印书馆活动影片部制作了一张文字和绘画相结合的海报,名为"中国自制的活动影戏"出现了，主要宣传该活动影片部创制的有关教育、风景、时事、古剧、新剧等影片出租的情况，标志着中国电影海报的诞生。电影海报一出现，其精美的画面，独特的表现手法，丰富的文化内涵，立刻吸引了大众的目光。从此，每逢新片上映，上海马路路牌上、电影院门口都会张贴大量海报，内容主要涉及电影主题及名称，导演、编剧、摄影、主要演员、美工、摄影等工作人员名单（见图 24）。上海最初的电影海报制作水平不高，其设计、版式和手法多是将电影镜头单纯放大或者将剧照进行某种拼接而成。后来，电影海报向着立意深刻、构图新颖，追求强烈视觉效果的方向发展，[①] 深受观众喜爱。由于当时还没有专业的海报设计师，电影院的美工、一些画家就成了海报绘制的主力军，有时导演也会参与其中。他们绘制了大量精彩的电影海报，

图 24 "狂欢之夜"电影海报

如《马路天使》、《艳阳天》、《神女》、《浪淘沙》等。海报的"底版"通常是手工绘制的，画好之后进行大量的彩色复印，然后张贴。20 世纪 30 年代，电影海报已经成为了上海招贴广告中富有魅力、极具艺术水准的一种形式。

上海招贴广告业务量的增加促进了以招贴广告为主要业务的广告公司的产生，如凤昔醉在上海建立的"大中华广告社"，主要制作招贴广告。[②] 上海招贴广告的张贴也受到严格的管理，比如，广告张贴前必须领取照会，否则不允许张贴，而且公共租界与法租界各分界域，不许越界乱贴。

六、空中广告

空中广告是现在非常流行的一种户外广告形式，主要是指利用气球、飞艇、球伞吊篮、飞机等空中飞行器或飞行物向观众传播企业形象和商品信息的广告。空中广告的优点突出，如宣传产品醒目、吸引度高、轰动效应好、受众面广、受干扰程度低等特征。早在 1915 年，南洋兄弟烟草公司在和英美烟草公司的激烈广告角逐中，经过竞标赢得了广东飞行表演的独家广告宣传权，于是就有了南洋公司的旗帜在机场上空迎风飘扬的场景。为了还击，英美烟草公司也曾在表演场地释放巨型风筝广告。

上海本地的空中广告源于 20 世纪初期。30 年代，华人飞行家成功飞上蓝天，万众瞩目，航空成为社会上的新时尚。与航空结合、利用空中飞行物和飘浮物做媒介，传播广告

① 黄志伟，黄莹. 为世纪代言——中国近代广告［M］. 上海：学林出版社. 2004：301—305.
② 益斌，柳又明，甘振虎. 老上海广告［M］. 上海：上海画报出版社. 1995：3—10.

信息,成为商家的又一个新的选择。1934 年"国货精品"天厨味精已经取代日本的味之素在上海市场上独据一方,为了响应国民政府"航空救国"的倡议,天厨老总吴蕴初以天厨名义捐赠了两架飞机,一架是给"中国航空协会"的驱逐机,一架是给"航空协会上海飞行社"的教练机。同年 3 月 18 日,虹桥机场举行了隆重的"天厨号"飞机命名典礼大会,除了会场设置诸多充满爱国精神的条幅、标牌广告之外,还举行了"天厨号"飞机飞行表演,三万多民众驻足观看,天厨品牌深入人心,整个上海为之轰动。会后各大媒体竞相报道,更强化了品牌的影响力。1935 年上海召开第六届全国运动会,《新闻报》报馆在空中悬浮了几只巨大的氢气球,其下悬挂的长布条幅上书写"《新闻报》、《新闻夜报》销量最多"、"《新闻报》、《新闻夜报》效力最大"、"《新闻夜报》欢迎各位选手"等标语,用以宣传新闻报馆发行的各类报纸。① 气球色彩明艳,随风飘舞,既制造了一种热烈的赛事气氛,又将《新闻报》各种产品信息恰到好处地传达给了观众。这是上海本土首次出现的空中广告。1936 年,中国航空公司拓展了空中广告媒体,由飞行员驾驶飞机在空中喷洒烟雾,绘成了公司名称的英文字母,造成了极大的轰动效应,但为时短暂,且辨认不清,以后就没再采用这种形式。当然,

图 25　加当男孩形象

在 20 世纪前半叶的上海,能够利用气球和飞行器作为空中广告载体的商家并不是特别多,因为这样的广告需要巨大的投入,只有实力雄厚的公司才能承担得起。

解放前的上海还出现了一种值得一提的户外广告形式,那就是模特广告。模特广告主要是以模特作为广告媒体,来宣传企业形象和促进商品销售。如 1936 年创立于法大马路虞洽卿路(今天的金陵东路和西藏中路路口)的"鹤鸣鞋帽商店"为了打响品牌,让职工穿着鹤鸣广告衫去外埠旅游。一路上,鹤鸣品牌与沿途风景融为一体,吸引了大量路人的围观,不经意间,鹤鸣形象已经深入人心。40 年代,德商拜耳药厂生产出一种新药"加当"止痛片,在广告宣传上标新立异,塑造了一个加当男孩(GARDAN BOY),在公共场所分发广告品,大大加深了人们对"加当"的印象,促进了产品的销售(见图 25)。②

第三节　上海现代户外广告的艰难探索

从新中国成立到"文化大革命"时期,上海现代户外广告经历了一个长期的曲折探索

---

① 　上海文史馆,上海市人民政府参事室文史资料工作委员会等编. 上海广告史话,上海地方史资料三[M]. 上海:上海社会科学院出版社. 1984:132.

② 　益斌,柳又明,甘振虎. 老上海广告[M]. 上海:上海画报出版社. 1995:9.

过程。这一过程大致可以分为三个阶段，即国民经济恢复时期的整顿与管理阶段(1949～1952年)、社会主义改造与建设时期的整合与持续发展阶段(1953～1965年)、"文化大革命"时期的全面停滞阶段(1966～1976年)。

一、国民经济恢复时期上海户外广告的整顿与管理

1949年5月上海解放，10月中华人民共和国成立，随之开始了为期三年多的上海经济发展恢复时期。

上海刚解放时，近代遗留下来的广告内容与新中国经济发展目标存在很多不和谐的地方。比如，有些广告的内容主要为私营厂商服务，推销其生产的工业产品，商业投机意味太浓；有些广告过度吹嘘和夸大上海殖民地色彩；还有一些剧院演出和社会招贴广告内容不健康、格调低下，容易误导民众。因此，为了保证了广告行业健康有序的发展，逐步将广告宣传纳入到为社会主义经济服务的轨道上来，上海政府相继出台一系列广告管理法规，以便整顿和管理广告行业。1949年12月，上海市人民政府公布了《广告管理规则》，共6章38条，规定："凡在本市区内，以含有招徕宣传性质之文字、图画等用各种方法揭布者，概以广告论。由公用局以本规则管理之。"同日，市政府还颁布了《上海市广告商请领登记许可证规则》，共9条，规定凡在上海市"经营广告业务之广告商，应有固定场所及经营业务，并应向公用局请领许可证，凭此向工商局请领工商登记证，方得营业"；"已登记许可之广告商，代客办理、揭布各种广告须呈请主管机关核准为限"。1950年5月1日起，全市广告事宜归为市工商局管理。1951年8月，市政府又颁布《上海市广告管理办法》，共25条。这些对广告内容及广告管理范围等的规定是上海丰富多彩现代户外广告健康规范发展的前提。

1951年2月12日上海市广告商业同业公会成立，成为广告经营者们有效的行业自律组织。为组织广告商们学习广告法规，规范广告行为，同业公会做了大量的工作。同业公会共有67家会员，根据其业务范围，分为报纸广告商、路牌广告商和其他广告商。在同业公会的推动与引导下，上海户外广告有所发展，进步明显。市区内的霓虹灯、招贴等户外广告数量大增。人民广场以及西藏路、南京路、延安路和淮海路等市中心人流密集的地方路牌广告比较兴盛。这些户外广告产品涉及面较广，包括药品、文具、卷烟、照相器材等国营、私营厂商的产品以及电影、戏曲演出等等。[①]同业公会的成立促进上海户外广告沿着规范化的道路继续往前走，霓虹灯广告、路牌广告、橱窗广告等获得了一定的发展。

解放前夕，上海共有30多家生产霓虹灯广告用品的工厂。解放后，上海政府对霓虹灯广告进行了整顿和清理。1950年2月6日，上海遭受了国民党飞机最猛烈的袭击，史称"二·六大轰炸"，为加强空防，上海霓虹灯一度全部停止使用，6月后才逐渐得到恢复，但受到一系列法规的限制。同年10月，上海市人民政府出台《关于恢复使用霓虹灯广告使用办法及登记要点》，规定凡新装或添装霓虹灯广告、招牌标志者，应先报市工商局核准登记方能装置；霓虹灯设置部位必须适当、坚固，不得妨碍交通视线，灯光色彩以不影响交

① 张俊杰. 上海商业：1949—1989[M]. 上海：上海科学技术文献出版社. 1992：586.

通灯的指挥作用为主;利用他人建筑装置霓虹灯广告,不论面积大小,均应开具详细地点、广告内容、装置面积,向上海市工商局办理登记。1951 年 8 月上海市人民政府发布《上海市广告管理办法》,规定工厂、商店在自己建筑物内外装置霓虹灯、招牌或标志,总面积以30 平方市尺为限,以下者免予登记;以上者仍应向市工商局申请登记,按特许广告的规定,登记纳费后才能设置。

新中国成立之后,上海市人民政府对近代遗留下来的广告路牌也进行了整顿和清理,使上海路牌广告向规范化发展。在法规中,路牌广告被列为特许广告,在道旁、墙壁、屋顶、码头、车站及铁路两旁、戏院、茶楼、书场、游戏场、酒楼等公共场所设置路牌广告,应先申请工商局核准登记,领取营造执照后才能设置。1951 年 2 月成立的上海市广告商业同业公会里边设立了路牌组,由 22 家专营路牌的广告商组成。随后,1951 年在人民公园内举办的"上海市土特产交流大会"上,路牌组的广告商发挥优势,为会场内为许多产品设置了路牌广告,获得好评。

解放初期,随着社会风气转变,上海商业橱窗广告也发生了变化。广告橱窗坚持在党的正确方针指导下社会主义商业广告橱窗的真实性和现实性原则,真正体现商业广告为生产、为消费、为商品流通服务的功能,从追求商品华丽的外形、陈列漂亮的画面向朴实化趋势发展。橱窗商品陈列往往会明码标价,实事求是;对国产商品展开广泛的宣传,指导消费。数量大为增加的是各种形式的政治宣传橱窗,主要配合各项政治运动和节日进行政策和精神文明宣传。

国民经济恢复时期,车辆广告等其他户外广告形式逐渐减少,上海户外广告的商业味越来越淡,政治味则逐渐增多(见图 26)。一些印刷招贴类的广告尽管仍是行之有效的商品宣传手段,但多与文化宣传和政府政治思想宣传结合起来,形成招贴、标语及宣传画等,

图 26　建国初的电影宣传

主要为政府宣传工作服务。1950 年 5 月之后，国民经济的恢复与发展引发了市民们日益高涨的文化学习热情，许多户外广告随之成为了文化学习用品、新电影和新戏剧宣传的有效手段。从 1950 年到 1952 年间，国家开展镇压反革命、抗美援朝和土地改革运动，动员全国人民抗美援朝，许多户外广告又与时事运动结合起来进行政治宣传。比如，有的广告牌绘上了"加强抗美援朝，发展城乡经济"的字句；有的则印上了生产模范的照片。

二、社会主义改造与建设时期上海户外广告的整合与持续发展

从 1953 年下半年到 1956 年，我国对农业、手工业、资本主义工商业进行了社会主义改造，将它们纳入到国家计划经济体制内，建立以全民所有制和集体所有制为基础的社会主义经济制度。1956 年，我国社会主义改造基本完成，确立了以经济建设为中心、全面建设社会主义的方针政策，上海现代户外广告进一步发展。

其间，上海市人民政府对广告业进行了整顿，并加以整合。比如，不同程度的限制封建迷信及投机性较强广告的发布；对一些与体现社会主义优越性相悖的路牌、霓虹灯等户外广告予以取缔；从 1956 年起完全取消了公交车辆广告等等。经过社会主义改造，政府把分散的私营广告社组建成具有一定规模和业务能力的国营广告公司。[①] 1956 年 1 月 20日，上海广告业全行业实行公私合营。此后，新成区区店成立，设在荣昌祥广告公司内，由中共新成区委领导，后归口上海市综合贸易信托公司管理。全行业公私合营后，上海户外广告营业额呈上升趋势。1956 年 10 月 27 日，为了加强对公私合营后上海广告业的管理，经上海市第一商业局批准，中国广告公司上海市公司（后更名为上海市广告装潢公司）成立。同时，根据路牌、印刷、橱窗、霓虹灯、照相喷绘、幻灯片和报纸等门类，对公私合营后的广告经营单位进行合并，合并后形成了 6 家专业的广告经营单位，即荣昌祥广告公司（经营路牌）、联合广告公司（经营报纸广告）、大新广告公司（经营印刷品广告）、银星广告公司（经营幻灯片广告）、工农兵美术工场（经营橱窗广告）、联挥广告美术社（经营照相喷绘），以及 14 户霓虹灯工厂，共有从业人员 405 人，资金总额为 46.8 万元。广告业的整合便于上海市第一商业局的领导和管理，对路牌广告、橱窗广告、霓虹灯广告等户外广告的整体水平的提升具有重要意义。

社会主义改造与建设期间，上海进一步颁布了有关广告的管理规定。1953 年，上海市规定："凡立案的学校、社教机关、慈善团体之非商业性广告，具有证明者，可申请免费。电影、戏剧广告，经文化局证明剧本内容好，具有高度教育意义者，可按登记费减去50%。"这一广告收费登记管理规定体现了市政府对非商业广告及革命文艺事业的大力支持，对许多与市容市貌、政治文化宣传紧密相连的广告牌、海报、招贴等户外广告有极大的促进作用（见图 27）。

此外，上海市加强了市内及国内外广告行业间的研讨交流。1957 年 5 月，由中国广告公司上海市公司和上海美术设计公司联合举办的"国内外商品包装及宣传品美术设计

① 陈培爱. 中外广告史 站在当代视角的全面回顾[M]. 北京：中国物价出版社. 1997：71.

图 27   1961 年光荣归于党宣传画

观摩会"在上海美术馆展开,共展出了 500 多件国内外各类广告美术作品,其中有不少户外广告作品,吸引了 6 000 余人参观。① 同年 12 月,捷克斯洛伐克布拉格市召开社会主义国家广告工作会议,13 个国家派代表前去参加,中国商业部代表带去了上海制作的广告展品进行交流。1958 年 3 月,商业部在北京召开 14 个城市广告工作者会议,传达社会主义国家广告工作会议精神,提出了"创造具有民族风格的广告形式,使广告能体现真实性、思想性、艺术性"的要求。1960 年 5 月 16～19 日,罗马尼亚布加勒斯特市召开社会主义国家商会宣传广告会议,11 个国家出席,上海外贸出口商品美术工艺综合工厂派人随中国国际贸易促进会组团列席了会议。1959 年 8 月,为迎接中华人民共和国成立 10 周年,商业部在上海召开由 21 个城市参加的"全国商业广告、橱窗和商品陈列工作会议"。形式多样的交流活动扩大和提高了上海广告业的整体水平,上海户外广告随之获得了新的发展。

政府法规的出台、广告业的整合以及行业间的交流,为上海现代户外广告的重新勃发提供了契机,路牌、霓虹灯、橱窗广告以及各类招贴广告等在原有基础上继续往前发展(见图 28、29)。其中,尤以上海的橱窗广告形式繁多、欣欣向荣。上海广告业公私合营后,橱窗广告主要由工农兵美术工场经营。随着对资本主义工商业社会主义改造的基本完成,以及从组织上加强了党对橱窗广告工作的领导,上海商业橱窗广告以琳琅满目的商品、新颖别致的设计,吸引了不少顾客,呈现出一派社会主义商业广告宣传的新局面。上海市第一商业局内部改组,成立组织技术处,各站司(运输站和市公司)相继成立组织技术科,各国营商店也都相应地成立组织技术组,加强对商店橱窗广告的领导、陈列设计和制作工作。而原来那些私营橱窗广告者,则由上海市广告公司统一领导,采取逐步集中的办法进行改造,使其真正成为为社会主义服务的一员。各商店还经常通过参加交流会、展览会及现场观摩与表演等途径,互相学习,甚至组织学习各友好国家的橱窗广告设置,以丰富自己的知识,提高自己橱窗广告的政治和技术水平。这些活动使上海橱窗广告形式从单一的商品陈列向有主题、有内涵、富有艺术性、能为社会主义人民服务的多样化陈列发展。如在 1959 年 8 月上海召开的"全国商业广告、橱窗和商品陈列工作会议"上,代表们就专门讨论了商业部门应该如何进一步提高和改进商业广告、橱窗和商品的陈列工作,以迎接建国 10 周年,宣传社会主义制度的优越性。会议提出:"商业广告必须根据社会主义商业的性质和任务,担负起为生产、为消费、为扩大商品流通,为丰富人民文化生活和美化市容

① 由月东主编. 上海日用工业品商业志[M]. 上海:上海社会科学院出版社. 1999:419—425.

服务的任务,社会主义商业广告应当具有思想性、政策性、真实性、艺术性和民族特色,达到真实、美观、适用、经济和贯彻执行党和国家政策的要求。"①会议确定了橱窗广告为社会主义服务的宗旨。此外,会议期间,代表们还到上海国营第一百货商店、第一食品商店、永安公司和万象照相馆等19个商店以及上海市广告公司美术工场现场观摩,对这些地方橱窗、柜台的陈列和路牌广告的设计制作进行了交流。北京、天津、上海等10大城市的代表还在上海市第二百货商店、上海市妇女用品商店等10个沿街橱窗进行了现场陈列表演。会议对上海橱窗广告的发展意义重要,不仅各百货商店精心布置橱窗,展示人民群众所需要的日用百货、服装、鞋帽以及一些季节性和物美价廉的商品,各饮食商店、照相馆等都设置了精美的橱窗,为顾客服务。这一时期的橱窗广告为老百姓的生活提供了方便,传播了知识,美化了市容,充分展示了社会主义广告为人民服务的特点。

图 28　1953 年上海永华电池厂　　　图 29　回力球鞋张贴广告画
肇芳三开牌铁壳电池

　　在社会主义改造初期,政府对霓虹灯广告进行整顿,不符合规定的予以取缔和拆除,霓虹灯的数量大减。1954 年,为了美化市容,迎接新中国成立 5 周年,人民广场周围高楼大厦上的霓虹灯广告相继被拆除。第二年,上海市区所有高层建筑物上的霓虹灯广告几乎都被拆除了,仅保留了南京西路成都路路口的"金星钢笔"、四川北路天潼路路口的"白雪"化妆品和延安东路大世界北面的"胃宁"药品等 3 块霓虹灯商业广告。② 1956 年,广告业公私合营,保存下来的 14 户霓虹灯工厂都被划入广告业。1957 年 6 月 5 日,上海市广告

　　① 张俊杰. 上海商业:1949—1989[M]. 上海:上海科学技术文献出版社. 1992:587.
　　② 孔祥毅. 上海工商行政管理志:广告管理[M]. 上海:上海社会科学院出版社. 1997.

公司又将广告业中的 14 家霓虹灯厂整合为 8 家,即开明、中国、金光、大隆、协鑫、金星 6 家霓虹电器厂和家庭电机、正明荧光化学两家工业社。同年 11 月 6 日,8 家霓虹灯厂再次被整合成 6 家,协鑫霓虹电器厂并入大隆厂,金星被撤销之后并入金光电器厂。1958 年 1 月 31 日,6 家霓虹灯广告经营单位实行大合并,成立"上海市霓虹广告公司",5 月又改名为"上海市霓虹电器厂",正式成为中国广告公司上海市公司的一家下属企业。经过一系列霓虹灯企业改组之后,上海霓虹灯广告重新焕发出生机。尤其在 1959 年"全国商业广告、橱窗和商品陈列工作会议"之后,上海高楼大厦上的霓虹灯宣传牌一下子就增加了 6 处,上海商业街区的夜晚再次明亮起来。

在社会主义改造和建设时期,上海路牌广告经历了清理、整合及持续发展的过程。从 1953 年广告业的清理整顿开始,许多不合规范的广告路牌被刷白和拆除,路牌广告数量大减。但作为户外广告中历史久远、优势明显的一种形式,路牌广告的生命力非常顽强。1955 年,在中苏友好大厦(今天的上海展览中心),上海市广告商业同业公会中的路牌组广告商承接了苏联展览会、捷克斯洛伐克展览会等会场的布置及绘画任务。1956 年上海广告业全行业实行公私合营后,路牌广告同业并入荣昌祥广告公司,当年的路牌广告营业额大增,路牌利用率由原来的 20% 上升到 70% 以上。1958 年 3 月,商业部在北京召开 14 个城市广告工作者会议之后,上海广告业有了较快的发展,路牌广告进步明显。255 块广告路牌迅速出现在上海街头,上海市广告公司的 500 多块广告路牌遍布全国。1959 年"全国商业广告、橱窗和商品陈列工作会议"召开之后,大量的路牌、招贴、霓虹灯等户外广告得以调整,广告宣传牌增加了 93 块,上海的市容市貌有了很大的改观。这一时期,上海的路牌广告持续发展,并出现了相对稳定的路牌广告群,主要分布在车站、码头和商业中心区,发挥了美化市容的作用。[①]

图 30　搪瓷出口品广告

1959～1961 年,新中国经历了连续三年的自然灾害,国民经济困难,物资短缺,全国广告业急剧萎缩,生活消费品广告基本消失,仅剩少量生产资料广告。上海户外广告也因此受到很大的影响。直到 1962 年灾害过后,国民经济才逐渐恢复,广告业务有了一定的回升,发展最为突出的是上海出口广告。在对外贸易中,上海对外贸易出口商品工艺综合工厂建立起了较为完整的广告传播形式,包括路牌广告、招贴广告、橱窗广告等 30 多种,上海户外广告随着出口贸易进入了许多国家和地区(见图 30)。作为当时全国唯一从事对外广告宣传的专业公

---

① 由月东主编.上海日用工业品商业志[M].上海:上海社会科学院出版社.1999:419—420.

司,上海广告公司通过包括户外广告在内的各种手段,实行有效的对外宣传,让中国的"美加净"牙膏、"青岛"啤酒、"梅林"罐头食品等品牌走向国际,广告效应显著。其中,路牌、招贴等户外广告功不可没。

三、"文化大革命"时期上海户外广告的全面停滞

1966～1976年,中国社会经历了十年浩劫,"文化大革命"使工商业几乎停顿,国民经济濒临崩溃的边缘。在高度的计划经济体制下,市场上商品奇缺,日常生活用品凭票供应,生产资料由国家统一调度,商品经济被斥为资本主义的经济形态被彻底摒弃。在这种情况下,广告作为商品生产和商品交换的宣传工具被贬为"资本主义的产物"、"崇洋媚外的舶来品"及"资本主义腐朽和浪费的表现",各种媒介的广告被当作"封、资、修"的东西而被加以取消。这场运动中,在现代广告发源地上海,历史悠久的户外广告也未能幸免。

在破"四旧"(旧思想、旧文化、旧风俗、旧习惯)的运动中,上海许多户外广告商和厂商都纷纷改头换面,与商业广告划清了界限。据商业部统计,由于上海许多老商标、老店铺被彻底摧毁,上海商业局的八个公司共3 700家零售店,不得不改换招牌的就有3 000家以上,改换后的招牌完全丧失了其商业意味。上海市广告公司也不得不改名为上海市美术公司,主要承办画稿设计和政治宣传牌施工等业务。甚至连著名的上海霓虹灯厂也被迫改行,转而生产变压器、晒图灯等设备。

图31 毛主席革命路线胜利万岁 宣传画

数量不多的各户外媒体与报刊等媒体一样,所承载的广告内容几乎千篇一律地与政治革命相关(见图31、32)。如马路上的广告路牌成了一片"红海洋",全部改为政治标语牌和毛主席语录牌。1973年4月,尽管上海市美术公司曾在上海市郊城镇试行过"小路牌群"广告,向农村宣传商品,但很快在"反复辟"声浪中被拆除。电影院、剧院外面张贴的也都是政治意味浓厚的样板戏广告。曾经风靡一时的商业霓虹灯广告在上海街头已十分少见,只在南京路、淮海路、四川北路、豫园商场等原来的商业中心区才能看到极为稀少

图32 上海美术电影制片厂"小号手"电影海报

的用霓虹灯制作的商店招牌，[①]而仅有的一些耸立在上海高层建筑上的霓虹灯商业广告全部改成了政治宣传标语。解放后曾经非常兴盛的橱窗广告被取消，许多商店的橱窗转变角色，成了政治宣传的陈列之地。橱窗的设计布置简陋，其中陈列的都是"红宝书"（毛泽东著作）、"领袖像"等，橱窗的商业广告作用完全消失了。

第四节　上海现代户外广告的繁荣发展

20 世纪 70 年代末，中国历史进入了一个全新的时代，经济改革浪潮汹涌而至，市场化进程一步步加深，中国现代广告业进入了恢复与繁荣时期。乘着改革的春风，上海户外广告在新时代、新形势下重新勃发，展现出新的魅力。历经三十多年的发展，上海户外广告不断地创新、变革、进步，行业逐步规模化、资源逐步整合化、管理逐步规范化、媒体形式逐步多元化，并出现了大量新旧媒体融合的现象。今天的上海户外广告正在从无序、不规范的状态向健康、和谐、持续的方向发展，[②]并且已与上海这座国际化的大都市融为一体，成为上海城市景观、商业经济中不可或缺的一员。

从上海户外广告发展的历史沿革看，其在新时期的恢复及发展与市场经济步伐大体一致，可分为四个阶段：第一阶段为上海户外广告的全面恢复时期（1979 年～20 世纪 80 年代中期），第二阶段为上海户外广告的初步发展时期（20 世纪 80 年代中期～90 年代初期），第三阶段为上海户外广告的繁荣发展时期（1992 年～21 世纪初），第四阶段为上海户外广告的理性发展时期（2005 年至今）。

一、新时期现代户外广告的全面恢复

1978 年 12 月，中共中央十一届三中全会召开，会议确立了全党全国人民将工作重心转移到经济工作和"四化"建设上来的基本方针，并提出了"以计划经济为主，市场调节为辅"、"对内搞活经济，对外实行开放"的重大决策。在商业基础良好的上海，百业俱兴，广告业重新焕发活力。从 1979 年广告业的恢复到 1987 年《广告管理条例》的颁布执行，这是中国广告业复苏、正名及全面探索的一个时期，上海户外广告也随之开始了全面复兴的步伐。

1979 年 2 月，在外宾云集的上海锦江饭店对面的延安路上，户外广告的身影重新出现。11 个街道站点树立了 40 余块广告牌，取代了"文化大革命"时期的毛主席语录牌，标志着上海户外广告开始恢复。紧接着，1979 年 3 月 10 日，上海美术公司开始办理户外广告，所设计的 65 块路牌和 4 个高层建筑物上的霓虹灯广告迅速被客户预订一空。同年，上海南京路上出现了第一块外商路牌广告——日本航空公司路牌广告。从此，上海户外

①　由月东主编. 上海日用工业品商业志[M]. 上海：上海社会科学院出版社. 1999：420—421.
②　上海师范大学中国新广告研究中心，上海市广告协会. 上海市广告业"十一五"发展战略研究[M]. 上海：学林出版社. 2007：75.

广告的复兴一发而不可收，很快在全市蔓延开来，告别多年的各种户外广告又回到了人们身边。路牌、霓虹灯、围墙、橱窗、车体等各类户外广告发布媒介重新活跃在上海的大街小巷，一些新的户外广告媒体也开始出现（见图33、34）。当时的户外广告与报纸广告一样，成为企业广告投放的最佳媒体之一。于是，很多国内外著名品牌的户外广告出现在上海商业中心区、铁路沿线等地。

图33 墙体广告

图34 蜂花檀香皂橱窗广告

霓虹灯商业广告恢复后，根据节能、安全、有利于市容美化的原则，上海市中心区域合理设置、布局了大量霓虹灯广告。1979年4月，上海美术设计公司在上海音乐厅建筑物上发布了日商的"NEC"霓虹灯广告。1980年9月，受香港21世纪广告公司的委托，上海广告公司在浦江岸边安置了日本"三洋"霓虹灯广告，发布期为3年。

全面恢复期的上海户外广告中，路牌广告的数量相对较多，且有了较为粗略的市场细分（见图35）。上海市广告装潢公司和上海美术设计公司等主要承办市中心地带的路牌广告。而一些相关专营或兼营的广告公司则主要承办铁路沿线及火车站、码头、机场、体育场馆、展览中心等专门场地的路牌广告。

图 35　改革开放初上海汽水路牌广告

期间,由于受进口商品限制的影响,1982 年后外商来华户外广告趋降,像日本三洋电器公司的橱窗广告、路牌广告等还一度被撤掉,但这并没有阻碍上海户外广告的复兴之路。

橱窗广告也迈上了新的台阶。1984 年 11 月,经商业一局批准,上海商业橱窗广告装潢研究中心正式成立。同年 12 月,该研究中心在上海美术馆举办了上海市第一商业局橱窗广告展览会。1986 年,由上海市财贸办公室宣教处、上海市广告协会、上海商报和上海商业橱窗广告装潢研究中心等四个单位联合,隆重推出了 1986 年度上海市优秀橱窗评选活动。这些活动对上海户外橱窗广告的恢复和发展起到了推动作用。

1984 年,公交车辆广告恢复,上海美术设计公司在电车一场的 20 路等公交车上制作广告。从此,车辆广告在人们的视野中越来越密集。

难能可贵的是,许多上海知名品牌的户外广告在 80 年代初就已经走出国门,走向世界。1980 年,上海市食品进出口公司与科威特一客户联合,共同出资,制作了梅林牌各种豆类、果酱类、什锦蔬菜等罐头的 6 部电视片和 1 座大型霓虹灯"梅林"广告牌。在科威特的闹市区,巨型"梅林"霓虹灯广告闪耀在高大的建筑物上,强烈地吸引着民众驻足观赏,宣传效果非常好,使得当年上海向科威特出口的梅林牌各种罐头数量大增,较上年增长了 57.16%。

这一时期,灯箱户外广告也开始在上海街头出现。为了美化市容环境,上海市各区政府统一规划,在市中心的商业街,或由工商企业自行制作、或委托广告经营单位设计装置了一些灯箱广告。1984 年,卢湾区政府统一规划,在淮海中路一些商店店面的两侧、店招及画廊的上部装置了 100 多只广告灯箱。同年,金陵东路商业街重建,黄浦区政府组织力量,在商业街的人行道屋柱上安装了一批整齐划一的广告灯箱。1986 年,有些地方还出现了用白炽灯显示的广告牌。这些灯箱广告小巧美观、制作简便,给宁静的夜晚创造了一种朦胧而又温馨的气氛,既美化了市容,又达到了广告宣传的效果。

上海户外广告复兴之初,户外媒体的数量并不可观,年营业额也非常有限。这主要是因为 80 年代初的上海户外广告市场尚未形成,独立专营户外广告业务的专业广告公司很少,户外广告发布大多依托广告经营单位兼营,户外广告份额不大,户外广告内容多以轻工业品、日常生活用品特别是耐用消费品为主。后来,在不断学习国外先进户外广告的基础上,上海户外媒介形式逐渐丰富起来。但是,花样繁多的户外广告制作和内容却仍十分简陋、粗糙,缺少创意特色,仅是文字或图案的简单传播。然而,正是这些粗制滥造的户外广告作品,在 80 年代前期的上海户外广告市场中却产生了神话般的效果，许多企业和产品品牌由此获得了极大的认知度。这主要是因为建国后中国长期实行计划经济，"文革"中广告更被彻底否定，企业不做广告或很少做广告，所以，改革开放初期做广告就犹如在黑暗中点灯一样，只要出现就很容易引起轰动，①根本不需要注重创意，就能达到宣传效果。另外，80年代初期，上海市场上的商品并不是十分丰富，市场竞争状况还没有形成，消费者购买力低下且不够成熟，②处于被动接受广告信息的状态，因此，企业和广告人根本不需要殚精竭虑地做"好广告"。虽然这一时期上海户外广告的整体水平不高，但是对推动树立广告意识、促进户外广告发展却起到了举足轻重的作用。③

广告复兴时期，大量外商广告进入上海。其中，许多制作精良、创意新颖的户外广告吸引着亿万中国大众的眼球。比如，1982年日本"东芝"在上海标志性建筑——上海国际饭店的顶层设置了一块巨幅霓虹灯广告牌，全市轰动，有人惊呼"鬼子来了"，认为这是一种有辱国格的行为。④ 但是这一居高临下、光彩闪烁的广告形式最终还是得到广大市民的认可。优秀的外商户外广告使上海广告人为之振奋，受到了极大的鼓舞。

在外商广告的启发下，随着新材料、新工艺的开发，一些敏锐的中国企业和广告人开始了新的尝试，创作出一批令人欢欣鼓舞的户外广告作品。如1984年上海广告艺术家冷耀中创制了"鹅牌"汗衫广告牌。这块浮雕式的广告牌矗立在上海闹市区，两只白色天鹅突出于广告牌面，一只昂首展翅，一只低头信步，优雅的天鹅造型、浮雕式的立体画面，配上11 000多个蓝色闪光片制成的阶梯式结构水面，在风的吹动和阳光照射下，波光粼粼、形象生动（见图36）。后来，冷耀中又设计了一块浮雕式的"金星"电视机广告牌。这块广告牌用经过氧化氟处理过的铝皮作牌面底色的材料，其上雕塑了一尊高4.5米的大型"飞天"浮雕，配以铜皮制作的金光闪闪的商标图案和大红色的"金星"木质字，不同的材料搭配在一起，相映成趣，产生了强烈的视觉冲击力（见图37）。此外，冷耀中还在路牌广告的空间结构方面进行探索。为了改变传统路牌广告单一静止的平面传播方式，让同一块路牌能有更大空间进行广告展示，冷耀中借鉴进口的转动小型橱窗广告的形式，用若干等边三角材料作为立柱，制成三个广告牌面，分别绘上不同内容的三幅广告，通过同步转动，依次展现，达到一牌三用的目的。⑤ 由邵隆图和唐仁承主持的上海家用化学品厂生产的"露美"高级成套化妆品广告，采用多种媒体结合来进行广告营销。其中，精彩纷呈的橱窗、售点等户外广告在"露美"产品的整体营销和品牌形象塑造中功不可没（见图38、39）。"露美"广告可称为我国广告复兴时期最有影响的广告活动。

① 丁俊杰. 中国广告业发展趋势断想（微观层面），99'中国广告年鉴[M]. 北京：新华出版社. 2000.
② 黄勇. 中外广告简史[M]. 成都：四川大学出版社. 2003：103.
③ 杨海军，黄艳秋，杨栋杰. 中国当代商业广告史[M]. 开封：河南大学出版社. 2006：218.
④ 寇非. 广告·中国（1979—2003）[M]. 北京：中国工商出版社. 2003：8,17,18.
⑤ 余虹，邓正强. 中国当代广告史[M]. 长沙：湖南科学技术出版社. 2000：39—40.

图 36　"鹅牌"汗衫广告

图 37　"金星"电视机广告

图 38　上海露美化妆品橱窗陈列广告

图 39　上海露美化妆品售点广告

二、新时期现代户外广告的初步发展

80 年代中后期到 90 年代初期,中国经济持续发展,市场竞争激烈,历经迅速复兴之后的中国广告业持续往前迈进。1986 年 3 月,上海市广告协会成立。6 月,日本电通公司、美国扬·罗必凯广告公司与中国国际广告公司联合组建的中国大陆第一家合资公司—电扬广告公司在北京注册,外资广告公司开始进入中国大陆。同年,在中国广告协会学术讨论会上,北京广告公司的代表提出了"以创意为中心,为客户提供全面服务"的观念。中国广告联合总公司又把这一观念进一步补充为"以策划为主导,以创意为中心,为客户提供全面服务"。随后,这一观念由中国广告协会推广到全国。从此,策划和创意成为中国现代广告发展的两大核心术语。1987 年 10 月 26 日,国务院颁发《广告管理条例》,自当年 12 月 1 日起施行,这是我国广告史上第一部重要的法规,为全国现代广告的发展创造了有利的外部环境。外资广告公司的进入，现代广告基本观念初步形成，广告环境的改善，使得真正具有现代意义的广告策划与运作在中国大陆展开。

在这样的大背景下，80年代中期到90年代初的我国户外广告并没有产生足够大的影响力。正如1991年的《中国广告年鉴》在提及户外广告时所指出的那样，"户外广告与其他媒体相比，显得较分散，营业额也不高，但在广告业的整体发展中，仍是不可或缺的，是任何其他媒体不能代替的"。这主要是因为，当时的人们仍然习惯性地喜欢关注报纸、电视、广播等传统的大众媒体，而且各传统广告媒体正处于上升时期，尤其是电视媒体产量急剧增多，带给人们强烈的视觉冲击力，吸引了大量受众。相比而言，广告主和受众都对马路上绝大多数静态的、固定的、缺乏创意的户外广告兴趣不高，户外广告只能以配属媒体的面目出现，为产品和品牌的传播默默奉献。① 所以，那时的中国现代广告理论研究中很少提及户外广告，更谈不上将户外广告作为一个独立的媒体形式来分析了。

这一时期上海户外广告的发展也是如此，受重视程度不够。但是，户外广告的优势与潜力却是无法掩盖的。1979年初，上海只有2家经营广告业务的广告公司，到1989年就发展为557户，外贸、商业各部门、各区成立的广告公司都在经营广告。上海本土广告公司数量逐渐增加，户外广告经营额逐渐上升，户外广告质量也进一步提高。如80年代后期，下设有霓虹电器厂、美术厂等专业户外基层组织的上海市广告装潢公司为了开拓新业务，在市场竞争中获得更高的份额，先后在铁路新客站和上海人行天桥两侧设计制作了一批立意新颖、构思完善、整体协调的路牌广告。1989年，为了迎接国庆40周年，上海美术设计公司在市中心的人民广场上设置了高7米、长117米的巨型壁画和高5米、长200米的"上海市名优产品展示画廊"以及浦江对岸沿线1 400平方米的大型霓虹灯广告。这些户外广告画面精美、内容深刻，展示了建国40年后上海的巨变，并且将广告与艺术、广告与市容环境、广告与精神文明完美地结合在一起，文化宣传特色显著，因此得到了社会各界的高度赞扬，上海美术设计公司国庆节日人民广场工作组也被市政府评为上海市劳动模范先进集体。

80年代起，上海铁路、航运、公共交通、民航、邮电、旅游、体育、文化等系统，都凭借自己拥有的众多场馆、建筑物和交通工具等媒介优势，陆续创立广告公司或广告经营部，形成了一支以交通广告和户外广告为主体的新兴的广告队伍，从事大量户外广告的制作与经营活动。1988年8月，上海市公交广告公司成立，以公共交通车辆和设施为媒体，承接企业户外广告。该公司成立之初，就为上海圆珠笔厂、上海华生电器厂等企业做了大量公交广告，宣传他们的产品和企业形象。到90年代初，通过调整体制，充实人员，上海市公交广告公司的户外广告业务进一步发展，1991年营业额已达236万元。

1988年8月，上海第一家中外合资的海南金马广告有限公司上海分公司成立。外资进入上海，对上海户外广告的发展产生了巨大的促动作用。相比较广告复兴时期，初步发展期的上海户外广告在形式、内容、设计制作等方面进步很大，可圈可点的地方很多。户

---

① 左晶，楚宏伟. 中国户外广告的二十五年[J]. 广告导报. 2004(08).

外广告媒体向广深化发展,形式更加丰富多样,展示范围扩大。

霓虹灯、路牌、电子显示屏、公交车身成为这一时期的主要户外广告媒体,尤其是霓虹灯广告发布范围日趋广泛,给上海城市带来了一道亮丽的风景线(见图40)。1987年起,上海夜市开放,南京路规划开辟出霓虹灯一条街。经过3年建设,外滩至成都路段霓虹灯工程竣工,全长2500多米的街道两旁汇集了118幅霓虹灯广告,96幅霓虹大招牌,119幅霓虹灯装饰,87只灯箱广告,14处泛光照明,2幅大型电子显示屏,非常壮观。[①]到90年代初,上海的大型霓虹灯主要集中在商业中心区域、高层建筑、浦江两岸等醒目地带,上海体育馆和上海火车站一带南、北两线,提篮桥、淮海中路、上海宾馆以及上海展览中心附近东、南、西、中四个小区最为集中,形成一个闹市中心与四周点线相结合的布局。

路牌广告数量也迅速增加。1989年,上海市区大型广告路牌达800多块,主要公交线路车站周边的站牌广告就有400多块(见图41)。路牌广告的形式也是精彩纷呈,出现了浮雕立体式、多面电动式、翻转磁板式、发光管式等新形式。

图40　四川路商业街霓虹灯广告　　　　图41　南京东路路牌广告

作为售点广告的重要组成部分,上海商业橱窗广告也有了很大进步(见图42)。许多商店会通过实物陈列、色彩、灯光、道具、文字、图片等多种手段相结合,使橱窗展示立意达到以"意"育人,以"情"动人,以"景"诱人,激发消费者的购买欲望,促进商品销售。电铝曲板、各种铝合金型材、电化铝板、镜面有机玻璃、各种类型和性能的即时贴、照相版面等一批新材料被应用于橱窗广告的制作,灯光电子技术也广泛于橱窗广告,它们交互作用,产生了炫目的舞台效应。这些新材料、新技术的运用,推出了一批融艺术、科技、商品于一体,寓意境、情趣、实体为一炉的优秀立体橱窗广告。[②]

①　孔祥毅. 上海工商行政管理志:广告管理[M]. 上海:上海社会科学院出版社. 1997.
②　张俊杰. 上海商业:1949—1989[M]. 上海:上海科学技术文献出版社. 1992:604—605.

图 42　南京东路"迎风"旗帜礼品商店橱窗广告　　　　图 43　上海商业中心户外广告

随着外来商品进入上海步伐的加快，上海广告公司和广告制作部门为外商设置的灯箱、路牌、霓虹灯、电子翻转牌广告、大屏幕彩色显示等户外广告也逐渐增多（见图 43）。1986 年，受香港汇丰银行委托，上海广告公司在和平饭店北楼和上海宾馆两个地方为其安置了灯箱广告，历时 2 年之久。1987 年，上海共有经营外商来华广告的单位达到 17 家，外商户外广告遍布上海繁华地段、机场、车站等人流量较大的公共场所以及高层建筑和公交车辆上。1988 年 6 月，遵照市政府通知精神，上海广告公司与香港英美烟草有限公司签订广告合约，为其在浦东沿江设置健牌香烟大型霓虹灯广告，为期 3 年。1989 年初，上海广告公司又与日本电通广告公司签约，在上海火车站发布霓虹灯广告，获得近 30 万元外汇人民币收益。

这一时期，上海户外广告的布局与管理也有一定的发展。为配合基建，1990 年前后上海大量的广告路牌成为遮挡物和点缀物。遮挡性广告路牌大多设置在开发利用的空闲土地和新建工程工地周围，它随着土地使用变化与工程进度而随时增减。点缀性路牌广告大多设置在人行道、建筑物、道路交叉点旁侧的小块空地上。另有少数路牌广告属于开发性物品，主要安置在市郊边缘、居民新村、游览点及郊县城镇等地区。上海路牌广告的质量与上海城市建设规划和市容市貌紧密相关，为保证质量，市中心地带路牌广告主要由上海市广告装潢公司和上海美术设计公司等大公司承办。铁路沿线及火车站、轮船码头、机场、体育场馆、展览中心等场地的路牌广告，则由相关的专业或兼营的广告公司承办。[①]1991 年 8 月，上海市政管委会、市工商局、城市规划局和物价局还规定户外广告应实施申请制度。在建筑物上设置户外广告，必须取得产权单位的同意；外商在上海发布户外广告，要由上海市具备外商广告经营权资质的广告公司代理；广告经营单位设置户外广告，应将 10％～30％的广告费作为阵地费支付，其中 30％的阵地费必须汇入所在区市政管委会办公室，再上交市财政局储存。当然，对上海市内急需整治的特殊地区的广告阵地费，经市政管委会批准，可以减免。另外，从 1988 年开始，上海市工商行政管理局对卷烟（包括

---

①　张俊杰. 上海商业：1949—1989[M]. 上海：上海科学技术文献出版社. 1992：603—604.

雪茄烟、烟丝)、烈性酒等一些特殊商品的户外广告也制定了严格的申请和审核管理办法。规定凡在火车站、客运码头、机场、广场、市级以上文物保护点及其周围地带,市区主要商业街及其附近支道两侧 50 米内设置户外卷烟与烈性酒广告的,须经区、县工商行政管理局审核,报市工商行政管理局批准;在市区 10 层(含 10 层)或 30 米以上高层建筑和吴淞港口、市中心黄浦江两岸沿江设置卷烟与烈性酒广告的,一律要报请市工商行政管理局审核批准才能设置。为进一步限制发布各类卷烟广告,加强对卷烟赞助广告的管理,从 1989 年 7 月 10 日起,规定在市中心区 7.5 平方公里内和铁路新客站、十六铺轮船码头、虹桥机场、展览中心等主要地段,以及 10 层以上建筑物顶部设置卷烟广告,一律由市政府审核批准;路牌、灯箱、橱窗等卷烟广告上必须标明"上海吸烟与健康协会忠告:吸烟有害健康"的字样等等。①

1991 年 6 月 22 日,上海《新闻报》的"看广告"专栏第一次对公交车身广告开展广泛讨论。1991 年 7 月 1 日,上海市闹市区几条公交线路上,都出现了车身广告。直到 1992 年 10 月 10 日,公安部交通管理局、建设部城市建设司才联合发文,对"中广协"广告公司委员会《关于要求批准开展车身广告的请示》给予答复:"同意在公交车身制作广告"。②

三、新时期户外广告的繁荣发展

1992 年,邓小平发表了著名的南巡讲话,中国进入了改革开放以来第二个发展高峰。同年,国家允许个体和私营业主参与广告经营,广告经营单位的数量陡然上升。1992 年上海市对户外广告范围进行界定,提出:户外广告范围应包括商店门前的遮雨(阳)篷广告;店门上的非店招性广告以及店门外的其他广告;临时性户外遮阳伞广告、气球广告和设置在公共场所内面向道路(广场)的固定或临时的广告。市工商局制定了《上海霓虹灯广告制作单位资质标准》,对全市 37 家霓虹灯制作单位进行资质标准检查。1993 年规定:凡经营户外广告,须填具《上海市户外广告实施申请表》,持《广告经营许可证》和广告样稿,经所在区县工商局审批同意盖章后,到市规划局、市政管委会办理有关手续取得发布批准号后才能发布。1994 年 10 月,全国人大常委会通过《中华人民共和国广告法》,自 1995 年 2 月 1 日起施行,这是我国第一部规范广告行业行为的国家法律文件,对指导和规范行业发展起到了重要的作用。随之,上海市工商局全面检查户外广告,撤除了包括烟酒广告牌在内的 1 452 块违法广告牌,查处违法广告及其经营单位。1997 年 12 月,上海市工商局颁布了《上海市户外公益广告管理实施细则》。1999 年 1 月,上海市政府颁布了《上海市户外广告设置规划和管理办法》。宽松的经营环境、规范的法律条文为上海现代广告业的高歌猛进提供了条件。20 世纪 90 年代的中国户外广告以平均每年 30% 的速度快速增长,呈现出一派活力四射、不断创新的繁荣景象,上海户外广告也因此进入了一个快速发展的时期。

90 年代,上海广告业依然走在全国广告业发展的前列,广告经营单位逐年增加,广告经营额也逐年上升。尤其是在 90 年代中后期,上海广告业出现了一个"井喷式"的增长。1992

---

① 孔祥毅. 上海工商行政管理志:广告管理[M]. 上海:上海社会科学院出版社. 1997.
② 左晶,楚宏伟. 中国户外广告的二十五年[J]. 大市场 广告导报. 2004(08).

年，上海广告经营单位 161 户，其中包含外商投资广告企业 26 户。1995 年，上海有国有、集体、个体、私营、外商等多种投资主体开办的广告企业激增到 2 631 户，外商投资广告企业增至 48 户，从业人员 34 714 人，广告营业总额 44 亿元。到 1998 年底，上海拥有各类广告经营单位 2 449 家，从业人员 34 878 人，全年广告营业额达 94.9 亿元，位居全国各省市第一。上海广告业"井喷式"的发展，为户外广告的快速发展创造了良好的条件。经过 1992 年之后的发展，上海广告环境得到了改善，城市基础建设正如火如荼，四大传统媒体的广告资源已被充分开发，户外广告的传播价值日益凸显，上海户外广告逐渐被人们所重视。

90 年代，走向上海街头，一片户外广告的海洋。南京路、四川北路、淮海中路、西藏中路、金陵东路、豫园商城沿线的霓虹灯广告熠熠生辉，公交车站附近大量小型站牌广告和候车亭广告色彩绚丽，商业街区数以万计的广告灯箱、荧屏幕墙广告、橱窗广告和新颖的电子广告显示牌、雕塑广告丰富多彩，马路上穿梭的车辆广告形象逼真，强烈地吸引着路人的目光（见图 44、45、46、47）。1992 年，全市户外广告中，路牌 4 446 件，灯箱 1 381 件，霓虹灯 886 件，橱窗 1 991 件。到了 90 年代中后期，上海户外媒体数量增速明显，成为继电视、报纸、广播、杂志之外的第五大媒体。1995 年，上海户外广告媒体种类多达 30 多种。其中，霓虹灯 970 件、路牌 4 908 件（仅公交车站站牌广告就接近 1 000 块）、电子显示牌 64 个、立体造型 382 件、公交车载体 20 034 件。到 1998 年底，全市户外媒体数量更是激增，包括霓虹灯 11 767 件、路牌 6 157

图 44　南京路户外广告

件、电子显示屏 3 180 件、立体造型 428 件、公交载体 34 042 件。1999 年，上海户外广告媒体数量突破 10 万大关，达到 102 096 件。这些流光溢彩、绚丽多姿的各色户外广告在传播商品信息的同时，成为申城一道独特的风景线。①

在如此多的户外广告中，公交户外广告引人注目（见图 48）。进入 90 年代后，上海公交广告大规模发展。到 90 年代中期，承载广告的公交车已达 8 000 多辆。广告设置位置由原来较多的车身两侧发展到车头、车尾、车窗等各处，甚至出现了车辆全色（标志色）广告；②其载体也由原来较多的大巴车发展到小轿车、中巴及双层车等。公交广告公司的广告客户由 90 年代初期的十几家发展到 90 年代中期之后的几百家，百事可乐、可口可乐、

① 　上海市广告监测咨询中心，《上海工商》杂志社，上海市广告协会. 98 上海广告年鉴[M]. 上海：上海人民出版社. 1999：4—5.

② 　《上海通志》编纂委员会编. 上海通志·第十九卷·商业服务业，第十章·饮食服务业[M]. 上海：上海社会科学院出版社. 2005.

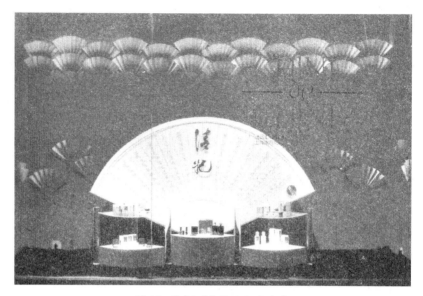

图 45　"清妃"化妆品橱窗广告

图 46　上海精品商厦屋顶的霓虹灯广告

日立、柯达、松下、杉杉、三枪等国内外著名企业和著名品牌都是重要客户。[①] 上海市公交广告公司因此成为 90 年代上海户外广告的大户,其营业额呈几何级数上升,1993 年为 1 350 万元,1994 年为 2 200 万元,1995 年达到 4 068 万元,为 1990 年营业额的 50 倍。公交车辆广告随着车辆的行驶穿越上海市内主要商业区、交通要道及人流量聚集的地方,广告宣传效果好,且费用相对较低,成为许多广告主的最佳选择。

---

①　上海对外经济贸易志办公室. 上海对外经济贸易志·第十三卷·外贸包装与广告,第二章·对外贸易广告·广告媒体与手段)[M]. 上海:上海社会科学院出版社. 2001.

图 47　上海福赐广告公司的各种户外广告

图 48　公共汽车车体广告

随着新材料、新技术的应用推广,这一时期的上海户外广告不仅媒体形式变得丰富多彩,其设计制作水平也有了较大的提高。比如90年代后期,电脑喷绘技术普遍使用,大型看板式广告牌等户外大型喷绘广告快速发展,形成了一定的规模(见图49)。1992年,在上海虹桥路上,媒体伯乐公司竖立起了国内第一根单立柱广告牌。一些广告人和企业在利用户外广告做宣传时,非常注重品牌的传播效应,对户外广告的安置地、户外媒体形式、广告传播范围及展示规模精益求精,产生了许多创新之举。1992年6月,"西岗住宅开发"六个大字组成的霓虹灯广告耸立在大连市电视塔上,这是由上海广告公司设计、制作和安装的巨幅霓虹灯广告,经过一个月的亮灯检验,其制作技术和安装水平都具有较高的水准。这幅广告采用无焊接技术,不会破坏塔体,能经受12级狂风。而且,每个字宽6.5米,高7.5米,重达10吨,成为当时国内最高的一幅霓虹灯广告。同年11月18日,经上海市政府批准,上海美术设计公司和日本合资创立的上海创导广告公司成为了中国第一家拥有飞艇的广告公司。该公司从日本引进了两艘飞艇,并允许带着广告飞行。一艘飞艇全长20米,直径4.4米,重180公斤,航速30公里/小时,飞行2小时,广告面积11×3米。另一艘飞艇全长7米,直径2米,重13公斤,航速15公里/小时,飞行1小时,广告面积3×1.2米。1993年3月,东亚运动会在上海召开,飞艇广告随着飞艇在开幕式上飞行,引起了观众极大的兴趣。[①] 同时,为营造欢乐的赛事气氛,上海广告公司落实制作了75块户外广告牌,104面广告旗帜,10件广告条幅和17只广告气球。"千花万彩贺东亚"的"人头马"广告牌竖立在南京路丽华公司旁侧,离地3米高,面积达700平方米,美观高大,气势雄伟,宣传效果甚佳。1993年,200多平方米巨型灯箱广告错落有致地挂在上海南浦大桥上,成为当时的全国之最,为夜色下的大桥增色不少。1995年,在不过2公里长

图49　上海北嘉电脑喷绘有限公司制作的广告

① 上海对外经济贸易志办公室. 上海对外经济贸易志·第十三卷·外贸包装与广告,第二章·对外贸易广告·广告媒体与手段)[M]. 上海:上海社会科学院出版社. 2001.

的南京东路上,设置了近 200 幅各种霓虹灯广
告(包括市招),将夜幕下的南京路装点得更加
漂亮。其中,时装公司大楼上安装的霓虹灯最
多,达 18 幅,占沿街可覆盖面积的 30％～
40％(见图 50)。"飞利浦"霓虹广告则安装在
高达 24 层的上海电力大楼楼顶上,气势恢宏。
1999 年 2 月 1 日—28 日,人民广场上出现了
当时中国最大的外墙广告——可口可乐贺岁
广告,该外墙广告面积达 9 000 平方米,重约
2 900 公斤,由 4 幅画面组成,已被列入中国广
告吉尼斯纪录。[①]

　　由于受产品发展特点及国家行业政策的
影响,90 年代上海户外广告的投放行业发生
了很大的变化。90 年代前期,户外广告多为
满足人们日常生活消费的产品类信息,如食品
饮料广告、酒类广告等,几乎占所有户外广告
投放的 60％以上。90 年代中后期,服务性企
业的广告意识加强,加大了广告投入,房地产

图 50　上海时装商厦外墙上众多的霓虹灯广告

及建筑工程、零售及邮电通讯等行业成为户外广告投放的主要行业,其投放比例占到总体
比例的 40％。[②]

　　整体来看,在整个 90 年代,上海户外广告数量上增长很快,但仍然存在许多不尽如人
意的地方。比如:总体服务品质并不是很高,多数路牌户外广告缺少创意,只是大色块加
大字;为了降低成本,许多户外广告公司会采用闲置媒体来制作,比较粗糙;户外媒体经营
规模小,资金少,分散而不集中等。又由于其他传统媒体广告同样处在高速发展的过程
中,因而上海户外广告营业额在全市各媒体广告营业额中所占的比例并不如预期,户外广
告设计、制作及管理等方面还有很大的空间需要完善。

四、新时期户外广告的理性发展

　　21 世纪,经济全球化和信息网络化趋势日益明显,中国更加深入、更加全面的进入了
国际竞争行列。2001 年,中国加入 WTO,国际资本和大批有实力的跨国公司纷纷涌入中
国市场。2005 年底,中国广告市场全面开放,国际资本大举进入我国户外广告领域。在
新世纪全球化竞争背景下,在本土广告公司与外资广告公司的合作与竞争中,我国户外广
告增长连续多年超过 10％,甚至超过了传统媒体的增长速度,户外广告媒体以高速、稳

　　① 王伟明,胡明宇,赵丁丁. 中国户外广告三十年综述[J]. 中国广告. 2011(03).
　　② 上海师范大学中国新广告研究中心,上海市广告协会. 上海市广告业"十一五"发展战略研究[M]. 上海:学
林出版社. 2007:68.

健、持续发展的态势成为行业第三大媒体。① 在此巨大的机遇之下,上海户外广告沿着健康、有序的道路,日益走向规范和理性,户外广告形式从 90 年代那种单纯的量的增加向质的提升和创新发展,户外广告运作呈现规模化和资本化倾向。

新世纪以来,尽管其间经历了金融危机所带来的影响,上海户外广告的发展依然保持在全国的前列,基本上以 40% 的平均年增长率高速前进。随着上海旅游和休闲活动的日益增多以及高新科技的广泛运用,上海户外媒体已成为广告主的新宠,其增长速度大大高于传统电视、报纸和杂志媒体。这种"快"既体现在行业规模的不断扩张上,也体现在新兴户外媒体形式的"快速"推出以及被市场认可、接受。而且,新世纪上海户外广告的发展并非盲目的量的快速增长,更是一个整合与提升的优化过程。据上海市工商局统计,2001 年上海户外广告经营额为 85 089 万元,到 2005 年则达到了 119 510 万元,户外广告媒体总数达到 30 多万件,发布总面积约 100 万平方米。2007 年,上海市户外广告经营额高达 55.22 亿元,户外广告媒体数 110 万个,户外广告总面积 1 397 万平方米,经营单位数以万计。为了确保世博会顺利举办,2008 年 3 月上海市市容局内部通知,要求上海市各级政府立即暂停所有户外广告的审批。此后,市政府又出台了多项户外广告新规,禁止广告飞艇和黄浦江专业广告船等专门用于广告发布的交通工具发布广告。上海户外广告业界不得不屏息凝神,请求"呼吸"。② 受这些政策的影响,上海 2009 年利用交通工具表面发布户外广告的发布金额一度下降两成。直到 2010 年下半年,随着上海户外广告设施设置总体规划和各个分区实施方案的逐步完成,路牌、交通车辆广告等传统户外广告迅速回升,短短 4 个月时间,利用建筑设置的户外广告登记申请就达 87 件,发布金额达到 1.78 亿元,平均单件发布金额高达 205 万元,超过 2009 年 2.6 倍。③

近年来,上海户外广告媒体的发展,为广告主户外广告投放拓展了更宽广的空间。服务业、房地产、娱乐休闲、交通和邮电通讯等是上海户外广告投放总额较大的几个行业,金融保险、食品、家电等行业也在逐步加大投放力度。而大量户外公益广告则以宣传国家政策,树立社会良好风尚为主(见图 51)。2003 年"非典"期间,上海利用路牌、灯箱、横幅、超市看板、橱窗、车身等户外媒体发布抗非典、倡导健康生活的户外公益广告共 1 682 件,达到了公益广告的全方位渗透,取得了较好的宣传效果。④ 尤其在备战上海世博会的过程中,户外公益广告这一特殊形式和载体大大提升了上海作为国际性大都市的城市形象、强化了市民的文明素养(见图 52)。上海机场德高动量广告有限公司在上海浦东国际机场和虹桥机场设置了 872 件户外公益广告,进行世博宣传。上海铁路广告传播有限公司利用长三角地区 72 个火车站和高铁站 150 只灯箱及 1 000 多个车站视频、动车世博专列和

---

① 王伟明,胡明宇,赵丁丁. 中国户外广告三十年综述[J]. 中国广告. 2011(03).
② 赵抗卫,杨丽. 上海户外广告请求呼吸[J]. 中国广告. 2009(02).
③ 2010 年上海市广告业发展情况统计分析[J]. 上海广告通讯. 2011(06).
④ 上海师范大学中国新广告研究中心,上海市广告协会. 上海市广告业"十一五"发展战略研究[M]. 上海:学林出版社. 2007:161.

所有上海局担当乘务员的旅客列车广泛地进行世博户外公益广告宣传。上海强生广告有限公司在 9 000 多辆出租车内屏幕上，广泛宣传世博公益广告。上海公交广告有限公司在 1 200 多辆公交车、600 多块候车亭广告牌及移动电视上进行世博公益广告宣传。上海电力广告有限公司在上海高架和空港道路灯杆上悬挂世博会宣传旗帜（包括先后 7 次更换内容）共 60 000 余对，从 2010 年 4 月 15 日至 11 月 15 日历时 7 个月。[①]

图 51　上海地铁公益广告

图 52　虹桥机场出发大厅滚动播放世博宣传片的巨型 LED 电子显示屏

　　随着户外广告媒体的专业化、分众化、精品化进一步加深，上海户外媒体传播空间得到了很大的拓展，"两座机场、四个商圈、五条道路"成为上海户外媒体最成熟、最密集的区域。"两座机场"主要指浦东国际机场和虹桥机场，包括机场内道路、停车场、候机大楼内部以及通往并接近机场的主要道路两侧（见图 53）；"四个商圈"主要指淮海中路、人民广场、铁路新客站、外滩—陆家嘴商圈，这几个商圈是上海标志性的旅游场所，集餐饮、娱乐、休闲与时尚于一体，交通便捷，人流密集，商业氛围浓厚，是上海户外媒体投放的最热点（见图 54）；"五条道路"指滨江大道、南京路步行街、延安西路、淮海中路和中山北路，这五条大道上车流量巨大，内环线以内高架沿线以楼宇大牌广告为主；而内环线以外则以单立柱等户外广告为主。除此之外，大量写字楼、卖场、医院等公共区域都是户外广告集中的地方。尤其是 2010 年上海世博会的举办，给上海户外广告带来了巨大的商机。上海两大机场 4 个航站

图 53　浦东机场登机大厅双面椭圆形立柱广告

楼、高铁车站、13 条轨道交通线路等公共交通设施不断完善,上海机场、车站、轨道交通站厅等交通设施类户外广告增长势头迅猛,发布金额达到 17.65 亿元,约占全市户外广告登记发布金额的四分之三。

图 54　上海南站出站通道冷光源灯箱

图 55　上海公交车候车亭灯箱广告

新世纪上海户外广告媒体形式也是百花齐放,灯箱、电子屏幕、射灯广告牌、车厢、飞艇、霓虹灯、大型充气模型及现在时新的创意媒体等精彩纷呈(见图 55、56)。与 20 世纪末期相比,这时的户外广告中招贴、旗帜、海报、路牌等简单朴素的平面媒体形式正在逐渐减少,而 LED 看板、电子显示牌、三面翻广告牌、大型彩色户外投影、户外液晶媒体、楼宇和公交视频媒体、气模广告、磁卡式电话亭等高科技含量较高的媒介的使用率正在逐步上升。这种变化主要得益于从 2004 年起资本市场对户外媒体的宠爱,其原因主要有三点:一是在新世纪新旧媒体交替之际,户外媒体作为典型的"旧媒体"新媒体化呈现形式,在资本追逐新媒体的过程中,自然会引起资本的关注;二是分众传媒的出现与上市,加速了户外媒体分众领域的攻城略地之战,户外媒体市场迎来巨大机遇;三是作为典型的户外媒体形式的户外电子屏,推动市场力量不容小觑。① 同时,为了增强户外广告的表现力,吸引观众的眼球,一些户外媒体经营者更多地运用媒体组合的形式,将各种户外媒体优势结合起来传播信息,强化广告画面的视觉冲击力,让平面的户外广告动起来,霓虹灯＋射灯、三面翻＋单立柱、灯箱＋射灯、灯箱＋橱窗等形式在上海已经很常见(见图57)。如 2006 年 4 月 1 日起,中国最大的户外广告公司之一——白马户外媒体公司改革了灯箱广告,将上海 2 000 多个候车亭广告灯箱全部设置成垂直转动卷画的方式,使静止

①　郑洁. 2011 年文化创意产业五大投资热点吸引金融界[J]. 上海广告通讯. 2011(06).

的灯箱广告"动"了起来。在如此众多的户外媒体形式中，最值得称道的创新之举是楼宇视频媒体、交通工具移动媒体的出现和 LED 显示屏的广泛应用。

图 56 上海来福士广场大型户外电视屏广告

图 57 上海地铁内的灯箱＋橱窗广告

2003 年，上海分众传媒有限公司正式成立，用户外视频的概念开创了网络化的分众传媒领域，为户外媒介广告市场细分出"生活圈媒体"，以其独特的商业模式，精准的受众定位和传播效果赢得了众多知名品牌的高度认同（见图 58）。2004 年 1 月，分众传媒推出中国高尔夫广告联播网业务。5 月，推出风尚传媒—美容美发机构联播网业务。随后，分众传媒的楼宇视屏媒体快速扩张，以迅雷不及掩耳之势出现在上海、北京、广州、杭州、成都等一些大城市的若干高档写字楼、高级公寓、酒店、医院、

图 58 分众楼宇电视

卖场等场所，以高收入、高学历、高消费的"三高人群"作为目标市场，投放高端产品和时尚产品广告，受到国内外众多大型企业的认同与欢迎。2003 年，上海玺诚文化传播公司创立，成为我国专门从事卖场电视运营的第一家公司。2004 年底，分众传媒全面推出中国卖场终端联播网，以快速消费品的主要购买者为目标，影响他们在终端购物时的品牌选择和消费决策，填补了全国性终端媒体的空缺。2006 年 1 月，分众传媒以 3.25 亿美元的价格合并了中国第二大楼宇视频媒体运营商——聚众传媒。目前，分众传媒已经覆盖了全国 100 多个城市、数 10 万个终端场所，日覆盖超过 2 亿的都市主流消费人群，已成为上海乃至全国都市最主流的广告媒体之一。

交通工具移动媒体指的是以数字技术为核心，运用无线数字信号发射、地面数字设备接收的方法进行电视节目的播放和接收的载体。移动电视主要分布在公交车、飞机、地铁、出租车、火车、轮船、私家车等交通工具中，为其中的流动人群提供在移动状态中稳定、

清晰地收看电视节目的服务(见图 59、60)。移动电视广告因其目标受众面广、接触频率高、有效到达率高、消费比高的特点,成为大量与市民生活息息相关的各类品牌广告投播的上佳选择。2001～2002 年,我国提出"移动电视媒体"概念。2003 年 1 月,上海率先在我国大陆开通移动电视业务,上海东方明珠移动多媒体有限公司成为大陆第一家公交移动电视的经营者。2004 年,上海商娱文化传播有限公司推出了国内第一个精确定位于小型汽车上高端受众的分众电视专业频道,并于 2004 年 7 月 1 日试播,8 月 1 日正式运营。成立于 2003 年的触动传媒把全球独有的"亲和力媒体平台"概念通过旗下专利"移动触摸式交互设备"在中国大陆进行推广,借助移动数字视频与消费者巧妙地互动,并通过与出租车公司的紧密合作成功实现商业化运作。触动传媒关于上海世博会、H&M、赛百味等户外广告案例获得了第 39 届莫比广告奖。2007 年末,上海通益广告有限公司成立,是 CCTV-移动传媒(即巴士在线传媒有限公司)的全资子公司。此外,新加坡的移动媒体新动传媒也在上海设立了分支机构。今天,上海户外交通移动媒体已经是随处可见,其中,东方明珠移动电视依然是上海最强势的户外公共电视媒体,拥有共 32 000 个收视终端,辐射上海 19 个商圈,100%覆盖上海中心城区,是上海市民获取广告信息的重要平台。

图 59　上海公交车移动电视　　　　　　图 60　上海地铁移动电视

　　另一个突出的创新是 LED 技术的广泛应用。2007 年以来业界称之为"户外广告的LED 时代"。LED 广告是运用发光二极管拼成广告文字、图片和影像,是新媒体技术与户外广告发布形式完美结合的典范。LED 显示屏面积可以小到 1 平方米,大到几千平方米,非常适合大面积视频广告发布。LED 广告媒体画面色彩鲜艳,声画合一,立体感很强,而且能够动态性持续播放,信息容量大,被广泛应用于楼宇外墙、交通工具和独立的空间中,成为许多企业体验营销的一部分(见图 61)。2005 年,户外巨型 LED 媒体网络的霸主,上海郁金香媒体国际有限公司打造了上海第一块高清户外 LED——东方商厦近 350 平方米的弧形户外 LED 大屏幕,并于 2007 年 4 月顺利融资 3 000 万美元,开始更迅速地拓展业务。2006 年 4 月底，分众传媒正式推出户外 LED 彩屏媒体，在上海中心商务区进行广告传播。此后，上海徐家汇商圈、淮海路商圈、南京路商圈等上海商业经济核心区域大型 LED 显示屏幕媒体被迅速开发出来。上海很多 LED 户外广告都富有冲击力和震撼力。目前亚洲最大的 LED 广告屏，即设置在浦东陆家嘴震旦国际大楼楼体上的 LED 广告屏，高 63 米，宽 57 米，共计 3 591 平方米。中国最大的 LED 广告船"Vega"号自 2006 年 10 月以来每天航行于上海最繁华的外滩地区——杨浦大桥和卢浦大桥之间的黄浦江上，这一全彩屏广告船已成为黄浦江上的一景，广告传播效果非常显著。上海规模最大的商业街街道上的户外 LED 广告媒体位于南京路步行街的中段，由东、西两块彩色 LED 显示屏组成，总面积达 120 平方米（见图 62）。2010 年上海世博会更是将 LED 媒体的作用发挥到了极致，开幕式上 9 500 平方米全球最大 LED 显示屏精彩亮相，很多展馆也都采用了 LED 显示屏，使得夜晚的世博会美轮美奂（见图 63）。

图 61　上海地铁内 LED 广告

图 62　南京路步行街 LED 大屏幕广告

图 63　上海花旗集团大厦 LED
超大彩显幕墙

这些以分众传播为目的、以与消费者的互动为特色的上海户外视频媒体的创新不仅给消费者带来了更多的选择性和更广泛的信息，也为商家带来了价值不菲的广告效果。其他的许多户外广告形式也不乏精彩之作。21 世纪初，电脑喷画技术在上海得到广泛应用。2001 年 10 月 30 日，全球领先的喷绘设备制造商威特落户上海，为上海喷绘户外广告的发展提供了便利。2001 年，由上海众苑电脑喷画装饰实业有限公司创作的户外大型喷绘作品长 444.5 米，宽 4.5 米，由多幅 50 米整卷底材喷制拼接而成，创下了历史新纪录。[①] 2005 年 11 月，为了配合上海举办"网球大师杯赛"，新天地南北里附近出现了创意独特的立体户外广告：网球被大师们自画面中打出，有的正升浮在空中，有的已砸破地面，平面的画

---

①　王伟明，胡明宇，赵丁丁. 中国户外广告三十年综述[J]. 中国广告. 2011(03).

面与立体的画面巧妙地结合起来,令人眼前一亮,对展示城市精神和创新文化具有重要的推动作用(见图 64)。①

图 64　瑞安置业赞助网球大师杯创意新颖的户外广告

20 世纪 90 年代末期开始,大型跨国广告公司和广告集团更大规模地进入上海市场,凭借雄厚的实力,他们很快占据了上海广告市场的主导权。进入 21 世纪,中国经济日益国际化,全球户外广告巨头纷纷进驻上海市场,并大肆进行资本收购。如全球第二大户外集团 JCD 于 2005 年实现战略转移,大举进军中国户外广告市场,通过收购几乎垄断了中国最主要城市的轨道交通和公交车媒体。在上海,则通过投资上海机场等进军 JCD 旗下德高贝登最擅长的机场媒体和街道媒体。② 外资户外媒体经营商和本土户外广告公司之间的竞争不断加剧,上海本土户外媒体公司迅速崛起,如华伦媒体、媒体伯乐、TOM 户外、分众传媒、上海工合广告展览有限公司、上海大众广告有限公司、上海新亚霓虹广告公司等。其中,一些公司通过媒体经营和资本运营,规模扩大,上市并收购其他户外媒体资源,上海户外广告业由此进入了规模化整合发展的新时期。港资企业 TOM 的户外传媒集团是国内领先的户外广告公司,经营着近 30 万平方米的媒体资产。2001 年,TOM 户外媒体业务以其收购的上海美亚文化传播有限公司和昆明风驰明星信息产业有限公司为旗舰,依托强大的资金实力,在我国内地户外广告市场进行闪电式的战略布局,在全国范围内大量收购媒体资源。在完成对其他公司的股权收购之后,TOM 户外传媒集团的户外业务从上海、云南迅速扩展到全国几十个城市,主要媒体资产包括大型户外广告牌、单立柱、公交候车亭及车身等。媒体伯乐公司于 1995 年将总部迁入上海,大力开展内地业务。目前,媒体伯乐在国内设立了 5 家联营公司和 4 个办事处,拥有 1.2 万辆巴士车身及广州和上海部分地铁的经营权。其在上海拥有地铁 1 号线、4 号线和 1 号线延伸段莘闵线等地铁广告经营权及 5 000 辆公交车车身独家媒体使用权。2003 年分众传媒成立之

---

① 饶文瀚. 户外广告与上海的城市软实力[J]. 中国广告. 2007(03).

② 饶文瀚. 全球户外广告市场回顾与未来展望, 2007 中国户外广告年鉴[M]. 年鉴社. 2008:30.

后，很快得到国际著名投资机构 SOFT BANK 和 UCI 维众等境外投资 5 000 万美元，开始大规模拓展业务。2004 年，UCI 维众投资、鼎晖国际投资和 TDF 基金联手美国知名投资机构 DFJ、WI-HARPER 中经合以及麦顿国际投资等又向分众传媒注资几千万美金。2005 年分众传媒在美国纳斯达克成功上市，随后收购框架媒介等公司股权，并于 2006 年与当时中国第二大楼宇视频媒体运营商——聚众传媒合并。一系列的资本运营，成就了分众传媒户外新领域的高速发展和龙头地位。

随着上海户外广告的飞速发展，户外广告媒体数量越来越多，户外广告总投放额大量增加，户外广告设置越来越密集，城市景观和城市形象在一定程度上受到影响。于是，"清理"和"整顿"成为户外广告业中最强烈的两个呼声。1994 年《中华人民共和国广告法》颁布，其第 32 条对户外广告的设置，尤其是禁止设置的类型作了较为具体的规定。此后，国家相关管理部门、上海市政府及各区县相关部门等纷纷出台户外广告管理的法律条文，多次对上海大街小巷的户外广告进行清理和整治，引导上海户外广告业规范化发展。2002 年 10 月，上海市建设和管理委员会正式批准《户外广告设施结构技术规程》为上海市工程建设规范，并于 2003 年 2 月 1 日起实施。新世纪之初，为了整合户外公共资源，规范户外广告资源的使用权，引入市场机制，上海市工商局普陀分局会同有关部门制定了包括"建立户外广告阵地使用权招标、竞价制度"等四项制度。2002 年 5 月，首次上海户外广告位使用权专场拍卖会落槌，138 块的户外广告位约有 55％"名花有主"，拍卖总价近600 万元。上海户外广告位竞价拍卖，在行业内引起了极大的反响。2004 年 12 月，上海市政府常务会议通过《上海市户外广告设施管理办法》，对上海市户外广告的设置和审批予以规范。为了迎接 2010 年上海世博会，从 2007 年至 2009 年，上海对户外广告进行了专项整治。由于这时的整治基本上采用一刀切的方法，后续影响很大，如何解决大规模清理和整治后重新规范设置的问题成为一个非常重要的问题。因此，2008 年 1 月，《上海市户外广告设施设置阵地规划》出台，为户外广告媒体的规范、有序设置提供了科学的依据。随着世博会的临近，2008 年 4 月，上海市骤然叫停户外广告审批，在上海户外广告业界引起强烈地震。2009 年，市工商局发布《上海市工商行政管理局关于公布利用车辆、船舶设置、发布可能产生不良影响内容的户外广告具体范围的通知》和《上海市工商行政管理局关于公布禁止在本市特定区域设置、发布可能产生不良影响内容的户外广告具体范围的通知》，规范上海户外广告市场。世博会结束后，上海市广告协会会长孔祥毅曾在讲话中提到，为了世博会的召开，在上海的城市道路改造和环境整治中，广告公司拆除了数以万计的广告牌、灯箱等户外广告设施，承担了经济上的损失和从业人员的下岗、调整工作，这也反映了上海广告人的奉献精神，上海世博的成功离不开上海广告人的奉献和努力。①上海市广告协会秘书长薛九委也在《上海市广告协会五届二次会员大会工作报告》中指出，在上海市迎世博 600 天市容环境整治行动及之前的上海市加强户外广告整治行动中，上海有数千家涉及户外广告发布的广告公司，为了响应上海市政府为举办世博会、

---

① 上海市广告协会孔祥毅会长讲话（摘要）〔J〕. 上海广告通讯. 2011(04).

办好世博会出台的一系列举措，拆除了数万处户外广告设施，包括高立柱广告牌、楼顶广告牌、霓虹灯广告牌、落地广告牌、墙面广告牌、大型灯箱、人行道灯箱、电杆灯箱、公交站亭灯箱等户外广告设施，为办好世博会承担了经济上的损失，作出了巨大的奉献与牺牲。[①]

世博会圆满闭幕后，上海户外广告以更健康的步伐重新行驶在发展的快车道上。为了规范后世博时期上海户外广告业，2010 年 12 月 28 日市政府第 93 次常务会议通过《上海市户外广告设施管理办法》和《上海市流动户外广告设置管理规定》，并于 2011 年 1 月 1 日起施行。2011 年 1 月 24 日，上海市工商局向各分局及相关单位发布了《关于明确上海可能产生不良影响的户外广告具体范围的通知》，对上海可能产生不良影响的户外广告具体范围作出规定：内容涉及妇产科、妇科专业、生殖健康与不孕症专业、性传播疾病专业、泌尿外科专业、肛肠科专业，以及医疗机构名称中含有上述科目、专业字样和"男子"、"女子"字样的医疗广告；涉及性生理卫生、性传播疾病治疗、性功能改善和增强的产品广告；涉及殡葬用品或服务的广告；涉及过度暴露女性胴体的产品或服务广告；经市工商局认定的其他可能产生不良影响的广告。[②]

新世纪以来上海户外广告的繁荣发展除了与上海市政府及各区县政府的各项法规政策密不可分之外，上海市及各区县的广告协会专门成立的与户外广告相关的专业委员会的作用也是无可替代的。2000 年 1 月 6 日，上海市广告协会户外广告专业委员会成立（简称户外专委会），隶属于上海市广告协会。多年来，上海户外专委会在加强上海经营户外广告公司之间的协调、合作、交流，协助政府进行户外广告管理和行业自律方面成果卓著。比如，在其引导和组织下，上海户外广告行业内部多次展开大范围的探讨，制定了许多户外广告相关规范。特别是 2004 年 9 月，130 余位各地代表在上海签署的《中国户外广告产业上海宣言》，将行业自律推向更高的层次。此外，户外专委会还承担着户外广告咨询服务、户外广告专业培训、户外广告专题研讨、户外广告内部刊物出版及户外广告规划咨询等工作。2005 年，在上海户外专委会和中国广告协会户外广告委员会等单位的支持下，第二届中国户外广告大会成功举办，户外广告业第一本《亚洲户外》广告杂志出版发行等等。另外，成立于 1990 年的上海霓虹灯广告工作组，1995 年改组为上海市广告协会霓虹灯广告委员会（简称上霓会），2011 年 3 月更名为上海市广告协会光源与标识专业委员会，其在团结光源与标识广告工作者，促进光源与标识等户外广告行业的现代化，繁荣和美化市容景观等方面作出了巨大贡献。1987 年 10 月成立的售点广告委员会，主要以上海商业橱窗广告研究中心为依托，后来随着 POP 广告业务的延伸，于 2001 年 1 月更名为售点展示广告专业委员会，隶属于上海市广告协会。在推动上海商业橱窗等售点及户外广告方面，售点广告委员会立下了汗马功劳，使上海参赛的橱窗广告作品在历年的全国优秀广告作品展中屡屡获奖。

---

① 上海市广告协会秘书长薛九委在"上海市广告协会五届二次会员大会工作报告"中的讲话[J]. 上海广告通讯. 2011(04).

② 关于明确上海可能产生不良影响的户外广告具体范围的通知[J]. 上海广告通讯. 2011, (04).

此外，第一本专业性年鉴《2004 年户外广告年鉴》在上海编辑出版，第二届中国户外广告大会于 2005 年在上海隆重举行，以及各种户外广告竞赛和评选活动在上海的展开，都为上海户外广告业的发展带来了机遇。尽管今天上海户外广告发展迅速、成绩喜人，但问题也不少，一些户外广告与城市景观、人文环境不和谐。比如，一些街区的店招或杂乱无序或陈旧或不规范；某些景观照明性户外广告设施与城市文化不协调；一些高立柱广告对上海市中心区居民生活和市容环境存在较大影响；一些户外广告光污染严重；部分户外广告内容粗陋浅俗，与文化道德传统相悖，一些户外广告设施还存在安全隐患等等。① 上海户外广告是向大众传播企业及其产品与服务的利器，不仅仅能为企业带来巨大的商业效应，其独有的历史厚重感、迷人的文化魅力和锐意创新的精神品格，对塑造上海国际化大都市形象、加强上海城市软实力至关重要。因此，应尽快消除这些不和谐的因素，创造更多优秀的户外广告。

由于上海户外广告与上海城市景观、城市安全、城市文明和公众利益之间关系紧密，因此，必须大力加强政府对户外广告的引导与管理，加强立法和执法，有效整合上海户外公共资源，并进行差异化定位，使上海户外广告在将来更为规范地发展。对户外广告发展中出现的新情况、新问题，必须加强相关管理部门的综合协调，增强监管合力，不断完善上海户外广告监督管理的工作体系和管理措施。同时，努力提升上海户外广告的品质，以创意促进户外广告媒体与环境的互动，让上海户外广告和谐地融入城市景观和城市文化，倡导绿色环保的广告表现方式，打造能够体现上海城市特色的户外广告精品。另外，鼓励应用新技术、新材料、新结构，提高户外广告的安全性、景观性、功能性，使户外广告成为展示城市品质和城市文明的重要载体。②

---

① 上海师范大学中国新广告研究中心，上海市广告协会. 上海市广告业"十一五"发展战略研究[M]. 上海：学林出版社. 2007：76—78.
② 上海市人民政府办公厅转发市工商局、市发展改革委关于"进一步促进本市广告业发展指导意见"的通知[J]. 上海广告通讯. 2011(12).

第五章

时间艺术：月份牌与广告

鸦片战争结束后，在西方列强的威逼下，上海被辟为国际通商口岸，上海城市近代化迅速推进，近代广告的各种形式不断出现。其中，一种特殊的、新颖的、印制精良的广告形式——月份牌广告画应运而生，成为我国近代特殊背景下上海商业市场中的一道靓丽色彩。

月份牌广告从产生到衰落，虽然只经历了短短几十年的时间，却有完整的发展轨迹，根据月份牌广告发展的不同形态及传播效果，主要分为三个发展时期：即19世纪末至辛亥革命前后的早期月份牌广告；20世纪20～30年代的月份牌广告发展顶峰时期；20世纪30年代末期至1949年的月份牌广告衰落期。

第一节　月份牌广告的诞生

月份牌广告的诞生有着深刻的历史背景，它是我国近代半殖民地半封建时代中西文化结合的产物，是西方妇女解放思潮在我国月份年画中的完美呈现，更是商业与文化传统交汇与碰撞的结果。

一、月份牌广告诞生的原因

（一）清末月份年画的流行为月份牌广告的诞生提供了广泛的群众基础

在我国，春节是最隆重、最富有特色的传统节日。自古以来，我国民间欢度春节隆重热烈，庆祝方式丰富多彩，张贴年画便是其中之一。据考证，大约自北宋开始，每逢新春佳节，就有人家张贴年画，装点节日喜庆气氛。后来，人们又将日月历、二十四节气融入年画，这种形式的年画均可称之为月份年画（月份牌年画）。这样的年画画面色彩鲜艳明快，题材内容多样，除了老百姓喜欢的"财神"、"灶王"、"门神"等，还包括许多历史故事、民间传说、民俗风情及世俗生活等，极具观赏性。同时，也突出了年月历表、岁时节令在人们日常生活中的实际作用，具有一定的实用性，所以很受老百姓的欢迎,清末在全国各地广为流行,成为我国民间传统年画的一种普遍形式。

流传至今较早的传统月份年画实物为清代的"迎喜图"或"春牛图"①,如 1766 年"大清乾隆卅一年迎喜图"(见图 1)、1904 年"光绪三十年万仙牛图"(见图 2)、1905 年"大清光绪三十一年春牛图"(见图 3)、"大清光绪三十一年岁次乙巳"春牛图等。其中,1766 年"大清乾隆卅一年迎喜图"应该是我国现存最早的月份年画。该年画画面上方刻有十二个月份及每个月的两个节气,左右两旁分列有"喜神方位"、"流郎诗"、"地亩经"和"嫁娶明堂",其下中心位置是主体画面图像,为文物财神、和合二仙等观看云龙吐宝的场景,图下两边刻有"百忌日"、"太岁神出游日"等,这幅图内容丰富、画面和谐对称。清代传统月份年画内容格式基本相同,图名置于画面中央顶部,图名下部或画面两侧为十二月份和节气表,画面中心为传统题材的吉祥图案,表达了人们对新的一年的美好祝愿。清末的"迎喜图"和"春牛图"等月份年画从文字内容到画面题材与节令、民俗、农事等相结合,体现出浓郁的生活气息,虽然还没有与广告相联系,但已经风靡大江南北,为月份牌广告载体的出现提供了广泛的群众基础。

图 1　清乾隆三十一年迎喜图

图 2　清光绪三十年万仙牛图

图 3　清光绪三十一年春牛图

① 黄志伟,黄莹. 为世纪代言:中国近代广告[M]. 上海:学林出版社. 2004:277—281.

（二）近代上海经济的崛起为月份牌广告的诞生提供了合适的土壤

上海是我国近现代工业的发源地,从上海开埠到 20 世纪 30 年代,历经大半个世纪的发展,上海工业已经占据了我国的半壁江山。当时的上海,不仅经济贸易繁荣昌盛,成为我国第一大商埠,而且被誉为"东方巴黎",与法国巴黎并称世界广告文化中心之一,为月份牌广告的诞生与兴盛提供了合适的土壤环境。

近代上海开埠后,外国列强把上海作为他们经济掠夺的重要阵地,将欧美资本源源不断地输入上海,外国商人纷纷在上海办工厂、开洋行。为了招徕顾客,获取利润,他们想尽办法,使用各种手段进行商品促销。起初,深谙推销艺术的外商委托西方人将国外的西洋画作为宣传海报直接输入中国,许多海报中有外国贵妇及风景、骑士、静物的画片,也偶尔会夹杂一些由传教士们传播的印有各种圣经故事的宗教画片。但由于这些画片不能入乡随俗,海报上的华盛顿、林肯像、《圣母图》、《最后的晚餐》、《拾麦穗者》等等,以及国外的风景名胜、寓言故事等内容不为中国百姓所熟悉,市场反应冷淡,收效甚微。甚至有些海报在中文环境里不仅没有产生理想的宣传效果,反而沦为中国顾客茶余饭后的笑料。于是,洋商们不得不重新思考能够满足中国老百姓欣赏需求的广告画,引入最能为中国大众认同的各种神话传说、寿星福娃、历史典故等传统民俗年画内容。由此,月份牌广告画内容开始了本土化的进程。外商们邀请中国画家,将西方海报与中国传统年画相结合,赋予中国传统年画新的内涵,使之成为广告载体,月份牌广告从此成为外商进行经济侵略的商战利器。早期月份牌画的发行者也主要是由外国商人创办的企业,如《申报》的创办者为英国商人安纳斯脱·美查,[①]《字林沪报》为英国字林洋行主办的西文报纸。

与此同时,在洋商占尽优势的工商环境中,面对激烈的中外商业竞争,本土的民族资本企业尽其所能,利用广告呼吁国民抵制洋货、支持国货,促进了中国民族经济的繁荣与昌盛。尤其是民国成立之后,中国民族资本家的市场意识进一步成熟,一批民族工业也开始精心打造属于自己的国货品牌。他们着力寻找更为有效的手段来宣传自己的商品和企业形象,以吸引和招徕顾客,月份牌广告画是他们摸索出的一种重要形式。

（三）画家的加入是月份牌广告诞生与繁荣的重要推动力

20 世纪上半叶早期,尽管上海商业已经非常兴盛,但用于宣传商品的广告媒体仍十分有限。当时的广播媒体刚刚起步,电视媒体还没出现,广告宣传主要是一些印刷品和报纸、杂志等纸媒,而纸媒上的广告要达到更好的宣传效应,就必须依赖美术技艺和精美的画面内容。

另外,清代传统年画发行者主要为苏州桃花坞、天津杨柳青等几个年画制作中心,而 19 世纪末 20 世纪初,月份牌画的发行者——各个公司,不管洋商还是本土企业,他们既是发行者又是广告主,各个公司为了宣传本公司商品,都是花大价钱,吸引知名画家,自己设计、制作或请人印制月份牌画。企业之间在用人上的竞争也大大推动月份牌广告的发展。

而此时社会上流行的月份牌画兼顾美观与实用性,许多知名画家受其吸引,主动转为

---

① 黄升民. 申报的经营与广告[M]. 重庆:三峡出版社. 1996:3—33.

专门从事月份牌广告画的创作。早期的周慕桥、丁云仙等,原本擅长中国画,转而以勾线结合色彩来创作月份牌画;徐咏青等原本致力于水彩画,转而用水彩画名胜古迹风景月份牌画。此后,郑曼陀、谢之光、周柏生、胡伯翔、杭穉英、倪耕野、金梅生、金雪尘、李慕白、张碧悟、叶浅予、丁浩等更多的商业美术设计师成为了职业的月份牌广告画家。他们要么受雇于中外厂商,要么自营画室,以画件满足雇主需求并培训学徒,立足我国民族传统绘画艺术,广泛借鉴西洋画、照片及动画等艺术门类的优势,创造出了许多绚丽多彩的月份牌广告画(见图4)。

图4　中国早期著名月份牌画家合影(摄于20世纪20年代初)

大量知名画家转向月份牌画创作,成为月份牌广告画诞生与迅速流行的重要推动力。

(四)印刷技术的改进为月份牌广告的迅速发展奠定了技术基础

月份牌画是社会生活画面与印刷工艺相结合的一种艺术形式,这种艺术形式源自明代末期的木板插图。[①] 鸦片战争之后,随着西方现代印刷技术的传播,五彩石印这种成本低廉、操作简单的彩色印制工艺开始传入我国。一开始,月份牌还是在国外制版印刷,再运入中国境内。后来,国内的洋商及印刷所直接从国外购入先进的印刷设备,从此,石印印刷的月份牌广告画在国内大量出现。

石印印刷术,是1796年德国人阿洛伊斯·塞尼菲发明的,主要原理是利用水与油互相排斥的特性,在没水的地方放置墨,然后将水墨分离,最后让有水的地方无色,没水的地方有墨。石印方法直接,失真率较低,原画的韵味和色彩可以尽量保留下来。与木板印刷技术相比,有许多优势,如可以机器化印刷,实现月份牌生产的规模化;可以印制复杂多变的颜色,保证制作面面的鲜亮精美;成本低廉等等。我国石印技术产生较晚,最早的印刷所为1876年上海徐家汇的"土山湾印刷所",1881年的鸿宝斋石印局仅能印单色。19世纪末,上海还没有出现五彩石印,市面上流通的彩色石印月份牌是由英商云锦公司委托英国彩色石印局代为印刷的。[②] 20世纪初,新式的五彩石印印刷物在上海出现。1904年,

①　逸明.民国艺术:市民与商业化的时代[M].北京:国际文化出版公司.1995:124.
②　潘建国.晚清上海五彩石印考[J].上海师范大学学报.2001(1).

上海文明书局聘请日本技师,采用彩色石印方法印制图画。[1] 直到 1910 年,上海才有三色版。[2] 此后,上海彩色石印的月份牌开始大量生产。20、30 年代之后,三色铜版印刷月份牌及德国的柯式印刷月份牌都在上海出现。

月份牌彩色石印印刷工艺复杂,好的月份牌要分色制版,一幅作品所用的彩色版通常会多达十块以上。尽管如此,新式的彩色石印技术仍具有不可抵挡的魅力,它不仅能降低成本,满足大量生产的需要,而且让月份牌广告画看起来色彩饱满,画面逼真,失真率低,层次分明,比之前木版制作的图片更为生动感人,其效果是传统木刻手工印刷无法达到的。由此,我国木版年画逐渐式微。

随着印刷术的改进,月份牌画师们也与时俱进,迅速将先进的印刷技术与自己的独特画法结合起来。如 1911 年受聘于《南华早报》并任美术印刷部主任的关慈农,他于 1915 年自创香港亚洲石印局,很快,该局名声大噪,成为广州、澳门、香港的月份牌印制中心,关慈农本人也成为我国石版印刷的先驱人物之一。

印刷术的改进是月份牌广告画得以迅速推广的技术支撑,为月份牌广告画在视觉效果上的提升提供了更多的可能性,也让画师们可以大展所长,在更大的艺术空间里进行自由创作。由此,月份牌广告画的画面效果日渐生动丰富。

二、早期月份牌广告

从 19 世纪末期到辛亥革命前后,早期月份牌广告从传统年画中分离出来,主要的画面内容逐步从传统的故事和民间传说转向更贴近生活的、新式的人物形象和生活场景,最终形成了月份牌广告独特风格与特征,主要的代表画师有周慕桥、郑曼陀等。

(一) 作为商品出售的月份牌

月份牌广告是中国传统民间月份年画与商业结合的产物。早期,许多烟草公司、药房、保险公司等企业和商家在年底岁末印制月份牌,或出售或赠送给顾客,画上是极具中国民俗风味的精美仕女、历史人物故事或名胜古迹风景,画的正下方和两侧则印上月历。这是早期月份牌的雏形。

据考证,"月份牌"一词产生于 19 世纪后期的上海。1876 年 1 月 3 日(光绪乙亥十二月初七)《申报》广告:"启者:本店新印光绪二年华英月份牌发售,内有英美法轮船公司带书信来往日期,该期系照英字译出并无错误。又印开各样颜色墨,俾阅者易得醒目。如蒙光顾,其价格外公道。此布。十二月初七日。棋盘街海利号启。"但其实早在之前的一年,1875 年 1 月 26 日(同治甲戌十二月十九日)的《申报》上就出现过减价出售月份牌的广告:"启者:兹有新出英法美三国公司火轮船进口出口日期月份牌出卖,每张大钱一百五十文。琼记洋行内,印字房谨启。"这则月份牌广告在《申报》上连续刊登了 5 天(见图 5)。这是目前我国大陆见到的最早的有关于月份牌印刷发行的文字记载。更有记载表明,我

---

① 逸明. 中国印刷近代史初稿[M]. 北京:印刷工业出版社. 1995:564.
② 王树村. 中国年画史[M]. 北京:北京工艺美术出版社. 2002-7:208—209.

国最早的月份牌画当属清道光二十年(1840)由香港屈臣氏药房发送的"屈臣氏药房"月份牌，该画总体呈现出一个繁体的"华"字，里面为系列故事性的画面组成，这样的画面内容与清末石印的"苏州桃花坞年画"非常相似。[①]

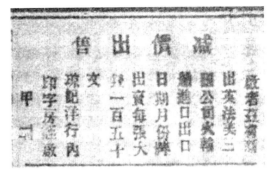

图5 减价出售月份牌广告

此后，作为售卖商品的月份牌仍然延续了一段时间。如1881年12月1日《申报》上新样华英合历出售："本行现将西历1882年之华英合历牌编印成，可以悬诸壁间，逐日只需揭去一张……较平时之所出月份牌更为新巧。"1884年《字林沪报》广告："本字林馆常年印售华英合璧月份牌，素蒙仕商购取，悬壁间，日换一纸，眉目豁然。兹又印出1884年月份牌，与前一律每副七角五分，诸君欲购，请至本字林馆写字房购买可也。此布，字林告白。"

由此看来，早期的月份牌虽然已与商业相结合，由商业企业印制发行，但基本还是年画的形式，其销售方式以售卖为主。从严格意义上来说，这样的月份牌从内容到形式还不是广告载体，只能算作月份牌广告的雏形。

（二）作为商品附赠海报的月份牌

"月份牌"一词的出现不仅赋予传统"迎喜图"、"春牛图"一种新的称谓，更重要的是它标志着传统年画与广告的成功结合，由此年画成为广告的有效载体及商品促销的有力工具，其本身也变成图画、年历和广告三位一体的中国特色的商品海报。

19世纪末，月份牌作为商品附赠海报是一种非常普遍的现象。如1883年1月25日《申报》在头版二条的显要位置，以"申报馆主人谨启"的名义刊出公示，文中广告："本馆托点石斋精制华洋月份牌，准于明正初六日随报分送，不取分文。此牌格外加工，字分红绿二色，华历红字，西历绿字，相间成文。华历二十四节气分列于每月之下，西人礼拜日亦挨准注于行间，最宜查验。印以厚实洁白之外国纸，而牌之四周加印巧样花边，殊堪悦目。诸君或悬诸画壁，或夹入书毡，无不相宜。"1885年《申报》上刊登的广告："腊鼓将阑，履端伊始，本馆例有月份牌分送阅报诸君。兹已托点石斋石印中西月份牌，用洁白洋纸印成。中间中西合历，光艳夺目。外圈绿色印就戏剧十二，各按地支生肖，命意新奇，藻绘精绝，皆系名人手笔，阅之令人爱不释手。"1886年《申报》广告："本馆年例新正初印就中西月份牌，随报分送。明年之月份牌现已遣工镌制，四周之人物、花卉均玲珑工细，中用红绿字以分界限，并以外洋洁白坚细纸张印成，愈觉鲜艳夺目，其式样较今正所送者格外放大，故悬贴画壁颇足饰观。……先此布闻。申报馆主人启。"

这个时期，西方流行的娱乐活动在上海、天津等各大沿海开埠口岸兴起，我国出现了专门经销彩票的商店，称为"票行"。这些商店，尤其是销售吕宋彩票的"鸿福来"、"快得

① 潘彬彬. 民国时期南京二月份牌[J]. 文史知识. 2014(3).

利"、"一定中"等票行纷纷推出"附送月份牌得彩,年内兑洋"的广告,吸引了众多彩民的关注,彩票销售红红火火。彩票销售竞争激烈,赠送月份牌随之蔚然成风,成为彩票促销的重要手段之一,仅在光绪十一年十一月十九(公历 1885 年 12 月 24 日)的《申报》上,刊登了八家彩票行发售彩票时奉送月份牌的广告,即大马路的福利账房、四马路的老泳记、同发行、棋盘街的中大宝来行、吕尚新兴源、北大福来行、丰和行、同福利洋行。

　　1896 年,上海四马路鸿福来吕宋大票行,随彩票奉送"沪景开彩图,中西月份牌"。这幅月份牌画由戈公振先生收藏,后捐赠上海图书馆,是目前所见较早正式标明"月份牌"字样的广告年画实物,成为 19 世纪末 20 世纪初月份牌广告画源起的重要代表(见图 6)。[①]该月份牌与上海图书馆珍藏的光绪十四年(1888)岁末《申报》随报赠送的月份牌在结构上非常相似,后者是《二十四孝图》月份牌,由红绿双色套印,红色部分是月历,中西历对照,标明节气,绿色部分为二十四孝图,图案正好环绕月历一周。月历上方印有"申报馆印送中西月份牌,光绪十五年岁次己丑,西历一千八百八十九年至八百九十年"等文字(见图7)。[②]前者整幅画为墨色石印,加红、黄色点染,画面中间也是月份年历,但周边的场景换成了彩票行本身、兑彩票的场景及购买彩票的情境,生动展示了当时上海鸿福来票行四周,特别是福州路一带商店林立、人潮涌动的繁华景象,画面下方有一段文字:"上海鸿福来吕宋大票行定制,沪景开彩图,中西月份牌,随票附送,不取分文,并附送彩票为记。"[③]

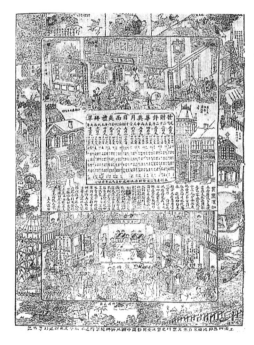

图 6　沪景开彩图

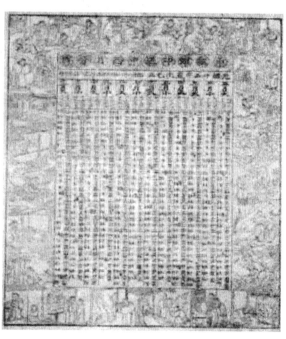

图 7　"二十四孝图"月份牌

① 以上月份牌画例子引自黄莹,黄志伟. 为世纪代言:中国近代广告[M]. 学林出版社. 2004:277—281.
② 林家治. 民国商业美术史[M]. 上海:上海人民美术出版社. 2008:33.
③ 张伟. 话说月份牌[J]寻根. 2002(4).

从 1889 年《二十四孝图》月份牌以及 1894 年英商利华印发《八仙上寿》月份牌构图来看，此时月份牌的销售方式虽已改为以赠送为主，销售为辅，但其构图及内容与传统年画仍然十分相似：日历、月历和二十四节气表被放置在画面中间部分，四周绘神话传说、民间故事及历史生活场景等内容，与商品有关的图像与文字信息非常少。但是，这些月份牌作为一种表示年历的年画的色彩逐渐减弱，而与商业关系日渐紧密。首先，月份牌中日月历所占画面的比重缩小，"二十四孝图"、"八仙故事"、"古装戏曲人物"等生动的民俗画面比重加大；其次，图案复杂，一些月份牌画面色彩还从黑白过渡到了彩色，具有相当的艺术性；另外，此时月份牌作为商业海报的功能开始加强，月份牌的印发开始关注画面图像与商品、图像与广告之间的关系，作为商品及企业名称的广告信息以微妙、婉约的形式安排在画面中。如 1894 年《八仙上寿》月份牌上"利华公司"名称比较凸显，1896 年鸿福来月份牌则将画面四周都绘上了与彩票行商业行为相关的图像。

总体来看，在商品经济发达的上海，为了进行广告宣传，在外国商人的推动下，传统年画开始与广告相结合，产生了月份牌广告画。19 世纪末期的月份牌广告形式仍未脱离传统年画的窠臼，没有形成自己独特的绘画技法。而且，月份牌画在宣传商品的力度和作用上十分有限，广告主多将它作为购买本公司商品的一种回赠。报馆为了吸引读者也附赠月份牌，如《申报》1885 年 2 月刊登启事"现正赶印之月份牌，系中西合历，用洁白洋纸印成，印就戏剧二出，各按地支生肖命意，皆系名人手笔。明年正月开工印就，随报附送。"

这个时期月份牌广告画的广告诉求也是五花八门，没有形成固定的题材和风格。如鸿福来票行"沪景开彩图"，画面上描绘了该票行门前火爆销售的繁华场面，但画面中心最抢眼部分仍为月历节气。在《申报》广告词上，也看不出月份牌与该报广告宣传商品之间存在直接的关联。这个时期广告与年画的结合才起步不久，月份牌画只强调画面精美、色彩艳丽的装饰性以及作为日历的实用性，出钱做宣传的广告主却隐藏在月份牌画背后，并没有将所宣传的内容直接作为卖点公布于画面之上。当然，广告主不是不想粉墨登场，只是苦于找不到合适的方式，害怕匆忙出场反而遭人厌烦，白费心机。这种情况的出现主要是由于月份牌画还未能找到年画与广告有机结合且能吸引人们眼球的风格和主题。

（三）作为商品招贴广告的月份牌

20 世纪初直至辛亥革命前后，中国正处于剧烈的变革时期，半殖民地半封建社会下的中国的经济命脉被西方资本主义牢牢地掌握，中国社会开始进入以工业文明为标志的现代化进程。社会经济的发展促进月份牌广告载体图像与内容的转变，月份牌作为商品招贴广告的特征更为明显。

从印刷技法来看，这时的月份牌除了保留少量木版印刷品之外，石印的彩色的作品越来越多，这得益于石印及后来胶印与彩印技术的引入。辛亥革命前后，上海石印书局鼎盛一时，多达五六十家，他们生产的月份牌广告多为五彩石印。1911 年，英美烟草公司引进了胶版印刷机，此后十年间各大公司、商行都买进胶版印刷机用来印制月份牌广告，而且还有商务印书馆、生生印刷公司等一些专门的印制公司,月份牌年产量很大。先进的印刷技术影响着上海印刷业的发展,也直接影响着月份牌的印制规模和画面效果。彩色的石印月份牌逐渐成为主流,这些彩色石印月份牌色彩艳丽、画面精美,成为商家商品售卖的一大亮点。

　　绘画技法的发展、转变与创新更是将月份牌画面效果提升到了一个新的高度。周慕桥、徐咏青、郑曼陀、胡伯翔、杭穉英等许多优秀画师相继成为月份牌画的中坚力量。他们画功深厚,笔触凝重老练,画风纯朴,所画作品深受老百姓喜欢。最早的一位知名月份牌画师是张志瀛,他是《点石斋画报》的主创人吴友如的老师,但至今保留下来的作品极少。① 另一位月份牌画的开创者是周慕桥,传说是吴友如的弟子,曾为上海老校场和苏州桃花坞木版年画画过时装妇女,他的作品多见于《点石斋画报》和《飞影阁画报》,画风具有强烈的传统色彩,含蓄而内敛。20 世纪初,月份牌的绘画形式开始转变,周慕桥尝试用中国国画的技法创作月份牌,他的《潇湘馆悲题五美吟》与《花木兰》等古装仕女画,采用中西结合的画法,于国画中糅入西画造型与透视结构,人物立体感强,色彩丰富,远比中国传统年画的视觉效果好,周慕桥因此名声大振。如 1910 年他为"亚细亚火油公司"创作的月份牌广告画,构图饱满、形式新颖、色彩鲜艳明快、人物细腻耐看,生动呈现出东晋王羲之等文人集会时曲水流觞、饮酒赋诗的盛况(见图 8)。② 辛亥革命以后,越来越多的中外企业青睐于月份牌,把它作为传播商品信息的重要载体,月份牌发展到一个全新的高度,月份牌的传统画法很快被郑曼陀以擦炭加水彩绘制的创新手法所取代。1914 年,既善长工笔人物画和西洋水彩画,又懂擦炭画照相技法的郑曼陀发明了"擦笔水彩画法"。"擦笔水彩画法"是 20 世纪初月份牌画坛的经典技法,标志着月份牌绘画艺术的新时代来临。"擦笔水彩画法"的特点是:先用线勾出人物的轮廓,然后在人物的面部涂擦上一层炭精粉,再轻轻揉擦,弱化线条和笔触,使之出现明暗与层次,最后用水彩晕染。这样人脸部会白皙中透着淡红,色彩淡雅宜人,肤质柔和细腻,突显出立体感③,画上美女就似照片一样呈现在人们面前。香烟公司、保险公司、印刷厂等中外厂商竞相向郑曼陀预约订购画稿,这种风格的月份牌一下子风靡于上海。1914 年,郑曼陀采用这种方法创作了第一幅月份牌画《晚妆图》(见图 9),1915 年,他根据黄楚九的要求给中法药房绘制了《贵妃出浴》月份牌画,成为月份牌中最早出现的裸体画。从 1914 年到 1920 年,郑曼陀创作出了上百幅优秀的广告画,他的画风极大地影响了当时月份牌广告画的发展。其他月份牌画家也纷纷效仿,争相使用"擦笔水彩画法"来绘制月份牌画,这让敏锐的中外工商企业为之一振,他们开始琢磨直接把月份牌作为商品宣传的广告载体,用来着重传播产品信息,而不再作为赠品随商品附赠。

　　① 梁庄爱伦. 海派绘画风格在 20 世纪早期印刷广告业中的命运,海派绘画研究文集[M]. 上海:上海书画出版社. 2001.

　　② 邓明,高艳. 老月份牌年画:最后一瞥[M]. 上海:上海画报出版社. 2003:77.

　　③ 卓伯棠. 早期商品海报的沿革,都会摩登——月份牌 1910s—1930s[M]. 香港:三联书店(香港)有限公司. 1994:8—15.

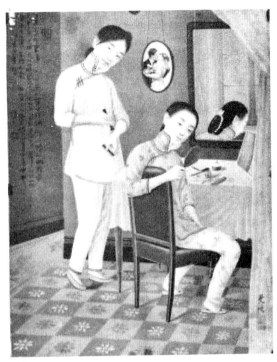

图 8　1910 年"亚细亚火油公司"月份牌 図 9　1914 年"晚妆图"月份牌

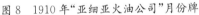

　　从这时期月份牌画面题材来看，神话传说、民间故事、宗教、花鸟山水、风景名胜、人伦礼教等传统年画题材仍有一定的数量，但时事风云类、社会生活类等紧贴时代气息的题材凸显出来，这与辛亥革命前后时局动荡、社会巨变有很大关系。比如，1908 年的《龙飞月份牌》，整个画面几乎都是溥仪与众大臣议政朝政的场面，"礼拜日期"日历表很不起眼，被安排在画面最底端的中部。民国成立后，中国图书公司发行了《中华民国元年月份牌》，该月份牌中西历放置在孙中山先生肖像两旁，肖像上面有一行文字"中华民国临时大总统"，再往上绘着一面中华民国的五色旗。1912 年的《中华大汉民国月份牌》，"天下国民一同迎共和新政"一行汉字及孙文、黎元洪、黄兴等政治人物的头像布满了整个画面，月历和节气表分布在画面两侧的中部（见图 10）。这些月份牌充分表现了民国初立的政治风貌。整体来看，这时的月份牌广告传播题材范围进一步扩大，上海人喜闻乐见的景象和人物、新式高楼、新式历法、自行车及骑车女子、时事政治等当时最新鲜的事物都是月份牌画面

图 10　1912 年"中华大汉
民国月份牌"

图 11　周慕桥于 1908 年创作的
"英美烟公司"月份牌

创作的源泉。受西方绘画技术的影响,月份牌画面人物形象和生活场景贴近生活、写实逼真、受人欢迎,给受众带来了强烈的视觉效果。

构图上,这时的月份牌呈现出一种异于前期的图案,画面信息组成了较为整齐的内容板块。相比 19 世纪末的月份牌广告画,此时大部分月份牌广告图案中的人物或生活场景被充分重视,几乎占据整个核心画面;原来作为年画功能性需求的日月历表和二十四节气则明显退居画面四角、下端或边缘;公司的名称、各类商品及商家的商号会醒目地印在画面的正上方;广告商品不仅以商标文字,还以包装、形象等方式分门别类地与人物或生活场景图像拼贴在一起,构成一幅完整直白的招贴广告画。如周慕桥于 1908 年创作的"英美烟公司"广告月份牌,该图雕廊画柱,人物复杂,反映出生机勃勃的汉宫场景,香烟的烟标巧妙地被安放在画面上方雕龙板之间的位置,既醒目又不与其他景致冲突

(见图 11)。民国之后,月份牌广告的构图更是明显不同于传统年画,其历表、节气的功能逐渐减弱,画面核心位置的安排是围绕着企业及其商品的宣传目的展开的,广告的商业功能大大强化。例如郑曼陀在民国成立之后创作的《女子读天演论》月份牌广告,画面中央是古代仕女,四周配有精心设计的画边边框,并在适当的位置画上商品及商号名称,配有年历(见图 12)。1916 年郑曼陀创作的"香港福安保险公司"月份牌广告,画面中心

图 12　郑曼陀在民国成立之后创作的"女子读《天演论》"月份牌

是一位洋气的东方美女手拿折扇斜倚小桥上，远山近水，垂柳花草包围着她，给人柔和、明丽、淡雅之美；画面上方是中英文标记的公司名称；日月历则居于画面两侧及下端极其狭窄的位置（见图13）。

在20世纪初的前二十年，作为商品招贴广告的月份牌在印刷技术、绘画技巧、题材选取及构图上与19世纪末期已有明显的区别，并形成较为整齐的画面内容板块——除了人物、场景等中心画面，还有企业商号名称、商品和日月历，而且企业商号名称一般字大，其装饰色彩与整个画面对比强烈，商业目的明显。但是，从广告宣传角度来看，这时期的月份牌还主要是商家对消费者购买商品的一种回赠，其本身的广告推销手段并不成熟。商家过分注重月份牌画图案精美、色彩艳丽，反而忽略了产品名称、注册商标、产品图案的渲染与宣传，忽略了图案中人物、生活故事与产品之间

图 13　1916年郑曼陀创作的"香港福安保险公司"月份牌

的联系。所以，20世纪初期的月份牌画即使已经成为了直白的商品招贴广告，商业功能得到强化，但其对商品的宣传作用仍是有限的。

第二节　月份牌广告的成熟

20世纪20～30年代，月份牌广告逐渐成熟，进入鼎盛发展时期，成为具有时代特色的商品海报，创造出了一种有固定风格和题材的、独特的平面广告形式，即以美女月份牌广告为主的表现形式。

一、月份牌广告成熟发展的推动力

经过初期的孕育，20世纪20～30年代，月份牌画在绘画题材、构图和技法上取得了突破，迎来了它的繁荣时期，月份牌广告发展成熟。画师们不断的推陈出新、印刷术和摄影技术的深入发展、受众生活品位的变化及激烈的商业竞争与月份牌广告的成熟发展密不可分，是推动月份牌广告前行的重要推动力。

（一）画师们不断推陈出新

画师们不断推陈出新，推动月份牌广告画在绘画技法及题材上逐步完善，适应了上海大众新的消费观念的转变。1914年，郑曼陀独创了擦笔水彩画法，用于绘制月份牌画，成为当时月份牌广告的象征。郑曼陀的画法既具有东方传统工艺的特征，又具有西方绘画

明暗法则下的立体效果,与清末传统的绘画方法大有不同,非常契合当时上海中西文化交融之下的普通大众的审美情趣。加上工商界的大力推广,郑曼陀的月份牌广告画很快流行开来,郑曼陀本人也成为了继周慕桥之后第二代月份牌广告画家的代表。成名后,郑曼陀所绘制的月份牌广告越来越成熟,约稿商纷至沓来,一度出现约稿定金预收到数年以后的情况。从此,月份牌广告画开始在我国大众文化消费中迅速发展。郑曼陀引领着20世纪20年代月份牌广告制作的风格,而且不断摸索创新,后期的月份牌广告画作品更是紧跟上海社会发展步伐以及上海新的生活观念的转变,突出展现女性地位的提升及生活方式的摩登与美好(见图14)。

图14　20年代末郑曼陀创作的
香烟广告月份牌

20世纪20～30年代,经过了前期周慕桥、郑曼陀两位大画师的不断耕耘,月份牌广告画在技法及题材上,都形成了自己独特的风格。期间,擦笔水彩画技法更加纯熟。题材上,画师们继续创新。郑曼陀独创的时装仕女图,一度广受上海民众的喜爱,商品的广告宣传效果也非常不错。他的后继者们不仅继承了擦笔水彩画法,更是不断在题材上进行创新,将时装仕女发展到了旗袍美女。这些后继者中,最值得一提的是杭穉英和"穉英画室"。

杭穉英(1901—1947年),浙江海宁盐官人。从小家庭贫穷,起初在上海徐家汇天主堂土山湾画馆学画,后考入商务印书馆图画部,学习广告设计与绘画。当时的商务印书馆对上海广告画家的培养作用巨大,在这里,不仅有聘请来的德国、日本画家为学员们讲授西洋画与装潢广告技法,还有专人教授国画基础理论知识。杭穉英、金梅生、鲁少飞、陈在新、金雪尘、戈湘岚、张荻寒等很多知名的月份牌画师都是在这里获得了系统而完整的技能培训。在这段培训期间,杭穉英经常想方设法到印刷厂弄到郑曼陀的月份牌原稿画作,细细琢磨,反复试验,终于破解了郑曼陀的画法。此后,其他画家也都采用擦笔水彩画法来绘制月份牌广告画,只有胡伯翔等少数画师,仍坚持用水彩色层层渲染的方法画月份牌(见图15)。杭穉英很快脱颖而出,成为上海月份牌画师中的佼佼者。1922年他自立门户,成立"穉英画室"。整个画室主要由杭穉英、金雪尘、李慕白三个人组成,杭穉英和金雪尘两人是画室的顶梁柱,李慕白是杭穉英的学生。画室早期采用分工合作的方法,月份牌中的人物由杭穉英画,金雪尘为其配背景。后来,李慕白人物画学成,就同金雪尘搭配作画,杭穉英则退居幕后,指导构图并负责对外联络。"穉英画室"共有七八个成员,每年的月份牌产量多达80余幅,是当时市场上名副其实的高产画室。1947年杭穉英英年早逝,"穉英画室"继续在李慕白和金雪尘支撑下发展,直到全国解放。杭穉英及他创办的"穉英画室",为20世纪20～30年代月份牌广告的巅峰发展奠定了基础。

"穉英画室"成员开始作画都是以模仿郑曼陀绘画技法为主，尽管这种画法在当时已经广受好评，但他们并没有停滞不前，而是与时俱进，在技法和题材上不断探索，不断创新。他们一改之前月份牌绘画画面略显僵硬的缺陷，通过细腻的笔触让画面生动而秀美，色彩明丽而轻快，风格妩媚而时尚。对于题材的选择，他们更是精益求精。在郑曼陀创造的时装美女风靡一时的时候，杭穉英带领他的"穉英画室"成员继续钻研，从生活中、电影中、纸媒上细细揣摩当时最时尚、最美的女性形象，深入到她们的衣着、发型、面容及姿态等各细部刻画。他们摒弃了郑曼陀时代穿着传统的女性形象以及类似女学生般文静气质的女性形象，而以西方新潮性感女郎为样本，改良成中国人喜爱的、笑容甜美、身材丰满的上海摩登女郎（见图16）。并且，他们持续在月份牌广告人物的创作中融入旗袍美女的形象，接受市场的检验。由此，杭穉英及他的"穉英画室"逐渐形成了自己独特的创作风格，广受商家和市民的亲睐，并享誉中国。最终，摩登时尚的旗袍美女形象成为了"穉英画室"的标志。

除了郑曼陀及"穉英画室"的画师之外，这一时期还涌现了一大批的月份牌广告画家，如丁云光、徐咏青、胡伯翔、倪耕野、吴炳生、周柏生、谢之光、唐铭生、张碧梧、杨俊生、赵藕生、金肇芳、章育青、谢慕莲、袁秀堂等等。[①] 其中许多人成长为中国早期的职业广告画家，为上海广告事业做出了巨大贡献。如，李泳森后来在中国化学工业社任广告部主任，创作出了"三星花露香水"、"三星蚊香"等广告；著名漫画家张乐平也曾在中国化学工业社画过广告；张荻寒进入华成烟草公司广告部，创作了"美丽牌香烟"等黑白报纸广告；谢之光是华成烟公司的特约画家，画了大量彩色的月份牌。

图15　20年代末胡伯翔创作的红锡包香烟广告月份牌

图16　30年代杭穉英创作的阴丹士林晴雨商标广告月份牌

---

① 益斌，柳又明，甘振虎. 老上海广告［M］. 上海：上海画报出版社. 1995：15.

（二）印刷术和摄影技术的深入发展

20世纪20～30年代，摄影技术和印刷术的深入发展，使月份牌广告的规模化发行与制作创新成为可能。20年代，我国彩色印刷工业仍处在初始阶段，有些彩色石印的月份牌画还加印了金银线，这时的彩色印刷的月份牌十分新颖，也十分考究。通过彩色石印技术制作的月份牌广告画，画面精致，质感生动，在市场极受欢迎。之后，许多工商企业，如南洋兄弟烟公司、英美烟公司、商务印书馆、华成烟公司、信谊制药厂等抓住机会，极力吸引并网罗一批知名画家，创作大量的月份牌广告，以彩色石印技术印制，推向市场。这段时间市场上涌现出各种各样的精美的月份牌广告画，成为一种潮流和时尚。

19世纪末20世纪初，西方摄影技术开始进入我国，上海作为当时最为开放的大都市，迅速接纳了这种新技术。《良友》等画报不断刊登附有明星，如阮玲玉、胡碟等公众人物的信息，吸引了普通大众的眼球。通过摄影技术拍摄的明星图片，成像效果完美，远远超出文字信息的传播效果。如此优良的效果，使得摄影技术被广泛应用到报纸、杂志、广告等传播媒介之中。这时的月份牌广告正是借力摄影技术，不断刷新着上海民众的审美方式和时尚消费观（见图17）。摄影技术对月份牌广告画的影响，最早可以从郑曼陀所创造的擦笔水彩画技法上观察到。这一擦炭画照相技法是画家把人物肖像摄影与中国传统的民间"写真"画相互糅合，绘制成"传像"，即肖像、寿像或遗像的方法。其具体步骤是，先采用九宫格放大人物肖像照片，勾出轮廓，再将擦炭精粉用特制的画像笔细细地擦涂在画上，创造出逼真的视觉效果。当时的人们称这种画法为"画铅照"或"画小照法"。月份牌画家们利用照相机来捕捉稍纵即逝的光线、色彩，用画笔、颜料模仿真实的自然形态，然后加工、处理，创造出"逼真"的影像和"逼真"的品质。另外，月份牌广告画中的人物形象和生活场景，很多都是画家们参照一些明星或美女的照片而形成的。如金梅生于20世纪

图17 以阮玲玉为原型的别墅牌香烟广告月份牌

30 年代创作的《五福临门》月份牌广告画，即"根据画报上载加拿大一胎五子的照片改画"而来的。同样，他的《第一明星》、《阴丹士林》等月份牌广告是根据电影明星胡蝶的照片改画而成的。1930 年，杭穉英为"启东烟草股份有限公司"创作杨贵妃、貂蝉、王昭君和西施《四美图》，也都是参照当时的电影明星的肖像照改画而成的（见图 18）。摄影技术对月份牌广告画的影响，不仅让受众能够身临其境的体会广告中的生活场景，也大大地增强了月份牌广告的商业信息传播功能。[①]

图 18　30 年代杭穉英为"启东烟草股份有限公司"创作的《四美图》
月份牌，从左往右依次是：杨贵妃、貂蝉、王昭君和西施

有了新的摄影技术、素材和照相技术的支撑，再结合石印印刷技术的广泛使用，月份牌广告发展如虎添翼，月份牌广告画的批量生产能力进一步提高。

（三）受众生活品味的变化

受众生活品味的变化，是月份牌广告画与时俱进，不断创新发展的动力。月份牌作为一种广告宣传手段，其绘制技法的准确固然非常重要，但受众的接受程度更是一个举足轻重的考量因素。如果受众不接受月份牌广告画画面内容，不接受月份牌的某种宣传形式，商家的商业目的就一定无法实现，月份牌画师们的价值也无法体现。所以，只有与时俱进，时刻关注受众生活品位的转变，用画笔呈现出能触动受众心灵的生活场景，才能激发受众心目中对消费生活向往的欲望。反过来，这样的创作出发点也促使月份牌广告自身不断创新发展。

---

① 　郑立君. 论 20 世纪二三十年代摄影对"月份牌"的影响[J]. 装饰. 2005(12).

20 世纪 20～30 年代,上海的城市经济发展持续走在时代的前列。繁荣的商业经济,丰富的物质生活以及开放的环境铸就了上海市民独特的生活方式和生活品位。随着中西方文化的交融,西方自由主义启蒙的影响以及女性解放运动浪潮的波及,在这个最早接触西方生活方式及文化的大都市里,市民更容易容纳西方的消费意识和不同的审美标准,也更容易逐步摆脱传统观念的束缚,注重消费,享受生活,追逐时尚。在此过程中,时尚与摩登,自由与优雅成为当时上海市民的一种生活品位,一种审美情趣。

基于上海市民生活品位的转变,作为广告的月份牌需要与时俱进,不断创新与探索,采用各种时尚、新潮、摩登的画面形象和独特技法来迎合因生活品位的变化而不断增长的市民生活的需求。由此,时尚的美女形象与西化的、幸福的生活场景成为了月份牌广告存在的基础。

(四)激烈的商业竞争

激烈的商业竞争,使得月份牌广告遍地开花。20 世纪 20～30 年代,西方资本主义对中国经济掠夺加剧,在这种刺激下,中国民族资本主义工商业逆势发展。中外工商企业纷纷加大投资,求助商业广告的效应,上海商业竞争进入白热化阶段。为了争夺市场,谋取

图 19　胡伯翔为英美烟草公司创作的香烟广告月份牌

利润,中外厂商采用各种手段营销自己的商品。英美烟草公司、南洋兄弟烟草公司、华成烟草公司、信谊制药厂等许多厂商都不惜投入大量资金,成立专门的月份牌广告制作部门,网罗著名月份牌广告画画师,大量制作月份牌广告。民族企业与外商企业广告竞争最激烈的行业发生在烟草行业,烟草行业的竞争又主要体现在南洋兄弟烟草公司和英美烟草公司之间长期的广告竞争。英美烟草公司曾以极其优厚的薪金聘请著名画家胡伯翔为它制作月份牌广告,即使胡伯翔要求一年只画一张月份牌,而且只画核心人物部分,琐碎的四周花边交给别人来画(见图 19),该公司也欣然允诺给他高规格的待遇。南洋兄弟烟草公司也不甘示弱,根据《南洋兄弟烟草公司史料》记载,其 1923 年的月份牌广告费预算就达 4 万元,尽管在竞争中一度处于不利地位,但"幸月份牌精美,才得以行销"。

不仅各大烟草、保险、药品等公司大量印制月份牌广告,并将其免费赠送给上海市民,《申报》等纸媒为了增加报纸的发行量,也长期采用赠送月份牌等物品的方式进行促销,获得了发行量大增的效果。在这种背景下,月份牌广告以其独特的广告形式与上海市民所喜爱的广告画面和内容,遍地开花,迅速发展,成为上海的主体性广告之一。

二、月份牌广告形式

从郑曼陀创造擦笔水彩画画法开始,月份牌广告独特的广告形式逐渐形成。直到 20

年代初，差不多所有的月份牌仕女图都携带着明显的"曼陀风"，这种风格一直延续到了30年代。但是该风格也存在缺陷。比如，许多作品中的人物头大身小，比例不匀称，表情呆板，郑曼陀创作的《双妹图》就是这样（见图20）。为了解决这些问题，20、30年代的大批月份牌画师们坚持不懈、努力探索与革新，月份牌广告创作技法得到很大的提升，月份牌广告形式逐步优化，终于迎来了月份牌广告的鼎盛发展时期。

题材上，除胡伯翔等少数画家外，大多数月份牌画家都以描绘美女为主。美女题材包括中国古代四大美人（即西施、王昭君、貂蝉、杨贵妃）、时装美女和身着旗袍的都市摩登女郎等。因此，也有人称月份牌画为"美女月份牌画"或"美女海报"。

构图上，郑曼陀开创擦笔水彩技法后，月份牌广告画往往由分割成几块的画面组成，到月份牌广告鼎盛时期，分割成几块的画面被统一起来，中心画面的内容得以突出，画面上多有名家的题跋；边框淡雅了许多，少见以前的色彩斑斓，而且呈现出传统字画的装裱样式，有些主体画面上下端还加有铜边条；年月历的功能需求不再重要，大多数月份牌的正面取消月历；大字体厂商名号的视觉冲击力也减弱了，一般会有厂商名号，但不太明显，而商品标志及商品包装等则成为着重展现的部分（见图21）。

无论怎样变化，月份牌画的主体内容仍为美女，这一点是由月份牌画的年画性质所决定的。王树村先生总结年画特点时认为，年画"人品要俊秀，能得人喜欢"①，如果画面充斥商品，那它便改变了人们对年画的审美要求，人们也不会自愿张贴月份牌画，反而达不到广告效果。只不过，这个时期的美女不再以古装仕女为主，而是以更加贴近市民生活的时尚、摩登旗袍美女为主。月份牌画家们努力在年画性质与广告宣传两种规则之中探索着艺术上的平衡，力求不打破画面格局，见缝插针，于不经意间，极尽能

图20　郑曼陀为广生行有限公司
创作的的《双妹图》月份牌

图21　30年代倪耕野为哈德门香烟
创作的广告月份牌

①　王树村. 中国民间美术史［M］. 广州：岭南美术出版社. 2004.

事的宣传商品,创造出了既受商家青睐又受民众喜欢的月份牌广告形式。

三、月份牌广告的广告宣传策略

在月份牌广告发展的鼎盛时期,其广告宣传策略是多姿多彩的。

(一)月份牌广告的广告策略

月份牌画广告附着在年画载体上,采用了与一般商品海报不同的宣传商品的广告策略。

其一,广告内容与画面主题泾渭分明。商家名称、注册商标、商品形象等或置于画面四周,或与画面主体分割明显,各占一块地方,互不侵犯,这是月份牌画采用较多的一种广告策略。这种类型的月份牌画数量很大,流行时间也很长,追其根源是由月份牌画的年画性质决定的。年画第一要素就是要让人喜爱,在喜爱的基础上商家反复向消费者灌输清晰明了的、不与画面混杂的公司名称、产品名称、产品形象,使之深入人心,达到良好的广告效果。比如倪耕野1938年为启东烟草股份有限公司创作的月份牌画,主体为身着旗袍的摩登女郎走出飞机后的情景,背后是停靠的飞机,远处天空中还有一架准备降落的飞机。画面上部为公司名称,下部为"哈得门"、"大前门"、"红锡包"、"老刀"等香烟图案。月份牌画中美女及飞行主题与香烟广告没有直接关系(见图22)。

另有一些月份牌画的广告内容虽也处于画面边框位置,但进行了某种巧妙处理,增强了艺术效果。杭穉英30年代中期为英商绵华线辘总公司所作的月份牌画,以该公司商标中的"链条"作为边框(见图23),这种独具匠心的设计,易于让人们牢记该产品的商标。

图22　1938年倪耕野为启东烟草股份
有限公司创作的月份牌画

图23　杭穉英30年代中期为英商绵华
线辘总公司所作的月份牌画

其二，将商品融于画面，使商品与美女组成一幅画面，表达一个完整主题。消费者透过画面中美女脸庞淡淡的微笑及美女的幸福生活可以感受到画面外商品的种种妙处，而且商品经过美女推介，其感染力和说服力自然大增。如杭穉英20年代中期为美商上海棕榄公司化妆品作的月份牌画，画面主体为两旗袍女郎，一个对镜自赏，一个手扶椅子，旁边的梳妆台上隐隐约约可见到摆放着的该公司的化妆品，化妆品的使用效果则在女郎俊俏容颜中得到了答案（见图24）。这幅月份牌画中美女与化妆品和谐共存，表达了一个完整的主题，令人充满遐想：本产品可令您像画中美女一样。画家在不经意间毫无痕迹的宣传了商品。

还有些月份牌画采用"硬推销"策略，让画中女郎直接拿起商品向消费者推销。如谢之光1931年为日本谷回春堂"健胃固肠丸"作的月份牌画，画面中一摩登女郎手持该药，药品包装处于画面正中间，直接闯入消费者视线。女郎身边桌子上精美的药盒已经打开，似乎表明女郎刚刚服用过此药，药效写在女郎红润的面庞上（见图25）。

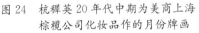

图24　杭穉英20年代中期为美商上海　　　图25　谢之光1931年为日本谷回春堂
　　　　棕榄公司化妆品作的月份牌画　　　　　　　　健胃固肠丸作的月份牌画

其三，运用"同构"语言技巧宣传商品。有些作品让美女直接评说商品功效，语言技巧上常用"同构"方法，即找出画面美女与商品间共同特点，用简明扼要的艺术化语言加以评价。代表作品如20世纪30年代倪耕野为"哈得门香烟"创作的月份牌画，画面上一摩登女郎坐于沙发上，手持香烟，画面右下角香烟图案下面著名的"还是他好"的广告词出自美女之口，既可理解为美女所思的意中人，也可指她手中的香烟，让人回味无穷（见图26）。为这四字广告词，英美烟草公司颇费心思，据说这四个字在中国任何方言中都不会因谐音而产生不良效果。另一幅作品为 20 世纪 20 年代胡伯翔为"哈得门香烟"作的月份牌,画面右下角为香烟形象,左下角为"可爱芬芳",这四字既可形容画面上的美女,又可形容香烟,一语双关,耐人寻味。

其四,构图上让商品处于吸引观画者视线的有利位置,宣传技法高超。比如维敏 30 年代为大中华橡胶厂作的月份牌画,一端坐的美女正在给怀中小孩穿鞋,观者视线正好落在画面正中小男孩所穿鞋之上,而小男孩单脚抬起,鞋底露出该厂"双钱"牌商标橡胶鞋(见图 27)。这种策略利用人们观赏画面的视觉习惯,将观者赏画的视线巧妙地从美女转移到商品本身,达到了满意的宣传效果,标志着月份牌广告的宣传手段已经十分成熟。

图 26　30 年代倪耕野为哈德门香烟　　　　图 27　维敏 30 年代为大中华
　　　创作的广告月份牌　　　　　　　　　　　　橡胶厂作的月份牌画

其五,利用女影星、名媛等社会名流形象作为画面主角,加强广告效应。如胡伯翔 1930 年为英美烟公司作的月份牌画,画面主角酷似 30 年代上海影坛大红大紫的影星阮玲玉(见图 28)。因这些女性名流经常出现在当时的画报或电影中,所以月份牌画家便将她们的形象借鉴过来,使之成为宣传商品的利器。她们的形象比画家虚构的美女更具说服力,从而使人们对画上产品产生认同感。

除上述几种手法外,利用月份牌画来宣传商品的策略还有许多,而且都具有不错的效果。如 1918 年佚名作者为鲁卜良药公司药品作的月份牌画,用连环画形式讲述该公司不同药品功用。再比如佚名作者 30 年代中期为阴丹士林布作的月份牌画,画面下部布匹颜色直接可作鉴别布料的色样,画面中美女手持布料商标又可作鉴别防伪参考(见图 29)。

另外，当时的轰动事件也可拿来当作创作素材，如杭穉英30年代中期为中国大东烟公司作的"集团结婚图"月份牌画，题材来自1935年《良友画报》报道的中国第一届集体婚礼。这场婚礼由市长亲自证婚，成为当时影响巨大并让南京、杭州等地纷纷效仿的轰动事件。该月份牌画四周画成相片边框样式，整幅画面就像一幅婚纱照片。① 由此可见，为获得良好广告效果，月份牌画家无论在绘画技法、题材选取等方面都日渐成熟，月份牌画成为宣传商品的有效广告。

图28　胡伯翔1930年为英美烟　　　图29　佚名30年代中期为阴丹士林
　　　公司作的月份牌画　　　　　　　　布作的月份牌画

（二）月份牌广告美女形象的创作策略

20世纪20～30年代，除少量风景画外，月份牌画题材大多为美女。月份牌画为何以美女为题材需要从两方面加以考量，一是作为商品海报，美女题材为何有利于商品的宣传；二是美女题材如何更能赢得大众的喜爱与欣赏。回答这两个问题就必须了解月份牌画的广告诉求及其与当时人们的思想、社会风尚是如何相契合的。

月份牌画美女大都身着时髦服装，服装种类有旗袍、婚纱、泳装、毛衣等，尤以旗袍款式多样，有对襟、别裁等等，堪称民国服装大展示。美女身份也很复杂，比如仅女学生就可表现为手拿唐诗读本、手握厚本外文资料或翻阅《航空术》等多种形象。虽然我们不能认为其中的女学生真能钻研航空科技，但翻阅《航空术》的美女形象更多地表现了一种生活潮流。因为自中国女航空驾驶员李霞卿飞上蓝天后，航空之术已然成了当时女性热捧的

---

① 卓伯棠. 都会摩登：月份牌1910s—1930s[M]. 香港：三联书店（香港）有限公司. 1994：55.

社会时尚。明星美女,如"影后"胡蝶、阮玲玉等也是月份牌画着力表现的一种形象。这是因为当时电影刚成为一种流行趋势,看电影则成为都市生活的时尚消费,那些频频出现在报纸和画报上的家喻户晓的影星,其穿着打扮和生活方式无疑代表着都市生活的时尚潮流。类似上海"三小姐"王琦瑶的美女形象经常在月份牌画中出现,这些富家闺秀在月份牌画中的形象主要与日常生活有关:骑马,当时影星以精通马术为荣,画报上经常看到女影星骑马的照片;玩狗、打猎,是上流社会女子才有机会去做的事情,是女性自由、开放、与男性平等意识的体现(见图 30、31);打小高尔夫球,当时妇女流行一种精致灵活的小高尔夫球,球小,运动场地也小(见图 32);游泳,中国妇女原来所受教育必须深守闺中,只有在都市中女性才可能出现在公共游泳池,女游泳运动员更是女性心目中的偶像;跳舞,交谊舞池是都市中重要的社交场所,各种舞厅、舞女及其种种故事成了当时上海都市生活的传奇(见图 33);购物及购物后满载而归的喜悦,喜欢购物是女人的天性,去商场、百货公司等新式场所购物更是女性所向往的时尚消费;照顾家庭及小孩(见图 34),背景多描绘豪华的家庭生活,如宽敞的西式客厅,配有大吊灯、地毯、豪华家具和现代电器等,这种优越的生活情景是当时人们理想的都市家庭形态;手叼香烟,坐在沙发上休憩(见图 35),或在自家小洋楼前草坪上悠闲地荡着秋千,或靠在椅子上打电话,或喝着洋酒等。这些都是人们所追求的时尚都市生活的一个个侧影。

总之,当时画家笔下的美女要具备如下特点:人要俊秀,服饰要时髦,生活要现代,这样才能与都市生活相匹配。因此,月份牌画上的美女无论何种职业,她们都是都市中的摩登女郎,生活富足、悠闲、安逸、现代、时尚,既有品位,又有学识,还能相夫教子。

图 30　金梅生为中华光华汽灯厂
作的月份牌画

图 31　金梅生为中华光华汽灯厂
作的月份牌画

图 32　杭稺英为哈尔滨北满烟
公司作的月份牌画

图 33　郑曼陀为无锡懋伦绸缎庄
作的月份牌画

图 34　20 年代谢之光为中国大东
烟草公司作的月份牌画

图 35　双鹤牌香烟广告月份牌画

20 世纪前半叶的上海被称为"东方巴黎",华洋杂处,繁华而时尚。国外时髦商品不到半个月便可到达上海,发达的城市商品经济孕育了独特的海派文化,人们眼界开阔并努力追求富足便利的生活。因此,现代而时尚的都市生活成了上海各阶层人们共同的追求。月份牌画描绘的现代都市生活正是人们梦寐以求的理想生活状态,也就是说月份牌画对都市生活的广告诉求正好迎合了当时上海市民的心态。月份牌画准确的广告诉求正是它深受人们喜爱的原因。

月份牌画对都市生活的广告诉求为何不通过直接描绘都市繁华景象而要通过都市中的摩登女郎来表现呢?换句话说,摩登女郎怎么能代表时尚的都市生活呢?首先,女性解放最彻底的地方无疑是在商品经济发达的城市,她们在城市中可找到工作并获得经济上的独立,经济独立又会带来社会意识的独立。因此,开放的女性形象与开放、富足、时尚的

图 36　30 年代金梅生为青岛中国
山东烟公司作的月份牌画

都市生活不谋而合。再者,摩登女郎与都市生活对消费者来说都充满了诱惑,二者具有相通的地方,所以若给都市生活加上一个性别标志的话,一定是摩登的"她"。都市发达的商品经济开启了人们对美好生活的追求和对物质占有的欲望,电话、洋房、香烟、美酒、高档化妆品,甚至摩登女郎等都是占有的对象。都市生活的本质是消费,是对商品的占有,甚至女人也被当成商品一样,只有有实力的男人才能够拥有。月份牌画题材最大特点是几乎没有男性面孔出现,少数有男性作为主角的月份牌中,男性都不是单独出现,一定会和女性及小孩等一起出现,反映家庭幸福、婚姻幸福(见图 36、37)。它把女性置于画面中,男性则被放在画面之外的观赏者位置。显然,月份牌画是为男性而画的,画中描绘的美女,尤其那些似露非露、性感的美女及画面所营造的都市生活是符合男性欣赏心理的(见图 38)。所以,对男性而言,对都市时尚生活的向往与摩登女郎所带来的诱惑有异曲同工之妙。从性别

角度分析,对女性来说,月份牌广告中所倡导的新型生活方式迎合了她们对新生活向往的心理,为她们构建了新型的生活方式。对男性来说,月份牌广告的画面,尤其是美女月份牌广告,满足了他们最原始的欲望需求,参与构建了新型的消费意识。另外,用摩登女郎代表都市生活自然比直接描绘都市生活更有吸引力,更具有艺术性,能留给人们更多的透过画面的遐想空间。

(三)月份牌广告与商业的互动策略

从广告宣传角度来看,月份牌画对都市生活的这种广告诉求非常单一。例如发行月份牌画最多的大香烟公司,它们的广告诉求几乎一样,都不注重自己产品与其他公司同类

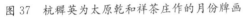

图 37 杭穉英为太原乾和祥茶庄作的月份牌画   图 38 30 年代杭穉英为上海中法
大药房作的月份牌画

产品的差异、自己产品的优势和特色等。这种广告诉求的单一性是由月份牌画兼具年画性质决定的。年画必须具有对都市生活的可欣赏性，如果过分强调产品差异则会冲淡年画的主题，得不到人们的欣赏，进而完全丧失商品广告的作用。因此，月份牌画为兼顾年画与广告的双重特性，在某种程度上阻碍了其作为商品海报广告的发挥。当时的商家似乎更注重月份牌画的作为年画的欣赏性及其发行量和"市场占有率"，而有意忽略产品广告的深入宣传，只需要受众知道公司和产品名称就算达到了广告目标。而商家广告间的竞争实际体现在月份牌画"市场占有率"的程度，月份牌画悬挂率越多，意味着本公司产品受欢迎的程度越高。如南洋兄弟与英美烟草为争夺妓院中本公司月份牌的悬挂，常常派人充当大老板到妓院消费，换来本公司月份牌画的悬挂，但也常会被对手以同样的策略还击。

    在 20 世纪 20～30 年代的中国，电视等影像传媒还很不发达，月份牌画是广大的乡村人口了解大上海、了解城市生活的最重要的窗口，即使文化程度很低，甚至不识字的人也可通过画面形象知道月份牌画要表现的主题。正因为如此，月份牌画得以流行全国各地，其影响力远在报纸和杂志之上。月份牌画取得如此广泛的影响是与商业互动的结果。

    月份牌画史上第一位有影响的画家是周慕桥，他创作月份牌画就是在商业公司的邀请下开始的。比如，他较早的一幅月份牌画是 1908 年为亚细亚火油公司创作的人物故事画。很快，周慕桥的古装仕女题材不能满足商业广告的需要，他在月份牌画中的地位被郑曼陀取代。郑曼陀原来在杭州"二我轩"画人像写真，他将水彩技法与碳精擦粉的技法结合创造了擦笔水彩画，于是身怀技艺来到上海闯荡，在当时上海名人经常出没的张园挂了四幅擦笔水彩画，被大商人黄楚九看中，很快此类技法所绘月份牌画广受喜爱，带来了巨大的商业成功,一时间画家们也纷纷仿效,使得月份牌画成了擦笔水彩画的代名词。而固执地坚持传统画法的周慕桥最后因无人索画而穷困潦倒。由此可见,月份牌画技法诞生、发展和成熟都与商人及商业的推动密不可分。同样,为了适应商业广告竞争的需求,月份牌画的风格变化很快。从周慕桥的古装仕女到郑曼陀的时装美女,再到杭穉英的旗袍美女题材,不过经历了短短30年时间,这么快的发展速度是传统年画无法比拟的,它背后的推动力量来自于商业广告激烈的竞争,来自于商家精心选择的结果。如英美烟草公司每年需要付给几个主要画家一笔定金,让他们画出草图,再将这些草图分发给各地的经销商,由他们投票选出最受欢迎的月份牌画,然后印刷发行。在商业广告竞争的压力下,画家们不断地更新、变换绘画风格。

　　反过来,月份牌画对商品的宣传和销售也具有不可估量的作用。南洋兄弟烟草公司在拓展上海市场时,王世仁致公司函写道:"沪局决开广告一宗,宜积极进行,现周柏生颇能相助。"(周柏生为著名月份牌画家,后供职于南洋兄弟烟草公司。)这说明,在开拓市场的广告宣传中月份牌画意义重大。王世仁致公司函又写道:"幸得月份牌精美,致得推行。"[1]而英美烟草每年的月份牌画是"每年一项轰动的广告",这两家公司甚至还为本公司月份牌悬挂的"市场占有率"而互相拆台。可见,公司之间为商品宣传和销售而进行的月份牌画广告竞争在当时是十分激烈的。月份牌画广告为商业创造了巨大的商业价值,因此,各公司也不惜斥巨资投入月份牌画。如一些大的公司如英美烟草、南洋兄弟、商务印书馆都供养了自己专门的月份牌画家,像英美烟草的胡伯翔、倪耕野、吴志厂、戈湘岚,南洋兄弟烟草公司的谢之光、周柏生等等。英美烟草、南洋兄弟等公司不仅有自己的画家,还花巨资购置了大量的印刷机器。[2]

　　但也正是因为月份牌画与商业紧密且互动的关系,月份牌画创作缺乏完全的独立性。为了迎合商业发展的需要,画家的创作自由会受到一定的局限,甚至在商家的要求下可能画出一些粗俗、下流的作品。杭穉英的儿子回忆父亲时,曾提到父亲的一些粗俗月份牌画是与商人争执不下时不得已而为之的结果。这种负面影响也是月份牌画后来走向衰亡的一个原因。

四、月份牌广告的历史意义

　　作为中国古代的一种年画形式的月份牌画,因其张贴悬挂的方式与西方的海报有相似之处,便被外商用来作为商品广告宣传的有效载体,聘请中国画家将其改造成了一种宣传商品的海报。这种以都市摩登女郎为主要题材,将年画与广告成功结合的月份牌画形式起源于上海,在20世纪20至40年代风行全国,成为那个时代的标志景观之一,它改变了人们以吉祥喜庆为题材的传统年画的欣赏习惯,不能不说是中国商业广告在广告文化影响社会生活方面创造的一个奇迹。因此,总结月份牌画取得巨大成功的原因,以及在中

　　① 上海社会科学院经济研究所编. 南洋兄弟烟草公司史料[M]. 上海:上海人民出版社. 1958:46.
　　② 高家龙. 中国的大企业——烟草工业中的中外竞争[M]. 北京:商务印书馆. 2001-7:31,59.

国广告发展史上的地位是十分有意义的：

1. 月份牌画是基于中国传统民俗的一种商品海报形式。虽然它是西风东渐的产物，但其成功的原因是将西式广告成功地应用在中国传统年画这个载体中，创造了中国特色的商品海报，在中国广告发展史上占有特殊地位。现在许多商品广告因不尊重民族传统文化而失败，月份牌画的成功经验应该值得借鉴。

2. 月份牌画是当时影响范围最广、受众面最多的广告形式之一。在电视媒体不发达的 20 世纪前半叶，月份牌画借助平面影像的力量，将商品和商标传达到城市乡村，让人们甚至不识字的人在欣赏年画的同时也熟悉了广告主的商品。

3. 从广告效果来分析，月份牌画广告发挥了最大的潜在效果。一幅画在家，一般要挂一年，消费者在潜移默化中会对广告宣传商品产生好感，并且这种兴趣会持续加强。应该说，月份牌画广告战略达到了广告潜在效果的最大化。即使今天，也很少有广告形式能以这么经济的形式取得如此长时间的效果。

4. 广告诉求紧合时代潮流。月份牌画对都市生活的广告诉求抓住了时代的脉动，它关注的社会现象，如集体婚礼、游泳、电影皇后评选、富足生活等等，符合当时人们对都市时尚生活的渴望。

5. 题材和表现手法不断创新。月份牌画特有的技法为擦笔水彩，将水彩与擦笔相结合，目的是为表现都市摩登女郎的"甜、哆、糯、嫩"。美女身份在短短的二三十年内经历了从古装仕女到时装美女再到旗袍美女的过程。题材和绘画技法的不断创新使月份牌画获得了强大的生命力。

6. 应用新印刷技术，提高画面质量。早期月份牌画由于国内印刷水平限制，都是拿到国外印刷，再运回国。后来一些大公司购买先进的印刷机器，印制月份牌画。可以说月份牌画在画面色彩、形象逼真度、立体感等方面的优势是传统年画无法抗衡的。

正因为有了以上特点，月份牌画这种中国早期的商品海报取得了巨大的成功，成为中国广告发展史上一朵艳丽的奇葩！

第三节　月份牌广告的衰落与转变

20 世纪 30 年代末期，日本侵华战争爆发，对全国经济影响至深，月份牌广告的创作随之衰落。一方面受战乱影响，商业受阻，画家创作急剧减少；另一方面，受日本侵略者对我国文化上的奴化教育影响，市面上的月份牌广告画多畸形发展，呈现一些封建迷信和色情享乐的题材。尽管仍有些著名画家笔耕不息，尽其所能地创作月份牌画，即使抗战胜利后月份牌画稍有起色，但月份牌广告的辉煌大势已去，衰落成为必然。

一、月份牌广告的衰落

1937 年，日本全面侵华战争爆发，上海经济繁荣的景象戛然而止。受其影响，月份牌广告经历了鼎盛发展之后,不得已开始衰落。月份牌广告兴起与衰落的历史过程是上海近代经济发展史的一个写照。

1937年7月7日,卢沟桥事件爆发,同年8月13日,日军在上海发动"八一三事变",上海商界遭到了严重的破坏,大企业、商行被迫内迁,许多文化人士也纷纷逃离上海。11月,上海沦陷。沦陷后的上海一片狼藉,少数在战火中幸存的工厂、商行,被迫在日本高压统治下生存,很多也难逃倒闭的风险。上海经济沉寂萧条,以商业传播为目的的月份牌广告失去了需求的空间,许多月份牌广告画家离开了上海,留下来的也面临生存危机。因此,月份牌广告迅速从繁荣走向没落。

月份牌广告作为广告的一种,以追求盈利为目的,在战争期间也存在着一些问题。日本为了稳定其在上海的统治,开始寻找宣传奴化思想的工具,而月份牌广告成为他们的选择之一。当时,月份牌画家们要么离开上海,要么出于民族情结而辍笔不画。如日本人曾请著名月份牌广告画家杭穉英创作月份牌广告,以期对我国进行奴化教育做宣传。可杭穉英断然拒绝,宁愿以借贷为生,也不愿与日本侵略者合作。但是,总有少数人禁不住诱惑。日伪政权采用威胁利诱等方式,吸收一些三流画家,为他们服务,创作月份牌广告画。或者是采用欺骗手段,假借画商之名,骗取知名月份牌画家的画稿,然后将画稿偷偷运送到日本在中国的大本营东北进行印刷,再运回上海,并以低廉的价格出售。在上海能见到的这时期的月份牌广告,有些是用来推销日本商品的,有的则把伪满洲国的年号"康德某年"印在上面,宣传封建迷信、色情享乐题材的内容,借以麻痹民众神经,消磨人们的斗志。

图39 《香味芬芳》"金砖牌"
月份牌广告

20世纪40年代末期,月份牌广告衰落,除了受战争与政治的影响之外,还有一个主要原因就是当时的一些月份牌画画家直接受控于画商厂家。以广告海报形式出现的老月份牌画的直接或重要功能是为产品或商品的宣传服务,而画家受制于厂商,则出现了工厂老板要他们画什么,画家们就得画什么,市面上流行什么,画家们就得画什么以适应市场需求。因而,对于月份牌画师来说,能够自由的、独立的创作是很难的。当然,厂商老板也希望群众喜欢自己雇的画家所作的月份牌画,以达到顺利宣传产品的目的,于是,偶尔也会鼓励画家创新。因此,在众多月份牌画中,也不乏出现诸如《登楼》、《学童闹学》、《依桌静思》、《香味芬芳》(见图39)等比较好的作品。但如此盲目无序地创作,最终出现平庸、粗俗的作品也不可避免。这一时期市面上也涌现出许多变异的月份牌广告画,包括《贵子得宝》、《财神上门》、《天堂地狱》与《十殿阎罗》等内容怪诞的作品。更不可思议的是,一些不健康的作品反而会受到欢迎,例如《金屋藏娇》等,这种情况曾经遭到鲁迅先生的严厉批评。再加上粗劣的印刷,色情、恐怖、迷信的内容,月份牌广告进入历史最为黑暗的时期。

二、月份牌广告的转变

1937 年抗日战争爆发,当时的上海一度出现物资紧张,物价上涨的局面。由于市场需求减少,月份牌画家的创作作品也随之减少,月份牌广告开始由盛转衰。但经过一段时间的调整,借助租界的优势条件,各国在上海的势力范围和利益相对稳定,日军不敢贸然进犯。于是,租界形成了沦陷区的"孤岛",也出现了短暂的繁荣,这也给上海这座特殊的城市迎来了新的转机。在日军占领上海期间,月份牌广告画家在租界的庇护下,可以进行相对自由的创作,甚至创作了很多抗日救国的作品,通过讴歌中国古代英雄,积极引导和宣传抗日救国的精神,激励人们奋勇抗战。

在上海外国租界的月份牌广告画家们,创造出了一定量的有关宣传抗日、爱国题材的月份牌广告画,"稚英画室"在此期间就承担了不少这类月份牌广告画的绘制工作。爱国题材和英雄题材的月份牌画在一定程度上对全民鼓舞斗志,顽强抗敌作用巨大。比如,谢之光创作的《一当十》作品,宣扬十九路军抗日的英勇场面,极大地鼓舞了上海市民的抗日热情。这些月份牌广告画的内容多以耳熟能详的历史故事为主,弘扬中国传统文化,呼唤市民坚持抗日,如周柏生为奉天太阳烟草公司所创作的《岳母刺字》,杭稚英、倪耕野、筱山都绘制过《木兰从军图》(见图 40、41)、《梁红玉击鼓抗金兵》等。以民族英雄为表现对象的月份牌广告画的创作初衷是鼓励人民效仿古人,激发人们爱国之志。其中影响最大的属《木兰荣归图》(见图 42),画中倾注了数十名月份牌广告画家的心血,其中就有杭稚英、谢之光等著名的画家,他们的一片爱国之心完全体现在此作品之中。这幅作品深受广大上海市民及全国人民的喜爱,可见人们抗日的决心和对于抗战胜利的盼望。

这些月份牌广告不只在国内受欢迎,鼓舞抗日士气,甚至传至东南亚各国,强烈激励着华侨们的抗日活动。但是,由于这样的月份牌广告在本质上已经远离了商业宣传中时尚与轻松的趣味,而且创作区域仅限于上海租界,数量又非常有限,所以,这些获得良好赞誉的月份牌画只能看作是特殊历史时期的特殊变异形式,并不能作为一种月份牌广告的创新形式,它必然会随着商业功能的消失而消失。

抗日战争胜利后,月份牌广告得到了短暂的复兴,但因为内战的到来,很快又衰败下去。后来,随着新中国的成立,社会的变革,月份牌广告的商业功能消失,转变为新社会政治宣传的手段。月份牌广告从

图 40 《木兰从军图》倪耕野绘制的"耕种牌"香烟月份牌广告

以商业广告的形式出现,到商业广告功能的消失,这一发展历程与近代上海社会的发展变迁相一致,月份牌广告映射出了上海社会的现实,见证了近代上海社会变迁的历程,市民生活的需求和转变也促进了月份牌广告的发展,月份牌广告的发展史恰好就是近代上海社会的变迁史。

图 41 《木兰从军图》筱山绘制的　　　　图 42 《木兰荣归图》"金鼠牌电池
"烟台啤酒"月份牌广告　　　　　　　白象牌电筒"月份牌广告

第六章
风花雪月：广告大师群

在 20 世纪初的上海，各大广告公司和商业公司制作广告多以聘用画家为主。画家成为月份牌广告的主要创作者，而上海繁荣的商业以及以烟草公司为代表的各大广告主之间的竞争，为月份牌广告创作者的发展提供了广阔的平台，成就了一批商业广告创作者。这些创作者的作品从绘画技巧及题材内容上都有了很大的改进，这些变化深深地打上了上海都市文化的烙印。而这些月份牌广告创作者也风靡于沪上，成为当年的月份牌广告画大腕。

以创作者和艺术风格为标志，月份牌广告形成了三次较大规模的艺术风潮。首先是以周慕桥为代表的第一代广告设计师和以传统古装人物画为代表的广告艺术风格，其内容风格偏向于古典题材。其后是以郑曼陀为代表的第二代广告设计师和以擦笔水彩时装画为代表的广告艺术风格，除了郑曼陀外，丁云先以及胡伯翔等人是这一时期的杰出画家。这个时期的月份牌广告无论从题材上和手法上，都有了极大的进步。最后是以杭稚英为代表的第三代广告设计师和以擦笔水彩美女画为代表的广告艺术风格，塑造了月份牌广告的黄金时代，将月份牌广告推向了顶峰。其中杭稚英主创的"稚英画室"，是我国最早从事月份牌创作和商业美术设计的画室之一，推出了一系列富有视觉感染力的美女形象。杭稚英团队中的金梅生等人也为推动画室的发展做出了突出的贡献。同时，有着明确分工的"稚英画室"以其成功的运营模式开创了中国近现代广告艺术的先河，是现代广告公司运营模式的雏形，对现代商业设计的发展运作具有十分重要的影响。

本章主要介绍当年风靡于老上海的月份牌创作群体，选取了月份牌广告三个不同时期的七位代表人物，将其生平和创作结合起来，比较不同时期创作者风格的不同以及背后历史背景的变化，从而有助于全面分析民国时期上海月份牌广告史，剖析其不同时期的月份牌广告设计理念与广告主体，从岁月封存已久的月份牌中找寻现代广告的发展创新之路，对当代广告业的发展具有一定的借鉴作用。

第一节 周慕桥：月份牌广告的奠基人

20世纪初，以创作者为代表的月份牌广告形成了三次较大规模的艺术风潮，其中，以周慕桥为代表的第一代广告设计师，其广告艺术风格偏向于古典题材。

周慕桥(1868～1922)，江苏苏州人。我国广告艺术第一代设计师中的代表人物，被誉为月份牌广告真正意义上的奠基人。周慕桥早年曾做过年画重镇苏州桃花坊的画师，其绘画用功且笔法也较好。后应好友也是著名时事风俗画报《点石斋画报》主笔吴友如的邀请加盟担任《点石斋画报》和《飞影阁画报》的主笔。在此期间，周慕桥与著名海派画师吴友如、张志瀛、金蟾香共同切磋画艺，又拜张志瀛为师，打下了坚实的国画基础，并学习了一些西画技艺。

正值周慕桥画艺逐步成熟，声名日渐鼎盛的时候，月份牌广告开始兴起，于是兼通中西画艺又有多年时事画经验的周慕桥就理所当然的成为商家重金邀请的首选人物。现今可见其最早的月份牌广告是1903年为上海志大洋行绘制的《林黛玉魁夺菊花诗》。[①] 中西画艺的结合使周慕桥笔下的人物更加有立体感和真实感，刻画也更为细腻，色彩也更为丰富，产生了远非传统国画可比的视觉效果。而且，这些画作取材于民间文学形式，情节安排充满文学性和教育意义，也易于为普通消费者接受和欣赏。

在20世纪初，周慕桥推出了自己的代表作品《潇湘馆悲题五美吟》与传统风格的《花木兰》。他的《十二金钗图》最为知名，以古典中的传统女性，清末仕女为原型，画工流畅、精细。周慕桥曾在1914年为英美烟草公司创作《游园》，突破了以往的固有风格，重点描绘了两位穿着"元宝领"传统妇女。由此，一个描绘女性图像的新时代开启。

成名之后，周慕桥更加注意拓展自己的视野，不断强化对于传统人物的理解。周慕桥每周都要去听评弹、说书和看京戏，通过对故事、人物的不断体会和对演员表演的深入研究，周慕桥从中提炼出许多月份牌画的题材和构思。比如周慕桥的代表作之一《关公捧读〈春秋〉》，大量吸取了著名的评弹艺人黄兆麟说《三国》时的姿态和造型，几乎年年再版。基于对古装人物的不断体会和积累，周慕桥对于古装人物画的创作得心应手。而且，周慕桥还主动按照月份牌画的要求对于传统题材进行修饰和润色。他紧抓生意人喜拜关公的心理，制作这幅精品月份牌广告画(见图1)，深得上海滩很多商店、理发店、油酱店店主们的喜爱。而他以出手快、数量多、质量高赢得了各类商业公司的热烈追捧，成为第一代月份牌画的领军人物。

除了古装人物中的戎马横刀外，周慕桥的一些作品也赋予了典型的时代特征。他在1908年为英美烟草公司绘制的月份牌中，周慕桥精心地描绘了宫苑中的各色人物的活动，而在这宫苑的顶梁处却是插着美国、英国的国旗的标志性图案，而宫苑的下方台阶处

---

① 宋家麟. 老月份牌[M]. 上海画报出版社. 1997：9.

则是英美烟草公司的烟标。这幅图反映了当时上海在近代化过程中的半殖民地城市的特征(见图2)。

图 1　周慕桥所作关公像　　　　　　图 2　周慕桥 1908 年作《宫廷百资图》

从周慕桥创作的月份牌广告的题材来看,其内容多与传统故事有关(见图3),并且他作品最早以近代女性为主题,因此周慕桥是最早表现 20 世纪初中国女性的广告设计家。由于擅长使用工笔画法,周慕桥特别对擦笔水彩美女月份牌古画风格情有独钟。月份牌广告伴随着商业的发展,周慕桥在形式和题材上也不断创新。例如周慕桥作品里的仕女形象也有较大的变化,从服饰上就可以看出明显与传统仕女不同,女性不再是小脚女人,而是出现了西式女鞋(见图4);也抛弃了传统仕女的手绢,取而代之的是女士提包的出现。这些创作里不同的女性类型,反映出中国传统女性形象向现代都市女性形象的过渡,也显示了周慕桥的月份牌创作一定的时代性。

的确,从周慕桥的创作风格来看,其作品迎合了那个时代的商业需求,其在月份牌画方面的深厚造诣和巨大商业成功,在为他赢得大量追随者的同时,也对他提出了很大的挑战。他当时创作的月份牌广告画主要还是偏传统的,即使出现了一些新时代的元素,但还不足以成为一个新的独立类型,体现出这个时期显然只是月份牌广告的萌芽状态,属于萌芽性质的发展阶段。

随着时代的进步和人们审美习惯的变化,周慕桥的时装美女画,依然还停留在元宝领服装、西式皮鞋的外在形式上,人物气质仍然无法摆脱清末传统人物画的模式。终其一生,周慕桥没有能对来自后生的挑战做出有效的回应。

1922 年,周慕桥因病去世。这也标志着月份牌广告早期传统风格时代也随之结束。

图3 南星塑料厂广告《江东二乔》　　　　图4 英美烟公司广告《邂逅》

第二节　月份牌广告发展的推动者

　　20世纪初,在周慕桥的古典传统题材风格基础之上,开创擦笔水彩时装画广告艺术风格的郑曼陀是第二代广告设计大师,另外丁云先以及胡伯翔等人也是该时期创作月份牌广告的杰出人才,为推进月份牌的发展做出了突出的贡献。这个时期的月份牌广告无论从题材上和手法上,都有了极大的进步。

一、郑曼陀:近代广告擦笔绘画技法的创始人

　　郑曼陀(1885~1959),原名达,字菊如,笔名曼陀,以笔名行于世。出生在杭州,中国近代广告擦笔绘画技法的创始人其画风源自广东岭南画派,是20世纪初月份牌广告设计的杰出代表人物,被誉为月份牌创作者的鼻祖。[①] 年幼时期的郑曼陀在杭州育英书院学习英语,师从王姓民间画师学画人像。曾是给死人画遗像的画匠。后到杭州设有画室的二我轩照相馆作画,专门承接人像写真。他把从老师那里学来的传统人物技法与从书本中学来的水彩技法结合起来,渐渐形成了擦笔水彩法。这种新式的技法将人物的表现刻画更为明显,从人物举止动作的描绘方面来看,过往人物较为单一、刻板,在郑曼陀的笔

下,使用新的技法能呈现出一种婀娜的身姿动态。以中国传统的水彩借鉴西方写实和光影的画法,创造出一种新式的人物画法即彩笔画法(见图5)。这样就形成了以人物画为主体的月份牌画的基本风格特征。

图 5　香港福安人寿保险兼货仓有限公司广告　　　图 6　上海昌明烟草公司广告

　　由于绘画技法的提升及对人体结构的把握,郑曼陀在绘画的把握能力上达到了空前的高度。为使画上人物"呼之欲出",郑曼陀特别注意画人物的眼珠,使观众与画中人的视线接触时,产生"眼睛能跟人跑"的效果(见图6)。而且从面部和手臂皮肤质感的表现方面来看,擦笔表现更为细腻、真实,水彩上色更为通透、亮丽,在质感的描绘上取得了决定性的成功。郑曼陀的擦笔水彩画是先用灰黑色炭精粉作明暗层次,再加上水彩画的淡彩,所以他画的时装仕女,面部立体感强,色彩淡雅宜人,肌肤细腻柔和(见图7、8)。由于这种技法相当有难度,立体感极强,非常适合表现青年女性阴柔之美,而中国画特别讲究传神,所以这种画法一推出便得到了广泛认可,这也让郑曼陀顿时名声大振。

　　当时的杭州不及上海繁荣,郑曼陀深感身怀绝技难以在当地施展,于是决定挟艺只身前往上海。与上海月份牌广告中的传统服装仕女形象相比,郑曼陀觉得自己创造的新式时装美女形象更显得悦目。郑曼陀将其创作的四幅擦笔水彩画时装美女图的作品放在社会名流经常走动的"张园"去让人观赏,随后被当时赫赫有名的商人黄楚九看中,他以商人特有的敏感发现这些美女月份牌定能用于商业广告之中,于是将郑曼陀的四幅美女画悉数买下,以此用来为他的中法大药房做广告,得到了非凡的传播效果。当时上海开女学,

图7　上海太和大药房广告

提倡女性解放,追求时髦成为当时都市人的心态,在这样的背景下,郑曼陀笔下的清纯女学生形象一下就火了起来,一时间观众如潮,商人黄楚九也获得了极大的商业成功。后来郑曼陀的作品便一发不可收,连续接到大量商家邀画的请求,当时,南洋兄弟烟草公司负责广告的潘达微对郑曼陀的画十分欣赏,并把郑曼陀介绍给当时名躁艺坛的高氏兄弟。高氏兄弟当时在上海主持审美书屋,主张国画改革,并致力于改革古画风格的月份牌。高氏兄弟非常赞赏郑曼陀的时装美女画,提升其作品并为其题补景题诗。后来,在市场需求的巨大刺激下,工商界看重了郑曼陀所创作的月份牌广告能产生巨大推动力,香烟公司、保险公司、印刷厂、酒厂纷纷向他订画(见图9—11)。

20年代,郑曼陀为南洋兄弟烟草有限公司创作的一幅叫作《春读图》的月份牌可以称得上是他的代表作:画中的少女穿着白底绿花的西式中袖衫和白格子的裙子,脚上白色的高跟鞋抵靠在古朴的墙面上,左手执书低下头作沉思状,远处的山水低调处理,重点衬托了人物(见图12)。郑曼陀笔下"女学生"清纯形象的出现,被当时有的人认为是"文明、现代、健康的生活象征",为"在上海社会上赢得很好的声誉","她们的行为举止对上海妇女的生活方式起了很大的示范作用"。

受明清传统仕女画的影响,郑曼陀创作的美女大都是鹅蛋脸,并且含情脉脉又低眉顺眼。这种创作手法细腻,造型准确,真实感强,施以淡彩后,显得格外明快典雅。于是在月份牌改革的时代风潮的推动下,郑曼陀成功了,擦笔水彩画法开始风靡华洋各界,曼陀画成了擦笔水彩画法和月份牌画的代名词,也成了月份牌画的标准画法。当时郑曼陀引导的"曼陀风"红遍整个月份牌画坛,曾有过"家家曼陀,人人擦笔"之说(见图13、14)。

图8　中国华庆烟草公司香烟广告

图 9　广生行公司广告

图 10　广生行公司广告

图 11　广生行公司广告

图 12　春读图

图 13 浙江宝成银楼广告

图 14 滨江德记茶店广告

图 15 王春兴皮鞋广告

随着月份牌广告行业的发展,对月份牌广告的需求越来越大,因此越来越多的画家开始研究郑曼陀画法。可是郑秘而不传,每每作画时,关上房门,也不放外人进去,同行都想学他的画法,始终也无法得知。后来徐咏青经过反复实验,终于探索出了擦笔水彩画的奥妙所在,此后,杭穉英和金梅生等人也掌握了其中的奥妙,这一行人走入了曼陀画的行列,使曼陀画的影响更大。在别人向他学习的时候,郑曼陀也努力提高自己的技艺,在题材和技法上有所创新。他在题材上有新的视野,主要以时装美女为主,并兼及都市生活和古典名著题材。当时郑曼陀为画好都市女性形象,常常在繁华的南京路上坐上一天,观察来来往往的时尚女性。他的《乘火车》、《女学生》、《打网球》、《女子读天演论》和《晚妆图》等等,一扫当时市场上古装仕女图的单调局面,描绘出时代女性的美好,具有鲜明的时代特色(见图 15)。

在技巧上,郑曼陀也不断尝试创新,尤其美女月份广告牌,使中国传统女性含蓄文静的特点表现无遗。

郑曼陀的作品描绘历史人物和摩登女性生活,在画面中突出表现出女性地位的转变和生活观念的变化,反映上海女性的社交与时尚新生活(见图16),这些刺激了新的生活需求,迎合了上海社会的发展,也为新女性提供了一种新的导向,符合中西文化交流的上海商业广告的需求。他的作品充满了生活感和真实感。而这种感觉,对于广告宣传而言,具有一种强烈的心理暗示,从而起到了良好的宣传作用。这也是郑曼陀广告设计成功的关键所在。[①] 郑曼陀通过不断在题材上创新,使自己在日趋激烈的市场竞争中立于不败之地。在这点上,他超越了同时代众多的广告设计者。郑曼陀凭借独创的擦笔水彩画法和众多优秀作品,成为第二代月份牌广告画家的代表,在他的引领下,月份牌广告的设计进入了一个空前的繁荣阶段。

图16　中国南洋兄弟烟草广告

30年代初,郑曼陀转而以绘制艺术性传统仕女画为业,随后退出了月份牌广告画界。

二、丁云先：古装月份牌

丁云先(1881～1946),又名丁鹏,浙江绍兴人。其自幼学习国画,青年时又曾向日本画师学习西洋水彩画。后在上海设"维妙轩"画室,对外承接绘画和广告设计业务。他所绘制的水浒人物烟画惟妙惟肖,令时人注目。

丁云先创作了很多月份牌广告画,题材以我国传统的水浒一百零八将、七十二贤为主。其女性作品也多以古典仕女为中心(见图17—18),传统文化色彩十分强烈。他的烟画作品有《水浒人物》、《孔门七十二贤》、《八仙醉酒图》等,古装人物场景画成就很高(见图19—21),深受当时民众的喜爱。相传丁氏绘画神速,落笔快捷,不论篇幅大小,往往一挥而就。而且为人潇洒,不重金钱,为人画画常常随手相赠,不取分文,自号"白弄先生"。

丁云先创作月份牌广告时代,还是月份牌的萌芽时期。从他的创作风格上来看,其画风沿袭了清末仕女图的创作特点,又有所突破,主要设置为场景的体现,其作品明显存留当时月份牌作为年画时期的原始性特征。

三、胡伯翔：东方神韵月份牌

胡伯翔,生于1896年,江苏南京人。出身海派书画世家,是著名海派画家胡郯卿的儿子,18岁时来上海发展。是中国近代美术史上一位极有特色且成就极高的美术家,也是一位广告设计名家。

青年时的胡伯翔来到上海时,有两件事使他崭露头角：一是在10天之内赶绘上海商会会长朱葆三的大幅画像,在无人敢揭榜的情况下,胡伯翔敢于挑战,在规定时间内绘成大画像,赢得好评；二是他加入吴昌硕等人经常活动的画社,当场作画,以"宋元笔意"而为

---

① 黄仁明,柴万里. 郑曼陀"月份牌"广告设计贡献探析[J]. 兰台世界. 2012(07).

图 17　英美烟公司广告　　图 18　上海华安水火保险　　图 19　八仙醉酒图奉天太阳
　　　　　　　　　　　　　　　　　有限公司广告　　　　　　　　　公司香烟广告

图 20　大业橡皮擦广告　　图 21　桂子兰孙图上海大昌烟有限公司广告

前辈画家们称赞，吴昌硕遂与他成为忘年交。由此，初来乍到的胡伯翔在上海画坛站稳了脚跟。也正是因为他的过人才华，英美烟公司才决定以高薪聘请他加入美术室。1917年，21岁的胡伯翔就开始了月份牌创作的艺术之途，并很快成为英美烟草公司美术室挑大梁的画师。

在广告界，胡伯翔是英美烟草公司举足轻重的人物，是受洋老板器重和给予各种"特殊待遇"的近代广告画家的代表人物，是唯一不使用擦笔技法但坚持传统水墨造型再敷水彩罩染的个性极强的设计师。①

胡伯翔每年只画一张月份牌，他非常注重画作的质量与自己的艺术个性。在当时月份牌画家一窝蜂地都采用郑曼陀的擦笔水彩画法时，他坚持使用水彩层层渲染的画法，用水墨加水彩强化人物脸庞的脂粉效果；当大多数画家追求美女形象的立体感时，他更为注重表现女性的气质和个性，他笔下的美女形象更多的保留了东方文化的内涵。比如哈德门香烟的月份牌广告《冷艳》（见图22），画中的女子一袭白裙，手扶香肩，眼神冷艳，发型古典华贵。又如名为《惬意》（见图23）的香烟月份牌广告画，画中女子脚踩金色高跟鞋坐在沙发上，亦是表情冷漠。与郑曼陀等月份牌画家笔下低调含蓄的中国古典仕女相比，胡伯翔笔下的人物往往显得气质雍容，表情孤傲。

图22　哈德门香烟广告《冷艳》　　　　图23　香烟广告《惬意》

胡伯翔创作了大量的传统题材的作品，并且对于传统题材的运用也非常有特色。他的《三国》画就有这样的特点，不追求场面的宏大，但是往往抓住《三国》故事中最能表现人

---

① 白云. 中国老广告—招贴广告的源与流[M]. 台海出版社. 2003：193.

物性格的场景,充分延展画面的时间感和空间感。从其作品《莫干铸剑》中看,他对画面时空感的运用也非常成功,并进而形成了自己在传统题材方面的艺术特征。

此外胡伯翔还热衷于风景画创作,描摹祖国的大好河山,并把这种爱好贯穿于他一生的艺术追求之中。胡伯翔的风景画有两个特点,一是风景画以人为中心,通过人物来表现风景的美丽和空间的深邃;二是他的风景画,尤其是四季组图都颇有诗情画意,既有传统水墨的纯净透明,又有西洋水彩润泽和亮丽。

胡伯翔在当时广告界如鱼得水的时候,正是中国剧烈动荡、苦难深重的年代。虽然英美烟公司给予胡伯翔很高的待遇,但他并没有因此丧失民族气节。在40年代抗战时期,他毅然离开英美烟公司开始了独立创作道路,并涉足实业投资,创办了一家企业。进入新中国,胡伯翔任上海中国画院画师,成为了上海著名国画家。

第三节　黄金时代的月份牌广告大师

郑曼陀、丁云先、胡伯翔为推进月份牌的发展做出了突出的贡献,这个时期的月份牌广告无论从题材上和手法上,都有了极大的进步。以杭穉英为代表的第三代广告设计师和以擦笔水彩美女画为代表的广告艺术风格造就了月份牌广告的黄金时代,将月份牌广告推向了顶峰。其中杭穉英主创的“穉英画室”,是我国最早从事月份牌创作和商业美术设计的画室之一,其推出了一系列富有视觉感染力的美女形象。杭穉英团队中的金梅生等人也为推动画室的发展做出了突出的贡献。与此同时,有着明确分工的“穉英画室”以其成功的运营模式开创了中国近现代广告运作之先河,是现代广告公司运营模式的雏形,对现代商业设计的发展运作具有十分重要的启发意义。

一、谢之光:烟画月份牌

谢之光(1900—1976),浙江余姚人,别号栩栩斋主。在月份牌广告史上,谢之光是公认的与杭穉英、金梅生一起将中国月份牌画推向一个新的高度的关键人物(见图24)。

谢之光14岁开始跟周慕桥和吴友如学画,又曾师从上海美术专科学校校长张聿光学习舞台布景,开始接触西洋画,后来在该校进修并且很快成为学校里的高材生。谢之光曾在上海福州路的天蟾大舞台画背景,并在22岁时便出版了第一张月份牌《西湖游船》。其构思和技法非同凡响,一经推出就引起了巨大反响和工商美术界同行的关注。

从谢之光现存的作品来看,其早期的风格女性形象

图24　谢之光肖像

还是略为保守(见图 25—27)。后来受时尚风潮的影响,他的风格开始趋向于大胆开放。他是第一个将"女子体"引入月份牌的画家。进入 30 年代之后,他开始以西式素描手法,打造出人物的崭新造型,并对布景陈设进行细致入微的再现,从而树立了自己的个人风格。

图 25　上海保险公司广告　　　图 26　上海九福公司　　图 27　上海丽新股份有限
　　　　《恬静悠闲》　　　　　　　　药品广告　　　　　公司香烟广告

当时南洋兄弟烟草公司捷足先登,把他请到公司美术广告部,后来华成烟草公司为了与其他公司竞争,急需广告人才,也非常看好谢之光,出高薪请他担任公司广告公司部主任。华成烟草公司推出的"美丽牌"和"金鼠牌"香烟(见图 28—32)能成为知名品牌,都来源于谢之光精湛的画艺和独特的创意。其在广告设计中,常常把西洋肖像画和裸体画引入广告。由于受到过专业的训练,技艺十分过硬,又勇于探索,因而具有惊人的创意能力,会经常时不时发掘一些富有新意的广告题材;有的往往加入老的题材再披上新鲜的外衣,显得更加富有新意。在月份牌画坛上,他有"怪才"之称。

从谢之光作品的场景设置上来看,其创作的月份牌广告常常出现各种时髦的西式居家摆设:沙发、椅子、吊灯、烛台、书橱、电器……每一细节均被详尽的刻

图 28　美丽牌香烟广告

画(见图33—34),这与他曾是布景师的经历不无关系。他画中的美人弥漫着一种至今仍觉新潮鲜活的现代感性,她们或在豪宅中,或在庭院里,或在泳池畔,沐浴着新生活的醉人气息(见图35)。

图 29　美丽牌香烟广告

图 30　美丽牌香烟广告

图 31　金鼠牌香烟

图 32　小金鼠香烟

图 33 英商棉华线辘总公司广告

图 34 孔明电器广告

图 35 上海中央香皂出品广告

图 36 上海啤酒广告

通过照相式的写实技法，谢之光令人物形象更加接近生活中的原型，有的是拂面端坐（见图 36—38），有的是怀抱婴儿（见图 39），也有闺蜜双姝（见图 40）。她们仿佛刚好在你眼前，姿态端庄，似笑非笑，眼神顾盼，于是整幅图都活灵活现了起来。

图 37 上海昌福烟草公司广告

图 38 大美烟草公司广告

图 39 母子图大东烟草公司广告

图 40 中国福昌烟草公司广告

　　因为市场的需要,谢之光也曾创作古装的月份牌。他画于 1935 年的《洪武豪赌图》把朱元璋、沈万三等历史人物的赌徒本色刻画得活灵活现。因为迎合了当时市民博彩、好赌心态,所以深受欢迎,被大量印行,一时间大家纷纷仿效。而创作于抗战期间的

《一当十》，歌颂了十九路军奋勇抗敌英雄气概，还有《木兰荣归图》，更是月份牌设计师以自己的专业特长指涉时政、参与社会运动的著名例子。这两张月份牌借古喻今，激发民众爱国热情，极大地鼓舞了上海军民抗战的决心和必胜的信心。后来日军对此恨之入骨，多次要求当时上海市政当局清除这些画片，并加以销毁，这些图片目前已经无法见到。

在40年代月份牌潮流趋于衰落之后，月份牌业务逐渐清淡，因此谢之光转向国画创作，并致力于传统仕女画。他将西画的素描与水彩融入中国传统水墨画，产生了强大的艺术效果。他为人狂放不羁，不守常法，有时甚至用棉团、纸团、布团、竹筷、调羹、木条、手掌、手指作画，与西方现代派画家无异。1949年后，他成为上海中国画院的专业画家，开始从事政治宣传画的创作。他的后半生努力致力于国画创作，成为上海著名国画家之一。

二、杭穉英：月份牌之泰斗

杭穉英（1901—1947），浙江海宁人，是民国时期上海最负盛名的月份牌画家和商业美术家，我国近代月份牌广告最重要的代表人物，被誉为月份牌创作者的泰斗（见图41）。

杭穉英在童年时期就热爱绘画，13岁随着父亲来到上海，入徐家汇天主教堂土山湾画馆学画，后考入商务印书馆图画部，开始了学艺生涯，当过实习生，期满后转入商务印书馆服务部，承接香烟牌和月份牌的设计。1922年，杭穉英从商务印书馆辞职，创办独立画室即“穉英画室”。他为人谦和，待人真诚，周围团结了一大批有为的青年画家，比如金雪臣、金梅生等。后来这些人物都助杭一臂之力，成为画室的中流砥柱。现存的经典旗袍美女以及时髦女郎为主题的月份牌广告，大多数出自“穉英画室”。“穉英画室”成为上海著名商业美术机构的代表，也是民国时期上海广告公司的雏形。期间创作了上千幅优秀的月份牌画，由于有心对商品信息和广告词进行恰如其分的处理，以及丰富多样的广告文案，使得众多企业的商品为市民所熟知，不少品牌流传到现在，成为了今天的上海老字号，比如阴丹士林、阿司匹灵等（见图42—45）。

图41　杭穉英肖像

1922年杭穉英创办了“穉英画室”，在上个世纪前半叶绘制了超过千幅优秀的月份牌画，并为大量民族工商企业设计商标和包装产品，在近代商业美术史上占有重要的地位，而“穉英画室”本身也注重自身的包装以及扩大影响，成功地塑造了自身的商业品牌。这为月份牌广告的发展达到顶峰奠定了基础。

在杭穉英之前，月份牌广告经过了两个阶段的发展。在技法上，他的擦笔水彩技法已经成熟，在题材上，其早期的风格依然延续着郑曼陀时代的古装美女（见图46—49），并逐渐形成自己独特的风格，把旗袍美女带入了月份牌广告之中（见图50—52）。

图 42　阿司匹灵药品广告

图 43　林文烟药品广告

图 44　福州啤酒广告

图 45　阴丹士林布料广告《快乐小姐》系列

图 46　上海啤酒有限公司广告

图 47　古装题材广告

图 48　唱片广告

图 49　上海正兴美术公司广告

图50 明珠牌香烟广告

图51 哈德门香烟广告

图52 伦敦保险公司广告

杭穉英风格的形成受到20世纪初上海社会、经济、城市环境变化的影响,与月份牌画艺术本身的发展过程也密切相关。杭穉英仔细观察当时上海滩上打扮入时的青年女性,注意她们的发型、体态、衣着和容颜。他敏锐地发现郑曼陀时期的时装美女形象到20年代的时候已经落后了,其适时的抓住了时装美女这个创新点,又从电影与国外画报的女性形象与装束中汲取流行元素,经过反复锤炼,终于塑造出更为美艳动人的新型美女形象:她们梳着当时最为时髦的烫发(见图53),佩戴国外流行的帽饰(见图54),穿着色彩艳丽的旗袍(见图55),也有女子手拿香烟(见图56),佩戴着华贵的首饰,呈现出一种高雅之气(见图57)。这些时代女性代表了当时社会审美的整体趋向与追求。

他创作的全新旗袍美女形象,具有极强的视觉感染力,一经推出就立刻获得社会各界的青睐和追捧。在此基础上,穉英画室推出了"美丽牌香烟"、"双妹牌花露水"和"阴丹士林布"等经典老品牌,陆续掀起了月份牌画的一场革命(见图58—60)。这是他最早创立自己人物风格的开始。杭穉英先后创作了一系列这种新型的女性形象,人物的造型、气质、相貌均与早期郑氏创作的美女形象有了较大的变化。他立足于现实,在结合传统元素的同时,从中演绎出富有东方内涵的现代美女形象,比如月份牌中的美女手持琵琶又头戴洋帽，传统中又不失洋气获得了时人的赞赏和喜爱。另外根据 3B 创作法则，将美女、宠物、孩子结合一起，作品变得栩栩如生。这些经典的月份牌广告画也伴随着商业广告走入千家万户，并从上海扩散到全国各地。

图 53　三塔牌化妆品广告

图 54　上海中法大药房广告

图 55　中国华东烟草公司广告

图 56　香烟美女广告

图 57　哈德门香烟广告

图 58　《快乐小姐》系列阴丹士林布料广告

图 59　《快乐小姐》系列阴丹士
林布料广告

图 60　大美烟公司广告

　　与郑曼陀相比，杭穉英的风格更加符合人物比例，透视准确，画面的整体色彩更为鲜艳，没有碳精粉带来的灰色之感，受当时女性审美的影响，杭穉英这一时期的作品多是娴静中透露出自信的时装美女。① 杭穉英在郑曼陀开创的擦笔水彩技法的基础上又有了革新，不仅弥补了郑曼陀在色彩和造型上的不足，也吸收了当时上海社会中新元素的营养，从而树立起了自己的风格。由于杭穉英的不断摸索，精益求精，"杭派风格"闻名于上海。这些都造就了月份牌广告的黄金时代，也标志着杭穉英风云时代的开启。

　　当时的"穉英画室"团队采用国外流水线的方式，分工制作，大量绘制都市化的摩登女郎，将月份牌广告推向了顶峰。② 其笔下的旗袍美女，成为民国时期老上海女性的象征，代表了当时新时期女性的整体气质，使得集"健康美"、"时代美"、"摩登美"于一身的现代女性形象深入人心（见图 61—74）。

　　杭穉英继郑曼陀开创的女学生形象之后又创作了一批装扮入时、洋味十足的旗袍女郎，从此便达到了月份牌的鼎盛时期，而且这些时尚的女性成为 30 年代风靡一时的月份牌广告画题材。从古装仕女到清纯女学生再到时髦女郎，再到泳装和健身的女子开放的形象，这些逐渐完成了女性形象的都市化和商品化，反映当时开放时期的上海女子的生活场景。其中应特别提到女性裸体画的出现使之彻底成为商品化的形象（见图 75—81）。

图 61　上海华成烟有限公司广告

图 62　上海三光牌香烟广告

　　① 杨文君. 杭穉英研究［D］上海大学博士论文. 2012.
　　② 钱珺. 民国月份牌广告画的女性形象创作策略［J］. 文化研究. 2015：125.

图63　北平五星啤酒广告

图64　上海华东烟公司广告

图65　中国大东南烟草公司广告

图66　中南烟公司广告

图 67　哈德门香烟广告

图 68　旗袍美女海报

图 69　英商绵画洋行有限公司广告

图 70　鞋油广告

图 71 女子泳装形象

图 72 女子泳装图天鹅牌香烟广告

图 73 天鹅牌香烟广告

图 74 女子裸体图

图 75　女子泳装形象 图 76　双女图

图 77　香烟广告 图 78　香烟广告

图 79　绸缎广告 图 80　女子抱子图

图 81　女子裸体图

据杭穉英的儿子杭鸣时后来回忆，1937 年抗日战争正式爆发后，穉英画室受到了很大的影响，杭穉英拒绝了与日本侵略者以及黑帮合作，不为利诱，放弃了广告设计工作，关闭了穉英画室，之后转为创作国画和文词，尤其喜欢画竹、松、海。直至抗战胜利后，画室成员继续工作，直至上海解放再度兴隆。① 该时期杭穉英创作了许多具有民族情节的作品，最典型的就是《霸王别姬》（见图 82）。在这幅画中，杭穉英的艺术与技术都得到了淋漓尽致的发挥。在这张未作用于商业印刷的原作中，整幅作品在明亮的淡灰色调中饱满的大红色和深蓝色柱头，帽缨、腰带点缀其间，显示了堂堂正正的民族气派。另外在这个作品的人物造型上，杭穉英设计的霸王形象以当时著名演员王元龙为原型，虞姬则参考了当时几位年轻女子的形象，霸王形态魁梧，透视着威武强悍的英雄气概，虞姬则形象玲珑，显示出东方女性特有的文静柔美。全图在运用西方古典写实技巧进行准确造型的同时，适时的运用喷笔技艺，极好得处理了画面的虚与实、明与暗的关系，色彩细腻也过渡周到。这幅吸收了大量西洋水彩技法的作品，保持着我国特有的民族传统，体现出了鲜明的中国特色，从纯艺术的角度讲，达到了成熟典范的境界。

后来由于过度的操劳，杭穉英被诊断为患中风脑溢血，于 1947 年在上海家中去世。去世后，他创造的摩登旗袍美女形象却依然在金雪尘、李慕白、金梅生、谢之光的笔下继续得到完善。据说直到杭穉英去世后的很长一段时间，"穉英画室"依然存在，所做出的作品都以"穉英"冠名，留下了不少的经典作品成为中国工商美术史上最为流行的视觉形象。

据不完全统计，杭穉英一生创作了上千幅月份牌广告画，数目惊人。在他的大量极富东方情调的作品中，可以发现从 20 世纪初开始的英国工艺美术运动风格、法国新艺术运动风格、美国现代装饰运动风格的印记。他与团队打造的"穉英画室"实际上就

图 82　霸王别姬

① 林家治. 民国商业美术主帅杭穉英[M]. 河北教育出版社. 2012：158—160.

是当今广告设计公司，他们分工创意、画人、配景、饰纹，默契配合日臻完美。这是当时中国最成功的一个广告公司，他们的存在和成果证明，世界设计史的中国篇章在 20 世纪的初期并非是一个空白页。毫无疑问，杭穉英及其作品为中国现代设计史填补了空白，也同时为中国美术史续上了一个新的篇章。

三、金梅生：戏装月份牌

金梅生，上海人，生于 1902 年。青少年时期就在土山湾"咏青画室"师从徐咏青学习西画，1920 年又考入商务印书馆服务部从事月份牌创作。1930 年，金梅生创立了自己的画室，至此专注于月份牌创作，近 50 年将毕生事业献给了中国商业艺术事业。他擅长画着中国戏装的美女（见图 83—86）。

金梅生是杭穉英的好朋友，也是被认为月份牌画界中，唯一可以匹敌杭穉英的画师。杭穉英、金梅生曾经同在商务印书馆服务部工作，他们共同研究过郑曼陀的擦笔水彩画法。当时，他们来到商务印刷书馆附近一家他们熟悉的印刷厂，借看郑曼陀所画的原稿，共同学习用炭精粉擦明暗层次的方法，试着再加上水彩画颜色，经过反复试验，金梅生就用这种画法画了张月份牌给印刷厂，印刷厂老板看了非常满意而买了下来，金梅生和杭穉英的刻苦探索研究终于获得成功，从此，擦笔水彩画法开始广为流传（见图 87—88）。[1] 其他画家也都采用此法来创作月份牌。

图 83　霸王别姬

图 84　打渔杀家

---

[1] 　林家治.商业美术主帅杭穉英［M］.河北教育出版社.2012：47.

图 85　电器广告

图 86　娘娘与许仙

图 87　大连恒大烟草公司广告

图 88　上海信远烟公司广告

与杭穉英相比,金梅生笔下的新女性形象更具有时代特色和生命活力(见图89—90),也更为注重表现人物的动态,如溜冰、抚琴、品酒、抽烟(见图91),充分表现了时代女性的健康美丽。金梅生艺术创作的特色是勇于创新,他的作品还擅长表现细节,从细节中体现女性美(见图92—93),比如闺蜜双姝图,女子轻轻拂面或者拿包,大方得体的形象油然而生。

他还善于表现儿童生活,不乏有母女嬉戏的场景出现在作品里(见图94),骑童车(见图95),玩帆船,以及反映家庭场景情节的广告,都画的栩栩如生,到了三四十年代,金梅生又将月份牌画演变成没有广告和月历的纯欣赏性的悦目画片。金梅生与谢之光、杭穉英均吸收了国画与西画的精髓而各有千秋,一起将中国的月份牌画推向一个更高的层次,金梅生与杭穉英、李慕白、谢之光四人也被誉为可以匹敌郑曼陀的"四大金刚"。

金梅生将毕生精力都献给了中国商业艺术事业。1949年以后,金梅生成为中国美术家协会理事,任职于上海人民美术出版社。1956年受聘于上海画片社。1962年聘为上海市文史馆馆员、上海人民美术出版社特约年画家。其作品经常在全国年画大赛中获奖,而且他还把月份牌画的传统技法和审美观念在年画中传承下来,出现了大量经典海报女郎(见图96—99),在八十年代晚期还不断创作出新的作品。其中儿童作品堪称经典(见图100—101),儿童形象喜感可爱,当年几乎每家每户都有幅金梅生的儿童海报。其以广大劳动人民为主题(见图102—104)和国家领导人为主题的海报(见图105)也成为时代的经典。

图89 上海爱华制药社广告

图90 哈德门香烟广告

图 91　染料广告

图 92　香烟广告图

图 93　白马牌足球牌香烟广告

图 94　绸缎广告

图 95 《母女图》烟草广告

图 96 女子海报

图 97 女子海报

图 98 女子海报

图 99 女子海报

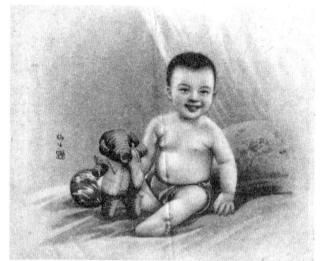

图 100 儿童海报

图 101 儿童海报

图 102 以劳动为主题的海报

图 103　以劳动为主题的海报

图 104　以人民为主题的海报

图 105　以国家领导人为主题的海报

图 106　菜绿瓜肥产量多

　　从作者创作前期到后期，从窈窕艳丽的女郎到朴素勤奋的姑娘（见图 106），明显反映中国社会历史的变迁。

　　从历史的角度看，月份牌广告无疑是中国 20 世纪平面广告史上最有影响，也最成功的一种商业广告形式，风靡于上个世纪的上海月份牌广告创作者也是中国的第一代广告设计家。月份牌画的兴盛使上海成为了近代中国广告设计家的摇篮。这个群体见证了中国历史上一个极其特殊的时代，涉及到政治、经济、文化、艺术等社会的方方面面，代表了一个时代、一段历史、一种文化和一些现象，是中国近代的浮世绘，是民国时期上海滩上开放的一朵奇葩。在民族传统文化与近代西方文化影响和熏陶中成长起来的月份牌创作者成就了月份牌广告,从而成为海派文化中典型的一支,在民国上海广告史上留下了传奇的一页。

上海成为孤岛后,月份牌开始出现衰落。抗日战争爆发后,月份牌背后的创作者的命运也随着社会的变化而变化。到了解放以后,由于国内政治、经济环境的改变,政府对月份牌画家纷纷进行思想改造,月份牌广告开始转型为政治性的新年画。正如本章节里提到的月份牌创作者后期金梅生的作品,其笔下从香艳旗袍美女到朴实的劳动人民的风格骤然改变,反映了这种时代的变迁。而当年的月份牌作为一种时代的印记长期在民国时期的老上海独领风骚,其给予民国时期的老上海更多的集体记忆和空间认同感。最后,曾经和老上海滩一样繁荣过的月份牌创作者,由于失去了近代社会的特殊土壤以及商业广告的根本性质,注定只能与老上海滩一块随风逝去,成为上海历史的一种追忆。而这个群体曾存在于上海独特的空间里,并与其独一无二的历史相勾连,这种象征大上海繁华记忆的符号深刻改变了城市的空间物质和意义维度,从而构成了海派文化和年代集体记忆的基础。

从月份牌广告角度重新解读上海广告史,能够更好的呈现上海独特的商业背景与文化,以及重温月份牌广告创作者,是对当年上海气质的再现,对当代广告的发展也有很大的借鉴作用。

月份牌广告创作者的艺术精髓也是中国传统文化所应传承和发扬的,是老上海文化发展的历史积淀与见证,无疑是一笔光辉灿烂的文化遗产。当年西方文化思想的渗透使老上海形成了自己独具特色的文化内涵,创作者将月份牌作为广告建立了中国化的风格,并击败了当时的西方平面设计画。随着当前中西文化融合的加深,上海作为国际大都市的传播方式更需要时间和空间上的延伸,我们应从中吸取养分,为如何在经济、文化全球化的背景下寻找民族化的中国风格道路提供启示。

第七章
写实空间：摄影与广告

广告摄影是科学、文化和市场经济发展的产物，作为一种独特的视觉传播手段，在商业活动中得到社会的广泛认可。它能表现出商品的真实外观和特征，激发消费者购买欲望，收到市场营销及信息传播的功效，在商业广告宣传中起着重要的作用。上海是中国摄影的发祥地之一，是外国摄影器材最早流入中国的大城市，也是中国商业广告摄影起步最早、最发达的地区。回顾上海广告摄影发展历程，从某种意义上说，就是对上海商业经济、摄影文化发展的一次梳理和总结，对于未来国际大都市广告研究有重要的历史价值、市场价值和现实意义。

第一节　上海商业摄影的源起

在近代传入中国的外来科学技术中，摄影是较早的一种，至今已有 160 多年的历史。摄影技术应用于商业模式的照相业，几乎与国外同步。早期上海的商业广告形式多样，当时在上海地区出现的"老广告"，在市场上占据了重要醒目的位置。特别是近代摄影广告的出现，使广告传播效果大大提升。至今保留在《申报》、《上海新报》《良友画报》上的广告，和旧画册上留下的上海城市户外广告，以及唱片、月份牌、灯箱、海报等，使我们得以清晰回顾上海的都市商业文化、风土人情。早期上海商业广告的主要形式是报纸、画报、杂志、海报等媒体上的广告，和商业店铺内外的广告，以及户外公共场所的广告。（见图 1—4）

图 1　1931 年王开照相馆在《申报》上刊登的广告

图2　《良友》百代唱片胡蝶

图3　《良友》国际大饭店广告

图4　1930年南京路永安公司

　　上海是中国广告摄影的发源地之一。《申报》从1872年4月30日创刊,直到1949年5月27日停刊,是中国历史最长、影响最大的一份报纸,先后刊登了大量摄影广告。早在20世纪初就产生了最早的摄影广告,到了20年代和30年代,上海的广告业已经相当繁荣,其广告理念和经营模式与国际广告业发展相同步。20世纪20年代,早期广告代理业(广告社和广告公司)产生,仅上海就有 30 多家。1927 年,上海有 6 家广告社组织成立了最早的广告同业组织——"中华广告公会"。30 年代,中国广告业处于鼎盛时期,报纸广告费已成为报馆的主要经济收入,其中摄影广告费收入就占了一定的比例。中国著名摄影家郎静山,自 1912 年进入上海《申报》馆工作,到 1919 年成立自己的"静山广告社",他身兼多职,较早认识到大众传媒作用和广告发展的潜力和商机。后因工作出色,交友广泛,广告业务扩大,不久升任《申报》广告部主任,还代理了《时报》的广告业务。静山广告社与新加坡首富万金油大王胡文虎有很深的渊源,其广告业务由郎静山代理,从而使静山广告社得以保持稳定的业务,直到 1949 年郎静山离开大陆前往香港,才结束了三十余年的广告生涯。(见图 5)

图 5　静山摄影室广告

　　早期上海照相业所用摄影器材全部依靠国外进口,1903 年后,外商材料行在上海相继建立,民国初年有了华商材料行,同时照相器材也不断改进,干版摄影逐渐取代湿版摄影,分色片取代了色盲片,逐渐发展到应用全色片,并出现了轻便灵活的小型镜箱相机,从而促进上海照相业的发展。上海早期的照相馆,黄浦区最多,有 10 多家。南市区在八仙桥一带,也有近 10 家。这些照相馆除了为本店营业需要而陈列样照广告外,还为其他广告业务提供服务,主要是为报社、专业杂志、展览会、户外宣传等拍摄广告图片。在 1931 年 10 月到 1936 年 6 月《中华摄影》杂志上,就有专门介绍 KINHWA CYLINDER-JMAGE CAMERA(景华环像摄影机)、复旦摄影年鉴、英明照相馆、静山摄影室、中华图书杂志、Edison Photoflash lamp(摄影闪光灯)、舫筱爱哪爱灯光纸、Agfa 胶卷、柯达万利软片、飞虎牌油漆、柯达宝白朗尼镜箱、依尔福胶卷、禄莱弗莱克斯镜箱的广告。当时经营摄影器材的主要有永安公司照相部、新新公司照相部、英明照相馆、王开照相馆、启昌照相馆、冠龙照相材料行、益昌材料照相行、华昌材料照相行等。1936 年 1 月—1937 年 7 月所刊登的摄影广告内容主要有仙乐软片,英国依尔福,CLAROVID 自动对光快镜,徕卡照相机及镜头,柯达胶卷(普通软片、万利软片、特快全色软片、全色微粒软片),德国禄莱快镜,禄莱 f 3.5 相机,飞而摩放映机,蔡司伊康相机,德国测光表,飞利浦暗房安全灯,Gayverf 三角牌软片,福伦达(百思步)小型反光部镜箱,exakt 二寸新型小反光镜,contax 康泰时相机光等。(见图 6—9)

图 6 1909 年的霞飞路(今淮海中路)。图为法租界公董局局址以及街面广告

图 7 服装广告

图 8 烟草广告

图9　康泰时照相机广告

图10　《申报》国外照相机广告

20世纪20年代，在国外摄影材料大量销售于上海的同时，为拓开市场，国外一些摄影器材供应商在上海开设照相学校，传授照相技术，为我国照相业发展提供了物质条件，培养了应用人才，照相馆也很快普及到全市。由于电力事业的发展，20世纪30年代，照相业已经基本使用以电力为光源的灯光摄影，从而结束了靠日光、煤气灯光、炭精灯光拍摄的历史。随着摄影技术的不断提高，从一般的照相拍摄向人像和商业广告发展，并且在摄影室里还增设了相关摄影道具。（见图10）

1926年，《良友》杂志创刊号上就有名人肖像和儿童照片的商品广告；1928年第33期，梅兰芳肖像成为某种药物的广告；30年代演艺界当红女明星胡蝶、陈玉梅等人的玉照为百代唱片公司做广告；胡蝶为化妆品做广告；某上海名媛肖像用于"三花牌"化妆品广告等等。这些广告照片都是黑白的，并不是专为广告而拍摄，只是把普通照相馆拍摄的肖像附在广告文字和图框中。（见图11—14）

1937年4月，上海摄影家聂光地著有《论广告摄影之布局》一文刊于《黑白影集》，介绍广告摄影的构图技巧。这篇少见的关于早期广告摄影的专业文章，考证了广告摄影在当时已作为专门的摄影种类而引起摄影人的注意。30年代中期，画报中出现了一些专为商品拍摄的广告照片，不再是文字配插图的形式，而是对照片和文字进行有机组合的广告。如《良友》画报上登载的"长命牌"维生素药物广告，是以健美先生为对象拍摄的广告。《良友》画报还有整页或跨页的大幅广告，采用了影像拼贴、平面设计的方式。报刊以外的印刷品如产品包装（如香烟盒）上也有美人头像的黑白照片。彩色感光材料的感光度在60年代以后才得到大幅度提高，我国彩色摄影的普及要等到80年代。因此，20世纪20—40年代，鲜艳夺目的手绘彩图在广告中远远多于照片，广告美术行业远比广告摄影

业繁荣发达。其中较受广大消费者青睐的是属于"海派艺术"的月份牌绘画。（见图15）

图11　药品广告

图12　《良友》百代唱片明星广告

图13　《良友》百代唱片渔光曲唱片——王人美

图14　化妆品广告

图15　月份牌摊头

20 世纪 30 年代后,照相业创意摄影有所开拓,为电影明星拍照片、为各种商业活动以及工业产品拍照片,已成为照相业的主要业务来源。民国中后期,美国柯达胶卷、德国的照相机等大量外国照相器材倾销我国,照相业务很快扩大,产生了业务竞争,经营逐渐走向专业化、特色化,如"王开"照相馆以擅长拍摄"合家欢"、团体照而闻名;"中国"照相馆以拍摄结婚照和国内大型团体照并放大着色而名扬申城;"容新"照相馆以专拍工业广告而称雄上海(后改名为跃进工业摄影社);"摩登"照相馆以拍舞台喜剧照而独树一帜;"英明"照相馆以擅长拍摄儿童照而著称;"科艺"照相馆以后期制作中用微粒冲晒来表现色调而在同行中独占鳌头。特色照相馆的出现,满足了人们多方面的需求。(见表 1)

解放前,上海拍摄广告的主要是私人公司,除了一般照相馆之外,还有专门拍摄商品的摄影公司,比较有影响的是荣昌祥广告公司,主要经营户外广告业务,铁路沿线的明墙广告及设计都是由荣昌祥来经营。随着人们对广告的认识不断提高,商品广告越来越受到工商企业的青睐,广告业组织也日渐发展成熟。1921 年,王万荣创办了"荣昌祥广告社"。王万荣原名王兰生,刚开始到上海开设荣昌祥广告社,专营路牌广告。由于王万荣做事认真、业务精通、质量过硬、服务周到、讲究信誉,几乎上海周边城市每块大型路牌广告都是"荣昌祥"包办的。后来,王万荣把广告社改为"荣昌祥广告公司"。此时上海的广告行业已经相当发达,可以说是中国的广告中心。外地的广告企业也纷纷迁到上海。1952 年公私合营后,成立了上海市广告公司(后因实行内外分口而易名为上海广告装潢公司),这是解放初期国内最大的专业广告公司,公司合并了大量私营广告企业,人才济济,实力雄厚,曾一度被看作中国广告界的"龙头老大"。(见图 16)

图 16 荣昌祥号

表 1 近代上海主要商业照相馆一览

照 相 馆 名	地 点
隆泰洋行	英租界三马路(今汉口路)
公泰	三马路(今汉口路与河南路交界口)
森泰	英租界内
苏三兴	三马路(今汉口路)
达盖尔银版照相馆	Messrs. P. F. Richards & Co
华兴照相楼	棋盘街(今河南中路福州路南)
宝记	大马路泥城桥东(今南京东路),先后搬迁 5 次
耀华	大马路 42 号(今南京东路)
小广寒	英租界福州路 493 号
中华	英租界南京路 P377 号云南路口
日光写真馆	美租界闵行路 91 号
井上	美租界西华德路 9 号
生霞轩	英租界劳合路 477 号
生春轩	美租界海宁路春贵里内 1624 号
兆芳	英租界南京路 367 号(西藏路附近)
光华	英租界湖北路即大新街 62 号
亦亦轩	法租界裕兴大街(洋行街角)
亚细亚	英租界四川路 135 号
亚张	美租界北四川路 74 号
和兴	英租界南京路 425 号
河合	美租界北四川路 40 号
岩本写真馆	美租界南浔路 150 号(蓬路角)
美华	英租界南京路 361 号(劳合路东)
美新洋行	美租界北苏州路 3 号
美利丰	美租界百老汇路 2 号
保錩	英租界福州路 491 号
丽珠	四马路 16 号(今福州路)
日华照相	二马路 大新街(湖北路)北首
致真	大马路虹庙对面(今南京东路)

续 表

照 相 馆 名	地 点
同生	北四川路 3052 号(今四川北路)
英昌	英租界广东路 29 号
品芳	城内邑庙星宿殿对面 362 号
容新	英租界交通路口 120 号
容光	城内邑庙后门口 80 号
时芳	英租界浙江路 169 号—170 号(汉口路相近)
晋记	法租界公馆马路 409 号
真容阁	英租界河南路抛球场宏大纸号间壁
毕肖楼(女子照相)	城内就九亩路 5 号(拱宸路南)
华真	美租界北四川路清云里四街衖(白渡桥北)
汇芳	新租界静安寺路 11 号(中泥城桥西)
冠芳	新租界新闸路 2075 号(温州路东)
丽昌	美租界北四川路 1855 号
庐真	南市裹马路 74 号(太平街南端)
镜华	新北门内福佑路口 114 号
竞芳	英租界南京路 347 号(劳合路东德余里口)
宝华	城内邑庙豫园旁
德雨轩	英租界山东路望平街 256 号—257 号
光绘	四马路 11 号(今福州路)
沙地	大马路 42 号(今南京东路)
铃木	四马路 16 号(今福州路)
二惟楼	四马路尚仁里内(今福州路)
丽芳	大马路 556 号(今南京东路)
沈石蒂照相馆	大马路(南京路，美伦大楼)
兆芳	西摩路(今陕西北路)
英明	大马路 61—62 号(今南京东路)
王开	大马路(今南京东路)
古龙	静安寺路 37 号(今南京西路)
维新	老城隍庙

续　表

照　相　馆　名	地　　　点
京华	老城隍庙
万华	老城隍庙
山石梯	静安寺路(今南京西路)
卡尔生	静安寺路 167 号(今南京西路)
宝德	静安寺路 54 号(今南京西路)
雪怀	大马路(今南京东路近天津路)
大同	静安寺路 242 号(今南京西路)
光艺	静安寺路 34 号(今南京西路)
人鉴	大马路(今南京东路)
福生	大马路(今南京东路)
沪江	大马路 慈淑大楼 27 号(今南京路)
美真	三马路(今汉口路)
写真	大马路(今南京东路)
吴萃和	四马路 546 号(今福州路)
悦容	大马路抛球场东首
佐藤	大马路泥城桥
华春	北四川路 1995 号(今四川北路)
日华	二马路大新街北首(今九江路)
宝芳	八仙桥附近
中英	四马路(今福州路)
宜昌	四马路(今福州路)
光华	湖北路 63 号
张园	今泰兴路、吴江路南端
小蓬莱	二马路(今九江路)
丽华照相放大公司	大马路（今南京路）

一、上海广告摄影特征

　　据有关史料统计,二十世纪初,在上海的外资和民族资本工厂,大约有 130 多家,占全国总数约 1/3,上海已经成为近代中国最重要的工业大都市。在民国时期上海广告传播中，有相当部分表现出上海商业文化的特点，并与当时世界文化的发展几乎相当。商业意识不仅体现在经济当中，同时也渗透到文化领域。具体表现在，广告传播成为商家品牌市场效益的体现，促进了近代报刊、电台、杂志业的发展。在早期报刊业中，特别是辛亥革命后，相当一部分企业成立了广告科，上门招揽客户，代客设计广告，广告收入已成为媒体中介的重要经济来源。在传播方式上，既有文字，又有图画，又有摄影，充分体现了上海"海派文化"的重要地位。据不完全统计，在近代老上海广告中，广告传播涵盖了人们日常生活需求的各个方面：医疗保健、文教出版、旅游、日用百货、服装、摄影器材等，以后逐渐影响到国内其他大城市，特别是对商品品牌的理解、消费习惯的养成、以及对商业文化理念的认知提升。当时的摄影广告主要是刊登在报刊杂志和画册上，其形式多样、门类丰富、创意表现效果也非常好。在高露洁牙膏、桂格麦片、派克金笔、柯达相机（胶卷）、摩凡度金表、蜜丝佛陀化妆品等众多国际知名品牌上，都能看到其宣传功效。特别是借助摄影"图片效果"的真实性，充分展示了上海固有的城市文化语言和符号，使人们感受到现代文明发展中"摩登"时代的到来。（见图 17、18）

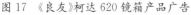

图 17　《良友》柯达 620 镜箱产品广告　　　　图 18　《良友》手表广告

（一）二十年代——广告摄影发展时期

摄影由艺术摄影走向商业摄影，并逐步形成了与工业技术结合的广告媒体。摄影技术的发展促进了广告摄影的表现，体现为影像的真实和图像的清晰效果。受到传播技术的限制和广告客户观念的局限，几乎所有的照片都是直接的表现产品的外貌特点和企业生产者形象。这种限制主义摄影形象是为了证实产品的质量是可靠的，商家是有一定实力的。在整个广告画面中，摄影是为文案和插图服务的，主要是引导人们对消费产品的重视。第一次世界大战以后，世界经济得到恢复和发展。由于社会生产力的提高，流通和消费在广告中起到一定的作用，也拉动了广告费用的大幅度增长，还出现了印刷精美的广告刊物和相关的杂志，这为广告摄影的繁荣和媒介传播效果的提高奠定了基础。二十年代后期出现了风格多样的广告照片,一方面具有情节性的大幅广告照片的产生,增加了照片的吸引力和内涵表现;另外,一部分摄影家追求当时流行的"新视觉",热衷于有个性的摄影风格样式,使商品传播更加丰富而有视觉冲击力。(见图19、20)

图 19　柯达胶卷广告　　　　　　　　图 20　《良友》保济丸药品广告

(二) 三十年代——广告摄影全盛时期

当时在文化界最具冲击力的是好莱坞电影,好莱坞式的浪漫主义和戏剧化效果的表现,同时也影响着商业摄影领域。摄影师、企业为迎合人们的观赏趣味,从而获取商业利益,也纷纷仿效好莱坞的风格。在技术上强调设备和光影效果,尽可能造成朦胧、浪漫、富有想象力的情调。往往为拍一个商业产品去精心布景、准备道具,追求画面的趣味效果,这在当时获得了一定的成功。与此相应的是广告文案不断地缩短,要求精炼,力求以说服力强的文字说明与摄影画面相互配合。比如当时著名的香奈儿香水广告只用了一句广告语来传达,而突出用摄影来表现香水的主体形象。三十年代还有一个特点,广告摄影师已被大家认可为一种职业,广告摄影的巨大影响力和广告拍摄者的创作才能被社会、被市场所肯定,因而涌现了不少热衷于广告摄影的专业人才,从而使广告市场得到更加专业和规范的发展。另外,小型相机的介入使拍摄动态和静物更加方便,使画面充满着生活情趣和动感。许多业余摄影者和专业摄影师都热衷于利用小型相机去拍摄广告,并踊跃地向当时的媒体投稿,以求刊登他们的作品,这也满足了一部分客户对产品的具体拍摄需求。1937 年"八一三"抗战之后,上海租界成为了孤岛,上海的商业出现了一些特殊的变化,为了在市场竞争中获得更大的利益,纷纷采用各种经营方法来招揽顾客,如实行大减价、上街包揽生意、拍摄 1 份赠送 1 张大照片等方法。有的公司还聘请外国摄影师,有的还为当红明星拍摄样照陈列在橱窗内,以吸引来往行人。那个时期上海照相业界的行内竞争在不断加剧。

（三）四十年代——广告摄影衰落时期

第二次世界大战打乱了人们的正常生活，一切讲究实用。这时期，纪实是广告摄影的一种新的重要样式，几乎所有的广告图片都采用了纪实的风格，通常以更为精确、细腻的手段去展示商品的特征，这种效果类似于纪实广告样式和新闻摄影样式，与简单的写实广告有着本质的区别。而这个时期的作品更加强调摄影技术的重要性，其视觉画面的精彩，让人过目不忘。上海的许多报纸、摄影杂志这个时期发表了许多反战的公益广告。同时，还刊登了中国军人表现奋勇抗敌和各界爱国人士、广大学生用各种形式组织发起的宣传国货、抵制日货、要和平、反侵略感人场面的摄影图片。

1941年起，上海的照相业受到美术界的影响，一些照相馆率先用油彩着色照片，追求亮丽、鲜艳、自然的艺术效果。当时的油彩着色价格便宜，着色速度快，视觉效果好，很受顾客的欢迎，沪上各照相馆相继效仿，使油彩着色在照相业中广泛使用，并逐步取代了传统的着色方法。上海的照相业还承担着拍摄工业产品照、古玩字画照、静物摄影和文档翻拍等业务，照相馆也逐渐增加到400多家。1945年抗战胜利后，大后方的民族工商业重返上海，上海的工商业重现繁荣景象，广告业随之复苏。但是，货币贬值，物价飞涨，导致照相价格紊乱，同行业之间矛盾加剧，业内强烈要求组织"上海照相业商业公会"。公会着手统一价格，解决行业内部矛盾，为各照相馆定级别，对促进上海照相业的发展发挥了重要的作用。（见图21—22）

图21　公交车上的广告　　　　　　　图22　四大名旦唱片社

二、早期各种广告媒介

摄影与广告传播跟印刷术的发展有着密切的关系。早期上海的摄影广告在杂志上刊登比较多一些，上海第一份杂志是清咸丰七年（1857）由英国人伟烈亚力创办的《六合丛刊》，而历史最长的是商务印书馆在1904年创办的《东方杂志》，其中刊登广告很多，有不少美国商品的广告。

邹韬奋主办的《生活周刊》本来只发布书刊广告，从 1929 年 12 月 1 日（第五卷第一期起），开始接受其他商品广告。1926 年 2 月 15 日创办的《良友》画报，创刊号封底上刊登的是南洋兄弟烟草公司的香烟广告。上海不少电影界的明星在《良友》画报的封面上刊登了自己的形象，以做广告宣传。

图 23　绒线广告

另外还有图书广告，其与杂志广告一起成为当时两种重要的媒体广告。老上海是当时全国出版基地，有许多出版社和杂志社，当时的图书杂志都开辟了广告专栏，广告的收入成为各出版社、杂志社的主要经济来源之一。一般封面封底为彩色广告，内页多数为黑白广告。

著名艺人为企业广告有：秦怡为源昌绒线公司所做的明星广告，王人美、白杨、郑君里、兰心、胡蝶为力士香皂、德国"四七一一"厂生产的化妆品、国际大饭店广告、《良友》公司做广告，梅兰芳为威廉士大药房广告，袁美云为冠生园月饼做广告，还有周璇主演拍摄相关国华影业公司的剧照广告等。（见图 23—25）

图 24　《申报》刊登的香烟广告

图 25　《良友》奶粉广告

三、上海早期主要商业性报刊

通过表2,可以对上海早期主要商业性报刊有个基本了解。

表 2　上海早期主要商业性报刊

报刊名称	创办时间	创办地点	创办人/主编	特　点
《北华捷报》	1850.8.3	上海	奚安门	上海第一份近代报刊,英文商业性周报
《六合丛谈》	1857	上海	伟烈亚力	上海第一份中文报刊
《上海新报》	1861.11	上海	林乐知	以商业信息为主
《字林西报》	1864.7.1	上海	字林洋行	时间最长、影响最大、发行最广的外文报刊
《七日镜览》	1870.8.13	上海	英国人	轮船客运广告、洋行与保险行广告、传记和新闻
《申报》	1872.4.30	上海	安纳斯脱·美查	以盈利为目的,由中国人主持笔政
《民报》	1876.3.30	上海	申报馆	通俗,周三刊
《字林沪报》	1882.4.2	上海	字林洋行	商业性报纸
《点石斋画报》	1884.4.14	上海	吴友如	时事画报、介绍早期摄影
《新闻报》	1893.2.17	上海	丹福士	商业性报纸
《萃报》	1897.8.22	上海	朱强文	以新闻为主的综合周刊
《谋新报》	1898	上海		日报,商办报
《工商学报》（上海）	1898	上海	汪大钧	"以振兴商业收回利权为宗旨"
《工商学报》	1898.9.17	上海	汪大钧	详细报道中国商政及各种工艺商务情形
《商务日报》	1901.3.22	上海	英商	
《维新报》	1904	上海		商办报刊
《东方杂志》	1904.3.11	上海	商务印书馆	按现代科学分为文学、哲学、工业、商业、理化、博物等门类
《商报》	1921.1	上海	汤节之	发表商业金融的评论和介绍经济思想的文字
《良友》	1926.2	上海	伍联德	彩色套印,很引人注目,内容也较丰富
《大美晚报》	1929.4.16	上海	克劳	美国商人在华出版的英文报纸
《时代画报》	1929.10	上海	张光宇	中国抗日战争前出版的图片、摄影画报

四、早期广告摄影媒体

（一）报纸广告

清同治元年(1861)11月成立的《上海新报》是上海第一家商业中文报纸,创刊时即发表启事,承办广告业务。从同治七年起,又将新产品如风琴、铁柜等,加绘画说明,使报纸广告逐步做到图文并茂。同治十一年《申报》问世,创刊号上就有征求广告户的告白。

20世纪20年代,各报馆为增加收入,纷纷出版"增刊"或"副刊",增加广告版面。《申报》增刊于民国13年(1924)春创办。《新闻报》广告版面较多,至民国12年广告费收入已近百万元。为了竞争,该报从民国15年起,仿效《申报》做法,特辟副刊,刊登分类广告。后来,《新闻报》的广告客户指定要登正刊上封面地位的与日俱增,于是将副刊改用报头体,报头下刊登广告,其左为"上封面"广告地位,由联合广告公司承包。英文《字林西报》按英国报纸格式,其封面以启事广告及启事式的商业广告为主,内页登载商品广告。1872年《申报》创刊第1号上就刊登了尚义堂书坊(地址上海兴让街)出售"四书五经史记才子

图26　永安公司摄影室广告

等书并法帖字典之类"的广告。据戈公振《中国报学史》统计,1925年4月10日起连续30天内,《申报》上刊登书籍广告仅15次,总广告为430次;1931年8月,商务印书馆35周年纪念、中华书局20周年纪念、良友图书印刷公司7周年纪念时,报纸上充满了这些书店的全版大幅售书广告。(见图26)

上海解放前,曾先后创办过中外文报纸130余份。广告为办报的主要收入来源,不少报馆都设有广告部,有的雇有专门招徕广告的业务员。当时,报纸广告一般由广告商、广告社承揽后交报馆刊登,广告商收取广告费20%左右的佣金,余为报馆收入。由于当时印刷技术比较落后,广告影像清晰度受到影响,照片拍摄又比较贵,广告主要依靠文案和手绘图案来加以说明,摄影作为广告的传播手段,在当时有一定量使用,但不很多。

（二）书刊广告

光绪二十三年(1897),夏瑞方、鲍咸恩等集资在上海创办商务印书馆,张元济、王云五等先后任编辑所所长。1912年,中华书局在上海成立,由陆费逵等集资创建。至1920年止,商务印书馆共出版图书期刊8 039种,其中不少书刊刊登广告。刊登广告历史较久、数量较多的杂志是商务印书馆于光绪三十四年(1908)创办的《东方杂志》和1915年创办的《妇女杂志》等,所登广告中有不少是外商广告,如派克金笔、李施德林牙膏等。1925年

10月创办、由邹韬奋主编的《生活周刊》每期销量曾超过15万份，原来只登书刊广告，从1929年12月1日第五卷第一期起开始接受商品广告。该期刊有梁新记兄弟牙刷公司的广告和英昌公司的火柴广告，封底是中国化学工业社的三星牙膏全页广告。新中国成立前，上海出版的各种期刊约占全国的1/3。这些期刊大多刊登广告。《良友》画报是中国近代第一份综合性现代化的大型画报，由伍联德于1926年创办于上海。《良友》画报采用不少方式来推广宣传，如画报封面采用一系列明星名流的生活照以夺人眼球；第六期杂志上出现了一则美国公司的奶粉广告：年轻漂亮的母亲抱着白胖可爱的婴儿，婴儿坐在一个奶粉罐上。旁有一篇名为"雇佣奶妈之危险"的文章，文章通过妙趣横生的词语来吸引人们对于产品的关注。民国时期书刊广告中的摄影元素还是比较多的，许多明星为商品代言的肖像广告取得了很好的商业效应。（见图27、28）

图27　力士香皂广告

图28　《良友》小儿咳嗽糖水广告

（三）橱窗广告

橱窗广告起源于18世纪美国，美国的一些商店通过橱窗内容的设计创意，来宣传相关的商品。19世纪，橱窗广告形式传入我国，并在上海和广州等开埠较早的城市中流行起来。1920年左右，较早的中国本土的橱窗广告在上海出现。上海橱窗广告兴起于民国16年（1927）前后，最早是由外商委托中西、中法西药房布置的"勒吐精"奶粉橱窗。其他商店受到启发，亦开始重视橱窗布置。当时的橱窗只是用皱纸、彩纸装饰一下，内容和形式都比较简单，大多数采用实物陈列。有的利用皱纸作底色以衬托商品，有的将皱纸条钉在橱窗四周，拉到橱窗中心，形成方型透视形式，以增强衬托商品的效果。20世纪上半期，由民族资本投资的四大百货公司先后诞生：1917年上海先施公司开张、1918年上海永安公司开业、1926 年新新公司开业 1936 年大新公司开业，其设立的橱窗广告非常兴盛，并聘请专业人员进行设计。30 年代后，四大公司在向国外进口商品时，常收到商品目录以及橱窗布置图案和陈列道具的介绍，受此启发，其橱窗陈列布置更显美观、整洁，对顾客更具吸引力。百代唱片行、太平洋手表公司以及外商开设的许多商店，也都设计了自己独特的橱窗广告。中小型企业限于财力，橱窗布置因陋就简，但也出现过不少独具风格的橱窗广告。南京路南洋衫袜厂，设计人员根据橱窗高而狭、深度浅的特点，利用铅丝、绳子、木条等把橱窗布置得层次分明，起伏有致，且用票签标明商品价格，一目了然。冠生园食品公司门市部在中秋月饼橱窗中，创作了"莺莺拜月"的活动广告，莺莺小姐对月焚香，立在假山背后的张生不时探头窥视，画面生动活泼，别开生面。后来宏兴西药房又制作了"广东人舞狮子"的橱窗广告，画面有节奏地出现各种动作，人物敲锣打鼓，两只狮子喜抢绣球，形态逼真，动作协调，具有很大吸引力。商务印书馆的橱窗请蔡振华设计绘制成屏风型装饰，在用淡绿色调衬托的花枝中间，藏着一只缀有红色羽毛的小鸟，万绿丛中一点红，富有诗情画意。茂昌眼镜公司在橱窗内壁安装玻璃镜，利用光学反射原理在视觉上形成一层层商品，使比较狭小的店面似乎看不到尽头。（见图 29、30）

图 29　状元楼

图 30　冠生园月饼广告

（四）路牌广告

上海的路牌广告，起始于早期的墙壁广告。清光绪三十年(1904)以经营路牌广告为主的闽泰广告社成立。鸿昌、荣昌祥等广告公司也相继成立。20 世纪初，美商美孚火油、德商白礼氏蜡烛、日本仁丹等商品，主要向中国农村倾销，利用沪宁、沪杭铁路沿线及杭嘉湖内河航道两岸，特别是县城、市镇的民房墙壁，作些极简单的文字广告，一般是蓝底白字，介绍商品的品名和效用。这些广告大多由油漆招牌店承包，只用一些石灰和靛蓝，成本低、施工快，屋主意外获得墙壁修缮，亦乐于接受。开始只对屋主送些样品或月份牌之类，不付租费，后来才付少许年租。都市的环境气派不同，闽泰广告社为英美烟草公司制作五彩石印大幅招贴，拼贴在广告牌上，十分引人注目。

上海最早的路牌广告是 20 年代安装在南京路浙江路口"一乐天"茶楼上和黄浦江边（面对外滩公园）的广告牌。这些拼贴的广告画面易受风雨剥落，遂有用木架、铅皮装置，用油漆绘画的路牌广告。民国 19 年（1930）前后，上海市政府公用局在斜桥安装了一块铅皮路牌，作为公共广告栏，面积为 10×20 平方英尺。其后，该局又在九亩地（今大境路、露香园路一带）、城隍庙九曲桥等处安装了几十块用油漆绘制的路牌广告。法兴、克劳、美灵登、华商、交通等不少广告公司都把制作路牌广告作为主要的收入来源。1936 年，美灵登所作《上海之户外广告》一书称："今日则大不相同矣，如周行本部通衢，则路牌广告触目皆是，甚至有若干区域（例如静安寺路）路牌之盛，反较住户为多。"在此前后，联合广告公司与荣昌祥广告社合伙投资法币 2.5 万元，联合组成荣昌祥广告股份有限公司。该公司在上海地区的路牌广告经营上占有重要地位。

抗日战争胜利后，经营路牌广告的除"荣昌祥"外还有一大批广告企业。当时路牌广告到处可见，最多、最集中的地方是跑马厅（今人民广场、人民公园一带）四周，一大圈上百块广告路牌高高耸立，广告内容包括白锡包、红锡包、老刀牌香烟，消治龙药膏，双钱牌胶鞋，艾罗补脑汁，科发十滴水以及各种电影广告。此外，静安寺附近、西藏路和北京路交叉口等热闹地区，路牌广告也很多。（见图 31—33）

图 31 老刀牌香烟广告

图 32 浙宁闽广南北，交汇于南京路——路牌广告

（五）霓虹灯广告

1910 年，世界上第一个霓虹灯广告在法国巴黎诞生。民国 15 年（1926），在南京路河南路口伊文思图书公司橱窗内，装有从国外传入的"ROYAL"（皇家牌）打字机英文吊灯，是上海第一次出现的霓虹灯。同年，上海首家霓虹电器厂——远东化学制造厂开设。民国 16 年美国人斯威兹和海纳等在沪开设丽安电器公司生产霓虹灯。是年，上海首次出现霓虹灯市招，是由远东厂承制，安装在湖北路中央大旅社门口的中文"中央大旅社"和英文

图33　南市十六铺码头1862年,美商旗昌洋行在金利源码头停靠客轮

"CENTRALHOTEL"的横式招牌。以后,又有美商丽安公司承制,安装在南京路先施公司(现上海时装商店)屋顶的"先施"二字。远东厂还承制九福公司的霓虹灯广告,即安装在大世界屋顶上的"百龄机"三个大字及"有意想不到之效力"八个小字,以及"艾罗补脑汁"和在大世界屋顶为南洋兄弟烟草公司承制的白金龙香烟广告等。1928年,葡萄牙人在上海开设"丽耀霓虹灯厂"。不久,将工厂转让给华商,并更名为"通明霓虹灯厂"。同年,由美商丽安公司承制,英商颐中烟草公司安装在西藏路大世界对面、清虚道观门前的红锡包香烟广告,除"红锡包"三个大字外,还有香烟一包,烟支由烟盒内一支支顺次跳出,最后一支是点燃着的香烟,烟头上还有青烟缭绕。这是上海解放前最大的霓虹灯广告,引人注目。在红锡包香烟广告期满后,又改装为蜂房牌绒线广告。除有"蜂房牌"商标和"优等绒线"四个字外,还布满一只只大小蜜蜂,上下来回飞舞,最后都飞进蜂房内。行人停立观望,甚具广告效应。解放前最高的霓虹灯广告应属国际饭店屋顶上的"天厨味精"四字。美国人也在上海开设了"丽安霓虹灯厂",解放后改名为"中国霓虹灯厂"。1929年,中国人创办了"远东霓虹灯厂"后改名为"东方霓虹灯厂",这是上海最大的两家霓虹灯生产厂。(见图34、35)

30年代初,霓虹灯需求增多,霓虹灯厂纷纷开设。外商开设的有比商丽耀电气公司,日商川北、日华等电气社;中日商人合资的有新光霓虹电器厂和紫光电气制造厂等;国人开设的有光明、永生、金光、华德、福来胜、大来等厂。抗日战争期间,上海广告业萧条,各厂纷纷转业或歇业。

抗日战争胜利后,霓虹灯广告又起,中国、开明、奇异、明星、金星等厂相继设立。1945年,光明霓虹厂首次进口一批荧光粉喷涂管,制成第一幅霓虹灯广告——消治龙(信谊药厂出品)。由于光度强烈,色彩鲜艳,各霓虹厂相继仿效。至解放前夕,上海有霓虹灯厂32家。

图 34 《良友》天厨味精广告

图 35 霓虹灯广告

（六）月份牌广告

月份牌与中国特有的民间美术形式的年画有着千丝万缕的渊源，其观赏和实用价值颇受大众的欢迎。许多表现形式和摄影广告有关系，到了民国 20 至 40 年代，迎来了它的繁荣时期。不少设计者既是画家又是摄影家，他们的作品以美女题材为多，包括中国古代的四大美女（西施、王昭君、貂蝉、杨贵妃），也有当时社会名流、摩登美女、电影明星等。在画面设计和处理上比较独特，容易让人牢记产品的商标和公司的名称。还有香烟广告哈得门、红锡包、老刀等，也有女性化妆品、药品、服装、鞋帽等用品。有时候利用女明星、运动员形象作画面主角，加强广告的效应。比如 1930 年，胡伯翔为英美烟草公司做的月份牌，通过美女的形象来说服消费者，引起其对产品宣传的认同感。胡伯翔、丁悚等人都是民国时期的摄影名家。明星美女，如"影后"胡蝶、阮玲玉等也都参与月份牌的广告拍摄。这是因为当时电影刚刚成为一种流行时尚，看电影成为都市人生活的时尚消费内容。当时上海都市文化生活比较单调，娱乐、购物、家庭生活、小孩教育是都市女性生活的一个剪影。因此，在月份牌上表现的人物，皆为都市中的摩登女郎，有学识、生活安定、有品位。无论是画还是摄影，都代表着上海特有的文化和现代时尚，追求富足成了上海各阶层人们的生活理想。由此可见，月份牌形式的诞生、发展与当时上海商业的繁荣、都市文化的推动密不可分，同样也反映了当时的商业竞争与广告业现状。另外，月份牌广告宣传对商品的促销也具有不可估量的作用。在南洋兄弟与英美烟草公司的竞争中，英美烟草公司的月份牌是每年一项轰动社会的广告活动，是该两家烟草公司之间为商品宣传而引起的月份牌"竞争大战"，也为他们创造了巨大的商业价值。月份牌广告作为广告宣传的有效载体，后来从上海流行到全国其他城市。（见图 36）

另外，中国第一个用真人肖像做商标图案的烟标，是"美丽牌"香烟。"美丽牌"香烟是中国人创办的华成烟公司的产品，上面的美女，就是上海滩著名演员吕月樵之女，京剧名伶吕美玉,"美丽牌"香烟问世以后,在市场上供不应求,吕美玉的名声为之大增。她的丈夫魏荣廷,受过西方教育,认为华成烟草公司没有经过吕美玉同意,把她的肖像作为广告宣传品,是严重的侵权行为。于是,吕美玉状告华成烟草公司,要求赔偿名誉损失费。这是中国近代第一例关于"肖像使用权"的侵权案例,轰动上海滩。华成烟草公司为了保住"美丽牌"烟标,只好与吕美玉和解,支付吕美玉要求的高额赔偿,并规定今后每生产一箱"美丽牌"香烟,华成公司就要支付5角大洋的肖像使用费。(见图37)

图 36 《良友》明星照广告

图 37 《良友》美丽牌香烟广告

第二节 建国后的广告摄影

新中国成立后,上海经济逐步恢复,广告业也有所发展。广告内容主要是推介私营企业产品和宣传戏剧电影节目内容。上海50年代前的广告主要是依靠手绘效果图和文案来表达广告内容,如《申报》登的广告用手绘画的有丁浩、陆禧途、蔡振华等画家的作品。当时并不流行用摄影表现手段,广告摄影主要刊登在报刊杂志、电影海报、工业产品推介上。解放初期,由于美国等西方国家对中国实施贸易封锁政策,因此,我国主要是与苏联东欧国家开展贸易。上海各进出口公司除提供实物样品外,还提供一些相应的黑白样照,当时均委托王开、英明等照相馆拍摄。

50年代中后期,国家在计划经济运行模式下,商品还不丰富,不存在真正意义上的市场经济,广告摄影业务对象主要是以外贸出口产品为主。同时期,上海各进出口公司还相继设立样品宣传科,配备了设计人员和摄影人员。1959 年 1 月,上海市对外贸易局为加强管理,由局人事处负责将各公司设计和摄影人员,以及所配备的器材,进行集中管理,成立了"上海对外贸易出口商品工艺美术综合工厂",内分设美工部、摄影部、展览部、业务部、总务部、财务部等。主要任务是为上海各进出口公司拍摄商品照片(用于对外宣传印刷品,年、月历,各种展览等),摄影部主要成员有胡莱婴(部长)、孙天铭、吴文钦、王大奎、冯光远、郭恒法、李春生。

1962 年 7 月,由于对外贸易的不断发展,中国对外贸易部在京举行"对资贸易会议",有北京、上海、天津等八个口岸主要负责人和北京各进出口总公司领导等出席。"综合工厂"也应邀由厂长尚秀义、展览部部长凌燮阳等出席,在出口大厦举办了一个小型展览,介绍"综合工厂"经营状况。会议决定成立上海广告公司,委托上海外贸局管理主要业务,负责全国对外贸易宣传工作。其一切对外宣传品制作包括对外贸易杂志的广告版面设计、产品拍摄、印刷、商品图片广告等,以及展览制作、报纸广告发稿、宣传用品方面的管理业务等。(见图 38)

图 38　冯光远早期摄影作品

当时上海广告公司拍摄的广告无论是创意还是技术均在全国领先。其他进出口公司在上海广告公司的带动下,不少摄影师开始注意借鉴国外广告摄影的经验以提高拍摄效果。在 50 年代起就使用进口摄影设备和感光胶片,如开始用彩色反转片(柯达),用 E‑2(彩色)后来用 E‑3 药水(进口)冲洗,色彩较好。为提高出口商品拍摄质量,特别是要求极高的工艺品,使用了黑白的英国伊尔福胶片、反转片,德国阿克法胶片,美国柯达等胶片,并且使用大画幅照相机,以及五寸片、七寸片、120 胶片。上海广告公司摄影部有三十几人,其中摄影师六至七人,还有暗房、制作、整修人员。平均每月拍摄产品样照几千张,最多的是轻工产品和工艺品。这些样品照片分别发到东欧六国及其他国家。此外,出国展览也归上海广告公司负责拍摄与展出。1970 年上海广告公司撤销,当时还保留了摄影组。1977 年公司恢复,王诚信为负责人,上海广告公司垄断业务的局面开始被打破,之后上海各进出口公司都开始进口摄影器材产品。七十年代,上海广告公司摄影科的大部分拍摄业务是为广交会服务。1972 年 4 月,金桂泉到上海广告公司负责广告摄影业务,后来摄影师陈卫中与严水夫也先后进入了上海广告公司,加强了广告摄影队伍的力量。

"文化大革命"后期组织过一支电影技术摄制组,参加拍摄对 38 个国家援助项目的电影。

队员们克服各种困难,圆满完成拍摄任务,并受到许多国家领导人的亲切会见和热情款待。

粉碎"四人帮"给上海广告界带来了生机,上海广告公司拍摄了第一部广告片"上海绢花",邀请歌唱家朱逢博演唱主题曲,作曲家屠巴海作曲,指挥陈燮阳,美工凌燮阳,由上海科教电影制片厂配音,受到了当时社会上一致好评。1986 年,上海广告公司拍摄的"中国利用外资"、"中国对外贸易"等两部纪录片在首都人民大会堂举行的电影招待会上放映,受到中央有关部门领导和观众好评。

"文化大革命"期间,上海广告公司业务基本停顿,只能拍摄一些零星的对外宣传样本,处于一种与外界不接触的封闭状态,在技术和创意手段上均落后于发达国家的广告行业。

从 70 年代后期开始上海广告公司重新恢复对外业务,技术骨干相继调回,对外联络迅速重建,各项工作有条不紊地开展起来了。1978 年 7 月 7 日,在媒体上发布中国出口产品广告。并在短时期内,在荷兰、英国、加拿大、巴基斯坦、科威特等几十个国家的报纸上刊登多次。这表明,"文革"十年浩劫结束,中国经济发展的春天已经到来。

第三节　新时期的广告摄影

改革开放以来,我国广告业进入一个全新的发展时期。伴随不断更新的影像技术,新时期的广告摄影也呈现出繁荣发展景象,无论在摄影水平、艺术创作、产业推动等方面,均成绩斐然,进入了一个新的发展阶段。

一、新时期广告摄影发展概况

1978 年,上海广告公司向国家有关部门提出恢复国内商业广告的建议,得到了上级领导的肯定与支持。随后,上海广告界元老丁允朋撰写了《为广告正名》的文章,于 1979 年 1 月 14 日在文汇报上发表,为广告复兴作舆论宣传。文章运用辩证法的观点,为广告的合法性提出了强有力的论据,从而在社会上引起了一定的反响。1979 年 3 月 15 日,上海电视台大胆地播出了文革以后第一条外商广告片——"永不磨损型雷达表",并拍摄了第一条国内电视商业广告——"参桂补酒"。同年 3 月,上海人民广播电台也恢复播送广告。随后,上海其他媒体相继恢复广告业务。同年 6 月,上海市美术公司更名为上海市广告装潢公司。国家相关部门也先后出台了广告的管理法规和抽检广告的管理机构。1981 年 8 月,中国对外贸易广告摄影学会在北京成立,该学会是中国第一个广告摄影方面的专业学术团体,上海金桂泉任副会长。80 年代初,我国香港地区和国外著名广告摄影家来上海讲学,其中包括在香港享有盛名的广告摄影师谭增烈等,这推动了广告摄影在中国内地的发展。同时,国家经贸部也在 1985 年和欧洲共同体联合举办高级广告摄影学习班,培养了一批有潜力的广告摄影师,为中国广告摄影奠定了良好的基础。1987 年 1 月,上海市首届优秀广告展评赛在上海展览中心举办,评出一等奖 28 件,二等奖 46 件,三等奖 90 件。上海市广告装潢公司、上海广告公司、上海电视台、上海人民广播电台、解放日报、文汇报等单位被授予繁荣广告事业荣誉奖。中国第一条电视广告、改革开放后的第一条报纸广告、广播广告和外商来华广告的刊播单位受到表彰。1989 年 4 月，在上海美术家画廊举行第二届优秀广告展评赛，选出 109 件优秀广告作品参加当年 11 月举办的全国第二届广告作品展览，其中有 41 件作品获奖，获奖总数居全国各省市首位。1994 年，在由中国广告协会主办的全国第四届优秀广告作品展上，上海有 75 件作品获奖，居全国之冠。

　　广告摄影是商业传播领域中一个十分重要的组成部分，与国际广告比较，中国的摄影水平并不低，设备并不落后，上海作为国际大都市，许多摄影师已经具备与国外优秀摄影师竞争的实力，但由于互相之间交流少，经营规模还不大，因而影响了广告摄影的发展。针对这一现状，中国广告协会从 1999 年开始，连续举办了六届全国优秀广告摄影作品评选、优秀摄影师评选和作品展览，年鉴的编写也在规范进行，并配合评选开展培训、对外交流、制定行业操作制度规范、建立专业委员会等一系列工作，将广告摄影纳入正规化发展轨道。

二、上海广告摄影专业委员会的成立

　　上海市广告协会广告摄影专业委员会是上海广告协会的下属摄影行业组织。随着中国市场经济完善和发展而同步成立的广告专业委员会，在上海各行业协会中虽然起步较晚，但发展速度较快，在国内外有一定的知名度，在上海商业摄影界有着举足轻重的地位和作用。

　　1987 年广告摄影研究会（筹备）成立之初，从事商业广告摄影的人不多，会员主要以国营外贸公司为主，加上部分国营照相行业及少量来自工矿企业的商品摄影人员。1990 年 2 月 15 日，在市纺织局礼堂正式成立上海市广告协会广告摄影委员会，主任金桂泉。（见图 39）2002 年，委员会在原名上添上了"专业"两个字，为它作了明确的定位。在 1998 年编著的内部刊物《上海专业广告摄影师》画册的基础上，2004 年由上海文化出版社正式

图 39　1990 年上海广告协会广告专业委员会成立大会

出版《上海广告专业摄影师图鉴》（第二辑）介绍广告专业摄影师及其作品，并采用了中英文对照，为迎接 WTO 和世博会做准备（见图 40）。

图 40　专业广告摄影师作品集

　　上海市广告协会摄影研究会为发展我国广告摄影事业做出了出色的贡献：在部分广告专业摄影人员的推动和努力下，最早运用数码技术于广告摄影；自恢复广告后，最早开展广告摄影国际交流活动；在数码摄影技术推广方面继续处于领先地位；在广告摄影经营总额方面，历年来均高于其他城市。2005 年，上海广告摄影专业委员会又一次成功实现跨越合作，与上海市摄影家协会联合成立上海市摄影家协会广告摄影分会（见图 41），2012 年更名为上海市摄影家协会职业摄影师专业委员会，名誉会长金桂泉，会长陈卫中。

图 41　2005 年上海摄影家协会广告分会成立大会

第四节 广告摄影交流活动

一、2000 年国际映像数码技术暨张善夫作品研讨会

"国际映像数码技术暨张善夫作品研讨会"由上海市广告协会主办，上海市广告协会专业摄影委员会、上海现代国际展览有限公司、上海三维应用摄影技术研究所承办，在上海虹桥国际贸易中心会议厅隆重举行。会议提出，面对新世纪的来临，广告摄影人员应及时调整理念，用高新科技打开新的视角。

有多年专业摄影经历的著名摄影师张善夫，在研讨会上提出，商业广告作品不完全依赖摄影，摄影是源于客观条件下的光影效果的瞬间捕捉，是记录，是再现，而广告摄影的属性是产品诉求视觉传达的表现。广告摄影是艺术创作，而不是简单地将产品和环境再现，所以要求摄影师在掌握光影、色彩、线条、块面等视觉艺术表现方法的同时，还必须了解数码摄影的特点，充分发挥和运用数码技术在广告摄影中的专长和技巧。在拍摄前构思作品时，就要对画面进行分析，研究哪些图像符号是可执行的，哪些是需要捕捉元素经后期调整合成的，在构思中取舍，以达到摄影师想突显的特定广告主体。渲染情趣、气氛和感染力，分析拍摄和后期整合将会是广告摄影中使用最多的手法之一。（见图 42）

图 42 2000 年国际印像数码技术及张善夫作品研讨会

二、第二届上海国际广告论坛暨商业广告专题论坛

2007 年 1 月 17 日，"国际广告论坛"在上海香城饭店隆重举行。出席这次论坛的有

上海市广告协会广告摄影专业委员会、上海市摄影家协会广告摄影分会、江苏省广告摄影师专业委员会、浙江省摄影协会广告摄影委员会等团体所属的专业摄影师及其他成员、广告企业单位的代表、上海大专院校摄影专业的师生共 300 多人。会上多位嘉宾作了主题演讲,其中有:张善夫"广告摄影市场发展思考"、周晓因"经营转型中的广告摄影师"、顾勇"从广告摄影发展态势看加强长三角地区整合优势的必要"、颜彦"媒介新生态发展与广告摄影传播"、魏昂(外资公司代表)"广告摄影行业规范与自律"、刘建新"国内广告摄影价值体系的完善与代理制度"、栾跃生"专业摄影质量控制及终端服务"、王天平"新时期广告摄影教学发展与数码空间应用研究"、黄迅"温州经营模式与营销理念探讨"、哈苏相机公司(瑞典)"专业摄影器材的品牌建设与前景展望"、佳能公司(日本)"专业摄影器材的品牌建设与前景展望"。

我国自 1979 年全面恢复广告业务以来,在国家政策的驱动下,广告事业得到飞速发展。随着对外开放的深入,国际跨国公司相继进入中国广告市场,以 2004 年为例,占我国专业广告公司总数 0.4% 的外商投资广告公司,其营业额占我国广告经营总额的 21%,并且呈逐年上升趋势。面对市场竞争,我们自己还须克服一些主客观上的障碍。首先是历史所造成的原因,其二是经营理念与经营方式的差距,其三是观念差异和我国市场的不够成熟。作为在广告业中占有重要地位的商业广告摄影,与市场同步而不断壮大发展,虽然长三角地区堪称中国商业摄影的摇篮,已有一百多年的历史,但在商业广告摄影方面,与先进国家相比还存在着差距。这次论坛的目的是发挥江浙沪商业摄影长处,形成合力,争取从经营理念到专业市场上有所突破,发挥资源强项和规模效应,提高技术创新能力,完善服务体系,为做强做大本土广告摄影业,作出应有的贡献。在论坛上,江浙沪三方取得了五个方面共识:

(一)通过整合,形成商业广告摄影上下游的产业链,变单纯地为广告提供素材的模式,进而向多元化发展;

(二)建立具有相当规模的商业广告摄影基地,形成创意——应用——文化产品的一条龙服务体系和产品生产能力;

(三)深化新技术、新工艺的应用,培训商业广告摄影人才,建立科研机构,为我国商业广告持续发展积聚后继能力;

(四)努力开发文化产品,不断提高产品质量,加强后处理能力和加工水平;

(五)自力更生发展发布载体,建立专业网站和出版物,通过互动平台,以促进商业广告摄影的全面发展。

第五节　广告摄影教学和成果

一、广告摄影专委会联合办学

随着中国广告业的恢复发展,广告市场急需摄影人才,我国第一代广告摄影师经过几十年的艰苦奋斗，为发展我国的广告摄影事业做出了重大贡献。但大家心中都蕴藏着一个心愿，即尽力满足中国市场发展的需要，努力借鉴吸收国际广告理念和经营模式，掌握先进的数码摄影技术，使从业者具有较高的文化素养和艺术修养，从而提高摄影创意水平。其中培养好接班人是非常关键的。上海广告摄影专业委员会在培育广告摄影后继人才方面，非常重视并做出了努力，取得了可喜的成果。

1997 年—1999 年与上海光启职业技术学校合办广告摄影班；2001 年—2003 年为上海海粟艺术学院讲授摄影课；2002—2009 年为上海中华职业技术学院推荐师资授课；2005 年与上海市摄影家协会联合成立上海市摄影家协会广告摄影分会，它是培养上海广告摄影第二梯队的组织；2006 年与中华职业技术学院合作，成立"陈卫中视觉艺术中心"，招收摄影大专班学生，2006—2008 年共招收三届学生。（见图 43、44）

图 43 中华学院摄影大专班摄影教学实训室

广告摄影专委会成员出版的摄影著作有：周明、倪炎著《商业摄影揭秘》，2000 年辽宁美术出版社；王天平、姜锡祥、陆绪军著《应用摄影基础教程》，2008 年文汇出版社；王天平、林路、倪炎等著《当代广告摄影》（第三版），2010 年上海人民美术出版社；王天平著《广告摄影教程》第二版，2010 年复旦大学出版社；王天平主编《上海摄影史》，2012 年上海人民美术出版社。（见图 45）

图 44　中华学院首届摄影大专班 2006 级毕业师生合影

图 45　上海市广告专业委员会会员出版的著作、教材

二、上海高等广告摄影教育

改革开放后,上海高校的摄影教育得到迅速的发展。从 1986 年开始,上海高等院校在相关专业中,大量培养高层次摄影专业人才,这在我国摄影发展史上是前所未有的。1986 年,上海工程技术大学(原上海交通大学分校)建立摄影专业,开始招收摄影专科班。同年,上海大学美术学院开设全日制摄影干部专修班,这在上海综合性大学艺术学院中是较早的。学生均来自于新闻媒体、文化系统、照相馆、公安部门、出版社、高等院校和其他机关事业单位的摄影干部。此后,长宁区业余大学于 1987 年 9 月开设了摄影艺术专修科成人班,共办 24 届;上海教育学院开设了摄影高等专业班;黄浦区业余大学、虹口区业余

大学开设了新闻摄影高等专业证书班；上海师范大学开办了美术摄影专业班；华东师范大学开设摄影艺术高等专业班；上海视觉艺术学院开设了数字摄影高等专业学历班。中国文联和中国摄影家协会还委托上海机械学院开办光学技术高等专业证书班，学制一年半，首期在全国招收了 30 名学员。

摄影本科教育方面：

2003 年，同济大学传播与艺术学院设立摄影专业本科，2004 年面向全国招生，首批 30 位学生。主要开设的专业课程有摄影基础、广告、人像、建筑、新闻摄影、图片编辑、摄影史等。早在 80 年代初，该校就成立学生摄影学会，并开设摄影选修课，1988 年在工业设计专业中开设摄影课。2009 年，同济摄影专业本科停止招生，五年间该专业培养了近百名摄影人才。

2005 年，上海师范大学人文与传播学院摄影专业开始招生，首批 30 多位学生。专业方向为数码影像技术和网络图像传播，主要培养新闻报业的摄影记者、各类杂志的专职摄影师和摄影编辑、电视台的摄录像人员和编辑、婚纱和人像影楼的专职摄影师、广告公司和大型企业的专职摄影师、数码冲印制作店的专职人才、个人摄影工作室摄影师，以及其他各种新型传播媒体，包括网络图片库、图片市场调研等摄影人才。

该专业自创办以来，就重视专业设备的建设，建有 100 平方米的专业摄影棚，内有全套日本高明摄影用专业灯具，以及配套的导轨系统、背景系统、支架系统、拍摄台等。此外，黑白实验暗房也是按照专业要求设计建造的。摄影设备有 4×5 英寸大画幅技术相机 4 套、专业数码后背两套、中画幅专业相机 2 套、小型专业数码相机 3 套。在设备使用方面，还可以依托广告系的创意中心，包括 550 平方米实验空间、近 100 平方米的展厅、用于专业图像处理的 10 多台高配置专业苹果电脑、大幅面专业影像扫描及输出设备。

摄影专业在教学方面获得了丰收。除了在各项比赛中获奖之外，在上海爱普生影艺坊举办的 8 人联合摄影展览《东方明珠下的上海》中，有四组作品参展。另外，还有作品参加在美国洛杉矶举办的美国亚洲摄影家联展，获得入选证书。该校摄影专业学生还积极参与专业的学术活动，其中最有影响的是 2008 年的中美摄影文化研讨会。

2002 年，上海工程技术大学摄影专业开始招本科生。多年摄影教学的实践使该专业在教学模式上不断优化，教学思路上不断更新。同时学习国外先进的教学理念和管理模式，并与国外著名大学摄影专业保持密切的交流与合作，是国内最早接受国外教学理念的摄影专业之一，已经培养了近千名摄影人才。他们活跃在媒体、广告公司、影视制作公司、婚纱摄影公司、摄影教育机构等众多岗位上。目前该专业在校生 200 多名，校内专业教师、国内外聘教师、外国专家等共十多位。摄影实验室面积近 1 500 平方米，包括广告拍摄实验室、黑白与彩色暗房、计算机实验室（计算机影像处理）、影像输出工作室以及影视工作室等现代化影像技术系列实验室及专业数码相机及镜头若干套。还有苹果专业制图电脑、大型座机及其他专业硬件设施配置。三个专业摄影棚（大摄影棚 250 平方米，两个中型棚各 120 平方米），满足了各种产品的空间拍摄需求，并达到了符合国际标准的智能化拍摄水准。

1993 年 5 月，上海大学广告系成立。这是上海市高校中第一所创办广告学专业的院校，在目前上海高校广告专业中，上大广告系规模最大、学科建设最完善。现有在校本科生 580 人、研究生 45 人、博士生 6 人。并有一支颇具实力的教师队伍，现有专业教师 28 人，其中教授 5 人，副教授 10 人，获博士学位教师 11 人，在读博士教师 6 人。系里通过开设《广告摄影》系列课程来培养学生摄影理论素养和实际应用能力。系里有教学经验丰富的广告摄影专业教师，有专业广告"摄影实验室"和有国内外先进的数码摄影器材和数字电脑后期制作设备供学生教学科研使用。还积极鼓励学生参加各种广告摄影创作比赛，并且多次荣获"上海市大学生摄影创作比赛"一等奖。在 ONESHOW、全国大学生广告艺术大赛等国际、国内各种广告大赛中的金奖获得者，均有上大学生。上大是"美国ONESHOW 中国青年创意营"三所协办院校之一，上大学生已连续 10 届独立主办"上海市大学生广告艺术节"。

上海大学广告学系还是日本电通公司一期资助的中国六所院校所属有关专业院系之一。在长达 8 年的合作中，本系先后有多位教师到日本电通公司总部作研修。并与世界广告主协会建立有合作关系，与美国俄克拉荷马大学、田纳西大学、密苏里大学等高校有每年师生互访交流计划。

2005 年 9 月，民营本科院校——上海视觉艺术学院成立。这是一所经国家教育部批准，由上海文化广播影视集团及其主管的文汇新民联合报业集团等单位共同投资创建，以创新体制机制和创新模式为特色的新型艺术类本科院校，其目标是打造世界一流视觉艺术教育高地。该校新媒体学院设立摄影本科专业，为中国民营本科摄影艺术教学与人才培养模式开拓了新路。摄影专业建立至今已有 10 多年时间，不断探索、尝试新的教学方法来达到预期目标。目前每年招收摄影专业学生近 50 名，课程体系涵盖了基础通识、摄影基础、专业创作课程、专业理论课程和实践课程五大部分，并实行项目与工作室制度相结合教学模式，培养学生的独立思考能力和动手实践能力。同时还经常与国际一流摄影学院进行对等交流，开展师生互访活动，举办学术讲座和摄影作品交流展，建立长期合作关系，培养学生国际视野，使专业建设能够跟上甚至超越全球发展的步伐。

第八章
城市电波：广播电视广告与市民生活

第一节　上海广电广告的发展演变

1922 年 12 月，侨居上海的美国人奥斯邦在上海设立中国无线电公司，在广东路大来公司楼顶上装设一座 50 瓦的广播电台，推销收音机并播放音乐，虽然只办了三个月，但是已经引起人们对广播的兴趣。上海的广播事业，乃至中国的广播事业由此开始。

一、1922—1949 年的广播广告：发轫、繁荣与没落

20 世纪 20 年代初至 30 年代初，各类广播电台大量出现，带来了广播广告业的第一个繁荣时期。而随后的抗日战争、解放战争的相继爆发，使得广播广告在战争的影响下，逐渐失去了往日的繁荣景象，并一度退出历史舞台。

（一）上海广播广告的出现：奥斯邦与新新公司凯施电台

1922 年 12 月，侨居上海的美国人奥斯邦在上海设立了"中国无线电公司"，在广东路大来公司楼顶上装设了一座 50 瓦的电台，1923 年 1 月 23 日开始播音，这是中国境内出现的第一座广播电台。该台每天播出一小时零五分钟，播出内容主要包括中外新闻、娱乐音乐及推销无线电器材（包括矿石收音机、真空管收音机之类）的广告，从而拉开了中国广播广告的序幕。[①] 虽然只办了三个月，但已开始引起人们对广播的兴趣。

1923 年 5 月，美商新孚洋行在上海创办了一家广播电台，旋因经济拮据而停办。1924 年 5 月经营无线电器材的美商开洛公司在上海福开森路（今淮海西路）建造了一座 100 瓦（后增至 250 瓦）的广播电台，该台每天播音 8 小时，节目内容以商业广告、商情以及音乐为主，并以增设新闻节目来吸引听众。[②] 该电台经营 5 年半后歇业。

1926 年 10 月，无线电专家刘瀚在奉系当局的支持下，在哈尔滨建成了中国第一座国

---

① 刘章. 近代上海民营广播电台行业及其行业组织研究（1922—1949）[D]. 华中师范大学. 2012：48.
② 苏全有，常城. 对民国广播史研究的回顾与反思[J]. 河南科技学院学报. 2012.

人自办的官办广播电台——哈尔滨广播无线电台，功率 100 瓦。该台每天播音两小时，内容有新闻、音乐及钱粮行市消息等。

1927 年 3 月，上海新新公司高级职员邝赞在该公司 6 楼屋顶花园办了一座 50 瓦的电台——凯施电台，这是第一座中国人创办的私营广播公司。该台节目内容多为广告，为该公司推销商品。

截至 1936 年，上海已有华资私人电台 36 座，外资电台 4 座，国民政府电台 1 座，交通部电台 1 座。[①] 这些电台除政府所设者外，都是私营电台，主要依靠广告收入维持经营，民族工商业者逐渐成为华商私营电台的广告客户。

30 年代上海的广播广告除在两档节目之间用读报方式播放之外，还经常采用包节目和电话购货等方式，为商品打开销路。华明烟公司用包"空中书场"节目的方式，宣传"大百万金"香烟，三友实业社运用广播广告推销药品等都获成功。

广播广告的出现，丰富了大众广告传播手段，使广告在更广阔的空间向消费者更迅速地传递商品信息，从而提高了广告的社会影响力。

（二）抗战时期的上海广播广告：政府重视与日军管制

这一时期，广播广告受到了国民党政府的重视。1928 年，国民党中央广播电台成立，并于 8 月 1 日在南京丁家桥正式开播。1932 年夏，中央广播无线电台管理处成立，从事全国广播事业建设。1933 年，国民党政府在重庆建立了对外广播电台——国际广播电台。据 1947 年 9 月统计，在国统区共有公、私电台 81 座，多数为商业台。为了弥补经营亏损和获取广告收入，这些电台都开办广告业务。

1933 年，国民党中央广播电台开始播放广告。1934 年 8 月，国民党中央广播电台为解决经费困难，筹设中国电声广告社承办该台商业广告业务，并在娱乐节目中播出。规定广告分"普通"和"特种"两类，时段价格分甲、乙、丙三种。甲种广告在每天的 17∶00—21∶00 播出，普通类（每次以两分钟计）每次收费 8 元，特种类每次收费 24 元（每次以 20 分钟计）；乙种广告在每天的 12∶00—17∶00 以及 21∶00—23∶00 播出，普通类每次收费 6 元，特种类每次收费 18 元；丙种广告在每天的 7∶00—12∶00 播出，普通类广告每次 4 元，特种类广告每次 12 元。连续播出，价格可优惠。[②] 广告须经中央广播电台审查，广告用语以国语为主，违禁品不能做广告。1934 年 9 月 21 日，《申报》第四版刊登了《中国电声广告社启事》云："本社承办中央广播无线电台管理处各电台播音广告，效力宏大，取费低廉，作提倡国货之喉舌。现已筹备就绪，定于九月二十三日起开业，十月一日开始播放。如各种正当企业及出品，欲广宣传者，凡蒙委托，无任欢迎。地址：南京中山路三十三号。"[③] 不久后，由于电台经费得到增援而停办广告业务，其他商业电台为了获取广告收入，则长期开办广告业务。

抗战时期，日本在沦陷区实行新闻统制政策，将新闻事业置于法西斯的军事管制之

① 边砚石. 旧中国的上海广播事业[J]. 民国档案. 1986(1).
② 张学美. 孤岛时期上海的广播电台(1937—1941)[D]. 华东师范大学. 2009：178.
③ 电声[N]. 1934(6—7)：380.

下。一方面扼杀中国人民的抗日爱国宣传,实行新闻封锁;另一方面强化日本在华的新闻宣传势力,建立在华新闻宣传阵线。这些措施的实施,使日本严密控制了沦陷区的新闻事业。在沦陷区,日寇及其扶持的伪政权和汉奸组织创办了大批报刊、通讯社和无线广播电台,以控制沦陷区的新闻事业。电台主要有日本在大连建立的广播电台、伪"满洲电信电话株式会社",上海的伪"上海无线电监督处",南京的伪"中国广播事业建设协会"等,以控制广播宣传,并进一步控制民营广播电台。[①] 宣传日军战绩与日伪政策、奴化人民、推销日货成为这些电台的主要传播内容。

(三)光复后的上海广播广告:恢复发展与美货广告

1945 年抗战胜利后,上海先后有各种电台 100 多家,绝大多数是私营电台,播放新闻、音乐、广告等节目。广播广告多在节目中插播,也有专门为某个工商企业播出"特别节目",内容以介绍特定的商业信息连带戏曲节目。[②]

此时在经济领域,美货替代日货充斥我国国内市场,英、美广告铺天盖地。为了和洋货尤其是美货争夺市场,民族工商业者和广告业爱国人士都重视利用广告这一手段,大做国货广告,到处出现"抵制美货,使用国货"的广告宣传,国货广告与美货广告的竞争构成了这一时期广告传播的一大特色。上海是美货广告较多的地区,当时美货充斥上海市场,在国货机制工厂联合会主持人胡伯翔倡导下发起了一次"用国货最光荣"的宣传活动,取得了良好的广告传播效果。

这一时期上海电台广告业务尚较活跃,但内容简单,每条广告一般在 100 字上下。1947 年,上海颁布了针对虚假欺骗广告的《上海特别市取缔医药广告暂行规则》。《规则》重新明确了医药广告的发布程序,将禁止发布的医药广告专门列出,并明确规定惩治处罚的办法,而且惩治的不仅有广告主,还包括广告媒介,非常全面。[③]

二、新中国广播广告:重生为社会主义服务

在建国初期的一段时期内,由于人民政府所采取的各项措施,报纸广告和广播广告得到了一定程度的发展,广告行业得到了一定程度的恢复和发展。社会主义改造与全面建设社会主义时期,广告公司开始实行公私合营,政府加强了对广告业的管理。后期广告业的发展方向主要体现在为对外经济交往、方便人民生活服务,积极配合时事政治的宣传这三方面。

(一)建国初期的广播广告:国民经济与广告的恢复

建国初期,随着全国各大城市的陆续解放,为发展人民的新闻宣传事业,加大传播媒体的建设力度,一系列报刊广播等相继创刊和开播,中国人民的新闻事业迅速崛起。新闻媒体的发展,为恢复广告事业提供了平台,营造了良好环境。

当时,上海人民广播电台就有广告业务,但由于历史的原因,那时并没有固定的广告

---

① 赵玉明. 解放区广播事业发展概况(1940—1949 年)[J]. 中国科技史料. 1982(4).
② 苏全有,常城. 对民国广播史研究的回顾与反思[J]. 河南科技学院学报. 2012(11).
③ 边砚石. 旧中国的上海广播事业[J]. 民国档案. 1986(1).

节目,只是在各个节目的间隙时间中插播,数量不多。① 1960 年,仅有的一些广告业务也被视为"封资修"的产物、"为资产阶级服务"而被砍掉。

解放初期,一些大城市的广播电台也开办了专门的商业广播电台,增设广告节目,播出经济、文化和社会广告。广播事业的发展带来广播广告的恢复和发展。新中国成立不久,北京、上海、江苏、天津等 83 座广播电台就开设广告节目。广播广告的发展势头良好,多数广播电台广告经营活跃,广告收入增长,上海、北京台可以向国家上缴利润,此时的广告收入已俨然成为媒体生存的重要手段。1953 年以后,上海电台每年广告收入在 15 万—20 万元。

(二)全面建设社会主义时期的广播广告:为社会主义服务

从 1953 年到 1965 年,为我国社会主义改造和全面建设时期。党和国家在商业方面制定了一系列正确政策,进一步加强对商业的领导,加之工农业生产发展和人民购买力的提高,社会主义商业取得了很大的发展。社会商品流通额逐年增长,市场繁荣,物价稳定。这一时期是社会主义商业的重要发展时期,也是建国以来商业部门经营情况最好的时期,资金周转快、占用少、流通费用水平比较低。这些措施推动了这一时期商业的发展,也给我国的广告业带来了一些变化。

在公私合营的改造热潮中,全国各主要城市对原有的广告从业人员也进行了思想教育,逐步克服资本主义经营作风,开始树立为生产者、为消费者、为人民服务的思想。与此同时,为配合对私营工商业的社会主义改造运动,在工商行政管理部门的支持下,对广告公司进行了大规模的改组,那些分散的各自经营的广告公司被改造成为具有一定规模的公私合营的广告公司。上海市对原有广告社进行调整合并,组成由上海市商业局领导的中国广告公司上海分公司(1959 年改名为上海市广告公司),把全市 100 家左右的广告商,按经营范围改组、归并为五个公私合营的广告公司和一个广告美术社。与此同时,又成立了由上海市文化局领导的上海美术设计公司。② 一批国营广告公司的建立,使得广告的服务对象、宣传内容及其作用都发生了根本的变化。但国家对资本主义工商业实行社会主义改造后,计划经济不断加强,广播广告日趋萧条。直至 1966 年"文化大革命"开始后,广播电台停播商业广告。

三、新时期广播电视广告:广播广告的重生与电视广告的诞生

党的十一届三中全会后,随着社会主义商品经济的不断发展,作为在提供经济信息、促进生产、扩大流通、指导消费、方便人民生活和发展国际贸易等方面发挥媒介作用的广告事业,日益引起人们的重视。

(一)改革开放:广告业全面复兴的黄金时机

真理标准的大讨论与十一届三中全会的召开不仅拉开了中国改革开放的序幕,也拉开了中国广告业全面复兴的序幕。真理标准的大讨论,破除了意识形态对广告功能认识

---

① 郭冰,张峻华. 当代中国广播电视百卷丛书・上海人民广播电台卷[M]. 中国广播电视出版社. 1999:175.
② 刘兰珍. 罗文达的近代中国新闻事业研究[J]. 新闻与传播评论. 2012(1).

的束缚，为广告业成为社会主义事业的一部分提供了思想基础。这样的大讨论对以后中国广告业的发展并非可有可无，关于广告"姓资""姓社"的争论就是一个明证。

　　1979 年 1 月 28 日，上海电视台播放了一条片长 1 分 30 秒的参桂补酒广告，同时还播放了长达 10 秒的"上海电视台即日起受理广告业务"的幻灯片广告，这即刻引起一场关于广告"姓氏"的激烈争论。在上海电视台内部就出现两种截然不同的观点：一种认为，广告是资本主义的产物，电视台作为党和政府的喉舌和舆论宣传机构，坚决不能做；另一种观点则认为，作为新闻媒体的上海电视台，除了要宣传企业的经济建设成果，还要为企业和消费者服务，成为沟通产销之间的桥梁，因此媒体应该刊播广告。这充分说明，不但中国的改革开放事业需要真理标准的大讨论来确立思想基础，中国广告的"姓氏"问题也需要衡量的标准，无疑真理标准大讨论为其提供了依据。

　　真理标准的大讨论和十一届三中全会开启了中国改革开放的伟大进程，"为广告正名"也成为恢复中国广告业的响亮号角。在这一时代背景下，中国广告业复兴的环境迅速形成。

　　媒体广告业务的恢复是从 1979 年春天正式开始的，因此 1979 年也被广告学者称为中国现代广告事业的元年。这一年的 1 月 28 日，中国农历新年的第一天，这天的 17 点零 5 分，上述"上海电视台即日起受理广告业务"的中国首条电视广告播出；继而播放了参桂补酒广告片，成为中国电视广告史上的首条商业广告。3 月 9 日，上海电视台转播国际女子篮球赛，在中场休息时播出了中国男篮球员张大维喝"幸福可乐"的画面，这是广告恢复后的第一例名人电视广告。[①] 上海电视台在同年的 3 月 15 日播出了第一条外商广告：瑞士雷达表广告。1979 年，上海电视台拟定了《广告业务实行办法》和《国内外广告收费标准》，每天平均播出电视广告 3 分 30 秒，并于当年实现广告收入 27.7 万元。

　　1983 年，中国黑白电视机和录音机的普及率已分别达到 62％和 30％，电视机的广泛普及，带动了中国电视广告的发布。1984 年电视广告营业额较之上年成倍增长，1984 年下半年，彩色电视机的普及率为每百户 5.85 台，全国引进彩色电视机生产线 113 条。电视普及率的提高，为电视广告的发展提供了极为广阔的平台。

**　　(二)上海广播广告的恢复与兴盛：春蕾药性发乳广告**

　　改革开放后，广播电台恢复播放商业广告。1979 年 3 月 5 日，上海人民广播电台播送了上海家用化学品厂的"春蕾药性发乳"广告，在全国广播电台中第一个恢复了广告业务。[②] 这条广告除了在社会上引起重大反响外，国外通讯社还以此作为电台工作改革的信息，发布了专题消息。之后，上海电台的广告宣传得到了迅速发展：由恢复时期的临时插播到有固定的《广告节目》，由每天插播十多条广告到平均每天播放九十多条广告，由每天插播短短的五分钟增加到每天播放四小时左右(两小时正规广告时间，两小时各种插播时间)，由单一的文字介绍到采用配乐广告、广告歌曲和各种直播晚会等丰富多彩的形式，由单纯的广告到与介绍商品知识相结合，由注意经济效益提高到注重社会效果。[③] 至

　　① 汪志诚. 第一条电视广告播出的前前后后[J]. 广播电视研究. 1999(2).
　　② 郭冰，张峻华. 当代中国广播电视百卷丛书·上海人民广播电台卷[M]. 中国广播电视出版社. 1999：175.
　　③ 郭冰，张峻华. 当代中国广播电视百卷丛书·上海人民广播电台卷[M]. 中国广播电视出版社. 1999：175—176.

1989 年,上海人民广播电台每天在 5 套节目中播送广告总计达 3 小时,占该台播音时间的 2.7％。其覆盖面包括上海和邻近的江、浙两省部分城乡,面积约 5 万平方公里,听众达 3 500 万人左右。当年上海人民广播电台广告营业额为 770 万元。

原上海人民广播电台新闻部编辑、记者黄铭兴是改革开放初期上海电台广告部的筹建者。他回忆当时的情况称,由于他与上海工商界接触比较多,1979 年初,台领导决定让他筹办广告部,进行创收。1979 年春节,黄铭兴回江苏江阴老家探亲,听说有一对新婚夫妻,准备去上海找老牌子的王开照相馆拍结婚照,因为他们的祖父母、父母都是在"王开"拍摄的结婚照,但是找来找去没找着。黄铭兴跟王开照相馆的总经理陈铭楷是好朋友,对王开照相馆的历史也很熟悉。"文革"中,王开照相馆改了名字,叫"丰华照相馆",难怪两位新人找不到。黄铭兴回上海后与陈铭楷商量把"王开"名字改回去,毕竟"王开"的牌子老百姓是很认可的。黄铭兴提议,让陈铭楷出 7 块钱广告费在上海电台做个"软广告",在新闻中插播恢复"王开"旧名的消息。黄铭兴写了一条 300 字的短稿,第二天早上在上海电台早上 7 点、午间 12 点、晚间 6 点的新闻节目中整点播出,连续播了三天,这一炮就打响了。因时间久远,具体播出日期黄铭兴已经记不清了,但他记得这条以消息形式出现的"软广告"比上海电视台 1 月 28 日播出的"丹桂养容酒"广告还要早两三天。[①]

1992 年 10 月 28 日,东方广播电台成立。至 1995 年,上海人民广播电台与东方广播电台共有 17 个频率,其中有 13 套节目播放广告。每天播放广告的时间总计达 4 小时以上。该年上海广播广告的营业额达 7 983 万元,为 1989 年的 10 倍多。其覆盖面包括上海以及长江三角洲广大地区,听众约 5 000 万人。

80 年代后,上海的广播广告工作者经过探索实践,推出了一批短小精炼、鲜明生动的广播广告。在历届全国广播广告评比和上海市优秀广告评比中,上海人民广播电台均获得一等奖。该台制作的"玩具汽车"在 1988 年 10 月澳大利亚国际广告评比中,获第七届国际广播电台"佩特"奖。1989 年,上海市城乡社会经济调查队在"上海市广告主广告情况调查"中,就广告服务态度、广告质量、广告服务时效、广告收费价格对 200 家企业进行评分,上海人民广播电台总分名列前茅。

(三)上海广播广告的特点:创作新、制作精、栏目情

首先,创作追求"新"。1979 年上海广播广告恢复时期,多属告知性广告,创作人员利用语言和音乐对听觉产生的独有魅力,制作了许多演播动人、音乐优美的配乐广告。随着广播广告数量的增加,广告创作人员注重开拓听觉广告新形式,追求广告的新颖、独特与趣味性,相继在广播中运用越剧、沪剧、京剧、评弹、相声、说唱、独角戏、诗歌等形式与广告内容巧妙地结合在一起,增加了广播广告的艺术性和可听性。1985 年,上海人民广播电台创作的"会说话的坠胡",利用坠胡能模拟人声的特点,采用了人与坠胡对话的形式,介绍了上海民族乐器一厂的敦煌牌民族乐器,充分表现了商品的特征。还利用汉语谐音的特点,创作出"男子汉请用鼎铃牌电须刀,男子汉用鼎铃顶顶灵"的广告。

---

① 金亚,裴建平,范国平. 忆往昔峥嵘岁月稠——改革开放后的上海广播广告[J]. 中国广播. 2012(11).

其次,制作追求"精"。起初,限于制作设备、制作人员,主要在演播和配乐上下功夫。播音中讲究性格化、情绪化,配乐上讲究贴切性,用以形成广播广告的意境。随着新技术、新设备的运用,广播广告工作者利用多轨录音设备,增强广告的层次感、画面感;用混响机创造出上百种空间效果;用合成器模拟各种特殊音响等。1988 年,上海人民广播电台制作出国内第一条立体声广播广告,给人以身临其境的感觉。

再次,栏目追求"情"。1981 年初,上海人民广播电台与上海无线电四厂首次广告文艺晚会直播成功,引起轰动。1988 年,上海人民广播电台与企业首次合办了"凯歌之音",此后相继推出了"上广之音"、"香雪海之音"、"露美星星岛"等栏目,汇集文学、艺术、娱乐、知识等内容为一体,甚受听众的欢迎。"上录音乐万花筒"、"雀巢通俗歌曲大奖赛"、"健牌创作歌曲大奖赛"等,通过企业参与节目特约播出,既促进了社会文化建设的发展,又取得良好的广告宣传效果。

1. 上海人民广播电台广告

上海电台早期的广告来源除南京东路、淮海中路等闹市区的商业单位外,还有生产化妆品、糖果、药品等日常生活用品和医药用品的工厂企业。当时上海电台播出较有影响的广告有"白玉牙膏"等。每年广告创收 20 万元左右,收入不交国库,作为发展人民广播事业的备用金,上海市广播电视局科学研究所大楼两层就是 1954 年上海电台利用广告收入购置的。上海电台的广告经营最初划归秘书科管理,1954 年划归行政科,1958 年划归节目科。1960 年上海电台广告经营被取消。

中共十一届三中全会后,随着社会主义商品经济的不断发展,广告事业日益引起广泛重视。1979 年 3 月 5 日,上海电台在全国广播电台中第一个恢复了广告业务,在社会上引起了很大反响。上海电台广告部的初创者之一宋洪仁老师回忆,当时上海电台广告部只有 3 个人:郭冰是组长;唐可爱主要负责外勤,在社会上联系业务;宋洪仁负责内勤,主要跟上海三家最大的广告公司(广告装潢公司、美术设计公司和上海广告公司)合作。当时提供业务最多的是上海广告装潢公司,宋洪仁一周能从这家公司得到几条广告。广告的播放没有固定时间,在早、午、晚间新闻中插播一下,一天插播 5 分钟。[①] 当时的广告价格是 1 个字 3 分钱,一条广告 100 个字,播出 10 次,也只有 30 块钱。就是这样便宜的价格,广告组同仁共同努力,成立当年就创收 27.7 万元。

宋洪仁介绍了改革开放初期上海电台的广告制作。一开始,广告采用解放初期广播广告的播出形式,以语言加配乐为主,每条广告都很长,大多在 30 秒至 1 分钟。后来发现广告时间过长对听众和客户来说都不是好事,上海广告公司提供的一条外商制作的广告改变了他们的传统思路。这条广告只有 5 秒钟,是日本一家汽车厂商投放上海广播电台的第一条广告,短而精,在上海家喻户晓。它采用歌曲形式,广告词是唱着出来的。这首广告歌当时在上海变成了风靡大街小巷的流行歌曲,在上班或回家路上,宋洪仁经常听到小朋友们哼唱广告词。受它的启发,上海电台开始制作 8 秒钟左右的短广告,播出后效果非常好。[②]

① 金亚,裴建平,范国平. 忆往昔峥嵘岁月稠——改革开放后的上海广播广告[J]. 中国广播. 2012(11).

② 同上.

1981 年 7 月,上海电台设立广告科(1989 年改为广告部),配备专职广告业务人员,建立和发展区域性广告网。1983 年,上海电台倡导并协办了"沿海地区广播广告经验交流会",借此形成互相交流、互相充实和互相协作的沿海城市广播广告网络。

1984 年,上海电台广告科全方位扩展广告业务,大力发展"公关"活动,与众多工商企业建立了广告业务关系。在业务往来上,注重以信誉为本,以优质服务为上。1987 年,上海电台广告部门被评为"上海市重信誉、创优秀服务先进单位"。①

1988 年,为了进一步扩展广告客户群,为客户提供高层次高水准服务,上海电台广告部门运用现代设计理念和设计技法,围绕广告创意和主题,设计出具有独特风格和更富有产品个性内涵的广告作品,对众多客户产生吸引力。当年,上海电台广告部门再次被评为"上海市重信誉、创优秀服务先进单位",并在上海市广告协会开展的上海 200 家大中型广告企业"讲信誉、重合同"调查活动中荣获总分第一名。1989 年,上海电台广告部更是获得了"全国重信誉、创优秀服务先进单位"的称号。

至 1993 年底,与上海电台建立长期合作关系的广告客户已逾千家,其中除国内工商企业和广告代理公司外,还有日本"三菱"、"松下",荷兰"飞利浦"等许多境外客户。上海电台牢牢抓住广播广告传播迅速、灵活性大、覆盖面广的优势,充分发挥"先声夺人"的特长,同时重视广告的真实性、艺术性、趣味性和知识性,使上海电台的广告宣传越办越活,在上海市建成了一个广告客户网。②

上海电台广告节目历年来的创收金额,在全国省级电台中名列前茅。1979 年上海电台广告收入为 27.7 万元,1993 年猛增到 2 163 万元。广告创收的大幅递增,为上海广播事业的发展注入新的动力(参见表1)。

表1　1979 年—1993 年上海电台广告收入统计表

年　份	广告费收入 (万元)	比上年增长 (%)	年　份	广告费收入 (万元)	比上年增长 (%)
1979	27.7		1987	430.5	46.6
1980	62.6	125.9	1988	661	53.3
1981	69.3	10.7	1989	717	8.5
1982	82.6	19.1	1990	782	8.9
1983	98.6	19	1991	841	7.5
1984	147	49	1992	1 298	53
1985	220.4	49.9	1993	2 163	67.8
1986	293.5	33	合计	7 887.7	每年平均递增 39.4

资料来源:当代中国广播电视百卷丛书:上海人民广播电台卷

① 郭冰,张峻华. 当代中国广播电视百卷丛书·上海人民广播电台卷[M]. 中国广播电视出版社. 1999:176.
② 同上.

2. 上海东方广播电台广告

1992 年 8—10 月,上海东方广播电台广告部与公关部联合,先后举办了有关广告业务的系列活动。8 月份在七重天歌舞厅举行"东方畅想会",有 100 多家客户应邀出席。会上,各部主任介绍了即将开播的节目情况。到会客户纷纷与广告部人员洽谈合作项目。当年中秋前夕,在上海展览馆广场举行"东方聚首会",广告业务活动实施"高密度、大容量、低价位、新概念"的战略,吸引了大量客户,并形成了一批相对稳定的主干大客户,仅两个月时间就创收 300 多万元。到 1993 年底,创收额已跃升到 1 700 多万元,人均创收达 34 万元,居全国广播界人均创收额首位。广告部人员参与了客户开发、广告策划等全过程。上海针织品总汇成立之初,靠银行贷款的 150 万元起家,艰苦创业。广告部业务员深入该企业共同筹划公关宣传、广告发布,使企业销售总额年均递增 2 亿元。该企业投入的广告费也由最初的几千元递增到几十万元,最高时达百万元。

随着计划经济向市场经济的转换,不少原有的广告大户优势削弱,广告投入锐减。东方电台广告部在进行广泛的市场调查和缜密的市场分析以后,从原来一些工业企业广告大户中挑选出一批利润高的企业和新兴的商业、金融业、房地企业,培育出一批新的广告创收增长点,组织成主要的目标客户群,并以此为核心,扩大客户队伍,奠定了全台广告创收的基础。

3. 上海交通广播电台广告

上海交通广播台成立于 1991 年 9 月 30 日,是中国大陆第一家以播报交通信息为主的专业广播媒体,以"为大都市的流动人群提供更多、更好、更切实的服务"为创办宗旨。2002 年 7 月,上海文广新闻传媒集团对上海交通广播实施重组。重组后的上海交通广播从 2004 年 1 月 1 日起实施全天 24 小时双频播出,强劲的 FM105.7/AM648 以清晰的音质传遍上海的每个角落。收听率调查数据显示上海交通广播有效覆盖人群近 1 亿,有效收听人群达 253.8 万人。[1]

上海交通广播的广告多为 15 秒广告,如"欧陆风情厨具广告"——"对欧洲大餐痴迷的女人,在家怎么就不行呢？ 做法不对？ 不,是锅具的问题。尽显女人自尊,欧陆风情厨具,European cookware"。[2] 这则广告显现了上海交通广播广告最大的亮点在于语言、音乐、音响三者的配合：语言上,通俗但不庸俗,文案突出时尚小资的风格,对于每一个在家里操持家务的女人来说,是绝对的诱惑,产品诉求独特而恰到好处；同时,背景声响效果营造出厨房的现场感；音乐的起伏与文案内容的情绪变化配合密切,让受众印象深刻。而"上海大众爱车课堂"则是为数不多的达到 60 秒的信息类广告。这一套装广告曾连续一个星期投放于上海交通广播,每天 12 次,每天一个信息内容,如"车内除臭"、"多媒体导航系统"、"防冻"等都是爱车课堂提供的汽车保养信息。[3] 这一套装广告的成功之处在于：首先,七个信息都非常实用,从内容上吸引广播听众,加之上海交通广播的受众多为有车

---

① 袁小鹭. 新时期广播媒体品牌建设研究[D]. 华中科技大学. 2008：58.
② 李君. 读图时代广播广告的突围[D]. 南昌大学. 2011：44.
③ 袁小鹭. 新时期广播媒体品牌建设研究[D]. 华中科技大学. 2008：59.

一族,本身就很关注汽车保养,投放媒体恰到好处。其次,广告形式多为对话式,大部分还将汽车拟人化,幽默风趣,在不经意之间将信息传达给听众,还加深了听众对品牌的印象,接受认同广告的诉求信息。语言通俗易懂,具有口语化的特点,让人印象深刻;音响和音乐对语言也起到了非常大的辅助作用,如利用汽车启动的声音、刹车的声音等创造现场感,强化记忆。同时,信息类广告在功用上偏向公益广告,不会直接陈述产品或品牌信息,在这方面,听众会更有好感,对整个品牌的塑造有积极意义。

从内容上看,上海交通广播广告涵盖了汽车及配件、旅游、饮食等各类信息,其中医疗类软广告占据的时间较集中,在某些时段会在整段节目过后预留 5 分钟左右的时间让一些"医药广告"以块状的形式出现。

从经营格局上看,上海交通广播一开始实行的广告经营策略是部分自营,部分委托广告公司代理。对于一个人员配备不多,又同时承担节目自制和广告经营的媒体机构来说,压力很大。上海交通广播广告在经营模式上进行改革,在广告经营中多依赖有实力、讲诚信的广告公司代理广告,以减轻自身的压力,从而提高广告的传播效果。另外还将有实力的节目的广告时段进行竞标拍卖,以增加收入。①

（四）上海电视广告的诞生与繁荣：轰轰烈烈的广告大战

1. "参桂养容酒"：上海电视广告诞生记

1979 年 1 月 28 日,上海电视台播出了第一条电视广告：参桂养容酒。这一前所未有的创举,在社会上激起了强烈反响,对于中国电视广告的发展具有重要意义。十一届三中全会鸣响了新的进军号角,刚成立不久的上海市美术公司再次打报告要求恢复广告。经上海市政府财贸办公室、市委宣传部口头认可"根据你们的需要和可能逐步地恢复",迅速组成了公司领导、业务、媒介、文案、创意设计人员参加的"恢复广告工作组"。由于"文革"前的广告业实行代理制,媒体不能直接承揽广告业务,即作为恢复广告的具体操作者,只能由公司组织广告发布工作。

在上海电视台工作的童进伟与时任上海市广告装潢公司(即原上海市美术公司)业务管理科科长的应秀华,曾同在五七干校的一个小队。童在得知应秀华为恢复广告作准备的消息后积极响应,在征得领导同意后,选择了参桂补酒作为电视广告的内容。这一方面是因为当时正值春节,送一些滋补礼品是人们比较喜好的,可以收到良好的广告效果。而能做得起广告,又适合做广告的公司,在当时,也许只有上海市药材公司。另一方面,广告主要是表现儿子与儿媳带着孙子,在商店为父亲购买参桂补酒,以示孝心。而当父亲收到礼品后,非常开心。②整个广告温馨简洁,其乐融融。这样一来,既可以避免与资本主义挂钩的吃、喝、玩、乐、淫(美女)的嫌疑,又可以为在文革中备受打压的传统中药材正名。

此时的上海电视台迈出了勇敢的第一步,接受上海市美术公司的倡议合作拍摄广告,并派出新闻部周瑞轩、徐益等同志配合共同策划,用 16 毫米彩色电影摄影机拍摄了全国

①　袁小鹭. 新时期广播媒体品牌建设研究[D]. 华中科技大学. 2008：64.
②　汪志诚. 第一条电视广告播出的前前后后[J]. 广播电视研究. 1999(2).

首例电视广告,并于 1 月 28 日晚 17:05 分率先播出,片长 1 分 35 秒,给上海电视台带来的广告收入接近 300 元。[①]

广告片的播出并非一帆风顺,早在播出前两个星期,时为上海两报一刊通讯员的丁允朋,于《文汇报》第二版发表了《为广告正名》的千字小文。提出"有必要把广告当作促进内外贸易、改善经营管理的一门学问对待","我们认为运用广告,给人们以知识和方便,沟通和密切群众与产销部门之间的关系"。此文一出,立刻激起千层浪,引发了国内外的强烈反应。

在当时人们的观念中一直把广告当做是资本主义的尾巴,是应该被割掉的,而且在"文革"中已经被"革了命",如果电视台播出广告便是"一切向钱看",是丧失电视尊严的。当广告片已经送到播出部门,在播出前几秒钟,一位主管负责人指着这条广告说:这是错误的,不能播。操作技术员一下子愣住了,不知如何是好。这时参与了广告制作全过程及负责送播的汪志诚在旁边平静地说:"按演播计划办。"(当时的计划负责人邹凡扬同志已经签字同意播出)[②]这样,第一条广告终于按照预定计划顺利播出了。

广告播出后,社会的反应各不相同。一部分老百姓不知道电视里突然出现的这么一段片子是什么意思,以为是新闻节目,或者是其他电视节目,并不懂得广告的概念。另一部分人明白是广告以后,便争相购买广告中推荐的补酒。据汪志诚回忆说:"上海市药材公司告知,在不到半个月的时间里,大部分商店的参桂补酒被选购一空。"

由于是中国内地的第一条电视广告,而且是在中共十一届三中全会后第 37 天播出的,因而引起了国内外媒体的广泛关注。3 月 12 日,人民日报报道了上海电视台播出电视广告一事。在此前后,美联社、路透社等 20 多个国家和地区的媒体均报道了这一事件。美国的一家报纸为此发表评论,认为上海电视台播放广告是中国开放的信号。[③] 11 月,中共中央宣传部《关于报刊、广播、电视台刊播外国商品广告的通知》肯定了媒体恢复广告的做法。

上海荧屏出现广告这一突破性的创举,使上海电视台摆脱了对国家财政拨款的完全依赖,首次拥有了 60 万元人民币的预算外广告经营收入。这引起了我国电视界的普遍兴趣。在上海电视台播出广告后的三个月,广东电视台开始了广告业务;一年后,中央电视台也开始播放广告。

2. 上海电视广告的发展与繁荣:解放思想,调整发展

1978 年"真理标准问题"的讨论和中共十一届三中全会的召开,解放了上海电视系统干部和职工的思想,上海电视台开始探索如何改变现状依靠国家财政拨款,走发挥自身优势,进行自我发展的道路。1979 年 1 月 25 日,上海电视台负责人邹凡扬起草了一份试办广告业务的报告,请示中共上海市广播事业局委员会和中共上海市委宣传部,当即得到领导的批准和支持。同日,在邹凡扬主持下,由编辑汪志诚起草了《上海电视台广告业务试行办法》和《国内外广告收费试行标准》,并且成立了上海电视台广告业务科,委托上海美

① 汪志诚. 第一条电视广告播出的前前后后[J]. 广播电视研究. 1999(2).
② 同上.
③ 同上.

术公司代理市内广告业务,委托上海广告公司代理国外业务,上海电视台广告科也直接代理广告业务。

《广告收费试行标准》规定,国内广告每次播出费 30 秒 100 元,60 秒 160 元;制作费彩色幻灯片每张 10—20 元,彩色影片每分钟(40 英尺)500 元。国外和港澳台地区广告,每次播出费 30 秒 1 700 元;60 秒 2 000 元。每分钟制片费 5 000 元。

自 1979 年 1 月 28 日,上海电视台播出了中国内地第一条电视广告。3 月 15 日,播放了中国内地第一条外商电视广告(瑞士雷达表)。同年 7 月 16 日,上海电视台与香港《文汇报》、电视广播国际有限公司签订了为期 5 年的广告业务合作协议。11 月,上海电视台又与香港太平洋行签订日本西铁城手表报时广告协议,为其 1 年,广告总金额 130 万港币。

上海电视台首播电视广告以后,引起国内外新闻媒介和企业界的关注。在国内经济发达的沿海地区如广东、江苏、浙江等省的电视台也相继开办电视广告业务。之后,电视广告遍及全国。海外新闻媒介也纷纷作了报道,海外企业闻讯而来。1982 年 2 月,国务院颁布《广告管理暂行条例》,为电视机构开展广告业务提供了法制保障。[①]

20 世纪 90 年代前,广告客户一般不通过广告公司代理,直接与电视台广告部门建立业务关系。上海电视台广告部门也相应地为客户提供从创意、制作、直至安排播放的一条龙服务。上海电视台直接承接的广告播出量,占广告播出总量的 85% 以上。1979 年 5 月 26 日播出的广州"生胃酮"广告,是广东电视台广告部门制作和代理,委托上海电视台播放的,此举开创了地方电视台之间相互代理广告业务之先河。[②] 继之,江苏、浙江、福建等沿海经济发达省市的电视台,也与上海电视台建立了相互代理电视广告的业务,由此外地来沪的电视广告数量逐步增加。

上海电视台播放的海外来华广告,按国际惯例实行广告代理制。开办初期,有香港《文汇报》、无线电视台和上海广告公司代理,后发展到数十家跨国广告公司和香港华人广告公司为上海电视台提供广告。广告产品有:手表、家用电器、饮料、食品、汽车、洗涤用品、护肤用品、化妆品、洋酒和香烟等,均是国际名牌,客户也由单一的日本公司发展到欧美经济发达国家。

随着上海进一步改革开放,1989 年以后,境外有实力的广告公司逐步进入上海,或与上海地区广告公司合资,或在上海设立办事机构,展开了以提高服务质量为中心,争夺广告客户的"广告大战"。上海电视台"独家经营"的方式,已无法适应广告的发展,也不可能替代专业广告公司全方位策划的功能。为此,1991 年初,上海电视台提出了广告代理的试行办法:凡是具备代理条件的不同所有制的广告公司,都可与之签订正式协议,以此调动广告公司的积极性。1992 年,有广告公司代理的广告,占播出量的 60% 左右,1993 年上升到 90%。[③]

① 赵玉明. 中国广播电视通史[M]. 北京年第北京广播学院出版社. 2004:345.
② 赵玉明. 中国广播电视通史[M]. 北京年第北京广播学院出版社. 2004:400.
③ 国际广告杂志社,北京广播学院广告学院,IAI 国际广告研究所编. 中国广告猛进史[M]. 华夏出版社. 2004:435.

　　自 1979 年开办广告业务以来，为了"把广告控制在一定的限度内"，上海电视台出台了一系列政策，如实行国内广告和海外来华广告两种不同的收费标准：国内广告以人民币计费，海外广告以美元结算（见表 2）。为促进市场经济的发展，保护民族企业的利益，国内企业广告的收费标准较大幅度地低于海外来华广告。至 1993 年止的 15 年中，国内广告与海外来华广告的收费标准均做了相应调整。调整广告收费标准的依据是：电视覆盖面的扩大，电视机拥有量的增加，收视率的提高；市场经济的发展，消费者购买力的提高；电视设备的更新，电视节目品位的提高，电视播出成本增加；各类媒体发布广告的受众面，电视广告在观众中所产生的影响等。

表 2　1979—1993 年上海电视台国内外电视广告收费标准表

年份	国内广告 30 秒（人民币）	海外来华广告 30 秒(美元)	年份	国内广告 30 秒（人民币）	海外来华广告 30 秒(美元)
1979	100	1 000	1988	600	1 320
1980	125	——	1990	1 000	
1981	150	——	1991	1 500	
1986	450	——	1993	5 000	2 340

资料来源：上海市地方志办公室网站

　　上述均是固定的收费标准，若广告客户另有要求，如广告安排在周末（周六、日）或固定节假日及其前夕播出、指定在某个时间段播放广告、中外合资企业播放的广告、加急广告（要求在 3 天之内播出）和特约播出广告等，均酌情提高收费。同时，为鼓励广告客户多投放电视广告，凡广告费或投放次数达到一定金额和数量者，可享受不同的连续折扣；若客户预付广告费，广告收费也予以优惠。

　　从 1993 年开始，广告播出收费顺应国际惯例，作了重大改革，按广告播出的时间段的收视率高低，定出不同的收费标准，按质论价，收费更趋合理。

　　电视广告集图像、声音、色彩、动作于一体，是先进、完美的广告媒介，电视又是深入到千家万户的独特的宣传工具，因此，电视广告更能起到指导消费、促进生产的作用，深得广告客户的信赖，也能被观众接受。当时的广告媒体投放情况参见表 3。

表 3　上海电视台广告经营额比重变化表

广告公司、广告媒体名称	1982 年	1987 年	1991 年
广告公司（上广、广装、美术设计）	55.2％	27.8％	25.1％
报社（解放、文汇、新民）	25.35％	21％	17％
电视（上海电视台）	8.4％	10.7％	15.7％
广播（上海人民广播电台）	3.7％	2.95％	2.44％

资料来源：上海市地方志办公室网站

多年来,上海电视台的广告营业额在上海几大媒体和主要广告公司中一直排名榜首,在全国上千家中央和地方的电视、报刊、广播等各类媒体中也名列前茅。1993年,上海电视台的广告营业额居中央电视台之后名列全国第二。

上海电视台自1979年开办电视广告业务以来,至1993年底,共收入广告费53 706万元,每年平均递增72.8%。其中1993年的广告营业额为18 753万元,是1979年49万元的382倍。电视广告收入的增长,成为上海电视事业发展的重要支柱,也是主要经济来源。通过对上海电视台的广告收入情况进行了数据分析(见表4、表5)可以得出这样的结论:电视广告收入的增长率与国内生产总值的增长率呈正比;电视广告收入的增长幅度明显大于同期国内生产总值的增长幅度。电视广告收入作为新生事物,有旺盛的生命力和优良的成长性。

表4　1979—1993年上海国内生产总值统计表

年　份	国内生产总值 (亿元)	比上年增长 (%)	年　份	国内生产总值 (亿元)	比上年增长 (%)
1979	286.43		1987	545.46	11.13
1980	311.89	8.88	1988	648.3	18.85
1981	324.76	4.13	1989	696.54	7.44
1982	337.07	3.79	1990	756.45	8.06
1983	351.81	4.37	1991	893.77	18.15
1984	390.85	11.09	1992	1 114.32	24.68
1985	466.75	19.42	1993	1 511.61	35.65
1986	490.83	5.16	合计	9 126.84	每年平均递增12.95

资料来源:1997年上海统计年鉴

表5　1979—1993年上海电视台广告收入表

年　份	广告费收入 (万元)	比上年增长 (%)	年　份	广告费收入 (万元)	比上年增长 (%)
1979	49		1987	1 678.3	36.8
1980	139	183.7	1988	1 796.7	7.1
1981	163	17.3	1989	2 996	66.3
1982	238	46	1990	3 484.2	16.3
1983	337	41.6	1991	6 537.2	87.6
1984	647.2	92	1992	14 681.2	124.6
1985	938.8	51.2	1993	18 753.7	27.7
1986	1 227	25.4	合计	53 706	每年平均递增78.2

资料来源:上海市地方志

1993 年 1 月，上海东方电视台成立。而东方电视台广告部于 1992 年 9 月就已开始筹建，筹建人员走访了大量客户，传递东视即将开播的信息，并于 12 月份一个月的试播期间，每天设 5 分钟广告时段作为试播，同时开始筹建企事业单位的祝贺广告。1993 年 1 月 1 日开始对外播出，1 月 18 日正式开播。1993 年 10 月 16 日，为转换广告经营机制，实行广告代理制，经上海市广播电视局批准，成立了上海东方电视台广告经营公司。公司属全民所有制性质，注册地址是浦东新区龙阳路 88 号，注册资金 1 000 万元。①

东方电视台广告来源于具有代理电视广告资格的广告公司和一些直接客户，有广告公司制作和委托广告公司制作。东方电视台的广告播出包括硬广告和软广告：硬广告直接宣传企业形象和产品形象，以散播为主，一部分作为"环球影视"的特约广告播出；软广告包括有偿服务栏目"都市旋律"。

（五）上海广告公司广告业务的恢复：上海市广告装潢公司

进入新时期后，上海市外贸系统恢复了上海广告公司，上海市文化系统恢复了上海市美术设计公司。上海商业系统的上海市美术公司也更名为上海市广告装潢公司，该公司成立于 1952 年，是解放初期国内最大的专业广告公司。1978 年 6 月，上海市广告装潢公司建立了以王庆元为组长的恢复广告五人小组，为恢复广告业务进行可行性探索。经过近 80 天的调研，得出了"从商品的生产销售来讲，我们需要广告"的结论。同年 11 月 23 日和 28 日，该小组先后向上海市商业局递交了《关于恢复商品宣传服务的报告》和《拟将部分政治宣传牌改为商品宣传牌的报告》，要求恢复对商品的广告宣传和路牌广告。

1987 年上半年，新组建的上海包装进出口公司基本恢复了同 19 个国家和地区的广告业务关系，同年发布广告 161 次，收入总额达 83 万美元。1979 年初，上海广告装潢公司连续在国内大报上发布广告，形成重大影响，当年广告收入为 81.5 万元，并于当年承办上海户外广告业务。上海广告装潢公司在促进国内广告业的恢复上做出了巨大的贡献。1979 年 2 月 23 日，上海广告公司在《文汇报》刊出招商广告。同年 3 月 15 日上海广告公司代理的第一条外商广告瑞士雷达表广告在上海电视台播出。

第二节　广电广告与市民日常生活方式

1927—1937 年是上海现代化转型的发展阶段，这一阶段，上海得风气之先，发展成为中国最大最具现代性的城市。资本主义经济迅速发展，城市人口大量增加，新文化运动为意识形态、价值观念的吐故纳新奠定了基础，新的生活方式大量涌现。各地人才与物资源源不断向上海集中，上海的生产力以跳跃的步伐前进，一个作为现代化中坚力量和内在动力群的包括工人阶级、资产阶级、知识分子在内的新上海市民群体已然形成，新的社会生活已成为上

---

①　国际广告杂志社，北京广播学院广告学院，IAI 国际广告研究所编. 中国广告猛进史[M]. 华夏出版社. 2004：214.

海生活的主导趋势。① 彼时中外文化充斥其间，争奇斗艳，熊月之教授明确指出，上海是"异质文化交织"的社会。② "拼盘文化"的特征在上海彰显得格外清晰，③其中有世界性与地方性的并存、摩登性与传统性的并存。这种文化生态培育了上海市民开放包容的心态和强大的文化生产能力，不仅使精英文化找到了阵地，更为大众文化的滋生提供了土壤。

1949 年以后，在共产党领导之下，上海进入了一个新的格局。社会主义的新政权为上海规划了新的图景——新中国要致力于将上海建设成为一流的工业城市，这一点确定了旧上海城市功能风貌及生活方式改造的主旋律。新的政府通过社会主义化运动，废除了私有财产和市场活动，消灭了资产阶级和资本主义的生存条件，原有的都市生活氛围逐渐消失。

雅各布斯在《美国大城市的生与死》中曾说，"城市是由无数个不同的部分组成的，各个部分也表现出无穷的多样化。大城市的多样化是自然天成的"。④ 同样，多元是近代上海城市生活风貌最为重要的特征之一。解放后，小资、享乐主义等都作为资产阶级的生活方式遭到批判。在"消灭腐朽的资产阶级生活方式"的口号下，城市的生活风貌在迅速改变。新的风气建立起来，旧的生活方式遭到抨击，上海的广播电视广告在这一除旧布新的过程中扮演了重要的角色。上海城市生活的多元性是否就此彻底消失？上海日常生活方式的氛围有什么样的变化？

要回答这些问题，我们回忆广播电视广告中的场景，会发现不同历史时期所呈现的图景大不相同。第一个时期为 1927—1937 年。从 1927 年起全国在形式上统一，社会进入相对平稳的发展时期，上海特别市也于 1927 年正式成立。同年，上海新新公司开办了第一座中国人自办的私营广播公司，节目内容多为推销该公司商品的广告。1937 年抗日战争爆发，紧接着上海沦陷。这十年间，"上海的商业化、工业化、现代化的水平都达到了它的鼎盛时期，由此也推动着上海现代意义上的都市化浪潮达到了历史的顶峰"。⑤ 第二个时期为 1978 年改革开放后。这一时期是上海乃至全国广播电视广告业恢复发展的时期。在政治、经济大环境转变的时代背景下，广电广告重获新生，广告开始真正切入人们的日常生活。广播电视广告以其独特的魅力，成为人们生活中选择商品的依据，甚至成为选择生活方式的依据。因此这两个时期是展现广播电视广告与市民日常生活方式相互交织，相互影响的最具代表性的阶段。

一、规训与溢出——广电广告与市民日常生活消费方式

（一）变换中的城市商业发展

广播从开办到运作，深刻地卷入工商业社会运转过程，与工商业社会中的市民生活发

---

① 忻平. 转型时期中国民间的文化生态研究[M]. 上海：上海大学出版社. 2011：11.
② 熊月之. 异质文化交织下的上海都市生活[M]. 上海：上海辞书出版社. 2008：13.
③ 忻平. 转型时期中国民间的文化生态研究[M]. 上海：上海大学出版社. 2011：12.
④ ［加］简·雅各布斯. 美国大城市的生与死[M]. 金衡山译. 南京：译林出版社. 2005：157.
⑤ 李今. 海派小说与现代都市文化[M]. 合肥：安徽教育出版社. 2004：14.

生紧密互动并发挥它大众传播媒介的特质,以传播商业广告为主的运营模式,与这个时期消费生活发生着紧密关系。

1. 日益庞大的城市消费群体

上海自 1843 年开埠以来,开始逐渐形成其五方杂处、中西交融的文化特色;改革开放以后,上海也一直是世界联系中国的窗口,是一个时尚之都,消费之都。① 消费,成为了上海独特的精神标志。

随着上海步入现代化进程,都市生活的日趋丰富和节奏的加快,广播广告与都市社会、听众生活发生了更为密切的互动关系。大量的商业广告,唤起听众消费者的消费欲望,消费群体的数量因广播广告的传播有了飞跃性的增长。同时,伴随上海经济奇迹般的增长,吸引了大量投资、消费和劳动力,滋生了庞大的消费群体。

城市居民同时也是消费者,而消费什么、怎样消费、为什么要如此消费,则由个人和家庭收入的多少来决定。开埠的上海实行工资收入的分配形式,"到 20—30 年代已由科层制组织为核心而推广到社会的一切领域","全上海职业人口都已基本被笼罩在工资制度下",②即大多数居民家庭的收入是来源于工资。相对稳定的收入,为各种档次的消费提供了保障。总之,消费日益成为上海人日常家庭生活的重要部分。正如"美国商人因为有了无线电广播而掌握了打开美国家庭大门的钥匙"一样,③上海广播广告正试图并打开上海市民家庭的大门。

大众媒介的生存发展大多依靠广告的支持。从电视诞生起,每个人都不能忽视以电视广告为代表的商业信息传播的力量。广告商利用电视广告的巨大影响鼓励受众进行消费。电视广告综合利用图像、声音等手段,以普通市民生活中可以接触和感知的形象,让每个人都能轻易地在电视广告中找到自己想要的东西。并且因广告形象模糊暧昧的定位,也可以被想象成为普通市民自身的理想形象。④ 电视广告通过塑造"最完美的形象",阐释"最理想的生活",塑造"最高尚的身份",将这样或那样的需求推给普通市民。⑤ 当市民们越来越多地接触到广告,就会越来越多地追随广告中的商业信息,自然而然地将消费作为一种生活常态。

2. 市民消费观念的转变

随着口岸的开放和外国资本大批涌入,形成了新的生产力和新的生活方式。各国租界的建立,使上海成为一座华洋杂处的城市,西方居民的各种现代生活习惯和配套设施令上海民众大开眼界,其观念受到前所未有的冲击。

无论是国民追求新的、科学文明的生活方式,还是提倡国货,号召以商业消费救国图强,新消费方式都扮演了重要角色。经济发展、华洋杂处社会环境的耳濡目染,繁荣的商

---

① 潘知常,林玮. 大众媒介与大众文化[M]. 上海人民出版社. 2002:441.

② 忻平. 从上海发现历史——现代化进程中的上海人及其社会生活(1927—1937)[M]. 上海人民出版社. 1996:302.

③ [美]丹尼尔·切特罗姆. 传播媒介和美国人的思想[M]. 中国广播. 电视出版社. 1991:84.

④ 王洁. 巴特式神话与广告文化力量[J]. 当代传播. 2004(2).

⑤ 莫少群. 20 世纪西方消费社会理论研究[M]. 社会科学文献出版社. 2006:85.

业广告的巨大影响,现代知识在市民中间空前增长。

市民的消费水准越高,广告的介入程度就越深,这也是与经济的发展相吻合的。而这一时期的上海广告,多是受着各种现代西方生活方式和科学观念的深刻影响,从中可见民众的兴趣所在。例如1929年6月15日雀巢麦精粉的广告:"此粉为唯一滋补饮料,用最优等牛奶和麦精制成,经五十年之研究始臻完善,故能强健身体且易消化也。"可见上海市民对洋商的产品已经有了一定认同度,接受了西方保健食品。又如乐口福麦乳精广告:"强身补血,益脑安神。营养成分最充足,滋补功力最伟大";美国黑人牙膏:"以热带洁齿植物素制成,比众不同,白齿、灭蛀、除臭,功效立见。"东方大药房四合一洗面粉广告:"天热时的男女应该用新发明之美容剂";冠生园月饼广告:"冠生园最可人意的中秋月饼,科学烘焙无生熟不均之弊",德国拜耳药厂阿司匹林:"打败一切疼痛",等等。这些产品多数是过去中国人闻所未闻的新事物,现在却走进平民百姓家。这些都表明西方现代科学的产物已经更新了上海普通百姓的生活方式,使其更卫生、健康、科学、便利。

"文革"结束之后开启的改革开放带来的社会转型,是一个社会结构的转变过程,也是个人和社会整体消费观念发生剧烈变化的过程。主流的消费观念由省吃俭用、杜绝浪费的保守消费观逐步转变为主张奢俭有度、循序渐进地提高消费水平的适度消费观。而随着社会生产力的发展,商品供应的日益丰富,广播电视广告对商品的宣传扩大和深入,人民收入水平的不断提高,人们的消费需求也日益呈现出多元化状态。在上海,生活已经明显改善的市民阶层,开始消费方式和层次的现代化,重视世俗的物质享受,追求舒适、高档和品味人生的享受。广播电视广告开始带给人们听觉、视觉上对商品更直观、真切和温情的了解,消费品的极大丰富,使得人们可以根据自己的需求和喜好,自由参与市场交换与消费选择。①

处于1978年改革开放这段特殊历史进程中的上海,人们的消费活动和消费观念更是受到多种因素的影响,呈现出复杂的特点和快速的变迁。而广告作为研究消费过程和消费文化的基本组成部分,广播广告的恢复,电视广告的出现,商业信息的传播和营销目的的达成,都建立在消费需求和消费价值取向上。一方面,广告传播表现是消费观念变迁的"镜子"和"风向标";另一方面,一段时间内的消费观念及不同时期消费观念的变迁也促使广告传播表现的内容和意识的推广进一步放大,形成螺旋形的相互推动和变化的效应。因而广告可以成为考察市民消费观念变迁的重要视角之一。

改革开放给上海民众带来了经济实惠,它集中转化为对消费品的巨大购买力。"受长期禁锢后获得突然释放的旺盛消费欲望,会同开放后引起的种种消费示范效应和攀比效应,在市场上掀起了种种消费热浪。这既促进了消费品生产的迅速发展,也刺激了消费的超前增长和消费需求膨胀。"②透过不同时期广告的内容,人们消费观念中新的变化也向

---

① 于琨奇,花菊香. 现代生活方式与传统文化[M]. 北京:科学出版社. 1999:242.
② 程恩富. 上海消费市场发展史略[M]. 上海:上海财经大学出版社. 1996:303.

我们呈现出来。1984—1988 年,市民的消费热点主要集中在家电。照相机、手表、装修材料等形成新的消费需求,啤酒饮料广告也逐渐增多。而从 20 世纪 90 年代中期开始,婚纱摄影、电脑、寻呼机、房产、游戏机、健身美容和保健品又成为新的热点。90 年代中后期以来,IT 产品、房地产、化妆品、旅游、休闲娱乐等都成为人们的消费热点。市民在日常生活中越来越注重生活的质量和品质,绿色消费、知识消费、健康消费、精神消费等也成为主流的消费追求。

（二）市民日常生活消费方式的规训与溢出

在上海这样一个现代消费性社会里,都市生活的物质商品消费和文化娱乐消费同时兴旺繁荣。上海的华商广播通过以商品广告为中心伴以文艺娱乐助兴的典型方式,从一开始就把这两种消费生活融为一体。

1. 商场与百货公司

20 世纪 20 年代初,上海已有先施和永安两大公司并立为百货业的双雄,这两家公司的资本都十分雄厚,而且名气相当大,一般的百货公司根本无力与其竞争。但在 1926 年,刘锡基通过广东银行总经理的资助,仍大胆地在上海创办了一个名为新新公司的大型百货商场。新新公司坐落于上海商业最繁华的南京路上,1926 年 1 月 23 日开业就轰动了上海滩。它以"中国最新式大商店"为标榜,公司大楼全座七层,分前后两座。地下前、后座相连,辟成一个大商场,二楼起当中分开,左右两翼连结,二、三楼仍设商场,四楼设总管理处和办公处,五楼为各种货色,六、七楼为游乐场;后楼二楼为酒楼、三、四、五楼为酒店,附设茶室、美容室、绿宝剧场(专演话剧)和新都剧场(专演申曲)。七楼开设西餐厅,有"屋顶花园"营造气氛。整座大楼集百货餐饮旅游业之大成,集高档商业娱乐消费一身。

在与老牌的先施和永安两大公司竞争中,"新新"显然处于不利的地位。但新新公司的经营者以开拓进取的精神在广告宣传上开动脑筋,兴建电台并标新立异地用玻璃建造,人称"玻璃电台"。[①] 1927 年 3 月 18 日开播"玻璃电台"。公司将前座大楼顶部的游乐场改为新都饭店后,通过公开而新奇的广播和表演以吸引顾客消费中式粤菜,从而成为南京路繁华街市上的一道亮丽风景,既能吸引听众,又可以为"新新"大作广告,扩大公司名声。电台以公司名义打出的"推销中华国货,统办环球货品"的广告语,每日播音 5 小时 45 分。新新电台是中国现代史上第一座民营自办广播电台,开启了上海华商广播广告的先河。

2. 公司、电台与广告

以新新公司创建民营商业性电台为开端,上海华商企业陆续建立了 12 座电台。大多融入商业化社会,确定了最初的商业定位,广播以自身的节目播报参与到工商业经济活动之中。上海广播处于商贸、工业、金融并行发展的经济环境,广播卷入所有经济活动,主要和直接的方式表现在它的节目即传播的信息。绝大部分上海广播设置的经济生活节目是极为丰富的,12 座电台经济类节目均占据主导地位,直接播报、反映上海商情;主要播音时间则以播放商业广告为主,广告主要插播在娱乐节目中间。民营电台的整体运作是商

---

① 朱英. 近代中国广告的产生发展及其影响[J]. 近代史研究. 2000(4).

业化的,为减少费用,商业电台省去了新闻节目和政治类节目,个别电台甚至没有科学知识、生活常识节目。出于商业目的考虑,电台为吸引听众注意听取广告,调配了本地流行的娱乐节目,例如时兴的戏曲、流行歌曲等。

当时广播的广告量很大,广告客源来自多个领域、多种行业、多种经济体,涉及商业、金融、工业、农业四大门类。提供商业信息给不同需要的听众,既有商业团体,也有企业家、政界人士、金融证券投机者,而金融商品价格、原材料价格、日常生活中粮食的价格、纺织品价格,则更易引起市场经济条件下普通市民的关心。由于广播传播速度迅捷、单位时间内信息量大、辐射范围广,加之广播声音媒介传播的生动性、感染性、穿透性,广播广告在市民日常消费中起到越来越重要的作用。

广播的商品广告为满足市民听众的消费欲望提供了丰富的信息。据苏祖国主编的《中国无线电》1936 年第 1—12 月第 4 卷第 1—24 期全国广播电台节目,商品广告主要来自亚美公司和其他 30 家公司、商号、饭店、药店,为市民听众提供日常生活所需的各种生活用品和出行服务等相关信息。这些广告信息每日都播出。广播电台的广告信息下半年每日播出的次数要多于上半年,提供各种商品或服务的长期(一年)广告客户较多。[①] 电台以此既可以保证自身的广告量,又能提升市民对广告客户信息的信任。

3. 广告主与电视台

改革开放后,广播广告的恢复和电视广告的诞生,以及广告传播潜移默化的影响,成为当代上海市民消费观念变迁的巨大"孵化器"。随着社会生产力的提高、商品的丰富,人们越来越需要及时有效地了解、分析和处置各种各样的消费信息,而广播电视广告则一度成为人们接触消费信息的快捷、便利的重要来源。随着时代变迁和广告主营销目的的变化,电视广告中传播的各种消费形象、消费风格和消费方式,都一一作用于人们的消费观念。各种新的消费观念也都通过生动形象的电视广告广泛而迅速地传播到千家万户,并逐渐影响不同的消费群体,也使社会整体的消费观念出现新的特点,发生或明显或潜在但却在持续的变迁。最直接的例子就是国外产品的输入,跨国公司灵活而成熟的广告营销手段对人们传统的消费观念形成了一波又一波的冲击。超前消费、夸示性消费、符号消费等光怪陆离的西方消费观念日复一日地作用于人们的消费观念,使得传统的消费观受到了极大挑战。"如果要将这些'好生活'的因素和理想中的社会主义生活方式联系起来是很困难的"。[②] 1979 年 3 月 15 日中央电视台播出的日本西铁城手表是首例外商广告,1979 年 3 月 18 日上海电视台发布了瑞士雷达表的广告,此举引起了轩然大波,有人甚至指责原上海电视台广告科负责人汪志诚是出卖主权,居然用英文来播放。与指责的声音相比,观众对这则广告的热情却出乎意料,广告播出的第二天,去商场询问雷达表的市民就有 700 多位。

宏观上,广播电视广告反映出的上海市民日常消费方式、消费观念,其变迁与我国经

---

① 汪英. 上海广播与社会生活互动机制研究(1927—1937)[D]. 华东师范大学. 2007:137.

② 尤卡·格罗瑙. 趣味社会学[M]. 向建华译. 南京:南京大学出版社. 2002:64.

济甚至与整个社会的发展保持了同步。

二、物产与主食——广电广告与市民日常饮食方式

餐饮不仅仅是人们满足食欲维持生命的一种自然行为，同时也是一种意识、观念、文化礼仪和交流方式，它深刻地体现着人们日常生活方式。城市居民饮食生活的变迁首先表现在随着现代食品工业的发展所带来的主副食品种类的丰富。现代食品工业的产品如机制大米、面粉、机制糖果、饼干、罐头、糕点、汽水饮料等食品进入普通市民生活中，增加了传统饮食中没有的食品种类，大大丰富了普通市民的日常饮食。作为近代中国的工业中心，食品工业是上海最早发展的工业门类之一，产生了一大批驰名全国的食品和企业，如荣氏福新面粉厂生产的兵船牌面粉、冠生园食品公司生产的各类糖果糕点、梅林股份有限公司生产的金盾牌罐头等。[①]城市居民日常饮食的另一重大变化就是随着城市现代工商业的发展，生产方式由个体化向集体化和社会化转变。职员、教员、店员等大量现代职业人口出现，进一步推动了饮食生产和消费的社会化，饮食烹制和消费的场所由家庭向社会转变，家庭的饮食功能逐渐弱化。生产的社会化程度高，产业工人和现代职业人口众多，使依赖餐饮业解决吃饭问题成为社会所必须，大众餐饮需求旺盛使饮食业很早就在上海市民饮食生活中扮演了重要的角色。

（一）物产的新陈代谢

近代西餐的舶来，极大地丰富了中国人的饮食文化，如啤酒、汽水、奶茶、蛋糕等西式快餐，渐渐进入了中国人的生活，品尝了西餐后的中国文化人也开始思考中西饮食和饮食习惯的差异。由于上海工商业繁荣，上海工人消费能力和生活水平比其他内地城市都高得多。抽样调查显示，除了鱼肉蛋菜，上海工人家庭还购买牛奶、奶粉；而同一时期在北平，购买鱼、蛋的工人家庭寥寥无几，牛奶更是一家也没有。[②]

1932年海宁洋行开始大批量生产雪糕和冰淇淋，30年代初上海天星糖果厂即以专制巧克力而闻名全国。[③]沪商经仲平、经叔平在小沙渡路租用一间小民房开始了创业的历程。起初只不过从事卷烟的加工，后来又打出华明烟公司的招牌，生产"大百万金"香烟。然而，要想真正在被外商和南洋兄弟烟草公司、华成烟厂等本国企业垄断的上海卷烟市场中占有一席地位，没有精明强干的本领是难以办到的。由于资本有限，"华明"不能像南洋、华成烟厂那样花巨资大做广告，但不做广告又无法推销自己的产品。精明的经氏兄弟利用本厂一位叫陶福臻的人在无线电台开辟"空中书场"这一专栏节目之便，物色专门的播音员在节目中为"华明"的产品进行宣传。[④]因当时上海拥有很多评弹听众，通过这个途径使"华明"被越来越多的市民所熟悉接受而名噪一时，成为当时的名牌香烟之一。

---

① 何贤稷. 上海轻工业[M]. 上海：上海社会科学院出版社. 1996：87—89.
② 王学太. 中国人的饮食世界[M]. 香港：中华书局. 1989：114—119.
③ 何贤稷. 上海轻工业[M]. 上海：上海社会科学院出版社. 1996：99.
④ 朱英. 近代中国广告的产生发展及其影响[J]. 近代史研究. 2000(4).

饼干、蛋糕、面包、牛奶摆上了上海人的餐桌。"中华珐琅厂：立鹤牌西式面点，您居家旅行的伴侣"，"义利洋行：经营各种饼干"，"可的牛奶：滋养丰富，强身妙品"，"自由农场：A字消毒牛奶"，①都能迎合上海人清淡喜甜的口味。精制的味精酱油如"天一味"、"天厨味精"②成为上海人厨房必备的佐料。上海也出现了国产的西式饮品：白兰地、葡萄酒、香槟、啤酒。"烟台啤酒，清新爽口"、"友啤啤酒，提神爽口"、"游泳以后，请用怡和啤酒"③……各种新鲜物品的广告，通过广播的声音，源源不断地反复出现在市民生活中，使得他们在购买选择时，不自觉地倾向于挑选自己耳熟能详的品牌商品。上海冠生园食品厂在广播中连续播放广告，内容极富情调："你要同你的意中人谈情，那么，你必须置备冠生园新出的薄荷奶糖，带在身边，预备在谈话的时候，彼此吃些。那么，你们的谈兴不但可以转浓，而且口气接触，香喷喷的格外甜蜜。"④雀巢公司也为其麦精粉大做广告："此粉为唯一滋补饮料，用最优等牛奶和麦精制成，经五十年之研究始臻完美，故能强健身体且易消化也。"⑤上海产品行销全国固然与其物美价廉有关，但物美价廉这一信息在很大程度上是由上海的广告传递到人民心中的。

（二）主食：食物中的西式风格

在近代中国，"食在上海"名副其实，在上海可以品尝到全国八大菜系十六个帮派的饮食和来自英、法、德、意、俄、日等诸国不同风味的饮食。在中外两种文化的接触碰撞中，饮食文化因其天然的中性立场和食物为任何人可用的泛人类属性，外国的饮食观念并没有因其持来者的强蛮变得可恶和不受欢迎，相反，中国传统的饮食观念、饮食习惯、饮食风格很大程度上受到了西方以近代科学为标志的营养理论与文明观念的挑战。传统的饮食文化开始了深刻反省和扬弃整合的过程，而这一过程迄今仍在继续。

上海餐饮市场企业数量之多、密度之大、消费层次之高，在中国首屈一指。这里有来自全国各地的各种不同身份的消费者，因之也汇集了来自各地的餐饮企业经营者和持艺谋生的厨作人员。这里因租界聚集了大量外国人，使上海成为近代中外饮食文化的集中地，成为外国饮食文化大潮向中国奔涌的入海口。这种奔涌并非简单的位移或原样照搬，而是被中国饮食文化的巨大包容力转化为东方、中国或称为"上海式"的"番菜"——中国化了的洋餐。如1927年虹江路上新雅茶室开业，布置参照西式，清茶而外，兼营咖啡、可可、汽水等饮料，还出售西点和广东点心。被市民普遍接受而流行的是口味改良后的著名中式西餐馆，有国际饭店、礼查饭店、华懋饭店、汇中饭店（和平饭店）等纯粹西餐馆和一家春、一枝香、一品香、中央西菜社、大中华饭店、上海西菜社等中式改良西餐馆。⑥

西式饮食介入上海人的日常饮食生活，成为上海近代城市文化新的元素，它与中餐的交融，反映了上海日常饮食多元化格局的形成。由于社会风气的商业化和盲目崇洋，许多

---

① 钱化佛，郑逸梅. 三十年来之上海[M]. 上海：上海书店. 1984：58.
② 姚伟钧. 饮食生活的演变与社会转型[J]. 探索与争鸣. 1996(4).
③ 周三金. 旧上海饮食风貌[J]. 历史档案. 2000(3).
④ 徐启文. 商业广告之研究[J]. 商业月报. 第14卷1号.
⑤ 忻平. 转型时期中国民间的文化生态研究[M]. 上海：上海大学出版社. 2011：291.
⑥ 柳培潜. 大上海指南[M]. 中华书局. 1936：186.

人都以赶时髦的心态吃西餐,使西餐一度成为流行的时尚,上海的西式餐馆常常是宾客满座。20 世纪 30 年代,国人品尝西餐的日益增多,西餐业步入全盛时期,在福州路、汉口路、西藏路、延安路一带就有杏花楼、同香楼、一品香、一家春、申园等番菜馆近 30 家,当时称之为"四马路大菜"。①

食品广告信息,以食品加工、佐料、饭店的信息为主。如戴春林香粉局(早先为戴春林久一记号)、鼎丰桂圆号、自由农场、香海糖厂、中西菜部、中央饭店、徐胜记。此外,餐饮加娱乐的还有汪裕泰茶号、济华堂、菊井泉、大观楼等,大致以供应茶点、中餐为主。甚至市民制作食物的燃料——圆圆煤球公司的煤,也在广告之列。透过这些有限的广告,可以看出有关"食"的外来影响,在中国本土产的食用佐料、牛奶、糖等食物上已经有所体现,这个体现可以称得上是"上海化",一部分市民模仿西人的饮食方式,对消过毒的牛奶、加工了的糖格外青睐,作为高档消费品享用。②

(三) 家中饮食的健康效用——市民饮食结构的转型

西餐的引入,不仅改变了中国人传统的饮食习惯,还使中国人重新认识中国饮食文化中的食品结构。在一篇题为《饮食之研究》的文章中这样写道:"饮食为人生之必要,东方人常食五谷,西方人常食肉类。食五谷者,其身体必逊于食肉类之人。食荤者,必强于茹素之人。美洲某医士云,饮食丰美之国民,可执世界之牛耳。不然,其国衰败,或至灭亡。盖饮食丰美者,体必强壮,精神因之以健,出而任事,无论为国家,为社会,莫不能达完美之目的。故饮食一事,实有关于民生国计也。其人所论,乃根据于印度人与英人之食品各异而判别其优劣。吾国人苟能与欧美人同一食品,自不患无强盛之一日。"③西洋的饮食方式也改变了中国人的一些传统饮食观,如作为农业国的中国人一般都认为牛是属于祭祀的牺口,不能随便杀戮,是否可在普通餐桌上食用牛肉以及成立杀牛公司,在近代上海曾引起过一场大争议。对中国人一般不注意饮食中蛋白质和脂肪肉类的摄取量的批评,应该说是颇有道理的。随着中国人饮食结构的变化,20 世纪初罐头、饼干、蛋粉等西式食品,陆续在中国打开了销路,中外商人在上海等通商口岸建立了罐头厂、蛋粉厂等食品制造厂。④

透过电视广告传递的信息,我们可以看出 1980 年前后上海地区及整个中国市场上的商品总量和种类都比较少。而其中,生产资料的广告投入又占了很大比重,因此在生活资料的广告信息和实际消费选择上,人们可主动选择的余地不大。

三、实用、阶级与审美——广电广告与市民日常生活的服饰与时尚

上海人对时尚的追求由来已久,上海一直就是全国时尚的汇聚地,领导着全国各地的服饰潮流。而上海的时尚,又如同一个熔炉,将全国乃至世界各地到此的人卷入、同

①　唐家宁. 上海饮食服务业志[M]. 上海:上海社会科学院出版社. 1999:49.
②　苏祖国. 中国无线电[J]. 1936(2). 上海广播电台节目表.
③　徐珂. 清稗类钞[M]. 中华书局. 1986:6233.
④　陈振江. 通商口岸与近代文明的传播[J]. 近代史研究. 1991(4).

化"最古怪的人到了上海不久,可以变得漂亮;拖着鼻涕的小姑娘,不多时可以变成卷发美人;单眼睛和扁鼻的女士,几天后可以变成仪态大方的太太。"(陈旭麓,原载于《解放日报》,1986 年 3 月 5 日)这些都能充分体现上海人的"只重衣衫不重人"的特殊的商业文化气息。

(一)服饰的新旧交融

1927 年—1937 年是民国社会的黄金十年,上海民众开始把生命中更多的金钱和时间投入到衣饰和美容上,穿什么、如何穿的问题之于日常生活,变得越来越紧要。当其他城市的人们着长衫马褂徜徉在街头的时候,行色匆匆的上海人已戴上了礼帽,穿上了衬衫,套上西装,蹬上"亚西亚"皮鞋,气派非凡。(《申报》,1930 年 5 月 30 日)男子的衣饰还算简单,除了传统的长袍马褂,国人开始穿中山装和西装,后者尤其成为时尚和摩登人士引以为豪的穿衣方式,因为这样的穿着仿佛宣告着他们已成为智识阶级。"中国内衣公司生产销售西内裤、西衬衫、减低定价",(《申报月刊》,1930 年第 11 页)倍受欢迎。女子的衣服就要复杂得多,穿得好看和穿得得体,成为衡量一个人品味和修养的重要参考。西方的时尚与传统的新生相辅相成,使那一时期服饰呈现亦中亦西的局面。女子服装主要分为三大类型:一为学生装,蓝上衣黑下裙的组合能衬托出女生端庄清丽,成为当时女学生的典型着装;二为旗袍;三为西式服装。随着欧美服饰传入中国,上海女性效仿西式摩登女郎,引领中国时尚的作风已初现端倪。当时的女性穿洋装,不仅是美的体验,更是女性追求自由、独立与开化的证明。

"民国新建,亟应规定服制,以期整齐划一。今世界各国,趋用西式,自以从同为宜。"[1]30 年代西式服装已占据上海服装界主流,上海成为欧美服饰特别是女装的流行中心,上海有航线通往欧美名城,巴黎、伦敦、纽约的流行服装三四个月即可传入上海,再以上海为中心,传向全国各地。上海女性解散了辫子,或挽着发髻,或垂于耳际,戴上"适合中国妇女、紧俏体贴的英国新式奶罩(泰兴公司)",[2]下穿高腰洋袜(如"菊花牌线光丝袜"),[3]足着高跟鞋,头上斜顶蓬帽,手款"启文丝织钱袋",[4]俨然西洋味十足的摩登女郎。

旗袍曾以压倒一切的气势风靡整个上海滩。经过改良的旗袍吸收欧美女装富有人体曲线美的优点,结合西洋立体剪裁工艺,"一改自唐朝以来沿袭使用的直线裁剪方法,开始对腰身作出了明显的强调,并且追随西方服饰的流行趋向,领袖以及细节处理等方面也出现了明显的变化,比以前更为称身合体,迈出了中国服装表现立体造型的第一步"。[5] 在30 年代旗袍发展的全盛时期,女性将其视为日常穿着。在上海的弄堂里,旗袍女性的倩影成为日常生活中一道极富东方韵味又融合现代气息的美丽风景。

---

① 忻平. 从上海发现历史——现代化进程中的上海人及其社会生活[M]. 上海:上海人民出版社. 1996:418.
② 卓颖. 丽人行:民国上海妇女之生活[M]. 苏州:古吴轩出版社. 2004:103.
③ 同上.
④ 同上.
⑤ 张浩,郑嵘. 旗袍——传统与贤弟[J]. 说古道今. 1997(1).

新旧时代的交替冲击着旧的服饰传统，好奇的上海人已追随世界潮流，不再过分囿于传统，试图融入潮流元素，在此纷乱人世摸索出得体优美的穿衣理念，并不断更新设计，追求完美。旗袍因此成为彼时理想服饰的典范。这不光源于上海市民长期追求日常生活精细化、唯美化的结果，更离不开当时广播广告对流行服饰的宣传与鼓吹。

以亚美台和同乐台的资料分析，广告涉及社会日常生活的各个领域，概括起来主要为穿、吃、医、行四个方面及其价格的信息，其中穿用的商品广告信息最多。

当时对于服装商品的广告信息主要以机制的丝绸、棉毛纺织品为主。丝绸服装、布料的信息最多，前者如大盛福绸缎局、立兴祥绸缎局、老介福绸缎局、老九章绸缎局、中华绸缎公司、老九纶绸缎局、华华绸缎公司等大公司的服装布料信息，后者有三友实业社、和丰呢绒号、日新纱号、华昌衣庄、安乐纺织厂、乾发源皮货局、源茂永绒线号、旧货商店。[①] 这些企业或是上海本地新建，或是从外埠迁沪的名牌老店，其产品无疑属于国货之列。公司通过广播广告增强竞争力，也通过降价广告来促销产品。如老介福绸缎局的广告，亮出"老介福骇人听闻的好消息"的广告语，告知消费者秋季特别大减价的时间从 10 月 1 日起，持续三星期，全部货品削码廉售，并赠送绸缎衣料及最新式蓦福尔一万五千件。同时告知本公司详细地址和电话联系方式以及公司老板姓名等信息，以便消费者前去购买。[②] 当时还有立兴祥绸缎局也打出了秋季大廉价的广告，售出的商品有绸缎、顾绣、呢绒，宣称"花色超乎现代，价格特乎低廉"，并奉献大赠品"精美热水瓶，人人可得；联合赠品券，多购多赠"。[③] 这些广播广告叫卖声与南京路上醒目的降价广告悬幅，共同组成了上海光怪陆离的商品消费信息世界。上海本是"荟百业之精华，集名品之大成，名店老铺比比皆是"的商业大都市，借助这类广播商品推销广告，更成了十里洋场、购物天堂。

即使置身西方文明不断渗入、欧美商品渐趋充裕、生活风气日益开化的时尚之都，上海市民在体验摩登生活的同时，依然深受中国传统文化影响。对外开放程度高，只映衬出上海相较其他城市的敢为先行，却并不意味着去中国化。传统礼仪与封建道德仍然是大部分城市居民的行为准则，平和谨慎、温润如玉的做人态度仍然引导着上海人走向传统社会认同的人生正途。尤其在与上海平民生活粘合得更为紧密的服饰领域，中国传统式的审美取向表现得更为直接，它们与西方的设计理念融合在一起，结合功能性需求，创造出中国近代受人瞩目的旗袍文化。

（二）服装改革运动

在社会发生巨变的时刻，上海市民的日常生活方式也逐渐改变，由淫靡而质朴，由浪费而节俭。上海市民服饰的变化敏锐地反映在当时的广播电视广告中。解放初期，虽然没有正式的规定来管理人们在新中国应该穿什么，但是通过党的宣传机构，一套着装规范逐渐形成。关于工农兵形象的海报以及刊载领导人和劳动模范的图片都传达了这种规

---

① 苏祖国. 中国无线电：1933 年—1937 年第 1 至 5 卷[J]. 各期本埠电台播音节目中上海广播电台节目表.
② 苏祖国. 中国无线电：1934 年全年第 2 卷第 1—24 期[J]. 上海广播电台节目表.
③ 同上.

范。代表新社会的服装有男性的人民装（中山装的变体），列宁装成为城市女干部的标准服装。它们的颜色是蓝色、绿色和灰色，服装的剪裁在代际、性别上基本没有差别（《人民崇尚朴实——高贵服装不合需要》，《新民报（晚刊）》，1950 年 2 月 9 日）。

虽然如此，上海毕竟在服饰的流行方面领先于国内其他地方。到了新时期，这种引领作用又开始显现出来。中国一切时髦装束大半发源于上海。尤其女装，忽然高领，忽然又矮了，袖子是忽长忽短，忽瘦忽肥。尤其如腰身，下摆，身长，没有一年不变的。这种对时尚的执迷并没有因为社会背景的变化而轻易消失，反而在街头频频出现，为新起的电视广告提供了许多素材。

虽然单调的灰色、蓝色仍是标准服装，但越来越多的女性开始涌向百货商店，从有限的供应中选购衣料。在城市，新时兴的是卷发和电烫发型，马路上排队最长的地方是理发店，青年们听着邓丽君的歌声，戴着蛤蟆镜，终于感受到改革带来的清新滋味。与早期的凤凰自行车广告受到限制相比，服装、家电广告迎来了更加宽松自由的环境。由于服装产量和品种的大幅增加以及居民收入水平的提高，上海市民对于服饰的消费观念也发生了很大变化，不但对服装质量有了较高的要求，对服装的文化内涵、品味、风格等方面都有了较丰富成熟的追求。人们选购服装的标准已从过去的"实用、经济、美观"转变为"美观、实用、经济"，讲究造型款式，注重商标品牌。80 年代，上海电视台早已开始播放商品广告，但当时的服装广告还不多见，人们认为只有卖不掉的服装才做广告。到了 90 年代初，越来越多的服装企业开始利用媒体广告来塑造推广自己的品牌。这其中，不得不提及服装电视广告的鼻祖——郑永刚和他的杉杉西服。"杉杉"的出名始于 1989 年，郑永刚抱着"创中国西服第一品牌"的信念，来到"西装王国"——上海，选择了中国服装企业还未使用的电视广告，举债六万，在上海滩做起了杉杉西服的广告。"不要太潇洒"这句由上海方言演绎而来的广告词，每天都在电视上出现，打开了杉杉西服的局面。（原载新财讯报《东方经济》专刊 2004 年第 03 页、06 页）当时的《解放日报》曾这样评价"杉杉西服在上海市场直挂云帆，给销售平平的服装市场注入了一线生机"。杉杉通过电视广告迅速打开市场，给其他诸多服装企业做出了榜样。从那以后，服装企业的广告进入了一个风起云涌的时代。

（三）时髦人士与时尚制作者

在处于变化之中但又依然迈不开大步伐的改革开放初期，在商品供应不足的市场条件下，人们仍普遍持有一种"节俭"的消费观，保持着"新三年，旧三年，缝缝补补又三年"的传统生活习惯，尚未形成通过服装的消费寻找"生活意义"乃至"自我实现"的情感体验。

随着广播电视广告产品和形象展示的国际化因素日益加强，普通市民对外国有了更深入的体会和认识，对服饰的态度也越来越适应国际化的潮流，在心理和行动上积极并正确对待这种潮流。人们借助设计新颖的服饰进行意义表达，造成时尚的生活态度。还没有见过在上海之外的中国其他哪座城市里，市民会如此神采奕奕地投入到对更美、更精致、更时尚的日常生活的追求中。拍摄于 80 年代、直接以时装为题材的电影《街上流行红裙子》就记录了改革初期人们思想的变化。电影讲述了 20 世纪 80 年代初的上海大丰棉纺厂，来自乡下的女工阿香，听说上海的姑娘有比赛穿漂亮衣服的习惯，便托卖服装的个体户"小铃木"买来漂亮的红绸裙穿在身上，以此回应女工们讥笑她是乡下人。劳模陶星儿也敢于穿上"袒胸露臂"的红裙子上街。红裙子一度成为时尚的引领者。中国女性开始以审视和怀疑的目光打量自己的穿戴，意识到美是没有阶级性的。银

图 1　上海电视台广告中出现的都市女性在商场选购各式服装的场景

幕上的"红裙子"，是中国女性从单一刻板的服装样式中解放出来（见图 1），开始追求符合女性自身特点的服装色彩和样式的一个标志性道具。自此，一个多色彩的女性服装时代正式到来。

与此同时，普通女性市民开始越来越重视自身的保养与自我形象的完善。为了吸引更多的女性市民，厂商十分注重广告的知识性，例如上海日化四厂的一批护肤霜的广播广告，就在几则广告之间安排了商品知识的介绍：为什么要使用护肤霜，市场上有几种类型的产品，各种产品有何特点，不同肤质的人选用哪一种护肤霜最适宜等等。上海合成洗涤剂五厂的蜂花洗发精、蜂花护发素、达尔美珠光洗发精等洗发、护发用品很受消费者欢迎。[1] 上海人民广播电台广告科的编辑与厂方一起编写广告文稿，在广告中介绍头发的洗涤保养知识，帮助普通消费者了解产品的功能、特点，便于市民选择购买适合自己的商品。

在商品短缺年代，自行车、手表、缝纫机也被纳入计划之列。80 年代初，一块手表相

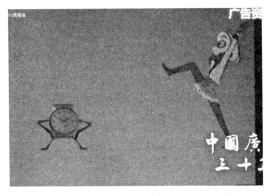

图 2　孙悟空棒打钻石表广告影像资料

当于上海一个普通工人几个月的工资，但还是有越来越多的人渴望着拥有一块手表。据原上海钻石手表厂广告部主任董杰回忆，1982 年，钻石手表厂决定通过电视广告扩张市场，制作了两条钻石表的广告，广告词说"神秘的宇宙令人神往，华贵的钻石宝中之王，钻石表表中精华，看能同鱼儿作伴，可上纳木纳尼冰峰。现代计时第一宝，十次冠军钻石表"（见图 2、3、4）。在当时上海电视台播出后，引发了市民的蜂拥抢购。

① 郭冰，张峻华. 当代中国广播电视台百卷丛书——上海人民广播电台卷［M］. 北京：中国广播电视出版社. 1999：180.

图 3　当时上海钻石牌手表的电视广告影像资料　　图 4　当时上海钻石牌手表的电视广告影像资料

四、休闲、历史与政治——广电广告与市民日常生活休闲娱乐方式

　　西方人从各自的国家带来了许多新鲜事物，如八音琴、风琴、玻璃器皿、电灯、电话、电线、大自鸣钟、自来水、电风扇、声光化电，洋洋大观，体现在日常生活的方方面面。同时，西方人也带来了他们的社会风尚与新型的工作休闲方式，影响着上海人的感知和心理。广电广告如同上海的一张博览式、开放式的休闲地图，广告话语紧密地浓缩、生产着当时的休闲生活。同时，广电广告也折射出近现代上海的休闲或生活已经从传统社会中的有钱有闲阶级向市民大众生活扩散，成为消费市场和市民文化景观的重要组成部分。由于传统社会等级制度的消失以及都市化的进程，近现代的上海是一个身份模糊的社会。广告在潜移默化中使用各种话语赋予休闲生活以新的意义，通过体现休闲生活的时尚、品味、身份地位等符码，满足上海市民希望通过追求休闲符号中的象征性和理想性来获得身份认同的需要。因此，广电广告是我们透视上海市民日常休闲生活的重要的历史文本和文化文本。

　　即使不喜欢"轧闹猛"（沪语，意为"凑热闹"），上海市民依然有太多的休闲选择。骑上一辆自行车，在空闲的时候，约上几位好友，一同去市郊野餐，别提有多"扎台型"（沪语，意为"有面子，值得炫耀"）；到大光明看电影之余，受过新式教育的太太们边搓牌边商议着下个礼拜的慈善赈灾会是自己来办还是请人来好，偶尔也会提到去年夏天去川沙高桥海滨的浴场游泳；[①]傍晚时分在家，可以打开无线电来放松一天的紧张心情，小小的旋钮一路旋下去，周璇娇柔的四季小调、李香兰回转的高音、龚秋霞的《蔷薇处处开》就接踵而至；[②]家境殷实的市民还可以买个留声机，一边放着音乐唱片，一边随手翻阅下班路上买回来的报刊。[③]

　　不仅是休闲方式的多样化，休闲娱乐本身也逐渐在上海市民的观念和日常生活中占据重要的地位。有的人就梦想："电影、戏剧、弈棋、球赛、游泳、划船、跳水、滑雪、歌舞、阅

----

　　① 卓颖. 丽人行：民国上海妇女之生活［M］. 苏州：古吴轩出版社. 2004：103.
　　② 李岩炜. 张爱玲的上海舞台［M］. 上海：文汇出版社. 2003：7—8.
　　③ 李岩炜. 张爱玲的上海舞台［M］. 上海：文汇出版社. 2003：111.

书、看报，一切'文''武'娱乐，都色色具备，样样周全。人们做完了事，每天都可以享受各种幸福。"①近代上海的休闲已经吐故纳新、中心融合，呈现出高度繁荣的状态，演变为一种现代社会的都市休闲生活。而这一时期的广播广告已与闲暇和娱乐密切联系起来，因为它不仅鼓励人们去参加一定的活动，而且还常常把各种娱乐环境用作一般的推销活动宣传的背景。广播广告这一新兴媒体，在当时当仁不让地成为传播休闲娱乐信息最重要的载体之一。

（一）让生活更美好——都市休闲文化的发展

商业繁荣，促进了都市市民文化的发展，包括休闲文化的生成与发展。休闲娱乐是现代城市的基本功能之一，当上海商业贸易在完成转型迈向繁荣之时，也必然孕育着这一功能。繁荣的商业和消费浪潮不断提升人们对于生活享受的追求，无孔不入的信息传播和高效率、快节奏的社会活动制造出许许多多的偶然和机遇，使人们产生无穷的期盼和欲望。② 都市的休闲生活虽然也保留着某些传统的休闲方式，但商业贸易的发达，使近现代上海的休闲活动不再局限于家庭和近邻，而是更加社会化、商业化、市场化，更多的在公共活动场所进行。城市文化设施日趋完备，大量的社会服务满足了人们的休闲需要。在商业氛围的熏陶下，休息娱乐活动也戴上了商务交际的社会功能，人们越来越需要休闲这一载体来沟通信息、结交同行。上海由于商业与进出口贸易的发达，广告这种商品促销方式越来越受到社会各界的欢迎与重视。广播广告通过铺陈大量的话语，在价值伦理上为休闲正名，为其作为一种都市生活方式而定性，为 30 年代的上海市民提供了丰富的休闲想象，不仅仅是直接兜售休闲商品与服务的"休闲类广告"，其中还包含了大量以休闲娱乐为背景或能从侧面为休闲生活提供解读的间接广告。这些广告虽然是推销其他商品，但其"形"甚至"质"上却是休闲的。例如，不少商品广告经常以旅行、运动健身、社会交际、跑马等休闲生活场景为依托。无论是直接或者间接与休闲相关的广告，其素材都来源于 30 年代的上海休闲生活，因而这些广告能成为了解市民日常休闲生活的窗口。

（二）西式的休闲娱乐

广播电视广告传递的现代信息从收音机里流出、从电视机里跃出，使人们在家居空间就可以接收到，它丰富了市民生活，带来了各种外来的生活经验和价值观念，打开了市民的想象空间，澄清了社会转型时期因价值断裂而带来的认识混乱，使听众可以在眼观六路、耳听八方的条件下，从容抉择、圆融转换，时时冲刷传统，获得新观念的生长，培植现代新的记忆。

租界生活方式向人们展现了现代文明，使上海人的生活观念发生了根本性的变化。从关于休闲场所的广告对休闲内容的说明中，我们可以看到，上海人特别是新一代的城市居民，追求西式的娱乐项目和休闲方式已经成为一种时尚。

---

① 忻平. 梦想中国：30 年代中国人的现实观和未来观[J]. 历史教学问题. 2001(6).
② 贾明. 现代性语境中的大众文化[M]. 上海：上海人民出版社. 2007(130).

1. 最普遍的观赏休闲——电影、舞蹈、马戏、魔术与展览会

从休闲学的角度看,上海广播广告中展现的上海人的休闲活动可谓多姿多彩,其中最为普遍的是观赏类休闲。此类休闲数量众多,方式多样,如观看电影、戏曲、舞蹈、马戏、魔术等表演;观看运动会的竞技比赛;观赏花卉、美术、国货等各种展览会。

由于上海有法国租借地的便利条件,世界上最早的电影在 1895 年底法国巴黎一家大咖啡馆内的沙龙里放映后,于次年就传到上海。不过即使在十多年后,电影业仍未能成为上海人休闲生活的一部分。[①] 到了 20 世纪 30 年代,每天铺天盖地的电影广告在广播中出现,意味着"电影开始摆脱作为戏剧表演或其他娱乐活动陪衬及点缀品的附庸地位,已经成为一项独立的现代娱乐活动样式昂首屹立于上海城市娱乐行业之列"。[②] 广告中的电影话语,也为当时的市民塑造着电影休闲的想象。传媒对当时观看电影盛况的描述屡见不鲜,如"大中华百合影片公司之古装历史片'美人计'自在新中央大戏院开映以来,连映三日三夜无场不上下客满,演出者日有数百人,男女外宾赴该院参观是片者亦甚众,均赞美不止"。

综合性的休闲空间——游艺场更是因为能满足各种人的休闲要求而生意兴隆。如广播广告中频频出现的"荣记大世界",在里面可以观赏京剧、申曲、滑稽戏、绍兴文戏、话剧、电影、舞蹈、魔术等等,应有尽有。每逢运动会,前往体育场馆观看比赛的也有不少。还有举办各种展览会的消息也常在广播广告中出现。伦敦中国艺术国际展览会在上海举行的预展,三星期内就吸引了数万人前往参观。

陶孟和对国内各大城市劳工生活程度调查后认为,即使年收入最低的 200—300 元的工人家庭,每年也有 0.63 元的文化娱乐开支,相当于四口之家每人听一次地方戏,逛一次大世界,或看一次电影。[③] 这在当时已"远胜于国内的各地的劳工阶级,即较欧美日本诸国,亦不多让"。[④]

2. 最西式的体能休闲——网球、游泳与高尔夫

体能类休闲最能明显体现出西式休闲对上海人的影响,如打网球、游泳、划船、打高尔夫球等。据统计,1930 年上海市一体育场二月份开放 28 天,前来锻炼的任达 29 787 人,其中男子部 18 750 人,妇孺部 7 690 人,运动项目包括球类、田径赛器械、游戏等,平均每天有 1 064 人到场联系。华福麦乳精的广告称:"夏季运动以网球最为流行,故华福麦乳精亦最为畅销,因天气炎热,运动疲乏,饮此一杯,精神百倍。"高尔夫球场也大做广告:"夏天晚上最有味之运动,天晴了,天晴了,请到上海最精美之小考尔夫球场玩玩小考尔夫。"(1931)可见网球和高尔夫球在当时的上海市民中倍受青睐。其他如游泳池广告、跑冰场广告等,在广播广告中也比比皆是,显示出当时上海市民日常生活中运动休闲的兴盛。

①　贾明. 现代性语境中的大众文化[M]. 上海:上海人民出版社. 2007:130.
②　朱其清. 无线电之新事业[J]. 东方杂志. 1925(22).
③　忻平. 转型时期中国民间的文化生态研究[M]. 上海:上海大学出版社. 2011:10.
④　上海市政府社会局编. 上海市工人生活程度[M]. 上海:中华书局,1934:79.

3. 身心愉悦的旅游休闲——汽车兜风与市郊纳凉

旅游类休闲能使人身心愉悦,如到钱塘江观潮、乘汽车兜风、租车到市郊纳凉、乘水上汽车游玩等。到钱塘江观潮是上海人的一大休闲活动,有人称:"浙江之潮,雄伟奇观甲天下,虽洋海之大,无以及其怪也。故每届秋令潮汛,往观者不远千里而来。铁路特有观潮专车之增,轮船汽车莫不加班,而能有车满舟塞,后至者失望。其盛况固无与论也。"[①]上海冠生园食品公司在其广播广告中也有反映:"每届观潮之时期,游客极众,但尝感途中谋一食品非易。旅次得有精洁与适合胃口者,诚助兴不少也。"

而乘汽车兜风纳凉也是夏天上海人的一大休闲盛事,"沪埠中西仕女,每于夏季之夜,多乘坐汽车至吴淞炮台湾一带,兜风纳凉"。一则名为"逍遥游"的水上汽车出租广告称:"坐水上汽车泛游申江,正当行出色。有好友,有情侣,有亲爱的家人眷属,借此欢聚同乐,高雅!风雅!安逸!多么逍遥自在。"

4. 最温馨的家庭休闲——收音机成为许多家庭的娱乐必需品

从奥斯邦电台起,外商公司依靠广播经销收音机及材料,收音机成为租界一种新兴的家用电子产品。奥斯邦电台首播时,家庭收音机已有 500 具以上。奥斯邦电台的开播使民众耳目一新,体会了广播穿越时空的新奇感受。[②] 收音机价格是影响收音机销售及其听众数量的主要因素。这个时期收音机价格昂贵,"其较美之接收机,竟有售至五百余金者,而销售与华人者亦有数具,国人对此事业之狂热可见一斑"。[③] 开洛电台推销本公司经营代理的收音机及材料,在广播里专做收音机广告,借此吸引中国人购买,以体验电子产品的神奇魅力:"此曲只应天上有,请购最著名的开洛无线电话收音机。""顺风耳"等广告语也频频播出。开洛收音机机型很多,价格不等(见表6)。(《申报》1925 年 8 月 22 日广告)数月后又打出 5 元起至 450 元止,其中已出现矿石收音机与听筒合购者每只 15 元的超诱惑力价格。(《申报》1925 年 10 月 30 日广告)国货收音机的制造推动了以家庭为主的收音机拥有量和听众人数的增多。

表 6　开洛公司收音机机型及价格表

机型	矿石收音机	开洛一只灯收音机	开洛三只灯收音机	开洛四只灯收音机
价格	5 元	35 元	125 元	140 元

资料来源:《申报》1925 年 11 月 14 日

当时广播广告推销商品,最典型的手法就是在娱乐节目中大量插播广告。因为要播送广告介绍商品,引起听众也是消费者的注意力,故用娱乐节目来招揽、吸引顾客,以达到推销商品的目的,娱乐节目是为搭配广告节目而播出的。商业电台数量多,彼此互相竞争,电台经营者或租用者都竭力播放最时兴的娱乐节目,因此娱乐和广告成为商业电台节

---

① 沪杭甬铁路公司在上海市政府电台做广告时间一年. 1935:9,1936:9 页. 上海市档案馆年第 Q5-3-3013. 上海市公用局关于市府广播电台广告事项.
② 曹仲渊. 三年来上海无线电话之情形[J]. 东方杂志. 1924(21).
③ 朱其清. 无线电之新事业[J]. 东方杂志. 1925(22).

目的重头戏,占据播音时间最长。

　　国货矿石收音机价格低廉,为收音机销量和听众数量奠定了基础。"商店的凋疲,与夫家庭的支绌,大部分环境恶劣,花钱与挣钱,两者都要考虑一下。人们不出去听戏,便在家里开开无线电,也足以解除他的剧瘾。而商店因市面之萧条,拿播音广告来做它的宣传利器,也足以使它营业上起色一些。"(《上海无线电》,1935 年)收音机的旺销,听众数量增加,也带动商家对收音机的利用。凤鸣广告社"为普及无线电事业起见,并鉴于上海北站为交通要隘,日有旅客数十万往来,故特承办无线电放音机于该站,共分置约三四十具无线电放音机,如各月台内候车处、停车处,均置有放大发音机,旅客必能闻聆各种娱乐节目及宣传广告。各商号各公司如欲发展营业计,欢迎惠赐广告,定有宏大的收获。"(《申报》,1935 年 4 月 7 日无线电消息)到 1935 年,上海的收音机就有十余万台。收音机介入现代生活空间,成为连接内部家庭生活与外部世界的媒介,因此它在带给听众感官享受的同时,又促使听众走出"家庭"空间,进入到社会活动的更广阔空间。收音机总是与家庭密不可分,"人传空谷人欢喜,家庭变了游戏场,家家节目皆精彩"。① 收音机成为富裕家庭现代家具中一件醒目的摆设,更是工作之余家庭休闲娱乐生活的重要媒介工具。它带给市民家庭生活愉悦的享受,并使工作与休闲生活之间有了明显分界。这是一种现代家庭生活的样式,而非农业文明下的或传统城市的生活样式。收音机不仅仅是一具传递广告信息与其他节目的简单用品,它与现代生活中人们的衣食住行,以及公共娱乐、流行时尚、文化交往、大众认同的现代理念一同卷入城市生活里,赋予其变动的现代声音、现代节奏。正如开洛收音机的广告称:"开洛无线电收音机,乃最高尚之家庭娱乐品。及时购备,早享耳福。不但节省无谓消费,且可增进家庭幸福。"

　　市民们熟稔于收音机里的节目,倾注时间和精力于此。从居住在弄堂里的鲁迅的抱怨中,也不难寻出其中收音机时时发出的声音。惯常夜间创作的鲁迅抱怨隔壁屋里收音机昼夜的响亮,"天气热得要命,窗门都打开了,装着无线电播音机的人家,便都把音波放在街头'与民同乐'。咿咿唉唉,唱呀唱呀。外国我不知道,中国的播音,竟是从早到夜,都有戏唱的,它一会儿尖,一会儿沙,只要你愿意,简直不能够使你耳根有一刻清净。"② 通过广播媒介,现代生活中的人们与外界建立起开放的关系。市民听众并非被动运用听觉的弱者,也不是主动的强者,而只是一个能够自由地面对信息的消费者。技术的跟进也带来了新生活经验的信息,它习惯性地将它们与我们的生活相结合……我们不断地塑造和再塑造着我们的技能与知识储备,检验我们的情感和品味,拓展我们的经验视野。③ 广播广告为消费者经受从前现代社会经验转向现代社会生活经验提供了最直接、最感性的材料。收音机变成了现代生活方式的一种象征。

　　广播广告跟随上海现代历史演进的速率,直接进入工商业发展的结构之中,拓展工商业社会的舞台空间;逐渐融入现存社会体制,成为社会政治、经济和文化体制中充满活力

---

① 收音机开[J]. 电声. 1934(3).
② 鲁迅. 知了世界[J].《申报》副刊《自由谈》. 1934 年 7 月 12 日.
③ 约翰·汤普逊. 传媒与现代性[M]. 政治出版社. 1955:43—43.

的一个重要组成部分；深入上海普通市民的日常生活之中，成为各种生活不可缺少的媒介工具。它的资源直接来源于社会生活，又再现、反映、塑造现实生活，成为社会生活变迁的声音记录；同时又传导、孵化、引领生活，成为推动社会生活前行的向导，与社会生活发生广泛而深刻的互动。

（三）电视的普及——视觉的冲击、观念的转变

休闲娱乐广告与人们的休闲生活是一个互动的过程，时人的休闲生活方式通过休闲广告得以体现，同时休闲广告也在持续制造着现代性的图景。在广告的诱导下，人们不断追求新的休闲生活。

改革开放初期，中国的电视节目十分单一，电视广告的出现让观众感到十分新奇，有些人甚至把电视广告当做新闻来看待。在当时投入广告较多的国有大型企业基本都以产品展示的方式对商品进行宣传。日用品、服装、常用药和新杂志等是电视广告中播放量最大的。但是市民日常生活中的需要却远远不止这些，那些以往受到压抑的需要渐渐有所张扬，化妆品、手表、吊扇、电视机、收录机以及蜂蜜、蜂皇浆等营养品在电视广告中出现，代表着市民生活中多种需求的觉醒，以及对个体认同的觉醒。

1978 年，国家批准引进第一条彩电生产线，定点在原上海电视机厂即现在的上广电集团有限公司，1982 年 10 月份竣工投产。我国彩电工业结束了自行摸索的阶段，缩短了与国外彩电技术的差距。这期间我国彩电业迅速升温，并很快形成规模，全国引进大大小小彩电生产线 100 多条，涌现出熊猫、金星、牡丹、飞跃等一大批国产品牌。金星牌彩电（见图 5）是原上海电视机厂的名牌产品，曾经有相当高的知名度。上海的老牌轻工产品在国内曾经一度风光无限，除了"金星"之外，还有"凯歌"、"飞跃"等名牌电视机。

图 5　当时火爆畅销的金星牌电视机的广告宣传画与实物图

80 年代初期，随着电视机逐步进入普通市民家庭，上海的"金星"、"凯歌"、"飞跃"作为此时电视机市场的龙头老大，它们的广告竞争帷幕也在广播节目上拉开了。"金星，金星，亮晶晶"，尽管 30 年过去了，这首上海金星电视机的广告歌依旧被很多人铭记。据原上海电视机厂销售科科长徐玉峰讲述:"第一,当时的电台我们请了著名的歌唱家唱了一个'金星,金星,亮晶晶,电视机的一颗明星',当时可以说小孩子跳橡皮筋都在唱这个歌。第二,上海电视台塔上也有金星彩电的广告。"(《中国广告三十年》纪录片,2008年)

电视机的荧屏,犹如一扇通往外部世界的窗口,使普通人能够及时了解无奇不有的现实世界。这扇神奇的窗口也引领着市民日常生活的需要从满足基本的吃穿用度开始向改善生活条件和环境的方向发展。1985年,许多上海家庭关上收音机,打开电视机;收起搓衣板,添置洗衣机。因为那一年,职工工资有了调整。使生活更加便捷的家电、增添生活乐趣的文娱用品、旅游、摄影,以及降低生活预期风险的保险等已成为人们考虑的对象,并提上消费日程。而国外的产品开始冲击人们的消费视线,高档的商品也在试探中粉墨登场,人们开始在心理上和观念上认识与接受外来的冲击。

第三节 广电广告与市民日常生活的变迁

广播电视广告作为一种广泛向公众传递信息的传播手段,从广告概念的形成到广告文案制作、创意设计等几乎都以市民的生活形态为依据。[①] 因此,市民日常生活方式的变迁也引起了上海广播电视广告内容一系列的变化,从"一枝独秀"的商业广告,到风云突起的政治广告引导舆论,而后精神文明的建设使得公益广告受到重视,别具独特魅力。同时,上海广播电视广告内容和表现形式也不断发生着很大的转变,由一开始单一的、叫卖式的"广而告之"到强调"创意为王"。

一、广播电视广告传播内容的衍变与市民日常生活

上海广播电视广告传播内容的这些变迁,不仅是由国家经济、文化政策等宏观因素引起,也离不开市民日常生活方式变迁带来的细微而深刻的影响。

(一)商业广告的一枝独秀

广播电台诞生不久,很快就成为各业商人竞相发布商业广告的新舞台,许多商业信息通过电波迅速传送到千家万户。最初能够收听广播的大都是财资不薄的中产以上之家,他们也是购买能力较强的消费者,因而这种广告形式往往可以产生比较明显的促销效果。[②] 在租界外商电台广播的刺激下,华商从模仿外商开办电台起步,不断追逐、跟进世界无线电广播发展的步伐。1927年以后特别是1932年"一·二八"淞沪抗战以后,华商踊跃开办电台,商业性质的电台数量突增,包括商业电台和私人电台。这类电台先后开办过58座,占据同期上海各种性质电台总数的近80%,并始终居于全国首位。在上海,中国人开办的绝大部分广播电台是商业性质的,华商为主要投资主办者。

---

① 叶明海. 市场研究[M]. 上海年第同济大学出版社. 2003:35.
② 朱英. 近代中国广告的产生发展及其影响[J]. 近代史研究. 2000(4).

表 7　华商电台所属公司的主营业务概况表

经营类别	名　　称	数量
电器（或电料）	上海亚美电器公司、华美电器行、国华电器行、友谊电器公司、大中华电器公司、华泰电料行、鸿康电料行、明远无线电材料行、建华电机公司、永生无线电公司	10
研究社	中华无线电研究社、凌云无线电研究社亚声无线电研究社、快乐无线电研究社、亚东无线电研究社、中华研究社、鹤鸣无线电研究社、周协记无线电行、同乐无线电研究社、仁寿堂无线电研究社、大团赏奇无线电研究社、六也无线电研究社	12
媒体、广告	天灵广告公司、元昌广告公司、大声唱机行（合组电台）、天一影片公司、电声研究社①	4
饭店	东方饭店（东方）、汇中饭店（汇中）、新汇中饭店（沈氏）	3
药房	中西大药房、中法药房	2
总计：31		

资料来源：《申报》1931 年 4 月 1 日；赵凯主编：《上海广播电视志》，上海广播电视志编辑委员会编，上海社会科学出版社，1999 年版，第 115—121 页。

　　商业电台所属公司为电器公司或电料行，或名为研究无线电的公司组织，据不完全统计，共有 22 家。这些公司以生产、销售无线电材料为主，开办电台是为本公司的主营业务做广告。其中 12 座商业电台为研究无线电的社团组织所开办；3 家为经营媒体、广告的公司，通过广播扩展自己的业务以进一步推广更多公司的商品广告；3 家饭店和 2 家药房，也借助广播电台拓展饭店业务，为药品做广告（见表 7）。总之，通过对上述电台所属公司的业务分析，可见开办电台广播做广告的商业性质是其所共有的，"广播广告是商业传播的现代化媒介，它使工业界有说话的权力"。② 故商业性是当时广播广告最本质的特征。

　　"商业之广告，乃销售之重要之不二法门也。上海既为全国商业中心，广告之新颖灵巧，亦为首屈一指。"③商业电台的商业性还表现在以转租或出租时间档的商业运行机制。商业电台的开办是上海商界寻求推销商品途径的一次突破。20 世纪初，由于生产力水平提高，大量机制产品需要一个相对庞大的消费市场的支持，于是商家在各种媒介竞相做广告推销商品。广播的引进最初目的就是为做广告服务的，"上海电台虽多，总括一句，都含有广告性质的"（《电声》，1934 年 1 月 19 日，第 3 卷第 2 期）。电台只有靠商家的广告费用才能正常运行。围绕广告推销，商业性电台的开办和经营主要有以下三种形式：一是电台所有者自己经营，为推销本公司的商品或代理商品做广告提供便利，减少开支。其经营电台的目的明确，即借广播做广告来营利；二是电台转租与他人，

---

　　① 注：电声研究社还包括《电声》周刊杂志，以介绍电影和广播相关信息为主。
　　② ［美］丹尼尔·切特罗姆. 传播媒介和美国人的思想［M］. 中国广播. 电视出版社. 1991：84.
　　③ 戈公振. 中国报学史［M］. 三联书店. 1995：110.

这种情况较为普遍,电台所有者收取租金,而租用者也以广告为营利手段(《电声》,1937年2月12日,第6卷第7期);三是电台所有者出租时间档收取租金,而租用者一般为戏班、歌唱团、剧社等,他们为租用时间档付费,于是自拉广告插播在自己的娱乐节目中间,是一种变相的广告营利。这三种经营方式主要目的都是通过为企业、商家、店铺推销商品做广告来获利。

1979年1月28日15时05分,上海电视台的屏幕上打出了"上海电视台即日起受理广告业务"字样,随即播出了一条"参桂补酒"的广告,时长1分30秒。这便是中国大陆首条电视商业广告。1979年1月14日《文汇报》刊登了一篇《为广告正名》的文章,打破了中国广告业自六十年代中期以后多年来的平静。敏锐的上海电视人乘此时机,率先提出经营广告,增加收入,改变"捧着金饭碗讨饭吃"的局面。

在社会主义建设时期,上海人民广播电台的广告节目在促进生产、加速商品流转,指导消费和方便市民生活等方面起到了良好的作用。如上海塑料制品二厂生产的塑料运输带和聚丙烯斜波纹片,起初由于用户不了解这些产品的性能、特点,销路曾一度受到影响。该厂在上海电台做了广告后,几天时间内就收到来信、电话70多件,销路就此打开。"广告费用了1000多元,可每个月的产值却达到了102万元,一个月就为国家多上缴税利15万元。"[①]又如上海新沪玻璃厂的广告在电台播出后,使原来不了解该厂产品情况,又急需光学、石英玻璃作为生产原料的单位及时与该厂建立了稳定的供求关系。正如当时上海眼镜二厂的同志所说:"不听广告,真不知道新沪玻璃厂生产的光学玻璃产品有百种以上。"一条广告救活一个企业,在当时已不算什么新闻。

凤凰牌、永久牌自行车,上海牌、钻石牌手表,蝴蝶牌、飞人牌缝纫机,是20世纪70、80年代风行全国的百姓日用品著名品牌。而这些来自上海的经典品牌成功的原因,不仅仅是它们值得信赖的质量,还因为上海企业对广告的重视和运用。上海电视台经常播放各企业产品广告,"金牌产品"、"誉满全球"、"实行三包"、"代办托运"这样的广告语(见图6、7、8),成为当年流行的广告模式。

图6

图7

① 郭冰,张峻华. 当代中国广播电视台百卷丛书——上海人民广播电台卷[M]. 北京年第《中国广播》电视出版社. 1999:182.

图8　　　　　　　　　　　　　　　图9　1980年凤凰自行车电视广告

也就在这时，一条当时让人看来耳目一新的广告，出现在上海的电视荧屏上。据原上海凤凰自行车股份有限公司广告科负责人陆兆华回忆："当时拍这条广告很麻烦的，把自行车吊在半空当中，后面喷绘的都是蓝天白云，还邀请了当时外国语学院的两个外国人，拍的都是骑着自行车在天空上飞（见图9）。这个片子拍好以后，在领导看来都觉得很不错，在企业中也有很大反响。"（《中国广告三十年》纪录片）为了更好地推广自己的品牌，凤凰自行车厂拍摄了第一条电视广告，这条自行车的广告创意显然属于同时期比较超前的。当时凤凰自行车厂的主管上级公司上海自行车缝纫机公司计划科并不同意播广告，因为当时自行车供不应求，市民很难买到凤凰，居然还要花钱做广告，担心这样反而会影响不好，引起大家的反感。因此这条广告只在上海电视台播了一两次就被停播了。

随着广告行业结构日趋合理，企业在生产出大量商品但又无法快速销售时，将关注点瞄准了商业广告。但随着商业广告的竞争日趋激烈，越来越多的企业则开始考虑以企业文化来包装自己及其品牌。从某种角度讲，企业文化的兴起也在一定程度上带动了上海广播电视广告的发展。[①]

（二）政治广告的风云再起

政治广告，即"政府、政党、候选人及各种政治团体借助广告手段传播其法令政策、政治主张和思想，以期影响公众的态度、信念和行为"。[②] 20世纪20年代以来，广播电台的引进和发展在近代政治、军事、文化教育等方面关系重大。广播不仅是人们的娱乐途径，更是官方的舆论宣传工具，各个党派、团体都尽量创建广播电台作为自己的宣传工具。在当时，政府和社会团体也的确经常利用广播广告，宣传和发布政府公告、市政措施及文教社会救济信息等非商业性的社会广告与公共关系广告，以取得市民的信赖和支持。

（三）公益广告的独特魅力

公益广告也称公共广告，是指为维护社会公德，帮助改善和解决社会公共问题而发布的广告。改革开放后，中国经济取得了长足发展。在物质文明建设取得喜人成果，各类商业广告层出不穷的同时，精神文明建设也逐渐深入开展起来，带有公益性质的广告在人们

---

① 郭冰，张峻华. 当代中国广播电视台百卷丛书——上海人民广播电台卷[M]. 中国广播电视出版社. 1999：182.

② 廖秉宜，刘建平. 论商业广告中政治元素的运用[J]. 广告学报. 2008(3).

的自发意识下不断涌现起来。政府有关部门根据自身的工作职责,进行了各种各样的公益性宣传。这些公益广告主要是从道德标准、行为准则、社会贡献、环境保护、文物保护等方面对人们进行宣传教育,并对当时存在的一些社会弊端和不正之风等进行抨击,多少都带有一定的政治批评色彩和宣传激励作用。

上海电台在大力开拓商业广告的同时,也注重公益性广告的播出。80年代,上海电台广告节目配合当时的宣传重点,多次播送"五讲四美"、"建设四化"等激励听众社会主义建设积极性的政治宣传广告。进入90年代,上海电台加大了公益性广告播出的力度,开辟黄金时间,反复宣传党和政府在不同时期的工作重点,为建设文明、繁荣的上海起到了良好的推动作用。80年代的"上海市民遵守'七不'"广告就是其中一例。

公益广告的不断涌现,不但受到了普通百姓的欢迎和关注,也成为一种宣传社会新的道德风尚、精神文明的有效、新颖的方式。这也正暗合了改革开放初期,因经济发展而引发的人们对道德危机、环境污染等社会问题的日益焦虑。它使人们欲借助广告的力量,及时、直接地表达对社会、热点问题的评判,正面引导公众社会行为的愿望得以实现。

说到公益广告,就不能忽略上海交通广播电台。上海交通广播电台一个突出特色就是公益广告占的比重很大,每个广告时段基本上都会有一次公益广告。这对于一个经济文化发展相对成熟的城市而言是必不可少的。公益广告对于一个电台或电视台来说是非盈利的,但却可以通过其感染力、亲和力,来塑造电台良好形象,同时向上海市民传达公益信息,在一定程度上也有助于提高受众素质,从而尽到大众传媒的职责。如"12315反腐倡廉"广告的男声和女声都非常正式严肃,浑厚有力,与主题相得益彰;背景声响和音乐都恰到好处地配合主题,具有震慑力。"绿色世博"由台湾歌星任贤齐担任环保大使,一开始通过运用《对面的女孩看过来》这一脍炙人口的旋律来引起受众的注意,明星尤其是本身具有良好社会责任意识的明星的代言可以起到更好的社会激励作用。

上海交通广播电台的公益广告,其内容取材于普通市民的生活,有深厚的社会基础。它不仅反映社会生活,而且从生活中升华,像"节约资源"的广告文案,将"避免使用一次性餐具"、"减少使用电梯"、"打印机不工作时将其关闭"等日常生活工作经常遇到的问题呈现出来,生动活泼,接近生活,给受众留下深刻的印象,产生了良好的社会效益。如果没有创意,公益广告就成了刻板的说教,很难被公众接受。广播公益广告就是要通过创意,将公益观念进行艺术地表现和"包装",以符合听众的接受心理,赋予公益观念以情感的东西,达到与听众的沟通,并在此基础上产生共鸣。如"保护地球"公益广告,通过拟人的方法呈现地球和月球的对话,旨在揭示地球不堪重负,希望人类行动起来保护地球,生动形象,立意清晰,一问一答的方式幽默风趣。

总体来说,以前上海广播电视广告业已形成商业广告与非商业广告并存的局面,其中商业广告仍占据主导地位,同时公益广告也日益发挥着不可替代的作用。

二、内容的蜕变:市民日常生活对广电广告内容的影响

在市场经济条件下,市场竞争的加剧,使许多企业在广告上开始煞费苦心。如果说广

告业高速增长的实践回答了要不要做广告的问题，那么随着社会主义市场经济的发展，在企业和社会对广告需求日益增长的情况下，如何做广告更有效果则愈显重要。新的广告理念得到了普遍认同，电视广告以爆炸式的速度增长，经历了由告知型到创意型再到智慧型，由单一重复到多元化系列化的转变。[①]

（一）广而告之："我是谁，我在哪，我们生产什么"

在经历了多年国家统包统销后，当企业第一次面临市场，"我是谁，我在哪，我们生产什么"成了它们最渴望传达的声音，而这样简单的广告模式：工厂大门、产品、厂长展示——作为电视广告画面的三段式，也成为 20 世纪 80 年代电视广告的经典标志。虽然没有太多创意，但是却代表了中国电视广告业发展的起点。这一时期，虽然商品生产不断增长，广告的作用日益明显，但电视广告在传播表现上仍显得粗糙和简单。广告表现的内容和诉求也非常单纯，大都是从产品出发，直接推介产品的功能、用途；或者从企业的角度出发，以产品播报的形式列举企业的产品及其功用、质量。这样的广告通常没有特殊的诉求重点。

这一时期是上海广播电视广告恢复和初步发展的时期。当时国内处于短缺经济时期，在供低于求的市场环境下，企业竞争压力很小，全社会的品牌意识也很淡薄，故对广告的需求也很小。因此，这一时期的广播电视广告表现形式非常单一，可以说是简单叫卖的延续。"我是谁，我在哪里，我生产什么"是当时广播电视广告的主要表现内容。"广而告之"，让更多的消费者知道自己的存在、知晓自己的产品、获得一定的知名度，是这一时期广告传播主要的内容。另一方面，当时上海的广告设计公司水平也很低，其创意、策划理论相对薄弱，这也是导致这一时期上海广播电视广告内容形式单一的原因。

从艺术审美方面来看，这一时期的广告，其艺术性和视觉冲击力普遍不高，很难看到经过了特殊艺术处理过的产品造型、色彩等符号以及情感价值等。上海半导体器件二十厂的广告就代表了当时电视广告的普遍表现形式。这则广告的图像大多为该厂部分产品的外观图片，文案也非常直白："工艺先进、材料优质、质量保障、用途广泛、规格齐全，欢迎洽购。"[②]类似这样以生产厂商的名义做这样的产品信息广告非常普遍，提供一个信息，并且强调其可信度和有用性。在当时，广告主一般都是国有企业，偶尔出现几则外国企业或其产品的广告。这与当时的社会环境和开放程度是相关的。

（二）创意为王：听觉的冲击力与视觉的震撼力

20 世纪 20 年代随着上海经济的增长，商品供给量的增加，厂家和销售商急于推销商品，形成了庞大的广告客户队伍。大量的商品需要通过各种销售方式推销到消费者手中，借助广播媒体宣传也就成为工厂、商店销售产品的方式之一。华商广播开办者正是瞄准了广播广告的商业价值和潜力，1927 年以后出现的广播广告就成为当时一种新的商业广告形式。同样是向大众传播信息商品交易和物质交换的一种手段，它不同于上海已有的

---

①　陈培爱. 改革开放 30 年我国电视商业广告回顾[J]. 中国广播电视学刊. 2010(5).
②　苏蕾. 媒介与日常生活[J]. 新闻知识. 2006(7).

路牌广告、招贴广告、邮递广告、报纸广告、霓虹灯广告、电影广告和其他形式的广告。后者基本以视觉为主,各种形式的广告既相互利用、又各占人们视觉的不同空间位置。在上述视觉广告竞争激烈的情况下,广播广告以诉诸听觉、放送迅捷脱颖而出。广播广告与其他广告一样,从一出现就依附在上海的商业链上。

当时广播广告的优势表现在:第一,广播广告的制作成本低,广播时段的成本也相对较低,这意味着广播整体成本的低。同时在播音时间里可以重复播送,到达听众的次数多;第二,"广播具有灵活性,广告几乎可以在任何时间发布,且不用太长时间提前通知";第三,受众的影响面广,只要能接收广播的地方就能接听到广播广告的信息,且不受年龄、性别、文化水平的限制[①];第四,"上海是国际商埠,又是我国经济中心,工商业通过电台广告作媒介,要比报刊效果更大,许多商号趋向用无线电广播做商品广告"。[②]

广播广告打开了国货广告推销的一片新天地。外商从奥斯邦电台、新孚洋行电台到开洛电台主要为洋货打开销路,以办台时间最长的开洛电台广告影响最大。"当时开洛广播广告,只是推销外国货",[③]销售西式收音机的广告声势浩大。华商广播广告不甘于落后,1930 年成立的天灵无线电广告公司播音台,是上海首家以经营广播广告收入来维持播音的商业电台,开启了上海工商业者利用电台作广告宣传商品的新路。1932 年上海(亚美)广播电台开始向厂商征求广告。由于电台经营广告获得了盈利,也吸引了规模较大的商店,如绸庄、药房以点播各种曲艺的形式在该台做广告。[④] 大中华电台则推介本公司的产品,以"新颖优美、购者皆满意"的广告语来推销收音机。(《申报》1931 年 4 月 5日)天灵电台"更利用无线电广播之力,演说报告广告"。到 1930 年初,该台出卖播音时间为商家做广告,广播广告的播放量和时间投放量逐渐增加,电台以此赚取的经费也日益增多,一时间引诱了大小商人纷纷上阵,购机设台,各电台之间商业竞争加剧。于是有的电台为更多地承揽广告,在广告费上互相贬价。[⑤]

广播广告是一种严格意义上的听觉媒体,听众看不到产品,因此不适合需要演示的广告对象,对听众来说,多听几遍是很必要的。广播广告一般重复三遍公司或产品的名称,以此确保听众能听清楚。[⑥] 因此,在各电台每日播音节目中,广告数量和时间的投放量极大,几乎占每台播音时间的一半甚或一半以上。[⑦]

随着市场经济的发展,企业竞争日益激烈,广告作为企业营销的工具,受到越来越多的重视。同时,媒体技术飞速发展,各类广告信息铺天盖地地向消费者袭来,受众的"注意力"成为稀缺的资源。不计其数的各类广告充斥着普通百姓的日常生活,有些甚至引起了大众的反感情绪。这些都对上海广播电视广告传播内容的表现提出了更高的要求。上海

① [美]蒙勒·本,卡拉·约翰逊. 广告原理[M]. 延边人民出版社. 2003;166—168.
② 冯皓,吴敏. 旧上海无线广播电台漫话[M]. 上海文史资料存稿汇编. 上海古籍出版社. 2011;189.
③ 平襟亚、陈子谦. 上海广告史话[M]. 上海地方史资料(三). 上海社会科学院出版社. 1984;135.
④ 冯皓,吴敏. 旧上海无线广播电台漫话[M]. 上海文史资料存稿汇编. 上海古籍出版社. 2001;188.
⑤ 陈伯海. 上海文化通史[M]. 上海:上海文艺出版社. 2001;646.
⑥ [美]蒙勒·李,卡拉·约翰逊. 广告原理[M]. 延边人民出版社. 2003;68.
⑦ 上海档案馆,北京档案馆,上海市广播电视局合编. 旧中国上海的广播事业[M]. 中国广播电视出版社. 1985;175.

人民广播电台经常在广告节目中安排一些群众喜闻乐见的独角戏之类的南方曲艺，同广告交叉进行，或者穿插在商品介绍与广告中，以增强广告的吸引力。并根据普通市民的心理和审美标准，编写出通俗明快、情趣横生、含蓄婉约、问答自然、诙谐幽默、形象生动的广告稿。如"大众牙膏"的广告稿写道："甲：请问：早晚刷牙使用哪种牙膏好？乙：大众。甲：请问哪种牙膏最便宜？乙：大众。甲：大众牙膏为什么又好又便宜？乙：为了大众。甲：对！大众牙膏为大众，欢迎大众选用……"①这则广播广告寥寥数语，简单明了，亲切自然，像听众与听众之间饶有风趣的对话，既不是故弄玄虚，也不摆噱头，在当时收到了很好的传播效果。

借助音乐烘托气氛，也是当时广播广告艺术的一大特点。上海人民广播电台就曾为一些名牌产品写歌词、谱曲，并请专业演员演唱，录制了一些健康流畅的广告歌曲和广告音乐。如《飞跃牌电视机之歌》、《春雷、美多之歌》播出后反响热烈，在消费者中成为流行歌曲，电台一播放，很多人就跟着节拍一起唱。② 1981 年 7 月，上海人民广播电台广告科先后举办了多次直播晚会，有《愉快的夜晚》、《乘凉晚会》、《越剧流派演唱会》、《曲艺音乐会》和《朱逢博独唱音乐会》等。这些晚会采用各种有趣的形式，如演唱节目的点播、猜谜和智力测验，并在串联词中自然巧妙地插入赞助厂方的商品知识介绍和广告。③ 这些趣味盎然的晚会吸引了成千上万的听众。当时赞助《朱逢博独唱音乐会》的上海无线电四厂就收到 4 000 只点播电话和 300 多封点播信；赞助《越剧流派演唱会》的上海电视一厂收到了 8 000 多只点播电话和 200 多封点播信。猜谜晚会赞助厂——元昌订书机厂在向听众征求谜语时，三四天内就收到 9 400 多封来信，提供了 12 万多条谜语；晚会之后还有 20 多万封听众的猜谜信件源源不断地涌向该厂。④ 这些晚会不仅丰富了广播广告节目，而且能够增强电台、厂商与听众的三方联系，更活跃了普通市民的文化生活，是广播广告艺术性与趣味性相结合的典范。

早在 1988 年，上海人民广播电台为提高广告节目质量，组建了一支由大学生参与的业余广告节目策划团队。电台广告节目大胆创新，利用先进的立体声技术，给听众带来具体的方向感与位移感，产生多维听觉的立体效果，使广告节目更上一个层次。荣获"全国广播电视广告评比一等奖"的"汽车玩具"广告，请总政歌舞团退役舞蹈演员吴整风制作了 matchbox 玩具汽车的广告："每个人都有自己的喜欢，我喜欢收藏 matchbox。"⑤采用立体声制作，精湛的广告创意与广告词加上所衬音效，由远及近，生动的现场感增添了丰富的想象力，这条广播广告还获得了 1988 年"第七届国际广播电视节目最佳广告节目奖"。这是建国以来，中国广播广告在国际评比中首次获得的殊荣。此后，从 1993 年到 1996 年三年间，远足牌皮鞋、先锋音响、国脉呼叫机、新漕河泾大厦、中国人民保险公司、阿竹黄泥螺

① 郭冰，张峻华. 当代中国广播电视台百卷丛书——上海人民广播电台卷［M］. 中国广播电视出版社. 1999：177—178.
② 同上，178.
③ 同上，179.
④ 同上.
⑤ 金亚，裴建平，范国平. 忆往昔峥嵘岁月稠——改革开放后的上海广播广告［J］. 中国广播. 2012(11).

等六个广告作品在全国广播广告节目评比中都获得一等奖。[①] 在短短 30 秒的《新漕河泾大厦》的广告中,巧妙运用了日、英、中三种语言,加上电话铃声和音响效果,塑造了高效、优质的涉外服务形象。全文如下:

> 音乐——端庄男声:"在中国上海漕河泾高新技术开发区新崛起一幢世人瞩目的大厦,每天早晨……"(电话声此起彼伏,外商日语、英语礼貌闻讯,办公室小姐外文、中文亲切应答)业务小姐:"Yes,新漕河泾大厦是涉外高级写字楼,欢迎贵公司前来租赁。"(电话铃声鸣响,有气势的音乐起)——男声:"新漕河泾大厦,托起您成功的明天!"[②]

市场经济发展,成熟品牌日渐增多,"成熟的大众消费"、"创意为王",优秀的创意表现成为了上海广播电视广告成功的关键。广告传播内容日益强调"创意",创意意味着更高的受众关注度,更好的传播效果。广告表现过程所担负的首要任务,是为实现广告创意寻找最具有表现力和感染力的视听语言(符号)并由这些元素营造创意所要求的意境。[③] 而新兴的电视媒体能够动用声音、灯光、语言、文字、图画、形象等多种表现手法,向消费者更加及时、准确地传播信息,介绍商品以激发消费者的购买行为。这一时期,上海广播电视广告的创意表现也发生了很大的变革,很多富有听觉冲击力与视觉震撼力的广电广告屡屡出现。

---

① 金亚,裴建平,范国平. 忆往昔峥嵘岁月稠——改革开放后的上海广播广告[J]. 中国广播. 2012(11):180.
② 同上.
③ 张金海,姚曦主编. 广告学教程[M]. 上海:上海人民出版社. 2003:181.

第九章

品牌标志：上海民族品牌商标的发展

近代商标传播是西方列强在中国实行经济侵略的重要工具，但随着市场竞争的日益激烈，民族企业家商标意识、宣传意识的不断加强，传播手段的不断丰富，商标传播逐渐成为民族品牌宣传的重要方式。民国时期上海民族品牌商标传播的繁盛以及取得的成就值得我们关注。首先，民国时期涌现了众多的著名民族商标品牌，这与民族品牌的商标传播密不可分。其次，从某种程度上说，民国是中国品牌传播的发端期，对这个阶段的商标传播展开研究，无论是对于广告学史的研究，还是考察当时的品牌运作形态都有重要的意义。再次，在反观历史的过程中，发掘闪光点，为当下的中国本土企业的品牌传播提供些许的思考与借鉴。

第一节　民国时期上海民族品牌
商标传播兴盛的背景

民国时期上海民族品牌商标传播的发展兴盛，是近代上海城市发展过程中多种因素综合作用的产物。开埠后的上海作为西方列强最先进入中国的地区之一，早早地融入了资本主义商品经济体系之中，成为中国近代经济最为繁荣的城市，为上海民族经济的发展繁荣提供了良好的市场环境；同时，西方文化与传统文化强烈碰撞，西方的思想文化意识强烈地影响着上海市民，尤其是走在思想文化最前沿的学者、民族企业家；此外，民国时期此起彼伏的国货运动，以及政府商标政策法规的制定等等的历史因素综合在一起，造就了民国时期民族品牌企业家宣传意识的不断增强，促成了民族品牌商标传播的盛极一时。

一、民国时期繁荣的上海经济的"强势"推动

商标是商品经济发展的产物，是用来识别某一工业或商业企业或这种企业集团的商品的标志。因此，商标与经济之间有着密切的关系。上海是中国近现代工业的发祥地，到20世纪30年代，上海工业已占全国半壁江山。此时的上海，已成为中国的第一大商埠，

最繁华的经济贸易中心。民国时期上海民族资本主义经济的繁盛，是造就民族品牌商标兴盛的最直接原因。

（一）民国时期上海民族资本主义经济的繁荣

鸦片战争以后，上海被迫成为对外开放的通商口岸，而这也带动了上海近代经济的发展与繁荣，以及上海的城市化进程。鸦片战争后，列强资本开始大量进驻上海，开设工厂、倾销洋货，大肆掠夺中国的资源财富。甲午战争后，这股掠夺风潮持续扩大。在这过程中，上海逐渐成为中国商业和工业中心，以及中西交往的焦点。在与西方交往的过程中，本国民族资本家的办厂意识越来越强烈，虽然动荡的时局未能使中国民族经济持续稳定地发展，但甲午战争后，在清末新政、民国振兴实业新政、一战所带来的机遇等因素的影响下，出现了一波又一波的民族资本家设厂的热潮，造就了中国民族资本主义的一时兴盛。

首先，民国政府的成立将中国民族资本主义的发展带入了一个全新的时期。1912年，中华民国南京临时政府成立。新政府把振兴实业放在了显要的地位，设立了工商部、农商部等政府部门，颁布了《公司条例》、《农商部奖章规则》、《公司保息条例》等一系列有利于本国私人工商企业发展的政策法规。在上海，"资本家阶级在当时政治形势的鼓舞下，从事实业活动的热情进一步高涨，并掀起了一股创办实业的潮流"。[①] "据对创办资本在1万元以上的上海新工厂的统计，辛亥革命以前的1910年和1911年，新设工厂分别为7家和9家，辛亥革命以后的1912年和1913年为10家和9家，1914年增为16家，1915年又增至20家。如果包括创办资本不满1万元的小工厂在内，增长幅度则非常明显。"[②] 这股浪潮一直持续至一战期间。

其次，第一次世界大战带来的有利机遇。1914年第一次世界大战爆发，以欧洲为主战场，大大牵制了西方列强对中国的产品倾销和经济掠夺，为中国民族资本企业的发展带来了有利时机。一战期间，尤其是大战初期，由于西方列强忙于军需产品的生产以及战时交通的阻断，列强对华贸易比战前都有大幅度的下降，以致市场商品紧缺、物价上升，这就对中国民族工业的发展形成巨大的推动力，出现了一波空前的设厂新热潮。"自第一次世界大战开始以来直至大战结束后的头几年内，上海私人资本在1万元以上的新设工厂有二三十家左右，最多的1921年达43家。至于开办资本不满1万元的小厂为数更多。"[③]

再次，此起彼伏的抵制洋货、提倡国货的反帝爱国运动，也是促成中国民族资本企业发展兴盛的重要原因之一。自甲午战争之后，抵制洋货运动就持续不断。辛亥革命后，提倡国货的风气更盛，抵制洋货的运动越加频繁，规模也越来越大。在1915年和1919年两次以反对日本帝国主义侵略为主要内容的反帝爱国运动中，抵制日货运动如火如荼地开展，使得日本输华的大宗商品被拒之门外，造成"日人所设商店均一律闭门"。[④] 尔后，1925年发生在上海的"五卅"反帝爱国运动、1931年的"九一八"事件等，一次次地引发了

---

① 丁日初.辛亥革命后上海资本家的实业活动[J].中国社会经济史研究.1985(3).
② 丁日初.上海近代经济史(第二卷)[M].上海人民出版社.1997：110.
③ 丁日初.上海近代经济史(第二卷)[M].上海人民出版社.1997：112.
④ 汤志钧.近代上海大事记[M].上海辞书出版社.1989：797.

全国性的抵制洋货运动。抵制洋货运动的蓬勃开展，不断促进上海民族资本企业的投资热潮。

（二）民国时期市场竞争的激烈化

商标的作用包括识别商品的来源、表示和保证商品的质量、广告宣传等等，而这些作用在竞争激烈的市场中显得极为重要。根据民国二十二年（1933）的调查，除东北四省和甘、宁、青、新、滇、黔等边远省份，全国 17 个省共有工厂 2 435 家，其中上海一地有 1 186 家，占 48.7％。[①] 显而易见，上海是近代中国工业的集中地，亦是市场竞争最为激烈的地区之一。据中国经济统计研究所及中华国货指导所共同调查编著的《上海国货工厂调查实录》记载显示，无论是工业产值、工厂数，还是员工数，在众行业中都以纺织业最多。民国时期上海民族企业的市场竞争主要来源于两个方面：一是民族企业内部，二是外商和民族企业之间。随着同行业企业的不断增多、同类产品的激增和竞争的日益激烈，同类企业、产品之间在质量、性能、信誉等方面的差距不断缩小，消费者不得不通过企业和产品的外在形象——商标来进行识别和选择。

首先，民族企业内部的竞争日益激烈。正如前面所述，伴随着一波又一波的设厂热潮，民族企业数量不断增加，这必然造成市场竞争的愈加激烈。在上海，虽然民国期间民族资本企业新设的工厂越来越多，但各个行业的增长情况是不平衡的，数量增长最快的主要集中在纺织业、面粉业、卷烟业、火柴业等行业，而且这几大行业也是上海民族资本行业产值占比最大的。以棉纺织业为例，上海是全国棉纺织业最为发达的城市，至 1922 年，上海有棉纺锭 175 万枚，其中华资 77 万枚，日资 72 万枚，英资 26 万枚。针织、巾被、毛纺织、印染、丝绸、线带等厂相继出现，形成上海纺织工业的初步规模。20 世纪 30 年代，出现资本集中趋势，部分华商"实业救国"，建立了一批大型企业集团。知名的有荣宗敬、荣德生的申新系统，郭乐、郭顺的永安系统，刘靖基的安达系统，唐骧廷、唐君远的丽新系统，刘鸿生的章华系统，蔡声白的美亚系统等。而其他对技术和资金方面要求较高的行业增长则比较缓慢，主要由外商占据主导地位。市场经济规律表明，随着企业的不断增多，必将加剧同行业内部的竞争，民国时期的上海民族企业自然也不例外。

其次，民族企业与外商竞争的激烈。民族企业是以外商的对立物而诞生的，因而其在诞生之初就受到外商企业的打压。甲午战争前，上海乃至中国的现代经济都是由西方列强所掌控，虽然一战、国货运动、振兴实业新政促成了一波又一波的民族企业设厂热，造就了众多的著名民族资本企业，但外国列强一直不断加强对华输入，处于弱势的中国民族资本企业一直处在与外商的激烈竞争中，无数民族企业在外商打压下夭折。在上海的纺织业中，日商形成了内外棉、上海纺绩、日华、同兴、丰田、公大、大康、裕丰等 8 大纺织企业集团，年生产纱锭 122 万枚，占上海总纱锭 51％，凭借在中国的特权，以资金、技术、物资等优势，与华商激烈争夺市场。一战后，在欧洲列强逐渐恢复对中国的经济侵略的同时，日美等新帝国主义开始不断增强对华输入，尤其是日本。新旧势力的双重夹击，加之战争的

---

① 陈真. 中国近代工业史资料（第四辑）［M］. 上海三联书店. 1961：17.

破坏以及强制收购,民族纺织业的生存环境越来越恶化。

二、民国时期强势的外商品牌的"咄咄"示范

中国近代商标的产生与发展,某种程度上可以说是伴随着西方列强的经济侵略。鸦片战争后签订的一系列不平等条约,使得西方列强利用种种特权,将大量商品输入中国,同时在中国设厂制造各类产品,将中国变成列强的财富制造基地。列强在大肆侵入中国的同时,也将先进的商品经营理念带入中国,为的是扩大他们的市场。国外商标的发展和成熟早于中国,商标作为一种商品宣传和自我保护的重要手段,早已深植外商的经营理念之中,其在入侵中国之时,也把商标意识带入了中国。

为了推销商品,外商广泛运用各种宣传手段,包括广告、商标等。当时外国商人专门聘请中国画家绘制商标广告;为了投合中国民众的喜好,将商标"本土化",运用中国传统图案如龙凤、福禄寿三星、八仙过海等元素来设计商标、广告;大量印制并张贴散发各类制作精美的广告宣传画、月份牌、年画等等。曾几何时,"洋行、洋公司、洋货的广告遍布于国人生活的每一个角落,翻开报纸是'美孚'油,随手拾起一张传单是'仁丹'药,抬眼看墙面上贴的月份牌还是英美烟公司的'哈德门'……"①

西方列强为了保护自身经济利益,占领中国这个大市场,一方面大量运用各种宣传手段宣传自己的产品和品牌;另一方面谋求设立管理部门以保护外商商品的商标。1861年,在外商企业的强烈要求下,清政府设立了南、北洋通商大臣,兼管国家沿海通商事务并代管商标工作,这是我国最早设立的商标管理机构。1904年,清政府先后颁布了《商牌挂号章程》《改订商标条例》等,并在8月颁布了第一部商标法规《商标注册试办章程》。尔后设立了天津、上海商标挂号分局受理中外厂商的商标挂号事务。但这些章程和机构多是秉持帝国主义的旨意,保护外国商标。"在旧中国,经过注册受到法律保护的商标,就以外商商标居多。据曾任美国驻华大使阿曼统计,从1904年至1923年,在天津、上海海关挂号的商标共约25 900枚,几乎全部都是外商商标。另据国民党政府商标局统计,1928年至1934年底止,中外商人呈请注册的商标共24 747枚,其中中华商标只有7 778枚,仅占32%。"②另外,外国厂商利用商标法规中的偏向性政策,利用其在华的特权,大力打压中国民族企业的发展。一些民族企业在列强与政府的联合威逼下,无奈撤销商标,或关门歇业。

外商的洋广告、洋商标在中国大肆盛行,在深刻影响中国市民的消费行为、侵占中国市场、排挤中国民族企业的同时,一方面也给正处于萌芽阶段的中国民族资本企业带来了先进的营销理念,为其后的宣传带来了范本,不断强化着民族企业家的宣传意识;另一方面,在洋商催生下建立的商标制度不断完善,加之外商利用商标特权打压民族企业的行为,加速了民族企业家自我保护意识的不断增强,商标成为他们自我保护的重要手段。

---

① 由国庆. 再见老广告[M]. 天津:百花文艺出版社. 2004:32.
② 沈关生. 商标法浅谈[M]. 北京:法律出版社. 1983:55.

三、民国时期兴盛的广告业的"强烈"助推

商标是企业或者产品彰显特性、内涵以及宣传的重要手段之一。民国时期的商标，繁复精致的图形设计，表意直白的图形符号，在把它作为标记同时，也是一种巧妙的广告宣传画。毫无疑问，近代中国广告的第一个繁盛时期是民国时期。民国时期特殊的政治、经济、社会环境造就了一片有利于中国近代广告发展的沃土，此时广告形式越来越多样化，诞生了广告公司这样的新企业，也孕育了广告画家这样的新职业。繁荣的民国广告业自然大力助推着民国时期民族企业的商标传播。

其一，近代中国涌现了各种各样的广告形式，丰富了产品或者品牌的宣传渠道。这主要体现在两个方面，首先是近代报刊杂志剧增，报刊杂志广告版面的不断扩大。例如，1925 年的《申报》全张面积为 5 850 英寸，广告版面即有 2 498 英寸，新闻版面仅为 1 825 英寸；同期的北京《晨报》全张面积为 2 880 英寸，广告版面多至 1 258 英寸，新闻仅 949 英寸；天津《益世报》全张面积为 4 864 英寸，广告版面即达 3 016 英寸。[①] 由此可见，"广告之地位，已较新闻之篇幅为多"，广告的兴盛程度可想而知。其次是广告形式丰富。据时人的粗略统计，在近代中国已有日报广告、杂志广告、传单广告、窗饰广告、电灯广告、邮递广告、舟车广告、车辆广告、影片广告、播音广告、乐队广告、通信广告、招贴广告、草地广告、墙壁广告、飞行广告、展览广告、新闻广告等 20 余种广告形式。[②] 由此可见其种类之繁多，这在近代中国广告史上留下了辉煌的一笔，也为当时的产品和品牌宣传提供了丰富的渠道，精明的商人便利用各种广告渠道发布广告信息。

其二，近代中国涌现了一批专业的广告公司，助推着民族企业的宣传。进入 20 世纪以后，在上海、天津、汉口等几个近代中国最为重要的经济城市，随着工商环境的不断改善和媒体环境的不断优化，促使以代理媒体广告业务为经营理念的专业广告公司不断出现。1909 年，维罗广告公司在上海创办，它的诞生带动了上海广告业的整体发展，中外厂商纷纷瞄准了这庞大的市场。之后在上海，闵泰广告社、贝美广告社（意商）、克劳广告公司（美商）、华商广告公司、联合广告公司、荣昌祥广告公司等纷纷成立，并以雄厚的实力和庞大的广告业务量，成为当时上海广告业中的佼佼者。在这些广告公司代理的业务中，除了报纸、月份牌等几大流行广告形式外，路牌广告、电影戏院广告、霓虹灯广告、橱窗广告、电车汽车广告等都属他们的业务范围。各种各样的广告形式在这些广告公司的代理下不断地被发掘利用，大大拓宽了当时企业及其产品的宣传渠道。

其三，近代中国涌现了众多优秀的广告画家，推动着民国时期企业及其产品商标的设计与传播。在近代上海，尤其是辛亥革命以后，发达的工商业以及广告业环境成就了一批优秀的广告画家，如胡伯翔、倪耕野、梁鼎铭、张光宇、周慕桥、郑曼陀、杭稺英、李慕白等，他们创作出了无数优秀的广告招贴、包装装潢、品牌商标等，这些创作均以精美的图画、精

---

① 戈公振. 中国报学史[M]. 上海商务印书馆. 1927：216.
② 徐启文. 商业广告之研究[J]. 商业月报第 14 卷. 1934.01(1)

致的设计成为吸引消费的重要手段。他们顺应了中国近代广告业的发展需要，也大力推动着中国近代广告业的发展。

<h1 style="text-align:center">第二节　民国时期上海民族纺织
品牌商标传播元素</h1>

商标是商品经济近代发展的产物，它源自古代的标记，但与标记又有着很大的差别，近代商标的性质与作用相对于标记发生了巨大的变化，原来作为识别商品的商标，逐渐与商标的实用价值脱节，成为竞争的重要工具。《现代经济辞典》对于商标的解释为："商标是制造商或者商人为了使人认明自己的商品或劳务，从而使它们与其他竞争的产品区别开来而使用的文字、名称、符号或图案。"因此，与品牌一样，商标也是一个集合概念，主要包括语言（商标名称、商标文字）和非语言（商标图形）两个部分。在商品经济刺激下产生的近代商标，是中国商标发展史上的一个重要时期，也是商标性质和作用转型的关键期。处在近代商品经济发展最为繁荣的民国时期的著名企业，可以说进入了"商标时期的品牌运作"，[①]开始宣传自己的商标，以刺激消费者购买，此时的商标的现代化特性不断得到显现。

一、商标名称——民国时期上海著名民族纺织品商标品牌的"言语代言人"

商标名称是商标的语言称谓部分，是表示其存在并进入语言系统，实现传播的重要手段。对于公众，无论商标以何种形态存在，图形商标或者文字商标或者组合商标，往往都是以语言称呼的形式被人们使用着。商标名称将商标符号与产品相连接，将产品使用价值与价值联系在一起，承载着认知、记忆、联想等多重功能。正如品牌大师戴维·艾克在《管理品牌资产》中指出："名称是品牌基本的、核心的组成部分，名称奠定了品牌知名度和传播的基础。"[②]而商标名称是在一定语境下由命名主体人为制造的一种语言现象，是由企业或商家精心挑选或创造出来，用以区别自己和他人商品以及传达品牌特征的一种标识符号。因而，商标名称的产生必然会受到当时社会政治、经济、文化以及语言环境等诸因素的影响与制约。处在转型期的民国社会，政治、经济、文化都在发生着巨大的变化，而走在近代化最前沿的上海经历着最为显著的变化，生存在这种特殊社会状态之下的上海民族品牌商标名称必然带有鲜明的时代特征。

（一）词汇选择：商标名称的基础元素

对于任何名称，其最为重要的作用在于一种符号信息的传递，因而它需要借助一定的物理元素作为载体。商标命名是一个选字组词的过程，由商标命名者依据主客观因素精

---

①　余明阳，朱纪达，肖俊崧. 品牌传播学［M］. 上海交通大学出版社. 2005：13.

②　［美］戴维·阿克. 管理品牌资产［M］. 奚卫华，董春海译. 北京：机械工业出版社. 2006：180.

心挑选或者创造出来。它既可以是社会中的现有词汇，亦可是创造性词汇；既可以直接选用中文字符，亦可引用外来语或者外来语的转译形式，还可以是数字。因而，商标名称中的文字元素又可细分为汉字、外来词、数字等子元素。综观处在近代商标发展繁盛时期的民国上海民族纺织品品牌商标名称的文字构成，表现出多样化的形式，绝大多数直接选用汉语词汇（包括外来语的汉语转译，如新光标准内衣制造厂的"司麦脱"商标名来自英语Smart的音译；上海新星织造厂的"华尔滋"商标名音译自英语"Waltz"；上海协新毛纺织厂的"派力司"商标名音译自英语"Palace"），只有为数不多的商标名称选用了外来语，如中国内衣织布厂的"ABC"、"CAG"、"APC"商标名，上海内衣公司的"Shanghai"商标名，大东袜厂的"Bee Hosiery"等。这些商标名称所用的汉语词语，主要可以分为当时语言词库中的固有词语、常见的自由短语、创造性的词汇（包括外来音译词）。

固有词语如英雄、鹤立鸡群、闻鸡起舞、三羊开泰、寿星、无敌、美、菊花、三角、蝴蝶、剪刀、广寒宫、太极、陈塘关、白玉堂。

常见自由短语如飞鹰、飞虎、蝠鹿、鹿孔雀、双鹿、仙鹤、金蝶、兵船、九一八、双牡丹、金五福、独立全球、飞马、日升。

创造性词汇如美亚、鼓吹、司麦脱、华尔滋、派力司、三友、醒钟、太少狮、红蓝团龙、仁心、四喜、人钟、老人桃。

固有词语和常见自由短语是人们日常生活中所经常使用的词语，它们是某一群体语言体系的一部分，因而商标名称中固有词语和常见自由短语的使用，会给受众带来亲切感和熟识感，更加容易被接受，并进而进入受众的日常语言体系之中。其弊端在于不同商标名称间过于类似的命名极易造成消费者的混淆，这必然会大大影响消费者的商标认知。这种现象在民国时期的商标名称中尤为明显，由于命名来源、商标命名者思想等限制，在上海著名民族纺织品商标名称中，类似的商标名称非常多。而以创造性词汇命名的商标名称所产生的利弊正好相反，因为自创，所以大大降低了不同名称间的类似性；但由于自创名的深奥、拗口、陌生也极大地影响着消费者的认知与记忆。因而在商标传播初期，上海民族品牌，以自创形式命名的商标名称已崭露头角，但并不盛行。

（二）素材对象：商标名称的命名理据

从符号学角度来说，商标名称来源于商标命名者对现有符号系统中文字符号、语言符号等的选择和使用过程，是命名主体通过命名符号表意传情的过程，即"符号的符指过程"。作为一种人为性的符号组织过程，商标名称与其他专有名称一样，受到来自商标对象特性、用户心理、文化环境、社会环境等多因素的影响和制约。民国时期是中国社会发展过程中的一个特殊时期，民国时期的上海是近代中国极具特殊意义的城市，特殊的社会环境、经济环境、文化环境造就了民国时期上海民族纺织品品牌特殊的生存环境，也孕育了民国时期上海民族纺织品品牌独具特色的商标名称。

1. 取自人物之名：托人寓意

商标名称以人物之名来命名，主要是通过对于名人之名，或者人们耳熟能详的虚构人物之名，或者某一类的人们所喜闻乐见的人物形象之名作为商标名称，借由这些人物的知名度或者特定内涵,以增强商标的识别性、记忆性和内涵性。在民国上海民族纺织品商标命名中,所用的人物名,其一来自于典故传说、文学作品中的虚构人物,但这些人物都蕴含着深厚的中国传统文化内涵,如上海益新织布厂的"白玉堂"商标名取自中国古典小说中的侠义人物名,上海天一机织印染厂的"樊梨花"商标名源自中国古典小说中的女中豪杰名,上海履安袜厂的"二乔"商标名源自三国演义中的大乔和小乔等。神话传说中的人物名亦是当时商标名称重要素材,如申新纺织厂的"如来佛"商标名、大文染织厂的"神农"商标名、上海三丰染织厂的"天王图"商标名、上海丰泰染织厂的"达摩度"商标名、大生第一纺织厂的"寿星""魁星"商标名等都以宗教神话中的人物名为命名素材。其二是源自人们所喜闻乐见的人物形象名,包括美丽的女性形象和充满朝气的儿童形象,如中华实业染织厂的"美人牌"商标名、达丰染织厂的"大美人"商标名、申新纺织厂的"美人牌"商标名、永新织造厂的"千金一笑"商标名等都以能给予"美"的联想的女性形象为商标名;源康祥棉布毛巾号的"小囡牌"、申新纺织厂的"兄弟"、上海日新昶号的"小弟弟"、达丰染织厂的"七子闹元宵"等商标名都以健康活泼的儿童形象来命名。

2. 取自物像之名:托物寓意

在中西文化中,存在着许多具有深层含义又广受大众喜爱的事物,包括飞禽走兽、植物风景、各种器物等,既有现实中存在的,也有人为虚构创造的。这些事物或具有象征意义,给受众带来美好鲜活、意味深长的寓意;或是人们追求向往的目标,能够激起消费者强烈的观念认同和思想共鸣。因而,在民国上海著名民族纺织品商标名称中,用动物、植物以及其他物象来命名商标,是最为常见的方法之一。

动物:在民国上海著名民族纺织品商标名称中,运用到的动物形象种类非常丰富,有:龙、凤凰、麒麟、虎、狮、象、鹿、鹤、马、羊、牛、鸡、蝙蝠、鸳鸯、鹰、鹏、骆驼、猫、兔、鱼、蜜蜂、蝴蝶、天鹅、狗、熊、猴……

这些动物或勇猛强壮,或温顺可爱,或敏捷灵巧,又往往蕴含着吉祥之意。在具体的商标名称运用中,有直接引用动物名,但更多的是在动物名称之前添加上一些描述性或叙述性的词语,赋予商标更为生动的形象和活力。这样不仅更加吸引消费者的注意,还可以避免重复。如,以虎为形象的商标名称有"三虎牌"、"飞虎牌"、"狮虎牌"、"黄虎牌"、"钟虎牌"、"双金虎牌"、"蓝虎牌"等。

植物:在民国上海著名民族纺织品商标名称的植物形象中,选择的植物往往都含有吉祥之意和深厚文化底蕴,如牡丹(寓意高贵。有申新第四纺织公司蓉华牌、共和袜厂珠联牡丹等),梅花(寓意坚贞。有上海大陆染织厂梅花三鹿牌、九华织造厂梅鹤牌等),荷花(寓意纯洁。有上海四联织造厂水莲牌、上海德和电机织造厂荷花牌等),竹(象征节操。有三友实业社竹牌、天纶有限公司天竹牌等),松柏(象征长寿。有三友实业社松牌、上海协昌织造厂松猴牌、上海恒丰源染织厂山松牌),玫瑰(寓意友爱。有上海纶昌纺织漂染印花公司七玫瑰牌等),菊花(寓意高洁。有美亚织绸厂菊花牌、上海中华第一针织厂金菊牌等)……相比较而言,以花草树木为形象的商标名称数量少于以飞禽走兽构成的商标名称数量,而且很多都是与其他形象一起组合使用。

景物：在民国上海著名民族纺织品商标名称的景物形象中，主要包括自然风光和风景名胜，如日、月、星、天坛、长城、衡山、雷峰塔、泰山、陈塘关、黄鹤楼……当这些景物，尤其是风景名胜是区域或者国家的代表时，从受众心理接受的角度来说，景物的代表性也会注入到商标之中，因而其内在的符号价值不仅是商业层面的，更多倾向于国家的、民族的内心暗示。同时，彰显天人合一、返璞归真、情景交融的自然风光和风景名胜，与中华民族的审美观照相呼应，在一定程度上能唤起接触商标的消费者对产品的美好联想。

器物：以器物命名的民国上海民族纺织品商标名称也十分常见，包括中国传统器物以及民国时期的社会新事物。民国时期的特殊社会背景造就了传统与现代、东方与西方事物并存的局面。在民国上海民族纺织品商标名称中，运用的中国传统器物包括钟、鼎、船、钱币、珠宝、元宝等，并且商标命名者在普通器物名称前往往都会加上"金、银、宝"等代表财富和价值体现的词语，如"金钟"牌、"宝剑"牌（中国永安织造厂），"金钱"牌、"金城"牌（上海永安纺织公司），"金宝星"牌（上海中纱纺织厂），"宝鼎"牌、"宝彝"牌（上海鸿章纺织厂），"宝盆"牌（上海震隆织造厂）等。以这些器物为商标素材，主要还是基于器物的象征意义，借物寓意，赋予商标深层的思想文化内涵。

除了传统器物，在民国上海民族纺织品商标名称的器物素材中，还出现了众多由西方社会带来的新器物，如电话、火车、轮船、汽车、飞机、摩托车、自行车、摩天大楼、留声机、链条、钢琴等。在十里洋场的大上海，这些源自西方的器物既是一种新玩意，更是身份和地位的象征，拥有它们就等于身份和地位的获得，因而为众人所追求向往。民族企业家通过将这些新玩意融入到商标名称之中，从而彰显商品的内涵，迎合消费者的心理。在民国上海著名民族纺织品商标名称中，主要是对于这些新兴事物名的直接移用，如："电车牌"、"公共汽车牌"、"电灯牌"、"飞艇牌"、"电话牌"、"跑车牌"、"吉普牌"、"网球牌"、"回力球牌"等。

3. 取自典故之名：托事寓意

以典故、传说为素材是商标命名的重要方式之一。中国五千多年的悠久历史孕育了丰富多彩的历史故事、典故传说，这些故事传说往往都有深厚的寓意。将妇孺皆知的典故传说融入商标名称中，典故传说中本身具有的浓郁的文化气息、深厚的文化内涵也将注入到商标之中，使商标内涵更加深厚，也更加具有感染力。在民国上海著名民族纺织品品牌商标名称中，以典故传说为命名素材的商标名称很常见，除了上文提到的大量以历史典故中的英雄或者寓意吉祥的人物名作为商标名称之外，还有大量以历史典故传说名和典故传说中描绘的故事情节名称，以及历史典故中重要的地名或者物名作为商标名称，前者如申新纺织第二厂的"天女散花"商标名称源自佛教故事；上海仁德棉布号的"闻鸡起舞"商标名出自《晋书·祖逖传》；上海协和棉布号的"珍珠塔"商标名源自清代弹词作品《孝义真迹珍珠塔全传》；大公染织厂的"太公钓渭图"商标名源自明初著名政治家、文学家刘基诗作《太公钓渭图》等。后者如光新纺织厂的"陈塘关"商标名源自神话传说《封神演义》中哪吒的出生地；上海广生染织厂的"广寒宫"商标名、大森染织厂的"月宫图"商标名都来自神话传说中嫦娥所居宫殿；上海第三印染厂的"雷峰塔"商标名与神话传说《白蛇传》中的雷峰塔密切相关等。另外,商标名称采自历史典故的另一方式是引用典籍中的言语词句,这些言语词句往往家喻户晓并且包含着唯美吉祥之意。

4. 取自社会时事之名:借题发挥

中华民国时期是中国历史上一个具有特殊意义的转型期,是中国社会由传统走向现代化的标志。两千余年的封建制度覆灭,象征民主、自由的中华民国的成立,剧烈的政治体制的变革,极大地改变着大众的社会心理,现代的、民主的共和思想和新的文化观念开始深入人心。这在处于中国现代化最前沿的上海表现得尤为明显。作为一种"文化符号"载体,作为一种经济现象的商标,自然不会遗漏社会时事的角落,这是民国时期消费者社会心理和消费心理的重要体现。在民国时期上海著名民族纺织品品牌中,不少商标名称以反映民主、自由的思想为主题,如上海美光染织厂的"自由神"牌商标,三友实业社的"自由袜"、"自由布"、"平等布"及"三民"商标、振新染织厂的"三民图"商标等。

民国时期也是一个剧烈动荡的社会,军阀混战、西方列强侵入。在内忧外患的社会环境中,许多民族资本家表现出强烈的爱国意识。除了上文提到的以爱国思想和代表国家民族的字眼作为商标名称之外,还将当时的社会重大历史事件作为商标名称。九一八事件和一·二八事件后,章华毛绒纺织厂、三星棉织厂、恒新袜厂等,上海许多著名民族企业纷纷以汉字("九一八"、"一二八")或者数字("918"、"128")注册了商标名称,以为警示。也有以具有重要历史意义的地名为商标名,如上海震丰染织厂的"芷江图"商标名称源自洽谈日军投降事宜之地湖南芷江,以示纪念。另外如"自立牌"、"和平牌"、"光明牌"、"独立全球牌"、"胜利牌"、"富国牌"、"爱国牌"、"爱华牌"、"航空救国"等商标名称均反映处在剧烈社会动荡中的中国民众的爱国之情以及渴望独立、和平的社会心理,是当时社会现实的反射,也是近代民族品牌商标的独特现象。

5. 取自数字之名:借数之意

在中国传统文化体系中,"数"具有更为笼统的含义和形而上的意指,是一种具有生命动感的创生象征,代表着宇宙万物的运行规律,中国传统认知理论的整体建构便是基于此种具有抽象性的象征体系。[①] 商标名称以数字命名,主要是借助中国传统文化体系中数字的深层含义,以及人们对于数字的认知和联想效应,以增强商标内涵,彰显促进品牌特色。数字在商标名称中的运用主要有两种形式,其一是作为偏正短语形式的商标名中的数词,其二是纯数字(包括汉字数字和阿拉伯数字)商标名称。前者是民国时期上海民族品牌商标名称使用的主要形式。在民国上海著名民族纺织品商标名称中,对于数字的运用极为丰富,从一到九,还有单、双、万等含有数字意义的词汇。

在偏正式的商标名称中,数字"二"(包括"双")、"三"是使用最为频繁的两个数字,这些数字在中国的传统文化观念体系中都有着深刻的内涵,是中国民众所喜闻乐见的吉祥符号之一。数字"二"(或者"双")寓意圆满、和谐,商标名称如"绿双马牌"、"双狮童牌"、

① 侯晓盼. 方寸故事——中国近代商标艺术[M]. 重庆:重庆大学出版社. 2009:90.

"双鹿牌"、"双童牌"、"双美人牌"、"双鹤牌"、"双全牌"、"二乔牌"、"二鹅牌"等。数字"三"具有创生、稳定的含义，被视为万物生成发展的基数。[①] 老子曰："道生一，一生二，二生三，三生万物。"它代表了中国人对事物的一种独特认知模式。包含数字三的商标名称如"三角牌"、"三星牌"、"三星高照"、"三羊牌"、"三马牌"、"三媛牌"等。其他数字的商标名称如"一手牌"、"单喜牌"、"四喜牌"、"四平莲牌""五子高升"、"五星牌"、"七子闹元宵"、"八茂图牌"、"九新牌"、"九壬牌"等。

以纯数字形式出现的商标名称主要包括了汉字数字形式和阿拉伯数字形式两种，但并不是一种主流形式，被当时上海民众所熟知的民族纺织品商标名称有章华毛绒纺织厂的"九一八"牌商标、"一二八"牌商标，中国萃众毛巾厂的"414"牌商标，三友实业社的"二一二"牌商标等。

6. 源自吉言美辞之名：以意传情

追求快乐、幸福，渴望美满、健康是人类的普遍心态。以吉言美辞等一些所谓的"好字眼"来命名商标，正迎合了人们对于吉祥、美好的心理渴望，是引发消费者的好感，引起消费者共鸣的最佳方式之一。有人曾对北京的老字号做过一个统计，指出京城老字号店名（店招）取词于 56 个吉祥字，即"顺裕兴隆永昌，万亨元利复丰祥。泰和茂盛同乾德，谦吉公仁协鼎光。聚意中通全信义，久恒庆美大安康。新春正合生成广，润发洪源厚福长"。[②]这同样是民国时期上海著名民族纺织品品牌的商标名称的一个写照。

"福、禄、寿、喜、财"是中国最为典型的吉祥符号，因而这五大吉祥元素的文字符号，以及蕴含此五大吉祥观念的文字符号，成为民国上海民族纺织品商标名称中使用最为频繁的文字。如反映"福"文化的商标名称有"五福牌"、"鸿福牌"、"福利牌"、"福祥如意牌"、"天官赐福牌"、"鸿运牌"等；"荣归图牌"、"金榜乐牌"、"名利图牌"、"指日高升牌"等都是反映"禄"文化的商标名称；"大发财牌"、"财神送宝"、"进宝图牌"、"财源图牌"、"招财得利牌"、"大发财牌"等商标名称体现"财"文化；"吉庆图牌"、"满堂彩牌"、"四喜图牌"、"五子高升牌"、"单喜牌"、"双喜牌"、"乐字牌"等商标名称反映中国传统"喜"文化；"长寿牌"、"寿母牌"、"丰寿图牌"、"仁寿年丰牌"、"华甲得安牌"等商标名称体现"寿"文化。另外，还有大量以"美"、"乐"、"金"等语词命名的商标名称，这些名称都直接或者间接地向消费者传达"福禄寿喜财"的吉祥之意，引起消费者美好的联想与共鸣。

当然，民国时期上海著名民族纺织品商标名称的命名素材也不仅仅只有以上六个方面，另外还有一些以英文命名或者英文音译词命名的商标名称，以及一些让人难以理解的自创名。这些商标名称极具个性化，特别是以英文音译词命名的商标名称，既具有较强的区别性，同时又满足了当时部分民众崇洋的消费心态。虽然在当时以自创词命名还未成为商标命名的主流形式，但这种形式的萌芽已经预示民国时期商标命名方式的多样化趋势。

---

① 侯晓盼. 方寸故事——中国近代商标艺术[M]. 重庆：重庆大学出版社. 2009：94.
② 崔金生. 京城老字号命名趣闻[J]. 中国地名. 2004(115).

二、商标图形——民国上海著名民族纺织品商标品牌的"形象代言人"

商标是一种文字符号，更是一种视觉符号，它由文字、图形或其他视觉符号构成，使商标成为一种可视化载体，通过图案、造型等将产品或者企业相关信息以视觉传播的方式传递给消费者。有研究显示，在人们凭感觉接收到的外界信息中，83％的印象来自眼睛，11％来自听觉，3.5％来自嗅觉，1.5％通过触觉，另有1％来自口感或味觉。因而作为视觉符号的商标的重要组成部分，商标图符在商标传播过程中扮演着极为重要的角色。可以说，商标图形选择很大程度上决定着产品或者品牌营销与推广的成败。由于处在中国商标运用的起步阶段，民国上海民族品牌商标的设计很大程度上取决于商标设计师的个人选择，而不会受到来自企业、市场的过多限制，因而图形的选择普遍较为自由。加之中西方文化思想交融等因素的综合作用，商标图形元素的运用呈现出多样化的特点，已从传统时期单一的汉字或者图画，向汉字、数字、英文、图画、抽象图案等扩展。

（一）表意的具象图画：直观的信息表达

具象的标志是指用一个具体形象来表达特定含义。无论是古代标记、现代商标，还是处于商标发展初期的近代商标，具象表现是商标设计最为常用的手法之一。在民国时期，上海民族纺织品品牌商标图画元素的使用包罗万象，包括动植物、人物、传统故事等等。其表现上主要有两种形式，其一是对于参照物的直接描绘，以此手法设计的商标精致细腻，生动鲜活，视觉效果强，受众可以直观感受到其中的信息内容。例如：上海永安纺织品有限公司注册的"金城"牌商标用的是设计精致的长城图画，上海美丰染织厂的"忠贤图"牌商标用了岳母刺字的传统故事图画，上海美丰织造厂的"美蜂"牌商标用的是一位女性肖像图，申新纺织厂的"童子军牌"商标用的是两个举旗儿童的肖像图，上海鸿章纺织染厂的"三羊牌"商标用的是三只惟妙惟肖的公羊图画，上海申新纺织第九厂的"绿双马"牌以两匹马为商标图形。其二是在忠于客观物象自然形态的基础上，对物象予以高度概括与提炼，以此作为商标图形，如：上海太平洋针织厂的"船"牌商标以抽象化的一艘船为商标图案，上海五和织造厂的"鹅"牌商标以一只形象化的鹅为商标图案。这类商标图形是对现实对象的浓缩精炼、概括简化，易识别、易记忆，给人以直观的感觉（见图1—5）。

图1　上海永安纺织公司的"金城"牌商标

图2　上海美丰染织厂的"忠贤图"牌商标

图3　上海广生染织布厂的"广寒宫"牌商标

图4　上海五和织造厂的"鹅"牌商标

图5　太平洋织造厂的"船牌"商标

　　无论是对参照物的直接描绘，还是对客观事物的概括提炼，具象的商标都可以给人以直观的感觉，易记忆识别且有趣生动，图画元素设计精致、细腻，形象鲜明，视觉效果好，同时又与商标名称相互呼应，因而具有很强的宣传效果，它既是商品的标记，又是一幅设计巧妙的广告宣传画。在民国上海民族纺织品商标中，以具象图画作为商标图形的商标占据了绝大多数，尤其是前者，这足以显示当时商标设计的一种具象趋势，也体现了近代商标发展的时代特色。但是具象的表现以及选择的随意性很容易使商标内涵受限于图形本身的象征范围，很大程度上削减了商标的商品信息承载性。综观民国时期上海民族品牌的商标图形，其自身传达的信息都不单单是商品或者企业信息的传递。

（二）深奥的抽象图形：耐人寻味的寓意传达

抽象图形是以抽象的图形符号来表达特定的含义，一般借助于纯理性抽象的点、线、面、体来构成象征性或模拟性的形象。[①] 抽象的图形商标往往造型简洁，可以让人产生丰富的联想，耐人寻味。民国时期中国民族纺织品品牌商标的发展兴盛与西方列强的刺激与示范密不可分，强势的外商品牌的各种宣传风格、方式，成为许多民族品牌效仿的对象，商标图形的设计是其中重要的一部分，而抽象图案的设计正是向西方商标学习的重要成果之一。在民国上海民族品牌商标图形的设计中，有以三角形、菱形、圆形、方形、星形等几何图案作为商标图形，如：上海三友实业的"三角牌"商标由简单的三角形和圆形构成，中国飞轮制线厂"飞轮牌"商标以转动的飞轮为图样，上海中纺纱厂的"金宝星"牌商标是一颗五角星，辛丰织印绸布厂的"结晶图"商标图形以三个圆组成……（见图6—10）

图6 上海三友实业的"三角牌"商标　　　　图7 上海大赛织造厂的"大赛"牌商标

以几何图案或者其他抽象图案作为商标，展现了与以具象图画为商标的截然不同的另一种风格。商标以简洁的线条或图形表示一定的含义寓意，更富现代感。但过于简单的抽象图案，相比具象的图画而言，缺乏清晰的表面意义，同时在设计中较多运用了象征暗示等各种手法，导致让人难以理解，因而在信息传达上也略显薄弱。所以，在许多以抽象图案为商标图形的民国民族品牌商标中，大多附有一定的文字说明，这在一定程度上弥补了图案抽象化造成的信息不足的缺点。

---

① 舒咏平，吴希艳. 品牌传播战略[M]. 北京大学出版社. 2007：111.

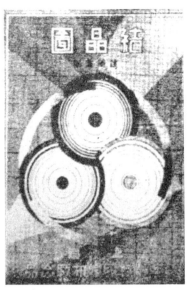

图 8　上海中纺纱厂的　　　　　图 9　辛丰织印绸布厂的　　　图 10　上海华商德丰公司
　　　"金宝星"牌商标　　　　　　　"结晶图"牌商标　　　　　　　的"宝星"牌商标

（三）直观的文字图样：多样化的表现方式

在中国漫长的商标发展历史中，以汉字为商标符号的图形元素一直以来都是一种极为常见的表现形式。例如古代典当铺使用的"当"字，茶铺使用的"茶"字，等等，这些汉字被作为商铺或者产品的标记，使顾客一目了然，并留下鲜明的印象。民国时期上海民族品牌的商标中，除了以汉字作为商标图形之外，英文（或者拼音）、数字也成为了商标图形的重要元素。这不仅体现了民国商标设计的多元化，也体现了民族品牌商标的现代化。

以汉字为商标图形的民国上海民族品牌商标，其设计不再是简单地搬用一个汉字，而是通过对汉字的字面特征或者形体结构进行一定的调整，使其既更具意象美、形式美，又符合现代造型特征。如：民国时期上海著名的民族丝织企业美亚织绸厂的"美亚"商标图形是通过对"美亚"两个字的变形组合而成；上海三星实业厂的"鸡心"牌商标是以"爱国"两字设计而成；美新织染厂的"爱华及图"牌商标由"爱华"二字设计而成；上海物华丝织厂的"天宝"牌商标和"华字"牌商标分别以"天宝"二字和"华"字设计而成；而新光标准内衣制造厂的"司麦脱牌"商标以英文"smart"的音译汉字呈现。

英文音译汉字的使用也是民国时期上海民族品牌商标出现的一大特点，是中国商标本土化与近代化的一大体现。以英文（或者拼音）为商标图形的商标设计出现于近代，是近代中国商标西化的重要标志。在民族品牌商标图形设计中，英文的使用与近代社会的崇洋风气密切相关，因为英文的使用可以使商品更具现代感和西洋化，某种程度上可以说是近代中国民族企业家的"比附"宣传策略思想，即借"洋名"以迎合当时社会的崇洋风尚，同时也吸引居住于中国境内的外国消费者。如：主要以生产各种畅通跳舞袜的上海新星织造厂使用的"华尔兹"商标，就是以英文"Waltz"为商标图形，中国内

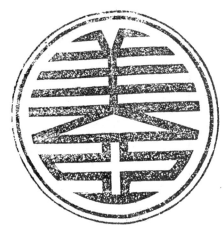

图 11 上海美亚织绸厂的"美亚"牌商标

衣织染厂的"ABC"商标源自英文 ABC 三个字母……除了单独以英文或者英文字母为图形的商标之外,英文通常还以辅助说明的形式被运用在商标之中,主要以商标名称的英文译名形式出现(见图 11—13)。

在民国民族品牌商标图形的文字选择中,除了汉字和英文(或者拼音)之外,数字也成为商标图形设计的重要对象。如章华毛绒纺织厂的"九一八"牌商标、"一二八"牌商标,中国萃众毛巾厂的"414"牌商标,三友实业社的"二一二"牌商标,上海永新织造厂的"5"牌商标等等。

图 12 上海纺织印染厂的"印染"牌商标

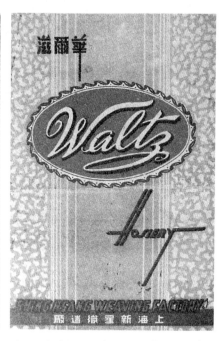

图 13 上海新星织造厂使用的"华尔兹"商标

民国时期的上海民族品牌商标的图形设计呈现出多样化的趋势,汉字、英文、数字、抽象图案、具象图画等等都是此时期商标图形的选择对象。综观民国时期上海民族品牌商标图形的选择,既有单一使用某一图形的商标,也不乏综合使用几类图形,比如文字与图画的结合、中英文字的结合、抽象图案与数字或汉字的结合等等。总而言之,民国时期的上海民族品牌商标设计呈现出前所未有的丰富与繁盛。

三、商标文字标注——民国上海著名民族纺织品商标品牌的"画外音"

商标文字的大量运用,是近代商标传播的一大特点。正如前文所述,处在中国近代商标发展初期民族品牌商标，无论在商标名称的运用上，还是在商标图符的选择上，都不具有很鲜明的指示性，很少与产品或者企业信息有着直接或者间接的关联，从而也未能很好地传达产品的属性、质量、功能等信息。因而民国时期的商标在以精美的图符为主元素之外，还多附带了一定的说明文字，以此作为图像的注解或者产品信息的补充传达，本文将这些说明文字（商标上除商标名称之外的文字）统称为商标文字。这些文字标注正如当代品牌传播中的标识语（或者广告语），提供了品牌名称和标志之外的联想信息，为树立口碑发挥重要作用。民国时期上海著名民族品牌商标中的文字，内容主要包括产品种类、生产企业信息、产品属性等等。

（一）国货标注："提倡国货挽回权利"

随着国外资本和商品的不断入侵，民国社会掀起了一波又一波的抵制外货运动。为改变现状，扩大商品销售，外国商品商标设计的本土化风格越来越浓烈，中国的神话传说、民间故事在外国商品的商标运用中越来越频繁，而民族品牌仅仅通过运用各类传统题材已经很难显示出商品的国货性质，因而类如"国人制造，中华国货"、"完全国货"、"振新实业，提倡国货"、"精美国货"等短语词汇出现在了各类民族品牌商标之中，证明着商品的国货性质，同时也与当时的政治环境相呼应，助推着此起彼伏的国货运动，激荡着当时民众高昂的爱国情怀。此实乃特殊时期的特殊宣传方式。

（二）质量标注："上等"产品

有些商标会在显要位置标注简短的词汇或者语句，为产品做进一步的介绍和宣传，其性质从某种程度上与现代品牌传播中的广告词有些接近，在这些广告词汇或短语中，以体现产品质量、品质的居多，如"精造"、"顶上"、"特别精美"等。在寻求"身份认同"逐渐成为民国时期上海市民消费的重要心态之情况下，实用性已经不再是他们消费的最大目标，而是从身份认同、地位显示等考量，商标中这些词汇或者短语的运用目的正是在于提升商品的形象与地位，使之某种程度上与当时大众的消费心理相匹配。

（三）企业信息标注："上海某某厂出品"

在现代商标中，企业全称、地址的信息是少有出现的，但在民国上海著名民族纺织品品牌的商标中，这些信息的标注极为常见，尤其是企业名称。这与不同时代的商标设计风格密切相关，现代的众多商标设计中，企业往往将企业简称融入到商标图形中，商标或直接以美化设计的企业简称呈现，或与其他图样完美结合呈现。而在中国近代商标发展初期，由于设计思想与技法的限制，商标大都以具象写意的方式呈现，设计细致繁复，近似一幅宣传画。因为过于写实，也就造成了企业信息的相对缺失，因此当时的商标设计者独具匠心地将企业全称甚至英文名称嵌入到了商标之中。更为奇特的是，企业地址或者产品发行所地址出现在当时众多民族纺织品商标中。另外，有些商标还标注了同一企业生产的其他产品的商标名称。

大量文字标注是民国时期民族品牌商标的重要特征。虽然各种文字的使用会造成文字量的扩大和商标图样的繁复，甚至与包装文字说明相重复，但却为消费者识别商品创造了更为便利的条件，使之容纳下更多的商品信息。尤其是面对民国民族品牌商标图案的选择与商品意义间的断层问题,文字说明起到了信息上的"连接"作用,使消费者在看到商标时,通过文字说明,得以补充完整图案所缺失的那部分与产品相关的基本信息。

四、民国时期上海著名民族纺织品品牌商标元素的题材解析

作为一种信息载体,无论是商标名称的语言符号选择,还是商标图形符号的选择,不仅需要考虑到商标所有者或者设计者的主观意识,同时也不能忽视客观环境施加的诸多影响,另外还要考虑大众的审美取向。因而一个商标名称的命名、商标图形的选择等等都与特定时期的时代风貌、社会环境、文化氛围密切相关。处在民国这一特殊时期的中国,经历着中西方思想文化的交流碰撞。中国五千多年传统文化深植人心,而西方思想文化强势入侵,两者在中国民众(尤其是处在社会前沿的企业家)的思想观念中交融并会。因而此时的商标,尤其是中国民族品牌商标在其题材的选用上表现出传统与现代、东方与西方并存的多样化特点。大致可将此时商标元素主题分为中国传统文化题材、民国社会生活题材、爱国主义题材三大类。

(一)中国传统文化题材:赋予商标源远流长的文化底蕴

"人是文化的存在",相同的文化背景和思想观念,决定相近的生活方式、语言思维方式、道德观念、伦理价值、审美情趣、风俗习惯等,也造就特定的消费意识和行为。我国有着五千多年的悠久历史,以及丰富的民俗风情,这些文化经过代代相传以及长久的积淀,成为中华民族的象征而深植于民众的思想观念之中。处于相同文化圈的社会群体,参照着同一文化体系,恪守着普遍而相同的生活原则和情感模式,在"文化符号"叙述中形成共同的叙述内容与叙述方式。商标作为一种"文化符号"的表现形式,它的叙述方式与叙述内容自然很大程度上参照着中国社会的文化体系。同时,处在特殊时期的民国社会在政治、经济、文化等多方面又经受着西方列强的侵略。传统文化符号是串起人们对于民族文化的记忆与认知,凸显自身文化定位以及话语权的重要表达方式。因而传统文化题材在商标中的使用,既是处在外力压迫下的民族品牌确立自己身份,凸显国货特性的重要手段,亦是"漂泊无依"的民众寻找精神寄托、确立自我身份、获得心理认同的重要元素之一。故在民国上海民族纺织品品牌商标元素中,我们可以发现众多取材于中国传统的历史传说、民情风俗、宗教习俗等中国思想文化体系中的元素,极具民族特色。

1. 历史典故题材

中国五千多年的悠久历史孕育了丰富多彩的历史故事、典故传说,这些故事传说往往都有深厚的寓意内涵。因此,无论是对于故事传说本身的作用,还是将故事人物直接用作商标名称,都会为商标增添深层含义。典故的联想可以加强商标的趣味和内涵,一个具有典故内涵并迎合消费者认知和审美趣味的商标能够让大众轻松记忆并主动传播,从而有效扩大商标的影响力。因而历史典故题材在民国上海民族品牌商标中得到了广泛的运用,它是产品国货性质的直接体现,也是进入大众思想观念之中的最直接有效的途径。

综观民国上海民族纺织品的商标题材选择,对于历史故事和典故传说的运用,主要可

以分为两类，其一是以民众耳熟能详或者具有民族文化寓意的故事内容为题材，如中国实业染织厂的"自强图"商标取材自岳母刺字的传统故事，上海老正和染厂的"访贤"商标、大公染织有限公司的"太公钓鱼图"商标取自姜太公渭水钓鱼的民间故事，上海天一机织印染厂的"双金锭"牌商标取材于传统戏曲《双金锭》，和丰棉布号的"华容道"牌商标以《三国演义》中关羽义释曹操的故事为题材，上海兴祥棉织厂的"牛女"牌商标取材自牛郎织女鹊桥相会的民间故事等等。其二是以历史典故中的人物或者故事传说中的人物为商标名称，前者如花木兰、唐伯虎等；后者如樊梨花、白玉堂、嫦娥、财神、寿星、魁星、达摩度、仙女等。另外还有中国传统的女性和儿童形象，如庆丰纺织印染股份有限公司的"双鱼吉庆"商标、上海盛昶棉布号的"五子夺宝"牌商标、达丰染织厂的"五子高升"牌、"七子闹元宵"牌、"三星高照"牌、"好兄弟"牌商标等（见图14—17）。

 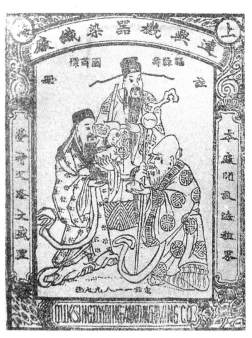

图14 大公染织有限公司的"太公钓鱼图"商标　　图15 上海达兴机器染织厂的"福禄寿图"商标

2. 吉祥文化题材

在民国上海民族品牌商标取材中，反映吉祥文化的图案最为常见，无论是前面提到的历史故事题材，还是传统人物题材，都或多或少呈现出吉祥的含义。这与民族企业家以及大众的文化情结、审美心理密切相关。追求快乐、幸福，渴望美满、健康是人类的普遍心态。在中国延绵五千多年的历史文化中，蕴含着丰厚的吉祥文化底蕴，也积累了丰富的吉祥符号，这些符号既是中国传统文化的一大象征，也是人们对未来生活的向往与寄托。在民国时期的动荡岁月中，在深受西方压迫的情况下，民族品牌商标中富有吉祥元素的使用，一方面是民族品牌自我身份的一种确立，另一方面也契合处在动荡中的人们的情感需求、精神寄托，极易被人们接受。因而在民国民族纺织品商标中，以吉祥文化元素作为题

图16　达丰染织有限公司的"三星高照"商标

材的商标极为丰富。

"福、禄、寿、喜、财"是中国吉祥文化的集中展现,因而这五大吉祥元素的文字符号,以及蕴含五大吉祥观念的动物、植物等图案,无论在商标命名还是商标图形的设计上,都成为民国上海民族纺织品商标中使用最为频繁的材料。吉祥文化题材在商标中的运用主要分为两种形式,其一是对反映吉祥之意的文字符号的直接运用,这在商标命名中有着较多的呈现;其二是对寓意吉祥的符号元素的使用,这在商标图形中的使用率较高。在中国传统文化中有着许多寓意吉祥的符号,动物符号如龙、凤、麒麟、鸳鸯、孔雀、蝙蝠、蝴蝶、鹤、鹿、龟、象、鱼、鸡、虎、狮、马等,植物符号如牡丹、莲花、梅、兰、竹、松等,文字符号如福、寿、喜、荣、华、仁、吉等,图案符号如"卍"、"囍"等,数字符号如"二"、"三"、"九"等,另外还有元宝、鼎、钟、太阳等。在中国封建社会,动物符号中的龙凤一直是皇家的象征,在中国传统文化观念中具有神圣、高贵、吉祥的寓意。龙凤是代表吉祥的瑞兽,上下数千年,成为一种文化的凝聚和积淀,因而也是上海民族纺织品商标中不可忽略的重要元素,"双龙牌"、"双凤牌"、"龙船牌"、"金龙牌"、"红团龙牌"、"龙凤牡丹牌"、"鱼龙牌"等都是以龙凤为题材元素的上海民族纺织品商标。再如蝙蝠中的"蝠"谐音"福",因而许多民族企业以蝙蝠作为商标中的重要元素,如上海振泰纱厂的"鸿福"商标、上海振华利记纺织公司的"福利"商标、上海统益纺织有限公司的"五福"商标、上海立大袜厂的"双蝠"商标等都以蝙蝠为题材;上海华康新染织厂的"福祥如意"商标取材于蝙蝠和象。

吉祥人物作为一种文化符号亦是中国传统吉祥文化的重要组成部分,因而在当时的商标中亦有广泛使用。在中国的神话传说中,神仙是吉祥的赐予者,是最具吉祥的符号。因而以神仙人物或故事为题材的商标在民国时期的上海民族品牌中极为常见。比如大生纱厂的"魁星"商标、天福丝织厂的"寿星"商标、上海源丰棉织厂的"财源图"商标、达兴机器染织厂的"福禄寿图"商标、上海三丰染织厂的"天王图"商标、达丰染织厂的"四喜"牌商

图17　上海天一机织印染厂的"樊梨花"商标

标等(见图18—26)。

这些商标直接而又鲜明地指示着中国传统的吉祥文化，也是商标传达文化诉求的最直接显现。

图18　上海振泰纱厂的"鸿福"牌商标　　图19　上海振华利记纺织公司的"双龙"牌商标

图20　上海南洋机器染织厂的"鹿孔雀"商标　　图21　上海华康新染织厂的"福祥如意"商标

图 22　上海恒丰源染织厂的"山松图"商标　　图 23　大生第三染织厂的"魁星牌"商标

图 24　上海立新源染织厂的　　图 25　大公染织厂的"二十四孝全图"商标
　　　　"八卦"牌商标

3. 儒家文化题材

中国传统思想文化观念受儒家思想的影响最大。儒家思想强调伦理本位，在中国传统社会中有着深远的影响。因此，中华民族特别注重家庭维系人伦关系的纽带作用，重情重义，讲究"忠孝节义"，"家国天下"的观念始终是社会精英文化的主流思维。在中国丰富的传说故事、历史典故中，以"忠孝节义"为主题的故事占据了绝大多数。孟德斯鸠在论中西法的精神时指出："中国的'礼法'是带有浓重的感情色彩的伦理法制，中国人把'宗教、法律、风俗、礼仪'混在一起，所有的东西都是品德。这四者的篇规就是'礼教'。"[①]因此商标命名者在确定商标名称时，为了满足公众的审美需求和兴趣爱好，许多商标名称不可避免地带上了忠孝节义等传统儒家礼教思想文化的色彩。如以爱国为主题的商标，如"忠贤图"牌、"富国"牌、"爱国"牌、"胜利"牌、"爱华及图"牌等，以贤孝为题材的商标，如大公染织厂的"二十四孝全图"、上海天一机织印染厂的"满堂彩"、上海华安染织厂的"华甲得安"、仁丰机器织厂的"仁寿年丰"等（见图26、27）。

图 26　上海天一机织印染厂的"满堂彩"商标　　图 27　上海恒新染织厂的"衡山图"商标

"天人合一"亦是儒家文化思想的重要内容之一。"天人合一"强调人与自然的和谐相处，这种思想培育了中华民族亲近自然、热爱自然的特性，"知者乐水，仁者乐山"（《论语·雍也》），从大自然中寻找到自己人生的价值、生命的意义[②]。自然元素的运用亦是我国商标的重要特点之一，在近代具象式商标中的自然元素运用，使得中华民族崇尚"天人合一"的特性表现得更加突出。在民国上海著名民族纺织品商标名称中，自然风光

---

① 转引自于文秀. 当下文化景观研究［M］. 北京：人民出版社. 2007：125.
② 商世民. 商标设计与商标法律运用［M］. 武汉大学出版社. 2007：112.

和风景名胜成为商标图形取材的重要来源之一,如日、月、星、天坛、长城、衡山、雷峰塔、泰山、黄鹤楼……这些自然风光和风景名胜与中华民族的审美观照相呼应,在一定程度上能使接触商标的消费者唤起对产品的美好联想。尤其是当这些风景名胜是区域或者国家的代表时,从受众心理接受的角度上来说,景物的代表性意义也被注入到了商标上,使商标内在的符号价值不仅仅停留在商业层面,更多倾向于国家的、民族的心理暗示。

儒家文化另一个重要内容在于注重道德修养,追求人格的自我完善。民国上海著名民族纺织品的商标图案往往会选择一些具有深层含义的道德象征物,如牡丹(寓意高贵)、梅花(寓意坚贞)、荷花(寓意纯洁)、竹(象征节操)、鹿(象征吉祥、高雅)、鹤(象征长寿、脱俗)等,商标设计者借此传达一种美好的祝愿和追求(见图28—32)。

4. 宗教文化题材

宗教是社会意识形态的重要组成部分。在中国,有着多样的宗教形态,如佛教、道教以及各种民间宗教等等。千余年的发展普及,使得这些宗教意识形态成为整个中国民族文化系统的有机组成部分。这些思想混杂在一起,潜移默化地影响着国人的精神生活。在这些宗教文化中包含着大量的吉祥人物和事物,这些符号寄托着他们对未来的美好生活的向往。因而在宗教思想意识与市民意识相互渗透融合之下,用源自宗教的题材元素作为商标图形,对于商标传播和消费者信息接收来说,都具有巨大的作用。在民国上海著名民族纺织品中,我们就可以发现大量以宗教符号为题材元素的商标,有直接以宗教人物形象组成商标,如"达摩度"牌、"魁星"牌、"金佛"牌、"寿星"牌、"神仙"牌、"如来佛"牌、"财神"牌、"仙女"牌、"八仙"牌等;有以宗教中的故事为题材组成商标,如"财神送宝"牌、"送子"牌、"天官赐福"牌;另外还有用宗教中的具有代表性的事物组成商标,如"仙鹿"牌、"仙鹤"牌等等(见图33—37)。

图28 上海大生布厂的"月照湖亭"商标

图29 上海广丰炼染厂的"雨过天晴"商标

图 30　上海大陆染织厂的"梅花三鹿"商标　　图 31　上海四联织造厂的"水莲牌"商标

图 32　上海中南棉毛织造厂的"双鹤牌"商标

图 33　上海三丰染织厂的"天王图"商标　　图 34　上海锦新机器染织厂的"五星图"商标

图 35　上海丰泰染织厂的"达摩度"商标

民国时期的上海民族品牌的商标设计汲取博大精深的中国传统文化营养,使国人产生心理认同,为中国早期的商标传播提供心理基础条件。同时,商标与中国传统文化的结合,使西方新事物获得了本土化的改造与使用,也极大地丰富了上海民族品牌商标的文化内涵。然而雷同题材的使用、雷同的设计套路,使得民国时期的民族品牌商标出现了类型化、雷同化的倾向,商标相似度、重复度高,这必然会影响商标的传播效果。

(二)现代社会生活题材:赋予商标时尚的"洋因子"

人是一切社会关系的总和,人的观念是"历史的暂时的产物",它可以因社会生活的延续而积淀,也可以因社会生活环境的改变而改变。当上海成为"东方巴黎",成为近代中国走在现代化最前沿的大都市之时,生活在这个大都市的民众的社会心理、审美习惯、消费观念等等必然都会发生巨大的变化。十里洋场的上海滩涌现出无数新事物、新现象、新风尚,这些成为上层社会享受的新对象和一般民众追求的新目标。作为产品识别的重要标记,这些新玩意自然也成为了商标设计者取材的新元素。民国时期的上海民族纺织品的商标题材选择中,除了源自丰富多彩的传统文化之外,还有从自然风景、世俗生活、新兴事物、戏剧电影中汲取而来者,它们传达的是对都市新生活的审视与演绎。同时,上海民族品牌商标中现代社会生活题材的使用也是为了迎合当时社会普遍流行的崇洋心理,企业家希望

图 36　上海裕兴袜厂的"魁星"牌商标

图 37　上海立新染织厂的
"卐"牌商标

通过商标的"洋"化来达到影响消费者的判断以扩大产品销量的目的。

　　1. 现代人物题材

　　进入民国时期后，中国已从传统社会转向现代社会，走在现代化最前沿的上海亦是现代社会生活最为丰富多彩的地方。在上海民族品牌商标中，以现代人物形象作为题材的商标极为常见，包括儿童、摩登女性等等。民国上海民族品牌商标中的儿童不局限于体肥身圆、着传统儿童服装、嬉戏于乡野田间的形象，更有着现代新式服装、玩现代新式玩具的形象，这些形象无论是服装还是人物造型均带有鲜明的都市化印记。如上海第三印染厂的"孩车牌"商标、上海勤工染织厂的"大妹妹牌"商标、上海毛绒纺织厂的"小囡牌"商标、永记机织厂的"跑冰"商标、上海庆丰染织厂的"双穗图"商标中的儿童形象都极具都市感。

　　摩登的都市女性亦是上海民族品牌商标题材的一大取材点。民国时期的上海都市女性穿旗袍、着洋装、脚踏高跟鞋、剪短发烫卷发，梳妆打扮精致，作派自由开放，她们随意出入各种社会场合，已成为上海一道亮丽的风景线，亦是上海社会新风貌的一大表现。她们的曼妙身姿、动人笑貌、摩登服饰已成为人们关注的一大焦点，是众女性模仿的对象，亦是男性追捧的对象。都市女性形象成为民国上海民族品牌商标重要的取材对象，在描绘都市生活风貌的同时，主要目的是借此吸引消费者眼球。如上海中国毛绒纺织厂的"皇后牌"商标、振兴工厂"三媛牌"商标、永新织造厂的"千金一笑牌"商标、上海同丰印染公司的"时美图牌"商标、华翔织造厂的"舞星牌"商标等都以当时的都市时尚女性为题材（见图38、39）。

　　图 38　永新织造厂的"千金一笑牌"商标　　图 39　华翔织造厂的"舞星牌"商标

图 40　震旦恒记染织厂的"自由车"商标

2. 新潮活动题材

在民国时期的上海,与现代社会生活相匹配,涌现了众多新潮活动:出游、跳舞、泡酒吧、打高尔夫、打回力球、溜冰、赛跑、拳击等。为反映出追求时髦生活方式、紧跟时代步伐的心态,这些新潮活动也成为民国上海民族品牌商标的重要题材。震旦恒记染织厂的"自由车"商标以一家三口蹬车出游的情景为题材,上海履成袜厂的"跳嬉"商标以一翩翩起舞的少女为题材,永记机织厂的"跑冰牌"商标以溜冰为题材,中国永安织造厂的"宝剑牌"商标以击剑运动为题材,上海麟丰染织厂的"跑车牌"商标则展示了骑摩托车运动等(见图 40—43)。

图 41　上海新华合记袜厂的"新婚牌"商标

图 42　永记机织厂的"跑冰牌"商标

图 43　中国永安织造厂的"宝剑牌"商标

图 44　三友工业社的"吉普牌"商标

3. 时尚新事物题材

在民国上海,涌现出众多时尚新事物,如电话、火车、轮船、汽车、飞机、摩托车、自行车、摩天大楼、留声机、钢琴等，这些是上流阶层的奢侈品，亦是大众追求的时尚新事物。为了迎合大众的新偏好，紧随时代的审美心理需求，时尚新事物成为了民国上海民族品牌的商标题材。如三友工业社的"吉普牌"商标以吉普车为商标题材，上海麟丰染织厂的"跑车牌"商标取材于新式的摩托车，"火车牌"商标则以火车为题材，振丰染织厂的"飞艇牌"商标，上海新施永织造厂的"飞艇牌"商标都以飞机为题材，上海电机织带厂的"轮船牌"商标取材于轮船，上海元通染织厂的"四通八达"牌商标则集火车、飞机、轮船于一体⋯⋯（见图44）

4. 西方思想文化观念中的事物题材

在近代上海，尤其是民国时期，西方社会的思想文化观念越来越深入上海民众的思想之中，越来越深刻地影响着上海民众的观念与认知。在深刻受着思想文化以及消费者心理影响的商标设计活动中，越来越多的体现西方思想文化观念的事物被作为题材元素而融入至商标设计之中，如"地球"的形象在民国上海民族纺织品品牌商标中被广泛使用。地球元素在民国商标中的运用主要有两种形式，其一是作为商标的一个组成部分，与其他元素组合成为一产品商标，如上海维新织造厂的"狮球"牌商标、上海景纶衫袜厂的"狮球"牌商标、上海信孚印染厂的"星球"牌商标、上海勤记织造厂的"蝶球"牌商标、大中华股份有限公司的"蓝虎"牌商标、上海裕大福记染织厂的"蝠球"牌商标等，都以此种形式呈现；其二是以主体图形单独呈现，如上海瀛洲机器染织厂的"瀛洲地球"牌商标、鸿翔公司的"鸿翔"牌商标等。不仅在民族纺织品品牌中，在其他上海民族品牌商标中，地球符号元素亦被大量运用。这主要是因为在当时特殊的时代背景下，地球的符号意义不仅仅是现代科学或者世界地理的象征，更具有20世纪初期中国社会所具有的特殊意义——受到列强压迫、经济衰微的民族企业要借这一象征符号表达出意欲与西方企业竞争，使其产品远销全球的美好愿望。另外，源自西方思想文化观念中纯西方化的事物亦成为商标设计者设计民族品牌商标的重要题材元素，如上海美光染织厂的"自由神"牌商标以美国自由女神像为题材，上海毛绒纺织厂的"白雪公主"牌商标以西方童话故事中的白雪公主形象为题材，上海新光电机针织厂的"金刚"牌商标以好莱坞电影《金刚》中的大猩猩为题材，上海天丰绸布厂的"天马行风"牌商标以腾飞于云端的飞马为题材，"爱神"牌商标以西方神话中的丘比特为题材，"金字塔"牌商标则以埃及金字塔为题材，等等。这些都是上海著名民族纺织品商标名称西化（亦是现代化）的重要体现（见图45—49）。

商标通过这些元素的运用，借此提升品牌

图45　上海瀛洲机器染织厂的
"瀛洲地球"牌商标

图 46 上海毛绒纺织厂的"白雪公主"牌商标

形象,吸引民众的视线引发消费者对商品的关注。同时,上海民族品牌商标的西化,也显示了西方商品、西方生活方式、西方价值观都在潜移默化地影响着社会文化。

（三）爱国主义题材：赋予商标崇高的社会意义

民国时期上海民族品牌商标中爱国主义题材的使用,是特殊历史时期的特殊社会环境所造成的。动荡的社会环境,备受欺压的中国社会,此起彼伏的抵制洋货运动,使得爱国救亡、民族振兴成为当时中国社会的一大主旋律。从某种程度上可以说,近代尤其是民国时期民族工商业兴盛的一大原因在于此时掀起的一波又一波的收回权利和抵制洋货的运动。在这些运动中,中国民族资本家的实业救国思想不断高涨,涌现了一批又一批的民族资本企业。上海作为近代中国经济发展最快之地,作为国货运动的重要开展之地,作为精英人士的聚集地,民族企业发展尤其,实业救国浪潮尤高。爱国热潮也体现在众多的上海民族产品的商标设计中。这一方面配合了实业救国的浪潮,另一方面也迎合了大众的心理需求。

图 47 上海新光电机针织厂的"金刚牌"商标

图 48 上海美光染织厂的"自由神"牌商标

图 49 上海同兴隆记染织厂的"童心"牌商标

上海民族企业商标爱国主义题材的表现形式多样：其一,通过文字直抒胸臆,如上海三星实业厂的"鸡心"牌商标的最中心,"爱国"二字赫然在目;美新织染厂的"爱华及图"牌商标由"爱华"二字而来;上海章华毛绒纺织厂的"九一八"商标以"九一八"事件的发生时间为题材。其二,采用暗含抵制外国侵略或者独立自强的图案作为商标来反映爱国之心,如上海勤德荣记织造厂的"独立全球"商标,画面为手拿国旗的儿童站在地球之上,以此展示国货屹立于世界之林;同类形式的还有上海溥益纺织厂的"地球"牌商标、上海维新织造厂的"狮球"牌商标、上海中华纱线工厂的"地球"牌商标等。正如前文所述，地球符号在当时特殊的时代背景下蕴含了民族企业家意欲与外商竞争、振兴民族实业的美好愿景，从而表达爱国的情怀。另外，天翔驼绒织造厂的"无敌"牌商标其图案为五只蝴蝶，而蝴蝶与"无敌"谐音。其三，以中国古代民族英雄、圣贤君王、近代伟人为商标以表达爱国之心，如"自强图"牌商标、"忠义图"牌商标、"木兰从军"牌商标、"老将军"牌商标、"秦良玉"牌商标等。安乐纺织厂的"英雄"牌商标则以抗战杀敌的军人形象为题材。其四，以具有中国特色或者特殊意义的事物或者事件作为商标题材，如长城、大前门、卢沟桥等。上海震丰染织厂的"芷江图"牌商标，取材于商谈日军投降事宜之地湖南芷江；上海永安纺织厂的"金

城"牌商标以万里长城为题材，"最能反映中华民族光荣传统，且最能代表我们抵制外来侵略精神的形象就是万里长城。长城的雄伟，长城的气势，可以激励每一位有志气的中国人奋发向前，在以后的经营中压倒洋货，战胜洋牌。用长城作为商标名称，也表明自己生产的棉纱产品是完全的国货产品。"[①]另外，在商标名称中还出现了大量以"华"、"中"、"龙"、"天"、"王"等代表国家和民族的字眼，寓意民族企业家的爱国情怀，彰显产品的国货性质（见图50—54）。

图 50　美新织染厂的"爱华及图"牌商标

图 51　安乐纺织厂的"英雄"牌商标

图 52　上海勤德荣记织造厂的
"独立全球"商标

---

① 左旭初. 中国商标史话[M]. 天津：百花文艺出版社. 2002：4.

图 53 上海震丰染织厂的"芷江图"牌商标　　图 54 天翔驼绒织造厂的"无敌"牌商标

这些图案,不管是文字、人物画,还是风景、象征性的动植物,都鲜明地体现了民国特殊的时代特征,也充分展示了民族企业家的爱国精神。这种顺应社会潮流的商标设计,比较容易得到社会各阶层的积极响应,也可以借此扩大国货的影响力和销售量。当下的重要营销策略——利用社会热点问题的"时势策略"来提高宣传的心理影响力,增强宣传效果也正是如此。

五、民国时期上海著名民族纺织品品牌商标符号特点

其一,中西商标元素交融并汇,形式多样。在选择商标图形或者题材时,不仅需要考虑到商标所有者与设计者本人对图形符号的主观把握,同时也不能忽略客观环境所施加的诸多影响。处在中西文化激烈碰撞的民国时期,处在走在现代化最前沿的上海,上海民族品牌的商标在巨大外力压迫之下的商业竞争中呈现出巨大的变化。它们不再是简单的标记、幌子或者招牌,而已演变成丰富多样、设计精致的商标。扎根于中国大众内心深处的中国传统元素是民国上海民族品牌商标设计的重要源泉。另外,伴随西方势力强势入侵而来的众多西方元素也开始成为民国上海民族品牌商标设计的取材对象。因而,在民国上海民族品牌商标中西元素交融并会,既有以中国传统文化题材为元素,有以西方题材为元素,亦有两者有机的结合。这既是近代中国商标发展的重要特色,也正是上海社会现代化进程的重要体现。

其二,民国上海著名民族纺织品牌商标设计呈现多样化趋势,但无论在商标形式还是商标内容的选择上,雷同和仿效现象都比较严重。从商标题材角度来说,同一历史典故、同一素材常常被多个民族品牌商标重复使用,且设计雷同,都以具象叙事风格呈现。比如"忠贤图牌"商标、"自强图牌"商标都以"岳母刺字"为商标题材;上海维新织造厂、上海景纶衫袜厂、上海胜德织造厂等的"狮球"牌商标都以"狮球"为商标名称。鹤、鹿、蝙蝠等吉

祥图案的使用率则更高。过高的重复率和相似度，极易干扰消费者对于商标的正确认知，这也正是处在近代商标发展初期的中国民族品牌商标的不成熟表现。

民国上海民族品牌商标的设计具象叙事风格显著，形象色彩突出，但商品信息传递不清晰。商标设计者多采用具象的叙事手法，将具体的形象融入商标之中，创造出直观而又生动的商标视觉语言，精致、细腻地勾画出一幅形象鲜明、所指明确的商标画。尤其是以传统文化为题材的商标，通过商标就可以直观地领会其中的内容故事。这也是中国传统叙事风格"以物咏事"、"借物言它"的重要体现。在上海著名民族纺织品品牌商标中，虽然绝大多数形象的选择与商品之间缺乏直接或者间接的联系，但形象色彩的融入，使商标以及商品富含了形象所赋予的寓意，也更加容易进入消费者的认知体系之中，更加容易唤起消费者的情感认同。即通过某一个具体可知或者耳熟能详的形象，将陌生的产品与熟悉的形象联系起来，从而在人们的观感或想象中建构出对产品的认知，以其为世人所接受的"象征"意象，进入人们的认知体系。这也是商标命名中常用的"暗示策略"，即"围绕商标命名主题，利用比喻、象征、委婉等手段含蓄或间接地表达命名主体主观情感或提供所指商品效能信息的一种命名方法。"[1]另外，民国上海民族纺织品商标具象的叙事风格也大大增强了商标的广告宣传作用。

克斯帕尔德·维尔克曼对1 600个商标作了分析，结果是41.3%的商标包含着商品的直接信息，21.5%的商标包含着商品的间接信息，37.2%的商标不包含商品的任何信息，结论是工业界和消费者比较喜欢带有商品信息的商标。[2]　因而在众多商标中通常应该蕴涵一定的商品信息，从而为消费者了解商品提供帮助。但综观民国上海民族纺织品商标发现，无论是商标名称还是商标图形，许多与商品缺乏关联性，而更多的是在传递一种文化信息。商品信息的缺失，也造就了民国上海民族品牌商标的一个显著特点，就是商标文字的广泛运用，包括产品种类、生产企业信息、产品属性等，以此作为图像的注解或者产品信息的补充。这是民国时期民族品牌商标的一大特点，也是处在现代商标发展初期的一种特殊表现形式。

其三，商标名称与商标图形紧密关联，表意直白，但作用不明显。在现代商标中，商标名称和商标图形两者相互关联，又相互补充，各自发挥着关键的作用。商标名称是商标的语言称谓部分，是进入消费者语言系统的重要介质，是集浓缩和积淀了品牌各元素所传达的意味于一体，通过语言系统进行传播的关键载体；商标图形是视觉语言部分，通过图案、造型等向消费者传播关于商品和品牌信息的关键载体。因而消费者在看到或者听到商标名称时就会产生一连串的联想。但综观民国上海著名民族纺织品商标名称，其发挥的作用更多的是对商标图形的注解，从某种程度上说，它只是商标图形的一个组成部分，大大限制了商标名称的作用。这与当时具象式的商标设计风格密切相关，也是中国民族品牌传播处在起步阶段（商标时期的品牌运作）的不成熟表现。

其四，民国上海民族品牌商标折射了民国上海独具特色的社会文化现象。"从美学的角度说，文化是一种表意实践，通过符号及其意义的传递，构成社会的意识形态和价值观

---

① 朱亚军. 商标命名研究［M］. 上海外国教育出版社. 2003：58.
② 克斯帕尔德·维尔克曼. 商标——创造心理理解［M］. 北京经济学院出版社. 1991：208.

念。"①也就是说,文化以各种不同的符号为载体体现,符号是文化现象构成的实体。商标作为一种人为创造的视觉符号,便是这样一种文化载体。民国时期上海民族品牌商标作为特殊社会环境之下诞生的新事物,无论其采用何种符号语境,无论图形的选择与商品是否有关,商标以其特殊的符号形态折射着民国时期上海特殊的文化形态。中华民族五千余年的传统文化根植于社会大众之中,当面对西方强势异文化的猛烈冲击之时,尤其在国家危亡、民族兴衰的关键时刻,传统文化便成为大众自身身份确立以及民族精神得以维系的重要依据。同时,在中西文化的猛烈撞击中,既有回避抵制,也有吸收融合,社会各阶层逐渐接受和传播新文化、新思想。因而在民国时期的中国民族品牌商标中,我们既可以看到运用中国传统符号元素设计出细腻精美的具有本土风格的商标,也可以看到设计大胆、具有西化风格的商标,还可以看到中西方元素兼而有之的商标。从这些丰富多彩的商标中,我们可以体会到传统文化的根深蒂固,也可以感受到鲜明的西方风潮,以及两种文化间的碰撞交融,从而呈现出的这个时期复杂的、多样化的文化现象。

第三节　品牌商标传播主要形态

从品牌传播的角度来说,"品牌传播是符号演示与意义传播的过程,品牌的意义是靠传播来实现转化的。"②一个品牌的拥有者是企业,而树立品牌的目的在于让其在消费者心目中占据一个独特的位置,因而传播在这两者之间起着关键的作用,品牌意义向消费者的传递是通过传播来实现的。作为品牌运作早期的商标传播,在竞争尤其是中外商品竞争日益激烈的环境中,民族品牌商品要广为人知,要让消费者接受并且购买,商标的传播必不可少。随着市场竞争的越来越激烈,随着传播载体的不断丰富,民族企业家的商标传播意识也越来越强烈,涌现出多样化的商标传播形式。

一、广告传播: 让民国上海著名民族纺织品商标品牌广而告之

从某种程度上说,虽然中国近代广告是伴随西方资本主义经济入侵而出现的新事物,但至民国时期,随着商业的迅速发展、报刊杂志的日益普及,以及其他各种新传播媒体的不断出现,广告这种新的商品促销方式,越来越受到中国民族企业家的关注和重视。"欲吸收外埠主顾,则必以我之营业广为布告,以昭示于人。凡我之商品如何,商标如何,价值如何,务使外埠顾客深深印入脑际,使在临各地者几有不购不快之感。此种方策,即所谓广告效力。"因此,"广告者,乃攻城掠地之工兵也……广告精良,犹战具之犀利也,执有利器,则战无不克"。③ 在民国时期的上海,广告已成为当时社会经济生活的重要组成部分,

---

①　李幼蒸. 理论符号学导论[M]. 北京:社会科学文献出版社. 1999:136.
②　余明阳、朱纪达、肖俊崧. 品牌传播学[M]. 上海交通大学出版社. 2005:25.
③　徐启文. 商业广告之研究[J]. 商业月报第 14 卷. 1934.01(1).

报纸广告、杂志广告、电台广告、电影广告、招贴广告、橱窗广告、电车广告、霓虹灯广告、传单等等无处不在，成为民国时期上海民族品牌商标传播的重要途径和手段，推动了民族商标品牌影响力的扩大，促进了民族商标品牌的建立。

（一）报纸广告：简单信息的宣传载体

鸦片战争后，中国近代报纸开始出现，报纸广告也随之而来。随着办报活动的日渐兴旺，报纸发行量的递增，到民国时期，中国近代报纸发展呈现前所未有的繁盛局面，报纸广告也随之水涨船高。在《新闻纸与广告之关系》一书中记载道："一纸风行，不胫而走。故报纸所到之区，即广告势力所及之地。且茶坊酒肆，每藉报纸为谈料。消息所播，谁不洞知，永印脑筋，未易磨灭。非若他项广告之流行不远、传单之随手散佚也。"[①]因而在广告鼎盛时期，报纸中广告所占版面超过了新闻。"1915 年，《申报》刊登广告所占篇幅已超过新闻的篇幅。"创刊于 1893 年的《新闻报》号称是旧中国刊登广告最多的报纸，据该报三十年纪念刊记载，"近来广告几占篇幅十之六七"。可见报纸广告发展之速。报纸广告成为当时商标传播最为重要的形式之一。但是在洋货广告、烟草广告、药品广告等占据着绝大多数版面的商业大报上，在各行各业、各大公司都争相刊登广告的其他商业报纸上，纺织品广告的出现频率和版面占有率只占据了其中很小的一部分，而且多为宣传产品信息的实用型广告。以 1920 年 1 月 1 日的《申报》为例，在该天报纸上刊登的广告总数为 160 个，广告主包括各类公会、洋行、各类外国公司、各类商业机构（如大药房、百货公司、影戏院、律师所、布庄、五金店等）、文化产业机构（如出版社、学校、书局、报社、学术团体等）、民族企业、私人诊所等等，种类繁多。其中烟草类广告、药品广告以及影戏院广告占据绝大多数版面。

（二）杂志广告：专业期刊大显身手

杂志是民国上海纺织品品牌进行商标传播的重要阵地。与报纸一样，民国时期的杂志也呈现出前所未有的繁盛局面，各种类型的杂志不断涌现，如画报、专业期刊、国货期刊、女性刊物、校园刊物、自办刊物等。但与报纸不同的是，杂志更具受众针对性，印刷质量更高，信息干扰更小。因而随着杂志的发行量越来越大，覆盖率越来越高，杂志广告也越来越受到民族企业家的重视。相对于报纸来说，上海民族纺织品企业对杂志广告的利用及广告内容要丰富得多，尤其是专业期刊和国货期刊，如永安公司创办的专业期刊《永安月刊》、上海机制国货工厂联合会编制的国货刊物《机联会刊》等。

（三）户外广告：丰富多样的宣传阵地

民国时期上海的户外广告发展水平可以说与世界相当，众多在纽约街头、巴黎街区所见到的广告都能在南京路上找到，鳞次栉比的户外广告牌成了当年十里洋场的重要标志。在民国时期的上海，户外广告形式可谓多种多样，包括路牌广告、车辆广告、霓虹灯店招广告、橱窗广告等等。精明的商人运用各种各样的户外广告推销商品、塑造企业形象。

路牌广告是民国时期上海最为常见也最为繁盛的户外广告之一，马路边、街道旁、闹市区的墙壁、建筑、支架上随处可见。路牌广告面积大、形象稳定、保持长久，强烈的视觉

---

① 薛雨孙. 新闻纸与广告之关系. 最近之五十年——申报馆五十周年纪念[M]. 上海书店. 1987.

效果极易吸引消费者的注意,因而无论是外商还是民族企业,熟谙广告效用的企业家纷纷将路牌广告作为商标传播的重要手段,民国时期上海著名民族企业的广告宣传中少不了路牌广告的身影。路牌广告的受众主要是过往行人,广告只在这些人的眼前一晃而过,但又要在瞬间把信息传递给他们,这就要求广告画面视觉冲击力强、文字简洁易懂,一般只包含商品名称、企业商标、广告语等关键元素,而且须位于广告中非常醒目的位置,方能引起过往者的注意,便于其记忆,而这些正是其他类型的广告难以与之匹敌的。旧上海著名的民族企业商品"人丹"、"五洲固本皂"、"冠生园糖果饼干"、"先施化妆品"等路牌广告,没有做任何刻意的装饰,画面简洁、商标名称醒目、文字精练,极便消费者记忆。

　　橱窗广告与霓虹灯广告,在民国时期也逐渐被民族企业家运用于商标传播。20世纪20年代,在外商的示范下,永安、新新、先施、惠罗等上海几大百货公司开始设置橱窗广告,尔后其他中小商店也纷纷开始布置橱窗以展示商品,逐渐使橱窗成为一种重要的广告载体。橱窗广告将商品从店内移至店外,扩大了商品的展示面,同时搭配上霓虹灯的灯光效果,使其色彩更加亮丽,无论在白天黑夜都能吸引受众的注意力,加深消费者对品牌的印象。新光标准内衣制造厂曾经在永安公司设置橱窗,布置了包装精美的"司麦脱"衬衣。民国十七年(1928),在西藏路"大世界"对面、清虚道观门前安装的"蜂房牌"绒线霓虹灯广告,除有"蜂房牌"商标和"优等绒线"四个字外,还布满一只只大小蜜蜂,上下来回飞舞,最后都飞进蜂房内,[1]巧妙的设计极具广告效应。

　　交通广告是以车体为载体的新型广告形式。民国时期的上海,电车逐渐成为十里洋场的重要标志,穿梭在闹市人群中的电车,被广告商当作商标传播的载体。美灵登广告公司所著《上海之户外广告》一书载:"今日上海成效卓著之广告法,为双层汽车之两旁地位。自此车最初驶行之时,此项广告地位,争相登载。虽至今日,为时一年有余,此每日行驶全埠之二十五辆双层汽车广告未尝或缺。又双层汽车坐椅背后之广告,亦为宣传物品之利器。至于电车广告,亦未尝后于公共汽车也,且有以电车常处于路中心,故广告易为行人注视。"[2]与传统的静止广告相比,交通广告最大优势在于能够移动,可以将广告信息最大程度地覆盖至其营运范围内。民国时期上海著名的纺织品企业上海安乐纺织厂、美亚织绸厂等都发布过车身广告。

　　另外,在民国上海民族品牌的商标传播中,还出现了其他一些极具特色且颇有影响力的新型户外广告。如上海五和针织厂曾在上海最繁华的街头南京路与成都路路口草坪上,用当时尚不多见的水泥浇注了五只形态逼真的天鹅雕塑,旨在宣传他们的"鹅牌"商标。在杭州西湖上,"鹅牌"商标的户外广告,则是一艘艘形态各异的白鹅型游艇。这些新颖的广告形式在当时极为少见,因而极具吸引力。

(四)商标广告:民族纺织品商标品牌广告传播的独特形式

　　商标广告是近代尤其是民国时期特有的广告形式。商标广告融合了广告内容与特殊

①　上海市地方志办公室. 上海日用工业品商业志. http：//www. shtong. gov. cn/node2/node2245/node66046/node66062/node66243/node66247/userobject1ai61844. html.

②　上海市地方志办公室. 上海日用工业品商业志. http：//www. shtong. gov. cn/node2/node2245/node66046/node66062/node66243/node66247/userobject1ai61845. html.

的广告形式，它既可以作为产品的商标，又是一种极为有效的广告宣传手段。商标广告设计精美，又包含了一定的产品信息，有的还有简短的广告语。这些广告画片往往都是与商品一起附赠予消费者，所以流传甚广，其宣传效果可想而知。商标广告是近代民族纺织品企业使用最为频繁的广告形式之一，因为其简单易行，不用花费巨额的广告费，同样可以在实现销售的同时达到深化品牌印象、扩大品牌知名度的目的。

（五）电影广告、月份牌广告：大公司的宣传阵地

电影广告：电影是近代中国新兴的艺术样式和娱乐项目，20 世纪二三十年代的民国时期，上海的电影市场达到鼎盛，一时间涌现了众多的豪华电影院，放映的不仅有国产电影，还有众多的国外电影。而出入电影院也成为了一种身份的象征，因而尤其受到上流阶层的喜爱。作为一种多为上流阶层所享受的娱乐活动，登上电影广告的商品在一定程度上显示了它的较高等级。早在 19 世纪末电影院放映舶来的无声电影时，外商就已经开始利用电影进行广告宣传。尔后，随着电影的普及，民族资本企业也开始尝试这种新型广告形式。比如上海美亚丝绸厂在东南亚与日本争夺市场时，在电影开映前插播该厂摄制的以宣传"美亚"牌丝绸商标为中心内容的《中华丝绸》记录短片。①

月份牌广告：月份牌广告是一种集画、广告与年历三者于一体的商业美术作品，它诞生于 19 世纪末的上海，盛行于民国时期，20 世纪 20 年代是月份牌广告的鼎盛时期。月份牌广告画包含了人像插画、广告商品、公司名称、商标，以及月份年历（后来也逐渐出现了只有广告画面和广告信息而没有年历的广告画，但依然被称为"月份牌"）等。月份牌往往由企业聘请画家专门绘制，制作精良，是兼具实用性、观赏性和宣传性的海报。月份牌上的广告涉猎广泛，包括烟草、化妆品、保险、服饰等等。做广告最多的还属烟草、化妆品行业中那些实力雄厚的企业。月份牌广告画的题材多种多样，早期主要包括古代神话、传统戏曲、传奇故事、仕女人物、名胜古迹、吉祥图案等等；鼎盛时期时则以美女为主，主要包括古装美女和现代时装美女。这些广告画大都画面丰富，色彩鲜艳，印刷精美，能在第一时间吸引受众注意，可以使消费者在欣赏画面的过程中不知不觉地接受了蕴含于其中的商品或服务信息。作为一种视觉符号的月份牌广告，无论其题材源自传统还是现代生活，都在传递着一些商品以外的信息，或文化属性，或时尚品位，或身份地位，这些都是商品或者企业本身所不具备的，而是通过视觉符号（广告、商标等）的意义所附加上去的。月份牌广告长效的宣传作用，以及潜移默化的影响力，使其成为上海民族企业在商战中的重要宣传工具。其在上海民族纺织品品牌商标传播中亦有尝试，但为数不多，运用最为成功的是"晴雨"商标的阴丹士林布匹。

除了以上提到的各类广告形式，民国上海民族纺织品品牌的广告形式还有招贴广告、电台广告、电话黄页广告等。多样化的广告形式，带来的不仅仅是广告传播手段的日趋丰富，也大大增强了广告的传播力度和广度，这无疑对当时民族纺织品品牌的商标传播是巨大的推动。广告手段上的探索和广告力度的加大都在刺激广大消费者，加深商标品牌在

① 张竞琼、孙扬骅. 服饰衣潮之广告卷［M］. 中国纺织出版社. 2007：45.

受众心中的印象,扩大商标品牌的影响力。

二、公关传播:为民国时期上海著名民族纺织品商标品牌塑造形象

在现代企业的品牌传播中,公关是企业以塑造形象为目标的传播活动,是企业在广告之外的又一大宣传重点。相对于广告而言,公关传播的重点不在产品而在企业自身。其主要目的是通过企业与消费者之间不断的沟通交流,提高企业的知名度,扩大企业在社会上的影响,最终吸引广告受众购买企业的商品和服务。企业公关主要包括活动赞助、举办公益服务活动、紧跟热点事件做宣传[①]等。综观民国时期民族品牌的传播活动,虽然公关的意识还没有在真正意义上树立起来,但类似公关传播的活动在当时已有所展开。

(一) 参与国货展会:民族品牌身份的展示

民国时期,国货运动此起彼伏,国货展会成为其中重要组成部分。在国货展会中,上海民族纺织品企业都积极参加,并将此作为一个重要的宣传机会,大力展开产品、商标宣传。除了参加较大规模的展会之外,上海一些影响力较大的民族纺织品企业还独自或者联合举办国货展览会。如1932年成立于上海的"九一八商场",就是借"九一八"事变一周年之际,由九家民族资本企业联合组建"九厂临时国货商场",各厂家共推出18种名牌产品,进行为期一周的廉卖促销宣传活动,寓意铭记"九一八",勿忘国耻。尔后在此基础上筹建了上海国货公司,成为上海民族资本企业直接参与国货名牌产品促销宣传的专门机构。再如安乐纺织厂在1938年10月8日于上海新新公司二楼举行"英雄牌"绒线展览会,并打出标语:"英雄绒线假使比不上舶来品,那就是我们办国货工厂的极大耻辱;英雄牌绒线比舶来品更好,仕女们若不热心提倡,那就是你们顾客内心的惭愧。"[②]话语之犀利,让在爱国情怀激荡下的消费者"不得不买"。

(二) 举办活动:引起民众的广泛关注

民国时期,上海一些稍具实力的民族纺织企业,会通过举办一些活动来展开宣传,借以获取知名度,提高竞争力,这些活动既有小型的与消费者互动,亦有大型的公益慈善活动。如1935年11月16日,上海五和织造厂登报公开向社会征集白鹅照片的竞赛活动,奖设三等,并邀请雨湘、郎静山、胡伯翔、胡伯洲、杨玉成等著名摄影家、画家担任评委。[③]《申报》《新闻报》对此次活动作了报道,等于为五和厂的鹅牌商标作了免费宣传,其效果不差于现代的公关传播。再如1934年11月27日、29日,鸿翔公司在百乐门舞厅举办鸿翔公司扶医济贫的社会慈善义演时装表演会,请来30年代炙手可热的电影女星胡蝶、徐琴芳、徐来、朱秋痕、宣景琳、严月娴、顾梅君、顾兰君、叶秋心等客串模特,展示鸿翔公司专门为她们设计的各式时髦装束。[④] 1935年,上海安乐纺织厂出品了"英雄牌"国货绒线。

①　余明阳、朱纪达、肖俊崧. 品牌传播学[M]. 上海交通大学出版社. 2005:113.
②　张竞琼、孙扬骅. 服饰衣潮之广告卷[M]. 四川:中国纺织出版社. 2007:34.
③　黄莹、黄志伟. 为世纪代言:中国近代广告[M]. 上海:学林出版社. 2004:71.
④　黄莹、黄志伟. 为世纪代言:中国近代广告[M]. 上海:学林出版社. 2004:74.

为了扩大宣传，厂方举办了"英雄牌"绒线编结比赛，聘请社会名流、电影戏曲明星、绒线编结专家等组成评审团进行评审，并设三等奖项，入选作品均可参加展览，展会上由创作者介绍作品的构思和编结方法。这项活动在当时引起了广大妇女的兴趣，获得了极佳的宣传效果，由此"英雄牌"绒线也声名鹊起。[①]

（三）紧跟热点事件的宣传：借劲发力与造势

在现代，全社会广泛关注的热点问题常常会被企业用来作为宣传、提升自身形象的载体，而在民国时期利用时事展开宣传已经出现。民国时期剧烈动荡的时局造成了社会时事的频繁发生，这些事件关涉当时人们生活的各个方面，因而常常会受到人们的强烈关注。最为典型的便是一些类如"九一八"、"一·二八"这样的事件发生后，民族企业家便借此大力开展国货宣传。1925年"五卅"惨案发生的第二天，三友实业社利用上海爱国学生被帝国主义枪杀、民众反帝情绪高涨的时机，在《申报》上刊登了以"哭南京路被害的学生"（《申报》1925年6月1日）为标题的评论，号召全体国民树爱国之志，常用国货。除了利用政治事件外，民国上海民族企业家还利用娱乐、民生等其他事件展开宣传。如鸿翔公司借胡蝶在当选"电影皇后"的加冕典礼上穿的是本公司制做的礼服与皇冠来展开广告宣传；美亚织绸厂借参加芝加哥博览会上海预赛会招待会的闺阁名媛穿的是美亚生产的衣服展开广告宣传。

三、民国时期上海著名民族纺织品商标品牌广告传播的内容

广告的目的在于通过宣传以刺激消费，而刺激源则来自于广告内容。广告的内容即广告主需要通过广告来向消费者传达的信息。可以说广告内容是广告宣传的核心，不同的内容可以引起消费者不同的心理反应，或接受或拒绝，或认同或反对，或喜悦或悲伤，或憧憬或厌恶。至民国时期，上海各类媒体上的广告传播内容（包括硬广告和软广告）发生了巨大的变化，广告内容由单调向丰富转变，由粗糙向精致发展，这与当时越来越丰富的广告创意和越来越成熟的广告策划密切相关。广告信息传播者依据自己所欲达到的效果目的来确定传播的广告信息内容，构成不同的创意概念。综观民国时期上海著名民族纺织品商标传播的广告内容，主要分为三大类：传递实用信息、诉诸共同情感、传递品牌形象。

（一）传递实用信息：以事实说话

实用信息，即向公众传播关于产品商标及名称、商品种类、商品性能、原料特性以及各种促销活动、服务活动等等的实体性信息。在民国时期的上海民族纺织品广告中，大多数以传递实用信息为主。它的特点在于通过提供有关商品自身的各种信息来刺激消费者的购买欲望。

1. 突出商标传播元素

商标（包括标志和名称）的重要作用之一在于作为产品的标记以区别于其他产品，同时便于消费者记忆。随着近代民族企业家商标意识的不断加强，越来越多的民族企业设计注册了商标和商标名称，并将其融入广告中，成为广告的重要组成部分，广告的作用也不断得

---

① 黄莹、黄志伟. 为世纪代言：中国近代广告[M]. 上海：学林出版社. 2004：74.

到强化。在民国上海民族纺织品广告中,商标或者商标名称的呈现主要有三种形式,其一是融入广告之中,成为广告宣传的重要组成部分,这种形式的广告相对来说是主流。其二是以商标或者商标名称为广告重点,这类广告设计简单,广告内容仅有商标图案、商标名称及企业信息。如中华第一针织厂在1931年10月3日《申报》上刊登的广告,罗列了该厂的七个商标名称以及两个注册商标图案;三友实业社刊登的众多报刊广告中,都以"三角"商标为主元素;在上海机制国货工厂联合会编著的《国货样本》刊物上,裕兴棉织厂的广告仅有"游泳牌"和"金星牌"两个商标的商标图形及商标名称。另外,在户外广告中,以商标或者商标名称作为主题则更为频繁(如图56—57)。其三是民国时期特殊的广告形式——商标广告,由于其精致的设计,商家在将其作为商标的同时,业已成为一种广告,故被称为商标广告。

 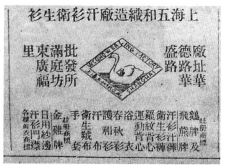

图56　三友实业社"三角"牌毛巾《申报》广告　　　图57　上海五和织造厂《申报》广告

2. 宣传商品及性能

商品名称、商品性能是消费者了解商品的最基本信息,也是其消费的基本前提。纺织品种类繁多,不同的原材料、不同的技术所生产的纺织产品是不一样的,加之还处在发展初期的广告传播,其创意思路往往受到很大的局限,所以在民国上海民族纺织品广告中,商品名称往往都是其中必不可少的一部分,有的甚至专以商品名称为主体。三友实业社在《申报》上为其新推出的衣料"一二二哔叽"刊登的一则广告,文案分为三部分:介绍新产品——"三友实业社又推新布料,名字叫什么,一二二哔叽";介绍产品特性——"本公司杭厂:自纺纱、自织布、自整理、自漂练、自染色";以及介绍产品性能——"质地别致,略具弹性,文雅颜色甚多,洗晒永不退色,裁制中山装、世界装、学生装、女生制服及新式罩裙,其他各种服装,莫不佳妙。售价每市尺两角五分,并装精美小疋发售"(《申报》1931年10月23日),这则广告中商品名称、性能、特性一应俱全。三友实业社的另一则广告以理据充分的自问自答描述了商品性能,广告以"请诸君记好两句话,三友实业社的布永不破"为标题,而后紧接一段自问自答:"哈哈,笑话,笑话,颜色只有讲永远不退,如何可以讲永远不破呢? 诸君啊,你不相信么? 有时看见人穿的衣服,布疋是好好的,颜色确实退得东一搭西一抹了,这不是布没有破,颜色先破了吗? 三友实业社的布,颜色鲜艳,就是布穿到破,颜色也毫不退变,所以掉一句话讲就是颜色永远不破。春去夏来,诸君要新添衣服么,敬请惠临上海南京路石路西三友实业社门市部。"(《申报》1924年5月10日)。广告虽为自问自答，但充分的理据展示了三友实业社所生产布的精美质量。另外还有广告从生产技术特点来宣传产品性能，如达丰染织厂的广告文案："本厂购置新式机器，聘请专门技师，染织漂白印花整理各种棉布有二十年之经验研究，是故出品精良，有口皆碑，诚为中国唯一设备完全之染织厂。如蒙赐顾客，无比欢迎。"（晨报社：《上海市之国货事业》，1933年4月）同时，各类纺织品品牌亦借广告中商品性能、质量等信息的宣传，突出自身的品质，在强化、突出产品形象的同时，亦从品质角度提升商标或者品牌形象，这是企业商标传播品质理念诉求的一个方面。

3. 传递优惠信息

优惠促销是在短时间内引起消费者冲动性消费的重要举措。因为优惠促销活动有着清晰的时间限制，"过时不候"的潜在信息可以强烈刺激消费者的消费欲望，因而无论在过去还是现在，优惠促销仍是各类厂商惯用的招数，而且屡试不爽。在民国时期上海的各主要报刊上，我们可以发现较多的民族纺织品优惠促销广告。这些广告简洁明了，往往只有介绍优惠促销的文字信息，包括公司名称、优惠举措、优惠时间。如：上海鸿章染织厂的优惠促销广告文案为"上海鸿章纺织染厂零布廉价出售二十一天（夏历四月初九日起二十九日止）"（《申报》1924年5月10日）；三星棉铁厂的优惠促销广告文案为"三星棉铁厂秋季大廉价二十一天（自十月三日起）"，并特别突出了优惠信息"棉织日用品一律九折，特别廉价部七折"（《申报》1931年10月4日）；三友实业社在1932年1月13日至16日的《申报》上连续做了四天的"三友实业社大减价"广告，紧随其后在17日又登出了"赠送水仙花，三友实业社大减价中又一好消息"的广告，称"凡购买某些产品者赠送新年水仙花"（《申报》1932年1月17日）。设计较为复杂一点的优惠促销广告，则往往将产品信息、优惠促销的特殊原因也在广告中一并注明，如：中南袜厂的优惠促销广告文案主要包括了四部分，其一是"中南袜厂"的企业名称；其二是优惠促销的原因"本场二楼新辟商场，布置新颖，堪称无匹，门面装饰业已完竣，扩充伊始，应留纪念"；其三是优惠信息"准于明日开始营业，举行大廉价/赠品二十五天"；其四是产品名称（《申报》1931年10月23日）。上海圆圆织造厂的优惠广告则图文并茂，广告文案包括了"圆圆织造厂一周纪念，特别减价，连环赠品，十月二十日起"的优惠促销信息，以及优惠产品和赠品信息，旁边配以两名时髦女性的图片。

（二）诉诸共同情感：以情动人

情感诉诸型广告不是直接宣传商品在质量、价格、效能等方面的优越性，而是诉诸消费者的情绪或者情感反映，渲染情感主题，从而刺激广告客体的购物欲望。在民国时期上海著名民族纺织品广告中，传播者通过构建产品与温馨的亲情、和善的友情、高尚的爱国情怀、浓烈的怀旧情感之间的密切关系，达到情感诉求的目的。

1. 营造亲和氛围

亲和是营销传播中最具推动力的诉求点之一。中国悠久深厚的传统文化注重情义，讲究"推己及人"，因而"情义"对于中国民众的思想心理有着巨大的影响。民国上海民族纺织品广告很注重体现对消费者生活细节上的关爱与亲和，因为以关爱和亲和为主题的广告更加容易贴近消费者,也更加容易被消费者所接受。三友实业社的"放寒假了"广告以营造强烈的亲和氛围为主要诉求,广告文案为"光阴真快,放寒假之期又将到了,诸位回去聚天伦的乐趣,和故乡亲友们谈阔别的情谊,这是何等快活的事呀! 但是倘能带一点纪念的,切于实用的东西送给他们,尤足表见深情,这是何等美满的事呀! 本公司出品的精良,早已有口皆碑,现为优待诸君起见,特于夏历十一月廿三日起大减价廿一天,尚祈诸君在未离校之前,惠临参观为幸。上海南京路石路西三友实业社门市部邮售部启。"(《申报》1927 年 1 月 8 日)广告抓住学生消费群体过年过节回家的消费心理需求,把消费者想到的或未想到的以广告的方式呈现,这既是企业对消费者的人文关怀,更是一种强有效的情感诉求,让人产生强烈的共鸣。"家",永远是中国人付诸感情最深的地方。上海毛绒纺织厂的双猫牌绒线广告中,一句"慈母手中线,爱儿身上衣"的广告词,配以母亲温馨地织衣,孩子快乐地玩耍的图画,传达出浓浓的亲情;上海鸿新纺织厂的广告画面以一个四口之家为主题,营造出无比温馨暖人的情感。

2. 引发怀旧情感

怀旧是人类社会生活中经常发生的、有时足以影响人的思维及行为的一种精神心理活动。怀旧的存在需要有三个先决条件,"第一,怀旧只有在有线性的时间概念(即历史的概念)的文化环境中才能发生。现在被看做是某一过去的产物,是一个将要获得的将来。第二,怀旧要求'某种现在是有缺陷的感觉'。第三,怀旧要求从过去遗留下来的人工制品的物质存在。如果把这三个先决条件并到一起,我们就能很清楚地看到怀旧发生在被看作是一个从正在定义的某处向将要被定义的某处移动的社会环境这样一种文化环境中,换句话说,怀旧是现代性的一个特征:它同时为确定性和解构提供肥沃的土壤,它是对现代性中的文化冲突的一种反应。"[①]中国五千余年的辉煌历史,以及丰厚的文化底蕴,一直是中华民族宝贵的财富。但随着近代外国列强的入侵,中国社会的江河日下,生活在内忧外患中的中国民众只有在对悠久历史文化的回顾中感受昔日的繁荣,重塑民族自信心。在民国上海民族纺织品中,有借历史故事叙事的广告,以此抒发怀旧情感。"三角牌"西湖毛巾以"巾帼英雄"为题,借中国古代的某些著名女性的形象来宣传商品:"古来好,梁红玉、花木兰之辈,具如花如玉之貌,有勇冠三军之力,破敌陷阵,势焰万丈,国人尊为巾帼英雄。三角牌西湖毛巾,以兰蕙之质,娇美之姿,一经试用,居能不屈不挠,奋斗数月,仍坚洁如新,国人号为毛巾中之巾帼英雄。西湖毛巾系三友实业社出品,各国货公司及洋广货店,皆有代售。惠顾诸君,请认准三角商标,须不致误。"(《申报》,1936 年 2 月 5 日)广告中巾帼英雄的形象,既能促发受众对于传统历史文化的深深记忆,又与当时中国民众希望民族独立自强的心愿相吻合,从而使消费者对广告商品产生深刻印象。

3. 激发爱国情怀

"实业救国"作为民族企业家的"救亡图存"运动,着力提倡国货。为了拓展销售渠道,扩大产品销量,因此,民族资本企业开始利用多种载体,借势举国上下轰轰烈烈的爱国情

---

① 包亚明,王宏图等. 上海酒吧——空间、消费与想象[M]. 江苏人民出版社. 2001:137.

怀，向消费者展开颇具声势的广告攻势。广告将"国货兴衰"与"国家兴亡"联系在一起，将"使用国货"与"爱国"画上等号。在民国上海民族纺织品的广告中，我们随处可见"国货"、"完全国货"、"请提倡购买国货"、"提倡国货，挽回权利"等等的标注，三星棉铁厂刊登在1931年10月4日《申报》上的促销广告最后还附带了一句"组织救国义勇军与积极提倡国货同时努力进行"的广告词；上海章华毛绒纺织厂的一则广告以"国庆与国难"为题，表达了使用国货的爱国情怀，"国庆固应纪念！国难尤不可忘！！同胞其速起自救，一律拒用日货，努力提倡国货。章华毛绒纺织公司出品绵羊头牌商标之军衣呢、制服呢、粗细哔叽、厚薄花呢、驼绒毛纱、针织毛线以及各色毛绒毯子等系用国产上等羊绒羊毛所纺织，为完全真正之国货呢绒，价廉物美，爱国同胞千万注意"（《申报》1931年10月10日）；上海安禄棉织厂在《申报》上刊登了一则以"抗日声中应时崛起之鞠躬团与哭泣团"为题的软广告，文章表面看起来像一篇短评，但最后一句点明了宣传自身产品的意图。国货广告是民国特殊时代的特殊产物，它抓住了消费者强烈的爱国意识，这无疑对当时产品宣传产生了巨大的影响力。

4. 虚拟美好生活

人们对美好生活总是充满着无限的向往，因而广告往往通过营造美好的生活场景，引发消费者的美好联想，从而激发他们的购买欲望。民国时期的上海民众普遍存在着"崇上"和"崇洋"的心理，因而企业通过在广告中塑造国内和西方上流社会的生活场景，来迎合消费者的这种心理，促成其消费。在民国上海民族纺织品广告中，我们可以发现许多借助名人代言，或者塑造虚拟的美好生活场景的广告。首先，名人代言的最大作用在于可以引发名人效应。社会名人具有一种象征意义，他们的这种象征意义往往会传递给其所使用的商品，从而引发普通民众的模仿，通过模仿，满足他们对品位、时尚、地位的心理追求。上海美亚织绸厂、鸿翔公司、景纶山袜厂等纺织品企业就曾借助胡蝶、阮玲玉、韩兰根等社会名人宣传其产品。其次，美好的生活是人类孜孜不倦的追求与向往，广告通过营造出人们所向往的生活场景，必然会引起消费者的极大关注。如美亚织绸厂刊登于1940年某月《永安月刊》上的一则广告，广告画面中的女性身着时尚旗袍、烫发、穿高跟鞋，这是20世纪三四十年代的风尚；背景为一辆小汽车，暗示了一种新潮高级的生活方式；并配有"新型出品，每月一种"的广告文案，强调新产品的层出不穷，以体现美亚服装的时尚感，从而描绘出一幅让人无限憧憬的上等社会生活。此外，广告中塑造的美的形象，亦是人们所模仿的对象、追求的目标。中华第一针织厂的广告文案为"要增进人身健美，先从足部着手，穿了本厂所出之云龙牌真麻纱袜及团龙牌纯纱袜，包使足下得着十二分之满意"[①]，配以曼妙女性图像，以此表明穿上中华第一针织厂所生产的袜子就会给消费者带来最时髦的美感，从而促使他们购买。

（三）传递品牌形象：以型示之

形象塑造型的广告，即所谓的公关广告。这类广告不以盈利为目的，而主要是为了树立企业的良好形象。在现代广告中，公关广告或者形象广告占据着重要地位。民国时期尚处于品牌传播初期，以传递品牌形象为主要目的公关广告并没有得到应有的重视，但综

---

① 上海机制国货工厂联合会. 国货样本［J］. 1934(6).

观当时的广告,已经可以看到其雏形。首先是企业各类恭贺或者感谢广告。在 1930 年 1 月 1 日的《民国日报》上,美亚织绸厂刊登了一则以"美亚织绸厂敬谢来宾"为题的广告,广告内容为"敬启者:敝厂十周年纪念昨假大华饭店举行时斐展览大会,辱党政军机关各官长与绅商学各界以及闺阁名媛光临参观……"广告借感谢的名义,实则亦在宣传美亚的十年历史,塑造美亚的形象。其次是以声明形式呈现的广告。这类广告大都是企业在遇到纠纷或者危机时,为消除纠纷危机带来的不利影响,同时乘机宣传自己信誉或者品质而采用。如物华织造厂在其一则"声明"中,称"本厂于丙辰年始创,购办电机督造物华葛,行销中外,早已有口皆碑,良由原料纯用厂经,名目繁多,花式新奇,因此备受各客商称许。无如近来仿品甚多,或又将普通华丝葛统之为物华葛,殊不知本厂所织华葛乃真正物华葛,其他各厂出品虽亦名华丝葛,而非与我真正物华葛所可同日语也。各客商偶一不察,每为所蒙,故郑重声明。各客商如需购办真正物华葛,务祈认明机头上有'嘉禾华'字商标者……"。这则声明除了指出市场上有假冒物华葛的行为,同时也宣传了自身"货真价实"的品质与信誉。再次,企业从名人或者消费者(第三者)的角度来宣传自己。30 年代上海三友实业社请著名女作家冰心撰写的《新开篇》一文刊登于《机联会刊》上:"国家多故闹纠纷,蒿目时艰恨不平。(我想那)抵制空言无图补,万般要仗振精神。(我中华)自古天然土产富,只愁放弃不愁贫。美丽化妆毛织物,桩桩远胜舶来精。(只须看)三友公司实业盈,卓著声名四海钦。(毛巾)美观质松轻,自由布匹求新颖,质地牢坚色艳明。透凉罗帐疏明细,华丽窗帏壮瑶瑛。(还有那)绣花被面都精致,枕套枕心富爱情。浴巾双毛更适用,匠心独运志成城。(劝诸君)休推[贪]日下利三分,金钱外溢终非计,(何苦把)无限膏脂送西邻。记取前番耻未雪,五分钟热度枉为人。(我是)含悲忍痛把弹词唱,(要知道)救亡责任在我民,(切不可)醉生梦死再因循。"①冰心作为当时知名的女作家,为三友实业社创作《新开篇》,既是一则有效的名人广告,同时借此宣传三友实业社的企业形象。

无论是广告形式还是广告内容,多样化已成为民国时期广告的主要特点,这无疑对民国上海民族纺织品的商标传播带来极大的推动作用,既赋予商标传播丰富化、多样化的传播渠道,从而接触更多的消费者,亦在赋予商标传播多样化的内涵,从而可以使民族品牌从不同角度引发消费者对产品或者商标的认同与共鸣,最终实现促进销售的目的。当然,民国时期的上海民族品牌运作,仅仅是停留在商标传播的层面之上,与当下的品牌传播运作不能同日而语。

第四节　民族品牌商标传播的价值理念

无论是商标还是广告,最重要的作用在于说服消费者,也就是说商标传播实质上是激发消费者购买的诱因。这些诱因或是满足消费者的物质需求,或是满足消费者的情感需

---

① 上海机制国货工厂联合会. 机联会刊[J]. 1930(3).

求，或是满足其精神需求，因而这也决定了商标传播过程中不同的价值理念诉求。商标传播的价值理念，即传播者赋予产品、商标的理念或者概念诉求点，以此满足消费者物质上、情感上、精神上的需求，唤起消费者内心对产品、商标品牌的认同和共鸣，进而激发起购买欲望。消费者在接受产品或者品牌的过程中承载着某种文化或精神的因素，尽管消费能力、产品品质及价格、购买过程及服务之间有一定的对应与决定关系，但不可否认某种文化或精神的因素影响着消费者对产品或者品牌的感性认同，因而价值理念的赋予显得尤为重要。正如中国 CI 设计创始人贺慈华说过，"创造甚至发明物质产品是伟大的，但创造品牌和发明某种概念而创造市场，比创造物质更伟大"。综观民国时期上海著名民族纺织品商标传播中的价值理念赋予，主要可以分为：建立在文化内涵赋予基础上的文化理念，建立在消费者情感共鸣基础上的情感理念，建立在产品品质基础上的品质理念，以及建立在时代政治基础上的政治理念。

一、品质理念：以高品质诉求激发消费者身份认同的商标传播

商标传播的品质理念即以商品或者服务的精良的、独特的品质为诉求内容。品牌的品质包括了商品的性能、功能、特点、品位、档次，以及可以信赖、服务上乘、安全性、适用性、经济性等方面。[①] 现代品牌传播，通过把以上组成元素中的部分内容或者全部内容的优越性、独特性作为诉求内容，强调商品某个或者某些独特的、精良的品质，从而满足消费者的"安全"需求、"高品位"需求，以及表现身份地位、实现自我价值的消费心理需求。马斯洛的需求层次理论指出，人的需求从低到高可以分为生理需求、安全需求、社交需求、尊重需求和自我实现需求五类，当较低层级的需求得到满足之后，人们就会朝着更高层级的需求进军。

近代上海，尤其是到了近代上海社会经济鼎盛的民国时期，随着商品经济的飞速发展和西方文化在上海的影响的不断深化，"上海市民无论是在消费行为还是在消费意识上都发生了明显的变化，奢侈性消费已经成为市民普遍认可并致力实践的行为，他们对于奢侈性消费与人生意义的关系已经有了某些朦胧的认识，消费主义意识形态已到了呼之欲出的阶段"[②]。民国上海市民的奢侈性消费之风的日渐盛行，也证实了"富裕"的上海人的消费心理需求已从最基本的生理需求向更高层级的需求转变。因而，在民国上海著名民族纺织品商标传播中，品质诉求不断成为其中的一个重要传播理念，既有通过简洁明了的文字标注，亦有借助社会上有地位、有影响力的名人或者美好的图像符号向消费者传递商品的高品质。

在民国上海著名民族纺织品商标传播中，我们可以看到大量宣传产品的优良和高档的广告语，"上等"、"优等"、"精选"、"顶上"等凸显产品优良和档次的字眼在商标和广告中无处不在。当商品的档次成为品位的代表时，当奢侈消费成为人们品位和地位的象征时，商标传播中大量宣传产品质量优、档次高的信息，极大地刺激着向往高贵身份的消费者的消费欲望。人们对于高贵身份的向往，使他们渴望通过消费来实现步入自己理想团体的梦想。另

---

① 郭修申. 企业商标战略[M]. 北京：人民出版社 2006：105.
② 王儒年. 欲望的想象：1920—1930 年代的《申报》广告的文化史研究[M]. 上海人民出版社. 2007：55.

外,在当时的民族纺织品商标传播中,还有通过强调产品与西方国家的联系来凸显产品的质量与档次。民国时期的上海市民有着强烈的"崇洋"观念,英国、美国、法国等西方资本主义国家受到他们的热烈推崇。因为西方国家是发达、文明、先进的象征,使用外国商品,或者模仿西方,是一种品位的象征。此外,如在广告中标明产品在"永安"、"新新"、"先施"、"惠罗"等大公司有售,等于表明其品质与档次之高。民国时期的上海,这几家百货公司集全球货品于一身,质量高、信誉好,在这些地方购物本身就是令人羡慕的有身份的行为。

商标传播中名人、美人形象也是民国时期上海民族企业家用来传递产品高品质信息的重要方式。其一,社会上有地位、有影响力的名人。他们本身就具有代表高贵品位的符号意义,因而他们的消费,会将名人本身的象征价值赋予商品,从而影响到商品的信誉度,给商品一种高的定位。民国时期,如阮玲玉、胡蝶、韩兰根、女校名人等都成为上海著名民族纺织品或者服饰的代言人,他们的消费行为往往都会带动一波又一波的跟风模仿潮。其二,商标或者广告中的虚构人物形象,这些理想化的人物形象,或美丽迷人,或高贵典雅,或悠然惬意,或风度翩翩,或时髦前卫,或温馨暖人,都为消费者提供了塑造"联想式的"自我的丰富材料。他们给消费者一种强烈的暗示:只要你消费这些产品,你就可以跻身于他们的行列,你同样可以优雅迷人,风光无限,获得和他们一样的惬意和满足。

民国上海著名民族纺织品商标传播的品质理念诉求,在凸显产品质量、档次的同时,也满足了消费者展示身份地位、实现自我价值的需要。消费社会的"人们从来不消费物的本身(使用价值)——人们总是把物(从广义角度)用来当作能够突出你的符号"①。消费在社会学上的重要性之一在于它既是用于构建认同的材料,又是认同的体现和表达。②近代上海是一个"金钱崇拜的社会",是一个"消费欲望膨胀的社会",是一个"身份模糊的社会",也是一个"在不断寻求皈依的社会"。在如此的社会,上海民族纺织品的商标传播品质理念,通过赋予商标和产品展示身份地位、品位,获得身份认同的属性,使消费者在消费产品的过程中获得一种自我满足和自我陶醉,极大地迎合了当时社会消费者的消费心理。

二、文化理念:赋予文化内涵激发消费者文化认同的商标传播

商标传播的文化理念是指将文化内涵融入商标品牌,从而使其内在意蕴得到升华。商标是一种人为创造的特殊语言符号,它是商品的标记,亦是一种文化符号。作为一种视觉符号,商标的创作与传播离不开文化,商标设计者与接受者站在传播链的两端,形式上传递的是商品的信息,实质上传递的是一种文化信息。③ 从市场竞争的角度看,商标文化内涵的最大价值不在于渲染了什么,美化了什么,而在于借助凝结在商标中的文化这一特殊的人性化的力量,将商品升华为一种情感的象征物,使消费者在产生文化认同的同时,引发其与商标的共鸣;通过满足消费者的消费心理需求,激发其物质消费的欲望。在民国上海著名民族纺织品商标传播中,文化理念的显现,主要是通过对民族历史文化和近代都市文化的利用与宣传。

---

① [法]波德里亚. 消费社会[M]. 刘成富、全志钢译. 南京大学出版社. 2001:48.
② 王宁. 消费社会学[M]. 北京:社会科学文献出版社. 2001:53.
③ 孟咸智. 论商标的语言特征及其翻译[J]. 江苏:扬州职业大学学报. 1997.

一种文化是某个人类群体独特的生活方式，这种生活方式是一个群体的历史延续。[①] 中华民族文化体系是中华民族这个群体的历史延续，经过代代相传和长久积淀，成为中华民族的象征，亦是中华民族群体独特的生活方式，深刻地影响着人们的价值、信念和世界观。"价值、信念、世界观是人们行为的理由，而且反映在人们的行为之中。社会成员共享这些东西，当人们遵照它们行动时，它们形成其他社会成员可以理解的行为"。[②] 作为一种经济现象的商标，其重要的作用在于吸引消费者，运用某个人类群体的文化体系元素，使产品或者商标成为这个群体文化体系的一部分，进而进入群体成员的思想观念和行为交往之中。在中国，商标传播者在商标元素的选择中自然不会遗漏中华民族深厚的历史文化。尤其是处于转型期的民国社会，市场竞争环境的出现（尤其是外力的巨大压迫），无形中不断凸显着坚持与弘扬中国民族文化的重要性。"面对外来文化的冲击，及随后开始的一系列'濡化'现象，非物质因素与传统符号系统具有相对稳定的特点，较之物质因素（器用文化）及非符号系统更不易发生变化"。[③]

正如前文所述，在民国上海著名纺织品商标名称及商标图案的选择中，使用最为频繁的文化元素来自中国传统文化，包括典故传说、民族民俗、宗教礼教等，其中较为常见的是中国民众喜闻乐见的传统吉祥元素，如蕴含"福""禄""寿""喜""财"的文字或者图案等，从而表现出强烈的中国特色，以及中国传统文化气息。对于中国消费者而言，这些蕴含民族文化的商标，对中国消费者具有无比的亲切感、熟识感，较之那些满目拉丁字母、奇异图案，使人无法读解的西洋式商标更具吸引力。

近代都市文化是民国上海著名民族纺织品商标传播传递的另一个文化理念。在民国上海著名民族纺织品商标及广告中，除了大量反映中国传统文化的图案或文字之外，我们还可以看到展示近代大上海都市文化的设计创意，包括各种时髦人物、时尚生活等，展现了新时代上海风貌和人们观念上的革新。例如，其乐融融的三口之家、各种现代时尚娱乐体育活动、新式婚礼、穿着时尚的摩登女郎等等。这些图案素材在商标传播中的出现与当时上海作为现代都市而呈现的多样性文化现象密切相关。"当代的政治、经济和社会生活全球化，已经导致了文化的进一步渗透和重叠，文化在特定的几种文化传统的社会空间的共存以及文化经验和实践的更加活生生的相互渗透。"[④]民国时期的上海社会已经表现出如此文化景象。商标传播通过近代上海都市文化元素的融入，既反映了民国上海社会文化以及大众审美风尚的变化，也赋予商标和商品时尚感、新鲜感，并将商品以及商标融入到上海民众的文化观念之中。

三、情感理念：激发消费者情感共鸣的商标传播

商标传播的情感理念指以消费者的情感为诉求，将亲情、爱情、思念、怀旧等情感融入商标之中，使消费者在购买、使用商品或者接受服务的过程中获得这些情感体验，从而唤

① 李岩. 文化与传播[M]. 浙江：浙江大学出版社. 2009：16.
② ［美］威廉·A·哈维兰. 文化人类学[M]. 瞿铁鹏，张珏译. 上海社会科学院出版社. 2006：35.
③ 殷海光. 中国文化的展望[M]. 上海三联书店. 2002：59.
④ 联合国教科文组织. 世界文化报告——文化、创新与市场(1998)[M]. 关世杰等译. 北京大学出版社. 2000：3.

起消费者内心深处的认同和共鸣,最终激发起对品牌的喜爱和忠诚。情感是人们对于客观事物能否满足自己的需要而产生的态度体验,是客观事物与主观需要之间的关系在人头脑中的反映。因而如果在商标传播中赋予商标以人的情感,必将会极大地触动受众。在民国上海著名民族纺织品商标传播中,其情感理念诉求点包括亲情、爱情、温暖、幸福等多个方面,但最为频繁的,影响力也最大的是最高层次的情感——爱国主义,这与当时剧烈动荡的社会现实密切相关,也与民众日益高涨的爱国情怀紧密关联。

(一)爱国主义情感理念

近代中国,由于西方军事、经济和文化的侵略,中华民族面临着灭亡的危机,应对这一危机的各种思想和举措,构成了"救亡图存"的时代主题。由于近代中国所面临的危机是多方面的,所以"救亡图存"的内容也是多层面的。在经济层面,从 20 世纪初开始的长达 40 余年的轰轰烈烈、此起彼伏的国货运动是民族企业家和普通民众参与的"救亡图存"爱国活动的重要组成部分。细分来看,对于民族企业家,"实业救国"、"国货广告"代表着他们的爱国主义情感;而对于普通民众来说,购买国货、使用国货寄托着他们的爱国主义情怀。在全国上下一片爱国主义浪潮中,民族企业家在商标、广告之中大量植入爱国主义情感,引起广大消费者的情感共鸣与认同,进而达到销售商品的目的。"'国货'的招牌是一种商业运作的手段,包含着民族资产阶级的利益欲求。但国货广告却把这重言说隐藏在文字的背后,而把阶级利益中同整个民族利益紧密相连的那部分呈现在国人的面前,将民族工商资产阶级的利益与整个民族的利益等同起来,对'国货'的含义进行了重新阐释与定位,从而使'国货'不仅仅停留在一种商品意义上,而是同高级道德情感——爱国主义紧密联系在一起,并因此将爱国主义延伸到国人具体的消费行为中,使国人在消费国货的过程中寻找到强烈的民族认同"。[①] 通过爱国主义情感理念的输出,激起民众心目中强烈的爱国主义情怀,也极大地激发起消费者的购买欲望,推动商品销售。

在民国上海著名民族纺织品商标传播中的爱国主义情感理念有几种形式:其一是通过隐性的赋意,主要是在商标名称、商标图形中融入传统民族文化元素,间接传递爱国主义的情感理念。如"华"、"中"、"龙"等文字符号在商标名称中的运用和以传统图案为图形符号在商标图案中的运用,这些符号都象征华夏民族,暗寓产品的本土身份,以此告知消费者产品来源、产地等信息。其二是直接表明。这经常运用在商标的文字标注以及广告中,有直接反映爱国主义的商标名称,如"独立全球"、"胜利"、"爱国"、"英雄"等;在商标设计中,我们经常可以看到"完全国货"、"精美国货"、"中华国货"、"挽回权利"等文字标注;在广告中,以"消费国货就是爱国"、"中华国民须用中华国货"等为传播主题的国货广告比比皆是,如中国建新公司的手帕广告以"救国一条大路"为广告主题,广告词为"用国货就是有实力的根本救国"(《申报》,1925 年 7 月 2 日),上海裕昌祥的毛巾广告词为"救国不尚空谈,请大家喝的、吃的、穿的、用的都要用国货"(《申报》,1922 年 8 月 27 日)。在轰轰烈烈的国货运动中,民族企业家充分利用国货运动在国民中的影响力,充分利用民众的爱

---

①　王儒年. 欲望的想象:1920—1930 年代的《申报》广告的文化史研究[M]. 上海人民出版社. 2007:291.

国感情和中华民族的文化资源，通过商标传播中爱国主义情感理念的强烈诉求，使"国货"成了爱国主义的重要代表，从而把民众的消费行为同实业救国的高尚社会目标联系起来，唤起民众的爱国热情，利用爱国主义本身具有的对消费者的吸引力和道德感召力，诱导民众的消费行为按着民族资本家的预想走，促成销售的目的。

（二）传统情义情感理念

中国传统文化深受儒家思想的影响。儒家文化是一种伦理文化，强调伦理关系，重视家庭，注重情义。首先，中华民族特别重视家庭关系，在中国家庭文化观念中，"家"的地位和意义超越着个体，在人生中具有"根"的意义。因而，亲情对于中国社会来说极为珍贵。成员的联络、秩序的稳定、家业的传承、后代的教育都需要依靠亲情来维持。其次，中华民族注重社会交往，讲究"推己及人"，根据人际关系的亲疏，将"情"由内向外、由近及远进行传递。

无论是在现代还是近代，精明的企业家们都将这种根植于中华民族成员内心深处的情义观念转换成情感理念的诉求点而融入到商标传播之中，以期增加产品和商标内涵，引发消费者的情感认可与共鸣，促进产品销售。在民国上海著名民族纺织品的商标传播中，大多在直接或者间接地表达一种情义。产品商标将直接描绘中国传统情义文化的画面元素或者文字符号融入商标传播的元素之中，比如尽善尽孝、夫义妇顺、兄友弟恭、温馨家庭生活等；也有通过商标传播元素的文字或者画面向消费者传递一种祝愿，如商标名称中的"大吉"、"同利"、"富贵万年"、"大富贵"等。

古人云："感人心者，莫先于情。""情"具有强大的凝聚力和亲和力，以情感理念为诉求点的商标传播，以社会关系中为大众所乐于接受的"情"元素为基础，必然可以极大地推动商标与受众之间深度的情感交流。

四、政治理念：融入时代政治元素激发消费者民族认同的商标传播

政治理念诉求是中国近代商标传播（尤其是民国时期）的一大特点。商标传播本与政治宣传无关，其政治理念诉求点主要是在特定的社会历史条件下形成，商标传播元素与政治宣传挂钩，并借助于政治宣传的推力，增强商标传播的影响力。民国时期商标传播中政治理念诉求点的出现，与当时特殊时代造就的特殊政治环境、社会环境密切相关。综观民国时期上海著名民族纺织品商标传播的政治理念诉求点的来源，主要是两个方面，即当时全国上下强烈的爱国主义意识，以及国民对于新政治文化的向往与追求。

如前文所述，近代中国遭受西方政治、经济、文化的多重侵略，中华民族面临亡国灭族的危机，全国上下、各行各业掀起了轰轰烈烈的"救亡图存"运动，"天下兴亡，匹夫有责"的中国传统文化在呼唤着每一个民众参与其中，而国货运动也正是民族企业家以及广大民众参与"救国"运动的重要形式，诚如国民政府机关在提倡国货的公报中宣称："工农方面要在生产上积极制造国货，选刊国货广告"；"（刊登）国货广告，乃爱国之表现"；"非提倡国货无以救国，非制造国货无以得到经济解放！"；"用国产服饰，能表现爱国的精神"①。因

① 中国第二历史档案馆．中华民国史档案资料汇编第五辑第一编[M]．南京：江苏古籍出版社．1994：754—757．

此,国货的兴衰与国家的兴亡被联系在一起,购买使用国货与爱国被联系在一起,国货运动被冠以浓烈的政治色彩。在举国上下爱国热情高涨的时代背景之下,政治理念极易唤起中国民众的认同与共鸣,因而被民族企业家借以展开商标传播中的重要诉求点,主要表现为将大量带有政治色彩的提倡国货的口号融入商标传播(主要为商标及广告)中,以及利用时代政治人物作为上海民族纺织品商标传播的组成元素。

近代商标的传播有时会乘国内政治形势的激烈变动而展开。辛亥革命胜利之后,中国进入了中华民国时期,共和体制、自由民主开始成为这个新时代的象征性名词,成了新时代广大中国民众所追求向往的理想。这些政治元素融入到商标传播之中,出现了宣扬民主、自由、共和观念的商标、广告,赋予了商标传播的政治理念诉求点。如在民国时期上海著名民族纺织品商标名称中,不少以反映民主、自由的汉语元素为主题,如"自由神"、"自由布"、"平等布"、"三民"等。上海惟一织造厂在民国建立时,在产品商标和包装上标以"同胞必须精诚团结,永列四强;建国请用皇后牌,焕然一新"的文字,[①]这种把政治与产品联系在一起的做法,反映了民国建立之初的时代气氛。

商标传播政治理念是极其特殊的诉求方式,它是民国时期中国民族品牌商标传播的独特形式,具有鲜明的时代印记,但因政治诉求契合了时代潮流,符合当时民众强烈的民族感情,故被精明的民族企业家挖掘出来运用到商标传播中,使之成为一种极易引起消费者共鸣的传播手段,进而有效地实现商标与消费者之间的深度沟通,最终达到销售的目的。

第五节　民族品牌商标的历史价值

近代上海在中国近代史上有着举足轻重的地位,它是中国走在近代化最前沿的城市,是民族经济发展最为繁盛的城市,是中西思想文化交融最为丰富多样化的城市,也是民族品牌商标传播最为活跃的城市。商标传播,作为一种经济、政治、文化多重因素综合作用的产物,具有强烈的时代性、阶段性特点,因而研究特定时期的商标传播,既可以勾勒出该时期商标传播独特的发展轨迹,亦可从某种程度上反射出该时期的多维社会风貌。通过对民国时期上海最为繁荣的民族经济——民族纺织品品牌的商标传播展开分析,从传播学的角度去理清和认识那段历史,同时对上海民族品牌商标传播做出比较客观的评价。

一、民国上海著名民族品牌商标传播的特点

近代中国的商标以及广告宣传,是西方列强在中国实行经济侵略的工具,但是不管其动机如何,其效果并不全以动机为转移。这些新事物的进入极大提升了中国民族企业家的宣传意识,随着市场竞争的不断激烈化,商标传播作为品牌运作的初期形式,在民国民族品牌中逐渐盛行,各种各样的商标,无处不在的广告,以及不断出现的其他宣传手段(如

---

① 左旭初. 中国商标史话[M]. 天津:百花文艺出版社. 2002:22.

会展、新闻软传播等），都证明我国民族品牌商标传播的迅速发展。在吸收西方先进理念和做法基础上发展起来的中国商标传播，自然也少走了许多摸索徘徊的道路。但是，作为一个西方思想观念的"催生儿"，处在起步阶段的商标传播也必不可少地表现出许多不成熟之处。

其一，商标传播元素多样化与雷同化并存。如前所述，具象、表意直白是当时商标设计的一大特点，也是中国近代商标发展处在初期的重要表现，此类商标占着绝大多数。虽然这些表意直白的商标可以让消费者直观地感受到商标图案所传递的信息，但也限制了消费者的联想空间。还有一个问题是，无论商标名称还是商标图形，甚至于商标内涵，均与产品缺乏关联，因而需要一些商标文字作为附加说明。从某种程度上说，这体现了商标设计的精细和复杂，民族纺织品商标本身就可以等同于一则广告。但不可否认的是商标的多样化趋势已经不断呈现，运用抽象图案、西文字母等设计的商标不断出现，融入极富时代特征的爱国信息的商标也大量涌现，这是民国时期的时代特征所赋予的，在强有力的突出其独特性之外，也证实中国商标传播发展的日趋现代化、国际化。

其二，商标传播手段的多样化与零散化并存。与传统社会里一传十、十传百的人际传播相比，民国时期涌现了众多可供信息传播的载体，企业家对于各类传播载体的探索与尝试，无疑给民国时期上海民族纺织品商标传播力度和影响力的提升带来了众多机遇。民族企业家在竞争越来越激烈的市场环境中，也越来越多地利用各种各样的传播手段展开商标传播，扩大品牌以及产品的影响力。尽管企业家不断利用各种各样的传播方式，并不是一种整合营销的体现，但不可否认的一点是，多样化传播手段的运用在扩大民国时期上海民族纺织品商标传播影响力的同时，也证明民国时期民族品牌商标传播的日益现代化。

其三，商标传播价值理念呈现不成熟的多样化。价值理念是商标传播的关键所在，商标传播从某种意义上说就是针对消费者的攻心战，通过提高其对品牌的认知、共鸣，达到刺激销售目的。综观民国时期上海民族纺织品商标传播的价值理念，已不仅仅局限在对商品名称、功能等的简单介绍，而是站在民国上海这个特殊时代、特殊城市的特殊政治、社会、文化环境之下，融合了这个特殊时代中的上海民众（包括商标传播者）特殊的价值观、审美观、消费观，从而衍生出许多不同的商标传播价值理念。其中特别值得注意的是爱国主义情感理念和政治理念，两者是民国时期特殊社会现状的产物，也是商标传播者紧抓社会热点以及大众消费心态变化的结果。虽然在当时还没有品牌定位的观念，商标传播与品牌定位有着很大的区别，但从现代定位理论的角度看，它在某种程度上与品牌定位已有着一定的相似之处。

二、民国上海著名民族品牌商标传播的意义价值

在市场竞争越来越激烈的民国社会，精明的民族企业家深刻意识到商标传播的重要性。民国上海民族企业家以不同的价值理念，通过创立商标，运用各种传播手段，搭建了民国时期独具特色的商标传播平台。我们暂不考虑如此的商标传播带来了何等的效益，但无论从形式上来说，还是从商标传播价值理念的运用上来说，已经表现出日益现代化的一面。

首先,通过商标传播,造就了众多民国时期著名的民族商标品牌。民国时期,上海诸多著名民族商标品牌的崛起,与当时特殊的社会环境,尤其是此起彼伏的国货运动密不可分,更与民族企业家不断成熟的商标传播意识密切相关。虽然中国近代商标以及商标传播是伴随西方列强的经济侵略而来,但在外商的"咄咄示范"之下,民族品牌企业开始用商标来保护自身、宣传自身,运用各种传播手段,通过各种题材元素,赋予商标品牌丰富的价值内涵,来多角度地宣传产品、塑造商标品牌,借助国货运动之东风,成就了众多著名民族商标品牌。如三友实业社的"三角牌"毛巾是民国上海市民最青睐的毛巾品牌,并在20年代末将日货"铁锚牌"毛巾赶出了上海市场,由此引发了一场由日本方面一手制造的轰动一时的上海"日僧事件";再如五和针织厂的"鹅牌"商标,其创立人任士刚通过一系列独具匠心的商标宣传活动,打造了一个家喻户晓的"鹅牌"商标品牌,其生产的"鹅牌"汗衫等成为民国时期风靡全国的产品,销量超过了外商品牌。这些商标品牌是当时社会的明星产品,亦是当时实业救国的典范。它们的成功很大程度上展示了民国时期商标传播的发展状况。

其次,为当下底蕴深厚的中华老字号品牌的确立奠定了基础。在中国商务部2006年颁布的《"中华老字号"认定规范(试行)》条例中,对于老字号的定义为"历史悠久,拥有世代传承的产品、技艺或服务,具有鲜明的中华民族传统文化背景和深厚的文化底蕴,取得社会广泛认同,形成良好信誉的品牌"。[①] 同时,在认定条件中又规定必须"拥有商标所有权或使用权"和"品牌创立于1956年(含)以前"。民国时期的著名民族品牌为其产品打造了至关重要的商标,并进行了一系列的商标传播活动,使其在竞争激烈的市场中得以生存的同时,也在其传承延续的过程中积累了深厚的文化底蕴,最终成就了当今声名卓著、深受广大民众喜爱的中华老字号品牌。

再次,民国时期民族品牌的商标传播是对近代中国民族商标品牌传播本土化的有益探索。中国近代商标以及商标传播的出现,是伴随着西方列强的经济侵略而来,因而在早期由洋商标、洋广告一统天下,商标传播各元素表现出强烈的西方特色。随着民国社会政治局势的变化和中国民族品牌的发展兴盛,要求民族品牌的商标传播,无论在图像还是文字上都要与外商产品进行区别,从而表现出浓郁的本土气息。这与当时民族品牌处在特殊时期需要确立自我身份的强烈愿望密切相关,也与当时同样处在动荡不安中的消费者的心理需求密切相关,即一种自我身份的确立与文化认同,以及对于幸福生活的向往。民族品牌通过对于具有本土风格的图形纹样、与民族文化密切相关的信息在商标传播中的使用,构成一种鲜明的本土风格和民族定位,从而与当时流入中国的各类外商品牌形成明显的区别,也为民族企业的扩大影响创造了一定条件。从某种程度上说,这就是一种巧妙的本土化品牌传播。

三、民国上海著名民族品牌商标传播的启示

特殊的社会时期,特定的时间阶段,其造就的商标传播必然具有鲜明的时代特性和阶

---

① 国家商务部. "中华老字号"认定规范(试行). 转引自 http://www. cnlao. cn/rending/482. html.

段特色。虽然处在商标与广告的发展初期，从上文一系列的研究来看，民国时期民族企业家对于商标传播的重视程度，以及所呈现出的丰富多样的商标传播形态，表明民族企业家从文化的、情感的、品质的、政治的等多个角度造就了众多著名的民族商标品牌。就民国民族品牌的商标传播处在品牌运作的发端期而言，它们已经取得了显著的成就。虽然当时的商标传播不能与当下的品牌传播同日而语，但当时的商标传播经验对于当下纷繁复杂的品牌传播无疑有着借鉴意义。

首先，传统文化可以成为品牌内涵发掘与构建的重要元素，因为它能抓住中华儿女内心根深蒂固的民族文化观念。综观民国时期上海著名民族品牌的商标传播，建立在传统文化基础上的商标传播元素非常之多，当然这与当时特殊的时代环境密不可分，也与中国五千多年深厚的民族文化底蕴和中华民族内心深处的传统价值观密切相关。虽然随着社会的发展，如今的消费者的消费心理和审美情趣已经发生了巨大的变化，但是深植于中华民族内心深处的价值理念并不会轻易逝去。加之在现代社会中，生活环境的都市化，导致人们远离自然，人与人之间的交往急剧减少，因此人们对情感的沟通、思想的交流、家庭亲情与温馨的渴求越来越强烈。而中国悠久的传统文化传递的正是这种情义观念。

其次，将消费者的审美趣味、消费习惯融入品牌传播理念之中，搭建消费者与民族品牌之间的沟通的桥梁。无论是品牌传播还是商标传播，最终的目的都是促成消费者的购买，因而传播的内容必须能拨动消费者的心弦。民国时期上海著名民族品牌商标传播的价值理念，已不仅仅局限在对商品名称、功能等的简单介绍，而是站在民国上海这个特殊时代、特殊城市的特殊环境之下，融合了当时上海民众特殊的审美观、消费观，从而衍生出许多不同的商标传播价值理念。在现代社会，消费者对于商品的选择不再简单地依据产品的功能，而更多依据品牌符号，即产品的象征意义以及品牌个性是否满足消费者自我建构或者认同的需要。因此，品牌在搭建与消费者沟通的桥梁时，融入消费者的审美观、消费观，也许是便于品牌与消费者沟通的重要方法。

再次，品牌传播要重视"借事造势"、"借劲发力"的强效推动力。民国时期民族品牌兴盛的一个重要原因在于国货运动。此起彼伏的国货运动不仅促成了无数民族企业的诞生，也对民族商标品牌的建立和传播起到了至关重要的作用。这正是当时民族品牌商标传播"借事造势"、"借劲发力"的重要表现。民族企业家借力国货运动，利用民众高涨的爱国主义情绪，通过国货广告，"对'国货'的含义进行了重新阐释与定位，从而使'国货'不仅仅停留在一种商品意义上，而是同高级道德情感——爱国主义紧密联系在一起，并因此将爱国主义延伸到国人具体的消费行为中，使国人在消费国货的过程中寻找到强烈的民族认同"。[①] 除了国货运动，当时的民族企业家对于民众关注的热点事件都会紧抓不放，随之展开一定的商标传播行动，当然这只是民国这个特殊时期的特殊现象，而我们所要借鉴的则是其中的精髓，利用目标消费群体关注的热点事件"借劲发力"。

---

①　王儒年. 欲望的想象：1920—1930 年代的《申报》广告的文化史研究[M]. 上海人民出版社. 2007：291.

第十章
海派电影：广告与海报

从跨文化传播角度来审视当年《申报》上美国电影广告的兴盛，文化是其主导因素。宏观来看，无论是现代性质的报纸广告，还是被称为"第七艺术"的电影，都不可避免地涉及当时中国与全世界的政治与经济状况。

第一节　中国电影广告的起点

上海开埠后，本土文化逐渐受西方生活方式影响，接触与交流的频繁使得西方文化与中国传统吴越文化并存、乃至融合，逐渐形成独具个性的海派文化。在电影引进之前，文化的融合已使上海各私家花园拓展为公共活动空间。这种转变受到在西方工业文明娱乐理念影响下的外部市场动力的驱动，并且反映了一种具有主动性的、满足晚清上海都市娱乐生活的需要。这一结果被认为是"上海特殊的社会结构、复杂的社区特点、租界的缝隙效应等多种因素造成的"，也是"休闲活动空间、社会活动空间、政治活动空间的重合"。[①]从侧面透露出上海传统娱乐正悄然改变。

19世纪末的徐园成为电影在上海的第一个放映所，成为《申报》电影广告的第一个广告主，虽有些意外，却非格格不入。"从私家花园的构成格局和功能配置看，当时私家花园既保留了传统园林的文化特色和静态观赏功能，又吸纳了西方娱乐文明的技术设备和活动样式；从娱乐活动设施和项目构成上讲，不少私家花园已经具有了后来出现的现代游乐场业态的若干要素。"[②]与之后兴起的西方式电影院不同，私家花园电影放映为之后诸如大世界、小世界、四大公司顶楼游乐场等处的电影放映提供了一条与影院放映不同而具有中国经验的放映样式。

但电影技术的传入与电影广告的出现并不等于西方文化与价值观在传播效果上立竿

---

① 熊月之. 晚清上海私园开放与公共空间的拓展[J]. 学术月刊. 1998.08.
② 楼嘉军. 上海城市娱乐研究(1930—1939)[D]. 华东师范大学. 2004：32.

见影。就如"影戏"这一称呼一样，最初的电影放映地点的选择与《申报》上电影广告所处的位置及其文本描述，均展现了本土文化与外来文化的碰撞与融合，从而导入了一种新型的文化形态，开启了上海都市文化的新篇章。

一、《申报》电影广告开启海派文化新篇章

电影这一新发明如何进入中国可谓众说纷纭，甚至有学者力图辨明传入与放映时间上的区别。[①] 对于首次放映时间的确认更是意见众多。一种普遍的说法是 1896 年 8 月 11 日，上海徐园"又一村"的一则告白(广告)是电影在中国的啼声初试；也有说法认为这则告白始自 8 月 10 日。[②] 另有研究者经考证认为当年的 6 月 29 日，《申报》的徐园告白便已登载。[③] 其广告词曰："本园于二十日起(按：即为 1896 年 6 月 30 日，农历五月二十日)，夜至十二点钟止，内设文虎、清曲、童串、戏法、西洋影戏，以供游人随意赏玩"(《申报》1896 年 6 月 29 日)云云。结合电影发明的时间推测，有论者认为放映的当是"由法国卢米埃尔家族派出的放映师提供给在中国的特许经营人所放映的节目"。[④] 但这一推论无法从《申报》广告中得到印证。

《申报》的首则电影广告应以 1896 年 6 月 29 日为确，上海初次电影放映以 1896 年 6 月 30 日为确。对于时间上锱铢必较的考证并无深远意义，仅是把有据可循的放映时间点向早远微调；但可以证明，《申报》被公认开启了中国电影预映广告之先河，并且让中国人开始认识电影。无论如何，电影诞生仅半年多后就与中国结缘。在任何相关论述中，都无法否定《申报》在中国电影发展史上独一无二的地位；同时，《申报》广告与电影的首次结缘，是为滥觞者。

但不得不说，这时的《申报》广告整体尚嫌幼稚，更遑论脱胎于茶楼戏曲广告的电影广告。在表现形式与力度上，早期的电影广告与其他类型广告混为一谈，如果不仔细看的话，很容易便淹没在密密麻麻的广告文本之中。虽然这早得不可思议的第一次接触令后来的研究者惊喜中略带着自豪，但深究起来，穿插于"戏法"、"焰火"、"文虎"等游艺杂耍节目中的影戏，其内容、出品国、放映商只能是一问三不知。

或许是基于中国人对传统皮影戏的理解，广告主在《申报》上把电影这一在光学原理上类似的娱乐方式称为"西洋影戏"、"电光影戏"或"活动电光影戏"，简称为"影戏"，所建电影院均称为"影戏院"。对待诸如电影之类传入中国的外来事物，当时的中国人普遍习惯于"将自己的文化看作中心和所有事物的标准"。[⑤] 这种"人文中心主义"(Ethnozentrismus)即为此后内外闻名的海派文化的文化与心理基础，也是私家园林成为电影放映的首选场所以及电影广告的首个广告主的重要原因。

在欧洲，电影娱乐诞生于咖啡馆中。而中国首个电影预映广告的广告主"徐园"，乃是

①　郦苏元，胡菊彬. 中国无声电影史[M]. 北京：中国电影出版社. 1996.

②　陈文平，蔡继福. 上海电影 100 年[M]. 上海：上海文化出版社. 2007.

③　黄志玮，黄莹. 为世纪代言：中国近代广告[M]. 上海：学林出版社. 2004：306.

④　李道新. 中国电影文化史 1905—2004[M]. 北京：北京大学出版社. 2005：16.

⑤　[德] 马勒茨克. 跨文化交流——不同文化的人与人之间的交往[M]. 北京：北京大学出版社. 2001：16.

被誉为沪北十景之一、正名"双清别墅"的私家花园。据记载,徐园内筑有"十二楼"、"又一村"和"孔雀亭",堂、榭、阁、斋俱全;①又置十二景,全用中华雅制。② 晚清上海的私家园林对公众开放后常举行花展、演戏、游览等活动,延伸和发展了中国传统娱乐活动,成为上海城市中的大型公共活动场所。随着西风渐入,私家园林所承担的功用也逐渐增多,为表演中国传统戏曲而设的戏台还可作演说之用,形成了一股带有西方传统色彩的政治集会、公共演讲之风。华人原本的一些公共活动场所,如会馆、公所、茶馆、戏院等,由于有着强烈的中国传统风格而与西人格格不入。中西文化并融其中的私家花园,则成为一个亦中亦西、中西皆可认同的地方。故而电影选择在徐园的首映并非偶然,作为一个标志性历史事件的余波,构成了私家花园功能的新变化。

在电影初来乍到的 1896 年,囿于电影自身技术和艺术水平,吸引人的地方不过"新鲜"二字,仅被作为一档娱乐活动项目之一以飨众人。如果只为吸引西人,仅需仿照西方模式,在外国人聚集较多的咖啡馆中放映即可,显然没有必要把广告刊登在中文报纸《申报》上,甚至还和众多传统戏曲广告一起拥挤在一个版面之中。可见,放映商最初选择徐园、选择《申报》是为了寻求最大的受众面,是一种商业上的试水。

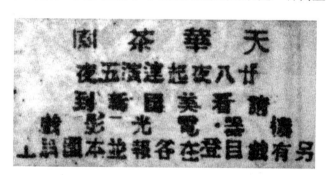

图 1　1897 年《申报》美国电影广告——美国电影进入中国

但在私家园林的试水放映显然不能算是最成功的。不然,之后的电影放映便不会多次在茶楼与私家花园之间转战。时隔一年后,即 1897 年 7 月 26 日,《申报》上再次出现电影广告。广告为天华茶园所登,并分一大一小两则。较小者称"廿七起连演五夜"(见图 1),但似乎此次放映引人入胜、有利可图,此则广告所言放映日期一续再续,在《申报》上连续刊登了一个月。其较大者广告词则称"请看美国首到机器电光影戏",并赞之为"美国新到一百年来未有神奇之影戏"。影片包括《俄国皇帝游历法京巴黎》、《罗伊弗拉地方长蛇跳舞之状》、《拖里露比地方人民睡眠之状》、《法京巴黎演武场练兵之状》、《印度人执短棍跳舞之状》,最后则标明"美商雍松谨启"。③ 另有一种说法认为带来这些影片的是美国人詹姆士·里卡顿(James Ricalton)。④不过无论是谁,从确定的美国影片以及实验性质的片名可以推测,这些影片来自于爱迪生的电影实验室。"美国电影自此进入中国。"⑤

自此之后,这些来自美国的影片又在奇园、同庆茶园等处放映,但均不见于《申报》广

　　① 方明光. 海上旧梦影[M]. 上海:上海人民出版社. 2003:4.
　　② 熊月之. 晚清上海私园开放与公共空间的拓展[J]. 学术月刊. 1998.08.
　　③ 黄志玮,黄莹. 为世纪代言:中国近代广告[M]. 上海:学林出版社. 2004:307.
　　④ [美]Jay Leyda. 电影:萌芽阶段 1896—1911[M]. 香港中国电影学会:中国电影研究(第一辑)[M]. 香港:香港中国电影学会[M]. 陈立年译. 1983:87.
　　⑤ 陈文平,蔡继福. 上海电影 100 年[M]. 上海:上海文化出版社. 2007:4.

告,仅从他处所得文章作为旁证。如在 1897 年 8 月期间,这些来自美国的影片移至奇园放映。同年 9 月 5 日,上海《游戏报》第 74 号上刊出《观美国影戏记》一文,详述了影片内容及观影体验。[①] 此文被认为是"迄今为止发现的我国最早的影评"。[②] "次年,此人变换了不少新节目,移映于徐园",[③]这次《申报》倒刊有广告(见图2)。另外,1898 年 5 月 20 日《趣报》上《徐园纪游叙》一文可为佐证。结合片名可知,[④]此次放映的影片仍是纪录短片,展现风土人情或异域奇闻的几个单一场景,未有连贯的故事情节。

不断改变放映场所无论是出于商业收益上的尴尬还是主动的策略调整,都说明早期电影仍属实验性质,作为一项独立的娱乐活动尚未成熟,电影娱乐市场的观众群体也未构成。但《申报》电影广告无疑成为中国人最初认识电影这一新鲜事物的重要途径(见图3—5)。

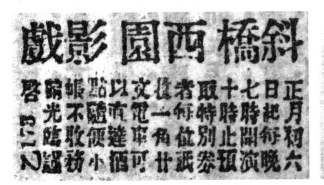

图 2　1898 年《申报》美国电影广告　　　　图 3　1902 年《申报》美国电影广告

图 4　1911 年《申报》美国电影广告　　　　图 5　1913 年《申报》美国电影广告

① 郦苏元,胡菊彬. 中国无声电影史［M］. 北京:中国电影出版社. 1996.
② 方明光. 海上旧梦影［M］. 上海:上海人民出版社. 2003:5.
③ 郦苏元,胡菊彬. 中国无声电影史［M］. 北京:中国电影出版社. 1996.
④ 如马房失火、足踏行车、倒行解斗、酒家沽饮、广道驰车、瞻礼教堂、左右亲嘴、春度玉门、扑地寻欢、空场试马、水池浴洗、造铁击车、执棍腾空、秋千弄技等,见《趣报》1898 年 5 月 20 日《徐园纪游叙》文。

二、电影广告体现电影院商业文化的引入

电影的引入同时带来了电影院经营的商业文化,这最初反映在电影经营的特许放映制度上。"按国际特许经营协会(IFA)的定义,特许经营是特许人和受许人之间的契约关系,对受许人经营中的各个领域的经营诀窍和培训,特许人提供或有义务保持持续的兴趣;受许人的经营是在由特许人所有和控制下的一个共同标记、经营模式和(或)过程之下进行的,并且受许人从自己的资源中对其业务进行投资。"①

1896 年至 1949 年间,在上海特许放映次数最多、影响最大的便是美国电影。美国电影最初由来华外商带入上海寻求放映场地进行特许放映,这种由美商携美国影片投入中国市场的电影输入,在此后的几十年中,由于战争的影响以及全球化的日渐加剧,变得越来越不切实际。当美国电影业由东部的纽约、芝加哥转移至西海岸的洛杉矶小镇好莱坞后,美国电影中开始不断出现欧洲各国的电影明星,各国精英导演在那里一展才华,寻求跨国合作逐渐成为常态。进入中国后,"美国出品的电影在中国的传播一度由葡萄牙人、西班牙人、英国人、英籍华人,甚至中国人自己担任特许发行放映商"。②

由特许放映衍生出了销售代理制,再至票房拆账制与影院分轮制。一系列的商业手段使得电影广告成为供片方与电影院利益一致的手段诉求,并且促进了电影广告的发展与繁荣。《申报》的电影广告便反映了这种商业文化的进入与普及,并发展成为海派文化的一脉。

(一)票房拆账制度确保影戏院成为最大广告主

上海的影片特许放映的主要方式为销售代理制:代理商从美国电影制片商手中引进影片,以影片公司的名义在上海提供特许放映、控制上映片目并且占领市场。早期的美国电影在中国的传播,通过欧美及中国电影商人的共同努力得以实现。"葡萄牙人郝思倍、西班牙人安·雷玛斯、英国人林发、英籍华人卢根以及中国人曾焕堂、罗明佑等,都曾作为美国电影在中国的特许发行放映商,取得过举足轻重的地位。"③由此使得几乎所有早期美国影片都曾在中国影戏院中放映过。

好莱坞的兴起即是各大制片公司的兴起。在美国本土划分市场后,各大影业巨擘不约而同把目光投向海外市场,远东市场自然是规划中不可或缺的一块。美国八大电影制片公司从 20 年代中期起,陆续在上海设立分支办事机构,处理影片输出的有关事宜,将美国影片源源不断地输入上海乃至全中国。随着美国影片对上海输出的增多,美商办事机构的规模也在不断扩大,这些美商办事机构多聘任中国人或长期定居中国的外国人出任代表,这样不但可以保证对市场的熟悉和了解,也可以节省费用。这些办事处"不仅为美国电影在中国的畅行开辟了更加直接的通道,而且在法律、舆论、资源和人才许可的范围

① 牛海鹏. 特许经营[M]. 北京:企业管理出版社. 1996.
② 李道新. 中国电影文化史 1905—2004[M]. 北京:北京大学出版社. 2005:10.
③ 李道新. 中国电影文化史 1905—2004[M]. 北京:北京大学出版社. 2005:9—20.

内为欧美电影进入中国树立了成功的典范"。①

　　与好莱坞大公司在美国国内垂直整合模式不同，直到1946年，美商才在上海拥有了自己的第一家影院——大华电影院，②但从未形成过从制作到发行到放映一条龙垄断的情况。美国电影商在华发行影片的方式主要有独家上映、一次买断、票房拆账等。独家上映与一次买断虽有实例(1939年上海大华电影院与美国米高梅公司签订连续10年独家供片合同，③何挺然的上海联怡公司以8万元买下卓别林新片放映权④)，但都非常例。因为出资若少美国片方不允，出资多则影院回收存疑，故"双方共享利益或共担风险的票房拆账(分成)制成为最主要的发行方式"。⑤

　　票房拆账制具体始于何时已不可考，"但根据现有资料，不会晚于20年代中期，这与美国国内电影业的发展是基本一致的"。⑥毫无疑问的是，通过特许放映，美国电影商获得的最大收益便是巨额票房提成。

　　票房拆账制的基本方法，即是在合同有效期内，按供销双方事先协商的比例分配收入。票房拆账制有按片订，也有按年订，但并不是每一部美国影片都能获得良好票房。故而为了得到卖座影片与非卖座影片之间的平衡，保证利润最大化，好莱坞片商往往将影片"打包"出售，要求租者以某一分成比例一次接受若干部影片。"发行商用这种像'火车头'拖货的方式强迫一个想租到一部能卖座的新片的放映商接受一批坏片"，⑦从而保证影片不论良莠均能推卖出去获得收益。这是好莱坞发行商与放映商之间最重要的"交易惯例"。因此，拆账制合同一般按时间长短订立，一次接受若干部影片。

　　一般情况下，各轮影院美商所获拆账成数均在50%以上，特别上座的影片比例可能更高。片方还要求"电影院必须在放映期间，提供详细的卖座收入报告单，报告单格式依照供片方所供给的式样编制；供片方在放映期内，有权检查该影院之戏票及票款收入，有权派出检查员出入电影院(包括票房在内)，有权检查有关票款收入之一切账册及记录；供片方有权在映期结束后的一年间审阅影院之账册"。(《文汇报》1950-11-17)华商虽然对拆账率过高有所怨言，但在好莱坞供片方的强势地位前也只能委曲求全。

　　虽然这种方式首先是有利于美商的利益，但这一制度能够在1949年之前一以贯之，肯定是因为影院方面也有利可图；至无利可图或风险过大时，影院方面自然不愿维持下去，或起而抗争。如1946年中美商约的签订，美商得到普遍最惠国待遇和国民待遇，好莱坞八大公司因而恢复在中国的业务，他们联合英商鹰狮公司，于1947年合组电影公会(Film Board of Trade)，"旨在沟通同业间的消息，解决公司之间的业务矛盾，仲裁各项纠

　　① 李道新. 中国电影文化史1905—2004[M]. 北京：北京大学出版社. 2005：26.
　　② Marie Cambon. The Palaces Of Shanghai — American Films in China's Largest Metropolis[J]. *Asian Cinema*. 1995 (Winter).
　　③ 吴云梦，王兆培. 自食恶果的大华电影院[N]. 新民晚报. 1984.11.11.
　　④ 影戏年鉴[M]. 上海：电声周刊社. 1935：20.
　　⑤ 汪朝光. 20世纪上半叶的美国电影与上海[J]. 电影艺术. 2006.05.
　　⑥ 汪朝光. 民国年间美国电影在华市场研究[J]. 电影艺术. 1998.01.
　　⑦ 亨利·梅尔西戎. 电影与垄断组织[M]. (徐昭译). 北京：中国电影出版社. 1957：19.

纷和争议,协助执行放映合同,合理安排影院(地盘)和映期"。[①] 由于抗战胜利后通货膨胀使物价变动频繁,为减少风险,美商提出上映影片票价以美元计价,再折算为法币,但影院方觉得这种方法影响上座率拒绝实行。后由国民政府当局出面调停,才使双方勉强达成协议,美商也根据情况做出过让步,作了变通处理。"自政府禁止申请结汇后,外商影片公司就借此讨好各影院,往往任其先行放映,视该片卖座情形再行分期付款"。[②]

不过从技术上讲,票房拆账制促使影院方面千方百计提高上座率,仅就影片发行而言,"这是一种完全市场化的供销方式,供销双方的利益捆绑在一起,依赖于影片的质量、观众喜好度以及最终上座率,既有利于发行商的利益,也有利于放映商的利益,可谓适应市场经济的双赢操作"。[③] 如影院方若遇连续的烂片,票房收入将不保,院方便会将烂片排在节假日,将佳片排在一般日子,使上座率始终保持在一定水准之上。同时,院方也愿意主动将上座信息反馈给制片商,使其生产市场所需的影片,从而形成良性循环。

院方提高上座率的最主要也是最重要手段便是广告宣传。美商对宣传极其重视,要求首轮影院在每次排片期结束后,定期向公司汇报营业及观众情况、舆论对影片的反应等等,以随时掌握动态,采取相应的对策。但"影片开映前之广告宣传,影院方须使供片方满意,除供片方特别规定之某片宣传费外,广告宣传费用由影院方负责。供片方提供之广告宣传品,须由影院方付费,并须先付后用,或于交货时付讫。电影预告片由影院方出资租用,并于影片上映前之相当时日在院内放映"。(《文汇报》1950.11.17)

基于以上种种原因,各影戏院成为报刊杂志最大广告主也就在意料之中。而这最大的广告主则因为各自的广告需求,在娱乐文化的转型上作用明显。娱乐消费更注重视觉感官,电影广告中的插图、海报功不可没;广告中对明星、名导演的大肆宣扬,无疑也起到对整个电影观众群体的培养作用;而在广告中对影院本身的舒适奢华的描述,则成为观众体验观影优越感的来源之一。这些元素均出于吸引消费者的目的,却使得报刊电影广告无意间引领了娱乐文化的走向。"二三十年代的上海市民开始不自觉地把自己的生存、快乐、满足、良心、爱国、审美、品位、身份、生存的意义同消费联系在一起,在行为上追逐消费,用消费获取自己的所有欲求并安顿自己的心灵"。[④] 当时年轻一辈不再同父辈一样,去戏园子叫一声好,而是洋装礼服,相携去影院看电影。从这个意义上讲,影戏院在娱乐消费的商业属性之外,直接参与了促进城市娱乐文化转型的历史潮流。

(二)《申报》美国电影广告划分又融合受众

各影院与美国片商在收益上使用票房拆账,至于"拆账成数,则以售座多少及戏院等

① 刘康. 抗战胜利后美国电影在广州的泛滥. 中国人民政治协商会议广东省广州市委员会文史资料研究委员会,广州文史资料年第二十辑[M]. 广东:广东人民出版社. 1980:81.
② 西片商加重压力国片发展受打击[N]. 铁报. 1947. 6. 15.
③ 汪朝光. 战后上海美国电影市场研究[J]. 近代史研究. 2001.01.
④ 王儒年. 《申报》广告与上海市民的消费主义意识形态——1920—1930年代《申报》广告研究[D]. 上海:上海师范大学. 2004.

级而定高下"，①这是根据美国放映业中"轮"的概念而来。在美国本土"影片通常会在城市的中心影院进行首映，这些影院也通常为大制片厂所拥有。首轮影院需要观众支付更高的票价去环境优雅的影院中观看最新的影片"。当第一轮放映完后，"间隔 14 天，进行第二轮放映；间隔 28 天，进行第三轮放映；间隔 42 天，进行第四轮放映；间隔 42 天，进行第五轮放映"。②首轮影院总是城市地区的中心影院，二轮影院通常在社区的商业集中带，后轮影院则在远离人口密集地区的偏远之处。这是好莱坞实行对市场垄断控制的重要方法，可以通过少数影院来控制整个市场。

但好莱坞资本在中国并不直接投资于影院，故占领市场方式有所不同；并且上海影院分布多集中于租界中，影院所处地区位置影响较小，故分轮方式也略有不同。众影院以"规模和档次又有不同"，"再考虑到影院老板的后台是否有来头以及来头大小"，③少数出得起价高的影院得到影片的首映权或专映权，影院以此划分为头轮、二轮和三轮、四轮不等。

轮映制度始于何时无法考证，但如票房拆账制一样，应该不晚于 20 年代中期，并且两者配套生效。至 1949 年，这一制度已经发展得相当完备（见表 1）。

表 1　1949 年上海地区电影院统计表④

特轮影院 5 家	大光明、国泰、南京、大华、美琪
首轮影院 16 家	大上海、金都、丽都、卡尔登、金城、金门、永安、新光、皇后、巴黎、黄金、平安、沪光、文化会堂、国际、虹光
二轮影院 8 家	光陆、银都、辣斐、上海、光华、杜美、国联、百老汇
三轮影院 6 家	大沪、亚蒙、汇山、西海、山西、新新
四轮影院 11 家	民光、海光、东海、蓬莱、嘉兴、华德、泰山、国光、沪西、浙江、荣金

虽然在广告上，各影院不太提及其放映轮次，但从广告的篇幅和各种细节上便可看出其档次的高低：首轮影院的广告往往篇幅巨大，占据大块版面，广告中使用或剧照或漫画或花体的电影片名和明星名字，配上生动夸张的电影介绍，以及影片英文信息，应有尽有，以求吸引注意；而三、四轮的影院广告则篇幅狭小，仅提供一些如影片名、放映时间等必要的文字信息。所以，虽说《申报》上的电影广告对于所有阅读《申报》的读者而言并无差别，但"影院放映的不同轮次等级决定了观众的差异性"，⑤轮次划分犹如暗中设定了无形的门槛，区分了影片的受众。"新片一般在市区的首轮影院放映，豪华的环境、周到的服务为都市上层人士提供了休闲场所。一两周后，这部影片转移到偏远一些的次轮影院放映，招

①　影戏年鉴[M]. 电声周刊社. 上海. 1935：20.
②　[美]理查德·麦特白. 好莱坞电影——1891 年以来的美国电影工业发展史[M]. 北京：华夏出版社. 2005：13.
③　方明光. 海上旧梦影[M]. 上海：上海人民出版社. 2003：44.
④　张伟. 都市·电影·传媒——民国电影笔记[M]. 上海：同济大学出版社. 2010：32.
⑤　黄会林. 刘硕：20 世纪 30—40 年代中国电影与影院. 中国电影家协会产业研究中心：电影产业研究之影院发展卷[A]. 北京：中国电影出版社. 2008：2.

来收入低一些的观众。最后,已经磨损的拷贝到了三轮、四轮影院,多是一些郊区的放映屋,以连续重复放映的方式提供给下层阶级的市民"。①

这就出现了对当时影院两种截然不同的描述。如"远东第一影院"的大光明,称其"配有空调,由著名的匈牙利建筑师邬达克(Ladislaus Hudec)设计,计有两千个沙发座,一九三九年后还配备了'译意风',也即当地的一家英文报纸所谓的'中国风'Sinophone,可资同步翻译。宽敞的艺饰风格的大堂,三座喷泉,霓虹闪烁的巨幅遮帘以及淡绿色的盥洗室。"②前来观影者,"女的一般都是浓妆艳抹、长旗袍裹身,而男的油头粉面、西装革履仿佛是最起码的了"。③

而尾几轮的影院则大相径庭,另一番光景:"观众买电影票,随到随买,不限场次。观众买了戏票,就进剧场去看。座位坐满了,就站着看……一场电影放映结束了,坐着的人出来了,站着的人就马上填补进去,准备看下一场电影。有时进去时只看到半场电影,接着就从头看起,也无人干涉……场内空气混浊,人声嘈杂,常常连电影中人物的对白讲话也听不清楚。"④

至抗战胜利后,由于货币的贬值,这种无形的分类则令观众更有切身感受。《申报》上曾刊有一文为影院的高票价抱怨:"我们是'早出晚归'的职业阶级,我们是公务人员,写字间职员,学生……每天夜场及星期例假,票价为三千、三千五、四千,为什么要涨价? 三千元可以开二天货仓了。"⑤故而通过《申报》的电影广告,无论是从广告篇幅还是内容,最为明显的是广告上的票价定位,从中可以了解该广告中影戏院的档次与所针对的观众群。《申报》的读者也可以按照自身情况对号入座,选择适宜的影院与电影前往观看。这一层面上,《申报》的电影广告完成了划分受众的功能。

虽然影院轮次的门槛无形中划分了电影的受众,但《申报》却是旧上海最为普及的一份华语报纸,涵盖的读者范围甚广。在一定程度上电影广告承载了传递文化信息的功能,"印刷媒介将'放映'的电影,通过'印刷'、'出版'的方式,令观众的视线从'观看'的银幕,放眼到'阅读'的纸张,拓展了两者'凝视'的空间。在这一空间里,电影观众的角色是双重的,即是观众,又是读者;而电影是以静止的、凝固的图片与文字的形式出现"。⑥ 这在客观上降低了获知电影和相关文化信息的门槛,使一切有条件阅读《申报》的读者在获知与电影相关的文化信息方面不存有差别。《申报》除了刊载《电影专刊》的一段时间外,在相当长的时间内,电影广告不仅为各影院商家向读者提供了上映影片的信息,吸引其成为电影观众,还传递给读者与电影相关的各类信息——如电影明星、导演、影片公司等——这些既具备了文化传递的功能,同时消除了人们因社会地位、经济状况不同而在影戏院门前产生的差异。如此,则又把受众融合为"读电影"的观众。

---

① [美] 傅葆石. 双城故事——中国早期电影的文化政治[M]. 北京:北京大学出版社. 2008:6.
② [美] 李欧梵. 上海摩登:一种新都市文化在中国 1930—1945[M]. 上海:上海三联书店. 2008:4—95.
③ 胡霁荣. 中国早期电影史(1896—1937)[M]. 上海:上海人民出版社. 2010:1.
④ 陈文平,蔡继福. 上海电影 100 年[M]. 上海:上海文化出版社. 2007:42.
⑤ 李骏. 电影院老板:我们向你呼吁[N]. 申报. 1946. 7. 30.
⑥ 胡霁荣. 中国早期电影史(1896—1937)[M]. 上海:上海人民出版社. 2010:112—113.

可以说,《申报》上的美国电影广告受影院分轮放映制度的影响,无形中划分了电影受众层次,又通过《申报》这一便于获得的大众媒介无意间融合、培养了电影受众群体。这一点在海派文化中鲜明而有趣,值得进一步探究。

第二节　电影广告反映城市转型：
一种社会文化形态的变迁

从报纸广告本身来看《申报》电影广告,我们发现,电影广告的发展历程可以说是半部电影发展史和半部中国近代史。《申报》电影广告的发展伴随着电影艺术的渐趋成熟,《申报》电影广告的如日中天也见证了中国近代工商业的"黄金十年",《申报》电影广告的急转直下和死灰复燃又与中国近代史上的大事件休戚相关。《申报》的电影广告中,以美国电影与中国电影的广告为最多,而两者相较,美国电影广告在总体数量与规模上又略胜一筹,故而从《申报》整体的电影广告情况,约略可以探知美国电影广告的情况。

《申报》电影广告在版面上的总体状况反映了电影行业在当时的情况,也折射出社会大气候的转变;而对于其中美国电影广告的研究,则可看出在大的社会气候转变中娱乐文化的转变,这也就形成了海派文化中的重要一面。造成这种变化,一是电影业自身的需求,二是战争破坏的影响。这些变化都与作为主要广告主的影戏院息息相关,影戏院成为这种文化、社会转变的主要力量;这样的结果,自然使得受众的消费观念和形态产生变化,又再次反过来影响社会形态的变迁。本节即从《申报》电影广告的版面情况、数量等方面切入,以求了解《申报》上美国电影广告的大概。

一、电影广告版面的嬗变：电影广告反映社会大气候转变

我们认为《申报》上电影广告规模的嬗变大致可分为 7 个阶段,反映了不同时期上海整个社会大气候的情况。

第一阶段,1896—1914——《申报》电影广告的萌芽阶段。

《申报》一向被电影史视为研究中国电影萌芽期的主要材料来源,同时也成就了其电影广告的发端地位。电影广告初现于 19 世纪末的《申报》,中国主流的娱乐方式为去茶园听戏,故娱乐广告以茶园为主,电影广告便混迹其中,一旁通常伴有拍卖、洋行广告,有时也与保险、彩票、医药广告等放在一起。其时广告排版并无讲究,故电影广告所处版面位置也不固定,时左时右,上下不定,这样的情况持续了相当长时间。并不是说每年均有电影广告刊登在《申报》的较后版面上,而是指电影广告在初期一直依附于茶园广告,无固定位置。

仅以电影广告之篇幅与广告文字排版来说,相对其他广告而言较为醒目。如 1897 年来沪的美国影片,除刊与一般茶园广告大小相仿之告白外,另有一较大篇幅,即前文所述

"美商雍松谨启"之广告,广告文字排版间隔较大,使用大号字标题。至1909年,电影广告还断断续续保持着这种相对醒目的状况,但此后由于众多茶园广告使用翻白标题突出名角,使电影广告黯然失色。后茶园广告进一步改革,篇幅开始增大,使得维持现状的电影广告显得篇幅狭小,淹没在戏园广告中。这样的电影广告断续发展至1914年,形式和内容几经变换,奠定了其后电影广告的发展方向。

第二阶段,1914—1924——《申报》电影广告的发展阶段。

1914年前后,话剧开始流行,电影广告仍旧与戏曲、话剧广告混于一处,篇幅较小,甚不起眼。此时影院逐渐增多,故而每天做广告的影戏院也随之增加,其广告有时分散安插在各版面中,有时也依次相邻、集中安排。自这年起,电影广告成为《申报》日常所见内容之一。其后电影广告增势迅猛,篇幅不断增扩。值得一提的是,国产电影广告有时反倒篇幅较大,引人注目。

这样的情况一直延续到1923年,越来越多的影戏院广告开始扩大篇幅,渐渐在版面中引人注意;同时电影广告开始与戏曲广告分版刊登,一版中3/4以上为电影广告逐渐成为常态。

第三阶段,1924—1931——《申报》电影广告的成熟期。

1924年起,《申报》开设《本埠增刊》二版,使电影广告有了固定的版面位置;甚至可以说《本埠增刊》就是为满足越来越多的电影广告而量身定制,电影广告基本能占一个整版,有时在第二版也有零星出现。此时的电影、戏曲广告分庭抗礼,各占一半。后《本埠增刊》增为四版,电影广告增长势头强劲,规模较前大很多。其时"电影商业随时俱进,迄今不特与中国旧剧分庭抗礼,并且有驾而过之的趋势"。[①]电影广告其发展势头如此之猛,以至于自1926年起,头版也出现电影广告,但多为国产电影。据统计,"1928年6月5日前后,在上海放映的各种影片之中,外国片与国产片之比约在2:1,但国产电影的广告宣传并不输于外国片,甚至有过之而无不及"。[②]

至1930年,此时的《本埠增刊》已经扩版至六版,电影广告整体稳定在2到3版半左右,其势与戏曲广告基本持平。但这对于电影广告来说仅是刚刚开始。"《申报》上的影戏院广告已经越来越多,广告版面愈搞愈大,影院名称的字体也越写越大,以求夺人眼目。《申报》上的娱乐广告的版面随之不断扩版,由19世纪末几乎全是戏剧、戏曲的广告天下,到20世纪30年代已是每日连续4、5版的电影广告。"[③]

第四阶段,1931—1937——《申报》电影广告的鼎盛时期。

这一时期恰逢中国工商业发展的"黄金十年",也是电影业的黄金时期。电影广告成为"本埠增刊"的主要内容,广告篇幅有占半版甚至以上者,其势头全面超过了戏曲广告,在娱乐广告中一家独大,成为整个《申报》版面上最为耀眼的内容。此时《本埠增刊》的版面规模与电影广告的数量多少息息相关。虽然1932年因为淞沪抗战的爆发,使得

① 程季华. 上海电影院的发展[A]. 上海通社:《上海研究资料续集》. 上海:上海书店印行. 1984:32.
② 李道新. 民国报纸与中国早期电影的历史叙述[J]. 当代电影. 2005(06).
③ 胡霁荣. 中国早期电影史(1896—1937)[M]. 上海:上海人民出版社. 2010:10.

《申报》整体广告规模缩小，曾一度中断娱乐广告；但战事结束不久，重新刊登的电影广告仍达 3 版半至 4 版左右，主要集中于《本埠增刊》和常规版面的最后几版中，恢复至战前水平。

之后的电影广告，仍是增势发展。1933 年，《申报》开辟《电影专刊》，其中的电影广告总计可占 5 至 6 个版面；值得一提的是，头版甚至出现过整版国产电影广告的盛况，而国片广告与美国电影广告平分秋色甚至更胜一筹的情况，自 20 年代中期起持续至今。

这样的情况一直延续至 1936 年，期间由于影院的激烈竞争，在广告上反映出略有降势；但总体而言，基本能稳定在 3 至 6 版不等，需视每日广告篇幅而定。

第五阶段，1937—1941——《申报》电影广告的"孤岛"时期。

1937 年"七七事变"导致抗战爆发，虽未直接影响到上海，但电影广告在此后渐减至 3 版左右；"八·一三事变"后，自 8 月 15 日起，《申报》无娱乐广告；9 月 9 日起，少数影院恢复刊登广告，但不再有固定版面，篇幅较前大为缩减。11 月，淞沪会战失利，上海沦为"孤岛"，原本繁盛的电影业一落千丈。反映在电影广告上，广告数量减少，版面位置分散，但最为明显的是广告篇幅的急剧缩水。12 月 14 日《申报》停刊，至 1938 年 10 月在上海复刊。由于各影戏院基本位于租界中，战事稍一平息，电影广告便渐多，集中于同一版面中，分上下两部分集中刊登，中间为时事新闻消息，但整体规模较前小甚多。其中少数几家影院广告篇幅较前年稍扩大，戏曲广告恢复，规模与电影广告相似，由此也可见其时电影广告的衰退程度。

孤岛时期，电影广告多登于倒数一二版，国片广告篇幅变大，有时甚至超过美国片；在 2 至 3 个版面中出现，仍是上下分部刊登为主，逐渐向中央版面扩展，但从未有过整版电影广告。此后又与戏曲、话剧广告共处一版，但较后者醒目。

第六阶段，1941—1945——《申报》电影广告的日控时期。

1941 年太平洋战争爆发，日军入侵租界，控制了整个上海。日控时期的《申报》电影广告更为不济，虽然数量渐多，但篇幅屡减，多以窄竖条挤在一起，在一个版面的周边分布，似成规模却显凌乱；后规模渐小，篇幅再减，原孤岛时期一广告篇幅于今可登二广告。这样的广告根本不是为了吸引观众，而是应日方要求"维稳"，乃不得已而为之。

至 1943 年，情况更为糟糕。电影广告集中于最后一版，各影院广告规模越发变小，电影广告集中起来仅占 1/4—1/3 版，密密麻麻，非常凌乱，最小的广告篇幅还不如 1896 年第一张电影广告大。这种情况持续至抗战胜利，期间《申报》曾三度停刊。

第七阶段，1945—1949——《申报》电影广告的衰亡期。

1946 年，《申报》已为国民党接管。电影广告篇幅规模渐大，但仍集中于倒数一二版，占据半版左右，后分 2 版登出。至 1947 年，达到一个整版；其后有少数影戏院广告恢复较大篇幅，电影广告也分栏明确，不再挤于一处，看起来较为舒适。

但好景不长，原本处于复苏的电影业由于愈演愈烈的内战又变得岌岌可危，《申报》上的电影广告也仅能惨淡维系。不久便又缩减篇幅，挤于一处，仅占下半部 2/3 版面。这样的惨淡经营一直持续至 1949 年《申报》停刊。

综上所述,《申报》电影广告的兴衰反映了那一时期中国——尤其是上海的社会政治、经济大势。亚当·斯密把政治经济之系统分为两种的主张:一为"农业之系统",一为"商业之系统",亦即"现代之系统"。电影广告最初在《申报》上的逐渐兴盛,无疑是上海这座城市领风气之先的结果,是在社会结构上由传统农业经济向现代商业经济转型的结果。当报刊上的电影广告成为电影在传播过程中成熟而完备的系统环节之一后,上海的社会形态对于当时而言,现代化转型已经完成;这一时间点可以定在 20 世纪 20 年代中期,亦即电影这一外来娱乐活动能与中国传统戏剧在报刊广告版面上分庭抗礼之时。这也说明,当时人们对于电影这一文化消费活动的热情从无至有、由小众到大众的变化,离不开文化娱乐媒介的推波助澜,而由此获益的城市娱乐业又反过来推动了上海文化娱乐媒介的深入发展,以《申报》为代表的报刊电影广告便是最好例证。

报刊电影广告是"依托于电影市场而存在的附加性市场,具有很大的依赖性",[①]无论我们把电影以及电影广告视为文化活动还是商业活动,电影广告的整体状况总是能反映整个社会的大气候。在中国,电影市场的良好状态总是出现在社会的稳定发展期,也总是因为战争而中断了其发展势头,甚至连根拔起已有的基础。1932 年的战争中断了《申报》电影广告此前节节攀升的良好势头,1937 年起的日军侵华战争更是令整个电影广告市场元气大伤。社会经济形态的转型能让《申报》的电影广告得以发展,社会变动的冲击也令电影广告渐趋衰亡。这是当时电影业与电影广告业的机遇与无奈,时至今日,已成为上海都市文化遗产的一部分,这倒是史家之幸。

二、电影广告的数量分析:电影广告体现城市娱乐文化变迁

电影"到了 20 世纪 30 年代拥有最广大的观众,成为现代上海最有影响的城市娱乐活动",[②]是上海城市娱乐的代表性样式。与之相应,《申报》上刊登了大量影片预映广告,其广告主多为各影戏院。电影广告的数量众多是影戏院生意兴隆、竞争激烈的具体表现,故而《申报》上电影广告数量的多少直接反映了当时上海电影院的发展情况,同时从侧面反映了城市娱乐行业的整体状况。

仅凭《申报》电影广告,能对其进行整体描述,却无法用精确的数字来进一步说明其历时 54 年的演变历程。为了能更为确切直观地了解电影广告在《申报》上的表现,以及美国电影广告在其中所占的重要地位,通过对每天的美国电影广告数目进行统计和分析,从中一窥其时电影广告——尤其是美国电影广告的大概。

(一)《申报》电影广告数量反映上海电影院的发展状况

大多数情况下,能收集到的早期的电影广告只手可数,这样的情况至 1908 年才有改观。由于其时尚未有专门的放映场所,电影放映的不定期导致电影广告刊登的不定期。故而在抽样中,1900 年、1903 年、1906 年、1907 年与 1910 年,均付阙如。最为遗憾的是,

---

① 杨海军,王成文. 世界商业广告史[M]. 开封:河南大学出版社. 2006:121.
② 楼嘉军. 上海城市娱乐研究(1930—1939)[D]. 华东师范大学,2004:27.

由于信息的缺失，除 1897 年那次外，无法完全确认所谓的"美国电影"是否确为美国摄制，只能作大致推测。

一般认为虹口活动影戏院是中国第一家正式的影院，尽管也有一些论者认为更早出现的"'幻仙戏院'是我国最早的电影院"。[①] 1908 年 12 月 22 日，西班牙商人雷玛斯（Antonio Ramos）在上海海宁路、乍浦路口租借一处溜冰场，用铁皮搭建一座可容纳 250 名观众的虹口活动影戏园，时称"铁房子"。不过在《申报》上没有发现其广告。"该影院1913 年由日本人接办，改名为东京活动影戏院"[②]（1915 年改名为虹口活动影戏院；1919年又改名为虹口大戏院；1965 年 1 月 1 日，再改名为虹口区文化馆剧场；1985 年改建为虹口文化娱乐厅）。自 1913 年 5 月起，《申报》上出现广告主为"东京活动影戏园"所启之电影广告，使得《申报》刊登电影广告成为每天版面上的常规。

自 1914 年起，《申报》每日有电影广告，因此，对《申报》美国电影广告的统计以此为起点较为合理（见图 2）。

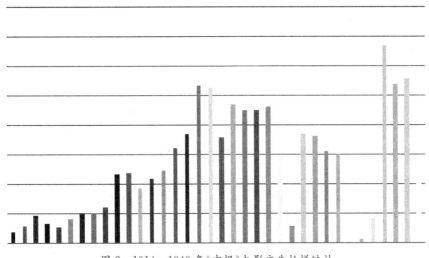

图 2　1914—1949 年《申报》电影广告抽样统计

从 1914—1949 年《申报》电影广告样本统计的图表中可以看出，其广告数量上大致经历了一个"由低至高—盛极而衰—异峰突起—戛然而止"的过程，这符合对于版面情况的研究。

1915 年，广告总数首次过百，此后由于放映电影场地的变动，广告数量也时多时少。至 1920 年，广告总数突破 200，并且开始了一个稳定增长时期。

数量上出现的第一次峰值在 1930 年，计有 1 068 份，平均每天近 24 份；1931 年同样突破 1 000 份。但这一趋势由于 1932 年一·二八淞沪抗战的爆发而中断。此时开映影片的影院广告上标明"下列各戏院为维持职工生活计，于国难炮火声中勉力开幕"，所映多为

①　饶曙光，毕晓喻．电影院：历史、现状及其发展——从电影的演变看电影的大繁荣和大发展[A]．中国电影家协会产业研究中心：电影产业研究之影院发展卷．北京：中国电影出版社．2008：2.

②　李道新．中国电影文化史年第 1905—2004[M]．北京：北京大学出版社．2005：1.

国片。好在其后不久便恢复元气,至 1936 年总数保持在 900 份左右。1937 年八一三事变破坏了这一良好发展态势,淞沪会战后上海沦为孤岛,《申报》于当年 12 月 14 日停刊,迁至汉口及香港出版,至 1938 年 10 月 10 日才在上海复刊,这也使得其电影广告数量一落千丈。

1939 年至 1941 年,在租界的庇护下,上海维持着表面的繁荣,电影广告数量达到 600—700 份。但 1941 年底太平洋战争爆发后,情况急转直下,日美交战,日本攫取了公共租界管理权。此后上海不再有新进口的美国影片,但旧片仍可放映。随着局势的进一步紧张,电影广告跌入谷底。

抗战胜利后,1946 年《申报》电影广告出现了第二次高峰,为 1 342 份,平均每天近 30 份。如果纯粹从数量上看,这与对版面的描述相抵触,因为 1946 年比黄金的 30 年代的任何一年都要多(包括 30 年代中超千的那些年份)。但如果从趋势上看,就很容易对此情况做出解释。1930 年的高峰是在之前近 20 年的基础上逐渐积累而成,而 1946 年的高峰则是由于抗战爆发,造成 1942 年以来无法进入中国市场的影片在战后一股脑儿涌入而形成的"井喷"现象。"从战后上海进口美国影片的数量分析,美国影片进口的高峰出现在 1946 年,达到 881 部,此后即逐年下降,1947 年为 393 部,为 1946 年的 44.6%;1948 年为 272 部,为 1946 年的 30.9%;1949 年 1—5 月只有 1 部,此后新片进口实际中断。"[①]

大量的库存影片需要时间去让市场消化,同时新生产的影片也源源不断地投入市场,这就保证了电影广告数量上超千的高数值,也令每部影片的映期大大减少。如 1946 年 4 月 22 日金城、金都两家影戏院合登的一则广告称"现以新片山积,只能缩短映期"。这一势头一直维持至 1949 年 5 月。1949 年的总数虽然减少,但如果以其前 5 个月的势头发展下去的话,仍可达到之前水准。

(二)电影广告的确认反映上海城市娱乐文化的转型与变迁

统计主要通过《申报》电影广告所提供的电影英文原名,并参考王永芳、姜洪涛所著的《在华发行外国影片目录(1896—1924)》,[②] 以及秦喜清《欧美电影与中国早期电影(1920—1930)》、[③]张伟《都市•电影•传媒——民国电影笔记》等文献所提供的零星资料,[④]与 IMDB 网站所提供的电影资料进行对比,同时以杨校等人修订的《中国电影总目录(修订稿)》、[⑤]邢雁冰《娱乐视角下的中国早期电影(1905—1949)》[⑥]附录中的"1921 年—1937 年《申报》刊载电影广告关键词一览表",加上一些相关网络资料,在反复比对的基础上,最后确认了一批美国电影广告。

在 1917 年的《申报》广告上第一次出现了英文影片名称。直至 20 年代,广告上标注

① 汪朝光. 战后上海美国电影市场研究[J]. 近代史研究. 2001(01).
② 王永芳,姜洪涛. 在华发行外国影片目录年第 1896—1924[A]. 香港中国电影学会:《中国电影研究(第 1 辑)》. 香港中国电影学会. 1983:60—282.
③ 秦喜清. 欧美电影与中国早期电影(1920—1930)[M]. 北京:中国电影出版社. 2008.
④ 张伟. 都市•电影•传媒——民国电影笔记[M]. 上海:同济大学出版社. 2010.
⑤ 杨校,李克珍,李建生. 中国电影总目录 1905—1937[A]. 香港中国电影学会:中国电影研究(第 1 辑). 1983:84—259.
⑥ 邢雁冰. 娱乐视角下的中国早期电影 1905—1949[M]. 辽宁大学. 2007.

英文原名才蔚然成风。但并不是所有广告都是如此，如40年代有的广告仅标有影院广告主名称与影片中文名，甚至出现过连影院名都不标、仅有影片中文名的情况，因此便无法确认这部分广告是否为美国电影广告。有的时候广告上仅写"卓别林滑稽大会串"，虽然大致可以确定放映的是美国电影，但由于缺乏直接证据，仍将其归入"不能确认"之列。此外，有些"疑似美国影片广告"也混迹其中，由于如前述广告上所提供信息不完整等原因，可能造成些许中国以及其他非美国出品的外国影片，因无法确认其出品国，不得已只能归入"不能确认"之列。

根据资料，可以确认的美国电影广告从1916年开始，包括影片的原名、出品公司以及出品时间。随着在广告上标上英文原名的做法日趋流行，能确认的影片也越来越多，至1925年首次超过不能确认的影片广告数，这种情况一直持续到1942年。"1943年1月，汪伪政权对美英等国'宣战'，'收回'公共租界，日伪当局强令各地电影院'一律停止放映美英敌性影片'，规定'今后各影院一律上映国产及友邦影片'。美国影片从此退出上海市场"。[①] 这一说法并非言过其实，虽然在统计中仍然有少数电影广告在《申报》上出现，但这些广告完全无法确认其是否属于美国拍摄制作。

1946—1948年，无法确认的电影广告数全面反超，能够作为这一时期电影业不景气的佐证。版面的杂乱无章源自电影广告篇幅的缩减和排版的马虎，这是因为广告主在广告文本上去除了大量冗余信息甚至必要信息，导致了无法确认广告数量的猛增。1946年的无法确认数量甚至达到可确认美国电影广告数量的3倍还多。

1946年形成的电影广告高峰，可以进一步说明其与版面状况描述之间差异的原因。如图6所示，可确认为美国电影的广告，其走势除1946年后与广告数量整体状况不一致外，其余皆大同小异。可以说20、30年代的美国电影广告就代表了整个《申报》的非国产电影广告。无法确认的广告也是值得注意的。

1949年可确认为美国电影的广告总量比不可确认者稍多，其主要原因之一应当为当年输入的美国影片数量占总量的大多数。

这一系列数据基本可以坐实上述对于《申报》电影广告在版面上表现的描述与判断。结合当时的社会发展状况，可以说，海派文化形成过程中的电影广告所体现的城市娱乐文化，是海派娱乐文化的丰富养料，从娱乐文化的角度反映了社会的转型与历史的变迁。"上海城市娱乐的发展贯穿了海派文化发展的始终，从器物、制度到精神层面，丰富和充实了海派文化诸多的时代特征。"[②]在这一过程中，新的娱乐文化构筑起人文娱乐理念和大众娱乐环境，成为海派文化内涵展示的重要内容以及一笔丰厚的都市文化遗产。

（三）平均每日广告数约等于广告主数：影戏院直接促进城市娱乐文化转型

电影广告中是否出现影片英文原名与广告主有着直接关系。《申报》电影广告的广告主多为各影戏院，英文片名是否在广告上出现则依赖于影戏院的自身定位以及对观众群

---

① 汪朝光. 抗战时期沦陷区的电影检查[J]. 抗日战争研究. 2002. 1.
② 楼嘉军. 20世纪初期上海城市娱乐体系的演变[J]. 历史教学问题. 2006. 4.

体的定位。无论是最初电影广告的兴起与"东京活动影戏园"密切相关,还是战争使得影戏院的电影广告的数量和质量急转直下,都可以认为众多影戏院一同参与了海派文化中的娱乐文化的构筑。

样本总数为一年 45 天中的美国电影广告或疑似美国电影广告,其平均数则为每日在《申报》版面上刊登的美国电影广告或疑似美国电影广告数(见表 3)。当然,由于 1949 年仅有 1—5 月进入统计,平均基数为 5 个月中收集样本的 15 天。通过分析样本均数,可以大致了解当年刊登广告的影戏院数量。

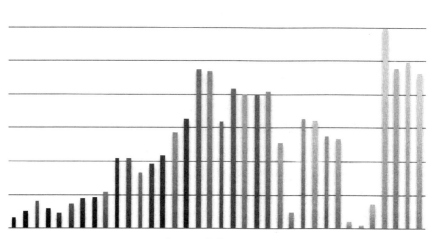

图 7 平均每日广告数

总体而言,各影戏院为《申报》电影广告最大的广告主。故有理由认为平均每日广告数约等于广告主数,亦即统计中每天有多少则广告,就说明每天有多少家影戏院刊登了美国电影或疑似美国电影广告。

对于 1923 年和 1924 年广告数量上不寻常的脱颖而出,一个较为合理的解释是广告主的变化。1922 年平均每天广告数为 5,1923 年与 1924 年则突增为 10,而至 1925 年又回落至 8。这一方面是由于当时电影的输入在 1923 年和 1924 年两年内突然增多,另一方面也说明影戏院在那两年内猛增。而国产电影长片自 20 年代初的《阎瑞生》起,1925 年后数量明显增加(据杨校等人修订的《中国电影总目录(修订稿)》[1]统计,1924 年国产片为 18 部,1925 年为 58 部),影戏院常常放映国产片,从而与美国片形成竞争,也是导致美国电影广告主即影戏院数量上稍有回落的原因。

对于平均数的分析,仍然需要关注两个峰值:1930 年的峰值近 24,1946 年接近 30。这相当于说 1930 年每天大约有 24 家影戏院放映美国影片,1946 年达到 30 家。这一数据差异产生的原因除了影戏院的增设外,还有抗战期间国产影片的凋零与美国影片的积压。

---

① 杨校,李克珍,李建生. 中国电影总目录 1905—1937[A]. 香港中国电影学会:《中国电影研究(第 1 辑)》. 1983:84—259.

但这并不说明 40 年代的美国电影情况好过了 30 年代，1947 年的回落很好地说明了这一点。

《申报》上与电影有关的广告除了影戏院的预映广告外，还有诸如"代理电影发行"、"出售、推销电影放映机器"等，[①]这些预映广告只出现在早期，且为数甚少。除影戏院外，各类临时性露天放映场地，如徐家汇亨白避暑花园、大华饭店内意大利花园露天电影院和霞飞路法国总会内凡尔登露天影戏园，也会有一些广告刊登。但这些广告主所做的广告总数比起影戏院所刊登的广告而言，不过是九牛一毛。放映场所的单一倾向使影戏院在广告竞争上有着得天独厚的优势，也使得影戏院成为《申报》电影广告的最大广告主。由此，影戏院成为推广海派电影娱乐文化的主力军，也令电影这一外来娱乐形式被人们广泛认同接受，在声势上超过传统戏剧，直接参与促进了城市娱乐文化的转型。

第三节　电影广告对上海电影放映监管制度的影响：一种意识形态的确立

如今，一些国家早已开始对电影实行分级制度，以行业自治的方式来对电影内容进行监督。但还有一些国家仍然实行官方对电影的苛刻审查制度。在电影的发展过程中，各国均经历过电影审查阶段。由于中国人对社会风化的高要求，中国的电影审查制度起步并不比世界上其他国家晚多少，真正建立起官方性质的审查制度也属于顺水推舟的性质。虽然其中遇到些许阻碍，却并不是来自行业内部的良性发展需求，而更多地涉及与列强的政治外交。而这一阻碍也因戏剧性的事件得以解决，并由此在电影审查中确立明确的意识形态。在整个事件中，报刊电影广告起着举足轻重的作用。

一、上海电影放映审查制度的演变

（一）上海电影放映审查制度的萌芽与发展：祭出道德风化的大旗

影戏放映一事在中国萌芽，更多集中于上海。电影放映场所渐增，电影观众日多，电影对人们生活的影响也不断扩大。清宣统三年(1911)6 月，清政府上海城自治所公布了七条"取缔影戏场条例"，其中规定："开设电光影戏场，需报领执照"、"男女必须分座"、"不得有淫亵之影片"、"停场时刻，至迟以夜间十二点钟为限"，如违反，"经查出属实者，将吊销执照，分别惩罚"等等。[②] 主要是维护道德风化和社会治安。而终清之世，严格意义上的电影检查制度尚未出现。

在当时一些论者的笔下，电影首先不是一门娱乐或产业，而是教育辅助手段、增广见闻的途径、改良社会的药方。[③] 故而把电影与道德教化相联，于是教育界主动承担起对电

---

① 汪朝光. 早期上海电影业与上海的现代化进程[J]. 档案与史学. 2003.3.
② 方明光. 海上旧梦影[M]. 上海：上海人民出版社. 2003：46.
③ 汪朝光. 民国年间美国电影在华市场研究[J]. 电影艺术. 1998(1).

影审查之责。

辛亥革命后,维护社会道德风化的任务并不因清王朝的灭亡而终结。1912 年 4 月 28 日,通俗教育研究会成立于江苏,并在上海召开第四次会议,决定创办通俗教育研究会杂志和通俗教育品制造所(活动影片幻灯制作所);1915 年,教育部公布通俗教育会章程,根据该会章程,其下设戏曲股负责"活动影片、幻灯影片、留声机片之审核事项"。① 但戏剧股主要负责对戏曲和评书的审核、改良,②电影审核只是附带之事。

1917 年时,通俗教育研究会附设于教育部内,由教育部、学务局、京师警察厅派员参加,另聘大学教职员、教育会会员及其他有专长者若干人为会员,会长由教育次长兼任,各股干事均由会长推定,各股主任暨会员均由部指派。制度化标志着该会成为国家正式的教育机构,③具有官方或半官方性质。虽说该会对于电影检查负有正式责任,但其成立时,电影的放映市场及社会影响尚不及 20 年代,因此所谓"审核"也就无从提起。

当电影放映逐渐普及之后,出于对其"负面影响"的担忧,电影检查呼声渐起,由通俗教育研究会担当电影检查事项实为名正言顺。此外,由于该会在一些省份有分支组织,更便于其在有关地区内行使检查职能。1923 年 10 月,通俗教育研究会因"电影一项,近来风行各埠,影响社会较戏剧为尤深,其中所映影片有裨世道人心者固多,而诲淫诲盗亦所难免",因此致函"警厅饬各影场仿戏园之例,将所演戏目先期呈送"该会审核。④ 但这样的送审要求均不见下文。

通俗教育研究会的活跃时间大致在 1915 年至 1924 年间,而随后爆发的军阀混战使得其之努力无疾而终。但至南京政府成立这段时间内,电影检查并非一片空白,地方性教育组织又一次扛起大旗。

1923 年成立的江苏省教育会电影审阅委员会可视为最早的雏形。该委员会有委员十人,但并非行政机构。其审阅标准为:"一、确合教育原理,能于社会发生良好影响者,该影片得加入'曾经江苏省教育会电影审阅委员会认可'字样,以寓表扬之意。二、通常影片但为营业关系可无流弊者,本会不加可否。三、如确系有害风化,曾经本会劝告未能改良者,本会当请官厅干涉。"⑤最后"请官厅干涉"五字说明江苏省教育会电影审阅委员会的规章执行需假官家之手,本身并无行政执法权。

其时,该委员会已经开始对在上海放映的影片进行审查,尤其注重审查"奸盗邪淫妨碍风俗之影片",并"依其情节轻重,分别依法处罚,或勒令停演闭业"。⑥ 但由于民间组织的尴尬性质,缺乏行政权力的依托和支持,因此其实际效能有限,南京政府当政前上海的电影放映基本仍处于自由状态。⑦

① 教育部关于设立通俗教育研究会呈并大总统批令(1915 年 7 月 18 日). 详见:中华民国史档案资料汇编年第第 3 辑文化分册[M]. 江苏古籍出版社. 1991:101—103.
② 贾蕊华,贾俊兰. 昙花一现的民初通俗教育研究会初探[J]. 沧桑. 2006(04).
③ 贾蕊华,贾俊兰. 昙花一现的民初通俗教育研究会初探[J]. 沧桑. 2006(04).
④ 汪朝光. 民国年间美国电影在华市场研究[J]. 电影艺术. 1998(01).
⑤ 尹兴. 民国电影检查制度年第 1911—1937[D]. 西南大学. 2006.
⑥ 程树仁. 中华影业年鉴[M]. 中华影业年鉴社. 1927.
⑦ 汪朝光. 检查、控制与导向——上海市电影检查委员会研究[J]. 近代史研究. 2004(06).

此后又有浙江省电影审查会、北京教育部电影审阅会相继成立。但江苏、浙江、北京各处电审会的工作主要局限于地方,而 20 年代中期,"上海有电影院近 40 家,占全国总数的近 1/3,票房收入约占全国总数的一半;电影制片公司 130 余家,占全国总数的 70%以上;1926 年出品影片的数量首次超过百部,占国产影片总产量的 90%以上;引进的外国影片数量每年亦超过百部,位居国内各城市之首;上海已成为当之无愧的中国电影之都",[①]是中国最大的电影制作基地和放映市场,所以上海电影检查制度的建立势在必行。

(二) 上海市电影检查委员会的成立：官方介入电影审查

1927 年 3 月,国民革命军占领上海;4 月,国民政府在南京成立;6 月 30 日,国民党中宣部驻沪办事处编审组艺术股设立影戏、新剧、歌曲、说书等部,负责有关审查工作。[②] 7 月,上海特别市政府成立,市政府和党部开始了以三民主义为指导思想的娱乐审查。8 月 18 日,上海市公安局公布实行《戏园营业取缔规则》,规定"不准开演淫亵戏剧或词曲及有淫秽之讲演",并据此规则"查获明星影戏院不宜公开之影片十本,为生理解剖医疗手术影片,其中三本不宜公开映演者,已限制,嗣后不得再演"。[③]

1928 年 8 月 18 日,上海市戏曲电影审查委员会正式成立,由社会局局长潘公展担任主席。根据该会组织条例,市党部宣传部秘书及指导、编审、总务三科主任为当然委员,其余委员由党部就艺术有高深研究者及党部附设之革命剧社中物色任用,并请市教育局派遣二人参加。[④] 这是在上海出现的第一个具有强制性行政权力的地方电影检查机关,基本上由国民党上海市党部主导。

上海市戏曲电影审查委员会成立后,公布了《电影审查细则》,自 1929 年 2 月 1 日起实行。根据该细则,所有拟上映之中外影片均须于公映前接受审查,否则一律禁止公映;经审查通过之影片,内容及字幕一律不得增加或更改。该细则同时规定了影片审查中应予剪除或删改之具体内容,对于男女身体、男女关系及性表现之禁止,不仅涉及实际的动作,而且涉及美术作品等静态表现形式。[⑤]

1928 年 9 月,国民政府内政部"鉴于电影检查行政与国家警察权有关",乃颁布《检查电影片规则》,定于 1929 年 1 月 1 日起施行。"后以当时国内交通不便,前项规则恐有窒碍,乃决议暂缓施行,并准各省市暂定单行规则"。其后又"以电影与社会教育均有关系,乃与教育部会商,另拟检查电影片规则",于 1929 年 4 月 11 日公布;7 月 1 日,教育、内政部颁布的《检查电影片规则》正式实行。

上海市教育局、社会局与公安局据此会商实施办法,"以本市为国产影片出产之区,亦为外国影片承转之地,检查监督责任綦重,若由三局随时会同办理,或不免有疏虞之处,且

①　汪朝光. 检查、控制与导向——上海市电影检查委员会研究[J]. 近代史研究. 2004(06).
②　上海市委宣传部. 上海革命文化大事记(1919—1937)[M]. 上海：上海书店出版社. 2009：71.
③　上海市公安局. 上海特别市公安局业务纪要(1927 年 8 月至 1928 年 7 月)[M]. 上海：特别市公安局. 1928.
④　戏曲电影将受审查[N]. 申报. 1928. 8. 9.
⑤　电影审查细则. 中国电影资料馆：中国无声电影[A]. 北京：中国电影出版社. 1996：36.

辗转需时,亦不免有稽迟之弊",因此议决"共同组织电影检查委员会,以专责成而期迅疾"。① 7月12日,共同组织电影检查委员会,并经上海市政府批准成立,委员由主管局局长会衔呈请市长委任,经费由市财政局拨付。

在上海市戏曲电影检查委员会的基础上,1929年9月12日,上海特别市电影检查委员会正式成立(后于1930年7月1日改称上海市电影检查委员会);10月1日,接收原戏曲电影审查委员会之工作。10月4日,上海电检会公布《上海特别市电影检查委员会规则》,11月9日公布《上海特别市电影检查委员会检查电影片规则》,规定其工作为检查进口及在本市摄制之中外影片及取缔不良影片,电影检查标准与教育、内政部颁布的检查规则同一;检查通过后的上映有效期为3年,期满后须另行申请检查;通过检查之影片,如映演时发现与原审有出入处,除即予禁演外,并撤销其映演执照;电检会委员得随时携带检查证至映演场所检查;凡违反规定或于申请书内发现有虚伪记载者,处以50元以下之罚款。②

从此,上海的电影放映被纳入由政府统一的强制性检查体系之中,成为表面上看来可以实施执行的系统。

（三）上海的电影审查情况：租界独立于华方审查之外

其时,上海存在三种相对独立的娱乐审查制度,即按行政区域划分的华界上海市政府和市党部的娱乐审查、公共租界工部局的娱乐审查、法租界公董局的娱乐审查。这三种审查制度中,华界的娱乐审查与租界的娱乐审查相对较为独立,公共租界的娱乐审查和法租界的娱乐审查则存在着十分紧密的合作关系,实行常规化的联合审查。

公共租界中,工部局为其管理机构,拥有法律制定权。20年代初,工部局在新颁布的影戏馆执照章程之第7条便规定:一切淫秽影戏画片一概不准用,凡属画片均须由巡捕核准,如有不堪入目之画片,巡捕有权令其立即停止演用。这一条款赋予了警方取缔淫秽影片的权力,并规定电影放映需经警方同意。然而实际运作中,许多影片在上映时都未曾接受过检查。③ 因而可说这一时期工部局尚未建立起系统的娱乐审查制度。

1926年11月15日,公共租界内的夏令配克大戏院放映苏联电影《伏尔加河上的船夫》,因伴奏的管弦队演奏《马赛曲》时激怒了戏院中的一个法国人,引发了骚乱。这次骚乱使得各方纷纷抗议影片的继续放映。次日,警方副总巡向总办提交报告,认为必须停止该片放映,并建议重新审视公共租界的电影审查制度。以此为由,工部局副办致函香港殖民当局总办,咨询有关香港电影检查的情况,鉴为蓝本。1927年9月8日,工部局正式在公告中发布消息,建立新的电影检查制度,规定"警方将检查所有影片,如果检查通过,将发给一份表明电影检查委员会同意公映的证明;如果警方认为影片是不受欢迎的,那么将

---

① 注：上海市政府检报该市电影检查委员会成立经过、工作状况及各项规则呈(1930年2月12日). 详见中国第二历史档案馆编：中华民国史档案资料汇编,第5辑第1编：文化(1). [M]. 江苏：江苏古籍出版社. 1994：337.

② 中国第二历史档案馆. 中华民国史档案资料汇编,第5辑第1编：文化[M]. 南京：江苏古籍出版社. 1994：340—343.

③ 上海公共租界工部局总办处关于影片检查事(卷1). 上海市档案馆. UI-3-2401. 2.

提交电影检查委员会做决定"。新修订的影戏馆执照章程第 7 款于 10 月 1 日正式实施。①

与此同时，法租界方面也重新构建了新的电影检查制度。法租界虽早在 1909 年相关影戏院法令中规定，演出节目不得有违道德或扰乱公共秩序，然而这一条款同样未得到认真履行，故法租界早期也不存在系统的娱乐审查。

公共租界重新建立电影检查制度之后，1927 年 9 月 22 日，法租界总领事连续发布 2 道领事法令，宣布改革电影检查制度。编号为 104 的领事法令规定影戏院演出节目不得有违道德或扰乱公共秩序，任何影片皆须提交由法租界总领事授权的电影检查委员会检查并获得认可后，方可公开放映。编号为 105 的领事法令则发布电影审查规则，规定影戏院经营者若想要在法租界公开放映影片，须向警方主管警官提出申请，警官须在 8 天内确定电影检查委员会开会日期，到时影片须完整地向委员会放映；电影检查委员会的职责是检查送审影片是否符合规定，不损于公共秩序和社会道德。这一法令于 1927 年 11 月 1 日正式实施。②

公共租界和法租界分别建立电影审查制度后，便开始酝酿合作事宜。双方协商后提出了一份合作原则：所有计划首先在法租界放映的电影，应在那里被检查；同样，所有计划首先在公共租界放映的电影亦应在那里被检查。在法租界已被审查过的影片，进入公共租界不必再受审查；同样，在公共租界已被审查过的影片，进入法租界也不必再受审查。

联合检查的具体起始时间不详，但公共租界一方逐渐掌控了联合检查的主导权，其电影检查委员会成为最高检查机关；法租界一方则扮演了协助者角色，其电影检查委员会很少或完全不起作用。双方的合作可能结束于 1931 年，因之后档案资料显示法租界警方和电影检查委员会开始单独查禁影片。③

由于公共租界的娱乐审查和法租界的娱乐审查的独立性，使得上海电检会的电影审查工作困难重重，尤其对外来影片的审查更为不易。

1928 年时工部局曾与华界方面进行过短暂的检查合作。④ 但 1931 年华界方面再次提出合作要求时，工部局则反应相当冷淡，认为工部局的电影检查是基于地方的需求而不是华界方面的民族情绪；工部局的审查行为没有官方背景，审查是在完全独立的态度下进行，只要电影检查委员会的检查行为一直被认可，那么就没必要改变现状。⑤ 这使得双方再次合作的努力宣告失败。

二、报刊电影广告对电影放映监管制度确立的影响

（一）"不怕死"事件：禁登报刊广告成为检查制度实施的突破口

根据上海电检会的规定，从 1929 年 11 月 12 日起，对所有正在制作及上映的中外影

---

①　工部局将检查影片[N]. 申报. 1927. 9. 11(本埠增刊第 1 版).

②　上海法租界公董局电影审查章程. 上海公共租界工部局总办处关于影片检查事(卷 1). 上海市档案馆. U38-1-2120. 8—101.

③　骆曦. 娱乐、政治、风化——审查制度下的上海大众娱乐年第 1927—1931[D]. 华东师范大学. 2008.

④　禁止鼓吹过激影片[N]. 申报. 1928. 3. 20.

⑤　上海公共租界工部局总办处关于影片检查事(卷 2). 上海市档案馆. U1-3-2402.

片进行检查;此前完成及进口之影片,应在 12 月 31 日前补行检查;从 1930 年 1 月 1 日起,无论中外影片,非经检查不得放映及进出口。①

但是,一方面"本市有辽阔之租界及一切不平等条约,为一般奸商作护符,致本国行政机关对于租界一切问题,无权过问。而本市中外电影商人及电影院有十九皆在租界以内,逆知监督指导,困难必多"。② 另一方面,财政部因恐此举有碍邦交,又呈请行政院以缓实行并得到同意。"此项消息传出之后,中外影片商人又复观望如初,致本会行使职权,感受种种困难,而中央检查电影之政令,遂亦因之不能彻底推行"。③ 于是对租界的电影检查只能通过与租界当局的繁复协商解决。

在 1929 年 12 月上海电检会检查的 82 部影片中,美国片不过 10 部,而且无一被删剪。这一系列事件使上海电检会的检查工作面临内外交困的境地。正值此时,"不怕死"案发,为上海电影检查委员会确立对租界电影检查的主导权提供了机遇。

1930 年 2 月 21 日,上海大光明和光陆大戏院开始放映美国派拉蒙公司出品、罗克(Harold Lloyd)主演的影片《不怕死》(*Welcome Danger*)。次日,复旦大学教授洪深前往大光明戏院观看,却因《不怕死》中由中国人的猥琐行貌引发戏谑效果而被深深刺痛,愤然离场。其后,洪深重入戏院,登台演讲,批评该片无中生有地侮辱华人,呼吁众人不再看此影片,得到观众呼应,前往售票处要求退票。戏院总经理高永清得报后,指使洋人经理将洪深揪入经理室,动手殴打,又将洪深带往巡捕房;洪深据理力争,约三小时后被释放。这就是轰动一时的"不怕死"事件。

对于此事,电影检查委员会的办事效率之高令人惊异,而在整个事件处理过程中,停登影片广告成为最主要武器。

事发当日,电影检查委员会便要求大光明、光陆戏院停映影片《不怕死》,听候查办;同时函请《申报》、《新闻报》、《时事新报》、《时报》等报馆,迅即将大光明、光陆两戏院所登之《不怕死》影片广告撤除。④ 但此举系临时与各报馆商洽办理,且与报馆利益相冲突,于法无援,办理亦时感困难。⑤ 故 3 月 7 日,电影检查委员会请市教育局通令上海各小报,在未作决定前,禁登两院广告。

此禁令一出,光陆戏院首先向电检会屈服,呈文称已停映该片并登报道歉:"审查影片一节,已于本月十日起,每次由敝院正式向钧会申请办理";请求电检会"体念商艰,准予恢复,以维营业"。3 月 18 日,电检会召开临时会议,"佥以光陆戏院既已悔悟前非,应予自新之路,一致议决与大光明戏院分别处理"。⑥ 4 月 5 日,光陆戏院再次登报向国人道歉,

① 汪朝光. 检查、控制与导向——上海市电影检查委员会研究[J]. 近代史研究. 2004. 6.
② 中国第二历史档案馆. 中华民国史档案资料汇编. 第 5 辑第 1 编:文化[M]. 南京:江苏古籍出版社. 1994:339.
③ 上海市电影检查委员会. 上海市电影检查委员会业务报告. 中华民国史档案资料汇编. 第 5 辑第 1 编:文化[M]. 南京:江苏古籍出版社. 1994:339.
④ 汪朝光. 检查、控制与导向——上海市电影检查委员会研究[M]. 近代史研究. 2004. 6.
⑤ 呈送提供修订电影检查法规意见(1933 年 10 月 26 日)[M]. 上海市档案馆藏. G235-2-1625.
⑥ 上海市电影检查委员会:上海市电影检查委员会业务报告. 中国第二历史档案馆:中华民国史档案资料汇编,第 5 辑第 1 编:文化. 南京:江苏古籍出版社. 1994:339.

声明服从党部和政府的一切法令。5月2日，电检会决议通过恢复光陆戏院刊登广告案。11日，光陆戏院在各报恢复刊登广告。

而对大光明戏院的处理则旷日持久，最终使其倒闭。起初大光明戏院对此事避重就轻，拟以删减引起争议部分回应，被电检会拒绝。其后3月5日又呈文表示，"不但向上海市民道歉，并已向国人道歉"；同意以后开映前将影片送审。而示弱的原因很明显是在经济上受到了打击："敝院报章广告，自钧会令知各报馆停登后，营业方面大受影响，在敝院选片不慎，固属咎有应得，但事后勇于改过，自动停映，并登报向国人道歉，于情于理，似尚不无可原，可否仰恳钧会即日令知各该报馆撤回此项禁令，以维营业，而恤商艰"。① 可见禁登报刊广告收到了明显的效果。但院方在呈文中将此事件主要责任推向外商公司，令电检会很不满意，对其请求没有答复。

5月2日，电检会通过处罚大光明戏院办法：罚款5 000元，充慈善事业经费；登报向国人道歉（道歉原文须经本会核定）；在罗克未道歉前不准再放映其主演各片；以后该院所映各片，应一律先向本会申请检查，核准后方能公映；该院遵办上列决议后，准其恢复广告。此决议通过后，大光明戏院仍未立即遵照办理，一直拖到10月15日，大光明戏院才上呈电检会，承认错误，接受惩处。② 10月19日，大光明戏院在各报恢复刊登广告，并特别注明由电检会检查许可。

至此，关于"不怕死"案对两戏院的处理告一段落。

（二）"不怕死"事件的影响：报刊电影广告确立对外影片审查意识形态方向

"在对此案的处理过程中，上海电检会并未采取直接触及租界当局权力的处理方法，而是以令报纸停登影片广告、在租界外停映相关影片的方式，从经济利益角度迫使关系者做出妥协"。③ 处理方法出其不意，且成效明显。

在长达半年多时间内，大光明戏院停登电影广告，致使戏院一蹶不振，于1931年9月30日映出最后一场电影《近水楼台》后宣告停业。④ 其后大光明易主重建，至1933年6月才重新开幕经营。

上海租界及外商影业从此被纳入国民政府的电影检查体制，上海电检会实现了对上海电影制作、发行与放映的全方位管理。罗克在得到美国驻上海领事馆关于大光明案件的通报后，于1930年8月15日《申报》上刊登"道歉书"，以示歉意。美国派拉蒙影片公司宣布收回在华《不怕死》影片全部拷贝，并保证不再放映。这一系列结果也使得"不怕死"案成为国民政府电影检查制度确立过程中的分水岭，一举奠定之后对外电影检查的审查标准与力度。

---

① 汪朝光. "不怕死"事件之经纬和美国辱华片被查禁之先例[M]；卢燕，李亦中. 聚焦好莱坞：文化与市场对接[M]. 北京：北京大学出版社. 2006：73.

② 上海市电影检查委员会. 上海市电影检查委员会业务报告[M]，中国第二历史档案馆. 中华民国史档案资料汇编，第5辑第1编：文化[M]. 南京：江苏古籍出版社. 1994：339.

③ 汪朝光. "不怕死"事件之经纬和美国辱华片被查禁之先例. 卢燕，李亦中. 聚焦好莱坞：文化与市场对接[M]. 北京：北京大学出版社. 2006：74.

④ 曹永孚. 上海大光明电影院概况[J]. 电影新作. 1993(04).

从 1929 年 11 月至 1931 年 6 月,上海市电影检查委员会共计检查影片 996 部,其中美国片 504 部,占 51%。在被检查的影片中,禁映 9 部,其中外国片 5 部,均为美国影片,计为福克斯公司的 *Far Call*(《遥远的呼唤》)和 *Man without Woman*(《没有女人的世界》)、环球公司的 *Dracula*(《僵尸》)、百代公司的 *Yankee Clipper*(《风流船主》)、《大破地狱》(出品公司不明)。①

1931 年 3 月 1 日,属于中央机构性质的教育、内政部电影检查委员会正式成立,通令各地电影检查机关一律撤销;6 月,正式进入运作。至 1933 年 9 月,"电影检查委员会在其存在的 2 年多内,共计检查电影长片 2 511 部,其中进口片 1 923 部,禁映 71 部"。②

1933 年 9 月,国民政府设立中央宣传委员会电影事业指导委员会,下设电影剧本审查委员会与电影检查委员会分权检查,取代原有电影检查委员会。至全面抗战爆发中央电检会西迁,其检查工作的基本情况为:"1934 年 4—12 月,检查外国影片 334 部,其中禁映 6 部,修剪 18 部;1935 年,检查外国影片 385 部,其中禁映 7 部,修剪 20 部;1936 年,检查外国影片 382 部,其中禁映 13 部,修剪 43 部;1937 年 1 至 4 月,检查外国影片 115 部,其中禁映 4 部,修剪 17 部。总计 3 年检查影片 1 696 部,外国影片 1 216 部(占检查总数的 71.7%);禁映影片 37 部(占检查总数的 2.2%),其中外国影片 30 部(占禁映总数的 81.1%);修剪影片 182 部(占检查总数的 10.7%),其中外国影片 98 部(占修剪总数的 53.8%)。"③禁映、修剪影片所占比例不可谓不大。

而禁映或修剪影片的理由,则是沿袭了对"不怕死"事件的处理原则。如 1935 年《申报》上一则报道称:"美国派拉蒙影片公司最近摄竣之新片《烈士血》(*The Lives of a Bengal Lancer*),为该公司本年度当选巨片之一,内容描述印度部落反叛时英军压制情形,曾于月前呈请首都中央电影检查委员会检定。近悉电检会以该片为帝国主义压迫弱小民族作宣传,有违电影检查法第一条第五款及第八款之规定,予以禁映,并按照会例,着该公司将该片退回本国,否则将予没收。该项通知书闻已于上星期送达云。"④

"不怕死"事件对行业内的影响则反映在各家的广告上。如 1930 年 8 月 4 日九星大戏院的一则《呆大不怕死》(*Play Safe*,1927)的电影广告词称:"罗克不怕死是侮辱国人的,呆大不怕死是娱乐国人的。"同年 11 月 16 日武昌大戏院的一则放映罗克电影的广告则称:"道歉认罪重受欢迎之大明星罗克主演灵活滑稽惊人捧腹笑片。"

而对广告影响更大的,则是 1930 年 3 月 28 日"不怕死"事件发生不久后,上海电检会便通令各戏院,从 4 月 1 日起各公司未经检查许可之影片一律不准刊登广告,同时开始检查租界上映的影片。故 4 月起,各影戏院在《申报》电影广告上开始注上小字,申明"此片已经上海特别市电影监察委员会检定许可公映",或简单地称"已经审定许可"。最为省略者则仅"检查许可"四字。

① 汪朝光. 检查、控制与导向——上海市电影检查委员会研究[J]. 近代史研究. 2004(06).
② 汪朝光. 三十年代初期的国民党电影检查制度[J]. 电影艺术. 1997(03).
③ 汪朝光. 影艺的政治:一九三〇年代中期中央电影检查委员会研究[J]. 历史研究. 2006(02).
④ 《烈士血》被禁[N]. 申报. 1935.3.5.

实行之初,各影戏院广告响应较为积极,但随着时间推移,"不怕死"事件的影响逐渐减弱,至 1932 年底,几无广告再作此类申明了。从 1932 年 12 月起,各影院广告上又出现诸如"执照电字五二〇号"、"查照演字五七〇号"等申明,由此可见,其时已掀起了新一轮的电影审核。但这种情况仅维持至 1933 年的 9 月,其后《申报》电影广告上再不见此类字样。

这些情况也许与电影审查上的权力交接有关。从时间上看,自 1929 年 11 月起,上海市电影检查委员会开始履职。1930 年 4 月因"不怕死"事件而加强电影检查力度。1931 年 6 月,教育、内政部电影检查委员接手审查工作;有资料显示,"电检会为国产片换发准演执照 360 部,检查新片 282 部,发给出口执照 111 部;为外国进口片换照 531 部,检查新片 1 023 部。共计 2 307 部。"[①]其中的"准演执照"当指 1932 年 12 月起电影广告上所示之"演字"、"电字"、"正字"诸号。而这一职能在 1933 年 9 月后,由中央宣传委员会电影事业指导委员会接管。这一权力交接过程在时间上与《申报》电影广告响应电影检查的申明从出现到消失的过程正相符。

总体来说,电影广告与电影审查制度互有影响。通过《申报》上的电影广告,可以清楚地看到当时的电影审查情况及电影检查制度的建立过程:"不怕死"事件把报刊电影广告推上前所未有之地位;对美国电影检查以广告禁载为发端,引发国民政府从意识形态着眼由上而下全面介入,为此后对外影片的审查确定方向。但报刊广告对电影检查方面的作用仅此昙花一现,之后由于政府职能部门的介入,电影检查的执行与惩罚有了更为有力的手段,禁映电影广告这一武器便无足轻重了;而之后更多的是审查制度对电影广告更为明确严格的要求。不过无论如何,以"不怕死"事件为起点,开启了 30 年代中国政府与上海电影界针对外来影片展开联合行动的可喜局面。

第四节　电影广告内容分析：一种审美价值的引导

一、电影广告译名探讨

对于观阅报刊电影广告的读者来说,最为实际的目的是了解影院上映影片的情况,这就使得影片名称成为任何报刊电影广告的最关键要素。在当时,广告上的影片名便已受到重视:"出片后之目的,惟求营业之发达,欲营业发达,尤当注意广告。若剧名不佳,则广告之号召力必甚薄弱,而营业上受命名不佳之打击。幸而观众为广告所吸引而来,然剧终之后,因剧名取义不佳,未足以代表全剧,或剧名与剧旨不甚贴合,俱足使观者发生一种异感,或表示不满之意,遂致营业上于无形中受其损害。反之,则提高影片之值价,增加营业

---

① 汪朝光. 三十年代初期的国民党电影检查制度[J]. 电影艺术. 1997(03).

之收入,皆命名之不可不注意者也。"①又如上海孤岛时期及后来日伪时期,往往一家影院的电影广告仅是在其影院名下注上影片名,连时间、价格都省去;而在黄金十年的全盛时期,也出现过仅有电影名称、其他一概全无的吸引观众的噱头广告。同时,电影广告的特殊性在于,从其对影片译名的翻译起,便开始了整个广告的营销进程。故而对于外来的美国影片来说,面对中国观众和读者,译名是否能吸引人便成为关键。

(一) 外来影片译名由首轮影院译定:由"欧化"而"汉化"

在全球化语境中,跨文化广告成为必不可少的传输带。"世界各国人民的消费方式、期求满足需要和欲望的侧重点是以文化为基础的。"②由于中美两国的语言文字、价值观念、道德规范、民俗风情、宗教信仰以及文化教育等均不同,故而美国电影在中国传播所依托的电影广告,其片名的翻译便具纲举目张之作用。而这些翻译工作并不是由发行方或者代理商来做,据 1923 年《申报》上的两篇消息称:

> 昨闻该院定明晚起,又将开映麦茂兰(Mae Murray)女伶之影片,名 *Fascination*,计长七本,该院译为《最后之觉悟》。③
>
> 兹悉本埠卡尔登影戏院,新由美洲运到葛氏(按:即大卫·格里菲斯,D. W. Griffith,当时译为葛雷菲斯,故称葛氏)一九二二年出版之 *Orphans of the Storm*(华文译名,该院尚未定夺)一片。④

由此可见,其时影片译名为首轮影院译定,以此流传,但也不排除其后由于各类原因重定译名的情况。

如上所提及的影片 *Orphans of the Storm*,后此片译名众多,有《患难之孤儿》、《乱世孤雏》、《战地二孤女》、《二孤女》等,均见于当时《申报》电影广告,而以《乱世孤雏》最为闻名。造成如此之多译名的原因是,1922 年格里菲斯《赖婚》(*Way Down East*,1920)一片在沪公映之后反响极大,引发观片热潮,更使得沪上各影戏院"皆以竞映葛雷非士之影片为荣"(《申报》,1923 年 10 月 1 日)。如"1923 年 6 月卡尔登重映《重见光明》[按:现译为《一个国家的诞生》(*The Birth of a Nation*,1915)]……同年 8、9 月份,申江开映《欧战风流史》(*The Girl Who Stayed at Home*,1919)、《乱世孤雏》、《不幸之婚姻》,11 月又重映《赖婚》;1924 年 2 月开始,沪江、共和、中国等影院再次放映《赖婚》、《乱世孤雏》、《重见光明》等片;同年 6 月,周瘦鹃把《赖婚》原作小说译成中文出版,书内附以电影插图。"⑤

所谓《赖婚》在不同影院的"重映",实则为分轮影院制度下的轮次上映,而更为久远如《乱世孤雏》等已过轮映期的影片才可称"重映"。这样的重映由于早期对于影片名称翻译

① 王石农. 影片命名谈[N]. 申报. 1925. 10. 23.
② 贺雪飞. 全球化语境中的跨文化广告传播研究[M]. 北京:中国社会科学出版社. 2007:9.
③ 卡尔登又将映演名女伶影片[N]. 申报. 1923. 7. 11.
④ 葛雷菲斯新片将到沪[N]. 申报. 1923. 9. 21.
⑤ 秦喜清. 欧美电影与中国早期电影(1920—1930)[M]. 北京:中国电影出版社. 2008:10.

方面的不周到，导致后期重映时屡改译名。这样的情况也出现在由卓别林、罗克等明星主演的早期知名影片的译名上，以至于我们对这些早期的影片在已知中文名、主要演员的情况下，仍无法与其原片合榫，须经资料对比方能获得确认。

30年代，好莱坞八大制片公司在上海设立了办事处，在报刊上也会不时刊登广告告知新片来沪的消息，并附上其所译之中文名。如在1931年1月16日的《申报》广告上，可以看到一则消息称"贵族化大明星瑙玛希拉新伟构啼笑因缘将映于？"其下英文小字为：Norma Shearer in "Let Us Be Gay"(《申报》，1931.1.16)。并未明确指出其广告主。但根据广告内容推测，广告主应为影片制作方在上海的办事处。几天之后，卡尔登的一则广告称"贵族化大明星瑙玛希拉巴黎派杰作"，其下影片名则为"欢喜冤家"，而配有的英文介绍仍为Norma Shearer in "Let Us Be Gay"(《申报》，1931.1.24)。可知影片的正式宣传及放映时之译名权仍属各首轮影院。

更有论者采访当事人为证："30年代为大光明影院翻译影片的朱曼华(译音)先生告诉我，1938年他翻译了华纳兄弟公司一部关于墨西哥革命的影片《胡亚雷斯》，结果片名未被工商局通过。他最初翻译的片名是《还我河山》，有着爱国主义的含义，其后改成了《锦绣河山》，意义更为模糊一些。"[1]

由此可证，至1949年，外来影片的翻译与命名由首轮影院制定乃一贯之例。而且除翻译上的基本要求外，片名翻译要更多地顾及到商业、政治因素。但这往往导致影片的中文译名不一致。广告主在遇到改名的影片时，广告上会以小字注上其原名，但也有不予知会径自改名的情形，这对影片的传播推广与观众群体的培养上会造成一定负面影响。

各影院对片名的翻译也经历了一个演变的过程。钱锺书先生在《林纾的翻译》一文中，论及翻译的"化"境时曾言："一种尽量'欧化'，尽可能让外国作家安居不动，而引导我国读者走向他们那里去；另一种尽量'汉化'，尽可能让我国读者安居不动，而引导外国作家走向咱们这儿来。"[2]早期影片名称的翻译便是对此论最好的注释。

从早期属于实验性质的短片至稍后略有剧情的影片，在片名的翻译上译者往往不求文采，只求能大略点明剧情，故"欧化"的直译较多，而译名均较粗鄙。如《红圈》(*The Red Circle*，1915)、《铁手》(*The Iron Claw*，1916)、《红手套》(*The Red Glove*，1919)等。

至20年代，情况出现改变。其缘由是"1913年12月29日，芝加哥100家电影院同时上映了根据《芝加哥论坛报》连载的小说拍成的第一集《卡斯林奇遇记》……此后所有的美国报纸竞起效仿他们的办法，把连载小说纷纷摄成系列影片。"[3]由此引发系列影片(Serial Film)或称连集长片的热映。19世纪末至20世纪初，此类影片被陆续引进中国，如宝莲[4](Pearl White)的《宝莲历险记》(*The Perils of Pauline*，1914)、罗兰(Ruth Roland)的《罗

① ［美］玛丽·坎珀. 上海繁华梦——1949年前中国最大城市中的美国电影［J］. (汪朝光译)电影艺术. 1999(02).
② 钱锺书. 七缀集［M］. 北京：生活·读书·新知三联书店. 2004：8.
③ ［法］乔治·萨杜尔. 世界电影史［M］. 北京：中国电影出版社. 1982：127—128.
④ 即珀尔·怀特，旧译白珍珠，宝莲为其影片中的角色"Pauline"之译名，其时媒体、坊间以此名称之.

兰历险记》(*The Adventures of Ruth*,1919),均是颇受欢迎的连集长片。此类影片以情节险绝见长,往往一放为期半月至一月。当时仍处默片时代,字幕、说明书均为洋文,内容复杂、情节曲折的影片对普通中国观众来说颇难理解。为吸引更多中国观众,大上海戏院的老板曾焕堂决定由戏院专门雇人翻译,印制一批中文说明书,并广告曰:"凡正本大片但有华字说明书详述剧情,使观者一见而知。"(《申报》,1920.2.15)由此开启上海各影戏院出售中文电影说明书的传统。

"那些为无声片写情节说明书的人大多是文学功底深厚的人,包括鸳蝶派的姚苏凤、范烟桥、郑逸梅和郑正秋。"[①]可见当时聘用的翻译是一些旧派文人,具有深厚的旧学功底。而"鸳鸯蝴蝶派"在20年代的兴盛,也使得影片译名除迎合市民阶层的审美趣味外,还喜化用中国古典诗词为片名,如《狂蜂恋蝶》(*Manhandled*,1924)、《红粉飘零》(*Declassée*,12 April 1925)、《人约黄昏后》(*Money to Burn*,1926)、《春宵一刻值千金》(*The Tender Hour*,1927)、《血溅鸳鸯》(*Drums of Love*,1928)等。自此奠定外国影片译名"汉化"的方向。

从30年代中期开始,影片译名更精益求精,追求译名的艺术性。"当时,上海几家常映外国电影的头轮影院,如大光明、南京、国泰等,都聘有专职翻译,专门从事编译影片说明书的工作。他们大都具有较高的文化修养,其中佼佼者如朱曼华、孙琛甫、卢莳白等,不仅精通英语,且对中国文学也有较高造诣。"[②]这一阶段的译名,如《比翼双飞》(*Sweethearts*,1938)、《同是天涯沦落人》(*Moontide*,1942)、《春宵花弄月》(*Lover Come Back*,1946)等,除起到传递影片大致内容的信息外,更多地直接采用成语、诗词,以迎合中国人审美情趣。当时的片名翻译更为严谨,一个译名往往反复推敲,以至于当时上海的电影杂志——《好莱坞》周刊中专门介绍美国电影的专栏"新片介绍","在影片译名下都要注上'暂译'两字,以示尚未最后确定"。[③]这与《申报》所刊美国电影广告的情况相符。

一言以蔽之,美国影片在广告上所体现的译名,由"欧化"而"汉化",其功用由质朴无华的点明内容至以简驭繁的统领主题,其表现特点则由直译而书面化直至诗词化。

(二)译名的艺术价值取向:译名反映审美需求

好的译名可以使电影在广告环节展现审美取向,从而迅速吸引大众接受电影。因此,在国内外电影交流中,片名翻译成为了一项社会文化传播活动。而这些译名也反映了当时社会整体的审美需求。从1896年至1949年五十多年间内,确实出现过不少巧夺天工的"神来之译",更流传下不少片名翻译的佳话。

其中最为影迷们所津津乐道的是影片*Waterloo Bridge*(1940)的译名。其片还未上映,便发生了改片名的轶闻。《大华影讯》第14期登载《魂断蓝桥,天下有情人将同哭一声》:"费雯丽与劳勃·泰勒合作的新片 Waterloo Bridge,直译是'滑铁卢桥'。最近该片运到上海秘密试映异常,我们认为这四个字力量不够伟大,顾名思义,电影观众也许要认

---

① [美]李欧梵. 上海摩登:一种新都市文化在中国1930—1945[M]. 上海:上海三联书店. 2008:02.
② 张伟. 都市·电影·传媒——民国电影笔记[M]. 上海:同济大学出版社. 2010:2.
③ 同上.

为是部战争片,因为滑铁卢大战是历史上有名史实。这部片名'滑铁卢桥'的意义是:男女两人的结识是从滑铁路桥开始,以滑铁路桥终……如此悲哀凄艳的故事,改名为'魂断蓝桥',从本期起把全部故事衍成一篇电影小说,请读者细细咀嚼。"①更有一种说法称,其片"最初直译为《滑铁卢桥》,不久又改译为《断桥残梦》,最后公映时才确定为《魂断蓝桥》。"②其中《断桥残梦》译名实则承袭 1931 年由道格拉斯·蒙哥马利(Douglass Montgomery)和梅·克拉克(Mae Clarke)主演的同名影片《断桥残梦》(*Waterloo Bridge*,1931)而来。

　　《魂断蓝桥》这一译名被如此追捧,更深层次的原因是其中引用的典故所包涵的隽永情调。《庄子·盗跖》载:"尾生与女子期于梁下,女子不来,水至不去,抱梁柱而死。"唐传奇中化为蓝桥驿裴航遇仙,娶女云英成仙;更有民间传说与戏曲《蓝桥会》中韦郎保与贾玉珍的爱情悲剧。《魂断蓝桥》的译者巧妙用典,"'蓝桥'乃音译兼意译,暗喻人间天上相逢的美事,虽缠绵一时终究飘渺无踪,再加上'断魂'两字,正好影射男女主人公昙花一现、魂断梦萦的爱情悲剧。"③这一根据当时中国观众认知度量身定制的译名,对影片的广泛传播功不可没。"《魂断蓝桥》的爱情悲剧在中国观众中引起如此大的反响,以至它被改编为一出沪剧。"④

　　如此在译名中引典正是当时的时兴做法。如人猿泰山系列影片中"泰山"(Tarzan)的译名,"出自泰山'石敢当'之典故,取名泰山既合音译,又不失原意那种阳刚勇猛正义之含义"。⑤又如影片"*Bathing Beauty*"(1944)被译作《出水芙蓉》,出典于南朝梁钟嵘《诗品》:"谢诗如芙蓉出水,颜如错彩镂金。"以刚开放的荷花,喻诗文清新脱俗,后也喻天然艳丽的女子。这自然令中国人联想起李白《经乱离后天恩流夜郎忆旧游书怀赠江夏韦太守良宰》中"清水出芙蓉,天然去雕饰"之名句,或周敦颐《爱莲说》中"出淤泥而不染"的形容。译者把 Beauty 二字译为芙蓉,符合中国观众对于芙蓉婀娜多姿、楚楚动人、清雅高洁的审美期待,与中国的文化语境相符,溶蚀它凝神于形,寓意于象,把水上芭蕾舞者及水上芭蕾的美通过"芙蓉"二字呈现给观众。⑥

　　除片名的引经据典外,一批由名著改编而成的影片的译名也是可圈可点。最为知名的便是美国女作家玛格丽特·米切尔的传世巨著《Gone with the Wind》,1939 年由傅东华首译,取其消逝与渺茫之意命名为《飘》;而之后上映的米高梅的同名影片,则译成《乱世佳人》(*Gone with the Wind*,1940)。至 80 年代重新翻译这部作品时,译者选择了电影片

　　① 朱倩.《魂断蓝桥》在华传播初探. 卢燕,李亦中. 聚焦好莱坞:文化与市场对接[M],北京:北京大学出版社. 2006:92.
　　② 张伟. 都市·电影·传媒——民国电影笔记[M]. 上海:同济大学出版社. 2010:2.
　　③ 朱倩.《魂断蓝桥》在华传播初探. 卢燕,李亦中. 聚焦好莱坞:文化与市场对接[M],北京:北京大学出版社. 2006:92.
　　④ [美]玛丽·坎珀. 上海繁华梦——1949 年前中国最大城市中的美国电影[J]. 汪朝光译. 电影艺术. 1999. 2.
　　⑤ 程乃珊. 上海人的好莱坞情节. 卢燕,李亦中. 隔洋观景:好莱坞镜像纵横[M]. 北京:北京大学出版社. 2004:2.
　　⑥ 黄文珍. 创造,顺应还是叛逆?——谈电影译名中中国古诗词的运用. 福建省外国语文学会 2008 年年会论文集[A]. 2008.

名"乱世佳人"作为小说名,传为一段佳话。除此之外,如菲茨杰拉德的《了不起的盖茨比》被译为《繁华梦》(*The Great Gatsby*,1926),狄更斯的《大卫·科波菲尔》译作《块肉余生》(*The Personal History*,*Adventures*,*Experience & Observation of David Copperfield the Younger*,1935),斯坦贝克的《月亮下去了》传神地译为《月落乌啼霜满天》(*The Moon Is Down*,1943),这一批改编自名著的影片,均有着令人耳目一新的译名。

不同个体的审美趣味见仁见智,千差万别;海派文化之中既有典雅精致者,也有弥漫市井气息者。故当时影片译名翻译雅俗并存,良莠不齐。如对 20 年代电影译名倾向"鸳蝶派"的风潮,李欧梵就认为"'半文言'的风格和鸳蝶派的小说美学,对说明书的语言以及好莱坞电影片名的翻译还是深有影响。当时,绝大多数的外国电影都罩着一个古典的中文名字,常常是四个字,很容易令人联想到中国的古诗词。"①但也有反对者认为此类译名属于"低俗趣味":"不管影片内容如何,一味视英雄美人、鸳鸯蝴蝶、芳草游览及风流浪漫等是万能词汇。"②

平心而论,如今人们所熟知的一些译名,均因是成功的典范而广为流传、为大家所津津乐道。但也有不少译名诚如上所言,视一些词汇为"万能",泛用成灾。更糟糕的是,这样的"流行语"竟一脉相承下来,因陈袭旧,遂致毫无新意,令读者、观众打不起精神。其中最为明显的一个例子,便是其时因鸳鸯蝴蝶派的盛行,"风流"被赋予更多浪漫(romantic)之意,而非今人所理解之情欲放纵(dissolute);一时间"风流"泛滥,以至无人不风流、无处不风流。如自《申报》广告中所统计的能确定其信息的影片,译名中带"风流"者,随手撷取便有 121 部;此外不能确认的影片中,译名带"风流"者,也不在少数。

此外,更有鸳鸯、鹣鲽、鸾凤、红粉、碧玉、铁血、血海、艳史、艳遇、遗恨等,虽是使用了比喻、借代的手法,希望体现译名的"雅",但用滥之后便流于"俗"矣,引来不少批评。如《申报》上评《铁血柔肠》(1933)译名道:"原名 *The Iron Master*(铁厂主人或钢铁大王)译作《铁血柔肠》,与故事内容风马牛不相及,实在不好。"③

更有评者专门就译名作过讨论,批评望文生义的翻译:"现大光明放映之《白姊妹》,原名为'*White Sister*'。该院径译为《白姊妹》,未免过于幼稚了。因为 Sister 的意义,虽普通都译作'姊妹',但在这张影片里,却不作寻常姊妹之解。今以'姊妹'二字率尔译之,可谓囫囵吞枣,不求甚解矣。天主教堂之中 Sister 就是童贞姑娘。凡稍有常识者,都知道'姑娘'的称呼。但倘使'姑娘'二字过于生涩,不顺口,及不易号召,亦尽可择一适当些的中文名称,何必一字一字地,White 译作'白',Sister 译作姊妹呢?况且这张影片的小说,《申报》电影刊上已经登载过,连续有十一天之久,译名系《千古恨》。此片情节却与《天长地久》相仿佛,而汉伦海丝表演的丝丝入扣,却有许多像李琳盖许的地方。其动人之力,有人说还在瑙玛希拉之上,所以译为《千古恨》,实可与《天长地久》相映成趣,允为确当。可惜大光明戏院看不到这种可利用的地方,以如此佳片,赐给一如此译名,失却许多号召力,

① [美]李欧梵. 上海摩登:一种新都市文化在中国 1930—1945[M]. 上海:上海三联书店. 2008:2.
② 张伟. 都市·电影·传媒——民国电影笔记[M]. 上海:同济大学出版社. 2010:1—32.
③ 评《铁血柔肠》[N].《申报》. 1933.6.17.

深为该名片惋惜也。"①

译名因陈袭旧、望文生义这些毛病，直至今日仍然存在。虽然如今科技的发达已经使得传播不再全面依赖纸质媒介，多媒体的传播手段让受众更注重视听感官，由此译名的优劣雅俗也不如当时那般重要。但对于跨文化的电影传播来讲，一个好的译名总是能使电影在众多竞争者中占到优势，给人以艺术的审美的享受，这点肯定不错。

二、《申报》电影广告的插图：审美观源于电影代理商

《申报》广告的发展，"总的呈现出由文字传播向图像传播发展的路径。这一发展彻底颠覆了古代的叫卖式广告或是招牌、幌子和旗帜广告的简单表现形式，并逐渐形成近代广告自身独特的视觉语言"。② 电影广告也不例外，而且由于电影作为视觉艺术，其广告上的插图运用相较其他广告更为重要。同时，插图也是作为被分轮制度无形门槛划分的受众进行"读电影"从而得以融合的最主要元素。

前文已述，电影广告的广告主基本上都为各影戏院，故而广告上是否出现插图，一则看影戏院本身的档次——一般首轮、二轮影院广告篇幅较大，愿意在广告上花钱使用插图；二则看供片方的重视程度——"经销员既与戏院订约后，并将开演日期为之排妥，届开映日，影片公司即将此片分一千尺一卷，装入金属箱内载运至戏院，戏院并可得说明书图画照片等，叫做'印刷物'。"③美国影片供应方在商业宣传方面较为重视，提供大量影片之外的周边素材给影戏院，故而美国片的电影广告也总能在插图上下足功夫，获得良好的广告效果以吸引读者，进而使更多读者成为观众。

在抽样中，发现最早出现插图的电影广告是在 1916 年（见图 6）。该年开始了电影广告的手绘插画。最初的插图较为粗劣，仅为简单的图形和人像；虽然开始摒弃纯文字说明的单调做法，但文字仍为广告视觉传达的主体（见图 7）。

随着印刷技术的提升，至 1919 年，电影广告开始使用照片（见图 8）。但当时的照片再经过印刷，往往在报纸上只能看到朦朦胧胧的一个大概；故而通过照片抠图，把电影中的主要人物配以手绘装饰，成为当时的流行做法（见图 9）。20 年代起，图像开始逐渐作为视觉传达的主体，文字退而起辅助说明的

图 6　1916 年《申报》美国电影广告——出现插图

作用。手绘插图的水准大为长进，人物细节刻画十分精致，而且常常伴有电影情节之片断，犹如书中的情节插图（见图 10—12）。

① 《白姊妹》译名之讨论[N]. 申报. 1933：7—11.
② 周志洁. 近代报刊广告中的视觉传达——以《申报》为中心[J]. 学术月刊. 2009(11).
③ 伟涛. 影戏制作之手续[N]. 申报. 1925：10—13.

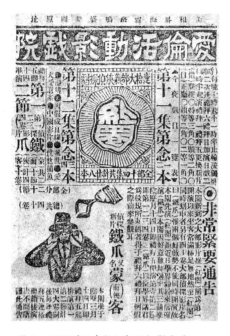

图 7　1917 年《申报》美国电影广告——　　图 8　1919 年《申报》美国电影
　　　插图显得粗劣幼稚　　　　　　　　　　　广告——使用照片

图 9　1924 年《申报》美国电影　　　图 10　1928 年《申报》美国
　　　广告——照片抠图　　　　　　　　　　电影广告

图 11　1931 年《申报》美国电影广告　　　　图 12　1932 年《申报》美国电影广告

至 30 年代，印刷术与摄影术再次精进，电影海报和剧照直接印在报纸上也能有较好的视觉效果；同时还有电影广告别出心裁地制作了连环漫画，使广告更加吸人眼球。抗战期间，由于娱乐产业整体的不景气，电影广告也在版面上缩水，说不上有像样的广告插图。直至战后，广告插图才重新恢复生气。

美国的电影广告插图中男性形象的塑造主要有两种倾向：其一为彬彬有礼、穿着得体的绅士，代表着文明与理性；其二为肌肉发达、体格健壮的男性，代表正义和勇敢。这表明美国电影广告为整体男性形象制定了一种社会标准。理想男性需要在事业上获得成功，拥有知识、智慧，有着受人尊重的外表和举止。同时，男性身体需要健康、力量和美，展示强劲生命力。女性形象则较为单一，主要展现其姣好可爱的面容和凹凸有致的身段，配以或摩登、或典雅、或高贵的服饰，展现其女性魅力。有些直白的广告插图，甚至直接以刊登裸女形象来吸引人。如果插图中同时出现男女形象，则多展现亲昵情态，极力渲染浪漫气氛，令读者一观而知为爱情片。

从《申报》来看，我们如今所谓"读图时代"，其实早在 20 世纪 20 年代，便始于上海，《申报》上的电影广告由以文字为主向图像主导的转变便是佐证。而这一情况必然是出现在快节奏的商业大都市中：都市人更青睐于以快速、轻松的方式接收信息，图像广告便满足了这一需求。而这些由商业宣传孕育出的美国电影广告插图，则反映了美国电影的审美倾向，这样的一种审美观也影响到中国的读者与观众。

"广告文案中又包含了某个真正的或虚构的代言人——人物（persona），这个人物赋予广告某种声音或基调。"①电影广告中的"人物"可视为这些插图中的男女角色，广告创作者通过电影中的角色赋予广告人物性格，从而展现其审美倾向。但这些审美倾向无疑是非常西方化的，或说是非常美国式的；而广告创作者作为"传播活动的作者（author）实际上是某个文案人员、美术指导，或更常见的是广告代理公司里的一群创作人员。"②这样的创作人员，在当时多为中国人，他们在广告中展现如此西化的审美观，无疑是源于"现实生活中的出资人（sponsor），即广告主"。③ 之前分析也已明确，多数预映广告的广告主为各影院，而影院又受制于电影代理商。由此可知，这样的审美倾向的源头实来自于美国的电影代理商。八大电影制作公司在中国的办事处，作为美国好莱坞在中国的代表，不仅是商业运营的中转站，更是审美观的传播中介。

三、《申报》电影广告文案的演变：中西合璧审美倾向的宣扬

《申报》电影广告的文案呈现出由繁至简的演变过程，这种演变反映了国人对电影广告的宣传作用和对西方审美观认识的深化。

尽管上海在 20 世纪初出现了专业影戏院后，人们就不再把电影视作余兴节目，但对大部分人来讲，电影仍旧是一项新鲜事物，于是广告文案主打的便是影片的"新奇"二字，影戏

---

① ［美］威廉·阿伦斯. 当代广告学［M］. 北京：人民邮电出版社. 2005：10.
② 同上.
③ 同上.

院的舒适环境更是作为吸引观众的重要因素出现在广告词中。如亚开特影戏的一则广告称："启者：亚开特乃著名之影戏，久已欧美驰名。今特来申开演，所有影片皆属新奇夺目，兼有西女多名，琴师数位，出场奏技，妙舞清歌，每夜添换新片以饱诸君眼福。园内装设大小电气风扇，凉爽异常，地位宽畅。谓予不信，请即惠临，始知非谬也。"(《申报》，1909.07.27)

新奇自然不能作为长久之计，不久此类号称"不惜巨资"、"最新奇之特等活动影戏片"，且强调"房屋宽畅、座位清洁、应酬周到"(《申报》，1913.05.24)的广告文案便被逐渐淘汰，广告词开始缩短，并列出影片名，仿照戏曲广告，称为"戏目"，所取名称多据影片内容，如《柔术》、《悲欢》、《水上飞船与快艇》、《法国陆军大操》等。

"第一次世界大战结束以后十年中间，对于美国电影而言，乃是一个征服全世界的兴盛时期。……在世界各国，美国影片占着上映节目60%～90%的优势。派拉蒙、劳乌、福斯、米高梅、环球这些大制片公司，支配着影片的生产以及全世界影片的上映和发行。"[①]开始流行的系列长篇使广告文案向着偏重剧情介绍方面发展。观海蜃楼活动影戏园连续两则影片《宝莲历险记》的广告。

第七、八集广告介绍剧情，"烧空楼宝莲被困，冒烈火哈荔救妻，恶书记窃听电话，女义十中途遇险，古美人梦中指示，美女郎活埋山洞，高山上推坠女士，旷野中击败蛮族。""叔与侄嬉戏可佳，哑男子欲求婚配，梅白女独骑烈马，约私会绳索通情。"(《申报》1916 - 06 - 09)(见图 13)

第九、十集广告："扮仙女宝莲演剧，登孤岛哈荔中计，求生路木排渡海，遭大变飞艇失火，编小说欲观走水，闻私议假信拦劫，大海中孤塔藏娇，流星炮悬篮逃命。""新发明锯木器具，纽可姆憎恶领带，奇钻石光辉冠冕，柯雪嘉扮佣送帽。"(《申报》1916 - 06 - 17)(见图 14)

由以上两则广告词可见，早期广告词还沿用着传统古典章回体小说的一些语言特点和形式。此后的广告词则更多使用白话文，大段地详细介绍剧情，这与五四运动前后兴起的白话文有关。如爱普庐活动影戏园的一则《法美联军破德七大本》广告词称："画内一女郎，千辛万苦回国，趁美国商轮半路被德国潜艇攻击沉没，遇救于炮火连天大血战中，卒能脱险归来，将德国军事奸细置之死地，有情有节，可歌可泣，为真正欧战中之佳片。"(《申报》1919 - 04 - 30)(见图 15)之后的剧情介绍更是事无巨细、连篇累牍。(见图 16)过于详细的剧情介绍让广告整体显得不甚美观，也使影片失去了悬念。随着美国电影工业的成熟，明星制使广告把更多的焦点放在宣传明星演员、明星导演上。广告词不再完整介绍剧情，更多是噱头的制造。如 1923 年的一则广告(见图 17)宣传罗克的影片："罗克为美国电影界之滑稽名角，亦世人称其为快乐大王，表情举止，耐人寻味，讥讽世态，无微不至。故罗克之影片，有滑稽有深意，雅俗皆宜。《做医生》一片，系其最新之杰作，内容情节，尤其有趣，尝在美国各大影戏院连续演过数十天，每次皆满座。"此时的广告，已经明确其目的并非作为电影的补充使观众明白剧情，而是在广而告之的基础上引起人们的好奇心，吸引更多观众前往观看。

---

① [法]乔治·萨杜尔. 世界电影史[M]. 北京：中国电影出版社. 1982：243.

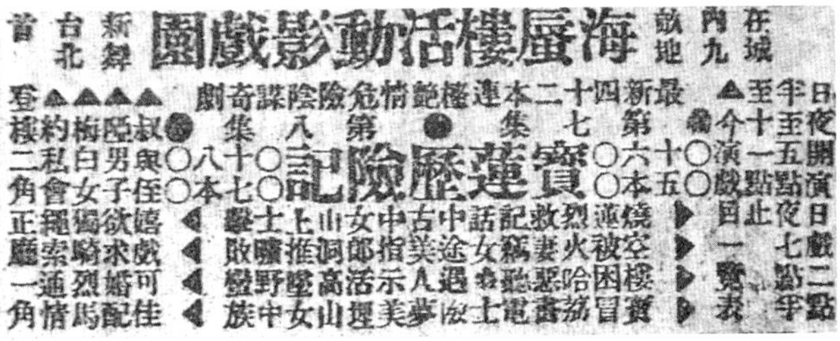

图 13　1916 年《申报》美国电影广告——剧情介绍

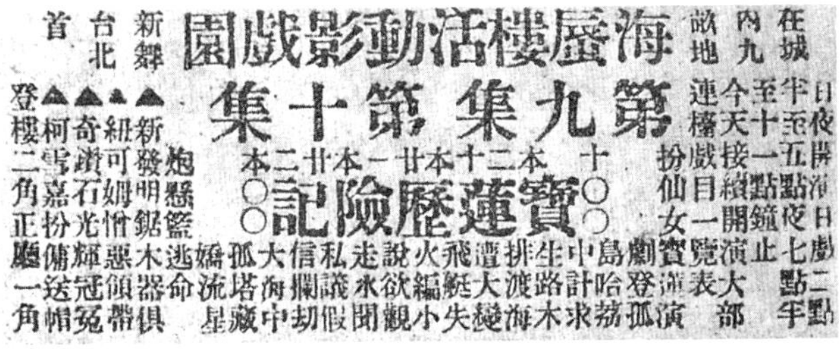

图 14　1916 年《申报》美国电影广告——剧情介绍

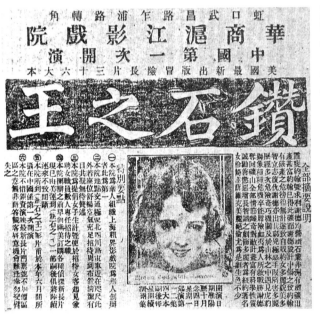

图 15　1921 年《申报》美国电影广告
——连篇累牍的剧情介绍

图 16　1923 年《申报》美国电影
广告——突出明星

　　文学上鸳鸯蝴蝶派的出现及兴盛，影响到二三十年代以爱情影片占据主流的电影市场，为吸引观众，广告词也愈发转向香艳。但在三十年代左翼电影兴起之时，左翼影人把电影广告视作宣传而非商业行为，对这种花巧香靡的广告手段嗤之以鼻："广告上运用各种性诱惑的词句，如什么'香艳肉感'，'酥胸袒雪'，'玉体横陈'，'十六岁以下的童子禁止观看'等，来吸引性欲狂的小市民观客（但近来常常应用'爱国'，'革命'，'义勇军'等刺激兴奋的名词了）"，认为"电影广告的责任就是要将某一影片的中心意识以及其他导演演员等等技巧上的优点，以扼要简明的笔法，文学化地表现出来，介绍于读者之前"。① 但其时偏重"玉体横陈"的商业属性，在 1949 年前的《申报》上仍旧得势。

三十年代的电影广告在各方面都已经相当成熟，译名、插图、广告词等相辅相成，给人以美的享受，显示出一种中西合璧的混合式审美倾向。

图 18　1949 年《申报》美国电影广告
——中西合璧的审美观

虽然《申报》上美国电影广告插图大量体现了美国式的审美习惯，但中国自身的审美传统毕竟根深蒂固。广告制作由于有中国人的参与，故读者接受的并非完全是美国式审美观，而是通过中西文化元素的消长与交融而形成的混合型审美观，这也可算是海派文化的特色之一。如 1949 年的一则广告（见图 18）曰："以一性感洋女郎倾倒众生的回眸一笑作为主打卖点……除照片和名称，余下的小字仍紧扣主题，极尽挑逗之能事。下摘其一：'绿波掩映，曲线毕露。酥胸半袒，香泽微润。'影片是外国人拍的，但该四句短诗却贴合中国人的文化品位，同时言词似隐还露，惹人遐想，十分精妙。"②

这一系列元素都使得《申报》的美国电影广告在视觉上具备西方美国式的审美理念，而对其解读则蕴含着中国传统的文化内涵与品位，从而在文化层面形成了独特的中西合璧的美学特征。这样的审美情趣让中国的观众痴迷于英格丽·褒曼"若轻云之蔽月"的清新打扮，衷情于亨弗莱·鲍嘉"断肠人在天涯"的颓败风衣。在电影本身之外，这些审美倾向都通过电影广告得到了强化，为老上海的文化审美添上了浓墨重彩的一笔。

第五节　电影海报概说

1895 年 12 月 28 日，法国卢米埃尔兄弟在巴黎卡普新路 14 号大咖啡馆的印度沙龙内正式向 35 位观众放映了他们拍摄的《火车到站》、《水浇园丁》、《婴儿喝汤》、《工厂大门》等 12 部影片。这一天被电影界公认为电影时代的正式开始。为了纪念这一日子，随后为这

---

① 上海市文学艺术界联合会．上海电影家协会：银色印记——上海影人理论文选[A]．上海：复旦大学出版社．2005：5．原载《明星》半月刊 1933 年 5 月第 1 卷第 1 期．柯灵．论电影宣传[M]．
② 林升栋．中国近现代经典广告创意评析——《申报》七十七年[M]．南京：东南大学出版社．2005：112．

些电影策划了一张"卢米埃尔电影"（见图 18）的电影海报，描述了观众看电影的情景。这张海报可称得上是世界上第一张电影海报。

图 19　"卢米埃尔电影"电影海报

图 20　《中国自制的活动影戏出现了》
海报（左右两幅）

中国的第一部电影是 1905 年夏，由北京琉璃厂土地祠中"丰泰照相馆"的任庆泰，在土地祠庭院中挂起一块白布为背景，利用日光，露天摄制而成。影片连续拍摄了三天，全场三本，摄制完成以后，任庆泰马上拿到他自己开设在大栅栏的观楼影戏院放映。为吸引各方人士，他又策划了一张电影海报张贴在影戏院门口，进行宣传，形成了万人空巷来观的盛况。[①] 这张电影海报因年代久远，已不知所踪。但从文字记录可以看出，我国第一部出品的电影，就开始使用电影海报做宣传，以激起观众的观影兴趣（见图 19、20）。中国电影海报可说是始终与电影相伴而行。

一、电影海报的由来

（一）海报是舶来品

1843 年，中国被迫与英国签订了丧权辱国的《南京条约》，打开了闭关自守的大门，上海被辟为五大通商口岸之一，洋商洋货大量涌入中国。洋商把上海作为经济侵略的重要基地，在通商口岸开工厂、办洋行，商业广告也大规模进入上海。广告大多数采用张贴宣传海报的形式，一般是在国外印刷好再运到中国张贴。早期的招贴广告多以洋货为主，有香烟广告、药品广告、银行广告和保险公司广告等。西方这种新式的招贴以及先进的彩印技术的传入，直接促成上海近代招贴广告的兴起。在本土化发展的过

---

①　黄志伟. 流光波影. 1905—1966 年电影海报集粹[M]. 上海：上海科学技术文献出版社. 2004：09.

程中,招贴广告画的题材经历了由洋画片到中国画的转变。这种招贴形式与中国传统的绘画艺术形式——年画相互融合,逐渐演变为年画广告和月份牌。西方传入的海报,本来是对所有招贴广告的统称。至近代,指称范围逐渐缩小,专指张贴于公共场合向大众宣传商家和商品的广告画,从而与张挂在家里的年画广告和月份牌广告区别开来。

民国年间,主要是各工商企业和影剧院两大商业主体张贴海报。商家是为了宣传他们的产品而张贴商业海报,影剧院则是为了告知公众新近上映的电影信息而张贴电影海报。从海报即是招贴广告的一种重要形式这一点来说,电影海报是西方舶来品。

(二)电影海报是对戏报的延伸和发展

上海电影的发展与戏曲有着很深的渊源。上海是个五方杂处的国际性大都会,"来游者,中朝则十省有八省,外洋则二十有四国"。① 戏剧是大众艺术。不同地区的人们对于戏曲的欣赏口味各不相同,这促使各剧种的艺人大量汇聚沪上,使开埠后的上海迅速成为一个开放、宽容、兼收并蓄、包罗万象的戏剧集散地,南北各地的戏曲剧种都能在这里找到自己的知音。据《中国戏曲志·上海卷》的统计,开埠以后至1912年以前,上海先后有大大小小戏院120多家。② "梨园之盛,甲于天下",③实非虚语。戏院在戏公演前,往往在戏院门前或大街小巷张贴"戏报"。开始时戏报是用墨笔写在纸上,或用白粉写于黑漆木板上。后来老板动足脑筋,加以改变,采用彩笔或墨笔,在白纸或彩纸上,或在大红纸上,大书所演剧目名称及主要演员姓名等,极尽渲染张扬之能事。在上海人的方言中,常常用"海"来形容"大",或"神气",对这种新兴的、过去从未见过的,又大又神气的新兴戏报,上海人把它叫做"海会得不得了的戏报",简而言之、约定俗称,就成了"海报"。④ 上海早期电影的放映场所集中于戏院、茶社,所以电影海报也几乎是直接复制传统戏曲的"戏报",在普通纸张上用毛笔书写影片片名、明星名字、放映时间、故事大纲等有关内容,几乎没有图画,一般张贴在戏院及大街小巷。从电影与戏剧的关系来看,"海报"一词起源于上海,是对上海戏报的延伸和发展。

无论是因为从海上而来而被称为"海报",还是因为与戏曲的渊源而被称为"海报";无论是对外来招贴形式的借用,还是对传统戏报内容的发展,都定义出了电影海报的两大特征:一是张贴在公共场所;二是具备宣传功能。

二、电影海报的性质和功能

(一)电影最重要的宣传方式之一

电影海报是电影的衍生物,是电影的名片,是一种重要的电影宣传品。电影海报由醒目的片名、主要演职人员、制片厂等文字元素和精彩镜头或是明星头像特写、剧照等图片

---

① 葛元煦等. 沪游杂记[M]. 自序.
② 中国戏曲志编辑委员会编. 中国戏曲志·上海卷[M]. 北京:中国 ISBN 中心. 1996:665—675.
③ 葛元煦等. 沪游杂记[M]. 101 页.
④ 陈文平,蔡继福. 上海电影 100 年[M]. 上海:上海文化出版社. 2007.

元素搭配构成,在公共场合张贴,其直接目的就是"广而告之地把电影内容清楚、及时地告诉给观众,吸引大批观众入座电影院去看电影"。[①] 电影海报的成功与否直接关系着电影票房收入的高低。

宣传是电影海报最直接和最主要的功能。现在保留下来的民国时期电影海报资料少之又少的原因之一,是最早的电影海报都采用手工绘制张贴在戏院的宣传栏上,换一部影片就把前一张电影海报撕掉,再绘一张新的海报贴上去。早期的电影海报纯粹是为电影上映做广告宣传,而未想到收藏。

(二) 独具特色

每部影片都与众不同,每张电影海报也都应独具特色,能够与同类型影片或者同期上映的影片之间有鲜明的区别。1927 年,环球公司副总裁罗伯特·科克伦提出:"我们不能向肥皂商把他的肥皂规格统一那样,把我们的影片也搞得千篇一律。它们必须每部都不同,我们的广告也要各具特色。每部影片都要有全新的广告处理,全新的方法。我们在给'商标'做广告时可以标准化,但每一部影片都要提出一个新问题。"[②] 影片内容的唯一性决定了它的广告电影海报必须具有独特性。

(三) 记录社会生活

电影是光与影的艺术,电影的创作来源于社会生活,电影海报是每部电影精华的浓缩。所以,电影海报也在记录着彼时彼地的社会生活,每部影片的产生都受限于特定的历史条件。民国时期有部分影片直接取材于社会现实,我们从海报的片名或内容介绍可大概了解到一些相关信息:从海报上影片的票价可以了解各阶层的消费水平;从明星的服饰发式可以了解当时的时尚趋势;从豪华的明星阵容和电影上映的盛况可以看到上海二三十年代繁华的十里洋场……电影海报为我们打开了了解当时社会生活的一扇窗。

(四) 潜藏商业价值

民国时期的电影海报是内部限量发行,基本局限在电影公司和影剧院,属于非卖品,外人要收藏也比较困难。再加上长期以来,无论是个人还是机构几乎都没收藏意识,大部分老电影海报已被损毁,现存量非常稀少,在海报市场上最为珍贵。据业内人士介绍,最具升值空间的是电影公司印制的正宗电影海报,这些海报本身的艺术价值、品相有保证,且影片和演员在电影史上有一定地位。这些泛黄的纸张曾经鲜有人收藏,经过几十年的无人问津之后,现在都已身价百倍了。原本在文庙一两元就可以到手的海报价格猛涨。在上海,曾有一张品相欠佳的《一江春水向东流》老电影海报卖出 300 元的价格,另一张《万家灯火》海报卖到 400 元。[③] 而据《中国电影老海报·解放前》一书,民国三四十年代的电影海报现在市场估价基本上都在 7 000 元以上。

①　黄志伟. 流光波影. 1905—1966 年电影海报集粹[M]. 上海:上海科学技术文献出版社. 2004:9.
②　珍·斯泰格. 电影广告的历史和理论[J]. 世界电影. 1992:215.
③　东方网. 老上海电影画报. http://sh.eastday.com/m/20120529/u1a6587223.html.

三、上海电影海报的形制、类型与创作群体

(一) 形制

20 世纪二三十年代，只有明星、联华等大型电影公司才会发行电影海报，一般以对开为主。四十年代中后期在原有基础之上，开始发行一开电影海报，总体上以一开和对开为主。小型电影公司受宣传经费的限制，多发行八开、十六开甚至三十二开的电影明信片或电影说明书。

现珍藏于国家电影资料馆的 1934 年由明星电影公司出品的《再生花》电影海报为一开大，有一米多高。文献资料中也有一些关于海报尺寸的描述，如 1937 年的《美人计》海报"画幅由六张大纸构成，七色印刷"；[①]"噱头大王"张善坤为了配合影片《夜半歌声》的上映，在闹市区悬挂了一幅足有八米高的巨幅海报[②]。

(二) 类型

从版式上分，电影海报可以分为横版和竖版。横版电影海报多为展示电影的宏大场景，竖版电影海报多为展现电影人物和故事情节。民国时期的电影海报多为竖版。

从类别上分，电影海报有单幅图案版和多幅图案版，也称为非剧情式海报和剧情式海报。

剧情式电影海报在我国比较流行，一般由 2 张到 10 张电影剧照组成一幅海报，有的剧照则更多。每幅海报按照剧情发展，印上若干剧照，配以简明的文字，使观众能知其梗概。

非剧情式海报一般以单幅为多，画面以剧中男女主人公的特写镜头或影片故事的精彩瞬间为主，浓缩电影的精华，具有较高的艺术性。非剧情式海报的收藏价值要高于剧情式海报。

(三) 创作群体

最早期电影海报多用手绘的方式直接绘制于影戏院的宣传栏，换一部影片就将前一张撕掉，具体创作者根本无从考证。现存民国时期的老电影海报作者大多数也没有留下姓名。老上海没有专门的海报设计师，电影院里美工、广告公司职员和一些从事实用工商美术的画家都曾为电影海报操刀。例如，美术家马瘦红为《美人计》设计海报，唐旭升是《兄弟行》和《劫后桃花》海报的作者。有时，导演也会参与到海报的制作中。例如，吴永刚原是美工出身，他后来导演的《神女》的海报创意来源于他的创作初衷；蔡楚生和聂耳合作创意了《粉红色的梦》的海报。[③] 据上海电影制片厂孙继老人回忆，"有一位为话剧团画装饰画的画家叫池宁，他画的《马路天使》的海报，路灯的黑影下人物只有半个脸，很有震撼力。另一位在广告公司工作的丁熙是为《艳阳天》画海报的人。"[④]

① 杨金福. 上海电影百年图史［M］. 上海：文汇出版社. 2006：61.
② 赵正节，武晔岚. 电影百年佳片赏析［M］. 北京：中国长安出版社. 2005：63.
③ 新华网. 电影名人海报. http://news.xinhuanet.com/collection/2003-03/27/content_802247.html.
④ 东方网. 老上海电影海报画. http://sh.eastday.com/m/20120529/u1a6587223.html.

那时候的电影海报非常值得一提的是印刷。海报的"底版"是手工绘制的，画好之后采用石印大量复制。当时的彩印技术颇佳，孙继老人觉得当时印制的海报"色彩都很好"。

四、电影海报与其他电影广告的比较

电影公司或影戏院采用多样化的媒介为电影上映造势，常见的有报纸电影广告、杂志电影广告、电影说明书和电影海报。现就各种电影广告形式与电影海报做简单比较。

（一）报纸电影广告

从早期报纸开始，戏曲和电影广告就一直是报纸广告的重要组成部分。《申报》创办之初，鲜有广告，但三个月之后便有了戏曲演出的广告。《申报》1891 年 1 月 14 日第五版上刊登了一则放映"电戏"的广告《新到异样电戏》："今有英使带本国新奇机器电戏到京敬上，回国过此，顺借三雅园开演数日，以供众览大观奇艳……英商告白。"随后，1896 年上海徐园主人从国外购得电影设备和影片，公开售票放映。1896 年 6 月 29 日《申报》第六版刊登了第一张电影放映的商业广告《徐园告白》："本园于二十日起，夜至十二点钟止，内设文虎、清曲、童串戏法、西洋影戏……"二十世纪二三十年代各大影片公司的电影广告、电影院的放映广告等占据了《申报》、《新闻报》等上海大报广告版面的半壁江山。可以说，那时的报纸电影广告是一部生动鲜活、详细真实的时代电影史。

与电影海报相比，报纸电影广告以文字为主，排版密集，要求读者有一定的识字能力和知识文化水平；而电影海报作为招贴广告"大都文字来的大，图画来的醒目，即使不识字的看见了，也会知道"。[①] 阅读报纸电影广告需要花费一定的时间，而电影海报只需匆匆一瞥，导演、主演、放映影院等文字信息就能知晓，图片的直观性使观众能快速了解电影最主要的相关信息。

（二）杂志电影广告

最早的电影杂志是 1921 年顾肯夫、陆洁在上海创办的《影戏杂志》。从 1921 年到 1949 年，上海出版的各类电影期刊共 207 种，[②]大致可以分为三类：第一类是专业理论性刊物，如《中国电影杂志》、《艺术》、《银星》等；第二类是主要登载影坛逸事、明星趣闻的刊物，如《电声周刊》、《青青电影》等；第三类就是各大电影公司为宣传自己出品影片而编印的特刊，如明星影片公司的《明星特刊》、天一影片公司的《天一特刊》、联华影片公司的《影戏杂志》、电通股份有限公司的《电通》、"中联"公司的《中联影讯》、昆仑影业公司的《昆仑影讯》等。其中，第三类刊物是影片公司最重要的竞争手段之一。影片公司每出一部新片，即出版"某某影片号"一期，内容通常分为两部分：一半为影片介绍，如本事、创作摄制过程、剧照、明星照片、幕后花絮等，图文并茂，即为影片的广告宣传；另外一部分刊载一些讨论电影的文章。

图片在电影杂志上所占的分量与地位很重，文字多数情况下只是作为一种辅助性的

---

① 高伯时编. 广告浅说. 上海：中华书局. 1930：10.

② 数据来源于《上海电影志》。

说明。杂志的电影图片丰富多彩,有电影剧照、明星照片、幕后照片等。与电影海报相比,杂志电影广告上的图片,无论幕前明星还是幕后工作人员或者剧照,都只是从一个角度来宣传电影,而电影海报则是这些宣传图片的综合,其内容也相对更为丰富。另外,杂志电影广告的图片都是在电影拍摄期间的宣传,电影海报是在电影上映前几天或正在上映时张贴的。再者,电影海报直接张贴于公众场合,相比于杂志电影广告和报纸电影广告,传播面更广、利用率更高。

(三) 电影说明书

电影说明书在我国大约出现于 20 世纪初,当年每一部影片上映都会发一份说明书,上面刊载有电影故事、剧照、演员介绍、拍摄花絮等丰富信息,便于观众了解影片内容。三四十年代是电影说明书的鼎盛时期,有免费赠阅的,有凭票领取的,也有低价出售的。首轮影院的说明书独具一格,套色精印。小电影院的说明书纸质较差,大多为电影院自己印制,上面印有影院名称、地址、电话,便于观众联系,也是做生意的一种方式。电影说明书就像是影片的导游图,有介绍、宣传、资料三大作用。现遗留下来的电影说明书也成为了珍贵的"老古董",极具文献价值和收藏价值。

最早的电影海报也是以文字为主,与电影说明书差别不大,很容易将两者混淆,只能从用纸的开数来加以辨别。随着电影海报的发展成熟,渐渐由文字为主转变为图片为主,相比于电影说明书,艺术价值更高。在目前的收藏市场上,民国时期电影说明书的售价一般在 50 元到 100 元之间,相比电影海报,价格稍低,但也潜藏着巨大的商业价值。

第六节　上海电影海报的发展脉络

民国时期,支持中国电影海报发展的两大主体,一是电影制片公司,另一个是电影院。上海电影业经过 20 世纪初二十年的孕育发展后,在 20 年代走向繁荣,一大批制片公司成立,影片数量激增。为了争夺电影市场,电影公司不惜下重金聘请画家为公司设计电影海报。电影院尤其是首轮影院,为了吸引观众入场以增加票房收入,也竞相在各媒体做影片广告,电影海报自然是其中重要的一种样式。电影产业的激烈竞争促进了电影海报的发展,电影海报的发展又成为电影产业竞争更有力的武器。本节根据民国时期上海电影产业和电影海报发展的阶段特征,将其发展脉络划分为五个历史时期:雏形期、迅速发展期、深入发展期、缓慢发展期和定型期。通过对每个时期电影产业发展状况和经典电影海报作品的研究分析,勾勒出上海电影海报的发展脉络并探索其中的原因。

一、雏形期:1913—1922

(一) 电影产业的萌芽

1. 第一条电影院线出现

上海电影的发展与私营资本密切相关,从商业放映活动开始起步,常附属于茶园或旧式戏院。据史料记载，最早的电影放映活动是在 1896 年 6 月，位于上海市闸北唐家弄的徐园主人通过怡和洋行从国外购得电影设备和影片，开始放映"西洋影戏"。消息传出后，各界人士纷纷要求其向社会公映。8 月 11 日，徐园对社会卖票公映电影，同时配合烟火、杂技等游艺表演，放映数月后结束。这次电影放映在《申报》上刊登了详细的文字广告。

1903 年，安·雷马斯购买了加仑·白克①转让的放映机和影片等设备，先后在同安茶居和青莲阁茶园放映电影。在青莲阁楼下租赁一间小房作为放映室，此放映室也成为上海第一个固定的电影放映点。雷马斯是位有经营头脑的商人。"噱头要宣传，花样要广告。新式经商，第一噱头，第二广告。于是贴广告，发新闻，雇苦力掮广告，有简单的文字，有醒目的图案。"②他的成功离不开广告经营策略。雷马斯很清楚自己的顾客是谁，在青莲阁放映时他把票价压得很低，就是想笼络住普通市民。针对这一观众群体，他这样做广告：门口挂照片，贴广告，再雇几个中西乐队，穿上红红绿绿的制服，在那里吹吹打打，好像大出丧，又像大减价，不伦不类，稀奇古怪，引起游客好奇，过来看个明白，原来是新到电影，要见识见识，遂买票入场。③ 一方面，"门口挂照片，贴广告"，雷马斯利用招贴这一大众传播的方式告知市民影片内容；另一方面，雇苦力肩掮各式广告，在弄堂马路到处跑，这一招契合市民爱看热闹的世俗心理，引发其极大的好奇，市民之间又口口相传，于是十里洋场便无人不知，无人不晓了。

1908 年，雷马斯租赁溜冰场，用铁皮简单搭建，取名"虹口活动影戏院"，有 250 个座位，后又改建，座位增至 710 个，以放映新闻和风景短片为主，其规模和专业性远胜于同期其他电影院。随后，雷马斯又在上海不断新建影院，至 1921 年，相继开设了维多利亚、夏令配克、恩派亚、卡德、万国等五家影院，组建了雷马斯游艺公司，发展成为当时上海最大的连锁放映网，这也是中国第一条电影院线，基本控制了上海半数以上的电影放映市场。时人评论："上海一埠，某西班牙人一人有影戏院六家，大权在握，极易操纵。"④这一时期的上海电影业可说是"雷马斯称雄时代"。他利用电影招贴大众传播和口口相传人际传播的广告策略获得了非常可观的经营收入。

这一时期电影院线投资的主体是外商，电影院放映的片子基本上都是外国片，国产片需要以高价租赁的方式才能在雷马斯的电影院获得首轮放映。

2. 制片业的初创

1909 年，美国人布拉斯基在上海投资组织的亚细亚影片公司，拍摄了《西太后》《不幸儿》等影片，这是上海第一家真正意义上的制片公司。1913 年，张石川和剧作家郑正秋、杜俊初、经营三等筹组新民公司，负责承包了亚细亚影戏公司的编、导、演业务，资金和摄影等则由亚细亚影戏公司提供。新民公司承包拍摄的《难夫难妻》是由中国人拍摄的第

---

① 1899 年，西班牙商人加仑·白克(Galen Bocca)来到上海，先后在四马路升平茶楼、乍浦路溜冰场和湖北路金谷香番菜馆客堂内放映电影，后因影片内容陈旧，影业欠佳，就将放映机和影片等设备全部转让给安·雷马斯。
② 程步高. 影坛旧忆[M]. 北京：中国电影出版社. 1983：84.
③ 程步高. 影坛旧忆[M]. 北京：中国电影出版社. 1983：87.
④ 剑云. 本刊之使命[J]. 明星特刊. 1925(01).

一部故事短片,以编剧郑正秋家乡潮州的封建买卖婚姻习俗为题材。这部影片是中国故事片的拓荒者。遗憾的是,影片的剧照和海报等形象资料都未发现,只留下了在法租界首映时的报纸广告和一张工作照。

1917年春,商务印书馆印刷所照相部开始拍摄电影。1918年7月正式成立活动影戏部,"最早提出了'以电影为教育目的'的主张",[①]主要摄制"风景"、"时事"、"教育"、"新剧"、"古剧"五大类短片。1921年到1922年,上海开始试制第一批长故事片,主要有中国影戏研究社的《阎瑞生》、上海影戏公司的《海誓》和新亚影片公司的《红粉骷髅》。这几部影片也都没有留下电影海报,仅存剧照。

这一时期,民族制片业完成了从短片到长故事片的过渡,开始在电影市场上寻找自己的立足之地。

(二) 电影海报作品分析

《流光波影》一书中收入了这一时期的两幅电影海报:《上海战争活动影戏》和《中国自制的活动影戏出现了》。前一份海报的文字部分共传达了五个方面的信息:片名(《上海战争活动影戏》)、放映时间(阳历八月念九日起开映三天)、放映地点(新新舞台)、制片公司(亚细亚影戏公司)、广告宣传语(看! 看!! 看!!! 空前绝后之上海战争活动影戏),基本具备了电影海报的主要元素。但从最左边"详见本报后幅"的小字,可以推断这张"海报"刊载于报纸,并不能算是严格意义上的电影海报。

1919年,商务印书馆活动影戏部制作了《中国自制的活动影戏出现了》海报(见图21)。这张黑白色电影海报依然是图片与文字相结合。图片以抽象图案作为装饰,从这点上来说,电影海报的设计逐步向平面设计的方向靠拢。文字部分传递的信息有影片的类型;本片优点,文字说明简单明白;适用范围,家庭和团体;本部的其他商业行为:租售。这张海报更确切地说是为整个活动影戏部做广告宣传,放映商——影院可用以洽谈购买其制作的影片事宜。从这点也可以看出,当时电影制作机构和放映场所是各自独立的,并无密切联系。

(三) 电影海报特征

从民国时期上海电影海报发展史来看,这一时期的电影海报已初具雏形。首先,具备了电影海报的基本元素:片名、地点、时间、制片公司、广告语。第二,已经摆脱了纯文字的宣传,是简单的图片与文字的结合,构图形式是图画与文字截然分开,图文独立并置。但海报图片与影片并无关联,仅为装饰所用。

二、迅速发展期:1922—1930

(一) 电影产业的激烈竞争

1. 商业类型片的热潮

程季华等所编《中国电影发展史》认为,20世纪20年代中国电影业是在"混乱的状态

---

① 程步高. 影坛旧忆[M]. 北京:中国电影出版社. 1983:93.

中反常地繁荣起来"的，"据 1927 年初出版的《中华影业年鉴》统计，在 1925 年前后，在上海、北京、天津、镇江、无锡、杭州、成都、汉口、厦门、汕头、广州、香港、九龙等地，共开设有一百七十五家电影公司，仅上海一地就有一百四十一家"。[①] 1922 年，明星电影公司成立，其所拍摄的《孤儿救祖记》在电影市场上大获成功，使得民间资本纷纷转向影戏业，"国人对于影戏事业之观念，由此遂达于狂热时代"，[②]竞相创办影片公司，在 1926 年达到了顶峰，呈现出一片繁荣的景象。但是据统计，140 余家挂牌的影片公司中仅有 40 多家摄制影片，并且"其间有蒸蒸日上者，亦有朝生暮死者，形形色色，不可究诘"，[③]有空挂一个招牌的，也有仅摄一片便不知所踪的。电影公司的大量出现和无序状态导致了恶性竞争，在这场残酷的竞争中，上海的电影制片公司的总体数量也由 1926 年的 100 多家下降到了 1930 年的 26 家，形成了"明星""大中华百合""天一"三足鼎立的基本格局。

明星公司是靠长片正剧起家的，《孤儿救祖记》的成功为其赢得了很高的市场声誉。1925 年到 1928 年，该公司继续拍摄以家庭伦理关系为题材的影片，如《玉梨魂》、《上海一妇人》、《空谷兰》、《冯大少爷》、《梅花落》、《白云塔》等二三十部。20 年代后期，武侠神怪片迎合了广大观众的口味，票房收入很高，还可以出口至有华人的东南亚国家。明星公司便改变戏路，拍摄了《火烧红莲寺》，影片一上映立刻引起了巨大的轰动。于是公司决定一集一集拍下去，连续拍了 18 集。与此同时，《火烧红莲寺》的电影海报也出品了 18 集。其他电影公司纷纷跟风，影坛上掀起了一阵武侠热。据《中国电影发展史》统计，1928 年至 1931 年间，上海大大小小约有五十家电影公司共拍摄了近四百部影片，其中武侠神怪片约占全部出品的 60％强，由此可见当时武侠影片之泛滥。翻看 20 年代末的电影海报，大多数不是"火烧"就是"水淹"，不见"女侠"必有"剑客"，"刀光剑影"中弥漫着阵阵杀气。

这一时期上海影坛的另一股热潮便是"古装片"，天一公司是这一商业类型片的始作俑者，也是拍这一类型片最多的公司。这类影片大多取材于古典小说、民间传说和稗官野史，古典小说有《三国演义》、《水浒传》、《红楼梦》，传说故事有《白蛇传》、《孟姜女》、《木兰从军》等。这些故事大都家喻户晓，但是用电影形式重新演绎，就又变成了另一种新的体验形式，很符合市民阶层的欣赏心理，在南洋一带尤其受到华侨们的欢迎。

在众多电影公司中，天一影片公司也是最重视南洋市场的。1927 年，天一与南洋影片商人开设的青年影片公司合资重组，改名为天一青年影片公司。《刘关张大破黄巾》的电影海报就是天一青年出品的，也算是当时一个特殊历史阶段的印证品。《刘关张大破黄巾》公映于 1927 年 6 月，正是各公司拍摄"古装片"最热闹的时候，天一青年影片公司为争取观众，竟然别出心裁，在影片放映前让主演胡蝶、李萍倩等登台演出话剧《钟声》，令观众摸不清到底是来看戏还是观片。这张八十余年前的海报，也让我们有例证来想象当年影坛激烈竞争的场景，实属难得。

---

①　程季华、李少白、邢祖文编著. 中国电影发展史[M]. 北京：中国电影出版社. 1981：54.
②　徐耻痕. 中国影戏大观[M]. 上海：大东书局. 1927：5.
③　影戏年鉴[M]. 上海：电声周刊社. 1935：20.

到了1928年,当时盛行的古装片风潮已如强弩之末。在此之前,"大中华百合"也随波逐流,拍了不少古装片,如《美人计》、《三度梅》等。但它在市场把握上很敏感,在古装片即将没落之际,适时推出了时装片《柳暗花明》。影片的海报上写着:"当此古装影片渐趋失势之时,有此巨大而完美的时装片出现,不只可调换观众之口味,使其发生兴趣,且于沉闷的国内电影界中,下一帖兴奋之剂"。但从影片标榜的内容来看,并未走出"有情人既离复合,泼辣妇死而复生,神出鬼没的黑影,蝶舞莺飞的裸舞"的一贯套路。时装片在这一时期也并未形成很大的气候。

2. 明星制度的逐步形成

早期的电影重故事,轻人物,电影拍摄最早使用的是文明戏演员。1913年《庄子劈棺》、1916年《黑籍冤魂》等剧中的女人,也是男演员扮饰的。明星公司的张石川认为,文明戏演员的舞台表演程式化、较为夸张等特点并不适合细腻的电影艺术的表演要求,决定培养专业的电影演员,于是成立了明星影戏学校。至20世纪20年代,在沪的电影教育机构有17家之多。[①] 许多男女明星都出身于电影学校,如王献斋、李萍倩、周文珠、梅熹等毕业于明星影戏学校;胡蝶、高梨痕是中华电影学校培养的高材生;后来蜚声影坛的王云龙、张织云等则毕业于大中华影戏学校。

另外,推动"明星制度"形成的一个必不可少的因素是20世纪20年代媒介舆论环境的逐渐成熟。上海报纸和杂志的出版非常活跃,专门的电影杂志如《影戏画报》、《明星画报》等和各种小报都刊载了大量有关明星的内容,譬如明星的日常生活、社交活动、私人感情、拍摄花絮等,将明星的生活曝光在大众的视野中,成为大家谈论的话题。1925年,上海新世界游艺在举办电影博览会期间还开展了一次评选"电影皇后"的活动,候选人均为当时的一线女演员,包括张织云、阮玲玉、黎明晖、杨耐梅、王汉伦等,最终张织云当选为中国第一位"电影皇后"。此次活动的举办使得私营电影公司的经营者们看到了明星的巨大号召力和票房保证。

电影创造了明星,明星又依靠个人魅力招揽观众进入影院,带动电影票房,明星逐步成为影视产业核心生产力之一,成为电影营销链条上的重要一环。从当初的"稀缺资源"到开办学校"批量生产"再到明星号召票房,明星制度正在逐步完善。明星也成为电影海报上必不可少的卖点,成为让观众走入影院的最大吸引力。

(二)电影海报特征

这一时期电影制片公司激增,影片数量也呈井喷式增长。电影业的激烈竞争促成了电影海报的初步发展。纵观这一时期的电影海报,出现了许多新的元素,电影海报的创作也有了更大的突破,是民国上海电影海报史上的第一个大发展时期。

1. 图文相符

20年代初,电影海报上的图片不再是之前简单的装饰画或卡通人物形象,而是与片名直接相关的图片,图文两大元素越来越相符,相互配合展现影片主题。如1925年,三星

---

① 吴弓贻主编. 上海电影志[M]. 北京:社会科学出版社. 1999:67.

影片公司《觉悟》的海报，使用一骷髅头表达影片警醒世人的作用；1925 年，明星影片公司《最后之良心》（见图 21），简单使用一心形图片映衬在片名"良心"二字下面，突出影片主题，发人深省；1926 年匡时影片公司的《飞刀记》（见图 22）则简单使用一个飞刀和几滴血，传达出武侠片的影片类型；1928 年，华剧影片公司的《猛虎劫美记》海报（见图 23）展现了一只老虎半吞女孩的画面。海报上图画虽然简单，却一针见血点破影片主题。

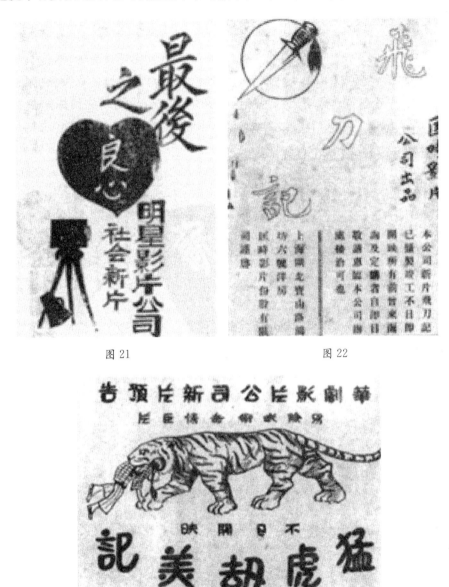

图 21 图 22

图 23

2. 大量使用剧照

这一时期，随着照相技术和印刷技术的发展，剧照被直接用于电影海报的设计中，这是电影海报发展的一个突破。1924 年上海商务印书馆活动影戏部出品的《爱国伞》电影

图 24　《爱国伞》电影海报

海报(见图 24)第一次采用影片最后一幕的剧照,使用了照片印刷的形式。从剧照上,观众可以更直观地获得影片的一些信息。20 年代末的大多数海报采用剧情式海报的形式,如《奋斗的婚姻》、《侠女救夫人》、《热血鸳鸯》等电影海报按照剧情的发展,配以剧照,使观众知其故事梗概,收到先睹为快的效果。

3. 导演、明星成为卖点

1913 年,中国戏剧界还没有导演,演员的表情动作由自己设计,台词自己编撰。郑正秋、张石川的第一次合作,开创了联合导演的先河。据张石川的回忆:"导演这个名目,好像一直到后来创办明星电影学校的时候(1922 年),《电影杂志》编者顾肯夫(中国影戏研究社发起人之一,《电影杂志》即为该社所出版)将 DIRECTER 一词翻译过来,中国电影界才有了'导演'这一名称。"[1]电影展现的是导演的构思、想法,导演在团队中处于核心地位,对导演的认可促使观众走进影院欣赏其作品。

这一时期电影屏幕上的明星成为了观众注目的中心。明星由于个人魅力受到越来越多影迷的追捧,成为票房号召力的关键一环。

1925 年,上海影戏公司的《邻家女》海报(见图 25)首次出现了"导演　但杜宇　主演　殷明珠"的字样作为影片的卖点;1926 年,长城画片公司的《一串珍珠》(见图 26)采用了主演头像特写,并标注演员名字来吸引观众。1926 年以后,导演和明星这两大主要的演职人员成为电影海报必不可少的元素。

4. 漫画海报初露头角

这一时期,也有几张海报运用漫画的形式,有趣地表达了影片的主题。如 1929 年,联艺影片公司《异性的冲突》电影海报(见图 27)由一组六幅漫画构成,描述了男女两性在婴儿时期、总角时期、成年结婚、婚后争吵、教育子女等五个时期所发生的冲突;而下一代在婴

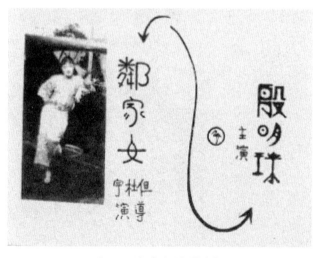

图 25　《邻家女》电影海报

---

① 程步高. 影坛旧忆[M]. 北京:中国电影出版社. 1983:110.

儿时期即耳濡目染上一代的争端，又开始了新的轮回。海报完全可当做漫画来读，趣味盎然又引人深思，观众自然愿意再进影院看个究竟。

图 26 《一串珍珠》电影海报 图 27 《异性的冲突》电影海报

5. 中英双语片名出现

1927 年明星影片公司《为亲牺牲》、1928 年《红楼梦》等电影海报上出现了中英两种文字的片名，并且影片名的英文翻译并非直译，而是能够从中了解到影片主题。例如，根据长篇叙事诗改编的电影《孔雀东南飞》的英文名为"LOVE'S SACRIFICE"，就直接表达了影片刘兰芝和焦仲卿为反抗封建婚姻的桎梏最终殉情的主题。中英双语片名的出现，一方面显示了西方文化对当时中国的影响，另一方面也表明本土电影有了一定的外国观众市场。

6. 由"警世"到"香艳"的广告语

商务印书馆活动影戏部提出"以电影为教育目的"的主张；郑正秋创办明星影片公司的宗旨就是认为电影"必也有明星点点，大放光芒，拨开云雾，启发群盲"，[①]可以弥补家庭教育和学校教育的不足，早期更强调电影的教化作用。所以，20 年代初期电影海报的广告语里，看到的多是"警世""醒世"的字眼，如 1925 年三星影片公司的《觉悟》："醒世名片出世了"；1925 年天一影片公司的《立地成佛》："警世新片"；1926 年长城画片公司的《一串珍珠》："警世哀情佳片"等。后来，私营资本纷纷进入影视业，电影创作更注重娱乐功能，电影海报的商业气息也越来越浓厚。上海的影戏院都用"肉感香艳巨片"来号召看客，广告语中到处充斥着"香艳""肉体"等字样。例如，开心影片公司的"艳情喜剧"《石榴裙下》、

---

① 郑正秋. 明星未来之长片正剧[J]. 晨星. 1922.

图 28　《未婚妻》电影海报

大中华百合的"滑稽爱情香艳巨片"《探亲家》,以及"社会香艳巨片"《连还债》、"最兴奋最肉感武侠艳情巨片"《王氏三雄》、"古装稗史　香艳巨片"《红楼梦》、"古装艳情巨片"《风流天子》等。宣传语所使用的字眼,对于被封建礼教紧紧束缚了几千年的中国观众来说,无疑是一种巨大的诱惑。这类香艳情色的词句,在电影海报、报纸和电影流行期刊上的影片广告中比比皆是,电影观众被淹没在一片肉欲横流的感官世界里,不禁令时人感慨:"目下上海的电影广告真是腐化到了极点"。①

7. 精品彩色电影海报

现在收集到的 20 年代电影海报中令人眼前一亮的是几幅彩色电影海报。例如,明星影片公司的《未婚妻》(见图 28)、《良心复活》(见图 29),天一影片公司的《孟姜女》(见图 30),民新影片公司的《玉洁冰清》,神州影片的《上海之夜》等。这几幅海报刊载于影片公司的特刊封面上,色彩鲜明,片名使用大号字,图片突出影片女主角的形象,令人过目不忘。

图 29　《良心复活》电影海报

图 30　《孟姜女》电影海报

① 画报[N]. 1923 年 5 月 9 日. 第 287 期.

20 年代的电影海报在电影产业竞争越来越激烈的状况下有很多创新之处。首先,图文并用成为海报普遍采用的方式,并且图片与影片的结合更加紧密;第二,电影海报的样式更加多样化,增加了照片海报,漫画海报;第三,明星、导演成为海报上的新卖点,广告语的吸引力越来越大,海报的商业气息越来越浓厚。这一时期的海报的发展可谓迈出了不小的一步。

三、深入发展期：1931—1937

（一）电影产业的繁荣

1. 电影院的轮映制

20 世纪三十年代前期,上海电影的发展进入了黄金时期。大大小小的电影院共兴建了 30 多家,最瞩目的是 1932 年卢根斥巨资 110 万重建的具有"远东第一影院"之称的大光明大戏院。

根据影院的豪华程度,上海逐渐建立起了轮映制度,同一影片在同一城市要放映四轮。在上海,"大光明""南京""国泰""大上海"等为第一轮影院。第二轮影院,一般是时隔 1—2 个月,等第一轮影院的放映无利可图的时候,才放映其上映过的影片,第三、四轮以此类推。首轮影院多放映外国片。另外,在当时上海各条电影院线中,每个电影院放映影片的轮次顺序是相对固定的。电影院轮次等级的高低,在电影票价方面会有相应的体现。三四轮影院的票价为 2 角、3 角、4 角三种,二轮是 4 角、6 角和 8 角,头轮影院票价最高,为 6 角、1 元和 1 元 5 角。首轮影院是一个高档的消费场所,观影者大都是外国人或者高级职员,普通家庭只到二三轮影院观影。影院轮映制划分了消费者的等级和地位,同时也满足了各阶层娱乐消费需求。

2. 制片业的新气象

1930 年,联华公司成立并推出《故都春梦》。《故都春梦》是一部揭露官场黑暗的社会现实主义的影片,明显区别于粗制滥造、渐趋没落的古装片和武侠片,吸引了大批观众。制片业形成了明星、天一、联华新的三足鼎立格局。

另一方面,1930 年,左翼人士介入影片公司,并与优秀的电影人达成共识,结成统一战线,拍摄出了《狂流》《前程》《春蚕》《母性之光》等极具现实意义的影片。1934 年至 1937 年,在左翼被迫退出的情况下,《桃李劫》《风云儿女》《乡愁》《都市风光》《新女性》《马路天使》等一批优秀的影片依旧纷纷出炉,在社会上引起了极大的反响。

3. 有声电影试制

经过大概 30 年的探索,电影才开始会"说话"了。1927 年,美国华纳兄弟公司推出了世界上第一部有声电影《爵士歌手》,深受观众喜爱。到 1929 年,全美两万多家电影院已经有一半开始放映有声电影。在欧洲的主要城市,不少影院也开始放映有声电影。有声电影技术的探索经过"蜡盘发音"①和"片上发音"②两个阶段。

---

① 蜡盘发音：将声音录制在特定的蜡盘上,然后用一种与放映机同步的唱机为影片配音。
② 片上发音：利用声光转换原理将声音录在胶片右侧的声带上,再通过放映机上的还原装置与画面同时放出。

30年代初,上海电影开始了有声电影的试制。第一部有声片是明星公司和上海百代唱片合作摄制的《歌女红牡丹》,其电影海报上专门打出了"中国有声对白影片"的广告语。这部电影一上映,不仅在国内引起了轰动,也吸引了南洋侨胞。两个月后,友联影片公司也以"一鸣有声电影公司"的名义推出了蜡盘发声片《虞美人》。

(二) 电影海报作品分析

这一时期涌现出的优秀的影片也给我们留下了一些高质量的电影海报,其中特别值得一提的有联华影业的《神女》、《渔光曲》和电通公司的《桃李劫》。

《神女》是身兼导演、编剧、美工等职的吴永刚的处女作,主要讲述一个普通的城市妇女为生活所迫成为暗娼,尔后又被流氓霸占。一次,发现自己为儿子读书辛苦攒下的钱被流氓偷去赌博,忍无可忍,失手将流氓打死,结果被判处十二年徒刑。这部影片的电影海报(见图31)由一幅路灯下的妇女的画和一张阮玲玉的照片组成。海报的创意来自于导演吴永刚影片创作初衷:"有一段时间常常在下班的回家路上,遇见一位在马路的煤气灯下徘徊的妓女,这个浓妆艳抹但是神色凄苦的女子促使他萌生了创作的冲动,决意创作一幅画《暗淡街灯下的妓女》:'画面都已经构想好了,一盏昏暗的街灯下,站着一个抹了口红胭脂、面带愁容的妇女……'"①画面背景中的一扇紧闭的大门也不禁让人浮想联翩,或是隐喻女主人公过着颠沛流离的生活,或是社会对于其身份的不认同和种种羞辱……这种隐喻的表现手法在当时以直白诉说电影内容的环境中,实属难得。使用红极一时的主演阮玲玉的照片则是号召影迷们前去观影。文字部分,影片的中文名采用篆刻艺术的手法,表达出对影片中"神女"身上所散发的母爱光辉的敬重。

图31　《神女》电影海报

《渔光曲》(见图32)是导演蔡楚生的作品,讲述了东海渔民一家的血泪史。上海一富裕家庭的青年看过此片后甚感自豪,觉得可以与国外一流影片相媲美,便自费在《新闻报》刊登了特大广告,"渔光曲"三个字就占据了两大张版面,其目的是要让《渔光曲》家喻户晓。此举引起舆论轰动,观众如潮水般涌入影院。《渔光曲》创造了84天的连映记录,还在1935年莫斯科"国际电影展览会"上获得了"荣誉奖"。《渔光曲》的电影海报是一幅手绘水粉画,霞光渲染了整张海报,男女主角站在船边翘首远望,前景人物与场景融为一体,浑然天成,构成了一幅完整的图画。海报右边的一列小字采用对偶的修辞手法交代了故事内容:

---

① 赵正节,武晔岚. 电影百年佳片赏析[M]. 北京:中国长安出版社. 2005:32.

"连绵三十年的惨剧　惆怅两世代的恨史"。

电通公司《桃李劫》电影海报（见图33）的创作手法非常大胆新颖。影片主要讲述了一对知识青年在黑暗的社会里艰难生存最终家破人亡的悲剧故事。海报以一张布满信息的发黄的旧报纸为整体背景，报纸中间被撕裂，露出一个大缺口，男女主人公陶建平和丽琳夫妇形象以黑白效果呈现，眼神中充满了对社会的愤恨和无奈。发黄的旧报纸上散乱分布着影片信息，包括片名、导演、编剧、放映地点等，这些文字信息大都不完整，但是又能隐约辨别出来。整张海报色调暗淡，与影片悲剧基调相契合，创作非常大胆，立体感强，可谓是一幅非常耐看值得玩味的精品海报。

（三）电影海报的特征

这一时期的电影海报相比20年代有了很大的进步，主要有以下三个特征：

1. 电影海报各元素融为一体

与20年代电影海报上以电影主角或者剧照为主的图文结合相比，这一时期电影海报的各元素相互配合，融合更加紧密。图片铺满整张海报，文字附在图片恰当的位置上。图片中的人物与场景融为一体，颜色的使用更加契合影片的情感基调。

2. 内涵深刻

20年代的电影海报图片对影片内容的展示更直白，其中的几幅精品电影海报内涵也更深刻，总能让人对影片产生更多的联想。这也与三十年代的电影环境分不开，当时出现了很多有名的导演，如孙瑜、吴永刚、蔡楚生等，都在积极热情创作更能反映社会现实的作品，他们对于电影海报的制作自然也是亲自严格把关。

3. 有声成为新卖点

从《再生花》胡蝶的肖像和《神女》阮玲玉的照片都可以看出，明星仍然是这一时期海报的卖点。有声电影技术的发展，使声音成为电影新的卖点。《虞美人》的电影海报上不仅在显要位置标明"国产有声歌唱对白电影"，还在下方的文字里描述称"片中说白唱歌发

图32　《渔光曲》电影海报

图33　《桃李劫》电影海报

音之清晰直觉字字可辨"。声音把观众带入了一个更加丰富的感官世界。此后,这一时期电影海报的广告语中也多把这一技术的革新作为一个卖点。如,1931年《如此繁华》:"用全副精神摄制之全部歌舞对白、空前伟大有声片";1933年《春潮》的海报广告语则着重凸显了声音的优越性:"自制声机精心摄制,第一部纯粹国产有声大名剧。有舶来声机所无之优点,无舶来声机所有之弊病"等。

四、缓慢发展期:1937—1945

(一)电影业的畸形和停滞

1937年11月,上海沦陷。战争使大量富裕的上海人迁入"孤岛","孤岛"期间的娱乐业呈现畸形繁荣的景象。电影的放映从一天3场增加至4场,并陆陆续续有一批电影院落成,如较为豪华的首轮影院沪光电影院、金门大戏院、平安大戏院、国联大戏院、美琪大戏院等。太平洋战争爆发后,经济萧条致使许多影院歇业,整个影院业一片惨淡。

在制片业方面,明星公司被日本摧毁,联华公司解散,天一公司将摄影场出租,携家迁往香港,其他中小型公司也基本停业。1937年,电影生产处于停歇状态。1938年,恢复制片的公司有新华影业公司和艺华影业公司。1938年至1939年,大型古装片再次登上历史舞台。先是由张善琨投拍《貂蝉》引发轰动,继而又推出了《木兰从军》,创下连映85天的新纪录。据初步统计,在"孤岛"期间,上海共拍摄80多部古装片,约占总出品电影数量的三分之一。其中具有代表性的有《木兰从军》、《岳飞精忠报国》、《武则天》、《楚霸王》、《苏武牧羊》等。同时,时装片在孤岛时期也呈现出一片繁荣景象。1941年摄制的80多部影片中,就有60多部时装片,其中比较优秀的有《雷雨》、《天涯歌女》等。

图34　《孟丽君》电影海报

1941年,"孤岛"成为沦陷区,上海电影业被日本掌控。1942年,张善琨收购了"新华""艺华""国华"等12家影片公司,组成了中华联合制片股份有限公司。1943年,汪伪政府将发行垄断公司"中华"、制片公司"中联"和放映单位"上海影院公司"合并,使发行、制片、放映一体化,实现了对上海电影业的全面控制,期间摄制影片大多为商业片。

(二)电影海报作品分析

抗日战争时期的上海电影业发展缓慢,所搜集到的电影海报并不多,其中大多数沿袭了30年代初一般电影海报的设计。比较抢眼的有1940年《孟丽君》《李阿毛与僵尸》以及1941年的《黑夜孤魂》。其中前一部为古装片,后两部为恐怖片。这几幅海报色彩较为鲜艳,绘画笔触也更为细腻。

1940年,国华影片公司出品《孟丽君》(见图34),展现了这位古代多才多艺、性情刚烈的美丽女子的一生。其海报大胆使用了红黄黑三种色块。影片名称"孟丽君"三个字占据了几乎近一半的面积，采用的是红底黄字，而演员编剧的名字则采用黄底红字，颜色鲜亮醒目。画面上主人公身着朝服，头戴官帽，飒爽英姿跃然纸上，干净利落的笔触将她的大方自信表现得淋漓尽致。画面中，人物形象与黑色背景色有机结合，体现出一种奔放自如的大气。

1940年，国华影业公司出品了《李阿毛与僵尸》（见图35）。这部影片主要讲述莫家花园被人强行霸占，老爷身受重伤而死，莫家儿子留学回来后假扮僵尸鬼，与李阿毛一起将土匪驱逐的故事。海报图画部分展示了李阿毛拿手电筒照到"僵尸鬼"，双方表情惊恐的一幕，吊人胃口。《黑夜孤魂》（见图36）则讲述了童养媳因被婆婆怀疑与外人苟合怀孕而不得不离家，假扮成鬼夜晚在村庄哀嚎，最后被回家的丈夫发现其真实身份的恐怖故事。这张海报的前景是男女主人公紧靠在一起的画面，表达夫妻间的信任和恩爱；背景中一只野鬼的形象则不禁让人猜测影片中到底发生了什么样的故事。

图 35 《李阿毛与僵尸》电影海报　　图 36 《黑夜孤魂》电影海报

（三）电影海报的特征

这一时期的电影海报，图片更侧重于人物的描绘刻画，或展示古装片人物的气度非凡，或表现人物关系。海报最大的特点在于对色彩的大胆运用，利用色块对海报区域进行划分。另外，非常值得一提的是海报的不规则性。以往的电影海报都是长方形的平面图，而这一时期的《梁山伯与祝英台》的电影海报则使用了蝴蝶的形状，很有新意，也与影片故事结尾两人变成蝴蝶比翼双飞相呼应。

五、定型期：1945—1949

（一）电影业的复苏

从抗战胜利到新中国成立前的四年间，大陆共出品影片约 200 部，其中 80％ 由上海

图 37　《八千里路云和月》电影海报

制片公司摄制，上海再度成为电影生产的中心基地。国民党政府靠在全国接收电影产业积累了充足的资金，拥有先进的制作设备，占据垄断地位，其出品的影片少部分带有或明或暗的官方意识形态色彩或具有一定的进步倾向，大部分为商业化类型片，如《幸福狂想曲》、《乘龙快婿》、《青青河边草》等。

在国营制片公司的排挤和物价飞涨的经济困境中，以国泰、大同、昆仑等为代表的民营电影公司依然创作活跃，摄制了一批优秀影片。这期间，大小近 40 家影片公司共完成了 150 余部影片，其中商业电影占 60％ 以上。经典影片有联华影艺《一江春水向东流》、《八千里路云和月》，昆仑影业公司的《万家灯火》、《三毛流浪记》、《乌鸦与麻雀》，文华影业的《假凤虚凰》、《太太万岁》、《小城之春》等。

（二）电影海报作品分析

这一时期的电影海报已基本定型，较为成熟。经典作品有《八千里路云和月》、《万家灯火》、《三毛流浪记》等。

《八千里路云和月》（见图 37）1947 年由联华影艺社出品，剧本被誉为"五四"以来最优秀的电影文学剧本之一。影片描写了抗日战争时期，男女主人公在救亡演剧队里积极宣传抗日并渐生爱慕之情结为夫妻，以及抗战胜利后在国民党黑暗统治下的种种不幸遭遇。在云和月的苍茫背景下，海报用三个色块分区分别描述了不同的内容。在图上方，男女主人公相互依偎，表现的是抗战时期同甘苦、共患难的爱情；图下方的两个小图，一个是高楼大厦，一个是万丈悬崖，寓意着两种截然不同的世界，而男女主人公昂首阔步，对未来充满信心。整张海报的颜色艳丽而不俗。

图 38　《万家灯火》电影海报

《万家灯火》（见图 38）是昆仑影业公司的作

品。影片主要讲述了抗战后的上海，胡智清这一普通人家的悲欢离合。海报上展现的是胡智清被汽车撞伤后，和母亲、妻子在一起，一家人矛盾得以化解的一幕。主人公衣着暗淡，与整张海报的色调一致，暗示了生活的不易。一圈淡黄色的光晕围绕着他们，增添了些许温暖，寓意主人公团聚在"万家灯火"之中。影片名称使用红色并勾了白边，仿佛闪烁的灯光，与影片主题相一致。

《三毛流浪记》（见图 39）是昆仑影业公司1949 年出品的影片，根据画家张乐平先生的漫画改编，海报上特别注明"张乐平漫画搬上银幕"。"三毛"成为继叶浅予的"王先生"之后被搬上荧幕的第二个漫画人物形象。"三毛"的漫画早在 20 世纪 30 年代中期就与广大读者见面，之后持续十几年，"三毛"的形象不断出现在报刊上，已经成为当时中国穷苦儿童命运的象征。解放前夕，漫画被改编为电影剧本搬上银幕。影片通过三毛的种种遭遇，再现了当时城市中广大贫苦儿童的悲惨命运，笑中带泪地控诉了旧社会的种种罪恶。电影海报以上海繁华的楼群为背景，着以灰白色，一来区别于前景颜色，主次分明；二来大城市的繁华与三毛贫苦儿童的形象形成鲜明的对比，更显悲凉。前景中，三毛的剧照与张乐平笔下的漫画形象相伴

图 39 《三毛流浪记》电影海报

而行，新颖别致。剧照中的三毛衣衫褴褛，瘦骨嶙峋，赤脚行走，眼神中充满着凄楚与彷徨。漫画三毛则看着他，眼神中同样充满了可怜与无奈，人物形象更显俏皮、可爱。两个不同形象相互补充，达到了形与神的统一。在字体的设计上，则采用木块拼接的方法，显得童趣盎然。

（三）电影海报的特征

这一时期的电影海报已基本定型，形式统一。文字部分均由影片名称、导演、监制、制片、编剧、主演构成，广告语大大减少，几乎不见踪影。图画部分色彩鲜艳，构图饱满。

1. 图片以头像为主

这一时期电影海报的图片大多数都是以电影主人公的头像为主，展现影片中各个人物的性格特征和人物之间的复杂关系。

2. 演员名字的排列

这一时期电影海报上主演名字的排列与之前有所不同。解放战争之前的电影海报上，明星名字的字号通常是按照知名度而设计的，海报上最重要演员的名字的字号要远远大于一般演员甚至其他主要演员的名字。而到了这一时期，演员名字不仅数量多，且字号大小一样，并在海报上明确标注排名以"出场先后为序"，如《幸福狂想曲》《三人行》《喜

迎春》、《肠断天涯》、《国魂》、《希望在人间》、《郎才女貌》等；或者"以姓氏笔画为序"，如《新闺怨》、《大团圆》、《欢天喜地》等。

当时的电影公司和电影明星对公司产权和个人排名先后都非常敏感，这是个棘手的问题，弄不好就会引起纠纷。因此，有些影片公司每推出一部影片必发行一本广告样本。上面除刊登影片的海报、本事和演员表外，还绘制、拟定了影片的广告样式和广告语，有十几种之多。另外，还备有影片的预告片、幻灯片、彩色剧照、海报、广告和纸型等，既方便了客户选择，也避免产生诸如口径不一、演员排名先后等容易引起纠纷的问题，以保护自己的权益。例如，昆仑影片公司在宣传《一江春水向东流》时，特地申明："各戏院放映本片之报纸及一切文字广告，本片出品名称，演员排名，制片人及广告语，务请依照广告样本；如因上列事项引起纠纷，其法律上之责任，应由发稿之戏院担任"。[①] 可谓小心翼翼，一丝不苟。这表明有关方面对影片广告宣传的管理更加规范了。

纵观民国时期大约40年的电影海报，从黑白变为彩色，由纯文字到简单的图文并置再到图文浑然一体，主题更加鲜明，风格更加多样，形式更加成熟美观。电影海报的标题多使用普通美术字，占据海报的空间面积非常大，是整张海报的绝对重心。图片以明星的头像或剧照为主，由简单直白过渡到展示影片人物关系或内涵，耐人寻味。通过这些电影海报我们看到了一部更加鲜活、有趣味的电影史，一部越来越先进的印刷技术发展史，一部值得欣赏一番的艺术史，一部真实、深刻的社会史。

第七节　上海电影海报的艺术设计特征

电影海报兼具电影推销与美术创作的双重特性，既是电影宣传的媒介，也是一种视觉艺术品。上海电影海报的艺术设计是以艺术和审美的方式来追求消费审美的愉悦。这一幅幅运用各种不同的艺术手法绘制出来的角色形象与其他景象无不凝结着海报设计者的艺术匠心与才华。

电影海报的设计和其他视觉设计构成要素一样：文字、图形和色彩。

一、电影海报的语言设计

文字作为宣传电影的语言载体，在电影海报中的作用是不容忽视的。最早的电影海报基本上是纯文字，渐渐发展为图文独立并置再到自成一体的图文融合布局设计。文字信息一般由片名、主要演职人员、出品发行单位等组成，广告语或有或无，一般变动不大。电影海报中的文字字号和字体的变化，或者是对文字进行装饰性设计，都极大丰富了海报画面的层次感。

---

① 张伟. 纸上观影录[M]. 天津：百花文艺出版社. 2005：240.

　　文字字号的大小显示出内容信息的重要程度。大字标题以显著奇特、触目惊心，在第一时间吸引人们的注意。民国时期电影海报上片名字号最大，导演、主演名单次之，广告语、出品发行单位等其他信息文字相对较小。字号大小显示出信息的主次，错落有致，增加了海报的视觉层次感。

　　民国时期电影海报是手绘海报，文字多为手写体。常用的印刷字体有宋体、黑体、普通美术字，不繁杂，不花哨。字体的选择与影片的内容和风格是相辅相成的，"文字的字体形式和艺术风格蕴涵了更为潜在的情绪，可视为语义的补充说明"。[①] 例如，《夜半歌声》片名字体狂放、颤栗，契合了恐怖片的内容和风格特点；《夜店》的片名字体设计别具一格，木质纹理，朴实无华。

　　海报设计者也会在字体上做一些简单的装饰性设计，描边和边框是最常用的两种。例如，《马路天使》、《十字街头》、《夜半歌声》、《古屋魔影》、《哑妻》、《平步青云》、《欢天喜地》等电影海报均使用了与片名不同的颜色进行了描边装饰。再如，《新闺怨》（见图40）的片名使用了与字体同色的花纹边框，《小城之春》（见图41）使用了长方形边框，《一帆风顺》则使用了云朵状的边框，既充实、美化了字体，又将字体与海报背景区别开来，具有一定的功能性。也有海报设计者利用物象阴影原理，使字体产生立体效果，如《残冬》、《风雪夜归人》等。《丽人行》（见图42）字体的设计更是别具一格，"丽"字的第一笔化作两道弯眉，增加了几许人性化的气息，体现着女性的温柔与艺术的气息。

图40　《新闺怨》电影海报　　　　图41　《小城之春》电影海报

　　① 李砚祖，芦影. 平面设计艺术［M］. 北京：中国人民大学出版社. 2005：172.

图 42 《丽人行》电影海报

图 43 《青山翠谷》电影海报

二、电影海报的图形设计

图形是电影海报设计的主体部分,是信息传达和交流最有效的方式。《商业杂志》1927 年第 2 卷第 12 期上发表的《广告上的常识》一文中强调图形重要性时说:"一部机器说了半天,仍旧没人领会,一看图画就明白了。"

(一)绘画表现手法

解放前电影海报表现手法多种多样:素描、水粉、木刻、油画、国画、漫画、摄影等等。其中,水粉和白描是最重要的绘画样式。

1. 水粉

水粉画是西洋画的一种,是用水调和粉质颜料绘成的图画,水粉颜色不透明,有较强的覆盖功能,笔触深刻细致。用水粉作颜料,主要是因为其成本低,绘制快,方便经常更换;其次是色彩鲜艳,整体造型与细节描绘均宜,适合表现广而告之的内容。水粉画通常是以明暗对比和色彩对比的方法描绘对象,注重光色、质感、空间的表现。如 1949 年《青山翠谷》电影海报(见图 43)就是一幅水粉画作品。海报中心圆框内用水粉勾画的山涧风景,笔触粗犷,颜色洗练,空间的层次感强。前景中的两个人物面部明暗对比强烈,富于变化。此外,《夜半歌声》《一帆风顺》《衣锦荣归》《八年离乱》等电影海报也都是水粉作品。

20 世纪二三十年代,安徽籍的画师郑曼陀结合上海的炭精画技法和西式的水彩画技法创造了擦笔水彩技法。擦笔水彩技法,是用线描的手法先勾出人物的轮廓,再用炭精粉淡化线条和笔触,并擦出一种明暗变化,然后用水彩层层敷染,从而画出人物在自然光照下的立体感以及肌肤的柔和质感。这种技法被广泛应用于月份牌,同时也是电影海报的画法之一。如《八千里路云和月》《新闺怨》等都使用此技法,笔触细腻,画面精良。

2. 素描

素描又称"白描",是中国画的一种技法,指单用墨色线条勾勒描绘形象而不施色彩的画法。早期的黑白电影海报大多图片简洁,海报创作者用画笔简单勾勒出电影的主要人物形象或故事情节。如由新中央大戏院发行的《山东马永贞》海报,十分传神地勾勒出了主演张慧冲在影片中的马上雄姿;1927 年《西厢记》用白描的手法描绘了男女主人公;1933 年《女性的呐喊》则勾勒出影片中两姐妹相互依偎、相互扶持的画面。

　　40 年代以图画为主的电影海报中也有全部运用素描手法创作的。1947 年《群魔》(见图 45)叙述了沦陷区一家肉店聚集的一群社会渣滓无恶不作,最终被游击队消灭的故事。这幅素描的海报将一群人间恶魔刻画得入木三分,显示出作者深厚的艺术功力。《舐犊情深》(见图 46)讲述了失业的黄梅厂为照顾孩子的生活而上街行乞的故事。海报用素描技法勾勒出两位主人公的淡漠神情,表现了对现实生活的不满和绝望。1948 年由文华影片公司出品的《哀乐中年》(见图 47),讲述了人到中年的小学校长陈绍常妻子去世后未再续弦,子女长大之后又缺乏对父亲情感心灵的真正体贴,父亲的再婚引起了轩然大波,但好在陈意志坚定,生命与爱情的鲜花终于再度开放。海报是幅素描作品,刻画了男女主人公质朴、沉稳的形象,黯淡的色调体现了人到中年的孤独与无奈,但创作者却也精心勾画出了主人公憧憬未来生活的目光。

图 44　《群魔》电影海报

图 45　《舐犊情深》电影海报

图 46　《哀乐中年》电影海报

3. 漫画

漫画的创作手法被运用于电影海报也是一个极大的创新。1929 年《异性的冲突》的电影海报使用六张漫画构成了一个完整的故事,有趣地表达了影片的主题。1935 年的《都市风光》(见图 47)是一部喜剧片,其电影海报中的人物形象也运用漫画的形式,不仅增加了观众的兴趣,也契合了影片的类型特点。1937 年的《马路天使》(见图 48)描述了30 年代妓女、乐队吹鼓手、理发师、卖唱者等都市下层人民的悲惨遭遇。电影海报的背景则用漫画的形式勾画了影片中描写的社会底层人物的形象,与前景中的人物一虚一实,相得益彰。

图 47 《都市风光》电影海报　　　图 48 《马路天使》电影海报

4. 摄影照片

19 世纪末 20 世纪初,摄影技术传入我国,上海作为开放的大都市,最先接触到这一新技术。其良好的成像效果被报社、出版社、广告公司广泛应用,也为电影海报增加了一种新的制作样式。与绘画相比,摄影更容易获取图像,可以大大缩短电影海报的创作时间,其逼真程度更是绘画难以企及。1924 年《爱国伞》的电影海报是第一张使用摄影照片的海报,将影片最后一幕的剧照放在了海报的显要位置。剧情式海报大多直接采用几张剧照来作为海报的主体。

也有电影海报不是简单地把剧照放在海报上,而是采用照片拼贴的方式,将外轮廓线条准确、清晰的黑白人物照片剪贴在海报中,并配以电影文字和较为单纯的色彩背景,使画面形成了鲜明反差。这种做法在当时的电影海报创作中独树一帜,成为私营影业公司电影海报创作技法的佼佼者。最早的如 1927 年《复活的玫瑰》(见图 49)剪切女主角林楚楚的头部照片与鲜艳玫瑰花放在一起来表达影片的主题。1948 年《水上人家》(见图 50)电影海报的左上角则有规律地排列着剧中主要人物的头像，表情各异，有喜有悲、有怒有嗔，充分展示了各自的性格特征。1949 年《小城之春》背景是残垣断壁的破落人家，将几个主人公的照片自然地融入其中，以实景和人物照片相拼接的方法表现了影片的主题韵味。

图 49 《复活的玫瑰》电影海报　　　　图 50 《水上人家》电影海报

(二) 图片内容样式

人物头部特写是民国时期电影海报构图的主要形式，其中有第一主角单人头像、双人或三人头像和群体头像之分。电影海报中人物数量的多少、图形的大小，取决于人物在电影中所饰演角色的重要程度和演员的知名度。

1. 单人头像

单人头像海报的设计意在突出影片主人公或是影星本人，如 1927 年的《为亲牺牲》，1933 年的《新女性》，1934 年的《再生花》、《神女》，1940 年的《西厢记》，1941 年的《孟丽君》等。

2. 双人或三人头像

双人或三人头像海报的设计意在介绍人物关系和剧情，比单人或多人头像的排列更有感染力，更能够调动观众观影的好奇心。比如，1933 年的《女性的呐喊》，表现包身工两姐妹相互依靠、相互安慰的可怜处境；1948 年的《终身大事》(见图 51)，女主人公佩芳位于中央，两边是男主人公何斐和佩芳的爸爸，他们是影片中矛盾的双方，也是佩芳必须做出的选择，从海报上就能够直接读出影片的人物关系。

3. 人物群像

　　人物群像海报的设计意在表现影片场景的宏大和人物关系的错综复杂。使用这种设计手法的电影海报也不在少数。如 1936 年的《狂欢之夜》、1948 年的《三人行》、1949 年的《12 小时的奇迹》（见图 52、53）等均采用多位人物头像，表情各异，再现人物在影片中的性格特征。

图 51　"终身大事"电影海报

（三）色彩

　　虽然电影海报是由文字、图形和色彩三要素共同组成的，但是，在受众观看到电影海报的第一时间，首先感受到的是色彩的效果。完美的色彩能够影响人们的感知、记忆、联想、情感，并产生特定的心理作用。因此，它不仅仅有美化和装饰的作用，而且承担着符号的角色，传达着电影信息，是表情达意的一种手段。1926 年之前的电影海报多为黑白的，之后由于印刷技术的发展，出现了许多彩色电影海报，留存至今有 60 余张，主要集中于 20 世纪四十年代。这些彩色电影海报主要呈现出三大特点。

1. 色彩简洁

　　民国时期的彩色电影海报颜色简洁，基本上每张海报所使用的颜色不超过五种。例如，《再生花》电影海报有黑、白、黄、红四种颜色，《夜半歌声》有黑、白、黄三种颜色，即便是色彩鲜亮丰富的《文素臣（二集）》也仅仅使用了黑、白、粉、红、黄五种颜色。这符合 20 世纪前期广告设计人员的主张："与其套色多而混杂糊涂，毋宁设色

图 52　《12 小时的奇迹》电影海报

图 53　《狂欢之夜》电影海报

单纯而清楚"。①

2. 色块对比强烈

民国时期的彩色电影海报中常使用两到三个对比强烈的色块构图，在静态的色彩中突出了海报的张力，视觉冲击力强。如 1940 年国华影业公司《孟丽君》的电影海报，大胆使用红、黄、黑三大色块相互组合作为背景；1947 年中电二厂摄制的《衣锦荣归》电影海报，则使用了粉红和蓝色两大色块，《八千里路云和月》使用了蓝、红、黄三大色块，1948 年《三人行》使用了红和蓝两大色块。

3. 色彩是情感的表达

色彩在电影海报中承担着符号的角色，每种颜色都能传递出不同的情绪，极易引起人的情感变化与反应。民国时期彩色电影海报中常用到的颜色有红、黑、黄。

红色象征着喜庆、热情，或者是抗争、血腥。例如，1948 年《喜迎春》描写了退休老校长陶培仁其乐融融的大家庭生活。电影海报底色使用的是橘黄色，营造出一种暖意融融的气氛。片名则使用红色填充字体，极为醒目，增加了喜气与活力，与影片快乐的基调相吻合。当年另一部影片《吸血鬼》电影海报上，影片名称运用了血色红，文字笔触凹凸不平，占据了画面的中心位置，醒目又震人心弦，是整张海报表达主题的重要手段。

黑色一般作为背景色，象征着黑暗压抑、恐怖的氛围。例如 1934 年的《再生花》，油墨的晕染给人以压抑之感，表达了影片故事发生的沉闷无奈的社会环境。1937 年的《夜半歌声》描绘了一个曲折离奇的爱情故事。封建恶势力为阻挠青年的自由恋爱，用硝镪水烧毁了男青年的面容，把人变成了鬼，又逼疯了少女，沉沉的黑夜里飘荡起了哀歌。其海报则描绘了女主人公在茫茫夜色中向月亮祈祷的画面，飘忽的夜色甚至快要遮住月亮，更增添了几分悲剧色彩。片名几个字仿佛颤栗不安，大片的黑色营造出了恐怖的氛围。

黄色鲜亮，一般用于背景色较为凝重的电影海报。例如《十字街头》、《夜半歌声》、《八千里路云和月》、《八年离乱》、《夜店》、《新闻怨》、《古屋魔影》、《残冬》等电影海报都使用黄色填充影片名称，一方面提醒受众，吸引受众目光，另一方面作平衡色彩之用。

（四）视觉流程

文字、图形、色彩构成了人们观赏电影海报的视觉语言，但所有的视觉语言并不是同时进入观众的眼睛。观众在观赏电影海报的时候会不约而同地遵守一种视觉流动顺序，这是由人们的视觉特性所决定的。"首先人们会通观整个画面，对整个画面有了一个初步印象后，人们的视线就会停留在最感兴趣的某一点上；接着便是视线的移动，最后读遍全画。这一过程就是所谓的视觉流程"。② 电影海报的性质决定了它给人们的视觉流程要短，冲击力要强。它是在行人匆匆的过往中被动地被注意、浏览到的，因此需要在短时间

---

① 叶心佛. 广告实施学[M]. 中国广告学社出版. 1935.
② 王亚非，韩晓芳. 商业广告设计教程[M]. 辽宁：辽宁美术出版社. 1998：72.

内使观众产生视觉震撼,以达到引起注意和保留记忆的效果。所以,成功的海报设计首先要给人们编排一个最佳的、符合人们认识过程的心理顺序和思维发展逻辑顺序的视觉层次。这个看似复杂的过程又要在极短的时间内完成,使海报所要表达的内容都能在瞬间让人一目了然。

通过上文对民国时期电影海报文字、图像和色彩的分析,可以看出那时电影海报设计的视觉流程一般从大字号的影片标题为起点,过渡到人物形象,再到演职人员表,以制片公司结尾。虽然海报的内容丰富,图文繁多,但是整体繁而不乱,视觉流程非常清晰。

第八节　上海电影海报的广告传播形态

民国时期的电影发展自始至终与私营资本密切相关,电影的商品属性与生俱来。从商业的角度来讲,电影当然需要通过各种宣传手段来达到盈利的目的。电影海报就是以电影内容为依托,以其独特的魅力将人们的"注意力"转化为"行动力",增加电影票房,这也是电影海报的首要目的:广告宣传。

一、电影海报的分布范围

我国最早期电影海报采用手绘的方式直接绘制于影戏院的宣传栏上,换一个影片就把前一张电影海报撕掉,或者重重叠叠直接粘在原来的海报上。后来,电影海报设计完成之后,电影公司会印刷多份张贴在大街小巷的显眼地方,首轮电影院也会专门请人设计,印刷后张贴在电影院门口。常见的宣传方式有影戏院内外,路牌和橱窗。

(一) 影戏院

近代上海的影戏院,在进门口的两侧,大多有两块很大的墙壁,作张贴电影海报之用。通常一块是宣传正在放映的电影海报,一块是下期放映的电影预告海报。大光明大戏院在设计之初就留出了大块立体直方形玻璃墙面,十分适合张贴大幅电影海报,具有强烈的视觉冲击效果。[①] 除了正门上方的大块玻璃外,影院外墙、休息厅墙面、甚至大厅吊顶、银幕幕布等内外可以利用的空间都张贴着各种形式的海报。

(二) 路牌广告

路牌广告是专设在行人较多的马路边上的大型广告,它以图画为主要形式,向受众进行告知性的宣传。马路边、火车站、闹市区街道墙壁、建筑支架上,到处都可以看见路牌广告。[②] 路牌广告中最常见的就是香烟广告和电影广告。

路牌电影海报广告,用彩色油漆绘制,一般高三四米,宽六七米,或更宽更大。电影广告的内容是电影名称,影片中最精彩、最动人的电影画面,主要演员、编剧、导演、制片的名

---

①　上海大光明电影院有限公司. 大光明·光影八十年[M]. 上海:同济大学出版社. 2009:18.
②　黄玉涛. 民国时期商业广告研究[M]. 厦门:厦门大学出版社. 2009:154.

字,电影出品公司名称,放映影片的电影院名称,以及用诗词形式高度概括的电影内容等等。这种电影广告最能吸引人,行人路过驻足而观看,公共汽车、电车上的乘客路过也能掠上一眼。它的特点是醒目,富有引诱力,因而很能吸引市民行人。这种广告大多由上海荣昌祥广告公司制作。荣昌祥是上海最大的一家路牌广告公司,它制作的广告,一直延伸到京沪(南京到上海)、沪杭铁路两侧沿线。为此,荣昌祥也成为旧上海人人皆知的著名广告公司。

（三）橱窗广告

橱窗广告是随着大百货公司的诞生而出现的新型广告形式,即将实物、模型、海报等直接陈列于橱窗中。民国时期,上海的先施、永安、新新等百货公司在商店店面及门前都设有大型橱窗广告。在永安公司的十个大橱窗中,有一个橱窗常年陈列电影海报、宣传画,大光明上映的好莱坞影片是这里的“常客”。①

二、电影海报宣传的诉求点

广告诉求点是指某商品或服务在广告中所强调的、企图劝服或打动广告对象的传达重点,即广告宣传中所要强调的内容,俗称“卖点”。电影海报是观众对于电影的第一认识。观众是否会走进电影院很大程度上取决于海报能否抓住观众的心,能否迎合观众对这一体验式商品的期待。

民国电影海报宣传的诉求点大致可以分为以下几类:

（一）明星、导演

电影的黄金时代造就了大量明星,明星更增强了电影的魅力。观众对于影星的热情丝毫不亚于电影本身,几乎所有的电影海报都把对明星的宣传放在首位。从海报上,可以看到那些至今仍旧耳熟能详的名字:杨耐梅、张织云、阮玲玉、胡蝶、周璇、黎莉莉、白杨等等。明星名字通常选择较大的字号,电影海报的画面上也多用明星的肖像照。如《一串珍珠》、《复活的玫瑰》、《再生花》、《劫后桃花》、《新女性》、《长恨歌》、《西厢记》等都使用当红明星的肖像或者剧照头像。另外,利用电影明星具有一定知名度的代表作来提升观众对其的认知,电影观众更易于唤起过去美好的观影经验,并对新上映影片中明星们的表现充满期待。如1931年《玉堂春》广告词“阮玲玉女士的又一新作品”。也有一些电影海报的广告语强调影片明星阵容的强大,如《孔雀东南飞》“严肃贞女士暨十二大明星合演”,1913年《一剪梅》“数千军队　全体明星”。

导演也是电影海报上不可或缺的元素。优秀的导演是一种品牌,观众对导演的信任也是其走进电影院的一大原因。电影海报上的名导历历在目,如张石川、吴永刚、蔡楚生、孙瑜、沈浮、袁牧之、史东山等。有些电影海报的广告语也会将导演作为一大卖点,如《神女》“吴永刚一鸣惊人之大杰作”,《麻疯女》“马徐维邦较《夜半歌声》更悱恻动人的一部美艺结晶”,《葛嫩娘殉国》“继《一夜皇后》后第二部作品”等。

---

① 上海大光明电影院有限公司编. 大光明·光影八十年[M]. 上海:同济大学出版社. 2009:37.

（二）影片类型

不同时期的上海影坛上掀起过不同的商业类型片上映热潮来迎合观众的口味。20年代的爱情片、古装片、武侠片，30年代至40年代中期的抗战片、古装片、恐怖片和解放战争时期的社会现实片。有许多电影海报的广告语直接点明了影片类型，使观众一目了然，如1925年《孰胜》"大亚洲影片公司爱情杰作"，1925年《醉乡遗恨》"社会家庭悲剧"，1926年《乱世英雄》"社会武侠爱情"，1927年《复活的玫瑰》"中国最高尚之唯一爱情巨片"，1927年《西厢记》"爱情巨片"，1928年《洪宪之战》"空前国产战争历史巨片"，1935年《都市风光》"新型乐剧"等。

（三）影片故事情节

影片故事情节的曲折离奇或是感人肺腑也是吸引观众的一个卖点。许多电影海报就使用最精彩的镜头瞬间抓住观众的心。如1927年《白芙蓉》电影海报画面使用的是白芙蓉为陆义鸿敷伤的一幕，创作者还巧妙地用了一个虚构的小天使将两人牵在一起。文字部分则使用对白，全方位再现了两人的炽热深情。《痴男怨女》海报下方用淡彩勾勒出一幅剧照，人物表情动作使人忍俊不禁，想要一看究竟。1948年《舐犊情深》则直接打出了"上海奇谭之一"的广告语。也有更多的剧情式海报采用多张剧照来描述影片的故事梗概以吸引观众。

三、社会意义、影院评价及其他

有一些海报广告语从影片的社会意义来吸引人们的注意，如1925年的《觉悟》"批评者谓此片一出世唤醒醉心虚荣之女子不少"和1929年的《义海情天》"描写义的方面可为社会之棒喝，描写情的方面可为社会之指南"，点明影片的教育意义。1930年的《野草闲花》"国片复兴运动中之铁军，我国电影光荣史之一页。树歌舞有声国片之先声，揭上海神秘社会之黑幕"和1935年的《天伦》"联华公司空前奇迹，中国影坛光荣记录"，运用对偶句式点明影片在电影史上的重要地位。也有一些海报的广告语强调影片的宏大制作，如"＊＊巨片"、"＊＊巨献"，1938年《貂蝉》海报广告语就特别强调"耗资十五万元"。《一夜皇后》"中秋佳节沪光大戏院隆重献映"及1947年《湖上春痕》"国泰影业公司新春巨献"的广告词则突出了对影片上映档期的强调。另外，1931年联华影业《自杀合同》海报中的广告语则突出了影院本身的优越性："管理最善，选片最精，音乐最优，价格最廉。"

（一）电影海报的宣传效果

1938年商务印书馆出版的《电影院经营法》中提到"广告是电影院中最占重要的一个部分，和营业是极有关系的，同是一部影片，每因宣传能力的高低，而在营业的收入上，得到极不同的结果"。[①] 虽然不能说电影票房收入是单纯地由电影海报决定的，但设计精美、扣人心弦的电影海报总能为电影加分不少。反之，电影海报如若设计杂乱无章，不仅掩盖掉了电影最精彩、最有看头的部分，甚至还会引起观众的反感。所以，当时的电影公

---

① 杨敏时.电影院经营法[M].上海：商务印书馆.1938：29.

司和电影院一般会不惜重金聘请画家来设计电影海报，也会专门请一些广告界人士来主持宣传事宜。例如，广告天才周世勋曾被爱普庐影院聘请，大光明大戏院当时曾聘请《申报》副刊《自由谈》的广告部主任周瘦鹃为广告部主任。

民国时期最卖座的几部电影的电影海报相比其他海报，要么在整体设计上更胜一筹，要么在经营上更有噱头。如《一江春水向东流》连映三个多月，观影人数达到了七十一万二千八百七十四人，大约相当于上海全市人口的 14.39%，创造了解放前国产片的最高上座记录。① 这与广告的宣传是分不开的，其电影海报色彩鲜艳，构图饱满，是同时代海报中的上乘之作。

新华影业老板张善坤善于经营，有"噱头大王"之称。为了配合影片《夜半歌声》的上映，他挖空心思在上海闹市区静安寺路和成都路的十字路口，悬挂了一幅数十米高的电影海报，一个披头散发的巨人张牙舞爪，做出抓人之状，画面充满了阴森恐怖之气氛，令人毛骨悚然。据《申报》报道，这一巨型恐怖海报吓死过小孩。张善坤还在报纸上添油加醋，说《夜半歌声》吓死小孩，多少岁以下孩童绝对禁止入场。这样一来，未映先热，观众在好奇心的驱使下，争相观看，致使戏院拥挤，场场客满。另一部古装影片《木兰从军》尚未上映，张善坤便在各媒体大肆吹捧女主角的美貌和演技，并在电影院旁边建造了一个足有五六层楼高的广告牌，上面绘有花木兰的飒爽英姿的海报并书有"新片《木兰从军》"几个大字。每到夜晚，广告牌灯火通明，引人瞩目，很多人特地前去拍照，不少人专为看这张电影海报而来。《木兰从军》在上海公映时，连演八十五天，场场满座，打破了《渔光曲》连演八十四天的记录，创下了空前的上座记录。② 从这些史实记载来看，电影海报的设计和表现的高下与电影票房收入有着直接的密不可分的关系。

看电影，总有剧终人散的一刻。然而，历史并不想让那些曾经感动、震撼、娱悦人们的电影形象、故事情节随风而逝，电影海报就担当起了这个使命。至今保留下来的海报正在向我们诉说着当年的一个又一个电影故事。

从电影史的角度讲，电影海报联缀起了一部更鲜活、更生动、更真实的民国时期电影史，尤其是在电影原胶片已经被战争严重损毁的情况下。这一张张电影海报记录着民国时期曾经辉煌过的电影公司，璀璨的明星，豪华的电影院以及市民蜂拥观看电影的摩登生活。电影海报满足了我们对于 20 世纪前半叶大上海电影业盛况的了解欲望，极具文献价值。电影海报史可以说就是一部电影史。

从广告史的角度讲，电影海报是电影名片，是最重要的宣传品，其目的是吸引观众走进电影院看电影。民国时期的电影海报主要张贴在电影院门口、路牌和橱窗，以明星、导演、影片类型、故事情节、影片社会意义等为诉求点来抓住观众。另外，电影海报的宣传效果好坏直接关系到电影票房收入的高低，上乘的电影海报和对电影海报的经营都可以为

---

① 张伟. 前尘影事[M]. 上海：上海辞书出版社. 2004：188—189.
② 张伟. 前尘影事[M]. 上海：上海辞书出版社. 2004：157.

电影加分,增加影院的营业收入。

　　从艺术设计的角度讲,民国时期的电影海报是新生事物,是对这一艺术形式的探索。片名的字体色彩醒目、字号大,是电影海报画面中的绝对重心。电影海报上重要演职人员如导演、明星的字号大于普通演职人员,增加了文字的视觉层次感。图片大多使用的是明星肖像照或剧照,以明星和剧情来抓取观众的目光。在表现技法上则融合了传统的民族绘画和西方水彩画的风格。整体设计随着印刷技术、电影放映技术的发展和对影片广告的管理的完善而不断呈现新的特点。现在看来,其中有些电影海报显得有些稚拙和粗糙,但这一时期奠定了整个电影海报事业发展的基础。新中国成立后,电影海报的创作以民国时期电影海报为蓝本,在继承的基础上进行了更深入的创作实践。

　　民国时期的电影海报实物不多,笔者在撰写本文的过程中,竭尽所能搜集整理图片资料。目前,还没有学者对这一时期的电影海报做过专门的论述研究,偶有提到也是一笔带过,所以本文的搜集整理和大胆的尝试性分析还是有一定意义的。但是有些原系彩色的图片资料因辗转引自他书,致使彩色一变而为黑白,已非复旧貌矣。只能期待这一时期的电影海报原件能更多地被发现,从而尽可能接近原貌地呈现到读者的面前。

第十一章
公共服务：社会公益与广告

公益广告是旨在增进公众对突出社会问题的了解，影响其对此类问题的看法和态度，改变其行为和做法，从而促进社会问题的解决或缓解的广告宣传。公益广告是信息传播的一种特殊方式。早在中国古代，其实就有不少带有"公益"信息的传播活动，而采用付费广告的形式，刊载于报刊等大众媒体上进行传播，则在中国近代报刊上才正式出现。

在国外，公益广告的外延要更为宽泛，更多地被称作为"公共服务广告"（Public Service Advertising）或"公共利益广告"（Public Interest Advertising），大家公认的现代公益广告最先出现在 20 世纪初期的美国，发展到现今已颇为繁荣。

我国公益广告的发展大致经历了三个阶段：

第一阶段，1949 年前的公益广告。我国民主革命时期新闻事业的崛起为民主与进步思想的传播提供了良好的载体，除了新闻舆论方面的宣传之外，以付费广告形式出现的、旨在宣传对大众有益的观念的公益漫画，也开始在报刊上面出现，并逐步为大众所接受。

第二阶段，建国以后到"文化大革命"结束期间的公益广告。这一阶段的公益广告的特点，是公益广告和国家政治文化的宣传结合得相当紧密，多以"宣传画"、"教育片"的形式出现，体现了极高的政治性和统管性。

第三阶段，改革开放以后，贵阳电视台"节约用水"广告片首开我国电视公益广告之先河，随后中央电视台开启了中国第一个电视公益广告栏目《广而告之》。此后，公益广告的传播观念和传播形式逐步深入人心，传播规模迅速扩大，质量迅速提高。新世纪以来，通过整合政府、媒体、企业、广告公司、非盈利团体、民众个体几大方面的力量，公益广告发挥了更大的社会作用。

上海作为我国重要的经济、文化中心，无论是在近代历史上，还是在建国后社会主义建设时期，其新闻事业的发展程度、商业文化的繁荣程度、市民公民化和现代化的程度，都令人瞩目。对上海地区公益广告历史的研究，不仅是对上海广告史的一个有益补充，还能从上海公益广告的发展历史脉络中了解现代公益思想如何在上海这样一个中国的最重要城市生根发芽，茁壮成长。

第一节 近代以来的上海报刊公益广告

上海在近代中国报刊业发展的历史上扮演了重要角色。新闻事业的繁荣和商业的兴盛互相促进,商业广告不仅为新闻事业提供了运转和发展的资金,本身也成为了新闻事业重要一部分。近代期间,上海商业报刊除了刊登商业广告外,也出现了初步具备现代公益广告特点的广告作品。

一、公益广告的发端与雏形

在这些带有公益性质的广告中,一部分通常由报刊机构自身或社会进步团体出资刊登,面向大众,宣传推广一些进步的观念思想和有益于社会的行为。这样的广告虽然数量不多,但意义重大,它是近代中国民族和民主自由运动中,由进步人士和团体向社会大众推行一种新的启蒙和宣传方法,是我国现代公益广告的发端与雏形。

如由当时的上海尊师运动委员会倡导的"提倡和号召尊师"运动所做的广告、上海邮务工人抗日救国运动委员会宣传组所做的广告和由报社发起的反对社会陋俗、宣传新婚姻观、兴女学、禁缠足的公益广告,以及一些号召为赈灾、救国而捐款的广告等等,都体现出了公益广告的基本特点:人本性和公益性。

1922年5月29日《申报》以鲜明的对比对当时社会的保守思想进行讽刺和批判:"劝人种子的医生"很受社会欢迎,而"宣布节育方法的医生"则被骂为"混账医生"(见图1)。

图1 《申报》漫画:"劝人种子之医生"与"混账医生"

图2 《申报》漫画:"痛斥挪用赈灾款项之官绅

在这个时期的报纸上,更多承载公益信息是由报刊雇专人绘制的"漫画",这些漫画通常反映的是劝人为善、平等、反腐的内容,亦可称为早期的公益漫画,具有公益广告的作用。如《申报》的"常识"专栏痛斥挪用赈灾款项、不顾民生疾苦的地方官绅(见图2)。提倡婚姻男女平等,人格上互相尊重的新观念。"儿童前途的养成全在他母亲手里"一则漫画强调母亲教导的重要性。有的漫画还批评愚昧的"亲上加亲"的封建婚姻观,表达对女性命运的思考和对旧观念下"女性工具论"的批评(见图3—6)。

图 3　《申报》漫画：提倡男女平等新观念　　　　图 4　《申报》漫画：批评愚昧婚姻观

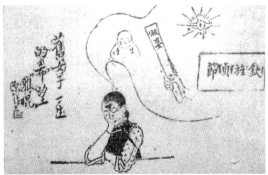

图 5　《申报》漫画：母亲教导的重要性　　　　图 6　《申报》漫画：批评"女性工具论"的旧观念

二、商业广告中的公益元素

近代以来，西风东渐，广告无意间担负起传播新观念的使命，在宣传商品的同时，使人们眼界大开，观念渐变。一些商业广告中传播的信息与观念，在旧时的中国，发挥着公益广告的作用。这类广告的实质是商业广告，却携带或包含了对民众有益的信息和观念。

1. 文化教育广告

主要是一些招生办学、书籍教材广告，从一定意义上说，这类广告起到了服务公众、提高公众文化水平和思想认识的作用。当时以中华书局、商务印书馆为主的出版机构印刷出版了许多新式教材，主要是一些语言类、辞典类、科技实务类和基础学科中的算术、物理、化学等书籍,这都是与新式教育相配合的,在一定程度上推动了新式教育的发展。除了在报纸上写大量的文章号召国民注重新式教育,还通过广告去宣传一些学校的办学内容和招生要求、标准等。1934 年 1 月,商务印书馆将复兴教科书与民族复兴联系在一起,强调复兴教科书乃民族复兴之"唯一的路线"。当时的中国各方面都落后于西方列强,危机重重,民族复兴的思想深入人心,故在广告中打出"复兴教科书"的旗号是很有号召力的。

2. 卫生与戒烟广告

一些广告传播了近代开放、文明的思想理念,如广告中宣称:"讲究卫生,时时洁齿,中外人士,天天如此";"吾人处身社会,应重交际,而妙语生趣,笑颜迎人,实为交际成功之要诀,但君启口之时,显露洁白可爱之齿,无形中给予他人以愉快之感情"(见图 7《申报》,1926 年 10 月 3 日)。

3. 国货广告

国货广告是为时最久、规模最大的号召支持国货、宣扬自强和救国思想的商业广告宣传,带有鲜明的时代性与政治性。这是 20 世纪初由我国民族资产阶级发起、以抵制洋货为内容的连续不断的反帝爱国运动的一个重要组成部分。民族资产阶级承继了洋务派和早期资产阶级改良思想家的思想,将"寓强于富"的提法转换成"实业救国"的口号,高举爱国主义的大旗,展开了轰轰烈烈的制造国货和销售国货的活动,通过国货广告的宣传,使得使用国货的爱国主义观念深入人心。

图 7   洁齿广告

以《申报》为例,国货广告的刊出与频率比重都非常高。辛亥革命后,国货广告在《申报》上开始零星出现。1913 年 1 月 6 日,《申报》上出现了两则带有"国货"字样的广告,一则是中馨烟厂的飞龙牌香烟广告使用了"请用国货"的副标题;另一则是一家销售各类饰品的全昌商号在广告中使用了"中华新发明,自造爱国货"的副标题。

至 1920 年代,《申报》上的国货广告逐渐增多,"国货"字样不断在广告的醒目位置出现。在 1920—1930 年代,国货广告在《申报》上随处可见,占据着《申报》广告的很大比重,成为其广告的重要组成部分。

如中国南洋兄弟烟草公司在大爱国香烟的广告中说:"英彦罗素有言,'中国最要紧的需要,就是爱国心的发达'。"(《申报》,1921 年 8 月 10 日)

震寰香品公司用"大厦将倾,国民惊醒"为广告标题告诉消费者:"日用所需之品向皆仰给于人,连年金钱流溢何止盈千累万,若不亟图挽救,终必民穷财尽,自取倾亡。夫欲国富民强,莫先于自立。所谓自立者,必先提倡国货。当此商战剧烈之秋,惟有协力同心,奋

勇向前。是故出品务求精良，购物专用国货。四百兆华胄欲图自立乎，抑仰仗于人乎？"（《申报》，1922年1月12日）

五卅运动期间，国货广告利用帝国主义枪杀爱国学生的行为在民众中引起的愤慨，积极进行爱国主义宣传。三友实业社用"哭南京路被害的学生"为广告标题，号召国民奋爱国之志，常用国货。广告写道：

> ……呜呼！诸君死矣，国家何堪！挽救狂澜，责惟后死。吾愿未死之中国同胞，一醒睡狮之梦，三省戴天之仇，努力奋起，以雪是耻，则诸君之在九泉亦可瞑目矣。呜呼！诸君之死可谓惨极！当子弹横流于诸君肌躯之时，诸君曾有一念之感想乎？"噫！老弱中国之国民将以何物作抵抗耶？"是以吾知诸君之死，死不瞑目。呜呼！未死之中国国民乎！南京路之子弹有限，合中国之子弹无穷。此后尔愿着外货之毛丝纶乎？抑愿着国货之自由布乎？尔愿用外货之珠罗纱乎？抑愿用国货之透凉罗乎？尔愿作冷血之动物乎？抑愿作热血之人类乎？当尔觉悟国货可以作子弹无形之抵抗时，则今日学生诸君虽死，亦可作挽救中国民气之动点矣。想诸君亦当含笑于地下也。呜呼！爱国诸君为国牺牲，死而有知，其杀尔仇！吾亦将大呼提倡国货，唤起民众，努力奋斗，尔辈安乎！呜呼痛哉！！！（见图8）（《申报》，1925年6月1日）

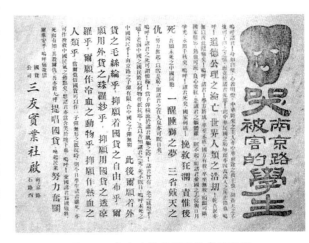

图8　三友实业社号召国民常用国货

三、抗战时期的公益广告

抗战时期，国共两党的公益宣传主要是各自根据战争形势而进行的政治性宣传。20世纪的中国，从苏区到解放区，共产党用各种形式来宣传自己的革命主张，对广大人民进行抗日宣传教育。在苏区时期就用"墙头画"和"报画"等宣传革命道理，动员广大工农兵群众参加土地革命运动，后来又通过宣传画、报纸和电台进行相关宣传。由于受到物质条件和群众接受水平的限制，这些公益广告通常以非常简练的口号来作为宣传语言。在抗日战争中，宣传画表现出了特殊的社会政治意义，鼓舞了国人的抗日斗志，激励了民族抗战精神，是鼓舞人民、打击敌人的有力武器。

国民党也非常重视利用报刊、电台进行政治宣传，如国民党上海特别执行委员会就曾在1931年9月20日的《民国日报》头版刊登"同胞们，日本已占据沈阳了，团结起来一致对外"的抗日公益广告（见图9）。

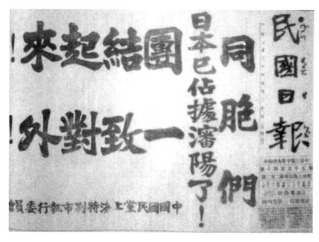

图 9 《民国日报》头版

第二节 新中国改革开放前的上海公益广告

从建国后到"文革"期间,具有类似于公益广告功能的主要是宣传招贴画。这类作品更接近于政治意识形态宣传,基本上都是围绕一个个政治运动而展开的,成为宣传鼓动的尖兵,在特定的时代发挥了不可替代的作用。文革期间,宣传画的发行与宣传力度更是达到了空前水平,却严重偏离了"公益"的轨道,这一时期,社会公益思想遭到了残酷的践踏。

1952 年 8 月,华东人民美术出版社成立。根据出版专业分工,上海的政治宣传画由该社组织创作、编辑出版。其 9 月份即出版了 10 张一套的《中华人民共和国三年来伟大成就》宣传画,内容有土地改革、抗美援朝、工业生产、农业生产、文化事业、教育事业、卫生事业、水利建设、铁路、公路、邮政建设、国内外贸易等多个方面。1955 年 1 月,随着华东大行政区撤销,华东人民美术出版社改名为上海人民美术出版社,宣传画的组织创作、编辑出版由该社美术编辑室负责。在此期间,宣传画业务蓬勃发展,陆续出版的大量宣传画,题材遍及社会生活各个方面,如对国际和平、迎接农业合作化、服兵役、安全生产、劳动光荣、节约粮食、技术革新、积极参加街道里弄工作、搞好家庭团结和睦、爱护儿童等都作过积极反映。大到《坚决走社会主义道路》(1955 年钱大昕作),细到《为祖国增产植物油料作物利用空地多种向日葵》(1955 年刘苇作),无所不包。

在 1952 年 8 月至 1957 年底这一段时间内,上海人民美术出版社(包括其前身华东人民美术出版社)共出版了 234 种宣传画,总印数达 32 万 7 千张,每种平均印数 3.53 万张。

这些作品集中地反映了我国人民对于新生活的理想和愿望，并鼓动和号召人民为改变国家落后面貌建设繁荣富强新中国而奋斗。

一、弘扬传统伦理美德的公益广告

其内容主要集中在倡导家庭和睦、敬老爱幼、友爱互助等传统伦理美德(见图10)。

二、新社会新观念的公益广告

例如下面两张宣传图都是宣传了社会新观念：

宣传婚姻法(见图11)

《我们有选举权和被选举权》(见图12)

计划生育的观念：上海共编印计划生育宣传资料214万册，宣传画112万套，画册113万本，展览图片9套，唱片1500张。[①]

图10　宣传画：传统伦理与美德之爱幼

图11　建国后《婚姻法》宣传画

图12　建国后"女性有选举权"之宣传画

三、建设祖国的公益广告

上海一解放，就出现了彩色精印的《欢呼中国人民解放战争的伟大胜利》(吴耘作)等

_____

① 上海卫生志[M]．上海社会科学院出版社．1998：260,285.

宣传画。1950年初发行胜利折实公债时,有《你买了公债没有?》等宣传画发行。此后不久,抗美援朝运动开始,围绕"抗美援朝,保家卫国"这一中心,出版过不少以此为题材的宣传画。

在工农业生产方面,除了号召性的宣传画,还出版了不少带有具体指导意义的宣传画。

图13　抗美援朝宣传画

图14　建国后工农业建设宣传画

图15　建国后农业生产宣传画

图16　建国后工业建设宣传画

如《一定要把技术学好》(1953 年钟惠英作)、《晒干扬净缴公粮》(1954 年姚耕耘作)等。主要有六方面的主题：第一，国民经济恢复时期，广告积极参加到城乡政治宣传工作中去，在街道墙面书写革命标语、宣传画等。上海市"反对银元投机，保障人民生活"大游行中，广告发挥了很大的宣传鼓动作用。

第二，关于"独立自主，自力更生！"的标语与宣传画。

第三，关于绿化祖国，制服风沙和水旱灾害的宣传画。

第四，关于抗美援朝，保家卫国的宣传画(见图 13)。

第五，关于工农业建设的宣传画(见图 14—16)。

第六，关于教育卫生方面，有《积极参加国防体育运动》(1955 年翁逸之作)，杨可扬、哈琼文、张隆基、陶谋基在 1956 年合作的《学习去，做一个有文化的公民》，陶谋基作于 1954 年的《努力学习，祖国在盼望你》，蔡振华作于 1954 年的《健康的身体是建设社会主义的重要保证》，徐甫堡在 1953 年作的《开展爱国卫生运动增进健康，保证国家建设计划的顺利进行》以及《锻炼身体，建设祖国》、《爱读书、爱劳动》等。

第三节　新时期的公益广告

一、现代公益广告在我国的开端与发展

1986 年，贵阳电视台的"节约用水"广告开了现代公益广告之先河。1987 年，中央电视台《广而告之》节目开播，预示着公益广告类节目将在全国内逐步推开的趋势。上海的公益广告传播事业也在这样的氛围和条件下，从小到大，不断发展。

第一阶段，以《广而告之》问世为开端的现代公益广告的发端期。1987 年 10 月 26 日《广而告之》在央视第一套节目中开播，它每天一次或两次，每次一分钟或三十秒。这是中国公益广告史上第一个电视公益广告栏目。

第二阶段，以"中华好风尚"主题公益广告月活动为标志的现代公益广告成长期。1996 年 6 月 18 日，国家工商局发出《关于开展"中华好风尚"主题公益广告月活动的通知》。《通知》动员广大广告主积极制作和发布公益广告，广告发布者应尽可能为公益广告提供版面和时间，广告月期间，省级以上电视媒介每天黄金时间播出公益广告不得少于一条，其他时间不少于两条。《通知》发出后，广告主、媒体及广告公司迅速响应，纷纷投稿，积极播出，优秀的公益广告作品不断涌现。它标志着我国政府主管部门开始介入公益广告事务，推动现代公益广告事业沿着社会主义方向发展，标志着现代公益广告进入了成长期。

第三阶段，以 1998 年洪灾、2003 年 SARS、2008 年抗击雨雪冰冻灾害、"2008 年汶川大地震"等国家灾难性事件期间的公益广告为标志的现代公益广告初步繁荣期。在 1998 年洪灾、"2003 年 SARS"、2008 年抗击雨雪冰冻灾害及汶川大地震期间，我国各大媒体、

企业、个人及全国各级政府机关在物质上不断支援灾区的同时,也通过各种形式给灾区人民以精神上的支持,公益广告就是其中的一种形式。

目前我国公益广告呈现出多种媒体形式交相呼应、多种创意不断涌现、多种渠道齐头并进的立体式广告宣传平台,标志着我国现代公益广告进入了初步繁荣期。

二、上海地方政府部门关于公益广告宣传、组织与管理

(一) 市工商局、精神文明办公室

2008 年,上海市工商局根据国家工商总局等五部门《关于进一步做好公益广告宣传的通知》和《上海市户外广告设施管理办法》等有关规定,发布了《关于推动公益广告宣传、加强公益广告管理的指导意见》,对媒体刊发公益广告的有关事项提出要求。《意见》重申,广播、电视媒介每个频率(频道)用于发布公益广告的时间,不少于发布商业广告时间的 3%;每个频率(频道)平均每天在 19:00—21:00 时段发布公益广告的时间,不少于该时段发布商业广告时间的 3%;报纸、期刊媒介每年刊出公益广告的版面,不少于发布商业广告版面的 3%;互联网站发布公益广告的年度总量,不少于发布商业广告年度总量的 3%;户外广告媒介发布公益广告的年度总量,不少于发布商业广告年度总量的 10%。

(二) 上海市公益广告管理中心

2005 年 12 月 29 日,经上海市文明办牵头组织,上海市公益广告管理中心成立。作为专门负责上海市公益广告宣传、管理和协调工作的专业机构,其宗旨是"普及公益理念、倡导公益行为、推广公益活动、发展公益事业"。在开展全市范围的宣传活动中,上海市公益广告管理中心紧密围绕中央和市委、市府各阶段中心工作,立足于"四个重大"(重大活动、重大节日、重大改革、重大典型),紧扣时代旋律,倡导社会良好风尚。中心成立以来,先后开展了"上海市民看洋山"、"百万家庭学礼仪"、"树立社会主义荣辱观"、"交通文明"、"特奥会邀请赛"和"上海世博会"等重大活动的专题宣传,并组织举办了上海市"践行公共道德"公益广告征集评选活动、"倡导社会主义荣辱观"全国电视公益广告大赛上海地区展播评选活动。

(三) 上海市广告协会

上海市广告协会成立于 1986 年 3 月 27 日。协会的业务范围包括广告宣传、经营方面的指导、协调、服务,会员行业自律的监督,明确在业务主管部门和上海市工商行政管理局指导下,进行行业管理。

三、公益广告运行与传播的重要形式——组织比赛

在上海,组织公益广告的创作比赛是公益广告运行和传播的一种重要形式,它可以做到全社会动员(专业的广告公司创作＋在校大学生＋社会公众)和全媒体覆盖(传统媒体＋新媒体,网络媒体传播起到重要作用),以此促进上海公益广告的创作与传播。

上海市文明办和市工商局不仅组织、推动公益广告活动，还出资委托创作或直接参与创作公益广告作品。市总工会、市妇联、团市委、市环保局、市信息委和世博局等单位也委托创作了许多公益广告作品。市工商局还配合一些大型活动开展公益宣传，帮助统筹协调媒体资源。

从 2002 年到 2011 年，上海市共举办了以下比赛：

2002 年，市工商局与市环保局联合开展"电车供电杯"环境保护影视公益广告征集、评选和展播活动；

2003 年，上海市信息化委员会举办"发展中的上海信息化"上海电信杯公益广告大赛；

2004 年，第二届上海电信杯公益广告大赛，主题为"数字城市，让生活更精彩"；

2005 年，第三届上海电信杯信息化公益广告大赛，主题为"我们与数字上海一起成长"。在信息化建设和普及信息化知识方面起到了积极的作用；

2005 年，上海市文明办、上海市工商行政管理局，上海文广新闻传媒集团联合举办"关爱成长"上海公益广告大赛；

2007 年，上海市大学生环保 FLASH 及公益广告设计大赛；

2008 年，上海申通地铁集团有限公司主办"上海地铁杯"大学生公益广告创意设计大赛；

2008 年，上海巴斯德健康研究基金会公益广告创意大奖赛；

2010 年，上海市禁毒委员会办公室、上海市文化广播影视管理局、共青团上海市委员会联合主办上海市游戏行业禁毒公益广告创意大赛；

2011 年，上海市精神文明建设委员会办公室、上海市工商行政管理局、上海市广告协会联合主办"申通德高杯"公益广告创意大赛。

四、特殊事件中的公益广告

公益广告作为广告的一种，它必须具有一般广告的特点，同时作为新闻媒体上的公益广告，它又必须合乎新闻媒体的有关要求：及时有效。讲究时效是新闻报道的特点之一，对某些公益广告同样得有时效性的要求，这在一些社会特殊事件中表现得尤为突出。在1998 年长江、松花江大洪灾中，各报所发的公益广告的时效性得到了充分体现。1999 年5 月 8 日，以美国为首的北约轰炸我国驻南联盟大使馆，致使我国三名新闻工作者牺牲。事件发生后，引起我国人民的极大愤慨。新闻媒体除了用大量的消息报道和言论声讨外，广告人员也及时创作了大量的公益广告。

（一）非典时期的公益广告

2003 年 4 月中下旬到 6 月底，密切配合全市动员抗击"非典"的新闻报道，上海文广集团下属的 11 家电视频道先后播出了"守望相助，共抗非典"等共计 20 部系列公益广告片。随着"非典"疫情不断变化，公益广告的劝服目标也跟着改变。在上海市政府的二号通告发布之后，《喜欢上海：上海市民支持配合医学隔离》《患难见真情：来沪人员支持配合健康检测》等公益广告立刻登上荧屏。到 6 月 2 日,一般来沪人员不再需要隔离观察的新规定出台后,之前播出的"配合医学隔离"等片就及时停播,取而代之的是反映上海市民在疫情趋缓之时毫不松懈,依然密切关注疫情的内容,如《患难见真情——上海支援各地共抗"非典"》等。这一系列公益广告紧随抗"非"工作的进程,也符合了社会公众在不同阶段的特定诉求。

（二）印度洋海啸时期的公益广告

"海啸灾难无情,爱心友情无价","勇敢的第一人、关键的第二人、成功的第三人,铜墙铁壁是众人,见义勇为最光荣",在市中心的淮海路、延安路、西藏路等繁华马路上,一辆辆印有援助海啸灾区公益广告的公交车奔驰而过,引起了市民的驻足观望,车身上满目苍痍的海啸灾区画面触目惊心,极富视觉冲击力,而"邻里一家人,爱心无国界"的广告词也对市民产生了极大的触动。

（三）2007 年特奥会公益广告

从 8 月开始,为提高 2007 年世界特奥会的社会知晓率和公众参与度,上海市文明办公益广告管理中心根据特奥会执委会要求,专门成立特奥会工作小组,围绕特奥会宣传主题,全面铺开了特奥会公益广告宣传,在上海营造出"爱心办特奥,文明满申城"的氛围,影响和吸引着越来越多的人关注特奥运动。

这次特奥公益户外广告宣传面积达到了 1 000 平方米,在浦东机场、虹桥机场、淮海西路新华路、高安路衡山路、静安寺等人群密集、流动量大的全市各主要路段和交通要道,"特奥"大型户外广告以其大幅度的广告画面吸人眼球。

与此同时,在陆家嘴震旦国际大厦巨大的 LED 滚动屏上,"知荣辱,讲文明,办特奥,迎世博"的广告语,兰生大厦大型 LED 播放的"认真实践社会主义荣辱观,积极为特奥会奉献爱心"广告语,世博钟楼 LED 滚动屏播放的"多一份关爱,多一份精彩"特奥会公益广告语,在徐家汇港汇广场和东方商厦,两面巨幅 LED 滚动屏遥相呼应,不断出现"爱心办特奥,文明满申城"等特奥宣传广告,在茫茫夜空中熠熠生辉。

上视新闻综合、东视新闻娱乐、东方卫视、19 个区县有线电视台、220 个社区文化活动中心、全市 235 个网吧,轮番播放由特奥会执委会办公室和市文明办提供的《赵曾曾跑步篇》、《吴方森篮球篇》、《王守栋乒乓篇》、《感恩》、《爱心》等宣传片,中国公益广告网作为网络媒体同步播放。在本市各商务楼、居民楼、公交车、出租车等 6 万个广告显示屏上也不断滚动播放特奥宣传语和广告片。上海市文明办公益广告管理中心还在全市 1 800 个居民小区的广告灯箱上,同步进行特奥主题的公益广告宣传。在市区主要路段公交站台的 141 块广告灯箱上,也出现了特奥会公益广告(见图 17)。

（四）冰雪灾害公益广告

上海文广新闻传媒集团广告经营中心(简称 SMGA)连夜加班赶制系列宣传片。《上海过年》、《节约用电》、《守望相助》、《集结号》等广播公益广告通过生活中最常见的场景对话形式,用特别的声效、朴实的语言表现了市民在灾害面前表现出的爱心和社会责任感,呼吁更多的人加入抗灾救灾的队伍。

图 17 2007 年特奥会期间的上海街头公交站台广告

（五）世博会公益广告

自 2010 年 1 月 21 日起,东方卫视共拍摄 300 条迎世博倒计时公益广告,每一条广告都以一位上海普通市民为"主角",讲述他们对世博会的期待和祝福。这类公益广告的特点是题材广,作品多,历时长,影响大。

（六）关于环保、社会和谐等其他公益广告

1. 治理黄浦江公益广告

上海东方广播电台制作过一条治理黄浦江的公益广告,广告牢牢抓住环境保护这样一个世界性的话题来做文章,运用拟人（物）化的手法加以表现,将老婆婆比作上海的母亲河——黄浦江,通过她苍老的嗓音来回顾黄浦江的历史沧桑。当她发出"你们是我哺育的孩子,从前鱼儿、虾儿也是我的孩子"时,一种强烈的震撼油然而生。当小女孩发出"手脏了可以洗,衣服脏了可以换,那黄浦江脏了该怎么办"的疑问时,一种振聋发聩的呼唤在撞击着人们的心灵。

2. 限塑令公益广告

上海博报堂广告公司创作的系列公益广告《冰川篇》、《冰峰篇》、《白云篇》,将常见的塑料袋作为广告创作元素,通过塑料袋不同的表现,提醒人们不要忽视身边常见之物对环境可能产生的危害。

3. 抗金融风暴公益广告

2008 年以来席卷全球的金融风暴发展至今,已不仅局限于经济领域,更蔓延到社会、民生方方面面。在此关键时刻,SMG 聚集了沪上 12 位电视主持人在片中化身为各行各业的普通人,通过 12 个"励志"片段,号召民众树立信心应对经济危机。

4. 拒绝皮草服饰保护动物公益广告

当皮草服饰再次成为今年的时尚潮流时,在上海地铁车站、候车亭,一则特别的反皮草广告正在发布:"双肩的冻及不上它们的痛,请不要穿毛皮。"而著名女星 Pamela

Anderson 则是广告的代言人。人道对待动物组织 PETA(也称为善待动物者组织)首次在中国发布反皮草的公益广告(见图 18)。

图 18　PETA 在中国发布的反皮草公益广告

5. 和谐社会公益广告

2006 年 10—12 月,由上海文广新闻传媒集团广播频率推出的"和酒杯"和谐社会公益广告展播活动,历时 3 个月。该活动广邀各界人士作为广告主角,上电台现身说法谈和谐社会,发表观点,吐露心声,从而动员广大民众投入到构建和谐社会的热潮中。受邀的代言人物有:著名表演艺术家乔榛,华东医院院长俞卓伟,新民周刊主笔、知名作家胡展奋,"台球小子"丁俊晖的父亲丁文钧以及企业家代表,每个参与者身上都发生了一些有趣的故事。作为上海广播宣传主阵地,SMG 在 AM990、FM93.4、FM101.7、FM103.7 等 4 个频率,拿出了极为宝贵的热门广告播出时间,全力支持这一公益广告活动。据统计,在此期间,共播出本次活动公益广告近 2 000 次,总计播出时间近 20 个小时,折合广告价值上百万元。《和谐城市·心灵乐章》形象公益片,由乔榛演绎:"总有人对我说'我是听着你的声音长大的'! 说实在的,我们的声音能让受众得到启发、陶冶甚至震撼,那我们再苦再累也觉得值。我在想,如果我们每个人都从自己做起,宽容积极地对待生活,那么,整个社会就会和谐起来"。

6. 保护野生动物拒吃鱼翅公益广告

2009 年 12 月 18 日,姚明接手上海男子篮球队后,首次携队员集体亮相社会公益活动,出席美国野生救援协会(Wild Aid)制作的护鲨电视公益广告的全球投放发布会。作为 Wild Aid 的"护鲨大使",姚明早在 2006 年就参与到保护濒危野生动物的行动中。他此次无偿代言公益广告,并在广告中呼吁大家和他一起来保护鲨鱼。在发布会上,姚明携上海男篮郑重发出宣言:"拒吃鱼翅,保护野生动物,从我做起!"。

7. 绿色出行地球日公益广告

2010 年 8 月，在第 41 个地球日的时候，孙俪与中国民促会绿色出行基金签下绿色承诺书，并自掏腰包成为"世博绿色出行低碳交通卡"首位购买人，倡导"绿色出行"理念，呼吁大家在关注世博会的同时也要关注环保，为世博贡献一份力量。整个世博会期间，会有 7 000 万人来到上海，交通压力非常大，孙俪建议大家选择骑车、步行、搭乘轨道交通等绿色出行方式，这样不仅能缓解世博会的交通压力，更重要的是能够环保(见图 19)。

8. 防范电讯诈骗公益广告

2011 年清明节假期 3 天里，上海警方加班赶制防范电讯诈骗的海报。12 000 张防范电讯诈骗的凡客体海报张贴在全市 4 000 个银行网点及周边地区，夺人眼球的画面和时尚的防骗标语提醒市民对骗子千万要保持警惕(见图 20)。数据显示，节后一周上海电讯诈骗发案数出现明显回落。

图 19　2010 年演员孙俪倡导"低碳世博，绿色出行"

图 20　2011 年上海警方发布的
防范电讯诈骗的海报

第十二章
自律源流：广告同业公会

近代上海广告同业公会组织历史悠久。民国时期，北洋政府、国民党政府曾通过立法行政手段对同业公会组织进行严格管理，一方面，同业公会成为政府进行社会经济管理的重要工具；另一方面，上海广告同业公会在政府的批准授权下，获得了一定的行业自治管理权，有较高的组织合法性，对本行业的相关事务，广告同业公会可自主管理和决策。本章从丰富的近代上海广告业同业公会组织的各种制度性文件、通告、日志、来往文书、会议记录报告、相关媒体报道等史料中，梳理出近代上海广告同业公会组织发展的历史轨迹，从中发现近代上海广告同业公会组织在行业的自治管理与整体发展方面作用明显，其管理结构布局合理，任务目标明确，在运作机制上相对独立，并且注重与政府及其他工商业同业公会的联系，维护了广告同业者的整体利益。

第一节　近代上海广告同业公会发展历史

中国工商业行业组织的产生可谓源远流长，传统社会中作为"四民之末"的工商从业者，组建会所、会馆有助于维护其行业利益。早在唐宋时期就产生了最早的行会，明清时期出现了较为成熟的以同业或同乡为纽带的会馆和会所。随着中国经济社会的不断发展，到了清末民初，传统的会馆、会所逐步演变为同业公会。1918年4月，北洋政府颁布《工商同业公会法》，规定全国重要城市的工商业必须按行业建立同业公会，同时规定和明确了工商同业公会的宗旨、职能、与政府之间的关系等，这是中国近代史上第一部关于工商同业公会的政府法令，表明政府对这一民间组织形式的承认和规范。[①]自此之后，全国各地出现组建同业公会的热潮，上海广告业同业公会正是在这样的背景下诞生的。

---

① 宋钻友. 从会馆、公所到同业公会的制度变迁——兼论政府与同业组织现代化的关系[J]. 档案与史学. 2001.03：39—46.

一、中西结合的中国广告公会

1919 年，中国最早的广告行业组织"中国广告公会"在上海成立，该会发起人是万国函授学社社长美国人海格（A. R. Harger），海格联合上海地区的各中外企事业单位及有关机构人员，包括申报馆、商务印书馆、美孚洋行、南洋公学、英美烟公司、密勒氏评论报、海宁洋行、慎昌洋行以及美国驻上海领事馆等，每年于世界广告总会常年会上报告中国广告公会事宜。根据蒋裕泉 1925 年在商务印书馆出版的《实用广告学》一书中所述，该公会华人会长是申报馆张竹平，不久后换为商务印书馆编辑部主任邝富灼博士。中国广告公会成立后曾定期开会商讨公会运作事宜，探讨广告学术，组织联谊活动加强各同业间的联系，并且重视与世界广告公会的交流以促进行业进步。

二、几番改组后的上海市广告商业同业公会

1927 年 2 月 21 日，王梓濂、郑耀南携同上海维罗广告公司、耀南广告社等 6 家广告公司在上海创设"上海特别市中华广告公会"（见图 1），首任会长为王梓濂。① 公会以维护广告业的共同利益为宗旨，对广告行业实行行业内部自律管理，协调行业内部矛盾，加强与各报馆、工商界的联系。中华广告公会成立后，曾请求《申报》、《新闻报》等报馆，今后广告社、广告公司不再以"广告掮客"相称，而代之以"广告代理商"之新称呼。1929 年 7 月 11 日，上海特别市中华广告公会向上海社会局就此呈请核准和备案，并获得批准。② 同年，国民政府颁布《商会法》和《工商同业公会法》，要求全国各地区工商业者均须依法设立同业公会，原有的各工商业团体必须在一年之内依法实行改组。因此，1930 年 6 月 9 日，上海特别市中华广告公会更名为上海特别市广告同业公会，郑耀南任公会主席。③ 1933 年，上海特别市广告同业公会又经改组，更名为上海市广告业同业公会。④ 1945 年 8 月抗战胜利，上海市商会于 9 月初奉上海市社会局令，审查各同业公会机构。同时，上海市社会局公布《上海市各业同业公会整理暂行通则》，要求各同业公会重新整顿。1946 年 6 月 9 日，上海市广告商业同业公会成立，公会理事长由陆守伦担

图 1　上海市广告同业公会创办时之缘起

①　上海广告商业历史沿革及会务报告. 卷宗号 S315 - 1 - 1. 上海档案馆.
②　上海市广告同业公会创办时之缘起. 卷宗号 S315 - 1 - 1. 上海档案馆.
③　如来生. 中国广告事业史［M］. 上海：新文化社. 1948：24.
④　上海市广告业同业公会章程. 卷宗号 S315 - 1 - 1. 上海档案馆.

任(见图2、图3),呈上海市社会局批准。成员包括91家广告公司和广告社,代理业务涵盖报纸、杂志、油漆路牌、电影、幻灯、民营电台商业介绍播音等业务。公会成立之时,特别制定《上海市广告商业同业公会章程》(见图4)和《上海市广告商业同业公会业规》,章程包括七章二十一条,业规包括七章四十二条。章程和业规同时写明公会以维持增进同业之公共福利及矫正营业之弊害为宗旨。新中国成立后的1950年,上海广告商同业公会成立,共有会员100户左右,包括路牌广告商、报纸广告商和其他广告商。1951年,上海工

图2　第一届第一期上海市广告商业同业公会理监事合影

图 3　第一届第二期上海市广告商业同业公会理监事合影

商局规定,凡在报刊公布的商业广告传单,必须加印工商局登记号码,在寄发之前必须经由各该同业公会出具证明书。[①] 这样做实际上是通过公会来核实广告的真伪,还可由同业公会限制不正当竞争。1953年,我国进入对资本主义工商业进行社会主义改造时期,在对广告业的改造中,上海市把原有的一百多家各自经营的私营旧广告社改造为五个公私合营广告公司和一个广告美术社。经过公私合营社会主义大改造高潮之后,市场不再有竞争,广告业受到严重冲击,上海广告商同业公会的广告管理一度被废止。直到改革开放的新时期,1986 年 3 月上海市广告协会成立,标志着上海广告业的行业内部自治管理工作再度恢复。

图 4　上海市广告同业公会章程

综上所述,随着中国近代政治、经济、社会结构的不断变化,近代上海广告同业公会组织历经数次变迁。为了更加清晰地显示近代上海广告同业公会的发展历程,现将各个时期广告同业公会的基本情况见以下表1:

---

① 黄升民,丁俊杰,刘英华. 中国广告图史[M]. 广州:南方日报社. 2006:236.

表 1　近代上海广告同业公会基本情况一览表

成立时间	机 构 名 称	会长/主席	会员数	注册备案情况
1919 年	中国广告公会	海格 (A. R. Harger)、 张竹平	不详	地方最高行政长官批准
1927 年 2 月 21 日	上海特别市中华广告公会	王梓濂	不详	1929 年 7 月 11 日,上海社会局核准、备案
1930 年 6 月 9 日	上海特别市广告同业公会	郑耀南	不详	社会局核准、备案
1933 年	上海市广告业同业公会	郑耀南	不详	社会局核准、备案
1946 年 6 月 9 日	上海市广告商业同业公会	陆守伦	91 家	社会局核准、备案
1950 年	上海广告商同业公会	孙道胜	100 家	上海工商局核准、备案
1986 年 3 月	上海市广告协会	甘忠泽	250 多家	上海市民政局核准登记

第二节　近代上海广告同业公会组织的行业内治与外联

民国期间,上海广告同业公会一共经历了五次变迁,变迁的轨迹与上海近代广告业发展的步调一致,其行业自治的体系也在变迁中渐趋完善和合理。

一、行业自主组建公会,政府赋予管理权

促使广告同业公会诞生的因素有很多,表面上看,1918 年北洋政府颁布的《工商同业公会法》和 1929 年国民政府颁布的《工商业同业公会法》是催生上海广告同业公会诞生的直接原因,但根本原因是上海近代广告业发展的内在需要。

民国时期不同阶段的上海广告同业公会组织在组建的初期都有一个共同特点,即皆以工商界、广告界人士为主导,自主组建而成。成立的初衷,除了服从政府的决定之外,更是基于广告同业者自身对广告行业整体健康发展的思考。上海广告业在其发展初期,出现过各种为广告同业者所不齿的负面问题,报纸版面大量充斥各种广告,广告竞争混乱无序,欺诈广告、淫秽广告触目可见。虽然各级政府制订广告管理法规,报界自律团体也纷纷呼吁抵制,但只有联合各广告商、广告从业者积极配合,共同订立行规,建立行业的整体自律机制,进行综合治理,才是根本的解决方法。组建广告同业公会有利于共同规范广告市场秩序,避免广告商过度竞争,浪费大量社会资源,从而也有利于广告行业的整体健康发展。

民国时期各个阶段的上海广告同业公会组织在成立之初,曾得到官方的批准,具有较高的合法性,有较强的行业自主管理和决策权。1918 年 4 月,北洋政府颁布《工商同业公

会法》，规定全国重要城市的工商业必须按行业建立同业公会，经地方最高行政长官批准即可建立。[①] 1929 年，南京国民政府借鉴北洋政府的做法，颁布《商会法》和《工商同业公会法》，要求凡在同一区域内经营各种正当之工业或商业者得依法设立同业公会，同一区域同一行业只设一个同业公会，公会章程和财务收支情况须向社会局备案（见图 4、图 5）。[②] 抗战以后，南京国民政府的政策愈发地严格，最突出的是要求工商业同业者必须无条件加入同业公会，否则将受停业整顿的处罚，而此前北洋政府时期的公会，会员是否加入是自愿的。[③]

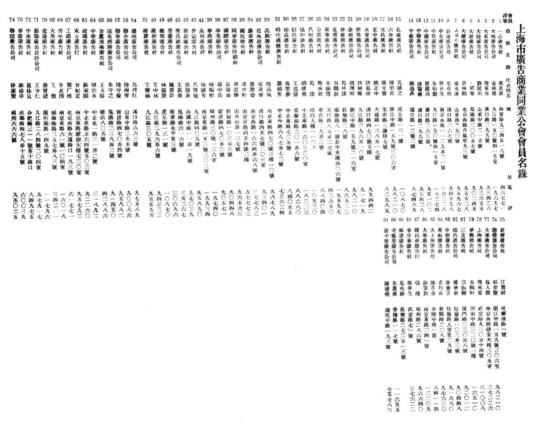

图 5　1946 年上海市广告商业同业公会会员名录

　　南京国民政府之所以采取强制措施，最主要的原因是要使同业工会组织成为国民党当局对经济社会实行控制的重要工具。国民党取代北洋军阀政权后，在全国工商业界开展商民运动。虽说商民运动以宣传三民主义、加强控制商人为目的，而组建工商同业公会是商民运动的重要内容，但是国民政府并没有取代行业的自治管理权，相反，由于战时经济的需要，国民政府强化了行业公会在同业中的地位，乃至颁布法令强制入会、限制退会，

　　① 吴其焯编. 农工商业法规汇辑. ［M］. 百城书局. 1935：71.
　　② 同上.
　　③ 宋钻友. 从会馆、公所到同业公会的制度变迁——兼论政府与同业组织现代化的关系[J]. 档案与史学. 2001 (03).

并通过公会实行税收减免等优惠政策,使同业公会在行业管理中自主性更强,管理职能也得到强化。1919 年北洋政府和 1927 年国民党执政以后,虽然上海广告同业公会每组建或改组一次(见图 6),均须向地方政府提出申请,其公会章程、人员、财务等情况都要经地方政府核准和备案,但是政府的这种做法,同时也推动了同业公会组织的制度建设,使同业公会按照现代社会的要求进行运作。

二、公会任务明确,机构设置合理

和大多数同业公会一样,民国时期的上海广告同业公会始终以革除广告行业弊害为根本宗旨。民国时期历经五次变迁的上海广告同业公会组织,无论怎么变化,其组织机构设置、目标任务从一开始就具备了现代社会组织的特点,且随着时间的推移,其组织结构日趋合理和完善。

1919 年由中西工商业人士共建的中国广

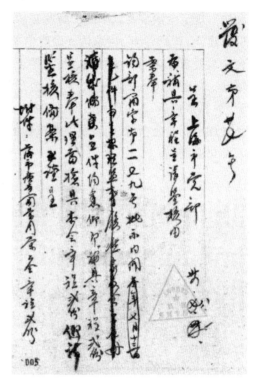

图 6　上海市广告商业同业公会
成立改组的报批文书

告公会,任务分工明确,机构设置合理完整,各部门职能也较为完善。成立之初制定了《中国广告公会组织章程》,规定:"公会以联络广告业、报纸业、商业中人之感情,务使增进各方面利益为宗旨。对于华人会员授以外国最流行最新式之广告术、报纸经营法、商业招来法;西人会员授以东方学术,增进其在华之经验。"[1]在组织机构设置上,中国广告公会下设董事部、干事会员部、庶务部、刊发部、研究部、调查部、改良部。董事部负责选拔各部之领袖,各部领袖自由选任部干事。公会要求各部干事能独立胜任其责,无需助手协助。庶务部干事专门负责集会地点、布置会场和负责会餐。刊发部干事负责将公会事宜用报纸或其他方法向社会各界公布,并将公会事务编辑记录,送登英美及其他各国的报纸日刊。研究部干事则专管邀请名人演说,如果开会时需要宴请宾客,研究部干事负责主持并安排宴席预定和坐次等事宜。调查部干事负责调查在华中外印刷界的广告情形,将有价值的中西印刷品列成表册,并比较其价格实力,将情况一一汇报给公会董事部。如果有在华登载广告之商号犯有不正当之举动,改良部干事需要立即报告董事部,并告知纠正方法。此外,改良部干事应兼顾中外商人之利益,力求中国广告事业之发达。[2]

综上所述,北洋政府执政期间成立的中国广告公会重视加强广告业、报业和工商业界

---

① 蒋裕泉. 实用广告学[M]. 上海:商务印书馆. 1925:附录四 77.
② 蒋裕泉. 实用广告学[M]. 上海:商务印书馆. 1925:附录四 80.

的联系,加强广告业务的交流,调查本业在国内外商情的变化,纠正广告行内的弊病,积极促进行业的整体进步。中国广告公会的这些目标和任务设置,在今天看来仍具有一定的借鉴乃至指导意义。但是从整体来看,仍存在一定的局限性,比如在调解同业内外的纠纷、与政府进行沟通、兴办福利事业等方面尚可改进。

　　1946 年成立的上海市广告商业同业公会,经过此前中国广告公会与 1927 年上海特别市中华广告公会的经验积累,其管理职能更加合理和完善。根据上海市广告商业同业公会的组织章程得知,公会成立之初就明确了七大任务,一为关于同业公务之调查、研究、改进、统计;二为关于举办同业教育及福利事业;三为关于会员间争议请求之调解事项;四为关于主管官署及商会委办事项;五为关于同业劳资间争执之请求调解事项;六为关于会员营业必要时之维护事项;七为关于会员间营业必要之管制事项。① 在机构设置上,上海市广告商业同业公会下设理事会与监事会,理事会负责召集会员大会、执行会员大会决议案、执行法令及本章程中所规定的任务,监事会负责审查公会决议、会务及财政出入情况等内容。理事会成员和会长由无记名投票方式选出,任期为四年(见图 7)。陆守伦在总结公会从 1946 年 6 月至 1947 年 8 月的工作报告中指出,公会在运行的一年多时间里,进行过推行政令、协助税务改革、订立业规、遵社会局令办理商业登记、调解同业纠纷、对外交涉、协助会员投标、组织公益捐赠等多项工作。② 上海市广告商业同业公会在任务设定和机构设置上较为合理,其功能也更加全面和完善。

图 7　上海市广告商业同业公会理监事履历表

三、运作机制完备,同业规则详细

　　民国时期的上海广告同业公会组织虽然历经五次变迁,但其运作机制较为完备,运行体系也较为合理。中国广告公会虽是中西会员共建,但是在会长职务设置上明确规定,设会长和副会长各一人,华人必居其一。中国广告公会广纳会员,但是对会员的管理比较严格。公会章程规定,无论中国人还是在华的外国人,只要从事买卖经营或者著作广告及办

---

　　① 　上海档案馆:上海近代广告业档案史料·上海市广告商业同业章程[M]. 上海:上海辞书出版社. 2012.
　　② 　上海市广告商业同业公会三十五年度工作报告. 卷宗号 S315－1－1. 上海档案馆.

理中西方报纸、杂志等事，或与广告具有关系之出产贸易商人均得为本会会员。入会时，需经两名会员介绍，征得干事部和董事部许可，自愿登记姓名、住址、职业和营业地点，并交付六个月三元的会费，方可算正式入会，如董事部有超过半数人员反对则不得入会。上海广告商业同业公会也同样广纳会员，对会员的管理也比较严格。其章程规定，凡在上海市区域内经营广告业务的广告公司、行、号、社等，均可依法加入公会。但未满 20 岁，有不良和不法纪录者不得加入。如果会员有不正当行为且伤及公会名誉信用者，公会有权通过会员大会予以除名。①

在会议安排上，中国广告公会在其章程中规定，每年召开一次年会，每月召开一次常会，年会的时间是阳历年五月第三个星期的星期二。每名会员有参会的义务，缺席者必须有充分理由，如无故缺席三次以上者，取消其会员资格。事实上，中国广告公会自成立后，曾定期开展过多项活动，多次开会时探讨广告学术方面的问题及其他具体问题，《申报》也曾多次报道中国广告公会的有关会议情况。上海市广告商业同业公会在章程中也明确规定每年召开一次会议，必要时召开全体会员临时会议，如果会员因事不能出席者，需要以书面的形式委托其他会员代为请假。对于会议决议，超过半数列席会员表决同意之后，可生效。

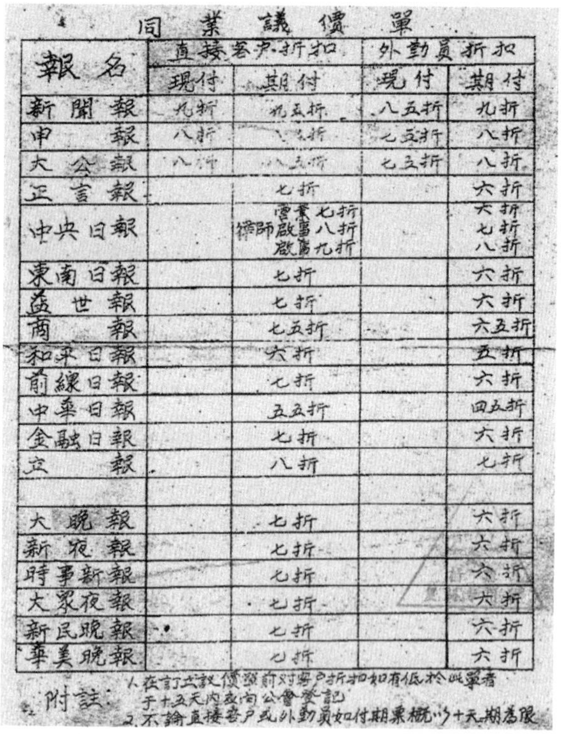
同業議價單

報名	直接客户折扣		外勤員折扣	
	現付	期付	現付	期付
新聞報	九折	九五折	八五折	九折
申報	八折	八五折	七五折	八折
大公報	八折	八五折	七五折	八折
正言報		七折		六折
中央日報		營業七折 律師啟事八折 啟事九折		六折 七折 八折
東南日報		七折		六折
益世報		七折		六折
商報		七五折		六五折
和平日報		六折		五折
前綫日報		七折		六折
中華日報		五五折		四五折
金融日報		七折		六折
立報		八折		七折
大晚報		七折		六折
新夜報		七折		六折
時事新報		七折		六折
大眾夜報		七折		六折
新民晚報		七折		六折
華美晚報		七折		六折

附註：1.在訂立議價單前對客户折扣如有低於此單者于十五天内致向公會登記
2.不論直接客户或外勤員如付期票概以十天期為限

图 8 上海市广告商业同业公会关于广告价与提取佣金计算法以及结付规定、各报社名单等文书

另外，在行规制度上，上海市广告商业同业公会在其成立之初便制订了上海广告业行规，规定同业者必须要各本互助精神，谋求广告业务之发展。同时，广告从业者不得有欺诈和不正当行为，不得接收有违法令的广告，更不得采用跌价的竞争手段。

在具体的报纸广告业务上，行规详细规定了折扣标准（见图 8），公平折扣单分发至各同业成员，各同业成员按照服务的繁简程度，酌量提高折扣，但是不得超过百分之三十。另外，凡某一个广告业务已由甲方同业者承办，除去登户主人已更换或服务不良为客户所不满这两种情况外，乙同业不得接办甲方同业者的广告业务。②

在经营路牌广告业务上，公会规定会员对于客户之售价不得低于公会制

① 如来生. 中国广告事业史・上海市广告商业同业公会业规[M]. 上海：新文化社. 1948：30.
② 上海档案馆：上海近代广告业档案史料・上海市广告商业同业章程[M]. 上海：上海辞书出版社. 2012.

定的各级价目单(见图9)。如遇同业已租定之广告位,其他同业不得揽夺;即使期满后,原承租人仍有优先续租权。另外,同业向主管机关申请路牌执照,须先经公会登记盖章;同业应将所有路牌汇报公会,由公会逐块评定等级价格,各同业得按照服务情形酌量提高售价;如遇市价涨落或新装牌子,亦须先经公会评定价格后方可出售;同业互拆牌子一律照定价低百分之十计算。①

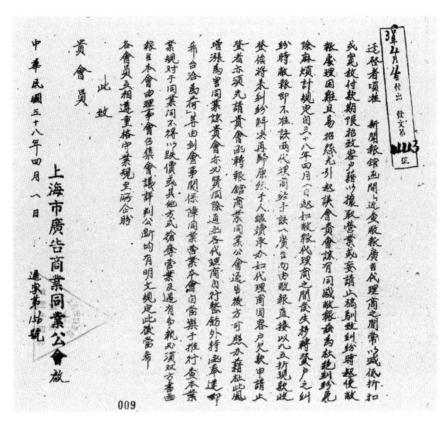

图9　上海市广告商业同业公会致函新闻报广告价与提取
佣金计算法以及结付规定、各报社名单等文书

　　为了保证所有同业者共同遵守行规,公会还制订了相应的惩罚措施,对违者,经理事会议决,予以警告,警告无效时,按其情节轻重给予以下处分:(1)五十元以上一千元以下之违约金;(2)有时间之停业;(3)永久停业。但停业或永久停业须报主管官署核准实行。② 综上所述,公会不仅对同业进行业务上的管理,同时也对报界之非理性地抬高价格或是广告商拖欠广告费用等行为,由公会出面号召全体同业拒登广告,以保障各同业的利益。

① 上海档案馆. 上海近代广告业档案史料·上海市广告商业同业章程[M]. 上海:上海辞书出版社. 2012.
② 如来生. 中国广告事业史·上海市广告商业同业公会业规[M]. 上海:新文化社. 1948:31.

四、重视与政府、报馆同业公会等组织的对外联系

　　民国时期，上海广告公会组织在运作过程中与政府、报馆同业公会、上海市商会等联系密切。上海市档案馆收藏了很多关于上海市广告商业同业公会对外联系的文书，主要集中在以下六个方面：

　　（1）协助上海市财政局处理税务事务。公会奉令组织营业税审查小组委员会（见图10、11），代办会员申报民国三十四年营业税事务，并积极向会员宣传纳税是国人应尽义务。如遇会员经营困难的情形，公会得向上海市财政局禀明实际困难情况，申请减免税收①（见图12）。

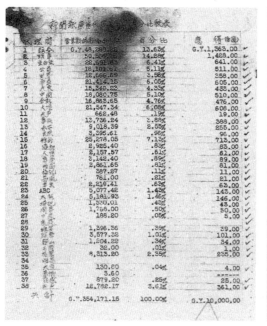 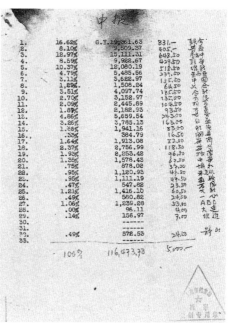

图 10　新闻报广告代理商营业统计　　　　　图 11　申报广告代理商营业统计

　　（2）公会参加上海市参议会、上海市商会召开的税务改革会议并提出改革意见。另外，公会携其他83个同业公会共同发布拥护市参议会、市商会对于民国三十六年度所得税采用标准简征办法和免除普遍查账的公告。②

　　（3）作为团体会员，公会除了参加上海市商会，还参加了中国航空建设协会、上海红十字会等组织。③

　　（4）公会积极参与社会公益事务。1945年抗战胜利，公会曾组织会员倾囊捐款购置大量毛巾以慰劳军队（见图13）。

---

　　①　上海市广告商业同业公会个别会员户申请减免税的一般性文书. 卷宗号 S315-2-4. 上海档案馆.
　　②　上海市广告商业同业公会三十五年度工作报告. 卷宗号 S315-1-1. 上海档案馆.
　　③　同上.

上海市广告商业同业公会个别会员户申请减免税的一般性文书

S 31…

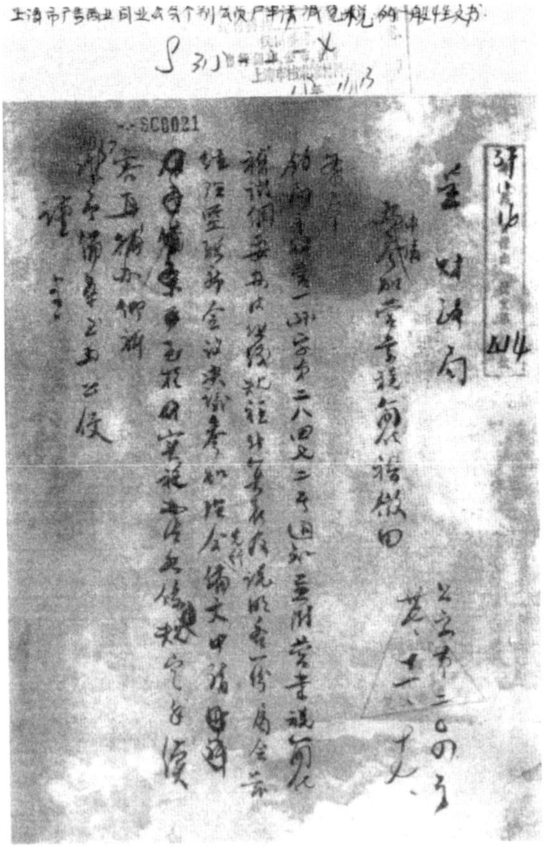

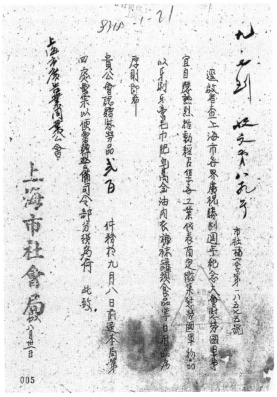

图 12　上海市广告商业同业公会个别会员户申请减免税的一般性文书

S 311-1-21

市社福（卅字）第一八五七五號

逕啟者：查上海市各界慶祝勝利週年紀念大會獻勞國軍事宜，自應熱烈推動，經召集各工業代表商定徵集獻勞國軍物品，以牙刷、牙膏、毛巾、肥皂、萬金油、內衣褲、襪、罐頭食品等日用品為原則，即希

貴公會認贈獻勞品貳百件，務於九月八日前送本局第四處彙集，以便會轉警備司令部分發為荷。此致

上海市廣告業同業公會

上海市社會局

八月廿一日

005

图 13　上海市广告商业同业公会捐助各单位的有关文书

（5）与报馆、电台同业公会保持了频繁的文书往来。如 1946 年 11 月 14 日上海报馆同业公会就追索所欠广告费一事致函上海市广告商业同业公会，请求上海广告商业同业公会及时告知所属各将欠款厂商名单，并称各报馆将待其付清欠款方继续予以刊登广告。此举有利于降低各报馆同业的经营风险[①]（见图 14、图 15）。

图 14　上海市报馆同业公会请求上海广告商业同业公会及时告知欠款厂商名单一事的往来文书

（6）公会积极参与交际酬酢之事。陆守伦曾在工作报告中称，凡与广告业有关的庆祝、集会及人事酬酢均派员参加，如国庆日庆祝大会、记者公会庆祝会、李浩然先生追悼会等重要活动。[②] 总之，民国时期上海广告同业公会组织对外联系频繁，时刻保持其组织系统的开放性，以维持其自身的正常运作。

五、重视广告业务研究，提高从业人员素质

中国广告公会曾专设研究部，定期开展进行业务研讨。研究部干事负责邀请上海在华的国内外工商界、政界名人发表演讲，内容多涉及广告业发展问题，并与世界广告总会保持联系。1919 年 7 月 21 日，《申报》在其第 11 版刊发《中国座谈会公会开职员会》一文，文中提到世界广告总会致函中国广告公会要求其向世界广告总会报告有关事宜。1920年 12 月 9 日，《申报》第 10 版报道张廷荣在中国广告公会常会上，详细陈述他对于牛乳商业的研究，讨论共分三段，其中第一段与广告密切相关，现摘录如下（见图 16）：

---

① 　报馆商、电台商两公会主追欠广告费问题与上海市广告商业同业公会的来往文书及本会关于客户积欠广告费实施拒登广告的通函. 卷宗号 S315 - 1 - 18. 上海档案馆.
② 　上海市广告商业同业公会三十五年度工作报告. 卷宗号 S315 - 1 - 18. 上海档案馆.

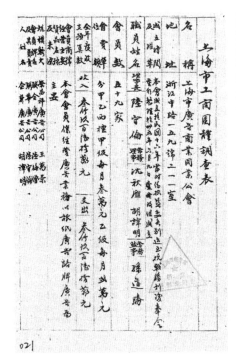

图 15　上海市广告商业同业公会报送工商　　　　　图 16　《申报》1920 年 12 月 9 日第 10 版
　　　　团体就发生广告业务问题调查表

　　第一年之推销方法若何，必须注意何种人需要牛乳，并需要注意同行业的竞争情况。牛乳乃家庭之用，其推销方法最宜向人之家庭方面进行，如用传单、招贴、游行等广告推销，皆费而不切实际，如果竖立招牌电灯广告，此种方法可行。

　　另外，《申报》曾在 1921 年 4 月 30 日第 10 版报道南洋兄弟烟草公司邬挺生发表《中国人眼光中之广告进化观》演说，原文如下（见图 17）：

　　略谓广告与商业，有至密切之关系，欲求营业发达，非用广告不可，尤非善用广告不可。如以次等之商货代替较佳之货，则广告之效力将完全丧失。故不可以不慎也。今所宜特别注意者，即华茶是，华茶本早著名于世，今则红茶多产于印度及日本，绿茶受掠于锡兰之茶，瞻念前途，实足惊悔。试推其原，当以不善用广告为其最大原因。例如上海南京路之各商号，昔年均未发达也，近来互研广告法，其玻璃窗饰等，均甚精妙，诚可谓适用矣。昔年商务印书馆高凤池君曾问鄙人，谓何以南洋公司之广告，往往一次仅鼓吹一种货品。鄙人因答谓广告一事，最宜如此。因一次广告，若载甚多货品，到令人不易记悉，其效力必减矣。高君甚赞成。又鄙人回忆幼时最牢记飞鹰牌之牛乳，历久不能忘，实因其广告术甚佳也。广告最赖交通，华商向仅刻牌号等，其效力不能远布，现在深知广告之不可以已。除刻牌号等外，且须印字货品之上及其所包所装之附件上。尤有宜特别注意者，即定货品之牌号，最宜标用最易令人牢记之字样是

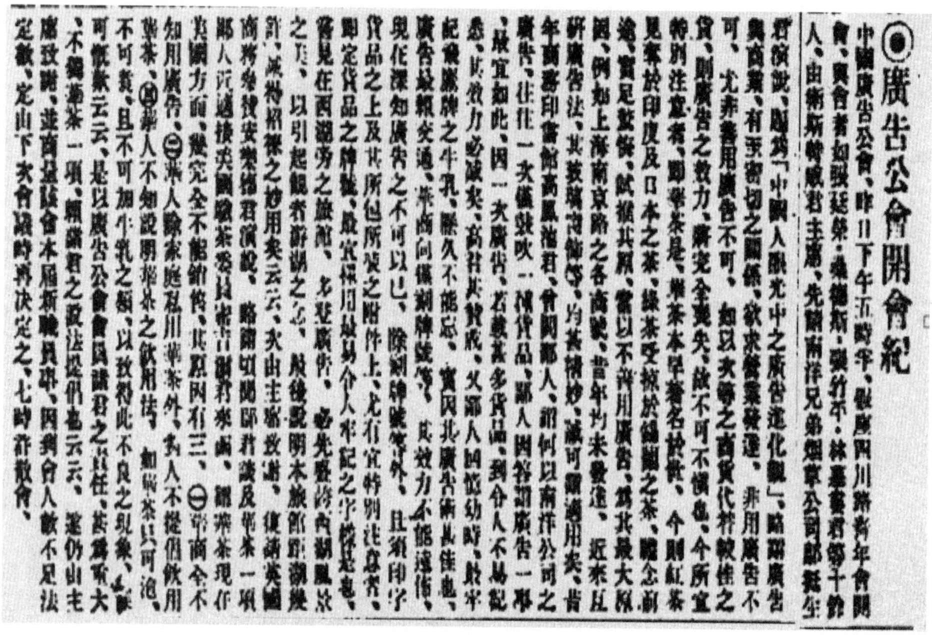

图 17　《申报》1921 年 4 月 30 日第 10 版

也。曾见在西湖旁之旅馆多登广告，必先盛夸西湖风景之美，以引起观者游湖之念，最后说明本旅馆距湖几许，诚得招徕之妙用矣云云。

该文又记述同时邀请英国商务参赞安乐德就邬挺生谈及的华茶一事发表演说的内容，原文如下："华茶在美国销路不好，原因有三：一是华商不知用广告；二是华人除家庭私用华茶之外，对人不提倡饮用华茶；三是华人不知说明华茶之饮用法，如华茶只可泡，不可煮，且不可加牛乳之类，以致得此不良之现象。改变此状，是以广告公会会员诸君之责任。"

从以上广告公会安排的活动的内容来看，当时的广告公会重视对广告业务和广告行业的思考与研究，张廷荣与邬挺生的核心观点就是如何善用广告。这些对于广告从业人员素质的培养和提高，对于上海广告业的健康发展有良好的促进作用。中国广告公会之所以有如此安排，现在看来，其原因离不开 20 世纪初上海广告行业的繁荣发展。但更重要的是，一些在华的外国商人与政客给中国的报界、广告界、工商界带来了较为先进的广告理念与组织管理理念。此外与世界广告总会保持着一定的联系，也使中国广告界通过这一渠道，从外国同行那里获得大量有益信息，包括先进的理念和经验。

第三节　近代上海广告同业公会的自治功能

近代上海广告业和其他行业一样，都建立了自己的行业组织，其宗旨均以谋求行业整体的繁荣发展与革除行业弊病为根本。上海广告同业公会组织经政府授权，对上海广告业实施自治,运作保持一定的独立性,机构设置合理完备,制定了完善有效的统一行规,其目的在于提升上海广告业整体的自我管理能力。

一、对外维护同业利益

上海广告同业公会的行业自治,体现在对外维护上海广告同业者的整体利益。为此开展了多方面的工作：

（一）民国时期,广告同业者时常遭受报馆私自抬高广告位价格或故意拖欠广告费用。对此,上海广告同业公会的业规规定,所有其他广告同业会员均不得接办该客户的广告业务；对于账款,各会员须半个月结清一次。

（二）据1946年《上海市广告商业同业公会三十五年度工作报告》中记载："近来工商时有倒闭,各会员所放广告账款频遭倒欠,为防止会员受此意外损失起见,与上海市报馆商业同业公会取得联络,暂停刊登欠款商一切广告,互为防范,俾会员对于放账营业得稍有保障。"①（图18、图19）

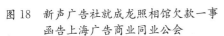

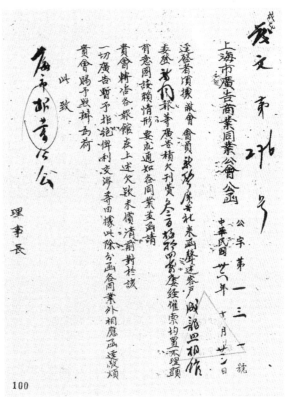

图18　新声广告社就成龙照相馆欠款一事　　图19　上海广告商业同业公会函告报馆
　　　　函告上海广告商业同业公会　　　　　　　　公会停刊成龙照相馆广告

---

① 上海市广告商业同业公会三十五年度工作报告. 卷宗号 S315-1-18. 上海档案馆.

（三）由工会出面处理同业间的矛盾。1946年11月，上海市鹤鸣鞋帽商店在广告中有侮辱一广告同业的文字。公会为此召开紧急会议，决定与之严厉交涉，最后由鹤鸣鞋帽商店登报道歉（图20）。[①]

（四）公会曾出面代表同业向政府请领路牌广告执照并协助同业招揽业务。1947年5月，上海市公用局发文规定广告商需经上海市广告商业同业公会盖章证明请领路牌广告执照（图21）。[②] 另据1946年《上海市广告商业同业公会三十五年度工作报告》中记载："民国三十五年七月间，京沪杭甬铁路管理局运务处招商承办两路沿线广告牌及车厢广告等，按照招标章程，须有主管官署证明文件之广告商为合格。惟斯时本会整理后初告成立，会员之登记证件不及具备，乃由本会致函两路管理局运务处建议通融办法，由本会证明，俾使各会员得以投标承办。"[③]

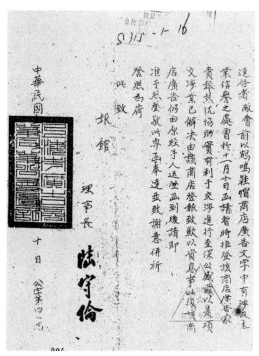
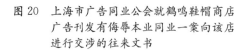
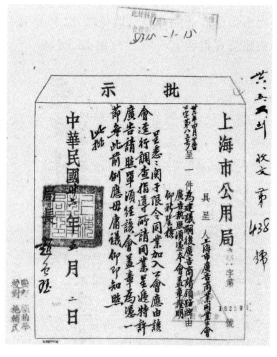

图20　上海市广告同业公会就鹤鸣鞋帽商店
广告刊发有侮辱本业同业一案向该店
进行交涉的往来文书

图21　上海市广告商业同业公会关于请领
广告执照与公用局的往来文书

从以上材料可看出，上海市广告商业同业公会积极通过对外联系的渠道来切实维护本公会会员的利益。

---

① 上海市广告商业同业公会就鹤鸣鞋帽商店广告刊有侮辱本业同业一案向该店进行交涉的往来文书. 卷宗号 S315-1-16. 上海档案馆.
② 上海市广告商业同业公会关于请领广告执照与节约用纸问题与公用局及各报社的往来文书. 卷宗号 S315-1-15. 上海档案馆.
③ 上海市广告商业同业章程. 上海档案馆：上海近代广告业档案史料［M］. 上海：上海辞书出版社. 2012.

二、对内起约束和协调作用

除了对外维护全体广告同业者的利益，上海广告同业公会对内统摄一切，在行业内部起了一定的约束和协调作用。[①] 首先，公会在其成立之初，制订了上海广告业业规。业规中对于广告位收费、广告折扣、同业竞争方式、油漆路牌广告的出售方法等做出了详细的规定，要求各公会成员严格遵守，一旦有违规者，按情节轻重，给予相应处罚。由此可见，上海市广告商业同业公会在广告行业内部具有较强的约束力。

其次，公会经常调解各广告同业之间的纠纷。1946 年《上海市广告商业同业公会三十五年度工作报告》中记载："会员间有中央广告公司与中央联记广告社，及远东商务广告公司与远东广告社均因牌号相同引起争执，经本会调解，结果均一方更换牌号，以免纠纷而符法令。"[②]（见图 22）

此番争议涉及商标产权纠纷，上海市广告商业同业公会成功调解此事，说明当时上海广告从业人员商标观念意识强烈。其实，早在 1920 年，中国广告公会也曾处理过类似的纠纷。1920 年10 月 29 日，《申报》第 11 版报道了中国广告公会一次会议的情况。针对克劳广告公司一个标牌名的知识产权引发争议，公会作了成功的调解。由此看出，调解纠纷是广告同业公会工作中一项常见的内容，与政府出面调解的方式相比，广告同业公会的调解方式更加节约成本也更具成效。

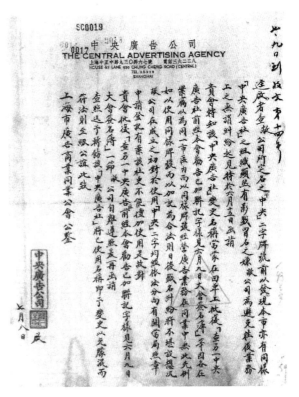

图 22　中央广告公司就牌号重名一事呈
上海市广告商业同业公会书

广告同业公会对内的功能还体现在加强各同业间的情感交流。《申报》在 1921 年 10月 2 日第 14 版中报道了中国广告公会的联谊活动情况（见图 23），由英美烟公司做东道主举办了一场秋季交谊会，三百多名中外人士齐聚半淞园，伴着音乐和歌声翩翩起舞，场面非常热闹。

近代中国各行各业都曾建立过各式各样的同业公会，这些同业公会，对外无不突显

---

① 杜艳艳. 中国近代广告史研究［M］. 厦门：厦门大学出版社. 2013：248.
② 上海档案馆. 上海近代广告业档案史料·上海市广告商业同业公会三十五年度工作报告［M］. 上海：上海辞书出版社. 2012.

图23 《申报》1921年10月2日第14版

出行业整体利益,对内则进行统一管理。民国时期,上海广告同业公会几经发展和变迁,其管理的结构和功能也不断得到丰富和完善。不断组建和改组并被政府授权的上海广告同业公会组织机构设置合理,目标任务明确,其运作机制与运行体系在今天看来仍然合理和完善。公会成立之初,对内制订了详细完整的公会章程与行规,确立商品价格以限制不当竞争,调解同业纠纷、及时纠正行业中的弊病以确立行业的秩序。对外与政府协调税收政策,协助政府开展税务登记调查工作,协调与上海市商会、报馆同业公会、电台同业公会等各同业间关系,同时每年定期组织召开全行业年会,所有广告同业者齐聚一堂,共同商讨广告行业的发展问题。尤其是早期的上海同业公会很早就重视广告学术研究,研究广告存在的行业问题,探讨善用广告的方法,积极开展旨在提升广告从业人员素质的一系列教育活动,为上海近代广告行业的健康有序发展做出了不可替代的贡献。

第四节 现代广告行业协会

1938年,全球最大最权威的国际广告组织"国际广告协会"(IAA)成立,总部设在美国纽约。国际广告协会是广告主、广告公司、媒体、学术机构以及营销传播界惟一的全球性广告组织,会员遍及世界96个国家和地区,涉及品牌创建和营销传播领域。我国在改革开放以后才加入国际性和地区性广告行业组织,1985年5月12日,我国作为"国际广告协会中国分会"加入国际广告协会组织。1987年6月14日,我国又以"亚洲广告联盟中国国家委员会"的资格加入地区性广告行业组织"亚洲广告协会联盟"。

进入20世纪80年代后,我国广告市场迅速复兴,广告行业初成气候,广告界的交流日趋频繁,为保障广告业健康有序的发展,政府在实施广告法规管理的同时,强调以行业自律和行业协调来配合政府管理。由此,我国国内各种广告行业组织逐渐诞生。

1981 年 8 月 21 日，经国务院、对外贸易部批准，我国改革开放以后最早的广告行业组织——"中国对外贸易广告协会"在北京正式成立，并于 1986 年 8 月 6 日被国家经委批准为全国性的社会经济团体，改称"中国对外经济贸易广告协会"（简称"外广协"）。协会由全国对外经济贸易系统的专业广告公司和报刊、出版社等兼营广告的单位，以及对外经济贸易专业进出口总公司和工贸进出口公司的广告宣传部门联合组成，主要任务是贯彻政府方针、协调各方关系、参加国际广告活动，协助经贸部对对外广告业务进行管理和指导。外广协成立后，开展了大量有意义的工作，如自 1984 年开始，多次邀请美、日等国家和地区广告专家来华讲学，在全国各大城市举办广告业务讲座；与"中广协"联合，邀请奥美等国际知名广告公司的专家在全国举办广告公司经理高级培训班；积极组织力量开展广告学术研究活动，翻印出版了台湾广告学者刘毅志编译的《怎样创作广告》、《广告写作艺术》等 12 本广告学专著；多次主办或协办广告摄影作品展览会及广告业务、广告创作研讨会；主办《国际广告》和《会员通讯》杂志等。这些活动为中国学习了解世界先进广告理论与实践经验起到了重要作用。另外，外广协还积极参与国际广告会议，促进中外广告界的沟通与交流。自 1986 年以来，外广协与中国广告协会联合组成中国广告代表团，先后出席了多次世界广告大会和亚洲广告大会，促进了中国广告界与国际广告界的友好往来、交流和融合，使中国广告走向了世界，并受到了世界的关注和欢迎。1987 年 6 月，外广协与英国《南方》杂志在北京人民大会堂共同举办首届"第三世界广告大会"，参加会议的 1 000 多位代表来自世界 52 个国家和地区，这次会议成为了第三世界广告发展史上一次意义深远的盛会。外广协制订了"中国对外经济贸易广告协会会员关于出口广告工作的自律守则"，对保证出口广告工作的健康发展具有重要意义。1997 年 4 月 15 日，外广协正式作为团体会员，加入中国广告协会。

1982 年 2 月 21 日，"中华全国广告协会"第一次代表大会在北京召开，同时更名为"中国广告学会"。该学会是由全国从事广告工作的艺术人员、科研人员、业务人员、教育工作者以及广告专营企业、兼营单位、大专院校有关广告专业科系等组成的群众团体，其主要任务是积极开展广告学术交流活动、举办广告设计作品展览、召开学术年会评选优秀作品和论文、开展国际广告学术交流、编辑出版广告学术书刊并交换有关资料，学会的成立对中国广告教育和广告学术研究具有极大的促进作用。1984 年 2 月，该学会并入中国广告协会。1987 年 8 月 21 日，中国广告协会学术委员会在湖北沙市成立，中国广告学会同时宣布撤销。

1983 年 12 月 27 日，中国最大的广告行业组织"中国广告协会"（简称"中广协"）宣告成立。中广协由全国范围内具备一定资质条件的广告主、广告经营者、广告发布者自愿组成，是非营利性社团组织。中广协接受国家工商行政管理局、民政部的业务指导和监督管理，对全国广告经营单位进行指导、协调、咨询和服务。中广协密切与政府的联系，团结广大广告工作者，担负着抓好行业自律、组织广告工作经验交流、培训广告人才、开展国际交往、开展行业资质检评活动、促进广告经营单位不断提高经营管理水平的重任。从 1984 年起，在国家工商总局的领导下，中广协陆续成立了广告公司、电视、报纸、广播、广告主、学术、户外、法律等分支专业委员会。其他各省、市、县也都相继成立了各级广告协会，各地区的媒介也先后成立了广告协会组织。中广协及这些广告行业组织的建立及其所做的大量工作对我国新时期广告业的发展发挥了重要作用。中广协组织、带动我国广告行业进行广泛的国内、国际交流活动，使中国广告业逐步与国际接轨。1986 年起，中广协积极与地方人民政府共同举办"全国优秀广告作品展"，每三年举行一届，从 1998 年起改为每年举办一届，2000 年正式更名为"中国广告节"。中国广告节是我国广告业界的盛会，是中国最权威、最专业、规模最大、影响最广的国家级广告展会。展会上举办国际国内优秀广告作品展、中国媒体形象会展、中国广告节高峰论坛、中国广告人狂欢夜等活动，对推动中国广告业发展，促进国内国际广告业交流与合作具有重要的意义。1987 年 5 月 13 日，中广协与外广协共同组成"国际广告协会中国分会"并加入国际广告协会，使中国广告界与国际广告界接轨的进程向前迈进了一大步。2004 年 9 月，国际广告协会在中国北京成功举办了主题为"突破，从现在到未来"的第 39 届世界广告大会，来自世界五大洲几十个国家和地区的近千名广告界代表参加了大会。大会由主题论坛演讲、大会系列展览和企业商务洽谈三部分组成，成为全球快速发展的广告界的一大盛事。这次大会标志着中国快速发展起来的广告产业得到了全球的关注，中国广告界开始走向世界广告业的大舞台。

中国广告协会成立后，一直非常重视广告教育的普及和广告人才的培训。中广协及其各级协会不断举办各种不同形式、不同期限、不同级别的学习班、辅导班和培训班，为我国快速成长的现代广告专业教育作出了重要的贡献。1984 年 9 月，中广协与天津工业美术设计院合办了为期 10 个月的培训班；1986 年 2 月创办了中国广告函授学院，在三年半时间内培养了 2 000 多名学员，成为我国高校全日制专业教育的必要补充。[①] 另外，中广协编印的专著、杂志、报纸等有关业务资料对推动广告行业发展，提高广告人业务水平，发挥着积极的作用。中广协主持编写了我国第一套包括 18 门课程的广告教材；1984 年 10 月中广协与新华社新闻发展公司、工人日报社联合创办了《中国广告报》，旨在宣传和介绍广告知识和成功经验，1987 年该报改为国家工商行政管理总局机关报《中国工商报》，但一直保持出版《时代广告》专版；1988 年 8 月，中广协与新华社、中国广告联合公司联合编辑出版了《中国广告年鉴》，成为中国广告发展史上第一部广告史料工具书。此外，中广协还编印了《参考资料》、《报刊文摘》等，各地的广告协会也出版了不少相关书籍和报刊资料。

为了提高广告从业人员的素质，中国广告协会制订了许多全国广告业界统一的自律规则和行业规范。如 1990 年的《广告行业自律规则》、1991 年的《广告行业岗位职务规范》等。1994 年 12 月 7 日，中国广告协会在北京举行的第四次代表大会上，审议修改了《中国广告协会章程》(CAA)，宗旨是坚持党的四项基本原则，遵守国家宪法、法律、法规和规章，遵守社会道德，贯彻执行改革、开放的方针，代表和维护会员的正当权益，团结全

国广告工作者,推动广告事业的发展,为建设社会主义物质文明和精神文明服务。同时通过了《中国广告协会自律规则》。从此,我国广告业逐步沿着法制化、规范化方向健康发展。1992 年后中国经济改革深入,为进一步推行法制建设和行业规范化,1997 年 12 月 16 日,国家工商行政管理局发布《广告活动道德规范》。同年,中国广告协会积极发挥行业组织的作用,经国家工商局批准,在中国广告协会四届三次理事会议上通过了《广告宣传精神文明自律规则》,对各种广告宣传形式都提出了具体要求。随着我国经济的发展,外国资金和商品进入我国,我国广告市场加速扩大,我国的广告企业在市场竞争中压力重重,虚假广告和行业中的恶性竞争也给行业发展带来了阻力。为了建立广告行业的科学发展观,进行自我完善和自我激励,调整企业结构向规模化和集约化的方向发展,中国广告协会在 2003 年出台了《中国广告业企业资质认定暂行办法》。

另外,中广协及其分支委员会还开展了大量其他工作。如 1997 年 2 月 20 日,中广协和外广协举行联席会议,于 3 月 10 日发表联合公告,外广协作为团体会员加入中广协。1997 年 3 月 4 日,国家工商行政管理局下发《关于推荐广告作品参加国际评比及展示等活动有关问题的通知》,决定委托中广协统一对外开展活动。1997 年 4 月 1 日,IAA 中国广告分会被 IAA 确认为 IAA 证书考试在中国的唯一考试中心和考试管理部门。1997 年 6 月 10 日,中广协电视委员会第三批电视广告代表团一行 20 人赴美进行电视广告业务培训和考察。

2005 年 10 月,又一个强大的广告行业组织"中国广告主协会"获得国务院批准。早在 10 年前,我国就开始了同世界广告主联盟(World Federation of Advertiser)的接触。WFA 成立于 1953 年,总部设在比利时,是唯一的世界性的广告主企业行业组织。2000 年,中国获得 WFA 批准成为其会员。2005 年 11 月 27 日,中国广告主协会在北京举行成立大会,大会上表决通过了《中国广告主协会章程》,推选产生了第一届理事会。中国广告主协会由中国企业联合会等企业组织和几十家各行业排头企业共同发起,协会会员主要由以经济为目的从事广告投资和营销传播活动的组织即广告主组成,其中以投资广告的企业为主体,不包括广告公司和媒体单位。该协会以"面向广告主、为广告主服务"为宗旨,以促进广告主"维权、自律、服务"为基本职能,广泛团结和引领中国广告主,积极推动中国广告投资环境的改善;同媒体、广告公司及其代表组织进行协作、沟通、磋商,构筑广告主、广告公司、媒体三方合作制约机制;维护广告主合法权益,加强广告主的诚信自律,为广告主提供全方位的服务。中国广告主协会的成立标志着中国广告主企业开始走向市场、走向国际。

早在 20 世纪 20 年代,我国广告业内部就开始了对不良广告的自觉抵制。改革开放后,随着我国现代广告业的大发展和广告管理的系统化,广告行业自律越发显得重要了。在中国广告协会和中国对外贸易广告协会的共同努力下,为了提高广告从业人员的职业道德素养,我国广告业内部成员统一的自律规则和行业规范逐步建立起来。1990 年,中国广告协会制定了全国广告业界统一的《广告行业自律规则》,对广告活动中应当遵循的基本原则和广告主、广告公司、广告媒体所应具备的道德素养作出了规定。1991 年,中国广告协会制定的《广告行业岗位职务规范》试行,它把广告从业人员分为九类,从政治素质、文化素养、业务知识和工作能力方面对各类人员进行了岗位职务规范,积极引导和促进了中国广告行业的规范化发展。1994 年 10 月,中国广告协会召开第四次会员代表大会,通过了我国第一部比较完整、系统的广告行业自律准则《中国广告协会自律规则》,共12 条,包括广告经营竞争、广告审查、广告内容,以及违反规则的处理措施等方面的内容,旨在要求会员树立良好的行业风气,维护正当竞争,抵制不正当竞争,建立良好的广告经营秩序,提高广告业道德水准和整体服务水平。之后,中国对外贸易广告协会也制定了《中国对外贸易广告协会会员关于出口广告工作的自律守则》,对保障出口广告业务和经营活动的正常开展,促进出口广告工作健康发展意义重大。还有许多广告行业组织及部门制订了一大批自律规章、公约和守则,如 1997 年中国广告协会团体委员会通过了我国广告行业组织的第一个单项自律规定《广告宣传精神文明自律规则》,中国广告协会电视委员会制订了《电视广告工作人员守则》等,这些都是一种自我约束的公约。

此后,针对广告市场中媒介价格机制不健全的问题、广告经营者广告操作不规范问题、广告主的不当行为问题,在中国广告协会第四届理事会第四次会议上通过了《广告行业公平竞争自律守则》,并于 1999 年 8 月 2 日执行。《守则》要求"在广告活动中,应当遵循自愿、平等、公平、诚实、信用的原则,遵守公认的商业道德。"并规定对违反《守则》的单位,视情况和情节分别给予批评,在媒介上公开曝光,直至取消会籍,并向政府广告监管部门建议给予必要处分等。该《守则》是中国广告协会制定的第一个规范广告市场行为的自律性规则,对促进我国广告市场健康发展,鼓励和保护公平竞争,防止不正当竞争行为具有重要意义。

第五节　现代上海广告教育的背景与发展

现代上海的广告教育也与上海广告产业的发展息息相关。上海解放后,1949 年 10 月～1952 年期间,国家对广告主要从 4 个方面加强管理:废除旧传统,建立新法规;对私营广告业进行整顿;接管旧中国的新闻机构,开办新中国的广告业务;要求广告行业配合党的中心工作开展活动。1950 年,上海市成立广告商同业公会,会员约 100 家。分三类:路牌广告商、报纸广告商和其他广告商。其后,随着文化大革命的到来,广告产业一度瘫痪,广告教育也一度沉寂。

中共十一届三中全会以后,实行"对外开放,对内搞活经济"的政策,广告的作用重新得到了肯定,广告事业开始恢复和发展。1979—1982 年是中国现代广告业的恢复期,1979 年 1 月 14 日上海《文汇报》发表了丁允鹏题为《为广告正名》的文章,为中国广告业的恢复做了舆论准备。1979 年初,上海市美术公司改名为上海市广告装潢公司,恢复经营广告业务。1979 年 1 月 28 日,上海电视台率先播放了全国第一条电视广告,介绍"参桂养荣酒";同日,《解放日报》在全国率先恢复刊登了商品广告,介绍戏剧服装和"人参补酒"。同年 3 月 5 日,上海人民广播电台在全国第一个恢复播出商业广告,介绍"春蕾药性发乳";3 月 15 日,《文汇报》也在全国率先恢复刊登外商瑞士"雷达表"广告。1979 年 11 月,中共中央宣传部发出《关于报刊、广播、电视台刊登播放外国商品广告的通知》,进一步推动了上海广告事业的发展。1982 年 2 月 6 日,国务院发布建国后的第一个广告管理法规《广告管理暂行条例》,明确广告管理机关是工商行政管理总局和地方各级工商行政管理局。同年 7 月,上海市工商行政管理局制定了《上海市关于整顿广告的意见》。为加强上海市广告管理工作,上海市工商行政管理局于 1983 年初将商标管理处改为商标广告管理处,配备专职广告管理干部,各区、县工商行政管理局也在同年年底相继设立了广告管理科、股,开始恢复广告业的行政管理工作。

1989 年 4 月 8 日,已有 3 家外国广告公司走进上海。人们对外商广告的接受度和观念在变,对荧屏上崭露头角的电视广告,同样也经历了一个从不理解到抵制再到容忍、甚至是部分欣赏的过程。1985 年,上海电视台播出了香港 TVB 制作的电视连续剧《上海滩》。周润发扮演的许文强获得了上海人的青睐,但对电视里插播的 15 秒钟雨伞广告,有些人却是难以忍受:往电视台打电话写信,仍不解心头之恨。到了 1988 年,上海市城乡抽样调查大队的调查结果揭示,上海人对广告的变化已显端倪:对广告表示"有限度的欢迎"的人是 30%,表示"可以接受"是 48.2%。

中国广告业是国内发展最快的产业之一。从 20 世纪 80 年代以来,国内广告业的年增长速度平均保持在 30% 以上,远远超过 GDP 的增长速度,中国也因此成为全球广告业增长最快的国家之一。1979 年我国广告经营额仅为 1 000 万元,广告经营单位不过几十家;10 年后的 1989 年,广告经营额已达 20 亿元,广告经营单位超过 1 万家;20 年后的 1999 年,广告经营额已达 622 亿元。2003 年,全国广告总量首次突破 1 000 亿元的大关,达到 1 078.68 亿元。2004 年广告营业额更是高达 1 264.6 亿元,实现 17.2% 的年增长率。广告营业总额占 GDP 的比例从 20 年前的 0.04%,到 2004 年的 0.93%,取得了质的飞跃。1995 年 2 月 1 日,《中华人民共和国广告法》正式实施,使广告有法可依,有章可循,向着健康的道路发展。是年 10 月,国家工商行政管理局指定全国 9 家广告公司代理境内企业在香港发布广告,上海广告公司是其中的一家。1995 年上海全年广告营业额超过 44 亿元,比 1979 年 2 亿元的广告营业额增长 21 倍。

据上海市工商(市场监管)部门登记数据显示,截至 2014 年底,上海共有广告经营单位 119 622 户,同比增加 33 515 户,增幅 38.9%。其中,主营广告单位 35 270 户,同比增长 23.5%;兼营广告单位 84 352 户(其中从事广告业务的网站经营单位 6 281 户),同比增长 46.6%。外商投资广告企业 352 户,同比增长 28.5%。全市广告从业人员 29.3 万人,同比增长 11.4%。

上海市工商(市场监管)部门对 4 651 户规模以上和重点类型广告经营单位的统计结果显示,2014 年全市广告营业收入为 1 649.90 亿元(其中应税经营额 463.65 亿元,同口径下占全国总量的 8.3%),同比增长 9.5%。广告业增加值 315.38 亿元,同比增长 4.4%,约占全市生产总值(GDP)的 1.3%,较上年度下降 0.1 个百分点;约占全市第三产业增加值的 2.1%,较上年度下降 0.2 个百分点。

从广告营业收入的单位类型分析,4 651 户广告经营单位的统计数据显示,主营广告企业继续以 88.4% 的广告营业收入占据了绝对多数的份额;电视、广播、报纸、期刊等传统媒介单位占比 5.9%,位列第二;其他兼营广告企业占比 5.7%。增加值数据方面,主营广告企业 160.6 亿元,占增加值总量的 56.6%,传统媒介单位 84.6 亿元,占总量的 29.8%,其他兼营广告企业 38.6 亿元,占总量的 13.6%。数据显示,主营广告企业依旧贡献了近九成的营业收入和过半的产业增加值,传统媒介单位的营业收入继续下降,增加值份额回升 2.2 个百分点,其他兼营企业的广告营业收入同比增长一成,增加值份额同比增长 1.4 倍,见表 2。

表 2　2014 年上海广告业经营情况简表

	总　计	主营企业	传统媒体	其他兼营企业
广告营业收入(亿元)	1 484.9	1 313.0	86.8	85.1
广告营业利润(亿元)	125.6	74.8	19.7	31.1
利润率(%)	8.5	5.7	22.7	36.5
增加值(亿元)	283.8	160.6	84.6	38.6
增加值率(%)	19.1	12.2	97.5	45.4

注:表内为 2014 年统计 4 651 户广告经营单位的数据。

广告业是现代服务业和创意经济中的重要产业,也是文化产业的重要组成部分,具有知识密集、技术密集、人才密集的特点,在服务生产、引导消费、扩大内需、塑造品牌、推动经济社会发展等方面发挥着重要的作用。上海是中国广告业的发祥地,也是全国广告经营中心之一。改革开放以来,上海广告业得到快速发展,但也存在产业集中度低、竞争优势不明显、人才力量较薄弱和市场秩序有待进一步规范等问题。当前,上海正处于创新驱动、转型发展的关键时期,促进广告业持续健康发展,有利于推动上海产业结构调整优化,加快形成以服务经济为主的产业结构;也有利于提高城市文化软实力,增强上海作为社会主义现代化国际大都市的服务和影响功能,而广告产业的发展依托的就是广告人才的培养。

新时期,随着上海逐渐恢复国家经济中心的地位,商业经济极大发展促动了广告产业的繁荣,广告人才的需求日益高涨。上海作为中国的前沿性国际化商业都市,大量的外资企业、广告公司有力地推动了上海广告教育的国际化。

上海大学是新时期上海市高校中第一所创办广告学专业的院校,创办时间是 1993 年 5 月,复旦大学新闻学院于 1994 年成立广告系,上海的广告教育进入高速发展期。逐渐形成了完备的广告教育体系,以上海大学广告学系为例,已经形成多个广告传播研究团队,建有广告品牌研究中心、体育传播研究所、广告学术信息中心、上海广告数据信息中心、会展传播研究中心、"上海广告"网等专业研究与服务机构(见图 24)。教师先后承担省部级项目 13 项,出版各类著作近 45 种。该系先后主办"全球化背景下的广告理论与实务"、"新媒体新营销背景下的广告与广告教育"、"世博会与会展教育"三次国际研讨会。

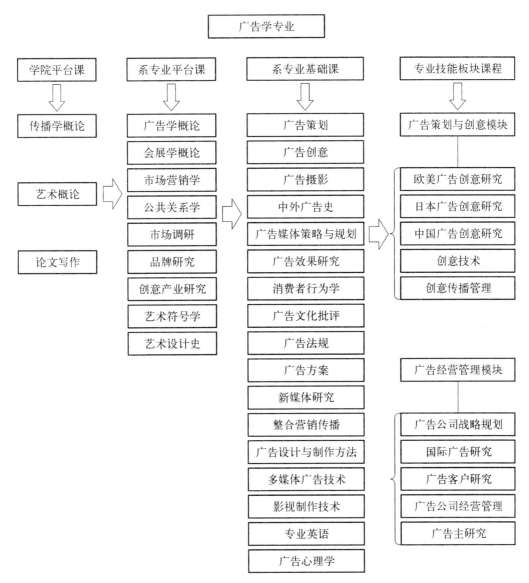

图 24 上海大学广告学系广告学专业的课程体系

海外交流也有利于现代上海广告教育的国际化，上海大学广告学系是日本电通公司一期资助中国六所院校的专业院系之一，在长达 8 年的合作中，该系先后有 16 位教师到日本电通公司总部研修广告，有 3 名教授到美国研修广告，并且与世界广告主协会建立有合作关系，与美国俄克拉荷马大学、田纳西大学、密苏里大学等高校有学生与教师每年互访交流计划。广告教育的配套设施日益完善，达到国内领先水平，上海大学广告学系设有设计实验室、摄影实验室、动画实验室、会展工作室和学生创意工作室。

此外，民办学校也成为现代上海广告教育的主力，为广告业输送大量的广告人才。职业技术学院、培训机构等等更侧重广告设计等操作性专业技能的培养，成为高等教育的广告教育的有力补充。

第六节 上海市广告协会的发展

上海市广告协会成立于 1986 年 3 月 27 日,办公地点设在上海市长安路 1001 号长安大厦。协会在上海市社团管理局注册,接受上海市工商行政管理局指导。协会的主要职能是提供服务、反映诉求、规范行为。协会主要业务范围是:宣传政策、制定规则、学术研究、业务培训、咨询服务、广告业调研、受理投诉、调解纠纷、评比交流、反映诉求。

上海市广告协会是由广告主、广告经营者、广告发布者、广告代言人(经纪公司)、广告(市场)调查机构、广告设备器材供应商等经营单位,以及地方性广告组织、广告教学单位、广告研究机构及相关组织等自愿组成的专业性、非营利性社会组织。

一、上海市广告协会概况

上海市广告协会最高权力机构是会员大会,会员大会下设理事会和常务理事会。协会设立秘书处,处理日常事务。秘书处设有综合部、会员部、培训部、咨询服务部、学术、公益广告、法律、嘉定工作委员会,以及上海市广告人俱乐部。协会下设户外广告、光源与标识、广告摄影、售点广告展示专业委员会等 4 个分支机构(见图 25)。

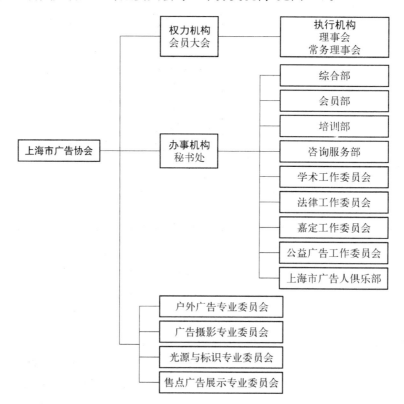

图 25 上海市广告协会秘书处部门设制

1. **综合部**　主要负责内外勤、办公场所、办公设备、仓库管理，文件收发、会刊发放、政策研究，会务、来信来访和对外联络接待，内部制度及对外合同制订、管理，档案管理和统计，网站管理和网页内容编辑，会费收取、财务、人事管理，先进协会和先进个人评比，分支机构管理，参与行业规则制订，协助会员发展及其他事务。

2. **会员部**　主要负责会员发展和会籍管理，会员交流、考察、展会、展评、论坛等活动，优秀作品、行业内优秀单位和优秀个人评比，广告企业资质认定，行业规则制订和施行，会员个性化服务以及其他事务。

3. **培训部**　主要负责广告师、广告审查员和其他广告业务培训及考务，广告专业技术人才队伍建设与管理，会刊编辑，协助会员发展及其他事务。

4. **咨询服务部**　主要负责广告发布前咨询服务，广告纠纷调解，广告案例分析，协助会员发展及其他事务。

5. **学术工作委员会**　主要负责组织和开展广告学术理论研究，积极推进中外广告学术理论交流，促进和引导上海市广告行业融入国际广告行业的前列。组织和开展广告法律、法规和政策的研究，积极促进上海市广告行业健全行业规范、行业自律守则、履行社会责任。组织和开展行业分析、行业预测和行业指导，瞄准国际前沿，积极促进上海市广告行业科学、理性、健康发展。组织和召开年度学术会议，介绍全球广告行业发展和国际学术界的理论研究的进展，积极提升上海市广告行业的前瞻性和国际视野水准。组织和开展广告理论和广告实践的咨询服务，推进国内同行的学习和交流，促进和各地广告业的合作和发展，打造一个国际、国内广告行业的交流、合作的新平台。

6. **公益广告工作委员会**　主要职责：（1）组织和协调全市广告企业，开展公益广告的设计、制作、代理、发布工作，提升上海广告企业的影响力和美誉度。（2）组织全市广告企业及企事业单位，开展公益广告的宣传活动，建立公益广告的工作平台，争取各方对公益广告工作的支持。（3）配合上海市工商局、上海市文明办及有关部门，开展公益广告的组织、协调、评比、统计等工作。（4）组织公益广告的理论研究和工作探索，与有关院校建立公益广告的工作联系，提升上海公益广告的水平和质量。

7. **法律工作委员会**　依托互联网和大数据，归集、整理、分析、研究典型广告案例，提出咨询意见，提升广告审查水平，推动广告市场和行业的自我管理、自我规范、自我净化、发挥舆论监督和社会力量的作用，强化信用约束作用，探索建立广告的社会评议制度，帮助在行业内建设"主体自治、行业自律、社会监督、政府监管"的社会共治体系。

8. **嘉定工作委员会**　在协会的组织领导下，根据市协会章程规定的范围，围绕嘉定工委会的特点，努力为会员服务，为本区域广告企业的现代化、为繁荣和发展市场经济、为上海广告业提供服务。

9. **上海市广告人俱乐部**　为了集聚专业人才队伍，探索和完善有利于调动积极性、创造性的有效机制，最大限度地发挥现有人才的才干，协会于2013年曾设置"广告师"俱乐部，之后随着国家取消广告师、助理广告师的职称考试，俱乐部渐渐落寞，不再开展活动。考虑到广告公司人员流动频繁，行业更新速度较快，建议重整队伍，组建新的"上海市广告协会广告人俱乐部"。主要以开展活动的方式,线下提供面对面交流、培训的机会;以提供信息资源方式,组建线上交流平台;发展会员,扩大朋友圈,为广告人提供全方位的服务。

上海市广告协会各专业委员会的构成情况如下:

1. 光源与标识专业委员会(前身为霓虹灯广告专业委员会)

上海市广告协会光源与标识专业委员会是上海市广告协会设立的专业委员会,以《中华人民共和国广告法》为准则,协助政府对霓虹灯广告进行管理,对霓虹行业进行指导、协调、服务、监督;团结霓虹灯工作者,为促进霓虹灯广告的现代化,为繁荣和发展社会主义市场经济,美化市容景观,建设社会主义文明而服务。根据市场变化情况,目前该专委会职能正调整整合之中。

2. 户外广告专业委员会

1998年4月14日上海市广告协会召开三届六次常务理事会,批准设立上海市广告协会户外广告委员会。上海市广告协会户外广告委员会作为专业机构在上海市广告协会的领导下开展活动。户外广告专业委员会的任务是:在上海市广告协会的领导下,加强企业之间的协调,组织同行协作和信息沟通,促进各种形式的交流;倡导推动户外广告新产品、新材料、新技术的推广和应用;积极促进户外广告产品质量标准、服务规范、收费方法和其他户外广告行业专业标准的制定;开展调查研究,提出行业发展规划、产业规模标准、专业标准和行业发展导向;配合有关方面规划本市户外广告设置,使之与城市整体形象相协调;宣传介绍贯彻有关户外广告的法规、专业标准和城市规划,在政府有关部门与户外广告专业公司之间发挥桥梁作用,将户外广告行业的有关意见、建议反馈给政府有关部门,将政府有关部门的规定、要求传达给有关企业。

3. 广告摄影专业委员会

上海市广告协会广告摄影专业委员会是上海市广告协会领导下的专业委员会。其个人会员主要由从事广告摄影的专业摄影师组成,团体会员由从事广告摄影经营业务的企业组成。摄影专业委员会团结广大广告摄影专业单位和工作者,以推动广告摄影专业发展,繁荣广告事业,提高专业摄影水平为宗旨。专委会积极保护会员的知识产权。1989年12月21日,上海市广告协会召开二届一次常务理事会,正式设立上海市广告协会广告摄影专业委员会,作为专业机构在上海市广告协会的领导下开展活动。

二、上海市广告协会30年的工作成效

1. 以行业行规建设为重点

2001年上海市广告协会针对我国户外广告设施结构制作过程中缺少可以参照执行的技术标准,组织有关专家和业内人士,历时2年,编写了《上海市户外广告设施结构技术规程》。该《规程》共七章和10个附表,从户外广告设施结构的基本规定、结构设计、制作安装、工程验收、到维修检测的全过程制定了质量控制管理程序和要求;强调了户外广告设施施工"安全第一"的指导思想。从专业技术上以定性和定量的科学方法,确定了一套完整的、可操作性的设计依据。从源头上、根本上确保了户外广告设施结构的安全可靠

性。该《规程》通过了上海市建委专家组严格的审查，审查意见认为本《规程》的编制为国内首创，具有前瞻性和指导意义。上海市建委以沪建（2002）774 号文件正式批准该《规程》为上海市工程建设规范，该《规程》于 2003 年 2 月 1 日起正式实施。

2001 年针对广告业竞标比稿中秩序混乱、经常出现违背"公开、公平、公正"原则、违背诚实信用原则及窃取他人智力劳动成果等现状，协会拟定了《上海市广告业务竞标比稿活动规则》，经协会四届二次理事会讨论通过予以试行。该《规则》为广告行业的业务竞标比稿提供了应当共同遵守的行规，为可能产生的纠纷和诉讼的解决，提供了一定的依据，在一定程度上维护了参与广告比稿活动的广告公司的权益。

协会户外广告专业委员会还先后接受政府有关部门委托，代表市广告协会拟定了北外滩户外广告规划、浦东机场户外广告二期规划、虹桥机场户外广告调整规划、明珠线户外广告规划等，为政府有关部门制定规划发挥了行业协会的作用。

2012 年协会受上海市工商局的委托，制定行业行规。为充分体现会员的反映权，协会将广大会员的一致要求反映在自己的行规行约，使自己在发展中能科学化、数据化、系统化、法理化。先后组织邀请了几十家相关会员单位和专家，高校学者，几易其稿制定了三项广告专业技术地方标准。每一个技术规范的制定历经几十次的修改方才定稿。其中《城市公共交通车辆车身广告技术规范》、《立杆挂旗广告设置技术规范》、《广告灯箱设置安全技术规范》，已获上海市质量技术监督局批准发布实施。三项广告技术规范作为上海市地方标准予以发布和实施，为行业自律提供了依据，这在国内广告业尚属创新。《LED显示屏广告设置技术规程》请了十多位专家学者，召开十余次专家学者修改会议，目前作为行业标准已在行业内颁布试行。

2. 以活动激发行业发展

上海市优秀广告作品展评赛。上海市优秀广告作品展评赛由上海市工商行政管理局批准，上海市广告协会主办。展评赛始于 1986 年，正常情况下每年举办一届，至今已办二十三届。来自高等院校、研究院、广告公司的评审专家，对展评作品，以创意和制作、广告定位的精准度为准绳，从不同角度评判作品的创意亮点，积极遵循公平、公正、公开的评审原则，对每一件作品进行严格的初选和终评，最终评选出一、二、三等奖。

上海国际大学生广告节。上海国际大学生广告节，前身为上海大学生广告节。上海国际大学生广告节以"发现人才、培养人才"为宗旨，通过举办立足国内、面向世界的广告创意大赛等一系列活动，结合行业发展需求，连接广告领域全产业链，致力于把创新创业意识融入人才培养，促进具有创新精神、创业意识和创造能力的人才脱颖而出。2013 年，上海大学生广告节正式更名为上海国际大学生广告节，冠以"国际"二字，融合了更多文化创意广告专业资源。随着参赛人数不断增多，参赛作品质量提高，创意水平逐年超越，更多新媒体企业加入进来。

上海国际广告技术设备展览会。上海市广告协会与上海现代国际展览有限公司、新闻出版广电总局印刷发行管理司、上海市新闻出版局和上海广告设备器材供应商协会等共同组展，从 1993 年起，共同举办"上海国际广告技术设备展览会"，现已举办 25 届。

中国广告与品牌大会。2001年起，上海市广告协会与《中国广告》杂志社有限公司联合举办《中国广告与品牌论坛大会》（前身为中国广告论坛）。大会以业界的"风向标"著称，以前瞻的眼光把握前沿趋势，每年一度的大会吸引了国内外不同领域的权威讲师，为行业带来最新的品牌传播理念。前瞻的主题，高品质的讲师队伍，超值的信息分享，大会已经成为中国广告界行业的风向标。

梅花网传播业大展。梅花网传播业大展邀请业内知名企业与领军人物共同参加，旨在向媒体、营销服务商、以及广告主展示传播业的年度变革与进步，在"企业传播和营销需求"与"传播业资源与技术"之间搭建桥梁，促进产业内上下游的沟通与合作，实现梅花网作为"营销者的信息中心"的核心使命。自2011年起成功举办以来，展会顺应时代发展趋势，满足市场需求，已成为国内营销科技领域内的顶级会议，累计有28,000多名来自营销和传播行业前沿的观众参与了展会。

上海申通德高杯公益广告创意大赛。2011年开始，由上海市广告协会、上海申通德高地铁广告有限公司决定共同组织开展"上海申通德高杯公益广告创意大赛"，并邀请上海市工商行政管理局作为大赛指导单位，对大赛的定位、方向以及评选工作进行指导和规范，至今已成功举办了五届。该项赛事参赛作品数量和质量逐年稳步提升，已经成为在全国具有较强影响力的公益广告创作大赛，2013年更是将范围扩展到了海外，为上海公益广告事业引入了新机制、补充了新作品。

编写行业发展纲要。由上海师范大学中国新广告研究中心、上海市广告协会课题组历时一年，对全国广告业与上海广告业的历史数据和相应文件进行了梳理与研究分析，对上海广告媒介、上海广告公司和上海广告主等相应领域做了大量的文本研究和调研采访，形成了《上海广告业"十一五"发展战略研究》报告。2007年7月，评审组在上海师范大学召开专家论证评审会议。专家组认真听取了课题组关于《上海市广告业"十一五"发展战略研究》的相关汇报，审阅了规划报告及相关研究报告，并听取了到会的各方代表意见，《上海市广告业"十一五"发展战略研究》一书由上海学林出版社出版。

以下表3是行业活动组织获奖情况：

表3　上海市广告协会行业活动组织活动获奖情况一览表

序号	时　间	荣　誉　称　号	授　奖　单　位
1	1999年8月	"第六届全国广告优秀作品展"组织奖	中国广告协会、无锡市人民政府
2	2000年10月	"第七届中国广告节"组织奖	中国广告协会、厦门市人民政府
3	2001年10月	"第八届中国广告节"组织奖	中国广告协会、无锡市人民政府
4	2002年10月	"第九届中国广告节"组织奖	中国广告协会、大连市人民政府
5	2003年10月	"第十届中国广告节"组织奖	中国广告协会、南京市人民政府
6	2004年10月	"第十一届中国广告节"组织奖	中国广告协会、成都市人民政府

续　表

序号	时　间	荣　誉　称　号	授　奖　单　位
7	2005 年 10 月	"第十二届中国广告节"组织奖	中国广告节组委会
8	2006 年 10 月	"第十三届中国广告节"组织奖	中国广告节组委会
9	2007 年 9 月	"第十四届中国广告节"组织奖	中国广告节组委会
10	2012 年 10 月	"第十九届中国国际广告节"组织奖	中国广告节组委会
11	2013 年 10 月	"第二十届中国国际广告节"组织奖	中国广告节组委会
12	2004 年 1 月	2003 年度全国先进广告协会	中国广告协会
13	2004 年 12 月	2004 年度全国先进广告协会	中国广告协会
14	2007 年 1 月	2005—2006 年度全国先进广告协会	中国广告协会
15	2009 年 1 月	2007—2008 年度全国先进广告协会	中国广告协会
16	2010 年 12 月	2009—2010 年度全国先进广告协会	中国广告协会
17	2012 年 12 月	2011—2012 年度全国先进广告协会	中国广告协会
18	2010 年 1 月	2008—2009 年度"争创广告行业精神文明先进单位活动"组织奖	中国广告协会
19	2011 年 1 月	"2010 上海创意设计活动"优秀组织奖	上海市经济和信息化委员会
20	2011 年 11 月	"2011 上海国际创意产业活动周"组织贡献奖	上海国际创意产业活动周组委会
21	2013 年 1 月	"2012 年上海现代服务业联合会年度"突出贡献奖	上海现代服务业联合会
22	2013 年 10 月	"2013 上海设计之都活动周"优秀活动奖	上海设计之都活动周组委会办公室
23	2014 年 1 月	"2013 年度上海现代服务业联合会"优秀活动奖	上海现代服务业联合会
24	2014 年 6 月	"第 43 届世界广告大会"组织奖	第 43 届世界广告大会组委会
25	2014 年 6 月	"第 43 届世界广告大会"感谢奖	第 43 届世界广告大会组委会
26	2015 年 3 月	"2014 年度上海现代服务业联合会"优秀活动奖	上海现代服务业联合会
27	2015 年 10 月	"2015 上海设计之都活动周"组织贡献奖	上海设计之都活动周组委会办公室
28	2016 年 2 月	"2015 年度上海现代服务业联合会"优秀活动奖	上海现代服务业联合会
29	2017 年 2 月	"2016 年度上海现代服务业联合会"优秀会员奖	上海现代服务业联合会
30	2017 年 2 月	"2016 年度上海现代服务业联合会"优秀活动奖	上海现代服务业联合会

3. 以媒体为交流窗口

1984年12月，上海市第一商业局举办了橱窗广告展览会，为答谢兄弟省市的支持，协会将展品选编成"专辑"，作为《上海橱窗》试刊出版。

1996年，《上海橱窗艺术》出版，《上海橱窗艺术》收录了近十年中设计新颖、构思独特、制作精巧、富有创意，比较强调广告内涵，真实、客观、艺术地表现各自企业特色的作品共84件，另外又收集了84件反映商业企业形象的购物环境图片，意在使大家对上海商业的新形态有更直观的了解。

协会编辑出版《上海广告通讯》月刊，内部发送参阅，至今已出版341期；由上海市广告协会主编，上海文艺出版社发行，先后出版发行过2000、2001、2002、2003、2004年共5本《上海广告年鉴》；协会户外专业委员会自2005年开始至今编辑《户外广告》杂志月刊，并在网上发布电子版；协会公益广告工作委员会从2013年10月开始，就不定期地编辑出版《公益广告杂志》电子版，通过上海市广告协会官网发布，并通过电邮方式传递给业内外人士；协会广告摄影委员会成员，编辑出版《2010上海世博摄影展画册》，用自己的相机留下了美好的盛会。

协会从1986年至2000年连续编辑出版8期《上海市优秀广告展评赛优秀作品选集》。2011年，为了鼓励获奖单位再接再厉，为了发动更多广告经营单位和广告从业人员积极参加每个年度的广告作品评选活动，展示自己的创意、设计和制作水平，上海市广告协会得到美国莫霍克精品纸业上海代表处提供的纸张支持、得到上海大诚印刷有限公司提供排版印刷支持，使用国际先进技术的环保纸张和环保印刷，编印出版了《上海市第十八届优秀广告作品展评赛获奖作品集》，共同为促进上海广告业的繁荣发展作出一份贡献。

2006年8月1日上海市广告协会网站经全新改版后正式开通。网址为www.shaa.org.cn，网络实名为"上海市广告协会"，同时停止使用原网址www.shanghaiad.com。本网站是代表上海市广告协会的唯一官方网站，旨在资源共享、传递政府信息、协会工作信息、行业发展信息、反映企业诉求，沟通会员和广告行业之间的联系等方面发挥积极的作用。目前，协会不断改进信息共享平台和信息提供方式，协会网站基本做到日日更新，能满足会员日常所需，网站日渐成为市协会主要的宣传喉舌。

为扩大协会影响力，第一时间为会员单位和广告企业提供行业资讯，协会于2017年2月开通了"上海市广告协会"微信公众号，目前发布信息超过四十条，内容涵盖国家政策、行业咨询、协会活动、法律法规等方面，协会要进一步利用自媒体平台，运用现代技术手段，加大信息整合力度和特色信息挖掘，扩宽发展渠道，提升服务效能。

第十三章
租界内外：上海广告行业规制

广告管理指对广告活动和广告业的计划、协调、控制和监督,它包括广告行政与法制管理、广告行业自律、广告经营者经营管理与社会监督等内容,[①]具有多维度、多层次的复杂管理特征。近代上海广告是中国近代广告历史发展的一个缩影,它经历了一个由简到繁、由乱到序的发展历程。研究近代上海广告管理,对于全面了解中国近代的广告管理具有重要价值。鸦片战争后,西方列强先后在上海开设租界,华洋杂居是近代上海社会生活的典型特征。外国统治者在租界地区实行政治、经济、社会和文化的自治管理。由于中西方国家各自的政治体制和文化传统的不同,在对租界和华界的管理方式上也呈现不同特点,也就是说英美租界、法租界、华界在广告管理与法规上各有不同。本章立足于广告的行政与法制管理领域,从政府广告规制视角出发,介绍近代上海广告管理与法规的内容,梳理近代上海公共租界、法租界、华界当局各自对广告进行管理的历史脉络,在此基础上揭示其各自广告管理方面的特征与规律。

第一节 上海公共租界广告规制

1842 年中英两国政府签订《南京条约》,1845 年英国开始在上海外滩一带设立租界。随后美、法、俄等国相继效仿,也裹挟清政府在上海划定租界。1899 年 5 月,上海公共租界面积大规模扩大,最高达到 33 503 亩,以外滩为中心,划分为中、北、东、西 4 个区。1863年,英美两国租界合并,共同组建上海公共租界,交由工部局统一管理(见图 1)。

工部局建立之初,实际上是由租界内外国侨民推选的代表组成,在管理性质上属于外国侨民的自治机构。由于自《南京条约》之后的一系列不平等条约的制约和当时清政府的软弱无能,外国殖民者在上海地区的势力不断扩张,公共租界内工部局的权力随之不断扩大,公共租界管理的范围也不断拓展,管理的内容从单纯的市政建设扩展到城市公共环境

---

① 陈培爱著. 中外广告史——站在当代视角的全面回顾[M]. 北京:中国物价出版社. 1997:62.

图 1　上海公共租界工部局大楼

和城市秩序,管理对象从居住在租界内的外国侨民扩展到租界内的华人,并迅速演变成一个具有地方政府职能的管理机构,形成了同当时的清政府以及后来的民国政府完全不同的管理体制。综观上海公共租界的发展历史,从 1845 年设立到 1943 年结束管治,历时近百年,其管理体制不断发展和完善。上海公共租界在中国各地的租界群中地位独特,最具典型性,其原因除了 19 世纪中叶后上海地区特殊的历史背景,还有公共租界的管理体制在很大程度上受到了当时西方正在形成和发展的近代城市管理理念、制度与方法的影响。

一、公共租界管理体制的演变

1845 年 11 月 29 日上午,一件关于允许英国商人在上海县域内租地、建屋、筑路的大字告示,被挂在了外滩新海关。谁也没有意识到,这样的一纸租约日后成为了一个足以撼动后世的大事件。根据《南京条约》的条款,上海成为向外商开放的通商口岸。1844 年,已经有英资怡和洋行、宝顺洋行租借了一批土地,直到 1845 年 11 月中英会订《上海土地章程》,从此英国租界正式辟设。曾经负责参与交涉租界开辟一事的上海道台宫慕久,在耗时两年后,极不情愿地与英国首任驻沪领事巴富尔(George Balfour)签订《土地章程》。章程规定租界内的道路码头等公共设施建设由英商租地人承担,英国驻沪领事委派正直商人三名,审慎决定应该向租地侨民摊派的租界内建造道路码头所需款项。《土地章程》颁布后的第二年,租界内的租地外商共同推选产生了道路码头委员会,专操租界内道路、码头建设等事务,委员会的工作人员属于义务性质。但是,1853 年发生的上海小刀会起义,使道路码头委员会这个机构的性质发生了重大的变化,即转变为一个庞大的管理机构工部局。

（一）小刀会起义推动租界管理体制转向

1845 年中英订立的《土地章程》,明确了英国商人居留地的四至范围和英商向华民租地所需手续,规定了租地英商应该承担的义务:"洋泾浜以北之租地与赁房西人,须共谋修造木石桥梁,清理街路,维持秩序,燃点路灯,设立消防机关,植树护路,开疏沟渠,雇佣更夫。"①章程同时规定:"所有修筑道路、通路、设立码头各费,概由初到商人及该近处侨民公派。其尚未摊派者与后来者,均须依数摊派,以补足之,俾便共同使用,避免争执。派款人等得请求领事,委派正直商人三名,审慎决定应派之数。倘有不足,得由派款人共同决定,将进出口货物酌抽若干,以补其缺。惟事先须呈报领事,听候处决。关于收支保管及记账等事,均由派款人共同监督。"②这些内容的设置,体现了租界范围内道路码头等基础设施的建设均由租地外商自行解决,也就是说,租界地内所有的市政性公用设施的建设均与清政府没有关系。表面上看,清政府的这种做法省去了很多的经费开支和直接进行管理的麻烦,但实际上却为以后租界内西人实行强势自治留下了隐患,而其后的上海小刀会起义正好为西方殖民者的强势自治提供了契机。

1853 年 9 月 7 日,小刀会起义军在刘丽川的率领下占领上海县城,杀死了上海知县袁祖德,活捉道台吴健彰,为此清政府调派了大批军队围攻县城。11 月 4 日,数百清军进入租界,夺取正在从洋行运给小刀会的三门大炮,并与租界巡逻队、义勇军发生冲突。③英美法三国驻沪领事联合发布公告,指出租界受到来自清军的骚扰。另外,小刀会起义军占领上海县城以后,大量难民涌入租界避难,借租在由外国人临时搭建的简陋板房中,而这一切使昔日平静的租界变得混乱起来,犯罪现象剧增,给租界安全带来很大的危害。1854 年 4 月 4 日,英美军队同清军之间爆发了"泥城战役",虽然英美军队以胜利告终,且伤亡较轻,但正是这一场战役加剧了外侨社会对租界安全的担忧。

（二）工部局自治管理体制的建立

为了彻底摆脱以上担忧,1854 年 6 月,野心勃勃的英国领事阿礼国通知各国在沪领事,准备和美、法两国领事在上海租界内组织一个统一的行政机关,由租界内各租地人选出董事会来执行。④ 7 月 11 日,租界内的外侨举行租地人大会,会议由英国领事阿礼国主持,最终通过《上海英、美、法租界地皮章程》。在章程中,管理租界公众事务的机构被称为"工部局"。⑤ 同时确定了工部局对各租地人征税的权力,所征税用于租界自治和市政建设。工部局这个市政机关实际上是一个自治政府,它的职权不再限于道路、码头等事务,而是建立了一种更加稳定和长期有效的租界管理机制,从而为外侨提供安全保障。7 月 11 日工部局成立后召开的第一次董事会会议,就决定招聘一名督察员、一名副督察员和30 名巡捕。7 月 26 日,工部局董事会召开的第二次会议又特别强调要尽可能多地抽调一

---

① 徐公肃,丘瑾璋. 上海公共租界史稿[M]. 上海:上海人民出版社. 1980:47.
② 同上.
③ 汤志钧主编. 近代上海大事记[M]. 上海:上海辞书出版社. 1989:66.
④ 汤志钧主编. 近代上海大事记[M]. 上海:上海辞书出版社. 1989:81.
⑤ 汤志钧主编. 近代上海大事记[M]. 上海:上海辞书出版社. 1989:82.

批精干巡捕来租界。巡捕的职责除了承担维护租界治安,还协助收捐税,甚至还承担公共环境的管理职能,而一切以维护租界治安为根本。小刀会起义后,大量华人涌入租界,出现了华洋杂居的局面。于是在工部局建立后不久,在董事会召开的第五次会议上,做出了向租界内华人征税的决议,规定在租界内"租西人房屋的华人每年按租金5%交房捐"。①工部局机构建立时,其最初名称为"市政委员会",主要职能是市政管理。但工部局建立伊始,它的实际职能已超出一般市政机构。这既表明租界管理体制发生了重大变化,同时也使租界的性质发生了根本性变化,即很快就形成了一个准政府系统,使租界成为一个"国中之国"。所以,工部局的设立,也是上海租界发展历史的重要分界线。

(三)源于英国的自治市政管理

上海公共租界的管理体制与架构,主要是欧洲、特别是英国本土城市管理制度的移植和嬗变。考察欧洲乃至整个人类社会的发展历史,近代宪政民主改制的源头在英国,而英国也被一般人称为"自治之家"。英国《大宪章》的产生,推动了英国宪政民主政治制度与法律制度的生成,也影响了后来欧美许多国家的宪政民主产生。

英国城市自治特权主要包括市民人身自由、土地保有权自由、独立司法权、自由贸易权。基于独立的司法权,城市摆脱领主司法权和传统法律的束缚,成立自己的法庭,制订符合商业关系的法律程序。基于自由贸易权,城市通过选举产生议会和公职人员、组织行政自治机构、建立独立的税收财政系统来实现自己对城市事务的管理;城市的政权组织形式包括行政机关、立法机关、司法机关以及大批行政官员和代表人。1835年,英国出台《市政法人法》,这部法律确定了现代地方自治的两大原则,即居民自治原则和团体自治原则。根据该法,每个自治市民选出若干市议员,由市议员选出若干市政官,再由市议员和市政官从其成员中选出一人任市长,市议员、市政官和市长共同组成自治市的市政委员会。市政委员会拥有维护治安、街道照明、掌管地方财政和制订地方规章的职能。②

随着上海租界的建立和租界管理的开始,这种城市自治制度也被当时英国侨民引入上海。在上海公共租界,有具备一定资格的有产阶级人士构成的"议会",即纳税人会(早期所有有资格参与选举的人员必须拥有一定量的土地,因此又被称为"租地人会");有受托于纳税人来管理租界的代表和管理机构工部局及工部局董事(工部局董事各有自己的职业,他们处理租界事务也是义务性质的);还有管理机构设置的职能部门和管理人员,即工部局各处室和其聘任的行政人员。

二、工部局涉及广告管理的机构设置与运作

公共租界的行政机构与行政人员经历了一个由简到繁、由少到多的发展变化过程,而这一过程是随着租界的扩张、工部局管理事务的逐步增加而推进的。早期工部局除了巡捕房及总办处,成型的机构并不多;即使是巡捕房,除了常规警务工作以外,还兼其他职

---

① 上海市档案馆编. 工部局董事会会议录[M]. 上海:上海古籍出版社. 2001:571.
② 张彬. 上海英租界巡捕房及其制度研究(1854—1863)[D]. 华东政法大学. 2009:23.

能。到了 20 世纪 30 年代，工部局已经建立起完备的行政体系，有作为行政中枢的总办处、人员最多的警务机构警务处、处理财政的财务处、处理建设和公共工程的工务处、处理公共卫生事务的卫生处、处理消防事务的火政处、处理教育事务的教育处、代表工部局处理各类法律问题的法律处、处理劳工事务的工业社会处，甚至还有监狱和类似准军事部队的万国商团，以及乐队和图书馆等机构。

在广告管理上，工部局主要从租界内市政建设管理的角度，对报纸广告、街道广告、招贴广告、电影广告、路牌广告等进行严格管理。工部局涉及广告管理的机构主要集中在总办处、工务处、警务处、捐务处、纳税人大会以及会审公廨等机构。以下是各机构的工作内容和运作方法：

（一）总办处

在工部局众多职能机构中，作为行政运转中枢的总办处具有相当重要的地位。总办处设董事会秘书一职，负责处理董事会交办的各项事务，对工部局各职能部门的工作进行协调。1860 年，工部局任命皮克·沃德为第一任总办，总办处就此成立。根据 1865 年工部局颁布的总办职权，总办可以列席所有董事会会议及各委员会会议，负责工部局日常事务，发布指示，编制统计报表，处理工部局的各种来往信函，筹备董事会会议及各委员会会议。工部局所有正式通告的发布都须由总办处批准（见图 2）。在广告管理中，凡是涉及到广告事务，皆需通过书面形式向总办处提出申请和商议，然后再由总办处交由各分支机构具体实施。

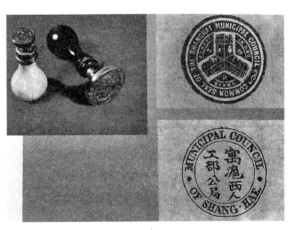

图 2　工部局印章

（二）警务处

除总办处外，工部局的另一个重要机构是警务处。公共租界警务机构设立最早，随着租界范围的不断扩大，工部局先后设立了中央、老闸、虹口、静安寺、新闸路、杨树浦路、汇司、汇山、嘉兴路、戈登路、狄思威路、榆林路、成都路和普陀路等 14 个巡捕房。在广告管理中，警务处涉及的范围最广，工作的内容也最为复杂。根据警务处的任务规定，主要是维护租界内的市政安全和保证租界内的环境整洁。

（三）捐务处、工务处

随着工部局行政事务的增加，为了提高办事效率，工部局建立了众多的咨询机构，即各种委员会。早期工部局只有财政捐税及上诉委员会、警务委员会、工务委员会，这个三委员会的成员全部由工部局董事担任。委员会的职能侧重于对有关重大事项的预审，凡是各委员会能够决定的一般事项，可以立即执行，而毋须通过董事会，而这些委员会的决议也很少有被董事会否决的。1865 年建立的财务委员会负责一切有关工部局的财政事务,批准并授权工部局所有开支和借款,听取并裁决有关财务、人事方面上诉案件,负责房地产估价,征收一切捐税等事务。1865 年 5 月成立的工务委员会,负责承担并监督各项市政工程,包括马路、人行道的设计、铺设及修改,维修道路,监督修路工人,购买所需的一切材料。

(四) 纳税人大会

1845 年制订的《土地章程》,就租界辟设后公共设施如何建设及其费用如何筹集等事项,规定在租界内租赁土地的“各租户呈请领事官劝令会集共同商捐”。1845 年英租界设立后不久,即由英国驻沪领事出面,于 1846 年 12 月 22 日在黄浦江畔的理查饭店召集英租界内租赁土地的英国商人召开了第一次会议,商议有关英租界建设和管理事项。由英国领事召集和主持的这一外国租地人会议,便发展成为日后的公共租界租地人和纳税人会议制度。

纳税人会议制度有着深厚的城市自治色彩,其功能相当于英国城市行政体系中的市政委员会,能够参加纳税人大会的人员不仅是早期在租界内租地的外侨,也包括在租界内缴纳税款的华人。纳税人会议代表各纳税人的切身利益,其会议的主要议事内容,除了对工部局的收支进行预决算之外,还包括商议征收捐税、发放执照、估价界内地产房屋、征收界内居民转运经过海关的货物,或在界内起岸装船,或转运货物捐税及其他捐税等。

在广告管理中,为了治理租界内广告混乱现象,工部局拟对租界内广告进行征税。但是就工部局是否有权力正当地收取特别广告税,曾经有过很长时间的争议。根据《土地章程》,法律专家指出工部局并不具备合法的广告特别税征收权,只能根据土地原则向租地人征税。1914 年 3 月,工部局纳税人大会曾经通过第五号议案,决定开始在租界范围内向土地所有人征收广告特别税捐,按照不同地段不同税率为每尺 0.2 两到 5 两不等。之后,工部局每调整一项对广告的征税,实际上税款一直是由做广告的人来承担的。

(五) 会审公廨

根据英国民主议会结构,司法权独立于行政权。1869 年,清政府与英、美领事馆签订《洋泾浜设官会审章程》,在租界设会审公廨,又名会审公堂,受理租界内除享有领事裁判权国家侨民为被告外的一切案件。虽然会审公堂在本质上反映了外国人对中国在租界内的司法主权的损害,但是在租界进行市政管理过程中,会审公堂的作用明显。在广告管理中,一旦发生违反租界管理的相关规定,警务处的巡捕房首先对违法人进行拘捕,然后再转送公廨审判。

三、工部局对公共租界内的广告管理

(一) 相对松散的报刊广告管理

上海租界内的第一份报刊广告出现在《上海新报》(1862 年创刊)上,刊登内容全为外商广告,版面比例达到 50% 左右。《新闻报》后来居上,广告版面高达到 60%。

19 世纪 80 年代之后,报刊广告的内容不断丰富,表现形式也推陈出新。为了更好地适应华人阅读习惯，许多广告采取中式插图和汉语文字解说。对于广告的具体内容，工部局最初一般不进行审查。当时华人刊登广告的收费比西人高，一些报馆为了营利在广告中使用了"不良文字"，工部局则以个案方式处理，例如1908年巡捕房曾警告几家报馆禁用性药广告用语。[①] 但是在1910年之后，鉴于报纸中"下流"广告日益增多，工部局总办决定予以干涉，对不听警告继续刊登这类广告的报纸提起公诉。受到警告的报纸态度不一，《新闻报》由总经理美国人福开森出面，表示保证以后不再刊登此类广告，要求工部局不要对该报起诉。[②] 但《申报》馆经理佩雷拉认为，刊登公众的广告是报社的一项经营业务，与其捕房要求报馆停止刊登这类广告，不如禁止行商直接出售此类物品。[③] 对此，工部局认为应坚决执行对该报的起诉。此后工部局一直未制订有关管理报刊广告的专门规则，只要广告主题内容不遭公众反对，工部局对在报纸上刊印广告并无异议，对其内容认为违背公众行为准则的，即向有关报社提出交涉，严重者提起公诉。1932年5月，工部局组织了一个电影检查问题调查委员会，专门调查电影与电影广告的检查和取缔问题。调查委员会建议，新闻报纸所登电影广告，仅限于使用文字。[④]

（二）招贴广告管理

招贴广告，又称海报、告白广告。招贴广告诞生已久，最初由药店、戏院在门口张贴海报以介绍药品、戏目等信息，后来电影公司使用电影海报以宣传新片影讯，还有许多烟厂大量使用招贴广告宣传香烟产品。对于招贴广告，工部局未做过多的干预和管理，也从未对招贴广告征收过广告捐。根据《上海租界志》（上海市档案馆2001年编）第五篇第五章第二节介绍，1913年上海租界内的街道上出现了许多乱七八糟的街头招贴广告，严重影响了租界的市容形象。工部局曾专门咨询法律顾问罗佛特，无奈租界内没有任何法律依据对街头招贴广告进行管理，董事会只能决定向粘贴招贴广告的广告牌征收一种特殊的广告税，但这一措施并不能禁止街头电线杆和墙上的乱贴广告。1921年7月5日，工部局捐务股艾伦向董事会建议严禁乱贴招贴广告，除非贴在工部局允许的板围及车站上。[⑤] 为此，工部局再次向法律顾问咨询，但是法律顾问认为只要广告本没有违法，否则工部局没有权力禁止在建筑物及墙上粘贴广告。因此，工部局只能在审批设立广告公司的申请时戒令其不准乱贴海报。1927年，财务处、工务处、警务处处长再此提出了控制招贴和市招问题，董事会认为唯一安全和合法的途径仍然是为管理广告制订一个新的附律，实际上

---

① 　上海公共租界工部局总办处就上海市政府关于禁止在报纸上刊登庸医假药滥登广告与警务处处长、卫生处处长等的来往文件，档案号：U1-4-819，上海档案馆.

② 　福开森致工部局代总办 J. B. 麦金农函（1910年7月4日），上海市档案馆编. 上海近代广告业史料[M]. 上海：上海辞书出版社. 2012.11：16.

③ 　申报馆经理佩雷拉致工部局代总办麦金农函（1910年7月18日），上海市档案馆编. 上海近代广告业史料[M]. 上海：上海辞书出版社. 2012：17.

④ 　工部局工务处处长 C. 哈珀致工部局总办兼总裁函（1922年9月27日），上海市档案馆编. 上海近代广告业史料[M]. 上海：上海辞书出版社. 2012：26.

⑤ 　工部局捐务股 S. H. 艾伦致工部局总办函（1921年7月5日），上海市档案馆编. 上海近代广告业史料[M]. 上海：上海辞书出版社. 2012：21.

一直没有付诸行动。①

(三) 广告牌管理

1905 年,几家洋行同时向工部局请求在不侵占公共街道的前提下颁发在篱笆、围栏及建筑物墙上安装招贴广告牌许可证,工部局同意并颁发了许可证。但实际上竖立篱笆和围栏一定会占用部分公共道路,工部局工程师认为如果不采取必要的措施,一些占用道路和下流的广告会影响租界的形象,建议禁止在公共道路旁的篱笆、围栏及建筑物墙上安装招贴广告,并建议所有的招贴广告在张贴前先送给捐务股审核盖章,并按照面积收取相应的执照捐。

据《上海租界志》(上海市档案馆 2001 年编)第五篇第五章第二节记载,1914 年 3 月 20 日,公共租界纳税人大会通过决议授权工部局向在房屋上做广告的土地使用者以及建立广告牌的土地使用者征收广告特别捐,根据不同区域,广告捐税率为每平方英尺每年 0.2 两至 5 两不等。1916 年 3 月 20 日,公共租界纳税人大会通过修正决议案,规定每平方英尺广告税为每年 0.05 两至 5 两不等。此后,随着电动广告牌、骨架式高空广告牌的出现,广告特别捐征税对象扩大至所有广告牌,根据广告牌的位置,每平方英尺收费 0.1 两至 50 两不等。

一般情况下,工部局对不具危险性的广告牌都予以颁发许可证,例如在 1921 年,工部局批准东方印刷公司在苏州河桥畔的空地上设立广告牌,每月缴纳广告特别税 50 两。在实际操作过程中,所有广告特别税都是向广告代理人征收,税收金额逐年递增。以下表 1 是工部局从 1914 年至 1927 年征收的广告捐情况表,从整体上来看,广告捐部分在工部局的整体税收中只占到了非常小的一部分。

表 1　1914～1927 年工部局征收到的广告捐一览表(单位: 两)

年　份	捐　　额	年　份	捐　　额	年　份	捐　　额
1914	95	1919	1 320	1924	6 431
1915	610	1920	1 485	1925	6 285
1916	1 318	1921	2 335	1926	7 702
1917	1 329	1922	3 501	1927	11 500(预计)
1918	1 415	1923	5 276		

来源于: 工部局捐务股 S. H. 艾伦致工部局总办函(1921 年 5 月 23 日),上海市档案馆编,上海近代广告业史料[M]. 上海:上海辞书出版社,2012.11: 26.

对于租界道路边的广告,工部局曾在 1930 年 6 月 17 日颁布了《关于广告板围和广告牌特别条例》,规定凡报请在非建筑工地周围设立广告板的申请者应向工务处提交广告牌设置地点、尺寸大小、材料、施工细节和加固方法设计图纸和说明书。工务处规定除骨架

---

① 工部局捐务股 S. H. 艾伦致总办函(1921 年 8 月 29 日),上海市档案馆编. 上海近代广告业史料[M]. 上海:上海辞书出版社. 2012: 32.

式高空广告牌，其他任何地方的广告板围或广告牌的任何部分离地距离需在 18—25 英寸之间，同时离屋顶距离不得超过 25 英尺，也不得少于 2 英尺。另外，广告板围或者广告牌的任何部分不得伸出公共道路以外。如果工务处认为该广告板围或广告牌未安全竖立有危险迹象，申请人应立即采取加固措施或者拆除，一旦发生安全事故，申请人应对任何伤害或损失负责。[①]

1930 年 7 月 3 日，工部局颁布了新的布告，对广告税率进行了调整。根据《上海租界志》（上海市档案馆 2001 年编）第五篇第五章第二节提到，新的布告规定中西区和主要街道的广告牌按每平方英尺年付税 0.3 两，北区和东区及非主要街道每平方英尺 0.15 两，各区的屋顶和高空电气广告牌每平方英尺 0.3 两。对于正在施工中的建筑物周围的广告牌，上述标准同样适用，并且对伸到公共道路上的广告牌加收 50% 的费用，该布告颁布后遭到众多广告公司的强烈反对。1931 年 1 月 1 日，工部局于重新颁布布告，规定外滩、南京路、静安寺路、四川路和北四川路的广告税为每平方英尺 0.3 两，其他各处每平方英尺为 0.1 两。

1931—1933 年，由于工部局按照地皮来征收广告税，因此一些广告商故意在一块地皮上竖立两块重叠的广告牌。为了对广告建筑物进行有效的管理，1934 年 3 月工部局工务处重新制定了一整套管理一般广告建筑物和广告牌的条例，该条例上在内容上与 1930 年的特别条例相同，但将广告建筑物的离地距离改为不得超过 24 英尺，离屋顶距离不得超过 20 英尺，同时规定如果违反条例，工务处处长有权令其改建或将其拆除。

（四）灯光广告管理

最早的灯光广告出现在 20 世纪 20 年代，除了电动广告牌，还有电光广告柱、广告钟等多种灯光广告形式。灯光广告的出现，工部局最初持严格管理的思路。1920 年 12 月，一家公司向工部局申请在上海某些街道上利用幻灯建筑物银幕做广告，对此工务处处长表示如果灯光设备不侵占道路则无异议。但是几年前在福州路和湖北路口的一次灯光银幕试验吸引了众多行人围观造成了交通拥阻现象，工部局警务处处长对此表示强烈反对，于是工部局驳回了这家公司的申请。1922 年，工部局态度开始松动，批准允许灯光照明的影像广告，但前提条件是事先必须经过特别批准，银幕和幻灯机的机壳必须按照工务处的要求制造，而且只能使用玻璃幻灯片。一旦发现广告吸引人群造成交通拥堵，工部局立即取消其许可证。1922 年 9 月，东方电影广告公司打算在某十字路口通过放映电影做广告，因使用的是电影胶卷，属易燃物品，工部局决定不予批准。[②] 1923 年 3 月，另有一家公司申请用聚光灯在人行道上投影有关公司名称的广告，工部局工务处以伦敦曾因类似情况引起交通问题为例不予批准。

[①]　工部局工务处处长 C. 哈伯致工部局代总办函（1928 年 8 月 27 日），上海市档案馆编. 上海近代广告业史料[M]. 上海：上海辞书出版社. 2012：39.

[②]　工部局工务处处长 C. 哈伯致工部局总办兼总裁函（1922 年 9 月 27 日），上海市档案馆编. 上海近代广告业史料[M]. 上海：上海辞书出版社. 2012：22.

1926 年,南京路伊文思图书公司率先利用霓虹灯做皇冠牌打字机广告。[①] 随后,许多商店及公司纷纷也利用这种霓虹灯作市招装潢。1927 年,商文印刷有限公司申请在租界内的主要十字路口上利用电话、电线的立柱或立杆安装灯光广告钟,除报时外兼作商业广告和标示交通规则,但警务处长认为这种广告钟无助于交通管理,反而造成行人围观妨碍交通予以反对。于是,商文印刷有限公司改请允许在主要街道的建筑物上安装灯光广告钟。1928 年 1 月,工部局总办经征求交通委员会意见,同意商文印刷公司在巡捕房选定的建筑物上试验安装。

随着幻灯广告逐渐被人们熟悉,巡捕房之前担忧的行人交通拥堵问题得到改善,工部局对灯光广告的管理也开始放松。1929 年,工部局允许在公共汽车站建立试验性灯光广告柱,将广告与公共汽车站通告融为一体,不仅具有装饰效果,还能展示汽车站名、捕房与卫生处的通告。到了 1930 年,工部局转变了管理思路,对于幻灯广告,只要幻灯片不投射在道路和人行道的边墙或橱窗上,不占用太多的人行道或道路以致吸引人群妨碍交通,而且安装地点由工部局警务处批准,工部局一般都给予批准(见图 3)。同时在 1930 年 7 月 3 日,工部局颁发第三九九四号布告,规定自 1931 年 1 月 1 日起屋顶及高空电气广告捐每年每平方英尺 0.2 两。

(五) 招牌广告管理

招牌广告是各店家用来显示商号名称、经营性质或作装潢之用。工部局对写有店名、所售商品的招牌广告免征广告税。但实际上一些商店在店旁竖立显示货物信息的广告不缴纳广告捐,对此工部局规定店招必须悬挂在靠近建筑物的墙上,突出道路上空最多不超过 3 英尺宽,不能低于 11 英尺高,禁止竖立在道路上。尽管如此,实际上违规之事常有发生。1934 年,有关管理招牌的规定归入工部局关于广告建筑物及广告牌章程中。[②]

(六) 其他类型广告管理

其他类型的广告还有市招、空中广告、活动广告、橱窗广告、广告塔等。工部局认为不可能对所有形式的广告征税,因此工部局除对广告牌、灯光广告、广告壁画征税外,对其他形式的广告并不征税,只是针对个别情况做出是否许可决定。例如:对于市招广告,由于其作为标明商店经营性质的招幌,且租界内市招数量很多,收税会遇到华人的反对,故工部局从不征税。另外,对于空中广告,即利用气球、降落伞、风筝等物来做广告,工部局向来予以禁止。1922 年,工部局对一家申请此项业务的公司答复是,在特殊情况下,并在捕房许可的地点可批准做空中广告,但由于城市上空电线很多,这种类型的广告完全禁止。1934 年,工部局拒绝了一家公司利用商用气球做广告的申请,原因是充气的气球有爆炸和引发火灾的危险,同时可能引起围观,加剧街道的拥挤,妨碍交通。1926 年 5 月,一家华商公司申请在南京路和苏州路上空悬挂横幅广告,为期 20 天,工部局工务处以没有先

[①] 上海公共租界工部局工务处关于霓虹灯广告申请事宜的业务信件,档案号: U1-14-3262,上海档案馆.
[②] 上海公共租界工部局工务处关于苏州路沿苏州河岸商店树立广告招牌交涉的文件,档案号: U1-14-5145,上海档案馆.

图 3　上海最早的电灯

例为由拒绝其申请。

另外，对于一些利用人、动物、交通工具和运输工具的活动广告，工部局常常拒绝颁发许可证。虽然工部局曾经鼓励在公共汽车和其他车辆上做广告并免征捐税，但在 1922 年，工部局不批准利用三明治式广告宣传员或汽车做广告，因为这种形式的广告申请书通常都委托给警务处长处理，而他常常以堵塞交通为由予以拒绝。当时工部局制订的交通规则第六十三条规定禁止在公路或小径上利用人、动物、交通工具和运输工具做广告，以免加剧街道拥挤。工部局不反对在货车车厢上告知本单位名称及本身业务的广告，但不允许在非货运和客运汽车上为商业目的做广告。随后，1931 年世界性经济危机开始波及中国，引起租界内的商业萧条，为了吸引顾客商家及厂家纷纷做广告，各种奇特的广告应运而生。1934 年 10 月，现代广告公司计划在租界内举办为期半个月的汽车游行展示食物活动，并在汽车车厢外面贴满广告以做宣传，但这一申请遭到工部局的拒绝。

四、工部局广告管理的相关规定

鉴于不良广告对租界内公共环境和社会治安的恶劣影响，工部局先后经过总办处、纳税人大会、工务处、警务处等机构出台了一系列的广告管理规定。虽然这些规定仅散见于公用事业、道路、交通、卫生等各项规章的条文中，而且应用的范围也仅针对于公共租界的管理，但是这些规定反映出近代公共租界自治管理的独特性。尤其是对租界内的广告税，在合法合理的前提下通过纳税人大会的正当程序予以征收,并且在发生争议时,专门出台附律以保障征收的有效实施,工部局的这些广告管理制度,对于推动近代广告业的繁荣发展有着积极的促进作用,使混乱无序的广告业渐入正轨。

1914 年 3 月 20 日,公共租界纳税人大会通过第 6 号决议案,除了第 5 号决议案授权征收的房捐之外,大会更授权工部局征收广告特别税。此项广告特别税向房屋上做广告的土地使用者,以及建立广告牌土地使用者进行征收,按照不同地区,每平方尺广告特别税每年 0.2 两到 5 两不等,由工部局进行估价并征收。

在东方广告公司经理马特奥·博斯的建议下,1916 年 3 月 20 日,纳税人大会会议所通过的修正决议案又改为每年 0.05 两到 5 两不等。

1930 年,工部局工务处颁发《广告牌执照样本》,详细制定了建立广告及广告牌特别规则,如:(1)在建立广告牌时占用公路阔度不得超过三尺。(2)所有建立材料务需要安置妥当,不准坠落在马路上。(3)如果所搭之木架脚手或撑柱等,倘与上海电力公司之电杆及一切电气器具等相距三尺以内者,领照人须于三日前用书面报告该公司方可竖立。(4)在晚上 10 点至早晨 6 点之间,凡是有发生滋扰或无谓之喧哗,碍及邻近居户之工作概不予批准;但工务处长认为适当时对于各项装置修改拆卸工程,得饬令其在下午 6 点至早上 8 点之间施行。(5)凡工作地点所开挖之坑洞及阻碍物须设立坚固之栅栏,晚间并须标燃灯火以便使人注意。

1932 年 7 月,工部局总办为修改《广告费价目》,特别颁布第 4255 号布告,规定请领执照费,每张银四两;换人新照费,每年银　两;在外滩、南京路、静安寺路、四川路等处广告,每年银三钱;在上开各路之电气广告,每年银二钱;其他各处之广告,每年银一钱。

1934 年 3 月,工部局就建立广告建筑物和广告牌等事务颁布特别条例,规定:(1)凡事先未获得工部局许可者,任何人不得建立用于做广告的任何种类的广告建筑物和广告牌。请领许可证的申请书应一律使用专门为此提供的,可向工务处办事处免费领取的报表。(2)所有申请者在请领许可证时,应按照工务处处长的要求,呈交有关图纸和设计说明书,说明拟建的广告建筑物地点、尺寸、材料、构造细节以及固定的办法。(3)所有广告建筑物或广告牌应该在无论何时都能容易看得到的位置和尺寸,写上或钉上许可证申请人的姓名以及许可证颁发日期。(4)除了构架顶端广告以外,所有广告建筑物任何部分均不得超过离地面 24 尺以上,或者离紧邻该建筑物的下方屋顶水平面或女儿墙 20 尺以上的高度。这类建筑物的底部至少离地面 18 寸,或者离紧邻该建筑物的下方屋顶水平面 2 尺。(5)如果工务处处长认为广告建筑物已经或开始变得不牢固、有坠落危险或其他不安全的因素,该建筑物许可证持有人在接到工务处处长通知后,应该以得到认可的方式立即加以固定;如果在通知规定的期限内,建筑物未安全牢靠到使工务处处长感到满意的话,处长可下令将他认为有坠落危险或其他安全隐患的部分拆除,有关该建筑物被拆除的部分已经缴纳的所有费用亦不予返还。遗漏发送通知或未接到通告不能使工部局承担任何责任,许可证持有人应始终对广告建筑物可能造成的一切损失负责,如工部局由于这方面的原因而承担了责任,则许可证持有人应给予赔偿。（6）如许可证持有人未按期向工部局缴纳有关款项，则工部局有权随时下令拆除广告建筑物或广告绘制品。（7）与建筑工地有关的广告建筑物的任何部位在公共道路上方突出的距离不得超过《建筑章程》第3条所准许突出的距离。但是离地面10尺以上的板围飞檐突出的距离可以超出上述规定的距离，但最多只能6寸。只要遵守由工务处处长根据不同情况所作出的规定，起重龙门架表面也可以做广告。（8）不论是在建期间，还是在业已完工后的任何时候，如发现有广告建筑物或广告牌违反本条例，则许可证持有人在接到工务处处长通知后，应立即改造这类广告建筑物或广告牌，使之符合条例规定，否则予以拆除。

1934年7月19日，工部局刊布《上海医务委员会医师广告章程》，明确规定：（1）一切广告须送请医务委员会认可，方得刊登。（2）医务委员会所准许之刊登广告期限为二星期，倘欲延长，须再向委员会申请。（3）送请认可之广告，在译登俄文、日文及华文报纸时，其措辞应与原文相同。（4）医务委员会不赞成在广告中提及所从取得毕业文凭之大学名称。（5）下列各种名称，业经医务委员会认可：眼科专家、普通外科医师、耳鼻喉科专家、皮肤病专家、女科及产科专家、精神病及脑病专家、内科专家、儿科专家、花柳病专家、X光及放射治疗专家、泌尿科专家等十一种。（6）注册之执业医师，倘犯有下列任何一种情形，医务委员会当认其品行为有损医界名誉，并当按照医务委员会所定执业医师牙医及兽医注册条例第十九款之规定，在该委员会所保存之执业医师牙医及兽医注册簿内，将其除名：（甲）不照上列各款所规定办法刊登广告；（乙）本身雇用或准许雇用他人，或听任他人得被雇用，以任何方法在其业务方面作招徕之举；（丙）关于其本人或其他注册执业医师之专门技能、知识、资格或服务，刊布或准许刊布于任何通告、记事或论文；（丁）注册之执业牙医，用无资格使用之"医学博士"或"牙科手术专家"之名称。[①]

五、工部局广告管理制度的评价

近代广告形式已呈多元化态势，有报纸广告、杂志广告、路牌广告、橱窗广告、霓虹灯广告、车辆广告、邮递广告、墙壁广告、电影广告、无线电广播广告等，种类繁多，丰富多彩，也使近代中国广告文化更趋繁荣。从整体情况来看，公共租界从20世纪初才开始实行广告管理。其中一些管理制度的设计以《土地章程》中的一些内容为发端，经过近半个世纪的发展演变，从简陋到繁复，由松散到严格，形成了一套涉及面较为广泛的广告管理体系，体现了西方城市管理理念在近代上海广告管理中的实际应用。同时，工部局的运作保证了近代租界广告管理的高效实施，除了配备能够履行职责的人员，包括庞大的巡捕队伍，更辅以司法惩罚和经济处罚相结合的管理手段。一系列的规章是有效实行广告管理的基本保证，但是要达到制订规章时所预期的目标，必须配备相应的惩罚和制约手段。租界当局正是通过领事法庭、会审公堂审理，以及直接的拘捕关押、罚款等方式，对违规者进行经

---

① 工部局为刊布上海医务委员会医师广告章程布告（1934年7月19日），上海近代广告业史料[M]．上海：上海辞书出版社．2012：69．

济和人身的惩罚,从而避免使这些规章成为一纸空文。这些制度的运作,体现了英美公共租界独特的广告管理特色。

(一)与西方城市管理有高度的相似性

1845年辟设并不断扩展的公共租界区域,其管理机构以英国人为主导的格局和租界内大量居住来自欧美的侨民,使租界管理基本上按照西方城市管理的模式进行。租界管理机构决策层和执行层完全由英国侨民所主导,因此租界管理便很自然地引进了当时在欧洲特别在英国已经流行的西方城市管理理念和方法。从管理机构和少数外国侨民的愿望来说,租界无疑是一个由西方移植而来的城市,因此管理理念和管理方式的西方化是其唯一的途径。

(二)配备专业的管理技术人员

租界管理机构在对租界进行管理的过程中,除了专门机构和专职人员的逐步健全和增加,依靠现代技术是一大特点。比如警务处专门聘请来自香港有着相当丰富的警务经验的警官克莱夫顿,同时要求西人警员学会使用汉语进行管理。另外,工务处、卫生处、捐务处等机构的工作人员,也都有着相当丰富的专业技术经验。

(三)法制惩罚与经济处罚相结合的广告管理手段

欲想完成规章所规定的目标,需要配备一定的惩罚和制约手段。一般来说,法制手段是制约和惩治不法行为的主要手段。在上海租界广告管理的过程中,就曾经综合运用了法制惩罚和经济处罚相结合的管理手段。例如《新闻报》《申报》等报刊,曾经刊登大量不雅广告,工部局致函予以警告,谓如不更正,将交付会审公堂审理。在一些违规现象频繁发生的情况下,经济处罚往往成为主要的制约手段。如20世纪初针对城区内路牌广告过多的情况,工部局就以提高执照费方式来进行调节。后因每年的违章者数量众多,工部局便改为缴纳保释金后可免去违章者到庭答辩,这实际上等于经济处罚。这些事例都说明经济处罚是工部局进行广告管理的重要手段。

虽然公共租界的广告管理属于工部局城市管理事务中的一部分,但是透过工部局对广告管理的具体操作,我们可以挖掘出许多有借鉴意义的管理经验,比如借助征收广告税、颁发广告许可证对路牌广告、招贴广告、汽车广告等各种户外广告进行管理。这些管理经验,在今天看来仍不过时,并且有着重要的广告史研究价值。

第二节　上海法租界广告规制

上海法租界,主要位于上海卢湾(现已并入黄浦区)和徐汇两区内,东部狭长地带则延伸至黄浦区。上海法租界是四个法租界(另外三个在天津、汉口、广州)中开辟最早、面积最大也最繁华的一个租界。但是与上海英美公共租界相比,其规模和商业繁荣程度均逊一筹,其行政管理体制也与英美公共租界完全不一样。

法租界沿袭了法国共和制管理模式,以区别于公共租界中由外国侨民组成的地方自治管理模式。法租界的行政机构如同金字塔，居于塔尖的无疑是法国驻沪领事。1849 年至 1862 年法租界初创时期，由于界内面积不大，外侨较少，也极少兴办公共工程，因此用不着完善的行政机构，所有事务都由领事一人审议裁决。但是到了 19 世纪 50 年代末，租界伴随着中国的内战而扩大并繁荣，领事的外交负担日益加重，难以像以往那样过问每项租界事务。1862 年 1 月 29 日，法国领事敏体尼（Montigny）宣布脱离工部局，发布法令成立公董局，组成董事会，任命了 5 位董事，在领事领导下处理并掌管法租界内一切事务。[①] 在广告管理方面，法租界金字塔式的管理结构决定了公董局与工部局的管理模式存在根本的差异，虽然两个租界在具体的广告方式上曾经有过相互协商与借鉴，但是法租界对广告的管理表现出一种更加严苛、更加激进的管理色彩。

一、公董局进行广告管理的机构设置与运作

公董局相当于公共租界的工部局，是上海法租界最高的市政组织和领导机构。早在 1860 年太平军东进上海期间，上海的几个租界为共同防卫租界、对付太平军而决定联合，市政统归工部局指挥。而当上海的战事稍呈平稳时，1863 年，法国人便自己设立与工部局一样的市政机构。1862 年 5 月 9 日，法租界筹防公局在法国领事馆召开第一次董事会工作会议，商讨全面组织行政机构、改善财政状况和改革巡捕房等事宜，提出放弃联合，成立独立的市政机构，该机构早期被译作"法租界工部局"，后来为避免机构名称相同，改译为"公董局"。

1866 年 9 月 28 日，法租界选举人举行大会，根据公董局组织章程选举第一届公董局董事和总董，基本每年改选一次。上海法租界公董局作为法租界最高市政机构，内设决策咨询机构和行政管理机构两个部分，由公董局董事会和各执行部门组成。法租界公董局董事会是上海法租界决策咨询机构。1862 年 5 月 9 日召开第一次董事会会议，皮少耐为首任总董，梅纳为副总董。

在具体的行政运作层面，公董局的董事们一开始就不是通过法租界内的租地人大会选举产生的，而是由领事指派，执行领事无暇过问的租界管理事务。敏体尼离任后，法租界的领事频繁更迭，对租界事务缺乏了解，较多地依赖公董局，其个人权威大大下降，公董局的势力也就此消彼长地扩大了。于是公董局与领事的矛盾日渐加剧，最终震动了万里之外的法国外交部。法国外交部经研究后，于 1866 年 7 月 14 日在《字林西报》公布了《上海法租界公董局组织章程》，该章程明显偏向领事，规定总董由总领事兼任，总领事有权停止或解散董事会。[②] 此后，法租界行政机关经多次演变形成了完整的体系。法租界公董局董事会根据《公董局组织章程》主要负责讨论：公董局收支预算；税率制定；批准减免税款事项；公产的购入和卖出；批准辟筑道路，兴建公共事业设施，规划城市发展；整顿交通，

---

① ［法］梅朋（C. B. Maybon）、傅立德（J. Fredet）著，倪静兰译. 上海法租界史［M］. 上海：上海译文出版社. 1983：328.

② ［法］梅朋（C. B. Maybon）、傅立德（J. Fredet）著，倪静兰译. 上海法租界史［M］. 上海：上海译文出版社. 1983：399.

改善租界卫生;其他由法国领事交付讨论的事项。董事会除日常会议外,另设有 10 个下属专门委员会,包括财政委员会、工务及警务委员会、卫生委员会、人事委员会、电影检查委员会等。公董局下设 13 个部门,以执行租界内的相关事务,包括督办办公室、市政总理处、技政总管部、警务处、火政处、公共工程处、医务处、公共卫生救济处、司法顾问处等。在具体的广告管理运作方面,公董局下设的工务处、警务处、财政处、卫生处等是具体的执行机构,在操作流程上与英美公共租界类似,督办处统领一切广告管理事务,工务处、警务处、财政处等负责颁发广告执照和征收广告税款等具体事项。

二、公董局在法租界内的广告管理

(一)严格的招贴广告管理

1901 年,公董局专门制订招贴广告章程,以对招贴广告征收广告税,征税范围包括剧院张贴的演出节目海报、写明中医姓名地址的招贴、出售药品的招贴、为一些中国商行作宣传的商业招贴、通知开船时间的招贴、通知有些寺庙内举行仪式的招贴、出租或出售房屋的召租单或者更改地址等贴在无人居住住房百叶窗上的招贴、贴在烟馆内部窗上或钱币兑换店内以吸引顾客的招贴、贴在里弄进口处指出在这条弄内有某个商行货栈的招贴、外语教师招收学生的招贴。鉴于剧院的海报经常更换,公董局特将捐税改为按一定时间收取的审查费。[①] 1901 年 4 月 1 日起,公董局开始实行招贴广告章程,对贴在法租界内公共场所的中文招贴实行监督并征收广告税。公董局规定凡是张贴在公共场所的中文招贴广告应先将样本交由警务处总巡办公室审查,如果未发现有伤风化和破坏公共秩序的内容,一般在缴纳了规定的广告税和盖上章后可以批准张贴。据《上海租界志》(上海市档案馆 2001 年编)第五篇第五章第二节介绍,公董局征收的捐税分别为翻译、审查、存放样本的捐税以及按捐税比例计所贴印花税,尺寸为 0.5 平方米以下者,每张贴印花税铜钱 10 文;尺寸为 0.5~1 平方米者,每张贴印花税铜钱 20 文;尺寸为 1 平方米以上的招贴每张贴 30 文铜钱的印花税。招贴广告上应写有印刷商姓名地址及招贴制作人姓名,违章者将被起诉。捕房巡捕负责检查招贴广告的实施,如有撕坏毁损招贴者将被罚款或被起诉。违章时第一次罚款 5 元,再犯者罚款将加 10 元或者 20 元。1927 年 7 月 21 日,法国领事署十二号令又公布了关于招贴的章程,管理范围扩大到有欧洲文字的招贴,并调整了捐率,即审查中文样本的捐税不管招贴尺寸大小,都为 1 元;尺寸为 0.5 平方米者,每 100 张收印花税 1 元;尺寸为 0.5 平方米~1 平方米者,每 100 张收印花税 2 元;尺寸为 1 平方米以上者,每 100 张收印花税 3 元。不满 100 张的按 100 张计算。

1930 年 1 月 1 日,公董局为增加收入,又调整了招贴捐税及印花税,具体为:审查招贴样本的捐税不管招贴尺寸大小,都为 1.5 元;尺寸为 0.5 平方米以下者,每 100 张征印花税 1.5 元;尺寸为 0.5 平方米至 1 平方米者,每 100 张征印花税 3 元;尺寸为 1 平方米

---

① 公董局秘书 P. 利冈代致工部局总办函(1927 年 6 月 10 日),上海市档案馆编. 上海近代广告业史料[M]. 上海:上海辞书出版社,2012:27.

以上者,每 100 张征印花税 4.5 元。[①]

1938 年 6 月 16 日,法国驻沪总领事奥琪发布了关于招贴广告章程的第二一九号署令,赋予警务处总监有禁止有碍公共秩序或风俗广告的权力;禁止在公董局的不动产或车辆上贴广告;禁止未经私人同意在其房屋、车辆或流动设施上贴广告;禁止撤扯或遮掩已批准粘贴的广告;残损招贴广告应由张贴人自行清除,不得丢在马路上;凡涉及有伤风化或有碍公共秩序的广告印刷人、广告张贴人、同意张贴房屋屋主或车辆、流动设施的业主都要被处以 5 至 100 元不等的罚款。

（二）招牌广告的管理

对于招牌广告的管理,公董局很早制定了相关的管理规定。1869 年《警务和路政章程》第十三条规定华人店铺应将招牌挂到高于地面至少 2 米,不得妨碍街沿上的交通往来。1910 年,公董局《公路、建筑等章程》又规定悬挂在人行道上的招牌,应至少高于人行道地面 2.25 米,且至少要有一块招牌要用法文书写。1928 年 7 月 28 日,法国领事署第 102 号署令《招牌和灯光广告章程》规定事先没有取得公董局批准并缴纳规定捐税前不得在人行道上或人行道下设招牌和灯光广告;禁止在公共车行道上设置招牌;禁止用公共房屋、公共路灯电杆、特许公司设的电杆等设施支撑招牌;禁止设置有淫秽或具有颠覆性文字的招牌,禁止设置突出在道路上的招牌。申请设置招牌时应向公董局提交招牌的图案、建造的图案、显示招牌在墙上位置的图纸以及显示招牌的高度、距人行道距离的图纸。如果有使用公共道路的人认为某灯光招牌已妨碍其使用道路时,公董局有权要求招牌业主自费移动或者拆除。如若违反规定,公董局有权向违反者罚款 1 至 100 元不等,甚至可向法院起诉。

1938 年 6 月 16 日,代理法国驻沪总领事奥琪发布关于招牌章程的 217 号署令,规定凡欲在法租界内设置招牌者应向公董局工程处提交申请材料,除原有要求外,还另外提交房屋业主的书面许可证材料;同时招牌设置的高度至少距离人行道地面 2.5 米,突出处不得超过人行道宽度三分之一或 1.2 米以上。凡违反章程规定而设置招牌者处以 5～100 元不等的罚款。同日,代理法国驻沪总领事第 220 号令发布了招牌税率,规定各商店门前的发光不发光招牌,如面积小于或等于 1.8 平方米,突出准线不超过 0.6 米,每年收 7 元,每增加 1 平方米,增费 2 元。突出准线 0.25～0.6 米,收半税。突出准线不足 0.25 米,不收捐。垂直设在人行道上的非灯光招牌不收捐,但不得突出人行道的 1/3 以上,最多不超过 1.2 米。凡发光或不发光招牌兼做广告的,应视作广告牌而征税。

（三）灯光广告管理

20 世纪 20 年代法租界出现了灯光广告,公董局管理严格。法国领事署第 102 号署令在招牌和灯光广告章程中规定禁止在公共车行道上设置招牌和灯光广告,在其他区域设置的灯光广告应保持牢固的良好状态和清洁状态,要装有防止坠落及碎玻璃掉在人行

---

① H. 艾伦致工部局总办函(1927 年 8 月 29 日),上海市档案馆编. 上海近代广告业史料[M]. 上海：上海辞书出版社. 2012：32.

道上的安全装置,公董局有权限制使用灯光的功率。

1936 年,公董局开始向灯光广告收取审查费 1 元。凡设在人行道上、固定在一块面积不超过 1.5 平方米板上显示商店、公司名称的灯光招牌,突出准线不超过 0.2 米,免收广告税;人行道上或人行道下的灯光招牌,不突出准线 0.4 米以外,每 1 平方米每年征 28元,2 平方米每年 49 元,超过 2 平方米者每增加 1 平方米增加 14 元;突出准线 0.4 米以上,每 1 平方米每年征 42 元,2 平方米每年 70 元,超过 2 平方米者每增加 1 平方米增加21 元。到了 20 世纪 30 年代中期,申请安置灯光广告牌者越来越多,1937 年 7 月 21 日,丽安电器公司申请在某汽车公司屋顶上安装老牌斧头三星白兰地广告牌。8 月 2 日,公董局答复暂不同意安装。

1938 年 6 月 16 日,法国领事署第 218 号令发布了广告牌章程,规定关于广告牌管理的规定也适用于灯光广告,发光广告牌要专门缴税。发光广告牌的半年税,按半年度广告牌的税额增加 25%;牌上广告文字使用法语的捐税减半。一般情况下,公董局对那些不构成危险及不损害环境美观广告牌都不予以反对。例如,1941 年 9 月 8 日,丽安电器公司申请在霞飞路某咖啡馆安装上海啤酒公司灯光广告牌,在上海大英大药房和信谊大药房安装拜尔药品公司的灯光广告牌,均得到公董局同意。

(四) 广告牌管理

广告牌,是指供贴告白所用的一切牌框、棚架、篱笆或围墙的外壁。公董局自 1921 年9 月 1 日起实施广告牌章程,章程中对广告牌区域设置做出了规定,只准设置在外滩至葛罗路(今嵩山路)和爱多亚路(今延安东路)至法民国路(今人民路)的范围内。凡欲设立广告牌的个人和企业都要事先征得地产业主或不动产租用人的同意,并向捕房提出申请,广告牌的式样应呈交中央捕房审查,并要求在每张广告牌上的左下角写明广告企业的名称或者代理人的姓名。一旦出现意外,设置广告牌的个人或企业必须负全部责任。[①]

为了更好地管理广告牌,据《上海租界志》(上海市档案馆 2001 年编)第五篇第五章第二节介绍,1921 年公董局开始对广告牌征税,税率为每平方米每月征 1 两,2 平方米每月1.5 两,3 平方米每月 2 两,4 平方米每月 2.5 两,以下依此类推。至少竖立 1 年的广告牌,每 1 平方米每年征 5 两,2 平方米每年 7 两,3 平方米每年 9 两,4 平方米每年 10 两,以下依此类推。

1927 年公董局调整了广告牌设置区域,西推至萨坡赛路(今淡水路),南界延伸至兰维霭路(今肇周路)和徐家汇浜路,北界也延伸至爱多亚路(今延安东路)、葛罗路(嵩山路)和蒲柏路(今太仓路)。并规定凡擅自移动广告牌,或修改、曲解广告牌使其变得模糊难辨的,将处以罚款或向法院起诉。

1929 年公董局再次修改了广告牌章程,规定广告牌只能放置在法租界外滩以西、亚尔培路(今陕西南路)以东,爱多亚路(今延安东路)、福煦路(今延安中路)以南,兰维霭路(今肇周路)、麋鹿路(今方浜西路)和肇嘉浜路以北地区,收捐标准同 1921 年的广告章程

---

① 王荣华主编. 上海大辞典[M]. 上海:上海辞书出版社. 2007:253.

一样。1930 年 2 月 10 日，公董局董事会决定，自 1930 年 3 月 1 日起，实施私人公共汽车条例，其中第十条规定，未经公董局同意不得在车辆上安装任何广告牌和招贴广告。[①]

1938 年 6 月 13 日，法国领事署第 128 号令颁布新的广告牌章程，规定所有申请者应向中央捕房提出申请，并说明选用的场所、拟定的草图或设计的图样、拟定长期广告的样本和拟竖广告处的房东及土地业主的书面许诺书，许诺书应提及许诺的期限以及该业主自愿接受公董局雇员在执行本章程时的一切干涉。申请者经过公董局工程处批注同意，付清规定的捐税后，最后再由警务处发给许可证。6 月 16 日，法国领事署第 220 号令发布了新的广告税率表，改为月度税和半年税，捐率不变。施工期间设在规定广告区以外建筑房屋工场旁的广告牌，捐税加倍，每半年征税一次。新的广告牌章程表明公董局对竖立广告牌的审查更为严格，许可期限也大为减短，并增加了对灯光广告牌的管理和征税。因此，领事署是法租界一切行政事务包括广告管理的最高权力机构。

三、公董局广告管理的特征

法租界最初没有外商，它的诞生完全是领事个人努力的结果。领事受命于巴黎法国政府，公董局成立不久就因为巡捕房训令之权的争执被领事解散，领事决意要建立和公共租界不同的市政机构，以对巴黎负责、对中法关系负责。因此，1866 年的公董局组织章程中明文规定公董局只向法国领事负责，公董局只是一个咨询机构；而且选举人大会选举产生的公董局董事会一经选出，便脱离了纳税人的监督而受总领事的管辖。但在以后的执行中，这个规定并未得到严格贯彻。总之，在法租界，领事和公董局权力相互牵制，强弱态势多变。在此种情况下，法国驻沪总领事的个人性格就显得至关重要：太弱的话，会让属下侵犯他的权威；太专制的话，也会引发法国社团的绅士们群起而攻之，抱怨巴黎政府与其外交代表完全不了解地方的实际情况（《上海史：走向现代之路》，第 104 页）。因此，公董局在进行广告管理时，呈现出与工部局完全相异的管理模式，这种差异，具体表现在以下三个方面：

（一）自主决定征收广告税

公董局不经过租地人会议协商，自主决定征收广告税，并且赋税较为苛刻。征税范围包括各类招贴广告、招牌广告、路牌广告等。1862 年 4 月 29 日，法租界正式成立了公董局，其中由 5 人组成的董事会，受法国驻沪领事全权委托"处理并掌管租界内之一切事务"。

（二）最早颁布广告管理章程

1927 年，为了加强广告管理，公董局专门颁布了《法租界广告牌章程》，章程中规定：（1）广告牌只能在规定范围的法租界区域内竖立。（2）凡拟竖立广告牌的个人和商行都必须向捕房提出申请，说明广告牌的确切位置。（3）事前未得到地产业主或房地产租赁人的同意，不得在其土地上竖立广告牌。（4）广告牌的样本必须提交捕房（中央捕房）。

---

① 公董局代总裁 E. 福拉兹致工部局总办函（1933 年 7 月 27 日），上海近代广告业史料[M]. 上海：上海辞书出版社. 2012：47.

如内容无有伤风化或危害公共秩序者,只要缴纳本章程第5条规定的捐税,并加盖公董局的收讫印记,均可准予竖立。(5)临时性质的广告牌必须根据规定按月缴纳捐税:自1平方米广告牌每月1两起,每增加一平方米,则多缴0.5两。(6)广告捐应提前一次付清。(7)加盖公董局捕房收讫印记,应删公董局收讫印记。(8)每幅广告牌左下角应标明广告公司名称或该公司法人代表的姓名,他们要对任何违反本章程的行为负责。(9)广告牌必须安装牢固。任何情况下,广告牌不得钉在树上,或者钉在公共道路旁的永久性建筑物或公共工程上。(10)竖立广告牌的个人或商行应对其可能产生的一切意外事故负责。(11)所有提交审查的有关广告牌样品记录由中央捕房保管。(12)公董局捕房负责强制执行本章程。

(三)对于新样式的广告,公董局持开放态度

20世纪20年代法租界出现了灯光广告,对于广告塔、车辆广告、灯光广告等一批新式广告,公董局采取了开放的态度。而工部局对于新式广告的态度则较为保守,从一开始就禁止灯光广告、广告钟、车辆广告等。

第三节　上海租界外广告管理与法规

中外经商诸子,莫不以广告为商战之利器,标新立异之中,难免有奸诈之徒,使用虚假夸大的手法吹嘘产品,社会人士深受其害。时人普遍认为,广告对于社会的关系"既深且巨",其影响所及,不在新闻之下。虚假不正当的广告一经刊出,受众不但对广告失去信任,还对报社失去信任。虚假不正当广告也妨碍了正常的市场竞争秩序,如果广告刊登的是有伤风化的违禁品,则足以使某些意志薄弱的青年人误入歧途。有鉴于此,中国历届中央政府及各省市地方政府相继颁布了一系列法令法规,对"乱花渐欲迷人眼"的不道德广告进行取缔,通过行政方式引导广告业健康发展。鉴于不良广告对于社会、同业、消费者的恶劣影响,近代各级政府有计划地将新兴的广告事业纳入法制管理的范畴。虽未形成具有约束力的全国性广告法,但散见于出版法、民法、刑法、交通法、市政纲要、违警罚法等法律条文中已有间接涉及广告者。各级政府组建相应的管理机构,征收广告税或广告捐,拟订广告管理规则,开展清壁运动,推动了近代广告业的有序发展,使混乱无序的广告业渐入正轨。

一、上海近代华界广告管理

上海近代华界的广告管理,主要指上海开埠后至1949年新中国成立前的这一段时间内,由清政府、北洋政府与国民政府在除上海公共租界与法租界以外的地区,对广告行业和广告活动所进行的管理。广告业在近代尚处于初步发展阶段,对广告业的行政管理也处于初创探索阶段,广告的不加选择、良莠不齐,也是意料之中的事。虽然全国性的广告管理还需依托出版法、民法、刑法、交通法中有关广告的条文规定,但地方性的广告立法已进行得如火如荼。上海、北京、天津等广告业发达的城市已率先通过行政训令、地方立法的方式对广告代理、广告场地、广告内容、广告收费等进行尝试性管理并不断修正。种种迹象表明,近代的广告管理已从无序混乱的放任,开始有序的主动管理。

(一) 上海广告管理的兴起——"清壁运动"

民国时期,无论是中央政府还是地方政府,对广告事业的管理都从清理乱贴广告的城市"清壁运动"入手。1912 年 3 月 8 日,内务部颁发《核定告示广告张贴规则》,这应是近代最早的有关广告的专门性规定。其第一条规定:"本规则为保持清洁、整肃观瞻而设,特择适宜之地方,定为告示及广告张贴处。"①凡公署、局、所告示张贴处,学堂广告张贴处,商业广告张贴处,皆设立木栏,以横宽一丈,直长五尺为准。学堂及商业广告纸一律限定宽不得超过一尺五寸,长不得超过二尺五寸,如高有五尺者,须以上下两排张贴,并对各类广告的张贴时间进行限制。

1928 年,内政部颁布《规定张贴广告标语处所式样》,要求官厅之布告、商业之广告必须依照规定的大小和格式来竖牌,改变以往"妨害公安之标语、毫无限制之商标,随处张贴,淆惑社会"的有碍观瞻的无序状况;通告各级政府、各公安局一体照办,并"克日具报考察"。② 1928 年颁布的《违警罚则》中第五十二条,《市政纲要》中"市容"第六条,均是针对任意张贴广告而言。对有碍风景或观瞻的广告,规定"凡高岗处所、公路、铁路交通交叉地点,重要建筑附近,及其他有碍风景或观瞻者,不得树立广告"。③ 但是,各省市未能严格遵照执行,交通中枢及风景区等地广告牌依然林立。有关户外广告的管理,政府不断出台新的政策以整饬市容市貌,保护风景文物和交通安全。1936 年 10 月,国民党社会部颁布《修正取缔树立广告的办法》及《户外广告物张贴法》等法规;1937 年 10 月,颁布《广告物取缔规则办理手续》,继续对各类广告物进行规范管理,凡与设置场所不相宜、妨碍美观及风物者,一律取缔拆除。④

从地方政府广告管理处的职责、广告税的征收、各地广告管理的规则看,禁止乱贴广告,整顿市容是其重要职责。地方政府广告管理处有三个职责,首先即是"建设及维持广告场",⑤而建设广告场的初衷也是"鉴于市内广告,大率就市街墙壁凌乱张贴,损碍市容"。⑥ 要求对所管辖的公共广告场,"每日轮流洗刷",以保持整洁。这一严格的规定,充分表明了地方政府对市容市貌的重视。

广告税的征收,一方面补贴地方税收,另一方面也可以限制乱贴广告现象的蔓延。上海颁布的广告管理规则中,有对揭布地位的相关规定,目的是维护市容市貌。1928 年《上海特别市广告规则》规定,广告揭布地点以公用局所建之公用广告场、临时广告场及人民

① 蔡鸿源. 民国法规集成(第 4 册)[C]. 合肥:黄山书社. 1999:307.
② 规定张贴广告标语式样,民国十七年六月内政部通饬各省民厅(附令). 吴铁声、朱胜愉. 广告学[M]. 上海:中华书局. 1946:附录一 367.
③ 吴铁声,朱胜愉. 广告学[M]. 上海:中华书局. 1946:29.
④ 蔡鸿源. 民国法规集成(第 84 册)[C]. 合肥:黄山书社. 1999:184~185.
⑤ 广告[J]. 上海特别市公用局业务报告. 1929(7—12):927.
⑥ 建设广告场发布广告牌[J]. 上海特别市公用局业务报告. 1930(1—6):195.

自建之特许广告场为限。第六十七条还规定,"凡房屋招租等非广告之揭帖,除本人门首外,不得随意乱贴其在里衖之间,应由业主另备揭示地位揭布之"。① 1947 年颁布的广告管理规则中规定,不得在党政机关布告处、学校及其他公共建筑物之墙壁、街闸、电杆、清洁路线之墙上揭布广告,违者处国币五万元以下罚金并撤除广告。②

(二)上海广告管理的目的

国家政体、社会良俗是国家存在和安定发展的根本,北洋政府、国民政府颁布的出版法中明确规定,广告作为出版物的一种,不得淆乱政体,败坏良俗。1914 年北洋政府的《出版法》第十条、第十一条规定,"凡信柬、报告……号单、广告等类之出版",不得"淆乱政体"、"妨害治安"、"败坏风俗",③违者没收其印本或印版,处著作人、印刷人以五等有期徒刑或拘役。1930 年 12 月,国民政府颁布实施之《出版法》规定,出版品不得"意图破坏公共秩序","妨害善良风俗",不得破坏中国国民政府或三民主义,损害国家利益,其中的出版品包括广告戏单等。1937 年,国民政府公布修正《出版法》中,明确规定以"广告、启事等方式登载于出版者",不得"意图破坏中国国民党或违反三民主义","破坏公共秩序","妨害善良风俗",如有违反,禁止"出版品之出售及散布,并得于必要时扣押之",发行人、编辑人、著作人及印刷人判处"一年以下徒刑拘役,或一千元以下罚金"。1928 年 6 月,内政部颁布《规定张贴广告标语处所式样》规定:"妨害善良风俗之广告禁止张贴,违反党义及妨害公安之标语禁止张贴。"④《广告物取缔规则办理手续》中规定,凡距离"皇宫三百米以内"⑤及社寺庙宇境内均不准揭布广告,给予国家政体之象征物皇宫及宗教场所以无上的尊重。国民政府还积极维护党国的权威,规定商业广告中不得出现国旗、党徽等,"各报凡以国旗为商业性质之广告者,应予检扣";⑥同时,对于国家领袖的肖像或语言,也给予无上的尊重,"禁止各报刊利用领袖官衔及语录为任何商业性之广告"。

净化广告文字也是各地政府的要务。广告管理处的职责之一即"审核发布之广告"。各地颁布实施的广告规则都规定广告文字应宗旨纯正,不得"激烈危险有妨秩序安宁者;猥亵恶俗有伤风化者;乖谬荒诞有害青少年道德观念者;有挑拨恶感之意思者;有诱惑及煽动之意思者;有蒙混欺骗之意思者;窃用他人商权版权者;其他经公用局认为不合宜者"。⑦ 1047 年上海市修正颁布的广告规则中,又将"花柳病症医药之说明文字,或标本模型"及"含有赌博性质者"⑧纳入禁登范围。花柳病医药广告、性病广告等有伤风化的广告一律不准在公共广告场或临时广告场内揭布,只能张贴在厕所内。

① 上海特别市广告规则[J]. 上海特别市市政府市政公报. 1928(10):66—78.
② 修正上海市广告管理规则条文[J]. 上海市政府公报. 1947(15):622~624.
③ 蔡鸿源. 民国法规集成(第5册)[C]. 合肥:黄山书社. 1999:170.
④ 蔡鸿源. 民国法规集成(第40册)[C]. 合肥:黄山书社. 1999:189.
⑤ 蔡鸿源. 民国法规集成(第84册)[C]. 合肥:黄山书社. 1999:184—185.
⑥ 军委会新闻检查局民国十一年十月至十二年十月丁作报告. 中华民国史档案资料汇编(第五辑第二编·文化)[C]. 南京:江苏古籍出版社. 1998:484.
⑦ 上海特别市广告规则[J]. 上海特别市市政府市政公报. 1928(10):67
⑧ 修正上海市广告管理规则条文[J]. 上海市政府公报. 1947(15):622—624.

对色情电影广告的管理是任何时代都亟待解决的问题之一。电影是商业化的艺术，为了找寻买主，片商必然要在市场上极力宣传。当时报纸上登载比较多的是电影广告，不少广告"文字之间充溢着色情化和性挑拨的肉散"。[①] 1916 年内务部发布的《报纸批评图画广告等项时涉淫亵应设法劝戒文》，即是对此类报纸广告的管理："登载之人，为推广销路起见，备极形容，流传淫亵……期望章上此项污点。消除净尽。"

对于国货广告，各级政府向来特别照顾，一律照规定税率减收二成，唯烟酒因系奢侈品而减收一成。1930 年为国货年，国民政府还适时发出免征国货广告的通知，通令各省市执行，以示提倡。经工商、内政、财政三部审核，"凡关于娱乐品、奢侈品两项，准予酌收广告捐……其余正当国货广告税，一律免征"。[②] 诸多管理规定及各地政府的遵照施行，无不体现出庄严的国家主义、温情的民族主义与道德教化情怀，体现出以国家政体、社会良俗为本的管理观念。

（三）上海广告管理的法规

中国最早现代意义上的广告管理法规，可以追溯到清末民初 1911 年的《大清民律草案》。此草案第 879 至 885 条规定了广告的意义及效力、撤回、优等悬赏广告等。重点规范悬赏广告的性质和法律行为，规定"广告人对于完结其所指定行为之人，负与以报酬之义务"。[③] 即使完成悬赏广告的人，并不知道此广告，广告人同样负有支付报酬的义务。1925 年修改颁布的《民律草案》仍保留了这一点，仅稍作语言表述上的修改，内容完全相同。1912 年 3 月 8 日，内务部颁布《核定告示广告张贴规则》，此法是近代最早针对乱贴广告现象所进行的全国性行政管理，其宗旨是"为保持清洁、整肃观瞻而设"。规定须特别选取适宜的地方"定为告示及广告张贴处"，[④]并将广告分为三类：政府告示、学堂广告和商业广告，各类广告均有不同的申请张贴程序。

1914 年 12 月 5 日，北洋政府公布《出版法》，明确规定，凡信柬、报告……号单、广告等类之出版不得"淆乱政体"、"妨害治安"、"败坏风俗"，违反规定者，将没收其印本或印版，处著作人、印刷人以五年有期徒刑或拘役。广告中也不许"攻讦他人阴私、损害其名誉"，违者"被害人告诉时，依刑律处断"。[⑤] 1930 年 12 月，国民政府颁布实施的《出版法》规定，出版品不得有"意图破坏公共秩序者"、"妨害善良风俗者"，[⑥]不得破坏中国国民政府或三民主义，损害国家利益，其中的出版品包括广告戏单。1937 年，国民政府修正《出版法》规定，违法之发行人、编辑人、著作人及印刷人判处"一年以下徒刑拘役，或一千元以下罚金"。[⑦] 刑法第 153 条、第 292 条、第 309 条等皆与出版法有连带关系。[⑧]

---

① 论电影的广告[J]. 一周间. 1934(6)：211.
② 工财内三部审核免征国货广告税办法[J]. 工商半月刊. 1929(18)：8～9.
③ 商务印书馆编译所. 民律草案[M]. 上海：商务印书馆. 1913：251—254.
④ 蔡鸿源. 民国法规集成（第 4 册）[C]. 合肥：黄山书社. 1999：307.
⑤ 中华民国史档案资料汇编[C]. 南京：江苏古籍出版社. 1998：434—435.
⑥ 蔡鸿源. 民国法规集成（第 5 册）[C]. 合肥：黄山书社. 1999：170.
⑦ 中华民国史料档案汇编（第三辑·文化）[C]. 南京：江苏古籍出版社. 1991：273—279.
⑧ 刘洪兴. 报纸广告的净化[J]. 新闻学季刊. 1939(1)：56.

　　1928 年 6 月，内政部颁布《规定张贴广告标语处所式样》，[①]规定商家张贴广告必须依照内政部规定的大小和颜色格式来竖立广告牌。各地政府当局也严格管理，发现有妨碍市容、交通或公众安全者，即予以取缔。这在一定程度上遏制了商家竞相以大版面扩大广告效果的现象，"减少公共场所广告牌所占的地位，使广告者只能从内容方面竞争，而不能以面积的大小相竞争"。[②] 广告大小统一，促使商家只能从广告文案和排列方式方面进行创新，有效地引导了广告创作技术的发展方向。1928 年 7 月 21 日公布的《违警罚则》第五十二条规定："对无故损坏店家招牌告白者、私贴告白者，处以五日以下拘留或五元以下罚金。"1928 年 8 月，内政部颁发《市政纲要》，"市容"第六条规定："广告、布告、标语等，市上随处都有张贴，如无适当管理，极易损坏市容。管理方法，最好照内政部规定张贴布告、广告、标语各专处之形式、尺寸办理。此外无论何处，一概不准张贴。跨街广告牌往往遮断路灯光线，且有碍交通，必须从严取缔。至于商店门前招牌，亦应限定适当高度，以免妨碍行人，并不得有大旗等伸入街心。"[③]

　　抗战时期，国民政府在各地设立新闻检查所，以加强对各地出版物的检查，适应战时需要。1935 年，国民政府军事委员会颁布实施《取缔刊登军画新闻及广告暂行办法》。此项规定旨在保守军事机密，所有与军事有关的广告，"非经军委会委员核准不得擅登，关于空军及属于防察工程之事项尤应严密注意"。[④] 同时，国民政府军事委员会对广告原文实行审批制度，审核相符者方准登载。可见在特殊时期，与军事有关之新闻广告受到严格的管制。

　　1936 年 10 月，国民党社会部颁布《修正取缔树立广告的办法》及《户外广告物张贴法》等法规。1937 年 10 月 25 日，国民政府颁布《广告物取缔规则办理手续》，其中规定商店之招牌、电气广告、广告纸、传单、车内广告、展览会广告、广告塔、广告板等，凡与设置场所不适当、妨害安宁秩序及社会风俗、妨害美观等，须严加整顿。[⑤]

　　对媒介物的管理方面，报纸广告应是国民政府最关注的，因报纸广告的效力最大、最宏远。1916 年 10 月，内政部下发《报纸批评图画广告等项时涉淫亵应设法劝戒文》：

　　准教育部函，开查新闻报纸，用以发扬正论，指导社会，关系至为重要。故东西各邦，莫不目报纸为社会教育之课本，任斯事者，自宜特加慎重。非独宗旨议论宜求正当，即游戏之批评、附张之图画，其属词取材，亦非苟焉而已也。乃观京沪各报纸，各有批评图画不尽正当者，而以广告一项为尤甚。甚至鬻导淫之药，缀猥亵之词，尺幅之中，层见叠出。在阅报者，而为谨饬之士，既恐缘此轻视报纸，亵言论之尊严。倘在浮薄之辈，则触动心，有渍情欲之防，适成诲淫之具。且阅报者不尽本国人，流传他邦，益增外人之诟病。窃思办报诸君，率多明达，断非好弄此污秽之笔墨。不过登载之人，为推广销路起见，备极形容，流传淫亵。而报馆以此项广告关于营业，亦遂习而不察，照文登录。假使官厅加以劝

　　① 蔡鸿源. 民国法规集成（第 40 册）［C］. 合肥：黄山书社. 1999：189.
　　② 吴铁声，朱胜榆. 广告学［M］. 上海：中华书局. 1946：283.
　　③ 吴铁声，朱胜榆. 广告学［M］. 上海：中华书局. 1946：28.
　　④ 蔡鸿源. 民国法规集成（第 46 册）［C］. 合肥：黄山书社. 1999：32.
　　⑤ 蔡鸿源. 民国法规集成（第 84 册）［C］. 合肥：黄山书社. 1999：184—185.

戒，当不难憬然觉悟，或于登报之时加以选择，或与原登报之人酌商修改。于营业之收入，既无亏损；于报章之价值，且有增加。为此函请贵部设法劝戒，期报章上此类污点消除净尽，以助社会之改良，且免外人之讪笑。其于报纸声价、社会风化，裨益俱非浅鲜。即希酌核办理，等因到部，相应转付查照，并希转饬所属，一体遵行可也。[①]

该文对京沪报纸刊登的不正当导淫医药广告提出严厉批评，称猥亵之词流传异邦，严重影响我国形象，要求出版者严格选择送登广告，拒登不良广告，承担起发扬正论、指导社会的职责，以助社会改良。1931 年，国民党中央宣传部拟订《管理报纸广告法》，送交立法院审议，"立法院法制委员会已于四月十五日提出讨论"。[②] 遗憾的是，此法令最终并未颁布实施。1946 年，国民党交通部电信局颁布《广播无线电台设置规则》，规定"民营电台播送以上两项节目（新闻报告和音乐歌曲及其他娱乐节目）至多不得超过每日播音时间百分之八十，公营电台应不予播送商业广告"。同时规定，"广播电台不得播送不真确之消息，或违反政府法令危害治安、有伤风化之一切言论、消息、歌曲、文词"。[③] 如有违犯，将由交通部按情节轻重予以警告、停止播音、吊销执照、撤除电台等处罚。

近代中央政府颁布的广告法规相对较少，且零散不成系统。但在广告业发达的上海，政府针对广告业的发展情况还是颁发了一系列地方性法规，见表 2。

表 2　近代上海颁布的广告管理法规统计表

法　规　题　名	时　间
上海市政厅征收广告税章程	1912 年
承办广告税章程	1924 年 12 月
布告商民人等张贴广告应先纳税领照倘有私贴照章处罚文	1925 年
修订征收广告税章程	1925 年
上海特别市公用局规定沪南广告税办法	1928 年 4 月 17 日
上海特别市广告规则	1928 年 4 月 21 日
上海特别市政府公用局广告管理处规则	1928 年 9 月 18 日
各广告公司招揽广告给予二成手续费办法	1928 年 10 月 17 日
修正上海特别市广告管理规则	1929 年 2 月 21 日
上海特别市广告管理规则	1929 年 3 月 22 日
沪市国货广告免税办法	1930 年 5 月 22 日
上海特别市取缔报纸违禁广告规则	1930 年 6 月 11 日

---

① 佚名. 报纸批评图画广告等项时涉淫亵应设法劝戒文. 蒋裕泉. 实用广告学[M]. 上海：商务印书馆，1925：附录二：6.

② 报纸广告法草案已拟就[J]. 中国新书月报. 1931(6/7)：43.

③ 中华民国史料档案汇编(第五辑第三编·文化)[C]. 南京：江苏古籍出版社. 1999：126—128.

法　规　题　名	时　间
编订特许广告场号牌办法	1930 年 9 月 8 日
上海市对于充气管式电光广告之征税办法暂行规定	1930 年 9 月 15 日
征收广告商承包广告毛收入百分率广告税暂行办法	1931 年 10 月 29 日
修正上海市广告管理规则	1932 年 8 月 9 日
上海第一特区工部局刊布医师广告章程	1934 年
上海市公用、教育局会订准许学校揭布招生广告办法	1936 年 9 月 14 日
上海市管理中西医药新闻广告暂行规则	1936 年 10 月 9 日
上海市取缔报纸杂志登载海淫及不良广告暂行规则	1936 年 11 月 27 日
上海市卫生局、新闻检查所合作取缔中西医药新闻广告办法	1937 年 1 月 21 日
上海特别市广告管理规则	1941 年 7 月 14 日
上海特别市广告管理规则(第六十二条修正条文)	1941 年 11 月 15 日
上海特别市广告商登记办法草案	1942 年 5 月 14 日
上海特别市取缔医药广告暂行规则	1944 年
上海市公用局广告商登记规则	1945 年 11 月 5 日
上海市广告管理规则、附上海市广告捐率表	1946 年 6 月 21
上海市公用局广告商登记规则	1947 年 5 月 2 日
上海市广告登记费率表	1947 年 9 月 1 日
修正上海市广告管理规则条文	1947 年 9 月 25 日

资料来源：上海市政府公报。

　　上海颁布的有关广告管理的法规有 30 多条,地方性广告管理已从无序放任到有组织的主动管理。组建专门的机构,由公用局管理户外广告,社会局领导地方广告行业,警察局、卫生局、教育局等部门协同管理。广告管理的内容涉及多个方面,不仅在城市内建设及维持公共广告场,竖立广告牌,清理墙壁残破广告,审核拟发布的广告,还对广告代理业实行规范式管理,指导广告业发展。广告商(公司)一律登记造册,领取执照后方准营业;规定其代理广告收取"二成"的手续费,并征收广告税。最初,地方政府的广告税向由商承包,成立专门的管理机构后,"收回商办广告税"。① 在上海,1928 年以前就有大公广告公司、同华广告公司等认包广告税,但由于放任管理,广告税收非常少。1928—1931 年,上海市成立沪南、闸北、浦东、沪西广告管理处,收回商办广告税。上海市还制定了广告管理

---

① 各局业务丛报. 公用局[J]. 上海市政公报副刊,1928(4):94.

规则,对市内的标准广告场、特许广告、临时广告、传单广告、车辆广告、电影广告、船舶广告、幕布广告等各类广告进行专门管理,凡揭布广告,必须"报经公用局核准登记纳捐,方得揭布"。[①] 管理者尤为重视户外广告,广告牌的大小、颜色、放置等均有明确的规定,旨在清理广告残破凌乱、大小不一等现象,以整顿市容市貌。在对特殊商品广告的管理中,有关医药广告的管理最为严格。近代虚假医药广告最为猖獗,与人民群众的生命健康有直接的关系,所以各地都将医药广告列为管理工作的重中之重,不仅针对医师发布专门的广告章程,还根据市场情况发布医药广告条例。

地方政府对广告的管理,"是近代广告管理制度的关键组成部分"。[②] 但由于各地区广告业发展不平衡,管理上也参差不齐。上海、北京两地的管理法规相对完备,涵盖面尤广,为其他省市的广告管理提供了蓝本,也为新中国成立后广告法的制订提供了一定的借鉴。

(四)上海广告管理的方式与弊端

民国时期中央政府颁布的广告训令及地方政府颁布实施的广告规则中,对违法广告普遍采取"以罚代管"的方法,处罚力度相对较小,难以有效惩戒,故违法广告禁而不止。1928 年上海市广告规则规定,对私自张贴广告者,处以"十元以下之罚金";对登载违禁广告的行为,仅有"禁止"、"不得违反"等空洞无力之言,未有实质性处罚措施。

总体而言,民国时代的经济法律虽然在一定时期和一定范围内适应并促进了经济的发展,然而就其发展的整个过程来看,其立法和执法,仍滞后于经济发展对于法制的需求。广告立法管理同样如此,民国时期因着战乱的频仍,时局动荡,一直没有单行的广告法,直至 1994 年,中国才有了第一部广告法,其立法工作与他国相比,严重滞后。美、英、德等国在 20 世纪初纷纷订立广告法规。1907 年,英国发布《广告法》,禁止广告妨碍公园及娱乐场所,或损及风景地带的自然美。1911 年,美国的《普令泰——因克广告法草案》公布于世,使一般消费者和诚实的广告者有所保障。中国的广告业虽由国外引入,但立法工作迟迟未见动静,较之英美等国晚了近 80 年。

立法的滞后导致管理的滞后。1937 年,金城大戏院放映的《夜半歌声》是新华公司出品的恐怖影片。公司在上海静安寺路跑马场对面的空地上竖立了一个高大的活动广告,广告上绘着一个披着黑衣的魔鬼般巨人,面目可怖,铁爪青牙,伸着一双巨掌,随风摆动。旁边是一个擎着蜡烛的老太太,扶着一个披发少女。这一广告非常契合影片的恐怖色彩,以至刚从乡下来到城市的女孩邱金珠看到后,竟被活活吓死。市联会函请工部局取缔该广告,新华公司老板张善琨不予理睬。随后,首都警察厅才下达训令《取缔电影广告诱惑文字》,要求广告不得有恐怖神怪字样。由于没有法律的支撑,各地政府的管理收效甚微。政府开展的清壁运动,始终未见多大成效。城市建筑物上的广告非常凌乱,突击性的清壁运动,仅能收效于一时,日久还生。墙壁上纵有"禁止招贴"等标识,而人

---

① 上海市广告管理规则[J]. 市政评论,1946(10):47.
② 夏茵茵. 中国近代广告管理评析及启示[J]. 山东大学学报,2009(3).

们视若无睹,照样任意张贴,以至房屋外墙斑驳,不堪入目。变相的性病药品广告等就像是城市的"牛皮癣",随处可见。商号还想方设法将布制广告横拉于街中,日久便破旧不堪,有碍观瞻。

从近代市场发展状况来看,中央政府及上海市政府的广告行政法规管理在一定程度上起到了规范广告主体行为和推动广告业发展的作用,广告业的发展逐渐走上正轨。各地政府要求广告商注册登记,征收广告税已渐成气候。1947 年战乱刚刚结束,上海市各类广告商的登记和广告税征收就卓有成效,这应是战前管理观念的延续,如以下表 3 所示:

表 3　1947 年上海市广告商及各种广告登记表

月份	广告商（家）	各 种 广 告								登记费收入总额（元）
		幻灯片广告（张）	霓虹灯广告（市尺）	车辆广告		幕布广告（幅）	电钟广告（座）	特许广告（市尺）	临时广告（张）	
				私有车辆（辆）	公车车辆（市尺）					
总计	13	20 716	6 494	17	20 340	5	7	540 940	114 700	517 034 148
1	—	1 526	—	—	1 696	—	—	9 220	11 400	9 468 964
2	1	1 429	—	4	—	—	—	21 081	1 100	11 098 320
3	—	1 608	—	—	3 390	—	—	32 219	—	16 821 740
4	—	1 732	—	6	—	—	—	23 301	1 000	12 442 980
5	2	2 003	—	1	5 085	2	—	107 865	—	37 107 720
6	2	1 922	1 409	—	—	—	—	69 730	3 000	33 436 416
7	1	1 797	234	—	—	—	—	4 215	500	17 816 424
8	1	1 492	123	2	5 085	—	7	146 442	12 500	97 008 976
9	2	1 753	1 360	4	—	—	—	9 658	83 500	43 163 456
10	—	1 921	234	—	1 695	—	—	23 451	—	61 410 624
11	—	1 815	1 158	—	1 695	—	—	19 877	200	60 480 240
12	4	1 718	1 976	—	1 695	3	—	73 881	1 500	116 778 288

资料来源:上海市区广告商及各种广告登记[Z].上海市公用事业统计年报.1948:68.

广告场地的建设也粗具规模,大城市纷纷建立公共广告场和临时广告场,对活动性的车辆广告、音乐广告也进行积极的管理。虽然全国性的广告法仍付阙如,但政府仍不时发布临时性的劝诫文和取缔令,对各地乱贴广告和涉淫文字图画广告进行指导性管理。各地政府除遵照国民政府的法令外,还积极颁布广告管理规则以管理不良广告。商民也参与法令的制订,主动呈请政府出台相应政策保护商民利益。如 1929 年 8 月 30 日,上海市商民协会铜铁机业分会呈请上海市公用局,要求豁免国货广告税,增加外货广告税金,以实现"藉维商业以示提倡"[①]的民族利益。上海市公用局积极给予反馈,1929 年 9 月 14 日出台意见,因国货广告税已减收二成,豁免不以照准,但是对"呈中有征收该税人员苛政横敛,怨声载道一语……如有额外勒索情事,尽可据实呈诉,以凭究办等"。近代广告的法规管理,在立法和执法过程中,呈现出以罚代管、滞后管理的特点,因其对不良广告中的海淫广告和医药广告管理较多,而对欺诈性广告、海赌性广告和导人迷信广告等较少涉及,使得不道德欺诈广告依然比比皆是。可见,由于没有一部正规严肃的广告管理法规,国民党政府对广告的管理是软弱无力的。但至少当时的政府已迈出可喜的一步,开始考虑建立专门的报纸广告法等,并着手地方性广告法规的建设。这为近代广告业发展提供了一定的行业指导和行为规范,推进并改善了广告的管理工作。

二、改革开放之后的上海现代广告管理

广告管理属于国家经济管理内容,是国家工商行政管理的重要组成部分。1979 年以前,十年文化大革命使国家法制受到严重破坏,广告管理名存实亡。那时,广告管理机构解散,全国性的广告法律法规被任意践踏。

(一) 广告管理的机构

随着改革开放的到来,特别是党和国家工作重点转到经济建设上来以后,我国广告事业得以迅速恢复和发展,但是随之出现了某些虚假广告、低级庸俗的广告,某些新闻单位乱"拉"广告和广告服务质量低下等不良现象也产生了。于是,为广告立法,加强广告管理成了广告业界和政府有关部门最为关注的内容之一。鉴于原有的少数比较分散、缺乏系统的广告管理法规已经很难适应经济建设和广告业迅速复兴的形势,国务院于 1980 年明确授权国家工商行政管理总局,由其管理全国广告业。从此,我国广告管理从过去的分散状态进入到统一管理时期。新时期我国的广告管理对于查处广告活动中的违法乱纪行为、保障广告行业的合法经营、规范广告活动、保护社会组织和消费者的合法权益、维护社会经济秩序具有重要作用,我国广告行业因此开始走上了有章可循、有法可依,健康有序的发展之路。

我国现行的广告管理制度分为三级,第一级为国家工商行政管理总局内设的广告监督管理司,第二级为各省、自治区、直辖市及计划单列市工商行政管理局内设的广告管理处(也有的与商标管理机构合并为商标广告处),第三级为地、市、县工商行政管理局设置的广告管理科(股)。[②] 国家工商行政管理局和地方各级工商行政管理局根据《中华人民共和国广告法》和国务院的有关授权,主要行使五个方面的职能,即负责广告立法和法规的解释;对广告经营单位进行审批、登记及核发执照;对广告者和广告经营者进行监督与指导,并指导广告协会的工作;对广告违法案件进行查处和复议;协调广告管理机关与政

---

① 上海特别市政府训令第一五七四号[J]. 上海特别市市政府市政公报. 1929(30)：19.
② 刘家林. 新编中外广告通史[M]. 暨南大学出版社. 2000：275—276.

府其他有关职能部门,以及广告管理部门内部的关系。①

我国广告管理体制主要以广告管理法规为中心,结合广告行业自律和社会舆论监督来进行广告活动和广告行业的管理。广告管理法规包括国家法律中有关广告管理的规定、专门的广告管理行政法规、国家广告管理机关发布的规章和规范性文件、地方立法机关颁布的广告管理地方法规、地方人民政府发布的广告管理地方规章等等。从宏观角度来划分,我国现行广告法规一般可分为全国性和地方性、综合性和单项性两种。全国性广告管理法规是指由全国人大常委会等国家立法机关和国家工商行政管理局、国家医药管理局、农业部等政府部门经过严格的法律程序而制订的广告管理法律条文及规章、规定,它适用于全国范围内的广告行为规范,如《中华人民共和国广告法》等。地方性的广告法规则由各省、自治区、直辖市的人大常委会按照一定的法律程序制订,是依据本地区实际,只适用于本省、自治区、直辖市的广告行为规范。综合性的广告管理法规由国家立法机关及国务院、国家工商管理局制订,单项性的法规则由国家工商管理局会同国务院有关部门制订。② 除了国家行政立法之外,我国广告行业组织制定的广告自律规则以及广告社会监督体制,也是广告行业和广告活动规范管理的重要内容。

(二) 广告管理法规的发展

国家工商行政管理局从 1980 年接受国务院授权管理广告业之日起,就开始了筹建广告管理机构,制定有关广告管理法规的工作。1981 年,国家工商行政管理总局正式成立广告管理处(第二年改为广告司)。随后,全国各省、市工商行政管理部门也都开始设立同级的广告管理机构。同年,国家经委与国家工商行政管理总局在反复讨论并参阅了美、日、俄、英、法、德、加和中国香港等十几个国家和地区的有关广告法规后,开始起草《广告管理暂行条例》。经过全国各个层面近一年半的讨论之后,国务院于 1982 年 2 月 6 日正式颁布了《广告管理暂行条例》(以下简称《暂行条例》),并于当年 5 月施行,这是新中国建国以来第一个全国性的广告综合管理法规。该法规虽然较为简单粗糙,但它是以新中国成立以来地方广告管理法规的建设和实践为基础,根据国民经济发展及广告业发展的需要而制定的,具有较强的应用性,而且《暂行条例》贯彻了对内搞活经济、对外开放的政策和"管而不死,活而不乱"的精神,对制止我国广告业复兴时期各行其是的紊乱现象、促进我国现代广告事业的健康发展具有非常及时、重大的作用。为了切实有效地贯彻《暂行条例》,1982 年 4 月,国家工商行政管理总局又制定了相关的《广告管理暂行条例实施细则(内部试行)》(以下简称《实施细则》),并于当年 6 月 5 日颁布。《暂行条例》与《实施细则》是协调广告市场各主体之间的广告活动的法律规范,为我国广告业复兴时期的基础性广告管理提供了法律依据。

此后,为进一步规范广告活动,国家工商行政管理局单独或会同国务院有关部门先后制定并颁布了近十个单项广告管理规章,分别就烟酒广告、奖券广告、文教卫生及社会广

---

① 陈培爱. 广告学概论[M]. 高等教育出版社. 2004. 8:231—232.
② 刘家林. 新编中外广告通史[M]. 暨南大学出版社. 2000:273.

告、药品广告、赞助广告、体育广告等专门性问题作出了管理规定,还对广告经营资格的管理、进出口广告和中外合资合作企业立项的管理、广告费支出的管理和广告代理费的标准等问题也作出了法律条文上的规定。这些管理规章和《暂行条例》、《实施细则》一起,使我国广告管理逐步进入了法制化的轨道。

另外,为了落实广告市场的管理,国家工商行政管理总局还在《实施细则》颁布的同日下发了《关于整顿广告工作意见》,并以《暂行条例》与《实施细则》为准绳,对全国广告经营单位进行了第一次全面清理整顿,重点清理非法经营,整顿工作于 1982 年底结束。这次整顿克服了广告经营中的无政府状态,建立了广告市场的正常秩序。但由于我国广告业复兴时期的广告市场还很不成熟,广告法制也不完善,一些广告经营单位水平很低,所以问题仍然大量存在。于是,1984 年 10 月至 11 月我国广告业接受了第二次清理整顿,这次整顿以清理虚假广告,取缔非法经营为主要任务,进一步把广告业纳入了社会主义的法制化轨道。针对广告宣传中出现的许多不尽如人意的做法,国家工商行政管理局、广播电视部及文化部印发了《关于报纸、书刊、电台、电视台经营刊播广告有关问题的通知》,对新闻与广告的差别及刊播新闻体裁的广告都作了严格的说明。国务院办公厅也于 1985 年11 月 15 日发出了《关于加强广告宣传管理的通知》,重点强调广告宣传应该坚持四项基本原则,不得有违法、庸俗、虚假的内容。为了更好地贯彻《通知》精神,国家工商行政管理总局于 1986 年 1 月 29 日下发了《关于清理广告宣传、整顿广告经营的几点意见》,开展了第三次全国性的清理整顿广告工作,重点在于对广告经营单位进行政策教育,端正经营方向,杜绝无证经营和虚假广告现象。

20 世纪 80 年代中期之后,我国现代广告业有了进一步的发展,《广告管理暂行条例》中的某些法规条文已经明显不合时宜。在这种情况下,国家工商行政管理总局总结了执行《暂行条例》几年来的实践经验,参照《中华人民共和国企业法人登记管理条例》和《中华人民共和国计量法》等法律法规条文,吸收了广告业复兴时期颁布的广告管理单项规章的有关内容和国际上一些国家广告管理方面的成功经验,经国务院审定,于 1987 年 10 月 26日正式颁布了《广告管理条例》(以下简称《条例》),并从当年 12 月 1 日起施行,同时宣布《广告管理暂行条例》废止。《条例》共二十二条,对广告管理的宗旨及范围、广告内容、广告经营者及经营行为、广告管理机关、广告客户申请广告内容的范围、广告收费标准、广告业务代理费标准以及违章经营和违规广告的处罚等,都做出了明确而详尽的规定。《条例》和《暂行条例》相比,最突出的一点是体现了"宏观管住,微观搞活"的指导精神。① 宏观方面,《条例》扩大并明确了广告管理范围,把通过各种媒介和形式在中华人民共和国境内刊播、设置、张贴的广告,均纳入广告管理范围,着重强调了对虚假广告和非法经营广告活动的监督和管理,增加了应该禁止的广告行为和内容,明确了广告违法行为的法律责任。微观方面,《条例》根据自主管理、自主经营的原则,放开了对刊播广告的时间和版面的限制,将广告经费纳入市场调节范围,允许具备经营广告能力的个体工商户经审核批准

---

① 陈培爱. 中外广告史站在当代视角的全面回顾[J]. 中国物价出版社. 1997：140.

后可以经营广告业务。紧接着,1988 年 1 月国家工商局又发布了《广告管理条例施行细则》(以下简称《细则》)。《条例》和《细则》的颁布标志着我国广告管理法规进一步健全和完善,不仅为我国加强广告管理提供了更加全面而具体的法律依据,而且以法规的形式把广告活动的各种行为予以规范化,从而将我国广告业管理提升到了一个更高的层次。

在此后的 4 年多时间里,国家工商行政管理局又单独或会同国务院有关部门修改、完善和制订了十几个与《条例》、《细则》相配套的单项广告行政规章和规范性文件,分别对体育广告、药品广告、食品广告、医疗器械产品广告、农药广告、电视广告宣传、出版物封面插图和出版物广告的设计、制作和管理作出了规定。还颁布了《关于企业、商店牌匾、商品包装、广告等正确使用汉字和汉语拼音的若干规定》,并在全国统一实行了《广告业务员证制度》和《广告专用发票制度》等法规制度。

在国家工商行政管理局重点建设广告法制的同时,也丝毫不放松对广告业市场的清理整顿。1988 年底,针对虚假广告严重泛滥等广告经营中不断出现的新问题,国家工商行政管理局发出了《关于整顿广告经营秩序,加强广告宣传管理的通知》,开展了广告行业的第四次全国性的全面治理整顿工作,重点整顿广告公司,采取有力措施严厉打击虚假广告,坚决取缔非法经营广告活动。据统计,经过 1989—1991 年三年的全面治理整顿,共查处各类广告违法案件 7 100 余起,罚没款 600 多万元,吊销了近千家不具备经营条件和经营管理混乱单位的营业执照,[①]仅 1990 年清理的不合格广告经营单位就占总数的 6.9%,专业广告公司、报纸和杂志等兼营广告单位的数量都在这一时期首次出现了负增长。到 1991 年,整治效果突出,全国虚假广告案件比前两年同期下降了 50% 左右。我国广告业盲目发展的态势得到了控制,广告宣传和广告市场秩序明显好转。

从现代广告业复兴到初步发展的这一段时间,我国广告业的法制建设取得了突出成绩。首先,明确了工商行政管理机关作为广告行政执法机关,承担广告管理的职能。其次,许多部门及各地的广告行政规定发展成了行政法规,我国广告法制发展层次得到了提升。另外,我国广告管理初步形成了以《条例》和《细则》为核心、其他大量行政法规相配套的体系,为广告活动提供了行为规范。四次广告业的清理整顿工作,有效地扭转了广告业发展过程中存在的某些混乱现象,保证了广告业的健康发展。这些突出成绩表明我国广告管理正不断走向法制化和规范化,为新的广告法规的制订奠定了坚实的基础。

在我国现代广告业进入繁荣发展时期后,广告市场一片轰轰烈烈、热闹非凡的景象,为了保证广告的真实性与合法性,国家工商行政管理局尝试建立以独立的广告审查机构为主体的广告审查制度,颁布了试行的《广告审查标准》,共计十六章一百二十四条(包括"前言"三条),涉及"画面与形象"、"语言、文字与音响"、"比较广告"、"儿童广告"、"家用电器广告"、"烟酒广告"、"化妆品广告"、"金融广告"等许多方面的广告审查,使我国广告管理更加完备和具体。

与此同时,在 90 年代初市场经济深入发展的宽松环境中,为了发挥广告在社会主义

---

① 陈培爱. 中外广告史[M]. 中国物价出版社. 1997:141.

市场经济中的积极作用，筹建中国第一部广告法的工作也逐步展开。1990年，国家工商行政管理局开始着手起草《中华人民共和国广告法》（以下简称《广告法》），在起草过程中，广泛征求国务院有关部门、企业、广告经营者、广告发布者、专家以及地方工商行政管理机关的意见并研究和借鉴了国外有关广告立法的经验，经过3年的探索研究、多次论证和反复修改，形成了《广告法（草案）》。1994年8月12日由国务院正式将《广告法（草案）》提交第八届全国人民代表大会常务委员会审议，同年10月27日在第八届全国人民代表大会常务委员会第十次会议上通过。同日，时任国家主席江泽民发布了第34号主席令，正式公布了《中华人民共和国广告法》，并于1995年2月1日正式施行。

《广告法》共计六章四十九条，包括第一章"总则"（第1—6条）、第二章"广告准则"（第7—19条）、第三章"广告活动"（第20—33条）、第四章"广告的审查"（第34—36条）、第五章"法律责任"（第37—48条）、第六章"附则"（第49条）。《广告法》是体现国家对广告的社会管理职能的一部行政管理法律，对广告范围、广告准则、广告活动、广告活动的监督管理、特殊商品广告审查、法律责任等都作了规定。其主要内容可以概括为以下几个方面：

（1）表明了建立我国广告法制体系的基本目的、意义和原则。第一条指出制定广告法是"为了规范广告活动，促进广告业的健康发展，保护消费者的合法权益，维护社会经济秩序，发挥广告在社会主义市场经济中的积极作用"。

（2）重点强调了广告内容必须真实、合法的原则。如第三条规定："广告应当真实、合法，符合社会主义精神文明建设的要求。"第四条规定："广告不得含有虚假的内容，不得欺骗和误导消费者。"第五条规定："广告主、广告经营者、广告发布者从事广告活动，应当遵守纪律、行政法规，遵循公平、诚实信用的原则。"

（3）规定县级以上人民政府工商行政管理部门是广告监督管理机关，并明确其相应的法律义务和责任。如第四十六条规定："广告监督管理机关和广告审查机关的工作人员玩忽职守、滥用职权、徇私舞弊的，给予行政处分。构成犯罪的，依法追究刑事责任。"

（4）从广告准则的角度，对广告内容以及某些特殊商品广告，提出了一系列禁止性、限制性规定。如对药品、医疗器械、农药以及食品、酒类、化妆品等广告内容严格管理，禁止大众传播媒介以新闻报道形式发布广告，控制烟草广告，禁止就麻醉药品、精神药品、毒性药品、放射性药品等特殊药品制作广告。对所有广告内容的管理必须遵循"有利于人民的身心健康，促进商品和服务质量的提高，保护消费者的合法权益，遵守社会公德和职业道德，维护国家的尊严和利益"的准则。

（5）规定了广告活动主体，即广告主、广告经营者、广告发布者的资格、权利和义务以及具体责任，并提出了户外广告的设置规划和管理办法。

（6）明确广告审查机关的法律义务和责任，规定药品、医疗器械、农药、兽药等商品广告在发布前必须由有关行政主管部门实行行政审查，未经审查的广告不得发布。

（7）对设计、制作、代理、发布违法广告，以及其他违反《广告法》的广告行为明确了其法律责任。主要包括：责令广告主停止广告发布、公开更正并消除影响、没收广告费用、视不同情况给予不同的罚款、停止广告业务等行政处罚措施，如构成犯罪的，要依法追究刑事责任。

《广告法》施行后,原先制定的我国其他广告法律、法规内容如果与本法不符的,皆以《广告法》为准。《广告法》的出台满足了 20 世纪 90 年代我国经济发展和社会稳定的需要,反映了广大人民群众希望规范广告市场、健康发展广告业的良好愿望,是新中国成立45 年来政府广告管理经验的总结。这是一部促进广告业健康发展、保障消费者权益、维护社会主义经济秩序的重要法律文件,是规范我国广告活动的根本大法。《中华人民共和国广告法》的颁布与实施,标志着我国广告业发展在法制化轨道上更进了一步,我国的广告业向一个更高的发展时期迈进。

为了更好地贯彻执行《广告法》,国家工商行政管理局单独或会同有关职能部门结合实际情况,在执行、修改、补充和完善的过程中,陆续发布了大量相关配套的广告监督管理方面的行政规章,内容涉及化妆品广告、医疗广告、临时性广告经营、酒类广告、户外广告登记、印刷品广告、店堂广告、广告显示屏、广告语言文字等的管理规定和办法;医疗器械广告、药品广告、兽药广告、农药广告等经营资格的审查标准或办法;还有房地产广告发布和食品广告发布等的暂行规定等等。此外,各地权威机关及职能部门在全国广告业发展不平衡、广告管理工作参差不齐的情况下,也制订了大量地区性的单项广告管理法规,使地区性广告法规的制订进入了一个前所未有的发展时期。各地方政府和工商机关根据本地广告活动中不断出现的新情况和新问题,按照《广告法》原则积极制订了许多适合本地实际的广告管理规定,像广东、深圳、湖南、杭州、湖北、河南、重庆、宁夏、安徽、沈阳等省、市制订的户外广告管理规定,甘肃和其他省份制订的有关广告监督管理的综合性行政规定等,北京、上海、四川、江西、广西、河北、辽宁、大连、宁波等省市制订的对特定广告活动或商品服务广告的规范性行政规定等。内容也十分丰富,涉及广告审查、广告制作的精神文明标准、印刷品广告管理、致富信息广告管理、招牌管理、招工招聘、广告服务收费管理等许多方面。这些规定是对国家广告法律法规和部门规章文件的重要补充,为我国广告法规的完善提供了有益的实践经验。

除了积极制订并严格实施各项广告法规外,我国还大力开展培训工作,努力提高广告从业人员素质,推行广告企业资质等级制度,进一步严格经营管理。1993 年 5 月,国家工商局在《关于举办广告专业技术岗位资格培训班的通知》中,决定从 1994 年起在广告业中建立"广告专业技术岗位资格培训制度"。又明确从 1995 年 1 月 1 日起,将把广告经营单位中达到岗位培训合格人员数量的多少作为广告经营单位的资格认证标准。1994 年,由国家工商局广告司牵头,与中央电视台联合举办了现代广告讲座,全国性广告专业技术培训由此启动。随后,在全国广告业中普遍实行了持证上岗。这些培训及资质认证整体提升了我国广告管理人员的专业水平。

《广告法》及各部门、各地区相关法规实施后,我国广告市场环境和广告质量都出现了极大的改观。"蒙妮坦"换肤霜、"交友热线"、"少抽两盒万宝路,一年不用刷厕所——代劳力"等广告案件引发了人们的普遍关注与思考。自 90 年代中期之后,国家工商行政管理总局经常在报刊上刊载违法广告案例,以便让全国广告人引以为戒,加快了广告管理的科学化和规范化建设。全国各地以《广告法》为准绳，集中力量严厉打击虚假广告，查处违法违章广告，给予相关广告经营企业停业整顿、吊销证照和罚款等处罚。这些违法广告的曝光和整顿使我国广告行业逐步向健康有序的方向良性发展。

最近几年，以《广告法》为代表的广告业法制建设进一步加强，一系列的广告政策法规先后出台，我国广告法制体系逐步健全完善。但是，随着经济的发展和改革开放的深入，一些颁布实施较早的法规，其中的不少内容已经滞后。所以，各级工商行政管理机关在继续以行政手段、法律手段对广告市场进行综合治理的同时，也不断研究新形势、新情况、新问题，适时调整、修改了相关内容。《广告管理条例施行细则》在1988年公布施行后，依照《行政许可法》、我国加入WTO的承诺以及有关法律法规规定和有关实际情况，经过了1998年12月、2000年12月、2004年11月三次修改，相关条款都得到了必要的调整。如取消了关于个体工商户需经考试审查合格方可经营广告业务的规定；取消了举办临时性广告经营活动需经工商部门批准的规定。根据我国加入WTO后关于"广告服务中的跨境交付和境外消费应当委托在中国注册的、具有广告经营资格的企业代理"的新情况，《细则》将第十五条修改为："国内企业在境外发布广告，外国企业（组织）、外籍人员在境内承揽和发布广告，应当委托在中国注册的具有广告经营资格的企业代理。违反规定者，处以违法所得额三倍以下的罚款，但最高不超过三万元，没有违法所得的，处以一万元以下的罚款。"另外，还对广告经营单位的条件、广告经营的登记程序、发布广告应提交证明文件等相关规定等进行了修改。修改后的《广告管理条例施行细则》自2005年1月1日起施行。

根据中华人民共和国国家工商行政管理总局第21号令《关于按照新修订的〈广告管理条例施行细则〉调整有关广告监管规章相应条款的决定》，对《化妆品广告管理办法》、《医疗广告管理办法》、《酒类广告管理办法》等现行广告监督管理规章中的有关条款，也依据现行《细则》中的相应条款作了调整。此外，为了进一步完善广告法制体系、规范广告市场秩序，国家工商总局正在紧张开展《广告法》修订的相关调研工作，并积极向有关立法机关通报进展情况，争取将修订工作尽早提上日程。

经过20多年的发展，到目前为止，我国已形成了以《广告法》为核心，以《条例》及《细则》为支撑，以各部门行政规章和规定为具体执行依据，以地方行政规定为实际操作措施，以行业自律规则和社会监督机制为重要补充的多层次、多方位、多角度的相对完整的现代广告管理体系。其内容涵盖了广告市场和广告活动管理的方方面面，包括广告活动主体的规范，广告市场竞争的规范，广告发布、制作、审查的规则，国家对广告业发展的基本政策等等。我国现代广告管理体系的建立为加强对广告活动的监督管理、保障我国广告业健康有序的发展提供了强有力的法律依据。

第十四章
学业互动：上海的广告研究

　　上海的广告研究始于20世纪初到30年代。除了广告学专著外,在新闻学著作中对广告也有大量的论述,同时还有广告学论文的发表。这一时期主要是引进欧美等西方发达国家的广告学研究成果,建立广告学研究框架。1930年至1937年是本土广告学研究的勃兴期,这一时期涌现了很多中国学者自己撰写的广告学书籍、论文,同时,众多高校以及商科学校纷纷设立广告学课程,扩大了广告研究的学术队伍,也加快了学术界与广告业界之间的交流与互动。1945年至1949年属于中国广告学劫后重生期。在八年抗日战争时期,中国资本主义工商业的发展基本上陷入了停顿,广告业随之搁浅,广告学术研究活动也陷入了一段空白期。直到1945年抗战胜利后,资本主义工商业获得了恢复与发展,广告学术研究活动才重新获得了生机。

第一节　广告学开端期：1911—1930

　　从对目前各大图书馆所藏资料的情况调查来看,我国最早的广告学专著当属1918年甘永龙所编译的《广告须知》。虽然《广告须知》是中国学者编译自国外广告学著作,但在中国广告学术史上具有重要地位,开启了中国广告学专门研究的新篇章。此后,我国出现了最早的一批广告学专著和论文。从1911年辛亥革命成功到1930年是我国广告学的开端期。这一时期以引进欧美等西方发达国家的广告学研究成果为主,迅速地建立起了较为全面的广告学研究框架。

一、首批广告学专著问世

（一）第一本广告学专著

　　上述《广告须知》一书1918年由上海商务印书馆印刷并发行,作为商业丛书第一种。该书于1933年、1935年分别发行第二版和第三版,但内容没有变动。该书的原著是由美国哲斯敦公司 The System Company 出版的 *How to Advertise* 一书。甘永龙在编译该书的时候,保留了原著的理论框架,但在具体问题的分析上又加入了自己的见解,并不是纯粹的翻译,而是有自己的学术观点。

在该书的序论中,作者阐明了著作此书的目的:"盖所以裨助有物销售之一切商家,而佐其行市之推广者也。是故此书非广告法之初级教科书也,非稿本缮写法之启蒙读本也,非讲演披露法之学说也,非讨论广告学之原理者也,更非敷陈广告法之历史者也,亦非主张某种类某形式之披露,冀以鼓动商界之个人若团体,而引起广告之党义竞争或逐鹿运动者也。此书之作,无非以求便于广告家耳……凡有货物欲求销售,有奢愿以扩充其货物之销售者,即为本书之所欲裨助,亦即本书之所以作也。"即促进一切商家的销售,体现广告学的实用主义精神。此外,在序论中,作者对于广告学是否为一门学术进行了简单的论述:"虽然,广告一科,浑融错综,非可以枝节强分。故近世多以专门学术名之,其间有若干之原理,几如广告上天经地义。凡广告之所在,即为此原理所贯彻。今欲以充沛宏博,而又不病枝节之方法,揭示此科目,阐明其体用。"作者认为广告学是一门浑融错综的学术,有自己的若干原理以及体用,称之为一"科目"。

该书的正文由22个章节所构成。第一章:近世之披露法;第二章:何谓广告;第三章:普通及直接披露之媒介品;第四章:稿本为广告之魂魄;第五章:何谓优美之广告稿本;第六章:广告中之射的法;第七章:揭由稿本;第八章:图画广告之价值;第九章:杂志与新闻纸;第十章:杂志广告地位之优劣;第十一章:总卖商之广告;第十二章:零星广告之预备;第十三章:邮定广告之预备;第十四章:采用邮定广告之追求法;第十五章:邮定广告用之小本书;第十六章:邮定广告之启钥或检查法;第十七章:街车广告;第十八章:户外广告;第十九章:广告运动之规划;第二十章:广告与发卖部之关系;第二十一章:广告代理;第二十二章:广告代理人运动之操纵。

正文的研究内容主要有以下几个方面:(1)广告本体研究,包括广告功能、广告定义等。(2)广告技术研究。在该书中,作者对于广告技术方面的研究主要论述了稿本分析、图画应用、诉求点等。(3)媒介技术研究。在该书中,作者详细分析了杂志、新闻纸、邮递、街车、户外等广告媒体。(4)广告行业研究。作者在该书的最后四章详细介绍了广告运动、广告代理业以及广告代理人如何操作等相关事项。除了上述四大方面的研究之外,本书还对具体广告稿本的写法进行了论述,比如"揭由广告",即能于广告稿本中揭述所以发行之理由的广告。

《广告须知》关于广告学研究的体用以及其他各领域研究都相当全面,为后来的广告学研究提供了重要的参考,作为我国最早的研究广告学的专著,具有相当的价值和意义。

(二)广告心理学著作

注重广告心理学研究的著作有:

1.（日）井开十二郎原著、唐开斌译述《广告心理学》,上海:商务印书馆,1925年。该书是介绍到中国最早的广告心理学的专著。全书由十四章构成:第一章:广告与广告心理学;第二章:广告之心理经济的任务;第三章:人类原始的要求;第四章:主要的人类本能;第五章:商品之分解;第六章:联合及联想之成立;第七章:联合及联想之原动力;第八章：印象之鲜明与印象之确保；第九章：印象之连续与确保；第十章：商标及商号之心理；第十一章：商标与文字；第十二章：表现及表现力方法；第十三章：习惯及阅读广告之习惯；第十四章：广告与心理实验所。

该书主要从学理上论述了广告学的本体，以及广告心理学研究的构成部分。作者井开十二郎认为广告学的本体范围较为复杂宽泛，因为"今日之广告专业异常发达，利用甚广，其势力及机能，逐渐强大。广告之范围，既日益扩大，广告之实质，亦愈加深远，迄至今日已成独立之学科。研究广告，颇难究其本体，既得一知半解，亦属难能可贵矣"。[①] 足见就连专门研究广告的学者对于广告的本体也难以明确地界定，"广告之本体，既趋于复杂，科学的研究，混杂其间，组织的研究，又始发轫。有此三因，故研究者遂彷徨中途，莫知遵循矣"。[②] 接着，该书详细论述了心理学中的兴味、联想、记忆、情绪、本能、思想等心理的作用原理或者原则。

值得注意的是，井开十二郎作为一名大学广告学讲师，参阅了很多美国的广告学书籍。他提到很多广告学研究结果是依据何林涡斯（Hoallingworth）博士和巴尔逊（Parsons）合著之《广告之理论与实际》（*Advertising: Its Principle and Practice*）一书的编著方法来作组织的分类与集成。由此可知，他的广告学框架以及观点，深受美国广告学者的影响。所以该书虽然是翻译日本的广告学著作，但其主要内容还是源自美国的广告心理学研究成果。"本书经唐开斌译成中文出版后，也将美国广告心理学研究的方法、成果间接地引入国内。"[③]

2. W. D. Scott 原著、吴应图译述，《广告心理学》，上海：商务印书馆，1925 年。

该书的原著是美国著名的广告学家斯科特于 1908 年出版的《广告心理学》（*Psychology of Advertising*）。1925 年作为新学制的高级商业学校教科书，由商务印书馆出版。全书由十七章构成：第一章：绪论；第二章：记忆；第三章：感情与情绪；第四章：诉诸主观之同情；第五章：人类之本能；第六章：暗示；第七章：意志之分析；第八章：行动之种类；第九章：习惯；第十章：阅读广告之习惯；第十一章：进步的思考法之四分解；第十二章：广告地位之大小；第十三章：广告者之死亡率；第十四章：食品广告之心理学；第十五章：电车广告之不觉的势力；第十六章：质问法之应用；第十七章：结论。

在该书的绪论中，斯科特论述了心理学在广告实践应用方面的情况。随着心理学与广告实践结合得越来越紧密，他提出"夫广告之对象，为人类之心，故广告唯一之科学基础，实为心理学"[④]的论断；继而说明著此书的目的，"欲将此学作有系统之研究，并欲使之成为一种形式，俾对于实业计划之事有一种兴趣者，知其由实用之价值焉"。[⑤] 在书中，斯科特详细研究了许多具体的题目，如记忆、情感和情绪、同情、人类本能、暗示、建议、意志

①　[日]井开十二郎. 广告心理学[M]. 唐开斌译述. 上海：商务印书馆. 1925：1.
②　[日]井开十二郎. 广告心理学[M]. 唐开斌译述. 上海：商务印书馆. 1925：2.
③　张树庭. 广告教育定位与品牌塑造[M]. 北京：中国传媒大学出版社. 2005：197.
④　W·D·Scott. 广告心理学[M]吴应图译. 上海：商务印书馆. 1925：2.
⑤　W·D·Scott. 广告心理学[M]吴应图译. 上海：商务印书馆. 1925：5.

和习惯等。

关于此书的价值，学界普遍认为这是广告心理学诞生的标志，也标志着广告学学科体系的建立。"斯科特认为，广告是通过设计、文案、图片和实物等诸多媒介，针对消费者心理进行诉求的一种方法，他运用心理学的基本原理分析了消费者接受广告的心理特性。这本书虽然不及今天的广告学专著那么系统，但却标志着广告学学科体系的初步形成。"①该书的序论谈到原著的重要影响力："本书不仅美国与广告有关系之人读之，其各大学且用为广告讲座之教科书，英法等国、欧洲之广告界及商科大学，且用为参考书，即日本各大学，亦奉为研究广告资料与广告学之教科书焉。"

（三）本土广告学著作

本土广告学著作注重实用主义和科普教育。

1. 蒋裕泉编著，《实用广告学》（高级商业学校教科书），上海：商务印书馆发行，1926 年。

该书一共九章：第一章、中国之广告史；第二章、广告之意义；第三章、广告之价值；第四章、广告之种类；第五章、广告与文字；第六章、广告与图画；第七章、作广告之方法；第八章、商标；第九章、印刷与制版。在结尾处有四篇附录：吾国民律草案对于广告之规定、报纸批评图画广告等项时涉淫亵应设法劝戒文、上海市公所颁发修订征收广告税章程、上海广告事业之调查。正如关于该书的广告所言"本书以实用为主旨，对于广告之基本智识，如文字、图画、商标作法、印刷以及使用之方法等论述颇详"。该书侧重于广告实践方面，主要用来指导广告从业人员的广告业务活动。

在附录四——上海广告事业之调查中，作者列举了当时上海经营广告业务的广告公司名单，并附上中国广告公会的组织章程。

从目前可以查阅到的广告学术资料中，最早的广告学书籍都是翻译或者编译国外的著作，而蒋裕泉的《实用广告学》则是由国人撰写的第一部广告学专著，且具有相对完善的系统性，在我国本土广告学术史上具有重要的开创性意义。

2. 蒯世勋著，《广告学 ABC》（ABC 丛书），上海：世界书局发行，1928 年。

作者蒯世勋为复旦商科学士，《广告学 ABC》一书属于 ABC 丛书中的一种。在该丛书的发刊旨趣中是这么解释 ABC 的意思的："西文 ABC 一语的解释，就是各种学术的阶梯和纲领。西洋一种学术都有一种 ABC：例如相对论便有英国当代大哲学家罗素出来编辑一本相对论 ABC；进化论便有进化论 ABC；心理学便有心理学 ABC。""我们现在发刊这部 ABC 丛书有两种目的：第一，正如西洋 ABC 书籍一样，就是我们要把各种学术通俗起来，普遍起来，使人人都有获得各种学术的机会……第二，我们要使中学生大学生得到一部有系统的优良的教科书或参考书"。"ABC 丛书是讲堂里使用的教本，是学生必办的参考书"。因此《广告学 ABC》的出版也重在普及广告学术，教给学生以及大众以基本的广告知识。

---

①　丁俊杰、康瑾. 现代广告通论［M］. 北京：中国传媒大学出版社. 2007：51.

该书全篇一共十三章,第一章:广告之意义与功效;第二章:广告之种类;第三章:作广告前应有之知识;第四章:广告之构成;第五章:人类本能与性别;第六章:广告与文字;第七章:广告与图画;第八章:彩色对于广告之利益;第九章:广告媒介之研究;第十章:商标与广告;第十一章:广告主任之责任;第十二章:广告之经济;第十三章:广告之校样。论述的内容主要涵盖了广告功能,广告心理学研究,广告文字、图画、颜色应用,广告媒介,广告商标,广告代理等内容。

该书主要研究内容有:(1)广告定义以及功效,(2)广告心理学研究,(3)广告文字、图画、颜色应用研究,(4)广告媒介研究,(5)商标研究,(6)广告成本研究。此外,作者还认为制作广告之前至少须具备商品、市场以及推销三方面的知识。而代理广告业务的广告主任,应该具备一定的知识和能力,比如生意贩卖学识、随机应变能力、忍耐力、管理能力以及创造力等。作者在结尾提到,他在著这本书的时候参考了一百多余部英文广告学著作,并列举了其中十本以供有志研究广告者参考。这十本书中,有几本是大学教本,还有一些是广告经验之记录。

正如该书的书名《广告学ABC》,该书的出版重在向国民普及广告学的基本知识。因此作为一本科普读物,对于提高广告学在当时国人心目中的地位具有积极作用。

二、广告学研究成果丰硕

(一)广告学论文以介绍西方广告心理学为主

1.《告白学》,作者李文权,《中国实业杂志》第3年第2期,1912年3月。

这是中国学者所撰最早的广告学论文。

《告白学》一文的主要内容在于阐述广告的重要作用,不仅对于商业的发展至关重要,甚至在某种程度上能够影响到国家的兴亡和世界文明的发展。作者指出,二十世纪是商业竞争的时代,商人可以左右国运的兴衰,而商人赖以发挥作用的重要工具就是广告,因此他们不得不重视广告。然而反观我国,商人还不太重视广告,实为一大缺憾,"试观欧美之营业者,其告白一项,于资本中所占之额为最多。今日本亦研究广告术,以冀其商业之发达,盖未有无告白而能使商业进步者也。告白不良,商业不昌,商业不昌,国家斯亡。由是观之,谓告白为商业之精神可也,谓告白为商业之根本可也,谓告白为商战之主动力可也,即谓告白为世界文明之主动力亦无不可"。[①] 该篇论文与中国广告学孕育时期的报馆招引广告的文章颇为类似,都在强调广告的重要作用。

2.《广告心理学概论》,孙科,《建设》月刊第一卷第二号,1919年9月。

在目前能够查阅到的广告学论文资料中,《广告心理学概论》是"我国最早研究广告心理学的长篇论文之一"。[②]

孙科从心理学角度对广告进行了重新定义:"广告之旧意义,据各英文词典之注解,释

---

① 李文权. 告白学[J]. 中国实业杂志. 1912(3).
② 刘家林. 新编中外广告通史[M]. 广州:暨南大学出版社. 2004:135.

为'通知、公告、印字的布告。'但此皆旧意，未足以诠释今日之广告也……实言之，广告之用意在制造阅者之欲念而已。""广告为刺激而阅者之欲念举动为反应的运动矣。"①

该文主要研究、介绍了广告产生效果的四级心理工夫，即 1. 注意之提起；2. 注意之握住；3. 印象之深入；4. 反应之激起。该内容显然是由美国早期心理学家 E. S. 刘易斯的 AIDA 理论演变而来。"AIDA"理论是刘易斯于 1898 年提出的，认为消费者从接触信息到产生购买行动会经过四个步骤，即引起注意(Attention)，引起兴趣(Interest)，唤起欲望(Desire)，购买行动(Action)。后来经过刘易斯的完善，AIDA 又加进了一个 M，即留意记忆(Memory)，变成了 AIDMA 理论。该理论也成为广告理论中最早的经典理论之一。

在广告学科建构中，心理学是其之所以被称为一门"学科"的重要理论支撑。因为在国外，当时心理学已经成为大家公认的一门科学，所以经常被广告学者用来进行实证研究，以作为其科学依据。在该文中，作者把广告学称为一门"专科之学"，称"广告学之成为专科之学，近数年间事耳"，现在已经成为大学商业学科中不可或缺的一门"实学"。而《广告心理学概论》以丰富的研究内容、专业的心理学分析，成为当时我国广告心理学研究中非常难得的一篇论文。其发表对于我国广告学的起步、发展具有重要意义。

3.《广告心理学概论》，师泉，《东方杂志》1924 年 21 期。

这是民国时期第二篇研究广告心理学的专文。相对于 1919 年孙科在《建设》月刊上发表的《广告心理学概论》，该文完善了对广告作用于消费者心理的几个过程的描述。作者认为，我国人"对于广告心理学有趣味的人极少，很缺乏心理学常识；吾国商业之不发达，原因虽甚繁多，但广告学之不讲究，也不能说不是一个重要的原因"。② 因此作者撰该文，是希望引起国人对于广告心理学的重视。本文主要研究了广告的刺激过程，作者先根据何林华司(Hollingworth)的意见将广告刺激分为四个步骤，即注意、兴趣、联想和反应；接着又根据施带切(Starch)的成果，将广告刺激分为引起注意、引起兴趣、赢得信仰、记忆和反应等五个步骤。这些都体现了早期广告心理学研究的主要成果和内容。接着作者详细论述这五个步骤产生作用的心理学原理以及作用过程。

难得的是，在该书中，作者对广告心理学下了定义。作者认为，"广告心理学是研究读者对于广告的印象的程度的深浅，用较善的方法，使读者得着一个深刻的印象，而不能使读者得着深刻的印象的广告免去。换言之，广告心理学是研究广告在心理上的效力，欲以最经济的广告费获得最大的注意和最深刻的印象。"③

（二）新闻学著作中的广告研究

由于广告与新闻的密切关系，因此在当时出版的新闻学著作中常会有专门论述广告的内容，新闻学著作常常从广告与报馆经营的角度对广告进行研究。

1.《实用新闻学》，史青翻译，1913 年由上海广学会出版。该书是我国最早的两本新闻学译著之一，译自美国新闻记者休曼所著、于 1903 年出版的《实用新闻学》，这也是美国

① 孙科. 广告心理学概论[J]. 建设月刊第一卷. 1919(9).
② 师泉. 广告心理学概论[J]. 东方杂志. 1924(21).
③ 师泉. 广告心理学概论[J]. 东方杂志. 1924(21).

的第一部应用新闻学专著。在该书中,作者用了两个章节(第十二章《告白之文》和第十三章《登载告白》)来专门论述广告文案的写作方法和报刊广告的登载事宜。该书关于广告研究的内容主要有以下几个方面:

广告与报馆经营的关系。作者认为广告事关报馆的生存和发展,广告收入已经成为报馆收入的重要来源。"一报有告白与否,尽足以定一报之运命。今美国报馆,进款之半数皆出于告白费。至订阅报章之资,仅供购致纸墨、邮票而已。报纸人物(员)之俸给,以及其他支持馆务之费,皆取给予告白费也。"

对广告文案的要求。作者提出,对广告文案应该有一定的要求:"著作告白之文,须凝练而易刺人目";"盖告白费最贵,故务宜以最少之字数出之";"其文必足以动人兴趣,激人观感";"行文平易近人,正如店伙之语顾客然,原原本本,绝无张皇招摇之气"。

广告心理研究。作者认为制作广告必须重视对顾客心理的研究,"于顾客之心理,不可不知",而"彼不知告白术者,偶作广告,开口即促人购致其物,自利之意,形于言表,而不知其已误。须知商家盈亏,非顾客之所容心。顾客但欲以廉价而得美品耳。精于告白术者,未尝促人之购其货也,仅以顾客自利之念动之而已。"因此通晓顾客心理对于制作广告甚为重要。"是故作广告者,须设身处地,以顾客自况",应该"以心理学为基础,通达人情"。

广告编排注意事项。在文章中,作者提出了广告内容编辑的一些具体要求。"报馆铅字之形体,不可以众多也,且须清晰,绝无模糊之弊。登载告白者,见告白明晰而不漫漶,自然惬意,尤足以壮报纸之观瞻";"字体大小错出,语气断续,不复连贯,意将使人注目"。在关于图画应用方面,作者认为"告白中之图画,必取优美合格者",同时要注意"不伤风纪"。

广告伦理道德。作者认为制作广告,一定要以诚信为主,否则对于报馆也是一大伤害。"凡做广告,尤必以诚信为主。若徒推奖己货,道他家短处,语不由衷,事非真实,此为造谣欺人。报章登载之者,亦蒙其害,以人将推不信告白之心以不信报馆也。"

此外,该书还介绍了几种"分类广告",诸如招请、待请、赁屋、待屋、待访之类,这可以拓宽报纸的销路。

2.《新闻学》,徐宝璜著,1919 年 12 月由北京大学新闻学研究会出版,北京大学日刊编辑处印行。

该书是我国第一本理论新闻学专著。全书一共有十四章,其中第十章《新闻纸之广告》,对报纸广告进行了初步探讨。

关于广告与新闻纸之关系,本书与《实用新闻学》的观点类似,"广告多者,不独经济可以独立,毋须受人之津贴,因之言论亦不受何方之缚束,且可扩充篇幅,增加材料,减轻报资,以扩广其销路"。[①] 除了创造利润的经济功能外,徐宝璜还有其独特的看法,认为广告

---

① 徐宝璜. 新闻学[M]. 国立北京大学新闻学研究会. 1919: 68.

还兼有新闻属性，"广告如登载得当，其为多数人所注意也，必不让于新闻"。①

重视广告专业人才。徐宝璜认为，"发达广告之法，最要者有二，即推广销路与用有广告知识之广告员及广告经理是也。"②推广销路，即扩大报纸的发行量，此毋庸赘述。报馆必须要重视广告专业人才，因为我国近代广告发展多年，"广告现在已成专门技术，非泛泛者所能胜任。必请精于斯道者经理，方能谋其发达"。③广告人才已经成为影响广告事业发展的一个重要因素。

重视广告道德，刊登正当广告。在如何扩大销路的建议中，其一就是要登载正当的广告。书中强调，报馆在登载广告之前一定要进行审查，"新闻社对于广告……当先审查其内容何如。若所说者为实事，而又无碍于风气，则可登出之。若为卖春药、治梅毒、名妓到京或种种骗钱之广告，则虽人愿出重资求其一登，亦当拒之不纳。因登有碍风气之广告，足长社会之恶风，殊失提倡道德之职务。而登载虚伪骗人之广告，又常使阅者受欺而发生财产之损失。此损失纵使于法律上不能向该新闻社索赔偿，而就道德方面言之，该社实有赔偿之义务。故一报常登不正当之广告，必致广告之信用扫地，因之其价值不堪问矣。最后结果，必为广告减少。"④因此，对广告进行审查，刊登正当广告，一方面有益于社会风气，另一方面也可以促进报纸的销路。

此外，该书在顾客心理、广告文案以及编辑等方面均提出了建议，认为要重视顾客心理的研究，广告的文案与式样要经常变化等等。这些与《实用新闻学》的研究内容大同小异，"其观点明显受休曼《实用新闻学》第十二、十三章的影响。显然，作者是参阅过该书的"。⑤另外，徐宝璜还对广告进行了分类，分为寻常广告、特别广告、分类广告、附图广告与联合广告等类。"由新闻社随意安放于报纸之下面后面，或其他地位者，曰寻常广告。指定特别之地位，如在一页之前面，或在新闻之中间者，（彼时应放黑线于广告之四围，以免与新闻相混），曰特别广告。插入图画于广告文中者，曰附图广告。……又有一页或二页，附有写真之铜板，而为一地之数公司、银行、商号、工厂联合而组成者，曰联合广告"。

3.《中国报学史》，戈公振著，上海：商务印书馆，1927年。

该书是我国第一部论述中国报刊历史的专著，在中国新闻学术史上具有重要意义。在该书的第六章第三节，戈公振专门论述了报刊广告问题。作者用丰富的资料和统计数据，对我国广告发展状况做了具体的论述。书中附上了五张图表，"第一表为广告之分类。第二表为广告面积及性质之测量，其面积以医药一种所占最大……第三表为广告面积与全张及新闻面积之比较，读之可知何报广告面积最大，及广告面积多于新闻若干。第四表为广告每门面积与广告全部面积之比较，读之可知何报何种广告最多，及何地何种事业最盛。第五表为广告各门之每次平均面积，读之可知何报于何种广告登载力最强，及其平均

①　徐宝璜. 新闻学[M]. 国立北京大学新闻学研究会. 1919：68.
②　同上.
③　徐宝璜. 新闻学[M]. 国立北京大学新闻学研究会. 1919：69.
④　徐宝璜. 新闻学[M]. 国立北京大学新闻学研究会. 1919：68—69.
⑤　刘家林. 新编中外广告通史[M]. 广州：暨南大学出版社. 2004：134.

所占地位若干。"①

除了广告定量研究分析之外,戈公振还对广告的功能以及伦理提出了自己的观点。戈公振认为,广告兼有商业功能和文化功能。"广告为商业发展之史乘,亦即文化进步之记录。人类生活,因科学之发明日趋于繁密美满,而广告即有促进人生与指导人生之功能。……故广告不仅为工商界推销出品之一种手段,实负有宣传文化与教育群众之使命也"。② 因此,"不道德与不忠实之广告,此不但为我国实业界之大忧,亦广告界之大耻也"。③ 全书的最后有四个附件:附件一、全国报界联合会通过劝告禁载有恶影响于社会之广告案;附件二、新闻报广告简章;附件三、申报广告章程(原件系英文);附件四、申报广告刊例。"此外,戈公振在1927年所著的另一本报学专著《中国报纸化之概观》中,对报纸广告在中国的发展过程亦有简要论述。"④

三、广告学术研究的主要内容

在晚清时期,我国对于广告问题的探讨仅限于广告的功能、广告与报业经营的关系等角度,对广告学的其他相关问题研究则不够深入。自民国以来,随着上述一批广告学的专著和论文的诞生,开始了我国广告学体系的建构,研究的问题从广告学的基本原理、广告技术、广告媒体直至广告行业组织、广告伦理道德等等。对这些问题的研究,深化了对广告学基本理论问题的认识从而推动了广告学的独立。具体而言,广告学发端时期研究的主要内容如下:

(一) 广告主体研究

广告的主体包括广告与广告学定义、广告功能、广告与商业及社会文化的关系、广告历史研究等。

1. 广告定义

广告的定义是广告学的理论基石,广告的定义直接关系到广告学理论体系的建构。但对于广告的定义,并不是千篇一律的,不同时代对于广告的定义截然不同;即使是同一个时代,具有不同学术背景的学者,对于广告的定义也是仁者见仁、智者见智。这一时期学者对于广告所下的定义,代表性的主要有以下几种:

甘永龙在《广告须知》一书中提到,"广告亦可称为创造新需要之一种美术"。⑤ 作者认为,优良的广告不仅在于铺陈产品的优良之处,更在于使读者产生一种求购的欲望。因此广告的第一要质在于美术。但作者对于美术过于看重,而忽视了优良的广告兼须利用其他学术知识,因此对于广告的定义比较狭隘。

孙科在《广告心理学概论》一文中对广告所下的定义是:"广告之旧意义,据各英文词

① 戈公振. 中国报学史[M]. 上海:商务印书馆. 1927:21.
② 戈公振. 中国报学史[M]. 上海:商务印书馆. 1927:26—28.
③ 戈公振. 中国报学史[M]. 上海:商务印书馆. 1927:28.
④ 张树庭. 广告教育定位与品牌塑造[M]北京:中国传媒大学出版社. 2005:198.
⑤ 甘永龙. 广告须知[M]. 上海:商务印书馆. 1918:11.

典之注解,释为'通知、公告、印字的布告'。但此皆旧意,未足以诠释今日之广告也……实言之,广告之用意在制造阅者之欲念而已。""广告为刺激而阅者之欲念举动为反应的运动矣。"①该定义从广告学的基础理论心理学的角度入手,肯定了心理学在广告发生作用过程中的重要性。另外,蒯世勋在其《广告学 ABC》一书中虽然没有给出自己的广告定义,但引用了美国一位学者的观点:"美国著名广告学者勃兰巧氏 Frank Leroy Blanchard,他所定的广告定义是:'凡用以深切地感化人的,均谓之广告。'"②高伯时在《广告浅说》中对广告定义与此类似,他认为"不论何种布告,凡是要深切地感化人的,统叫做广告"。可能高伯时在编著《广告浅说》的时候,曾参与过《广告学 ABC》的撰写。这几个广告定义,都是从心理学角度入手的。

师泉在《广告心理学概论》一文中,称"广告的定义,从狭义方面而说,是用印刷物传播的效力,去出卖货物;说得完全些,商业的广告包含着用印刷呈示某种货物去引诱人们来购买的意义……广义方面而说,广告除商业广告外,又包括政治、慈善、机关、教会……种种广告,从这样看起来,广告可说是一种提议的呈示以引起民众的注意的"。③

上述的几种广告定义,体现了广告学理论体系中美术、心理学等理论的重要作用。当然,这个时期也有对广告定义的字面理解。比如蒋裕泉编著的《实用广告学》对于广告的定义,称"广者,广大也,扩而充之之谓。告者,语也,以事语人之谓。广告二字,其义即为广告于众,欲使广众咸知之意。"④此解释较为通俗,但不够全面深刻。

2. 广告功能与作用研究

美国历史学家、文学评论家 D·M·波特说:"广告对社会有着强烈的影响,在这点上可以与具有历史传统的学校和教会制度的影响相提并论。它有力量控制媒介,促使人们形成爱好的标准,现在广告已成为能够控制社会各种制度中的一个。"可见广告的功用非常广泛而且强大。这一时期,学者对于广告功用的认识主要有下面几点:

广告具有经济功能。这一点主要就广告与商业的关系这一宏观方面而言。在《广告须知》一书中,作者认为:"广告者,先进商业界最雄健之原动力也,近世实业竞争之进化品、发育物也,造成商务之大工师。其力量超乎人类欲望之外者也,其功用不仅若游行商贩之逐户沿门,执消耗家而喧聒之也。亦不仅若纸上谈兵之发卖家,专于笔墨间作种种铺叙也。盖现今之广告,确于商务上有一种创办力。"⑤即广告乃商业界发展的雄健原动力,是促进资本主义工商业发展的一大利器,"广告有创造新需要之力"。⑥ 而广告的创造新需要之力,则源于经济学中"分配"环节的重要作用。蒯世勋《广告学 ABC》一书中提到"广告到现在已经成为一种雄伟的商品分配的力量。"⑦而"分配"一词则源于经济学领域。

① 孙科. 广告心理学概论[J]. 建设月刊第一卷第二号. 1919(9).
② 蒯世勋. 广告学 ABC 丛书[M]. 上海:世界书局. 1928:3.
③ 师泉. 广告心理学概论[J]. 东方杂志. 1924(21).
④ 蒋裕泉. 实用广告学[M]. 上海:商务印书馆. 1926:5.
⑤ 甘永龙. 广告须知[M]. 上海:商务印书馆. 1918:1.
⑥ 甘永龙. 广告须知[M]. 上海:商务印书馆. 1918:3.
⑦ 蒯世勋. 广告学 ABC 丛书[M]上海:世界书局. 1928:4.

　　广告的经济功能,不仅对于商业具有重要作用,同时也关系到国家民族的命运盛衰。李文权在《告白学》一文中论述了广告与国家的紧密关系,指出二十世纪是商业竞争的时代,商人可以左右国运的兴衰,而商人赖以有所作为的重要工具就是广告,因此他们不得不重视广告。然而反观我国,商人还不太重视广告,实为一大缺憾,"试观欧美之营业者,其告白一项,于资本中所占之额为最多。今日本亦研究广告术,以冀其商业之发达,盖未有无告白而能使商业进步者也。告白不良,商业不昌;商业不昌,国家斯亡。由是观之,谓告白为商业之精神可也,谓告白为商业之根本可也,谓告白为商战之主动力可也,即谓告白为世界文明之主动力亦无不可"。①

　　广告具有新闻以及心理功能。在《广告须知》中,作者认为:"广告者,兼具有新闻上之价值,与心理上之权力……所谓新闻之价值者,以酌定之期间,随时予人以消息,俾知人生斯世,为日用及安适计,必如何供应,方为最优美而又最省俭之法。至于心理上之权力,则首在依心理学审定公例,遂施其运动,俾千变万化之人类心胸中,栽植一种思想。"②从某种意义上说,广告对于人们的生活、生产活动有很重要的作用,可以告知其最新产品的相关信息。至于心理功能,也是广告之所以能够达到其功效的心理原因。因为一件新出产品,在出产之前,人们不知道有该产品的存在,因此尚未产生必须要去购买的欲望。但是当人们知道有该产品后,如果不去购买,就好像自己的生活不够便利,于是心中忐忑不安,产生了必须要去购买的冲动。

　　广告的社会文化功能。我国著名报学史家戈公振在《中国报学史》中,称"广告为商业发展之史乘,亦即文化进步之记录。人类生活,因科学之发明日趋于繁密美满,而广告即有促进人生与指导人生之功能。……故广告不仅为工商界推销出品之一种手段,实负有宣传文化与教育群众之使命"。③同时"广告有变更眼光或识见之功效",④能"化除不经之成见。我人牢不可破而实则全无理由之成见,为广告所默化潜移者,亦殊不少。例如汽车始行之日,见者莫不讪笑谩骂,以为往来街道中之车辆,安有不藉马匹而可任其以一种机械恣意骤驰者。时人排斥之成见,实有不可遏抑之势。然未几而广告出矣,广告家挟其纸笔,曲譬善诱,一唱三叹,锲而弗舍,曾几何时而成见已销弭无迹。"⑤

　　广告与报馆的关系。由于广告与报馆关系非常密切,因此在新闻学著作中常见学者论述广告对于报馆的重要作用。这些观点主要基于广告与报馆经营的角度,认为广告事关报馆的生存和发展,因为广告收入已经成为报馆收入的重要来源。史青翻译的《实用新闻学》论述广告与报馆的关系,称"一报有告白与否,尽足以定一报之运命。今美国报馆,进款之半数皆出于告白费。至订阅报章之资,仅供购致纸墨、邮票而已。报纸人物(员)之俸给,以及其他支持馆务之费,皆取给予告白费也"。⑥徐宝璜所著的《新闻学》与《实用新

---

①　李文权. 告白学[J]. 中国实业杂志. 1912(3).
②　甘永龙编译. 广告须知[M]. 上海:商务印书馆. 1918:2.
③　戈公振. 中国报学史[M]. 上海:商务印书馆. 1927:26—28.
④　甘永龙编译. 广告须知[M]. 上海:商务印书馆. 1918:5.
⑤　甘永龙编译. 广告须知[M]. 上海:商务印书馆. 1918:7.
⑥　史青. 实用广告学[M]. 上海广学会出版. 1913.

闻学》的观点类似,称"广告多者,不独经济可以独立,毋须受人之津贴,因之言论亦不受何方之缚束,且可扩充篇幅,增加材料,减轻报资,以扩广其销路"。① 除了创造利润的经济功能外,徐宝璜还有其独特的看法,认为广告还兼有新闻属性。"广告如登载得当,其为多数人所注意也,必不让于新闻。"②

3. 广告历史研究

这一时期对于广告历史研究的著作很少,即使偶尔有所涉及,也大多是简单地概述从古至今广告事业的发展演变,缺乏专业深度。师泉在《广告心理学概论》一文中,对此有所论及。作者根据 Starch 的 Principles of Advertising 一书中对广告史的分期,将广告史分为五个时期:(1)"印刷术未发明以前的时期",这一时期在 1450 年以前;(2)"早期印刷时期",从 1450 年到 1850 年,这一时期是广告事业的初期;(3)"现代",从 1850 年到 1911年,这段时期新闻纸和杂志数量增长迅速,广告普及;(4)"广告最发达的实用时期",从1911 年至今,这段时期广告的发展速度最快,"最鲜明的色彩是广告的真实运动(the movement of truth in advertising),一九一一年世界广告联合会(Associated Advertising Club of the World)举行年会时成立委员会,其宗旨为改进广告而设,记载务求诚实可靠,而把不诚实的广告设法逐渐消减";③(5)即"广告最近的趋势是应用科学的方法力求改良,另一方面用舆论的制裁以消减不诚实的广告"。这种广告史分段方法主要参考国外广告学者的成果,将广告技术的标准作为划分广告历史的依据,在中国广告史研究中具有开拓性的意义。

(二) 广告技术研究

这一时期的广告大多为报刊广告等传统的平面纸质媒体广告。因此广告技术研究也主要集中在广告文稿、绘图、色彩、字体、标题、结构等方面。

1. 稿本研究

所谓"稿本"即文案的意思。甘永龙编译的《广告须知》认为,"稿本乃广告之魂魄",稿本必须以诚挚来令人信服,因此必须要本着真诚负责的态度去撰写稿本。广告稿本既如此重要,那么该如何创作出优秀的作品呢? 史青翻译的《实用新闻学》一书,提出了广告稿本的具体要求,比如"著作告白之文,须凝练而易刺人目";"盖告白费最贵,故务宜以最少之字数出之";"其文必足以动人兴趣,激人观感";"行文平易近人,正如店伙之语顾客然,原原本本,绝无张皇招摇之气";"须将有关发卖品之若干事实,布告于公众,并宣示其价目也"。④ 同时,由于广告要刊发在报纸等媒体之上,需要和其他文章争胜以吸引读者的眼球。因此,广告稿本要材料浓郁、文笔精警才能印入读者的脑筋。此外,除了真诚负责的态度、优美的内容,广告稿本还要在标题上下功夫。标题要大字,"以显著奇特、触目动心

---

① 　徐宝璜. 新闻学[M]. 国立北京大学新闻学研究会出版. 1919:68.
② 　徐宝璜. 新闻学[M]. 国立北京大学新闻学研究会出版. 1919:68.
③ 　师泉. 广告心理学概论[J]. 东方杂志. 1924(21).
④ 　甘永龙. 广告须知[M]. 上海:商务印书馆. 1918:15.

为合格,引人兴味与发人好奇二者,须兼而有之"。①

2. 图画技术研究

在当时,已经有研究者对于图画是否为广告所必须而进行过论争。"有所谓'近代广告中图画之地位'者,颇引起研究者之辩论。盖欲引起阅报及读杂志者之注意,图画是否必须? 设其必须,是否图画即为广告,不必更及其他乎? 此一问也。图画应否即以出品当之,抑与出品可毫无关涉,仅取引动阅者心目? 此一问也……至于广告撰著家与美术家,以出品披露方法而各执一见时,则几几以图画一项为广告学中所不必齿及"。② 而作者认为,图画在广告的触目动心上具有相当大的功用。图画有如此重要之作用,并不是说一幅广告可以不加选择地配以任何图画。蒯世勋在其所著《广告学 ABC》一书中,提到图画对于广告的四个责任,即(1) 用以引起读者注意,诱导读者去看公告上的文字;(2) 用以使人熟悉商品之外形或其包装之格式,熟悉之后,在店里才可一见就知道了;(3) 用以表示在应用中之商品;(4) 用以表示广告所欲需求的人。因此图画与广告一定要配合好。在选用图画的时候,也要遵守伦理道德。史青翻译的《实用新闻学》一书提到"告白中之图画,必取优美合格者",同时要注意"不伤风纪"。

3. 广告编排研究

广告的编排涉及到标题、字体以及结构等。《实用新闻学》一书提出了广告内容编辑的一些具体要求。如"报馆铅字之形体,不可以众多也,且须清晰,绝无模糊之弊。登载告白者,见告白明晰而不漫漶,自然惬意,尤足以壮报纸之观瞻";"字体大小错出,语气断续,不复连贯,意将使人注目"。

4. 色彩研究

由于早期的广告很少运用彩色,广告业界也很少使用彩色广告,因此这时期广告研究中关于色彩运用的内容相对较少。在《广告学 ABC》一书中,作者认为彩色对于广告的价值在于:第一,足以吸引注意;第二,用以表现商品之特点以感化购买者;第三,用以画出商品包装的形象。

(三) 方法研究

制作广告的方法包括运用心理学、调查统计等一般的科学方法,也包括广告规划、广告诉求等专门的制作方法。

1. 心理研究方法

心理研究方法是制作广告的基本方法,也是广告学之所以成为一门科学的重要理论支撑。学界普遍认为,1908 年美国学者斯科特《广告心理学》一书的出版,是广告心理学诞生的标志,也标志着广告学学科体系的建立。因此心理研究方法在制作广告的方法中占据非常重要的地位。

我国学者也认识到在制作广告时要注意风土人情,但是研究不够深入且不成体系。

---

① 甘永龙. 广告须知[M]. 上海:商务印书馆. 1918:20.
② 甘永龙. 广告须知[M]. 上海:商务印书馆. 1918:34.

这一阶段关于广告心理学的著作和论文大都借鉴吸收了国外的相关研究成果。

在孙科的《广告心理学概论》一文中，作者详细阐述了 AIDMA 模式的作用过程：（1）注意的提起。"广告所提起人之注意，皆心理学所谓无意的注意也。无意的注意之发生由于二道：一由于刺激力之增加。二由于刺激之有兴味"。[①] 作者认为刺激力的增加有这样几种方法：声音之洪亮、幅面之广大、刺激之活动、二物之比较、广告之孤立、广告在版面中的特殊位置等等。而兴味的刺激方法则可利用新奇、颜色、图画、暗示的活动、滑稽等技术。（2）注意之握住。作者认为机械方法有两个，即复杂和统一，内容丰富但不能杂乱无章，要有机和谐的统一起来。兴味方法，则可增加广告的形式和内容的快感，即采用新式广告，并重视颜色、文字以及图画等技巧。（3）印象之深入。作者根据心理学的联合原则，提出了加深印象的几条方法，即利用反复、真切想、新出、先前等方法。（4）反应之激起。"广告工夫之第四级，最后而又最要为广告之主的者，曰反应之激起"。广告能激起反应的方法有两种，一是"利用人之普通感情或本能心性以造成广告，使阅者观之于不知不觉中，自然激励其感情或本能"，二是"邀请阅者之思考、比较之辩论"。[②]

蒯世勋在其所著的《广告学 ABC》一书中，将人类的本能分为三种。第一是个性的本能（Individual Instinct），第二是社会的本能（Social Instinct），第三是种族的本能（Racial Instinct）。个性的本能，如行动、食欲、利己、搜集、骄傲、竞争、好奇、清洁等。社会的本能，如羞耻、社交、同情、感谢、模仿、报仇、牺牲等。而性的反应 Sex Reaction、恋爱、结婚、家庭之爱护、父母子女之爱等，则为种族的本能。作者认为，从事商业广告的人，对于这些心理知识，有加以研究的必要。

2. 广告诉求方法

在甘永龙编译的《广告须知》的第六章，作者专门分析了广告的诉求点。不过当时并没有诉求点之说法，作者称之为"射的法"、"牛眼法"。作者认为具有说服力的广告，"贵在以明白有精彩之辞令，具陈某出品所以应邀公众称赏，不能与其他同类出品等例并观之故。盖其主旨不特在保存旧主顾，切须招徕新主顾"。[③] 广告所陈之出品，必须与众不同，所有精力要集中于某一点。"无论广告之目的在保存旧主顾，或招徕新主顾，又或二者兼而有之。而射的法即牛眼法，则殊有采用之价值。欲求中的，必先凝集其精力于一点。"[④]

3. 调查与统计等方法

这一时期，在调查与统计等科学方法运用方面最有影响的是戈公振。在《中国报学史》的第六章第三节，戈公振专门论述了报刊广告的问题。作者用丰富的广告资料和统计数据，对我国广告发展状况做了具体的论述。

蒋裕泉在其《实用广告学》一书中也提到，广告家在制作广告之前，需要对消费者的需

①　孙科. 广告心理学概论[J]. 建设月刊第一卷第二号. 1919(9).
②　同上.
③　甘永龙编译. 广告须知[M]. 上海：商务印书馆. 1918：23—24.
④　甘永龙编译. 广告须知[M]. 上海：商务印书馆. 1918：24—25.

求、商品性质等特点加以研究,而方法方面"须有'调查'、'考察'及'统计'等各项之预备"。① 强调了调查、考察、统计等科学方法的重要性。

(四) 媒介研究

这一时期的媒介研究主要是关于媒介广告种类的研究,并针对各个媒介种类提出有益于广告传播效果的建议。

1. 媒介广告种类

蒋裕泉《实用广告学》一书以广告媒介为依据,将广告划分为日报广告、杂志广告、包纸广告、传单广告、油漆牌广告、招贴广告、邮递广告、影戏广告、电灯广告、游行广告、电车广告、窗饰广告、特别传达物广告等十三类。这些基本涵盖了当时常见的广告形式。

2. 媒介意义

蒯世勋在《广告学 ABC》一书中,重点论述了报纸广告、杂志广告以及电影广告的优越性。作者认为:"报纸是广告最普通的媒介,因为报纸之流通最广,流传得最迅速。其中当然尤以日报为重。报纸广告之利益,有下列几点:甲、报纸广告,以其读者众多,所以照比例算起来是种种广告中最廉价的一种。乙、报纸广告有迅速及时的利益。丙、报纸广告可以产生快的结果。丁、报纸广告能使货物周转迅速,增加营业利息。戊、在报纸上登广告,并不是只买用报纸上一点空间,同时享用了报纸之历史上的威权与影响。已、报纸广告可以依报纸流通地的人们习惯性情以及其后经济情形,而改变广告上的语气。庚、报纸广告还有一个利益,就是读者对于广告的反应来得迅速。……以上种种利益,所以报纸是广告最好的媒介。"②

杂志广告具有下列优点:"甲、杂志是在家里卖的,成为家庭中才智生活的一部分。杂志广告获得了家庭中各人的信用。乙、杂志中登载的广告,在无形中好像盖上了发行者的担保签字。读者不会疑惑广告中所说的话是否真实,他们会相信一切,因为他们对于杂志是有信仰的。丙、杂志广告使商品有一个平稳的市场。丁、杂志广告有可靠的伴侣,因为欺人的极不正常的商品的广告,杂志是拒绝登载的。戊、杂志广告的外形也有利益,因为杂志的纸张,质料较好,大小整齐,可登引人的彩色广告。"③

电影广告作为新的广告形式,其优点是:"甲、用电影的方法,以表现商品的实际用法,在观众心中引起购买此种商品的强烈的欲望。乙、足以给予商品特别价值的制造,可以详细地映在电影上,使观众明了他的意义。丙、在黑暗的电影场上,观众只有银幕上锁映出来的情景可看,而且也一定只向银幕看的。观众一进电影院之后,什么都不在心上,极易收受影响。丁、一张广告可以在许许多多电影院中去开映。总之,电影广告是一种理想的广告。不过所费较巨,非一般商人所能应用。中国所流行的,不是这种活电影广告,而是用文字的死片子。后者的效力当然不及前者之大。"④

---

① 蒋裕泉. 实用广告学[M]. 上海:商务印书馆. 1926:40.
② 蒯世勋. 广告学 ABC 丛书[M]. 上海:世界书局. 1928:66—68.
③ 蒯世勋. 广告学 ABC 丛书[M]. 上海:世界书局. 1928:70—71.
④ 蒯世勋. 广告学 ABC 丛书[M]. 上海:世界书局. 1928:80.

3. 媒介形式

甘永龙《广告须知》一书中，对媒体形式与适用广告的关系进行了论述。

杂志与日报广告。作者认为杂志和日报是刊载广告的两大媒体，所刊出品广告，两者各有所宜，稿本也不能一概而施，书中列举了报纸广告所适合的出品种类。此外，还详细分析了杂志媒体存活期以及广告地位等问题。作者认为，"杂志之生命，大约自三十天至九十天，此就家庭及俱乐部等杂志存放之普通日期而言。于此三十天或九十天中，杂志之广告篇幅，屡屡为家庭中人、俱乐部员乃至宾客朋友等所翻阅"。[①] 因此杂志广告具有很长的阅读时间。关于杂志广告的位置问题，作者给出了明确的划分："惟杂志之优先地位，当以'底封面'为首屈一指，则殆广告家所公认。今就杂志之篇幅，而酌定其等次如下：一、底封面。二、正封面之背后页。三、底封面之背后页。四、与目录相对之第一页，或与读料第一页相对之页。五、与读料末页相对之页。……杂志发行家又有所谓额外优先地位者。例如星期六晚邮（报名）、妇女家庭日报、描画报等，皆以底封面及前后两里封面为额外优先地位。……惟以记者观之，地位之高下优劣，仍系乎：（一）所广告之物品。（二）稿本种类。（三）该广告藉该杂志而达于何等人物之心目。"[②]

邮递广告。首先，作者认为"邮递广告以引起阅者关切为最要。邮递广告撰著之法，苟不足引起有望主顾之询问，则小册子结构虽佳、印刷虽精，亦将无从施其功用"。[③] 因此优秀的邮递广告应该利用人类好奇的天性，并且注意广告的文笔须避免恶劣的毛病。作者还介绍了检测不同邮递广告效果的方法，即将不同形式的广告分别邮递出去，以测试其孰优孰劣。作者称之为邮递广告之"启匙"。

街车、户外广告。当时街车为人们出行经常乘坐的工具，因此街车广告也甚为普及。作者分析了街车广告位置的优劣，并对何种出品宜于刊登街车广告以及街车稿本如何撰写等问题进行了论述。关于户外广告，作者认为"揭招为广告之增补或附益品"，具有相当迅速的市场效果，同时也对户外广告所忌讳的注意事项进行了举例说明。

（五）广告行业研究

广告行业的研究包括广告伦理以及广告人才培养等方面。

1. 广告伦理道德研究

史青翻译的《实用新闻学》一书中，明确诚信为广告伦理的基本准则。作者认为，制作广告一定要以诚信为主，否则反过来对于报馆也是一大伤害："凡做广告，尤必以诚信为主。若徒推奖己货，道他家短处，语不由衷，事非真实，此为造谣欺人。报章登载之者，亦蒙其害，以人将推不信告白之心以不信报馆也。"不仅如此，不诚实的广告于社会风气、于消费者也有莫大的伤害，所以必须要重视广告道德。而报纸杂志作为广告的发布者，也应该承担起把关人的职责。徐宝璜在《新闻学》中提出，报馆在登载广告之前一定要进行审查，"当先审查其内容何如。若所说者为实事，而又无碍于风气，则可登出之。若为卖春

---

① 甘永龙编译. 广告须知[M]. 上海：商务印书馆. 1918：44.
② 甘永龙编译. 广告须知[M]. 上海：商务印书馆. 1918：45—46.
③ 甘永龙编译. 广告须知[M]. 上海：商务印书馆. 1918：62.

药、治梅毒、名妓到京或种种骗钱之广告,则虽人愿出重资求其一登,亦当拒之不纳。因登有碍风气之广告,足长社会之恶风,殊失提倡道德之职务。而登载虚伪骗人之广告,又常使阅者受欺而发生财产之损失。此损失纵使于法律上不能向该新闻社索赔偿,而就道德方面言之,该社实有赔偿之义务。故一报常登不正当之广告,必致广告之信用扫地,因之其价值不堪问矣。最后结果,必为广告减少"。① 因此,对广告进行审查,刊登正当广告,一方面有益于社会风气,另一方面则可以促进报纸的销路。

2. 广告人才

广告人才包括媒体的广告人才和广告代理业人才,即所谓的媒介代理人。由于广告对于报馆的经营、生存、发展具有非常大的影响,因此在新闻学著作中常可见之重视广告经营呼吁。而广告经营的提升主要依赖于广告人才。徐宝璜认为,"发达广告之法,最要者有二,即推广销路与用有广告知识之广告员及广告经理是也。"②推广销路,即扩大报纸的发行量,此毋庸赘述。报馆必须要重视广告专业人才的培养与使用,因为我国近代广告发展多年,"广告现在已成专门技术,非泛泛者所能胜任。必请精于斯道者经理,方能谋其发达"。③ 广告人才已经成为影响广告事业发展的一个重要因素。

媒介代理人的地位非常重要,其处于广告主和广告媒体之间,因此广告主在选择广告代理人时一定要慎重。蒯世勋在《广告学 ABC》中明确指出了一名优秀的广告代理人必须至少具备商品、市场以及推销三方面的知识。而代理广告业务的广告主任,也应该具备生意贩卖学识、随机应变能力、忍耐力、管理能力以及创造力等。

3. 广告代理

《广告须知》中对广告代理行业论述颇多,作者认为广告业能够如此发达,是因为有了广告代理制度。随着广告事业的发达,近代广告业已经成为一种专业和专技。因此作者这样评价广告代理制度:"广告法为广告代理人之发育体,而广告代理人则为广告法之发育体。"④广告代理人的地位有其特殊性,"广告代理人为广告家与发刊家两者之间枢纽、出品人与销耗人之触接。既由代理人为之先导,而出品家能使其货物之销路,倍蓰于昔日,又惟代理人之力是恃"。广告代理人为何能够有如此之效力,作者分析了关于广告代理的三个问题:一、广告代理人之功用何在。二、其所尽于广告家者为何种役务。三、代理人是否为现代广告中不容已之原动力。作者认为广告代理人的功用:其一,"其役务在斟量某种媒介品位最合于某物之披露,而即代向该媒介品购定广告篇幅。代理人向日报购买此类篇幅,恒视广告家自买为合算。其理由则至单至简,盖代理人恒同时而为十余厂或十余商购买篇幅,非若自买者之仅限一己"。⑤ 而这种功用也正是由广告代理人所处的特殊位置决定的。其二,由于广告代理人工作的专业性。"凡组织完善之广告代理业,既

① 徐宝璜. 新闻学[M]. 国立北京大学新闻学研究会出版. 1919:68—69.
② 徐宝璜. 新闻学[M]. 国立北京大学新闻学研究会出版. 1919:68.
③ 徐宝璜. 新闻学[M]. 国立北京大学新闻学研究会出版. 1919:69.
④ 甘永龙编译. 广告须知[M]. 上海:商务印书馆. 1918:96.
⑤ 甘永龙编译. 广告须知[M]. 上海:商务印书馆. 1918:98.

为广告家选定相当之媒介品，即须就锁广告之物品，而悉心研究，并考察广告家之营业情形，以及该广告家于零售商之营业关系。例如某代理机关，于承接某公司之时辰表广告后，即遣人赴饰品商及钟表商之经售该时表者，悉心探问该公司之营业如何，其出品是否可靠，获利是否可以应开支而有余，式样是否合于主顾之用，何种时表销场最佳，全国之中，以何部分为最欢迎该物品。其所探询之商店，为数当以百计，于是货物及发卖机关，均经详慎研究，而代理人即以所获之消息，为其运动之基础。此即广告稿本之所由定业。代理人与广告家之关系至密切，于营业之盛衰涨落，均须获闻其秘，以便就事业之升降，而规定其广告之方法"。① 关于代理人是否为现代广告中的原动力，作者的答案是肯定的。因为"全国广告事业，大都为其所控制。且广告业既发达后，代理人得以要求发刊家，使与己相傍，藉资维获"。② 而之前对广告主不负责任的媒体捐客们差不多已经销声匿迹，就是对广告代理业发达的一有效证明。

虽然当时的广告代理业如日中天，但是作者还是对于广告代理业的发展前途提出了应该注意的问题，以保证其能够健康发展。作者认为"代理人之功力，殆不免为两种之趋势所迫害。一、广告运动。有渐就所见而变为屯稿制度之趋势。一、经办之广告过多，而个人服务难期有力之趋势"。③ 所谓屯稿制度，就是预备一年之用的广告稿本，而递交于发刊家，使依期刊录。但是由于市场情况以及广告产品可能随时变化，那么刊登的广告就要相应作出调整。这就要求广告主增加广告费用，但广告主不一定乐意。此为一难题。另外，由于广告代理人之主顾太多，势必应接不暇。此又一难题。因此作者主张广告代理人在招揽主顾的时候，一定要量力而行，对于自己的已有主顾一定要实心实力，这样才能使广告代理业健康发展。

（六）广告经济研究

广告的经济研究主要涉及广告的费用与成本。

民国时期我国广告业还不甚发达，不仅普通民众对于广告有所误解，就连不少有学问的人对于广告也有偏见。他们认为做了那么多的广告，广告费用最后还是要落在消费者的头上，让消费者来承担。蒯世勋在《广告学 ABC》一书的第十二章《广告之经济》中，对广告费的来由进行了讨论。蒯世勋承认广告费最终还是由消费者来承担，但是由于广告的作用，反而使消费者降低了购买价格。因为"广告足以增加货物的需要，而减少其产出成本，所以反而使消费者出同样的价钱得到较好的货物，或者得到同等的货物，少出一点买价"。④ 这样的观点不仅在当时是非常独特、具有长远眼光的，即使在现在，也值得向大众推广。

四、广告学术研究由"观"入"学"

纵观中国广告学发端时期的广告学术研究，主要呈现以下几个特点：

---

① 甘永龙编译. 广告须知[M]. 上海：商务印书馆. 1918：99.
② 甘永龙编译. 广告须知[M]. 上海：商务印书馆. 1918：100.
③ 同上.
④ 蒯世勋. 广告学 ABC 丛书[M]. 上海：世界书局. 1928：94.

第一，广告学术从"广告"研究直接进入"广告学"研究。

这一时期的广告学研究，主要偏向于广告的功能以及广告制作技巧等方面，对广告学基本原理也开始进行探讨，有很多学者已经开始使用"广告学"一词。甘永龙在《广告须知》的序中，首次提到"广告学"一词，"故此书非广告法之初级教科书也，非稿本缮写法之启蒙读本也，非讲演披露法之学说也，非讨论广告学之原理者也，更非敷陈广告法之历史者也，亦非主张某种类某形式之披露，冀以鼓动商界之个人若团体，而引起广告之党义竞争或逐鹿运动者也。此书之作，无非以求便于广告家耳"。① 次年，孙科在《广告心理学概论》中也称，"广告学之成为专科之学，近数年间事耳"。② 之后，以"广告学"为书名的著作大量出现。例如蒋裕泉所著的《实用广告学》、蒯世勋所著的《广告学 ABC》等。"广告学"研究逐渐取代了"广告"研究，中国广告学迅速披上了"学"的外衣。姑且不论广告学的体系是否已经完善、学理是否已经透彻，但由此可见，我国广告学从广告观考察，进入广告学学科体系的建立，其速度相当之快。

第二，本土广告学研究较为传统、肤浅，呈现出比较明显的浅尝辄止特征。

在这一时期出版、发表的著作和论文中，中国本土广告学研究主要涉及广告的功能、广告与新闻纸的关系、广告稿本编辑以及广告伦理道德等方面，这些在广告学孕育时期的报纸期刊上都有过探讨，研究的内容比较传统，研究不够深入。

不过在广告学术发端初期，这些著作以及论文向大众普及了关于广告学的一般知识，起到了一定的启蒙作用。而这一时期由本土学者编著出版的《实用广告学》以及《广告学 ABC》两本书，已经开始了对广告学进行系统的研究，并对于广告学基本知识的普及和广告实践活动的指导也起到了重要作用。

第三，中国广告学完整的学术体系主要借鉴自国外。

甘永龙编译的《广告须知》的研究内容包含了广告本体研究、广告技术研究、广告媒体研究以及广告行业研究等，基本上涵盖了广告学研究的各个方面，为中国广告学以后的研究和发展提供了重要依据和参考。不过《广告须知》并非中国本土学者的研究成果，而是编译自美国的广告书籍 Ho to Advertise。关于广告心理学的著作以及论文也是主要吸收西方学术成果，甚至直接翻译而成。这种情况与当时中国总体学术趋势是一致的："自近代到民国相当长的一段时期，中国学术发展的一大特点是引入西方现代学科范畴和学术体系并使之适用于中国本土。从日本、欧洲和美国流入中国的学术影响构成了种类繁多且广大的学术领域，并使中国学术界进入了世界范围内现代科学知识传播与学术交流的一部分。"③不仅广告学，其他学科如新闻学、心理学、商学等也大多参考了西方现成的学科体系。因为一门学科的建立需要前人做大量的基础性研究工作。比如广告学科建立之前，"早在 19 世纪，美国的学者已经发表和出版了一些分别论述推销、广告、定价、产品设

---

① 甘永龙编译. 广告须知[M]. 上海：商务印书馆. 1918.
② 孙科. 广告心理学概论[J]. 建设月刊第一卷第二号. 1919(9).
③ 张树庭. 广告教育定位与品牌塑造[M]. 北京：中国传媒大学出版社. 2005：187.

计、品牌业务、实体分配等方面的文章和论著，为广告学的形成奠定了基础。"①而我国近代广告事业发端就远远晚于西方发达国家，对于广告各个方面研究的起步则更晚。因此，参考西方国家现成的广告学术体系不失为一种直接有效的办法。

第二节　本土广告学勃兴：1930—1937

20 世纪 30 年代以后，是中国本土广告学研究的勃兴期。这一时期涌现出了很多中国学者自己的广告学著作、论文。而中国本土广告学术研究的活跃与前一阶段引介国外广告学研究成果以及相关知识的普及有莫大关系。同时，这一时期众多高校以及商科学校纷纷设立广告学课程，扩大了广告学研究的学术队伍，也加快了学术界与广告业界之间的交流与互动。这些都是中国本土广告学研究勃兴的基础条件。另外，当时有学者指出，早期引入的国外广告学著作，大都采用翻译或者编译的方式直接介绍西方的广告学研究成果，而忽略了中国工商业发展以及广告业的实际情况，导致很多早期的广告学著作并不能有效解决中国广告业发展的问题。因此，中国学者加快了国人自己研究广告学术的步伐，争取尽快产生能够满足实际需要的广告学研究成果。

一、本土广告学著作成果累累

中国广告学刚刚发端不久，国人对于广告学的基本知识还处于一种非常匮乏的状态，能够全面介绍广告学系统知识的著作相当少。因此中国学者在研究广告业所面临的实际问题的同时，也肩负了向大众普及广告学基本知识的重担。所以这一时期出版的广告学著作，有相当部分是介绍广告学的基本原理和学科体系，而且书名多缀以"浅说"、"概论"或"纲要"等字样。但在 1930 年到 1937 年这短短的七年时间里，我国本土学者的广告学著作多达近十本，本土广告学著作堪称成果累累。

（一）概论性的本土广告学著作

这一时期的本土广告学专著多为概论性著作。

1. 高伯时编《广告浅说》（民众商业丛书），上海：中华书局出版，1930 年。

该书共十章，一、引言，二、广告的意义，三、广告的功效，四、广告的种类，五、广告成功的案例，六、成立广告的要素，七、广告和商品的关系，八、广告的经费，九、广告的人才，十、附说。主要论述了广告的定义和功能、广告种类、广告与商品的关系，以及广告经营管理方面的知识。关于广告的种类，作者将广告分为流动的、固定的、指定的三种形式。"流动的，如报纸、杂志之类，能流行各处；固定的，是限于一定的地位；指定的，是专为对方面一部分而发的广告，如邮递广告之类。"②

---

①　丁俊杰、康瑾. 现代广告通论[M]. 北京：中国传媒大学出版社. 2007：50.

②　高伯时. 广告浅说[M]. 上海：中华书局. 1930：5.

此外,作者还对产品商标问题提出了自己的见解,认为商标属于广告的范围,两者有密切的联系,但并不是广告的一种。商标的制作要易于识别、便于记忆、独出心裁,并且要与商品有相当的关系。

2. 苏上达编《广告学纲要》,上海:商务印书馆发行,1930 年。

该书分为五篇二十一章:第一篇、总论,第一章、广告之意义,第二章、广告史,第三章、广告与商业之关系。第二篇、市场,第四章、市场之研究,第五章、调查市场之方法,第六章、调查市场之实例。第三篇、广告方法,第七章、广告方法之发现,第八章、广告方法之审查,第九章、制作广告步骤。第四篇、制作广告之方法,第十章、广告方法之选择,第十一章、广告与道德,第十二章、广告之图画,第十三章、广告之标题,第十四章、广告之结构及字体,第十五章、商标,第十六章、广告与经济问题,第十七章、广告与装潢问题。第五篇、广告之媒介,第十八章、广告媒介之选择,第十九章、杂志及书籍,第二十章、报纸,第二十一章、邮物电车看报之广告媒介。附录:全国注册局注册条例/商标法/商标施行细则。研究的内容包括广告本体研究、市场研究、广告技术研究、广告媒介研究等。

总体而言,《广告学纲要》对于广告学诸问题的论述颇为详尽,从广告本体研究、市场研究、方法研究、技术研究、媒介研究、广告经费研究,到广告伦理道德研究方面,内容全面、结构完整。该书不仅教给了大众基本的广告学理知识,而且对于广告行业的从业人员来说,也具有一定的实践指导意义。

3. 苏上达著《广告学概论》(万有书库),上海:商务印书馆出版发行,1931 年。

从内容及篇幅上来看,《广告学概论》是《广告学纲要》的缩写本。内容主要涉及广告历史、市场调查、发现广告和制作广告的方法、广告媒介以及广告经费等问题。其论述不及《广告学纲要》详细。

不过此书中有两个值得关注的地方:第一,作者对于"广告学"的定义,称广告学是"广告学者研究利用种种媒介物,以销售货物之科学"。[①] 该定义相对于《广告学纲要》中的定义,扩大了广告媒介物的范畴,表述更加科学;第二,作者将广告学研究分为五个领域:(1)市场问题,(2)方法问题,(3)技术问题,(4)媒介问题,(5)经费问题。[②] 这对于民国时期的广告学术研究具有重要价值,"在广告学学理研究上更迈进了一步"。[③]

(二)注重实用的本土广告学著作

1. 何嘉著《现代实用广告学》,上海:中国广告学会,1931 年。

此书藏于上海图书馆,但由于笔者收集资料期间,该书正在被刻录成光盘,因此无法查阅到原书。相关的内容主要参阅张树庭所编著的《广告教育定位与品牌塑造》一书。

正如该书扉页所题"本书目的在养成中国广告人才,为求业青年广一谋生出路",该书著作的目的在于为希望从事广告事业的青年提供广告知识以及实践指导。该书的研究内

---

① 苏上达. 广告学概论[M]. 上海:商务印书馆. 1930:2.
② 苏上达. 广告学概论[M]. 上海:商务印书馆. 1930:2—3.
③ 张树庭. 广告教育定位与品牌塑造[M]. 北京:中国传媒大学出版社. 2005:202.

容包括广告与广告学阐释、广告功用、广告分类、广告色彩与广告心理、广告构成、商标以及广告人才等问题，侧重从广告为商业经济服务的角度，给人们提供实践指导。

2. 孙孝钧编《广告经济学》，南京：南京书店，1931年。

作者孙孝钧为南洋大学经济学士。全书分为十二章：第一章、广告学之意义及其效能，第二章、凭藉广告以为宣传之根本原因，第三章、广告之媒介，第四章、引人注目要则之研究，第五章、撰拟广告之初步问题，第六章、撰拟广告文之要则，第七章、引起欲望之稿文，第八章、标句，第九章、字体与花边，第十章、图画，第十一章、色彩，第十二章、商牌及商标。该书的主要内容是广告制作方面，对具体的广告实践活动具有指导意义。

在结尾处，作者列举了其著该书的参考文献16种，有中英文著作以及学术论文。值得注意的是，其中《实用广告学》一书，可能为蒋裕泉所著。

3. 罗宗善编著、徐国桢校订《最新广告学》，上海：世界书局，1933年。

该书又名《广告作法百日通》，该书分为三编23节。第一编、广告学概论。包括广告学定义、与其他学科的联系、利弊、广告对象等方面，使读者对广告学先有大致的了解；第二编、广告制作基本论。介绍制作广告的基本条件，包括文字、字体、标题、绘画以及轮廓等内容，把广告构成的大体揭示给读者；第三编、广告制作分析论。从心理上、技术上、效能上对广告制作进行了较深入的研究和探讨。

关于广告利弊研究，作者认为，广告具有三大功能，即第一、能引人注意与购买；第二、能创造新需要；第三、能授人以知识。一物有利就有弊，作者认为广告如果被不良商家所利用，会产生不良的后果：第一、使广告之信用薄弱；第二、使商店买卖清淡，人性道德堕落。此外，该书对广告分类、广告制作、商标等方面也有研究与论述。

4. 叶心佛编著《广告实施学》，上海：中国广告学社，1935年。

全书共八章：第一章、商业广告的意义和要素，第二章、广告家之责任，第三章、广告之性质，第四章、广告之种类，第五章、广告之作风，第六章、广告的各方面，第七章、广告的工具，第八章、广告代理商概论。主要论述了广告学的性质、广告种类及风格、广告制作和广告代理行业概况。

该书所论述的主要是关于商业广告的内容，而没有涉及其他种类的广告。作者认为广告具有这样几种性质：真实性、学术性、教育性、时间性等。广告的真实性要求商业广告的第一要务，是要把商品的内容如实宣布给大众。而广告具有学术性，是因为它综合了心理学、经济学、美学以及其他理工科方面的知识。广告的教育性，则在于它在传递给受众商品信息的同时，也教给了他们相关方面的知识。广告的时间性，是因为不同的商品适合在不同的季节做广告，需要择准时机刊发广告。

该书对广告代理行业研究颇深。作者认为，"广告代理人乃代理商界执行一切广告业务的机关"，[①]并将广告代理商大致分为四类：（1）代理一切广告，（2）专代理日报杂志，（3）专营油漆牌子或车辆广告，（4）专营戏院广告。在该书的结尾处，作者提到了一种特

---

① 叶心佛. 广告实施学[M]. 上海：中国广告学社. 1935：49.

殊的广告形式,即"不是广告的广告"。所谓"不是广告的广告",实际上是现代的"软文广告",由记者代写,虽然是新闻的形式,却具有广告的效果。

5. 刘葆儒著《广告学》,上海:中华书局,1932年。

该书虽然是中国学者所著,但在编辑大意中,作者指出"本书的编辑全据好令威士Harry L. Hollingworth 所著的《广告学》",而且只是择取简明实用的内容加以编辑,摒弃了说理较深以及心理学家的试验内容。因此,本书只能算是上述国外广告心理学著作的缩略本。不过作者为了更好地阐释内容,一些广告案例被换成了国内广告。

全书一共由五章构成:第一章、导言,第二章、引起注意,第三章、保持注意,第四章、坚定联念,第五章、激起反应。在导言中称:"广告的意义,有广有狭。广义的广告,凡是宣传某种事件,要大众知道的,都可称为广告。例如政治家发表政见的文字,公家机关的通告等等,全可包括在内。但这是指广义的广告而言。普通所谓广告,大概是指狭义的广告。专以商界用的为限"。① 接下来主要论述注意、保持注意、坚定联念以及激起反应的心理过程等四个步骤,以及它们各自的作用原理。这些内容,都与早期的 AIDMA 理论内容相差无几。

这一时期,还出现了广告事业史研究著作《近十年中国之广告事业》。该书是1936年上海华商广告公司借创办十周年,特征文编辑而成。全书共由五篇文章构成,分别是陈冷《十年来新闻业与广告业之关系》、胡政之《祝华商广告公司创业十周年》、马荫良《十年来中国报业之进步》、丁君匋《中国近十年来的杂志事业》、孙作民《中国日报广告以外之广告事业》。陈冷《十年来新闻业与广告业之关系》一文主要论述广告业与新闻业之间的关系,其论点是"新闻业愈发达,则广告业亦愈发达。广告业愈发达,则新闻业亦愈发达。二者乃互相为因,互相为果,须臾不可分离者也"。孙作民的《中国日报广告以外之广告事业》对当时中国广告业的发展论述较为详细,对招纸广告、窗饰广告、路牌广告、投递广告、影片广告、无线电广告进行了概述。另外三篇几乎没有论及广告学知识的内容,就不赘述了。总体来说,该书具有重要的史料价值。另外,该书虽然是以"广告事业史"的主题来命名,但并不属于广告史的专论,不过呈现了广告史研究的雏形。

此外,另有两本著作没有标明具体的出版日期。笔者经过详细的阅读和辨识,将其归在这一时期。这两本著作是赵君豪所著的《广告学》,上海:私立申报新闻函授学校讲义;曹志功所著的《广告与人生》。

《广告学》一书由 26 章构成,详细论述了广告制作以及广告运动的各个步骤和环节。作者对于广告所下的定义称:"广告者,为一种购买之宣传。依照预定之方案,使人民阅之,能影响其动作或思想,而达到登载广告人所企求之目的。"② 书中提到了"广告代理人"问题,作者认为广告代理人为营业的前驱,"广告代理人为制造商任调查市场之责,贡献'广告运动'Advertising Campaign 之计划,以及制作广告之底稿,与夫登载广告于若干刊物中"。③ 书中对于广告公司的内容叙述颇多,介绍了广告公司的收入、组织以及提供的

---

① 刘葆儒. 广告学[M]. 上海:中华书局. 1932:1.
② 赵君豪. 广告学[M]. 上海:上海申报馆. 1936:3—4.
③ 赵君豪. 广告学[M]. 上海:上海申报馆. 1936:12.

服务等。在第二十五章中，作者详细介绍了广告试验的三种方法，即"实地试验，工厂试验与用户试验"。总体而言，本书详细介绍了广告活动的各个环节，以及如何操作的问题，具有很强的实践指导意义。

《广告与人生》一书是关于分类广告的专题著作，主要论述了分类广告的意义、经济、体例、制作以及刊登等问题。作者认为，广告的效力不仅仅是推广营业，且于人生有密切的关系，"譬之子女走失，报捕追寻"，"又如父母有疾，为悬壶医生所不能治"等等均可诉诸分类广告来寻求帮助。

（三）译著偏重实用性

1. 李汉荪、华文煜编译《实用广告学》，天津：新中国广告社，1932 年。

《实用广告学》一书译自美国出版的 *Advertising for the Retailer*，作者 L. D. Herrold。译著并没有译出原著的全部内容，而是选译其中紧要者，编为十一章。分别为：第一章、什么是广告术，第二章、零售广告的媒介，第三章、广告的内容，第四章、销售点的发现，第五章、怎样选择销售点，第六章、广告大小的分析，第七章、广告进攻的规划，第八章、大广告的探讨，第九章、有效表现的重要性，第十章、窗饰的几个原理，第十一章、广告术和商店各种活动的协调。

该书主要研究的是零售商业的广告术，涵盖了零售广告媒介、零售广告内容、销售点、特殊零售广告形式以及零售广告与其他商店活动的配合等内容，论述很全面也很细致。该书选择原著中对零售广告的操作实践具有参考价值的内容进行了编译，重在给中国广告界以及商界一本实用的广告学书籍。

2. 哥尔德（S. Gold）著《霓虹之广告术》，上海：商务印书馆，1936 年印行。

该书共由 52 节构成，主要介绍了霓虹灯的制法、安装与保养。该书是民国时期出版的广告学著作中，唯一一本系统介绍某一广告媒介技术的专题著作。

二、广告学论文与新闻学著作的研究状况

（一）广告学论文研究阵地没有形成规模

根据相关文献记载，这一时期已经有专门的广告专业杂志，即徐百益编辑的《广告与推销》。可能由于战火的原因，笔者未能查到《广告与推销》的任何遗迹，甚为可惜。这一时期能够查阅到的广告学论文只有一篇《商业广告之研究》，徐启文撰，《商业月报》1934年第十四卷第一号。

此文主要研究商业广告。作者认为欲求营业发达，要讲求两原则，一是货真价实，二是注重广告。"广告者乃攻城掠地之工具也。盖商人以诚信为壁垒，以广告为战具。广告精良，犹战具之犀利也，执有利器则战无不克。故商业之与广告，关系至为密切"。

作者详细列举了广告种类，并加以概述，分别是日报广告、杂志广告、传单广告、赠品广告、窗帘广告、电灯广告、邮递广告、舟车广告、车辆广告、影片广告、播音广告、乐队广告、呼喊广告、通信广告、招贴广告、草地广告、墙壁广告、时钟广告、飞行广告、化妆广告、展览广告、新闻广告和旗帜广告等二十三类。作者还提出了增进广告效力的几个方法，即

利用简洁文字、利用生动图画、利用普通常识、利用时令机会、利用疑问方法、利用催促方法、利用寓意方法和利用适宜地位等九种。

最后,关于广告的伦理道德,作者认为:"广告以诚实为主体,即欲以炫耀社会人士之耳目,亦应恪守道德范围,则所登广告,自可收相当之效力也。"①

(二)新闻学专著将广告研究作为重要内容

1. 吴定九著《新闻事业经营法》,上海联合书店,1930 年 4 月版。

笔者未见原书,对此书的评述参阅了刘家林的《新编中外广告通史》一书。该书是我国新闻学术史上第一部专门研究报业经营管理的专著,其第三编"营业部"中的第三章用了很大篇幅专论报纸广告,对报纸广告的组织、运作方式,报纸广告版位重要程度等级的划分,报纸广告刊费的计算,广告之责任及信用等重要问题,都作了详细的阐述。

2. 黄天鹏编《新闻学演讲稿》,上海现代书局,1931 年印行。

该书是将多位新闻学者对复旦大学新闻系学生的演讲稿整理编辑而成。书中提到,应该将广告学纳入新闻学教育,在新闻学课程设置中给广告学以重要的地位。

由于广告对于报馆经营的重要关系,这一时期的新闻学著作中可以常见一些关于广告论述的片断。

三、广告学术研究的主要内容

(一)广告本体研究

广告本体研究,包括广告定义、广告学定义、广告功用以及广告历史研究等内容。

1. 广告定义

这一时期学者对于广告所下的定义,大多数和前一阶段差不多。1930 年高伯时所编《广告浅说》和 1928 年蒯世勋著《广告学 ABC》都认为"不论何种布告,凡是要深切地感化人的,统叫做广告"。而苏上达在《广告学纲要》一书中认为,"'广告'一语,即将事物宣传于四方之意思"②,并且要能激发一定"经济性质之动作",即诱发消费者购买广告产品。这些阐释都带着初期对广告学表述的简单印记。

1931 年孙孝钧在其所编《广告经济学》一书中对广告的定义则比较全面:"广告乃商人假力于文字、图表、言语或举动,以其欲售之货,或服役之性质、功用、能力及价格等,宣布于众,而达其招揽顾客之目的之法也。"③这个定义涵盖了广告主、广告媒介以及广告受众三大要素,应该算是一个比较成熟的广告定义。

2. 广告学研究

在前一阶段,我国广告学者还没有对"广告学"进行过深入的研究。而至本时期,随着广告学术研究的深入,学者们也对"广告学"这一学科从学理上进行了研究。1930 年,苏上达在《广告学纲要》中,对广告学进行了定义,称"广告学是研究利用文字图画或印刷纸

---

① 徐启文. 商业广告研究[J]. 商业月报. 1934(14).
② 苏上达. 广告学纲要[M]. 上海:商务印书馆. 1930:1.
③ 孙孝钧编. 广告经济学[M]. 南京:南京书店,1931:1—2.

文字图画，以推销货物之科学"。① 这个定义主要是针对报纸等而下，具有研究方向的专业性。一年之后，苏上达在《广告学概论》中对"广告学"定义进行了重新阐释，称广告学是"广告学者研究利用种种媒介物，以销售货物之科学"。② 该定义相对于《广告学纲要》中的定义，扩大了广告媒介物的范畴，表述更加科学。也是在《广告学概论》中，作者将广告学研究分为五个领域：（一）市场问题，（二）方法问题，（三）技术问题，（四）媒介问题，（五）经费问题。③ 这对于民国时期的广告学术研究具有重要价值，"在广告学学理研究上更迈进了一步"。④

广告学是一门"学"还是"术"，目前在学界还颇有争议。关于这个争议其实可以追溯到民国时期。1933 年，由罗宗善编著、徐国桢校订的《最新广告学》，认为"广告学者，二十世纪之一种艺术，以某种待售货物之名目、价格、性质暨用途，或其他事件公告众人之学也。"⑤该书认为广告学虽是一门学问，但并不是一门学科，而是一门学术。他们认为广告学是一门综合性学术，其内容非常广泛。广告所依赖的方式有三种，即语言、示范、文字图画。所以作者认为"惟吾人研究之际，不可不自文学、心理学、商业学、经济、美术、印刷各方面观察，良以整个广告之构成，有不能离却上述各项科学之势。"⑥在广告与文学的关系方面，作者提到"广告文学"一词，时人也有称之为"发卖文学"，"其内容虽与一般的文学意义有所出入，惟广告文学为一般文学中之一分支"。⑦ 在广告学与心理学关系方面，作者认为"优良之广告，其基础实建立于对象方面心理之上。"⑧而广告学与商业学的关系，就像母子关系，"广告学可以谓为商业学之一种，制作广告而对于商业学一无所知，是犹孩童之自忘其母亲也"。⑨ 此外，作者认为广告学与经济学、美术以及印刷等也有相当密切的关系。对于民国时期广告学是一门"学"还是"术"的争论，我们将在本文最后一章专门论述。

3. 广告功用研究

这一时期，学者对于广告功用的认识都较为全面，而不仅仅局限于广告的经济功能。例如，高伯时在《广告浅说》中认为广告在商业方面具有传递商品信息、更新消费者观念、引起新需要的功能，还兼有教育、政治等功能。

苏上达在《广告学纲要》中对于广告的效用，持全面分析的态度。不仅认识到广告的积极功能，也指出其可能带来的弊端。苏上达认为"广告之为物，乃商战最重要之精兵利器"。⑩ 广告有五种功能："（一）广告在营业上之利益，（二）可以减轻时季上之损失，

① 苏上达. 广告学纲要[M]. 上海：商务印书馆. 1930：2.
② 同上.
③ 苏上达. 广告学概论[M]. 上海：商务印书馆. 1930：2—3.
④ 张树庭. 广告教育定位与品牌塑造[M]. 北京：中国传媒大学出版社. 2005：202.
⑤ 罗宗善. 最新广告学[M]. 上海：世界书局. 1933：1.
⑥ 罗宗善. 最新广告学[M]. 上海：世界书局. 1933：2.
⑦ 同上.
⑧ 同上.
⑨ 罗宗善. 最新广告学[M]. 上海：世界书局. 1933：2—3.
⑩ 苏上达. 广告学纲要[M]. 上海：商务印书馆. 1930：4.

（三）广告货物之标准化，（四）广告与民生，（五）广告与文化。"[1]因此作者呼吁国人一定要加紧，"欲中国对广告学的研究商业的发达，不可不研究广告学，欲中国文化的进步，亦不可不注意广告学"。[2] 苏上达同时警示人们，一物有利就有弊，广告如果被不良商家所利用，会产生不良的后果：第一、使广告之信用薄弱，第二、使商店买卖清淡、人性道德堕落。这是对当时广告业界出现的虚假广告、违背社会风气的不良广告等倾向的批评，呼吁人们必须制止这种倾向的扩张。

前面我们论述了广告收入对于报馆经营的重要性，而在 1936 年上海华商广告公司的征文选集《近十年中国之广告事业》中，有陈冷所著的《十年来新闻业与广告业之关系》一文。文中陈冷这样论述广告业与新闻业之间的关系："新闻业愈发达，则广告业亦愈发达。广告业愈发达，则新闻业亦愈发达。二者乃互相为因，互相为果，须臾不可分离者也。"陈冷认识到广告业的重要作用，把广告的地位提到了与新闻并肩的高度。

4. 广告历史研究

苏上达在《广告学纲要》一书中，对广告历史的研究颇为详细。作者认为，虽然广告发达只有七八十年，但是广告在数千年之前已经产生，并把广告发展历史略分为四个时期："（一）原始期——从有史以来至纪元一四五零年为第一期，（二）萌芽期——由一四五零年至一八五零年为第二期，（三）发达期——自一八五零年至一九一一年为第三期，（四）繁盛期——由一九一一年至于今日为第四期。"[3]原始期和萌芽期以印刷术的发明为界限；发达期报纸杂志的发行量日益增多，后期则广告代理组织开始出现；繁盛期则以1911 年"世界广告协会"的成立为标志，该协会志在提高广告行业的信用。该书还介绍了美国广告和中国广告发达史等内容。同时提到"中国广告公会"成立的历史事件："最近万国函授学社社长美人海格（H. R. Harger）联络美孚行（Standard Oil Co.）、英美烟公司（British-American Tobacco Co.）、慎昌洋行（Anderson Myer & Co.），及华人广告团体，组织中国广告公会，据云此公会与世界广告协会亦有联络。"[4]

早期对于民国广告历史的研究成果非常少，1936 年上海华商广告公司为庆祝创建十周年所编辑的征文选集《近十年中国之广告事业》是研究民国时期广告历史一份难得的资料。此书一共由五篇文章组成，其中论述广告历史的有陈冷《十年来新闻业与广告业之关系》、孙作民《中国日报广告以外之广告事业》。陈冷在文中追溯了近十年广告业发展与新闻业发展的情况，认为广告业与新闻业之间的关系是"新闻业愈发达，则广告业亦愈发达。广告业愈发达，则新闻业亦愈发达。二者乃互相为因，互相为果，须臾不可分离者也"。孙作民的文章对当时中国广告业的发展论述较为详细。作者认为之前国人对于广告有偏见的原因在于，"一、经商者向认'货真价实'、'诚实不欺'为繁荣之唯一途径。二、无大规模组织之工商业，更无大量之出品。三、生活简单，需要不繁，市场狭小，竞争亦少。四、教

① 苏上达. 广告学纲要[M]. 上海：商务印书馆. 1930：21.
② 苏上达. 广告学纲要[M]. 上海：商务印书馆. 1930：28.
③ 苏上达. 广告学纲要[M]. 上海：商务印书馆. 1930：5.
④ 苏上达. 广告学纲要[M]. 上海：商务印书馆. 1930：10—11.

育不普及,广告缺少媒介物。五、交通不便,运输困难,货物不能广事推销"。由此导致早期广告活动中很少出现"广告"一词。之后随着日报的产生,广告也随之产生。"故言中国之广告事业,日报实为其先导。中国日报之刊行最早者,在香港当推华字日报,时为同治三年(一八六四年)。在上海则为申报,同治十一年(一八七二年)。"

(二) 广告技术研究

这一时期广告业的发展与前一时期相比,并没有出现明显的不同。广告的发布主要还是集中在报纸、杂志等传统的平面纸质媒体,因此广告技术研究也仍然集中在广告文稿、绘图、色彩、字体、标题、结构、商标与装潢等方面。

1. 稿本研究

孙孝钧在《广告经济学》中将稿本分为说理法和兴趣法两种类型,并分别介绍这两种方法所适用的商品。所谓说理法和兴趣法,即今天广告诉求方式中的理性诉求和情感诉求。叶心佛所编著的《广告实施学》,提到了广告稿本的作风。广告的作风是指广告的行文风格。作者列举了多种广告作风,如理论化、说明、证明、新闻式、笔记式、故事、疑问、问答、卡通、诱惑、激励、夸张、标语、实体、蓄势、利用时事等十六种广告行文风格。

2. 商标制作研究

这一时期的广告技术研究与前一阶段明显的区别是,学者加大了对商标制作的研究。随着工商业的发展,竞争越来越激烈,普通的商品广告已经满足不了商家促销商品的需要,创造一个知名品牌便愈显重要。因此在这一阶段的广告著作中,常可见到研究商标制作的内容。

那么何为商标? 苏上达在《广告学纲要》中对商标的定义为,"凡依法律在政府注册以表明自己所生产、制造、加工、拣选、批售或经销之商品所用文字、图形、记号,或此数者之联合物,均可成为商标"。[①] 作者提到了很重要的一点,即一定要依法在政府注册。这个定义基本上涵盖了商标所包含的常见形式。但从文化意义上,孙孝钧《广告经济学》对商标的理解更为深刻。在该书的第十二章《商牌及商标》中,作者论述了商牌与商标的区别:"商牌,即俗所谓之字号或牌子。专用以名一店者,是谓字号,如'先施公司'、'世界书局'、'五洲药房';其专用以名某种货品者,是谓牌子,如'大联珠香烟'、'擦面牙粉'、'人丹'。商标为图或字形成之记号,专用以区别货物系何家出产,保障货品之真实,藉面赝鼎,而避鱼目混珠者也。"[②]

苏上达认为商标有三种价值:"(1) 可以作为货物之简单名称……(2) 可以防止假冒……(3) 增加货物之势力……"[③]商标有如是之价值,所以作者认为商标是有价格的,有商标的公司常用种种办法来核算自己商标的价格。在商标的制作方面,苏上达认为需要达到六个条件,即"(1) 容易识别,(2) 容易记忆,(3) 悦目,(4) 对于代表的货物应有相当

[①] 苏上达. 广告学纲要[M]. 上海:商务印书馆. 1930:384.
[②] 孙孝钧编. 广告经济学[M]. 南京:南京书店. 1931:120.
[③] 苏上达. 广告学纲要[M]. 上海:商务印书馆. 1930:384.

关系,(5) 饶有趣味,(6) 特出或特殊"。①

3. 软文广告

叶心佛在其编著《广告实施学》一书中,有探讨软文广告的内容。在该书的结尾处,作者提到了一种特殊的广告形式,即"不是广告的广告"。所谓"不是广告的广告",实际上是现代的"软文广告",由记者代写,虽然是新闻的形式,却具有广告的效果。"换句话说,的确是广告,而他用文布局,很有艺术的能耐,并且指示人家一种学问。这段广告就能引起了人家的注意。"②作者随之举出报上刊登的《论短波电治淋浊之神效》一文,文章先是介绍了关于淋病的一般知识,最后谈到短波电治疗淋病的原理。"他并没有说他的医学好,而人家读了他的文字,就不期然而然的生出一种信仰之心"。③ 这就是"不是广告的广告"的妙用。

(三) 媒介研究

1. 媒介广告种类

根据广告所赖以发布的媒体,叶心佛在《广告实施学》中将其分为日报、夜报、小报、杂志、油漆路牌、舟车、窗饰、无线电、戏院、邮递、传单、电气、柜台、游行、旗帜、奏乐、演讲以及公开指导等类。徐启文在《商业广告之研究》一文中,详细列举了广告种类,并加以概述,分别是日报广告、杂志广告、传单广告、赠品广告、窗帘广告、电灯广告、邮递广告、舟车广告、车辆广告、影片广告、播音广告、乐队广告、呼喊广告、通信广告、招贴广告、草地广告、墙壁广告、时钟广告、飞行广告、化妆广告、展览广告、新闻广告和旗帜广告等二十三种。这些都是根据当时人们日常生活常见的媒介广告来划分的。这种划分方式并没有统一的标准,但可见呈现出一种生活化的倾向。

2. 媒介效力研究

关于媒介效力的研究,最具有代表性的是孙孝钧的《广告经济学》。在该书中,作者对媒介效力的研究颇为具体。孙孝钧认为广告"效力之大小,则依下列八点情形而度。1. 群众对该媒介之信仰程度。2. 群众对之注意程度(原动之注意)。3. 阅者之平均数。4. 良美图表与详细陈说之可能性及机会。5. 个人之平均过目次数。6. 时间地位,或其他环境,能予人以注意机会(非原动之注意)。7. 有用彩色之可能。8. 群众之购买该媒介品质能力,及其阅读之能力"。④ 并分别论述了报纸、杂志、传单、屋顶及街旁之建筑、舟车、戏楼茶馆酒楼浴堂、邮寄品、包纸罐盒、玻窗陈列、展览会、游行队伍以及其他广告媒体的特点。

(四) 广告行业研究

广告行业研究包括广告伦理、广告人才培养等。

1. 广告伦理道德

苏上达在《广告学纲要》中指出,"诚实"为广告之根本,不诚实之广告不仅有害于广告

---

① 苏上达. 广告学纲要[M]. 上海:商务印书馆. 1930:386.
② 叶心佛. 广告实施学[M]. 上海:中国广告学社. 1935:57.
③ 叶心佛. 广告实施学[M]. 上海:中国广告学社. 1935:58.
④ 孙孝钧. 广告经济学[M]. 南京:南京书店. 1931:11—12.

主自己，也有损于发布广告的媒体，"广告不诚实，不但是减杀广告之效力，就是登载广告的杂志或报纸的名誉，亦可大受其影响"。① 至于如何补救，作者认为"广告界中之黑幕，往往有不易加以法律之制止者。根本解决之方，是教导商人从正当的方面努力上进，以成厥业。'诚实'二字，是一切成功立业之基础，不正当的广告，是失败之导线，诚实广告是广告中之最有效力者"。因此，作者是很注重广告界自律的。

而广告"诚实"的依据则来自于商品本身。高伯时《广告浅说》论述广告与商品的关系，认为"广告的第一要义，还在要有实际，即不可过于夸奖，也不可过于卑抑；因为没有实际，足以失掉阅者的信仰。广告的效力等于没有。"②因此在制作广告的时候，广告文字对于商品的叙述要客观。

2. 广告代理研究

叶心佛《广告实施学》一书对广告代理研究颇为详细，认为"广告代理人乃代理商界执行一切广告业务的机关"，③并将广告代理商分为四类：（1）代理一切广告，（2）专代理日报杂志，（3）专营油漆牌子或车辆广告，（4）专营戏院广告。其中，又将日报杂志的代理商分为两类：（1）代登日报杂志之广告，其文稿的设计、撰制、绘画、排样，均由委托人自理。广告代理人不过转手报馆或杂志；（2）代办一切，并经手送登。如已有现成广告画稿，自以委托甲种代理人为合算。另外还有一种广告代理商形式，即国外广告代理人的代办机关。"在欧美，有些销行世界之厂商，将全球广告委托一家广告公司办理，再由该一家分公司委托世界各国当地的广告代理商代办。"④作者认为，一家完备的广告代理商，在组织上，应该由经理、总务部和营业部组成，总务部和营业部由经理领导。总务部包括庶务、窗饰、油漆、印刷制版、样报、会计、美术、文画等专业人员。营业部由兜揽员、招待构成。广告代理商在接到广告主的任务之后，应该践行这样几种任务：支配、设计、调查、保存、探测等。所谓支配，即对广告费进行支出分配；调查，包括商品调查、媒介调查、社会情形调查等；保存，即刊发广告的出版物样本，以便广告主和设计者参阅；探测，即今天所谓的广告效果调查。

3. 广告人才素质

高伯时在《广告浅说》一书中，对广告人才提出了四点要求，即第一要明事理；第二要有学问，包括文字、图画等方面的知识；第三，要有思想，思想要随时而变，要新颖；第四，做事要敏捷，性情要爽直，口才要流利。这种人才观念对于现代广告人才的培养具有一定的借鉴意义。

（五）广告经济研究

广告经济研究主要涉及广告费用与商品成本的关系。

关于这一问题，上文也有相关的论述。苏上达在《广告学纲要》一书中，对广告与商品

---

① 苏上达. 广告学纲要[M]. 上海：商务印书馆. 1930：177.
② 高伯时. 广告浅说[M]. 上海：中华书局出版. 1930：16.
③ 叶心佛. 广告实施学[M]. 上海：中国广告学社. 1935：49.
④ 叶心佛. 广告实施学[M]. 上海：中国广告学社. 1935：52.

的关系花费了大量的篇幅予以论述。针对当时人们对于广告的误解，即广告是一种浪费、徒增加商品成本等偏见，作者给予了辩驳，认为"商人如果不用广告，而改用他种推销方法，亦未见其就比广告更为经济"。[①] 因此研究如何，减少广告的浪费才是最重要的。如果因为广告费占据一定之成本，就放弃广告，是一种因噎废食的愚蠢行为。作者运用大量的数据、图表等来论证，企业花费广告并不一定增加消费者的负担，相反会降低商品的价格，惠及老百姓。"广告费，不但未曾提高物价，且因为有大规模的交易缘故，货物的品质反可提高……利用广告，直接可以降低营业费，间接可以有减低物价之可能。"[②]

苏上达还认为，在广告的功用中，其中一项是广告可以促进货物的标准化，"自有广告以来，货物名称与商标的效用始著。名称与商标不只是代表货物的种类，且又代表货物的品质。货物的品质既定，则买卖之间，可以减却商榷价目、检验货色之纷扰"，[③]可以促进货物的标准化生产。这一观点甚有见地。

第三节　中国广告学劫后重生：1945—1949

自 1937 年 7 月 7 日"卢沟桥事变"后，日本发动了全面的侵华战争。抗战时期，中国资本主义工商业的发展基本上陷于停顿，广告业随之搁浅，广告学术研究活动也进入了一段空白期。直到 1945 年抗战胜利后，资本主义工商业得以恢复与发展，广告学术研究活动也重获生机。在抗战胜利到 1949 年新中国成立这短短几年时间里，出版的广告学著作虽然只有几本，但呈现出较为完善的体系和研究框架。现将这一时期的广告学研究成果评述如下：

一、广告研究体系的完善

(一) 广告学专著：形成了较为完善的广告学术体系

1. 丁馨伯著《广告学》（立信商业丛书），上海：立信会计图书用品社，1944 年。

该书主要据作者在复旦大学和华西工商专科学校教授广告学的讲稿编辑而成，其出版的目的也是意在向专科以上学校提供广告学教本。该书由四编二十一章构成：第一编、广告原理（第一章、广告性质与基础，第二章、广告演进及其功能，第三章、广告责职的认识）；第二编、广告制作论（第四章、制作概论，第五章、广告稿本，第六章、商标拟制，第七章、广告标语，第八章、广告图画，第九章、广告标题与字体，第十章、广告调色，第十一章、广告设计）；第三编、广告媒介物的研究（第十二章、媒介物的性质分析，第十三章、定期刊物——报纸杂志，第十四章、户外广告与街车广告，第十五章、直接邮寄广告，第十六章、客户陈设广告，第十七章、广播电音广告，第十八章、包装广告）；第四编、广告问题

---

① 苏上达. 广告学纲要[M]. 上海：商务印书馆. 1930：12—13.
② 苏上达. 广告学纲要[M]. 上海：商务印书馆. 1930：21.
③ 苏上达. 广告学纲要[M]. 上海：商务印书馆. 1930：26.

（第十九章、广告计划，第二十章、广告业务组织，第二十一章、广告市场的研究）。该书的主要内容如下：

（1）广告学意义及其基础研究。作者认为，"广告者，系一种印刷的文字或书图的推销方法也"，而"广告学云者，即专门研究此一推销方法之专门科学也"。[①] 关于广告学与其他学科之间的关系，作者认为："广告学除与心理学有深切的关系外，更须具备下列基础：1. 广告实际家的丰富经验。2. 风俗、人情、习惯。3. 美术尤其绘画、图案。4. 法律学。5. 论理学。6. 商业学。7. 印刷术。8. 能率增进法的原理。9. 历史及地理学。10. 统计学及其他科学等。"[②]对于广告学的基础研究，此前国内学者中已经形成了若干派别，主要分为心理学派、技术系和才能学派等三家。作者经过分析比较之后，认为"各派各有偏重，研究广告学应取的态度，我们认为三者均应兼顾，厚此薄彼，皆不能得广告之要旨也"。[③]

（2）广告史研究。丁馨伯对于广告历史的分期与苏上达一致，分为四段，分别是"草昧期"（或原始期），有史以来至纪元 1450 年；"萌芽期"（1450—1850）；"发达期"（1850—1911）；"确立期"（或兴盛期）（1911 年至今）。在"广告史研究"一节中，作者还提到民国时期我国专门研究广告学的学术期刊《广告与推销》。"九一八以前，沪上研究广告学者亦曾印行有《广告与推销》杂志，印刷精美，纸张华丽，作者亦曾附和其间，惜以人事经费关系，未几中断，殊为可惜……"[④]

（3）广告利弊研究。民国时期，国人对于广告的利弊时有争论，观点不一。丁馨伯在该书中详细论述了广告的功过。指出广告的弊端是："1. 增加欺骗，2. 遗害风俗，3. 误人判断，4. 增加消费"。认为"上述四弊，固属难免之事，但亦非无法避除者，全在广告组织之健全与否与公共舆论之制裁而已矣"。[⑤]

（4）广告主任的职责。作者详细论述了广告主任的职责，从"广告工作之确定"、"广告结果之计划"到"广告制作的理论"等三个环节详细论述了广告主任应该承担的职责。

（5）广告制作研究。作者从广告制作的基本理论到制作细节，诸如广告稿本、商标拟制、广告标语、广告图画、广告标题与字体、广告调色以及广告设计等，都作了详细论述。

（6）广告媒介研究。书中对媒介物的基本性质作了讨论，然后针对具体的广告媒体，包括报纸杂志、户外广告与街车广告、直接邮寄广告、客商陈设广告、广播电影广告以及包装广告分别进行了详细的研究。

（7）其他问题研究。丁馨伯还对有关广告的其他一系列问题，诸如广告计划、广告业务组织以及广告市场一一做了具体的分析研究。在广告计划中，作者列举了几种广告效果的测验方法，如试刊测验、实验测验、消费者测验和实际推销测验等。而广告业务组织

---

① 丁馨伯. 广告学[M]. 上海：立信会计图书用品社. 1944：1.
② 丁馨伯. 广告学[M]. 上海：立信会计图书用品社. 1944：2—3.
③ 丁馨伯. 广告学[M]. 上海：立信会计图书用品社. 1944：6.
④ 丁馨伯. 广告学[M]. 上海：立信会计图书用品社. 1944：9.
⑤ 丁馨伯. 广告学[M]. 上海：立信会计图书用品社. 1944：12.

即广告代理组织或广告公司的成立需要具备一定的条件,"凡成立一广告公司,或广告经理事务所,理应经出版业公会之许可承认,方能正式营业;出版业公会之承认,又必须调查其组织性质与经济状况。如属正当合格,方通过允其加入为会员营业,并应遵守商业信条与商业道德",①其中重要的一条就是"取费不得少于公定之广告费或有退费行为"。

该书结构完整,层次清晰,呈现出西方广告学教科书体系的规范化特征。对具体问题的探讨细微而深刻,剖析清晰透彻。作者在注重理论探讨的同时,也不废实际操作方面的指导,坚持理论和操作兼顾,是"一本比较成熟的概论性的本土广告学专著"。②

2. 吴铁声、朱胜愉编译《广告学》(部定大学用书),上海国立编译馆出版、中华书局发行,1946 年。

该书由十四章构成,主要概述了广告学的基本知识,着重介绍与广告有关的心理、彩色和绘画、印刷、商品、市场、广告媒介物等方面的实际应用知识。其研究的主要内容有:(1)"广告"及"广告学"研究。(2)广告发展趋势研究。即广告的伦理化、法制化、审美化和专业化。(3)广告功能的研究。包括需要的创造、教化的机器、生产和分配的合理化、销售费用的经济。(4)广告心理、广告稿本、广告表现法、色彩与绘画、印刷术、商品研究、市场调查。其中商品研究中有关于诉求点的论述。(5)广告媒介研究。(6)广告组织研究。包括广告部的职能、广告部长的职责,广告代理业的组织、广告代理业的未来。(7)广告计划研究。包括广告经费预算法、效果检测等。

最后,作者在书的结尾开列了一批参考文献。其中英文著作 15 部,日文著作 4 部,中文译著 7 部。从中可见中国广告学术一方面深受来自西方国家的影响;另一方面,西方广告学术又通过日本,间接影响到了中国。

3. 陆梅僧著《广告》,上海:商务印书馆,1947 年。

该书分为六篇:第一篇、广告的原理(第一章、绪论,第二章、广告的历史,第三章、广告的作用,第四章、行销的途径,第五章、广告的工作);第二篇、广告的制作(第一章、心理的研究,第二章、商品的研究,第三章、市场的研究,第四章、广告所产生的作用,第五章、日后生效的广告,第六章、广告稿,第七章、标题,第八章、文字,第九章、广告中的其他部分,第十章、商标,第十一章、标语);第三篇、广告的排列与印刷(第一章、草样,第二章、图画,第三章、制版与印刷,第四章、铅字的选择,第五章、彩色,第六章、校样);第四篇、广告之登载(第一章、广告的范围与预算,第二章、广告媒介物的选择,第三章、报纸广告,第四章、杂志广告,第五章、户外广告,第六章、邮递广告,第七章、店铺广告,第八章、其他广告);第五篇、广告的工作部分(第一章、广告部,第二章、广告代理商,第三章、与经销商合作的办法,第四章、广告的测验和记录);第六篇、广告道德。主要研究内容:

(1)广告功能研究。作者将广告的功能分为社会经济功能和社会心理功能两种。因

---

① 丁馨伯. 广告学[M]. 上海:立信会计图书用品社. 1944:148—149.

② 张树庭. 广告教育定位与品牌塑造[M]. 北京:中国传媒大学出版社. 2005:203.

为广告有如此功能,故有对其作分析研究的必要。指出广告除了给人们带来利益之外,还存在"费用浩大"、"增加售价"和"提倡奢侈"等弊端。

（2）广告历史研究。陆梅僧认为我国广告技术远远落后于西方发达国家的原因在于"中国向不注重经商","一般人不信任广告","一般人不注重广告"以及"广告界缺乏人才"。而人才缺乏与广告学教育有关,"在中国尚没有专门教给广告技术的学校,虽然在各大学里设有广告一科,但并不是主要科目,未能引起学生极大的兴趣和重大的注意"。[①]

在广告历史分期方面,作者的观点与苏上达和丁馨伯的划分方法一致,"欧美广告历史,综计起来,不外乎四个时期,就是:一、在印刷术未发明以前,(最初时期至公元 1450 年)。二、印刷术发明的初期(公元 1450 年至 1850 年)。三、广告进展时期(公元 1850 年至 1911 年)。四、广告标准提高并重研究的时期(公元 1911 年至最近)"。[②] 值得注意的是作者认为,"第四个时期的开始,广告就成为一种至可贵重的科学"。肯定了广告学是一门学术。

（3）广告制作研究。作者认为制作有效的广告,需要从消费者心理、商品、市场等方面加以研究。在广告稿方面,为了创作出优美的广告稿,制作者必须掌握推销学和心理学的知识,具备"态度诚恳、思想丰富、熟谙常识"等职业素质。接着,作者对广告稿、标题、文字、商标、标语、图画、制版、印刷、颜色等细节问题作了简单的论述。

（4）广告媒体研究,主要是对广告媒体发布计划的研究。作者对媒体广告的发布范围、时间以及周期进行了概述,并针对报纸广告、杂志广告、户外广告、邮递广告以及店铺广告等广告形式作了具体的论述。

（5）广告行业研究。作者对广告代理商的定义为,"广告代理商(通称广告公司)是周旋于广告媒介物与广告者二者之间的一种服务机关,一方面为广告媒介物服务,使他们增加收入,同时也为广告者服务,使他们增加营业,而自身享受一种应得的利益……"。[③] 接着介绍了利用广告代理商的利益以及广告代理商的服务。书中提到广告代理商获得报酬的方式,一种为"由广告媒介物给付佣金",另外一种为"收取服务费"。而广告主在选择广告代理商时一定要慎重,要从"人才、组织、经济"三个方面来进行考察。

（6）广告道德研究。作者认为当时广告行业缺乏道德约束的原因在于"广告程度尚浅"、"广告刊物不加限制"以及"广告业不加提倡"。而缺乏道德约束的广告会带来一系列不良影响:"摧残群众对于广告的信任"、"摧残群众对于刊物的信任"、"摧残广告者自身的声望",后果甚为严重。为了制止这种不良倾向,使中国广告的整体道德水准得以提高,需要政府、广告代理商和广告媒体的共同努力。

4. 冯鸿鑫编《广告学》,上海:中华书局,1948 年。

作者是一名老师,他编著《广告学》一书,一方面是作高中学生的教本之用,另一方面也可作为商界的参考书籍。该书由十章构成:第一章、总论,第二章、广告的组织方式,第

---

① 陆梅僧. 广告[M]. 上海:商务印书馆. 1947:8.
② 陆梅僧. 广告[M]. 上海:商务印书馆. 1947:14.
③ 陆梅僧. 广告[M]. 上海:商务印书馆. 1947:182.

三章、作广告的研究,第四章、广告与文字,第五章、广告与图画色彩及边线,第六章、广告的媒介,第七章、广告与印刷,第八章、广告与商标,第九章、广告与经济,第十章、广告与道德。该书研究的主要内容:

(1) 广告定义。作者对商业广告所下的定义为,"厂商或商人利用文字、图画、语言、招贴,或举动,知照大众,而引人注目,及引起顾客购买货物或带顾客服役,以便达到招徕、推销、扩展业务的一种方法"。[①] 这一定义涵盖了广告主、媒介、广告受众等多种因素,但表述略显冗杂。

(2) 广告史研究。作者将我国广告历史分为五个时期:第一为原始期,从有史以来到纪元 1450 年。这个时期印刷术尚未发明,所以广告都为手书。第二为萌芽期,从 1450 年到 1850 年。这一时期,印刷术已经发明。这个时期的广告也由手书发展而为印刷物。因印刷术的进步,报纸杂志也日渐发达。第三为发达期,从 1850 年到 1911 年。随着 1850 年后印刷术的发达,报纸杂志的发行量大增,加之交通便利,印刷品的流通范围扩大,而商业组织也集聚了大量资本,都以广告为促进贸易和推销商品的有效途径。广告效用既显著,后来广告的制作登载、广告介绍人、广告代理人等都渐有组织。第四为繁盛期,从 1911 年到 1937 年。这个时期的广告已成为专门学问,亦成为一种重要事业。这一年,世界广告协会成立。该会为增加信用起见,又组织精劲委员会(Vigilance Committee),专门研究在社会上建立广告信用的方法。又在 1914 年成立发行审计所(The Audit Bureau of Circulation),专事审核各种印刷品,以免其利用广告欺人,并可作为刊登广告的参考。这一时期,我国从事广告事业的机构也设立不少,如中国商务广告公司、克劳广告公司、联合广告公司等等,后又成立了中国广告协会。第五为退化期,自 1937 年后到第二次世界大战结束。战争使各项生产事业均陷于停顿,加之各种商品统制买卖,造成囤积之风大盛,人们很少利用广告,所以广告事业在这一个时期大大衰退。战后经济恢复,生产增长,而人们的购买力一时间仍较弱,故工商业家必然会利用广告来推销商品。

(3) 广告功能研究。书中称广告有五种功能,即"增加销货数量"、"介绍货品用途"、"增加货品信仰"、"加厚推销力量"和"获得市场"。

(4) 广告组织研究。书中将广告组织分为广告公司广告部、报馆杂志广告部、广告社。广告社的组织方式为,经理统管,下分:a. 技术部(下设打样股、书绘股、印刷股、制版股、电影广告股),b. 总务部(下设人事股、文书股、庶务股、会计股、出纳股),c. 事务部(下设调查股、代办股、设计股、兜揽股)。此外,书中还提到担任广告主任应该具备的条件。

(5) 广告成本研究。书中介绍了关于广告成本的几种代表性观点。第一,"消费者负担广告费"说。"一般人都说广告费是由消费者负担的。根据普通商业上的会计常识,我们知道广告费是一种营业费用。营业费用是与制造或销售成本并无关系的,况且这种营业费用在损益计算书上是从销货毛利中减去的。销货毛利的获得是从销货减去制造或销售成本。因此在销售货物的价格内必定要包括制造或销售成本及其他一切营业与管理费

---

① 　冯鸿鑫. 广告学[M]. 上海:中华书局. 1948:1.

用，及适当的利润。既如上述，营业费用中的广告费，当然是消费者负担，因为如果没有广告费，在销售价格中，即可以减少这一部分的广告费用，而售价也较低了。如今刊登了广告，这费用包括在售价内，必然是消费者负担的。"①

第二，"消费者并不负担广告费"说。"但从事实上我们研究下来的结果，广告的费用并不是消费者所负担的。如果是消费者负担的话，消费者明明知道自己负担了一部分的费用，则势必不愿买登有广告的货品。但据统计的结果，一般消费者都愿买登有广告的货品，而不愿买不刊广告的货品。这当然不是因为消费者多愿意负担这一层费用，而是因为制造商或商人已将这中间的广告费用负担起了！广告者为要求销路起见，所以情愿负担广告费，因为销路增加以后，货物的周转及现钱的周转都较迅速，并且在大量销货之后可以大量购进货物或原料足以减低生产成本，而售价也反而跌落了！"②

第三，"广告足以改进货物品质"说。"广告含有竞争性质，所以务使品质精良。再即以不竞争而言，因利用广告而使消费者信任，能使货品一律，并能使消费者试用过后，再要应用时，仍能与先前一样，并且可不断改进。"③

（6）广告道德研究。作者列举了当时广告欺骗常用的五种手段，认为如果要补救广告道德，应该从两个方面入手：第一，治本的方法。治本的方法乃是商人自知事业的成功，或者销售数量的增加，绝不应当利用欺骗的广告方法。诚实是一切事业的根本，在商业上更应十分诚实，如果欺骗，只能获得一时小利，而不能得到顾客的永久信任，并且影响媒介物的信誉。第二，治标的方法。治标的方法，乃是补救治本方法的不足而产生的。归纳起来，可分三种方法：a. 出版物刊登广告的限制。各种出版物发刊都有它本身的目的，不能因为要获得广告收入而滥行发登。所以上等出版物都不登专以迎合人类卑劣心理的广告。b. 社会集团的监督。c. 政府机关的禁止。

通过对以上这几部广告学著作的文本研究，可以看到，这一时期广告学著作虽然数量不多，但都具备了较为完善的研究框架，吸收了西方现代广告学研究的成果。中国的广告学发展至民国末年，已经建立了较为完善的学科体系。

（二）广告史研究：《中国广告事业史》

如来生著《中国广告事业史》，上海：新文化社，1948 年。该书是民国时期非常难得的一本中国广告史研究著作。较之 1936 年华商广告公司的十周年文集《近十年中国之广告事业》，资料更为丰富，史实也非常充裕。

作者将中国广告事业史分为四个阶段，即"草创期"、"发展期"、"抗战时期"和"胜利以后"。"草创期"始于中国广告事业之发轫，认为我国广告事业之发轫"远在逊清末年"。这一时期我国的广告事业不发达，报纸等媒体少，广告代理业刚刚起步。"发展期"从 1926 年之后到抗日战争爆发前。这一时期，中国的广告事业呈现欣欣向荣的景象。而"抗战时期"则是广告事业的衰落时期。"胜利以后"，各地报纸相继复刊，新出的也不少，中国广告

---

① 冯鸿鑫. 广告学［M］. 上海：中华书局. 1948：96.
② 冯鸿鑫. 广告学［M］. 上海：中华书局. 1948：96—97.
③ 冯鸿鑫. 广告学［M］. 上海：中华书局. 1948：97.

事业开始复苏。在该书的最后,作者附上了上海市广告商业同业公会章程、业规等文件,还有胜利后第一届第一期、第二期上海市广告商业同业公会理监事的合影、理监事名录及职务会员名录。这些给今天研究民国时期广告事业的学者留下了宝贵的历史资料。

《中国广告事业史》在我国广告史研究方面具有重大的意义和影响。首先它是一部专门的广告史,详细叙述了从晚清到民国末年中国广告事业的发展历程,特别是对广告公司等行业的介绍尤为详实,具有重要的史料价值。其次,它开创了中国广告史的写作范式,"《中国广告事业史》的出现,打破了中国广告自古无史的先例,其开创的广告史写作范式,在日后也发挥了重要的影响"。①

二、广告学论文的零散研究

1.《广告与推销》,轩辕室主,《自修》,1942年第213期。

该文通过一家美国洗衣厂利用广告效应使得营业发达的案例,指出中国商人应该注重并善于利用广告。

2.《略谈广告设计》,卞其蕤,《工商管理》(上海),1948年。

该文主要论述了广告该如何"显著"以及显著的重要性。指出在广告设计之前,应对其中的三个基础,即商品、商品市场和广告媒介物有所了解。并对广告中的十五个要素进行了论述。

3.《战后的广告任务》,徐百益,《工商管理》(上海),1948年第7期。

文章通过二战中美国政府及相关组织如何利用广告为战争服务的案例分析,指出我们应该吸取其中的经验,利用广告来为市政建设等事业服务。

4.《广告与推销中大众联络(Public Relations)的七个基本条件》,徐百益译编,《工商管理》杂志(上海),1948年。

该文主要根据对福特汽车公司的广告经理、大众联络经理以及广告代理商的访问纪录而成,原载 Printers' Ink(笔者注:美国的一家杂志)。文中徐百益将 Public Relations 翻译成"大众联络",即我们今天所谓的"公共关系"。关于"大众联络"的定义,徐百益并没有给出具体的解释,只是说:"事实上,Public Relations 照字面讲是对于大众方面的关系,不仅是一种服务。例如,有许多事情希望大众知道,大众了解,或是某一种政策,希望要大众拥护,都在 Public Relations 的范围之内。"②在美国的大企业中都有负责公众联络的专业人员,不过"这种业务,如果事实上不需要专立一个部分,那么可以由从事广告设计者兼做这种服务,是一个驾轻就熟而可以得到省费功效的办法"。③ 可见大众联络在当时是一个新兴的职位和专业。在作者看来,一家公司的广告和推销的问题,往往也就是大众联络方面的问题,因此有加以研究的必要。那么如何处理好这一问题呢? 其基本的要求就是思想和动作的透彻,为此必须做到以下七个方面:1. 了解自己的市场竞争地位和面临的

---

① 祝帅. "广告史"研究在中国——基于史学史视角的一种反思[J]. 广告大观理论版. 2010(2).
② 徐百益. 广告与推销中大众联络(Public Relations)的七个基本条件[J]. 工商管理. 1948.
③ 同上.

问题,包括内部的劳工问题以及对外的一些问题;2. "由广告设计家和大众联络部分合作时讨论问题所在";3. "使公司同人都知道大众联络的重要";4. 从工作的起点即制造部门着手,了解职工认为公司面临的问题;5. 接触大众,把公司的工作和政策、公司历史等相关信息对外传播;6. 设定目标,"把造成领袖地位作为努力的对象";7. 把所设定的目标作为长远计划来坚持实施。

该文是我国广告学研究中最早介绍公共关系的一篇文章。由于当时国外的公共关系学也不甚发达,所以该文对于公共关系的介绍也略显肤浅,但对于我国广告学与公共关系的研究具有开创性意义。

三、广告学科体系的建立

从上述广告学研究成果来看,广告学发展到民国末期已经非常成熟,与西方发达国家的广告学科体系基本接轨,中国本土广告学学科基本建立。学科体系的建立标志就是学科意识的明确。而广告学的学科意识包括,什么是广告学、广告学的研究对象是什么、广告学的研究方法是什么? 这一系列问题,在民国学者不断辛勤探索的过程中,逐渐找到了答案。

(一) 广告学的定义及研究对象

广告学是一门什么样的学问? 广告学研究什么? 在我国早期广告学著作中,学者都给出了答案。

广告学是研究广告的学问,有广义广告学和狭义广告学之分。广义广告学的研究包括广告活动的历史、理论、策略、制作与经营管理等内容。而狭义的广告学特指广告学的基本学理问题,如广告本体研究、广告历史、广告学发展规律等。民国时期主要集中在广义广告学的研究,而对于狭义广告学的研究相对较少,只是在个别广告学著作中偶有提及。丁馨伯在其《广告学》一书中,认为"广告者系一种印刷的文字或书图的推销方法也",而"广告学云者,即专门研究此一推销方法之专门科学也"。① 这一定义明确地回答了广告学是什么的问题,即广告学乃一门研究推销方法的科学。

至于广告学的研究对象,虽然没有学者明确提出这一问题,也没有给出具体的答案。但在实际研究中,学者们已经不自觉地对这一问题进行了探讨。在吴铁声、朱胜愉编译的《广告学》一书的第二章《现代广告的趋势》中,作者认为广告业发展的趋势为广告的伦理化、法制化、审美化和专业化。这一预测就涉及到了广告学的研究对象,即广告活动的发展规律问题。表明随着广告学研究的深入,民国广告学者已经自觉地承担起了研究广告活动发展规律研究的历史任务。

(二) 广告学的研究内容

民国初期,我国的广告学著作大多引介国外的研究成果,到新中国建立前,我国学者已经立足于本土的广告活动实践开展研究,由此建立了本土的广告学研究框架。1931

---

① 丁馨伯. 广告学[M]. 上海：立信会计图书用品社. 1944：1.

年,苏上达在其《广告学概论》中,将与广告学相关之一切问题分为五项研究之:市场问题、方法问题、技术问题、媒介问题、经费问题。这在民国时期的广告学者是鲜见的。虽然这是属于"广告"的分类,而不是"广告学"的分类,但仍在一定程度上体现了一个广告专业学者所具有的学科意识。民国末年的广告学研究主要集中于以下几方面:

广告本体研究,包括广告与广告学定义及基础、广告功用、广告发展历史、广告与社会文化的关系等。

方法研究,包括心理学方法和调查、统计等实证研究方法。

广告技术研究,由于民国时期的特殊环境,发布广告的主要是报纸杂志等纸质媒体,所以这一时期的技术研究主要是关于纸质广告技术的研究,包括稿本、字体、颜色、标题、轮廓、结构、商标与装潢等。

媒介研究,包括媒介广告种类、媒介性质与意义、媒介代理与计划等。

广告行业研究,包括广告代理业、广告伦理、广告人才等问题。

这些与现代广告的研究内容基本殊无二致,由此构建了广告学的基本研究框架。

(三) 广告学研究方法

任何一门学科都有自己的研究方法,这是其之所以成为一门学科的方法论支持。我国广告学从发端起,一直到民国末期,考察这三十年的广告学研究,即可发现学者们普遍采用了诸如心理学方法、市场调查法、统计法等现代科学方法。而在民国广告学之前,我国对于广告学的认识,还仅仅处于经验的层面,而不能上升到方法论的高度。这也是我国广告学迟至民国才发端的一个重要原因。由此看来,我国广告学自民国初年发端,经过三十年左右的发展,其学科体系于民国末期基本建立。

第四节　广告学术的历史价值及其局限

一、广告学术成长特点

我国广告学发端于民国初,这个时期主要以翻译或者编译的方式直接引入西方广告学研究成果;20世纪30年代,在吸收西方成果的基础上,我国本土广告学研究勃兴,并取得了重大成果;八年抗战虽然中断了这一研究进程,但抗战胜利后,经过学者们的不懈努力,形成了较为完整的学科体系,我国广告学学科初步建立。下面,笔者从宏观角度对民国时期近三十年,我国广告学发端、发展、成熟的过程作一描述。

(一)"广告学"如雨后春笋般勃兴

民国之前,我国近代广告已经过了七八十年的发展时间。在这七八十年时间里,国人对于广告知识的了解仅仅局限于广告功用、广告与报馆经营的关系等初级的层面。而一个学科的建立并不是一蹴而就的,需要经过长时间的基础性的学术准备。"早在19世纪,美国的学者已经发表和出版了一些分别论述推销、广告、定价、产品设计、品牌业务、实体分配等方面的文章和论著,这为广告学的形成奠定了基础"。① 而且西方国家在广告学正式形成之前,有关广告学的课程已经进入了大学讲堂。虽然这些内容是被包含在市场营销、新闻学等课程里,一般在商学院或者经济学系开设,但通过大学教育可以有效地促进广告学方面的专业研究,扩大广告学研究队伍。从现存的历史文献资料中,关于广告学研究的著作,只诞生于民国之后。一开始也只是译介国外的研究成果,比如1918年甘永龙编译的《广告须知》、1913年史青翻译的《实用新闻学》等新闻学著作。而我国的广告学研究进入大学则始于1919年的北京大学新闻学研究会。因此,从学术基础来看,没有外来学术的引入,中国广告学不可能如雨后春笋般勃兴。

另一方面,中国广告学自从诞生后就产生了如此众多的研究成果,其中也有历史和时代的原因。首先,从与当时国际学术潮流的关系来看,由于西强东弱,西方列强在进行军事入侵、经济输入的同时,也把西方的现代科学带到了东方(这将在接下来的内容——学术传播路径中谈到)。其次,由于民族资本主义工商业发展壮大的动推,广大的民族工商业者迫切需要广告这一新颖的经济手段来推销他们的产品和服务,以壮大自身的实力,与洋货相竞争。

因此,从上面分析来看,虽然我国广告学基础薄弱,但在内外条件的共同作用下,广告学研究如井喷般的爆发也就不足为怪了。

(二) 本土广告学术研究

在吸收欧美等西方国家研究成果的基础上,本土广告学开始了自身的发展。在这一发展过程中,呈现出一种注重实用的研究倾向。所谓"实用"是与"理论"相对立的,二者的关系也就是"术"与"学"的关系。正如何嘉在其《现代实用广告学》的序中所说,"书店里也有几种广告书籍出售,但讲理论的居多,能够切合实用的很少,能够详细指导的人更不多见"。② 从当时出版的本土广告学著作的名称中,我们可以发现,除了一些概论性著作之外,其他多冠以"实用"二字。中国学者在写作广告学书籍的时候,就是本着指导实践的目的和心态去写的。

笔者认为本土广告学术研究呈现实用倾向,有两方面的因素。首先是中国人经世致用治学传统的影响。"经世致用"作为儒家的传统价值观,其实质是一种实用主义的文化价值观。这种文化价值观认为,一门学术的价值大小取决于它是否具有实用性,是否有益于社会、有益于人民。这种价值观在中国古代知识阶层中长期居主导地位。这种价值观,难免会影响中国本土广告学的建立与发展。广告学作为一门应用性学科,其存在的价值也在于其为商家、商业甚至国家所用。其次,当时中国处于内忧外患的现实环境,这使中国学者的研究更注重实用性。因此早期的广告学著作常用较大的篇幅来论述广告的功用,以唤起国人对广告的重视。在广告活动越来越科学化的后期,中国学者也开始重视提高广告效力的研究。因此对于广告心理学、调查、统计等实证研究方法非常重视。这些因素都使中国本土广告学术研究走上了注重实用的道路。

---

① 丁俊杰. 现代广告通论[M]. 中国物价出版社. 1997.
② 何嘉. 现代实用广告学[M]. 上海：中国广告学会. 1931.

广告学作为一门应用性的学科,当然要注重实用性,增强对工作实践的指导。但其之所以能成为一门"学",不仅仅依靠其实用性,必须要在学理上有自己的学科体系和理论范畴。虽然中国本土广告学存在注重实用的研究倾向,但其在大量汲取西方广告学成果的过程中,已经逐步建立起了较为规范的学科体系和完整的学术范畴。

(三) 学术传播路径

中国广告学的学术传播路径有两条:第一条是从西方发达国家传播到中国的国际传播路径;第二条是从上海、北京等发达地区往内地传播的国际路径。下面分别论述。

1. 国际传播路径

通过对早期中国广告学发展情况的考察,可以发现我国早期的广告学研究大多采取直接从国外引进相关著述而予以译介的方式。其中对中国广告学影响最大的是欧美和日本的广告学。尤以欧美广告学影响最为显著。大致情况概述如下:

1918 年甘永龙编译、上海商务印书馆印刷并发行的《广告须知》,原著是由美国出版社皙斯敦公司 The System Company 出版的 *How to Advertise* 一书。

1913 年由史青翻译、上海广学会出版的《实用新闻学》,英文原作者是美国新闻记者休曼所著,此书于 1903 年出版,这也是美国第一部应用新闻学专著。

1925 年吴应图译述、上海商务印书馆出版的《广告心理学》,原著是美国著名的广告学家斯科特于 1908 年出版的 *Psychology of Advertising*。

1932 年由李汉荪、华文煜编译、天津新中国广告社出版的《实用广告学》,原著是 L. D. Herrold 于美国出版的 Advertising For The Retailer。

1928 年蒯世勋在其所著《广告学 ABC》的结尾处提到,他在著这本书的时候参考了一百余部英文广告学著作,并列举了其中十本以供有志研究广告者参考。这十本书中,有几本是大学教本,还有一些是广告活动实践经验之记录。

1931 年孙孝钧所编的《广告经济学》参考了 7 种英文文献,分别是: *The Advertising Handbook*（2）*A Short Course of Advertising*；（3）*Advertising: Its Principles and Practice*；（4）*Advertising as a Business Force*；（5）*Making More of out of Advertising*；（6）*Advertising and Selling Practice*；（7）*Pinter's Ink.*

1932 年刘葆儒在其所著《广告学》一书的编辑大意中指出,"本书的编辑全据好令威士 Harry L. Holling worth 所著的广告学",而且只是择取简明实用的内容予以编辑,摒弃了说理较深以及心理学家试验的结果。因此,本书只能算是国外广告心理学专著的缩略本。不过作者为了更好地阐释内容,将原来一些外国的广告案例换成了国内的。

1946 年由吴铁声、朱胜愉编译的《广告学》参考了广告学研究英文杂志以及 15 本英文版相关专业书籍。

通过当时学者、协会组织之间的交流活动,也可以看到中国的广告学术活动深受欧美广告界的影响。1911 年"世界广告协会"在美国成立,该协会通过学术探讨、行业规划等活动,旨在提高广告行业的社会地位。1919 年,中国广告公会在上海成立,该会自成立以后,曾多次开会交流行业经验,探讨广告学术问题,并曾就参与世界广告组织一事进行商讨。另外，很多中国学者有留学欧美的经历，比如陆梅僧、林振彬、叶建伯、汪英宝等几位专攻广告学的海外留学者。

因此，从上述资料中，我们可以获悉中国广告学的形成和发展受到了欧美广告学极大的影响。甚至可以说，中国广告学是直接照搬了西方现成的广告学术体系和科学范畴。

关于日本广告学对中国的影响，当时日本广告学已经比较发达，比中国早一步形成了比较完善的广告学术体系。比如1925年由唐开斌译述、上海商务印书馆出版的《广告心理学》一书，其原著者是日本著名学者井开十二郎原。1946年由吴铁声、朱胜愉编译的《广告学》（部定大学用书），两位编译者在书的结尾处列举了四本日文广告学著作，分别是：《广告通论》，粟屋义纯著；《广告要论》，粟屋义纯著；《广告印刷物四知识》，郡山幸男著；《活版印刷》（手引），川畑光志著。

日本广告学比中国先成体系的一个原因是，日本学术界更早地引入了欧美广告学研究成果。《广告心理学》原著者井开十二郎，是一名大学广告学讲师，他在著该书的时候，参阅了很多美国的广告学书籍。他提到自己的很多研究结果是对何林涡斯（Hoallingworth）博士和巴尔逊（Parsons）合著之《广告之理论与实际》（*Advertising: Its Principle and Practice*）一书的重新分类与集成。可见他的广告学研究框架以及观点，深受美国学者的影响。所以唐氏此书虽译自日本学者的著作，但其主要内容还是参考自美国的广告心理学研究成果。因此，许多日本广告学著作在进入中国的同时，也将欧美广告学的研究成果间接地带到了中国。

2. 中国广告学术分布

从国内广告学研究成果的地域分布来看，主要集中在上海、南京、北京、天津等经济文化较发达城市。而上海堪称广告学术区域的核心，出版广告学著作的有商务印书馆、中华书局、世界书局、中国广告学会、中国广告学社、立信会计图书用品社、上海形象艺术社、上海华商广告公司、新文化社，以及工商管理杂志社等多家机构。民国时期出版的30多种广告学著作中，有20多种是在上海地区出版的。这与当时的上海是中国经济最发达的城市密切相关。经济越发达，广告业越繁盛，广告学术研究活动也就越活跃。此外，北京地区出版了1919年徐宝璜所著的《新闻学》；南京地区出版了1931年孙孝钧所著的《广告经济学》（由南京书店出版）；天津地区出版了Herrold. L. D. 著、李汉荪等编译的《实用广告学》（*Advertising For the Retailer*）。还有发表孙科《广告心理学概论》一文的《建设》月刊。

从高等学校广告学的教学和科研情况广告学也可以看到当时广告学术的分布态势。我国最早的新闻学术研究团体"新闻学研究会"于1918年在北京大学成立，该会将广告研究作为新闻学研究和教学的一部分。之后中国很多大学纷纷开设广告学课程，"1920—1923年，上海圣约翰大学、厦门大学、北京平民大学、北京国际大学、燕京大学和上海南方大学的报学系、科先后建立起来，广告学都被列为这些科系的一门独立的课程。上海南方大学报学系和哲学专修科把'广告原理'列为必修课之一"。① "1925年夏，上海国民大学

① 丁俊杰，康瑾. 现代广告通论[M]. 北京：中国传媒大学出版社. 2007：52.

也设新闻系,由《时事新报》总编辑潘公弼讲授报业管理与广告经营。1926 年,上海光华大学开设了'新闻学'和'广告学'两科。1926 年 2 月,复旦大学在中文系内设新闻学组,1929 年 9 月,正式创立新闻系,并把广告学作为重要的必修课程,也是重要的实习课程。"[①]可见大学广告学教育也基本分布在上海、北京、厦门等几个经济活跃的城市。

二、广告学的历史价值

(一) 建立了较为完善的广告学学术体系

从西方传教士在中国创办报刊之后,中国广告史进入到了近代时期。晚清时虽然已经出现了关于广告观、广告论说方面的内容,但这些内容呈零散的状态,这表明我国的广告学研究还处不自觉的朦胧的阶段,还处于广告学术的孕育期。民国以后,特别是 20 世纪 20 年代左右的一段时间,中国大量引入西方的广告学著作,这些著作给了中国广告学术研究很大的理论支持。20 世纪 30 年代,中国广告学在吸收西方广告学研究成果的基础上,开始走上了独立的发展道路。呈现出一派欣欣向荣的景象。但这良好的发展势头被日本帝国主义的战火所阻断,中国广告学研究因此中断了整整八年。目前还查不到这八年时间里的任何广告学研究成果。由于特殊的时代环境,中国本土广告学研究呈现出注重实用的倾向。抗战胜利后,国内出版的广告学著作虽然数量很少,但是质量很高。

民国末期的广告学著作已经具备了成熟的广告学研究框架,其研究内容涵盖了广告本体研究、广告技术研究、媒介研究、方法研究、广告经费与成本研究、广告行业研究等多方面,建立起了较为完善的广告学学术体系,为我国现代广告业的发展提供了强大的理论支持,并且培养了众多广告专业人才。

(二) "学"与"术"的争论

1. 对广告文化的偏见——重农抑商,是视广告为"术"观点的源头。

关于广告是一门"学"还是"术"的争论,在民国时期的学界和业界中就已经存在。甚至在广告事业如此发达,广告学发展已届百年的 21 世纪,少数学者仍持广告乃"术"的观点。广义的广告,在中国古代已经存在。但现代意义上的广告,直到西方传教士在中国开办报刊之后才产生,是一种舶来品。因此,国人对于广告的研究历史相对较短,研究也不够全面深入。

国人对于广告"术"的定位,与中国"重农抑商"的传统观念有着极为密切的关系。在"重农抑商"的封建社会里,商人地位低下,排在"士农工商"序列的最后一位。而且自古文人向有"重利轻义"的价值观念,对于商业利益不屑一顾。因此,广告作为商业经营的重要宣传工具,自然就不受掌握话语权的士大夫阶层的待见。虽然 1911 年辛亥革命的成功,推翻了封建统治,资本主义工商业获得了很大的发展空间,但是两千年的封建专制的影子不会马上消失,中华民族仍然受到帝国主义、封建专制和官僚资本主义三座大山的压迫,因此国人对于广告的偏见也不会马上改变。为了发展民族资本主义,销售国货,与洋货进

---

① 杨海军. 中外广告史新编[M]. 上海:复旦大学出版社. 2009:105.

行竞争，国人开始研究并积极利用广告。不过，广告研究也主要集中在广告的功用、技术等实用性方面，而对于广告学理的研究严重缺位。因此，国人普遍持广告是"术"的观点也就不足为奇。

2. 民国广告学者对于广告"学"的地位的扶正。

早在民国初年，从日本留学归来的李叔同曾就广告"学"与"术"的问题进行了研究探讨，提出了自己的观点，认为应该给予广告学以与其他学科平等的学术地位。他认为，"广告学有其独立的学术价值，属于关乎社稷民生的'道'之所在。……对学科门类不宜臧否。广告学具有科学研究的独立价值，未可斥为'单纯之技术'"。[①] 李叔同不但是中国现代美术教育的奠基者和中国现代戏剧艺术的创始人，在广告学术上也极具识见，上海大学张敏教授誉之为"中国现代广告事业的开拓者"。可惜的是，李叔同的广告学研究成果只是散见在一些文章中，未曾形成专著，因此没有引起当时学界的重视。

此后，由于西学东渐的风潮，西方广告学成果迅速被引入中国。民国时期的许多学者接受了西学的熏陶，普遍认为广告乃一门综合性的科学，具有多学科交叉的特点。1918年，甘永龙在其编译的《广告须知》一书的序中，称"广告一科，浑融错综，非可以枝节强分。故近世多以专门学术名之，其间有若干之原理，几如广告上天经地义。凡广告之所在，即为此原理所贯彻"。从广告学专著诞生的第一天起，中国大多学者就将广告当作一门学术来对待，并加以研究。

之后认定广告是一门学术的议论不一而足。1928年，蒯世勋在《广告学ABC》中认为"广告学是研究如何使广告得到最大效果的一门学术"。1931年，苏上达在《广告学概论》中说："广告学者，研究利用种种媒介物以销售货物之科学也"。1933年罗宗善编著、徐国桢校订的《最新广告学》一书称"广告学者，二十世纪之一种艺术，以某种待售货物之名目、价格、性质暨用途，或其他事件公告众人之学也"。罗宗善虽然认为广告学是艺术，但究其实质仍然是一门学问。至民国末年，丁馨伯在《广告学》中对广告学的学术性质下了最终定论："广告者，系一种印刷的文字或书图的推销方法也。至于广告学云者，即专门研究此一推销方法之专门科学也。"[②]

而其他以广告为"术"的观点则认为，广告的制作主要依靠美术、文字等专门技术的支持。但持这一观点的多为业界人士，而学者多不以为然。

当时业界与学界人士围绕广告是"学"还是"术"的争执，是早期广告学在形成过程中再所难免的。一门学术的诞生，从来都是先有"术"而后有"学"，需要一个从"术"到"学"的发展演变过程。在这过程当中，通过对其他学科的借鉴和吸收，然后形成自己的理论支持和框架。民国广告学在发展的过程中，汲取其他学科的有关内容以为己用，体现了广告学作为一门应用性学科的广泛性、包容性和交叉性。这对于当代广告学的发展具有重要启示意义。广告学作为一门综合性学科，就必须抱着开放包容的态度，把其他学科中有助于

① 张敏. 中国现代广告事业的开拓者——试论李叔同的广告学贡献[J]. 广告大观(理论版). 2007(5).
② 丁馨伯. 广告学[M]. 上海：立信会计图书用品社. 1944：1.

广告学发展的东西吸收进来,作为其健康发展的养料。

（三）关于广告学学科基础的争论

广告学的学科基础是什么?民国广告业界和学界主要有三种观点,一是心理学派,二是艺术学派,三是才能学派。

心理学派认为,"广告的制作,除于商品应有深切的认识外,广告家应理解心理学,于心理学上的虚荣、好奇、舒适、恐怖、希望、同情,反应等心理作用,应有精澈的理解。每一广告的作成,均须根据一定的心理学的原理,方可迎合购买者的心理,产生它们的购买欲望。"[1]这种观点来自西方。西方广告学诞生的标志性著作为斯科特 1908 年所著的《广告心理学》,1925 年由吴应图翻译到国内。书中这样阐述广告学的基础问题:"夫广告之对象,为人类之心,故广告唯一之科学基础,实为心理学。"[2]诸如此类的代表性观点还有:"广告之目的既注重于劝导阅者之意向,改变阅者之心理,以遂登广告者之期望。则研究此目的之良方法,舍心理学其将安适乎。"[3]这些观点认为心理学在广告活动中具有至关重要的作用,因此将心理学作为广告学的基础,使广告学成为一门应用性的心理学科分支。

艺术学派主要有三个分支,分别是文学、美术和广告技术。文学分支认为广告要引起人们的兴趣,必须用优美的语句和辞藻,粗俗不堪的文章则让人难以卒读,导致广告效果的减弱。美术分支认为,广告乃"创造新需要之一种美术",精良优秀的广告不仅要陈述产品的优良之处,更须让人产生一种购买欲望,而这种欲望的产生就需要通过精湛的美术。广告技术分支认为,广告效果的产生主要依靠巧妙的广告技术,如标题、字体、轮廓等制作技巧等。因此,丁馨伯认为艺术学派"太重实际,置原理于不顾,过短视矣"。[4]

才能学派主要看中广告家的商业才能,认为优秀的商业人才即使没有专门研习过广告学,可以制作出好的广告。这种观点其实就是一种经验之谈,根本没有上升到学理广告学层次。

除了上述三种观点之外,还有一种全面、客观的观点,认为广告学是一门综合性的学科。正如吴铁声、朱胜愉在《广告学》一书中:"广告为综合的科学,其所涉及的范围,最著者如商业心理、经济、统计、市场、绘画、印刷等,方面既多,着手更难。本书编制,理论与实际并重,但广告学究属应用科学,故于技术上,如关于心理、色彩和绘画、印刷、商品、市场、广告媒介物等章,均叙述特详,期使读者得到实际的应用知识。"这一理解与当代大多数学者的观点不谋而合。

广告学除了与以上心理学等有紧密的关系外,与其他科学也有密切的联系。丁馨伯认为"广告学除与心理学有深切的关系外,更须具备下列基础:1. 广告实际家的丰富经验。2. 风俗、人情、习惯。3. 美术尤其绘画、图案。4. 法律学。5. 论理学。6. 商业学。

---

① 丁馨伯. 广告学[M]. 上海:立信会计图书用品社. 1944:4.

② W·D·Scott. 广告心理学[M]. 吴应图译. 上海:商务印书馆. 1925:2.

③ 孙科. 广告心理学概论[J]. 建设月刊第一卷第二号. 1919(9).

④ 丁馨伯. 广告学[M]. 上海:立信会计图书用品社. 1944:5.

7. 印刷术。8. 能率增进法的原理。9. 历史及地理学。10. 统计学及其他科学等"。① 对于以上构成广告学学科基础的几种观点，丁馨伯在经过比较分析之后，认为"各派各有偏重，研究广告学应取的态度，我们认为三者均应兼顾，厚此薄彼，皆不能得广告之要旨也"。②

这种态度，对于当今广告学者也具有一定的启发意义。当代学者在构成广告学的学科基础的问题上，观点也不一致，主要集中于文学、艺术和营销三个方面。这从国内大学的广告教育上可以窥见一斑。广告学科主要依附于文学院、新闻传播学院、艺术学院等院系，只有少数院校专门设置了广告学院。而当代广告学者的一个重要任务，就是整合以上三方面的力量，在共同目标的指引下，对广告学进行更加全面深入的研究，促进其健康科学地发展。

三、广告学术的局限

通过对民国时期广告学研究成果的查阅以及相关背景的考察，分析了这一时期广告学研究的得与失，及其发展过程中所呈现的特点，我们发现民国广告学研究的一个显著局限就是，缺乏严谨的学科意识。这主要表现在对"广告学"本体研究的不够充分和学术史研究的不受重视。

（一）"广告学"本体研究的不足

指出严谨的广告学科意识的缺乏，并不否定民国时期较为完善的广告学科体系的建立。这里所指的严谨广告学科意识，主要是从狭义的"广告学"概念出发。狭义的"广告学"研究，主要偏重广告学深层次的学理问题，如广告学本体及其研究方法等。虽然民国时期广告学专著以及涉及广告学的著作不少，但是这些著作大多是概论性、实践性的。而对于广告学本体的研究也仅仅集中在"广告"和"广告学"的定义方面，其他诸如广告功用、广告技术、广告媒介、广告行业等方面的研究均欠深入。"翻检这些题为'广告学'一类著作的内容，可以发现在大量著作中'广告学'与'广告'并未作出明确的区分，很多著作只是除了书名中出现'广告学'之后，正文中全部用'广告'进行有意无意的'偷换'，更遑论对'广告学'作为一门学科建设的基础问题进行相关的讨论"。③ 概论性的著作，虽然体系完善，面面俱到，但在基本学理等专题研究方面不够深入。而一门学科的形成，需要在专题方面有深入的研究，由点入面，完成基本学理的积累。民国时期广告学著作的概论性倾向，主要跟当时强调实用主义的社会风气有关，在这样的风气之下，难以养成严谨的学科意识。

（二）广告学术史研究不受重视

笔者在按照时间顺序把民国时期出版的广告学著作阅毕后，发现其中对于"广告学术

---

① 丁馨伯. 广告学[M]. 上海：立信会计图书用品社. 1944：2—3.
② 丁馨伯. 广告学[M]. 上海：立信会计图书用品社. 1944：6.
③ 祝帅. "广告学"的知识建构及其生成[J]. 广告大观（理论版）. 2010(3).

史"研究的缺乏。广告史包括广告事业史和广告学术史等具体专题。广告史研究作为广告学研究的重要组成部分，具有重要的学科建设意义。这一时期出版的关于广告史方面的著作，只有两本广告事业史，分别是 1936 年华商广告公司出版的征文选集《近十年中国之广告事业》和 1948 年如来生所著的《中国广告事业史》。这两本书，特别是后者，为我国广告事业史研究提供了重要史料。

研究学术史具有非常重要的意义，它有利于对前人科学研究成果的积累和传承。加强广告学术史的研究，有利于广告学研究成果的积累。使后人在学术积累的基础上，理清前人的学术遗产，才能发现问题并解决问题。其次，对广告学术史的研究有助于广告学科的规范建设，有助于广告学研究成果的利用和普及。但是，从"广告学术史"著作的缺位，可以发现民国广告学者以及其他学界的学者，缺乏在广告学学科建设问题上的自觉意识和反思意识，即还没有清醒的、自觉的学科意识。而树立这样一种意识，建立具有中国特色的广告学，是历史留给当代广告学者的艰巨任务。

第十五章

由业入教：上海的广告教育

近代以来，上海一直是中国的商业、文化和教育重镇，可以说上海商业史就是大半部中国商业史。广告首先是作为一种商业活动出现的，进而随着广告活动的规模化和职业化，专业的广告人才成为广告业发展的必要条件，广告教育得以出现。最早开展广告教育土壤的地方往往是商业、文化、教育中心，在中国同时能满足这三种条件的城市非上海莫属。上海广告教育事业发轫于民国初年，新中国成立后一度沉寂，自20世纪90年代以来重新焕发生机，经过近三十年的积淀，上海已成为中国广告教育的重心之一。

第一节　近代上海广告教育的时代背景

民国时期(1912—1949)是中国现代广告业发展的第一个成长期和高峰期，同时也是中国广告教育的发轫期。广告教育是依附于广告产业的发展而出现的，探究民国时期上海广告教育的发展，首先要考虑到三大背景因素，一是广告产业的发展刺激了广告教育的产生，二是逐渐完备的教育体系是广告教育得以实现的有利条件，三是近代报刊广告实践的发展为近代广告教育的诞生奠定了良好的实践基础，积累了知识、经验。

一、工商业和广告业的繁荣对广告人才的需求是广告教育产生的根本动因

自1843年开埠以来，外商的涌进和民族工业的发展使上海成为中国近现代工业的发祥地。到20世纪30年代，经过了近一百年的商业历程，上海工业已占全国半壁江山，随着商业的繁荣，上海出现了各种形式的广告，电车广告、橱窗广告、路牌广告、广播广告、霓虹灯广告等现代广告形式纷至沓来。1908年3月5日，上海第一条有轨电车线路正式通车营业，该线西起静安寺，东至外滩，贯穿上海最繁华的闹市中心。1914年11月15日，上海第一条无轨电车在福州路上正式通车，横贯上海最热闹的南京路与北京路。在旧上海，每当开辟一条新线路，新闻界都会对此作一番报道，这引来了广告商标新立异的创意，策划了电车广告的新形式。此后，广告便随着公共车辆在川流不息的人群中移动，展示有

关"药品"、"饮料"、"化妆品"、"香烟"的文字和图案,给顾客留下深刻的印象(见图1)。1917年,上海先施百货公司制作了我国最早的橱窗广告,30年代时,上海的永安、新新、大新等百货公司也在商店门前设置大型橱窗广告(见图2)。

图1 公共汽车上的啤酒广告

图2 永安公司的橱窗广告

20年代时,路牌广告开始流行,很多公司将五彩印刷的招贴画贴于墙面,其后又改用木架支撑,铅皮装置,油漆绘制。路牌广告画面设计新颖,内容主要是香烟、药品和影剧信息等,多集中在繁华喧闹的街区、交通要口、铁路沿线屋顶和风景区。据上海市公用局1933年的统计,在上海236处公共场所,民用商业类广告牌多达216处,所占面积2 822平方米。1926年,上海南京路伊文斯图书公司在其橱窗内用霓虹灯安装了一幅"皇家牌打字机"英文吊灯,这是我国最早的霓虹灯广告。及至30年代,上海闹市区的大小商店基本都安装上了霓虹灯招牌及广告,整个"十里洋场"彻夜通明,形如白昼。

1923年,在华经营电讯业务的美国无线电商人奥斯邦与英文《大陆报》联合创办了一家广播电台,呼号XRO,发射功率50瓦,每晚播音1小时,内容有国内外要闻及上海本地新闻,但主要是娱乐节目,星期日设有《布道》、《祈祷》等宗教性节目,这是在中国境内的第一座广播电台。该台于次年开始每天60多分钟的播音,节目丰富多彩,除了有国内外新闻、演说、音乐等节目,中间还插播广告。不久,美商新孚洋行和开洛公司所办的电台相继开播,节目中都插播了广告。据1937年6月统计,全国共有商业性广播电台45家。上海已有华资私人电台36座、外资电台4座、国民政府电台1座、交通部电台1座,这些电台都主要依靠广告维持。[①]

随着商家对广告认识的不断提高,商品广告越来越受到工商企业的青睐,广告组织的发展也日渐成熟。从19世纪下半叶开始,专门从事广告经营活动的广告公司和广告专业人员应运而生。以广告公司等形式成立起来的广告组织机构是现代广告业发展的重要标

---

① 李俊基. 中国广告史[M]. 中国传媒大学出版社. 2006:191.

志,它使广告真正成为一种社会经营行业。随着广告业的发展,20世纪20年代,广告代理业出现,20世纪30年代广告公司专业化。上海最早的广告社有好华、中西、耀南、伟华、大达、伯谦、上海、大声等。宣统元年(1909)维罗广告公司在上海三马路①设立,是由吴兴人和王梓濂创设的。1914年成立的闵泰广告社专为英美烟公司服务,另有又新广告社承办僧帽牌火油和帆船牌洋烛广告。外商广告公司成立最早的是1915年意大利人贝美在上海设立的贝美广告社。1918年美商克劳广告公司成立,1921年英商美灵登广告公司创立。1927年,王万荣②创办了"荣昌祥广告社"。此时上海的广告行业已经相当发达,可以说是中国的广告中心,外地的广告企业也纷纷迁到上海。1924年胡一记老广告社把分社开到上海,1926年美国哥伦比亚大学经济硕士林振彬也把广告公司开到上海。到1935年,上海的中外广告公司已经有一百多家。20世纪30年代,上海广告代理业呈全盛状态。克劳、美灵登和民国15年成立的华商广告公司以及民国19年成立的联合广告公司并称为四大广告公司,成为30年代上海广告业的支柱。华商广告公司的创办人林震彬和联合广告公司的经理陆梅僧均留学美国,他们把美国广告公司的经营方式带进上海。克劳广告公司雇有专业撰文人员和画家,如特伟、胡忠彪等,有的广告则委托叶浅予设计。美灵登广告公司雇有撰文人员,画稿则由俄国人承担。华商广告公司有撰文人员孙作民等,设计人员为庞亦鹏、蒋东籁。联合广告公司除有专业撰文人员二三人外,图画部聘有各种绘画人员,最多时达15人,是行业中少有的规模。此外还有中小型的广告公司、广告社近30家。查1948年10月上海市广告商业同业公会的会员登记,还有91家广告公司。③

　　近代上海工商业的繁荣促使了广告产业的产生,形式各异的广告类型纷纷出现,对于广告人才有越来越大的需求,广告教育已经有了产生的土壤。

二、逐步完善的教育体系是广告教育发展的推动力量

　　上海开埠后,受西学东渐的影响,新学逐渐代替旧学,在全国首开近代教育的先河。一批传教士在沪办学,咸丰十年(1860)美国基督教长老会创办娄离华学堂,即清心男塾。光绪五年(1879)圣约翰书院创办,光绪二十二年设立大学部,成为上海第一所高等学校。上海教会学校的设置从小学到高等学校基本齐全。

　　1912年,北洋政府公布《壬子学制》,新学制公布后至1913年,教育部又陆续制定并颁布了《专门学校令》、《实业学校令》和《实业学校规程》等法规,与"壬子学制"相互补充,成为一个更适应当时社会经济发展需要的学校系统,后来通称为"壬子癸丑学制"。学制规定学堂改为学校,废除传统的读经等传统课程,放宽办学权限,上海的教育有了进一步

---

　　① 上海开埠后,英、法、美等国纷纷进入上海,划定租界,规划市政建设,修筑马路。在当时的英租界里从南京路往南到北海路的六条马路,上海人以兄弟排行的习惯,依次将他们称为"大马路"、"二马路"、"三马路"、"四马路"、"五马路"、"六马路"。

　　② 1912年,王万荣到上海广告社当学徒,后任上海荣昌祥广告公司经理,因设计电影《夜半歌声》、"鹅牌"商标的路牌广告而声名鹊起,被誉为"广告大王"。

　　③ 黄志伟、黄莹编. 中国近代广告[M]. 学林出版社. 2004：5.

发展。1922 年 11 月,北京政府颁布了《学校系统改革案》大总统令,即"壬戌学制"。"壬戌学制"规定了自成体系的、从初级到高级的职业教育系统,用职业教育替代了清末的实业教育的制度,第一次确定了职业教育在学制中的地位。

随着社会的发展,职业门类日益增多,社会分工精细,上海的教育结构也发生了变化,出现了职业教育、平民教育、民众教育,并迅速发展。1917 年,国内首家职业教育机构中华职业教育社在上海成立,次年建立中华职业学校,实施职业教育。

专门学校的种类,除原清末实业教育的农业、工业、商业、商船四类专门学校以外,还包括法政、医学、药学、美术、音乐、外国语等专门学校,招收中学毕业生或有同等学历者,修业年限均为 4 年,即本科 3 年,预科 1 年,可设研究科,研究科规定为 1 年。专门学校在培养目标、科目或课程设置、教学内容和学生就业等方面已经具备了现代高职教育的特征。实业学校分甲乙两种,分别与高等中学和高等小学平行。从甲种和乙种学校在整个学制中的位置来看,相当于现代社会的中等职业学校和初等职业学校。

自 1863 年到 1949 年上海解放前夕,上海高等学校有政府办学(国立、省立、市立)、私人办学、外国教会办学等形式。其中政府办学,自 1863 年李鸿章奏准创办上海同文馆起,至 1927 年共有 5 所,1937 年有 10 所,1949 年 4 月 16 所,前后累计有 43 所。私人办学从1900 年马相伯捐资创办中西大学堂(未成)起,至 1920 年共有 14 所,1929 年 16 所,1945年 13 所,1949 年 4 月 26 所,累计总数有 43 所。教会大学累计总数达 10 所。综合各种形式所创办的大学,学院等本专科高等院校,1949 年前累计总数有 110 所以上。

在中国近代社会的发展过程中,上海教育一直走在全国前列,突出的表现了三个方面的特点:(1)结构较为合理。形成了包括学前教育、特殊教育、普通中小学教育、职业教育、专门学校教育、高等教育和成人教育在内的比较完整的教育体系。国民教育较为普及、职业教育发达,高校数量占全国的 1/4,出现一批国内一流的知名高校。(2)办学形式灵活多样。普通教育与职业教育相结合,正规教育和非正规教育相结合,公办和私立相结合,形成了政府办学、民间办学、企事业单位办学、教会和境外办学等多种形式的办学。(3)教育思想比较活跃,教育流派纷呈。先后出现职业教育、科学教育、平民教育、实用主义教育、马克思主义教育、生活教育、社会教育等多种主张和实践。完备的教育体系为上海的广告教育提供了条件,高等教育、职业教育、函授教育等教育形式中都有广告教育的身影。

三、近代报刊及报刊广告实践的发展为近代广告教育诞生奠定了实践基础

广告的传播要以传播媒介为基础,而近代时期占主导的大众媒介就是报刊,报刊广告的实践经验是近代广告业的主要知识基础和经验来源。上海是最早诞生近代报刊的城市之一,1850 年 8 月 3 日英文报刊《北华捷报》在上海问世,创刊第一版即以广告为主,其中有上海的洋行、商店、保险公司、房地产、拍卖行、银行等广告。1861 年 11 月中国最早的中文报纸之一《上海新报》创刊,从它的"发刊启"中可知该报主要是以传播商情为主,出版的几个版面多为广告。1872 年 4 月 30 日《申报》创刊,该报出版第一天起,广告就占据了

报纸的重要一席，其广告版面占 42.7%；1872 年 12 月 14 日，首登图片广告；1896 年 6 月 29 日，首刊电影放映广告；1918 年 4 月，首创系列广告。这些新的手段使广告变得越来越丰富，越来越多样化。1891 年 4 月 9 日，在上海法租界东新桥宁兴街，养正堂文报馆出版发行了第一张专业广告报纸《告白日报》。

上海开埠后，以报纸杂志为代表的近代广告开始由外商引入，并相继出现为报馆承揽广告的广告商。上海早期的广告代理业大多出于报馆的经营部门，由媒介向商人自行招揽并制作刊登，当时称之为"报纸捐客"，报纸的经营者亦是广告的召集者和管理人，广告经营概从属于报社。1902 年，英美烟公司在上海设立总部，将广告推向中国城乡。香烟广告采用招贴、传单、月份牌、日历等多种手段。该公司自设广告部，配备中外办事员 10 余人。绘图员有德、俄、日、瑞典等多种国籍，中国绘图人员达二三十人，其中有全国闻名的大画家，亦有初出校门的实习生。其广告部实际已成为当时最典型的广告制作公司。辛亥革命后，上海广告业蓬勃发展，广告代理商也应时而兴。上海广告代理商（一般规模较大的称广告公司，规模较小的称广告社）多由广告捐客演化而来。报纸为了招徕广告，由捐客经手，《申报》《新闻报》都有一批代售版面的捐客，如郑端甫、林之华、严锡圭等。

经济的发展水平是广告业繁荣与否的决定性因素。上海作为民国时期远东最大的国际性都市、世界上最繁华的都市之一，不但决定了那个年代它在中国国民经济中的重要地位，也决定了它在中国广告史上的重要地位。广告业随着上海经济的不断繁荣，在上海这座国际都市中不断萌动发展，广告教育也应运而生。

第二节　近代上海广告教育的兴起与发展

上海是近代中国的广告教育的高地，发达的商业经济和逐步完善的教育体制是上海成为近代广告教育重镇的原因所在。近代上海的广告教育是人们逐渐从广告实践活动中由"术"逐渐到"学"的认识过程，除此之外，美国的广告教育对于近代上海的广告教育也有启蒙作用，近代上海的广告教育是"学从西方来"和本土实践的有机结合。广告学形成的一个重要标志是高等学府将广告学作为一门独立的学科列入课堂并进行教学，这样一来，不仅使得越来越多的人来学习广告学、研究广告学，并且将所学到的知识运用到广告实践中去，而且还能进一步明确广告学的学科意识。

一、近代上海广告学教育主要分布在新闻学和商学两大门类

近代上海高等教育中的广告教育往往是作为一门专业课的设置，附属在商科或者新闻学两大学科下面。广告学有先天的交叉性特点，它涵盖心理学、经济学、数学、社会学等不同学科，这决定了广告教育的杂糅性，比如圣约翰大学的广告教育隶属于新闻学院，沪江大学的广告课程隶属于商学院的新闻科，复旦大学的广告学课程分别开始在新闻学系、工商管理系和国际贸易系。

复旦大学的广告教育

复旦大学的广告学课程分别开始在新闻学系、工商管理系和国际贸易系。

复旦大学首开广告课程的是商学院的工商管理系和国际贸易系。1917 年,复旦大学增设商科,为全国最先设立者。复旦大学商学院工商管理系设立于 1920 年,1934 年奉命停办,1933 年的课程设置大纲规定:工商管理系以"养成工商界建设人才,灌输现代工商管理界学识和技术,培植现代劳资纠纷问题之仲裁人才"为宗旨。主要专系必修课有:公司理财、工业管理、劳工问题、铁路管理、职工问题、财政学、中国金融组织、商业信用、成本会计、商统计学、投资学、广告学、销售管理。广告学作为专系必修课程赫然在目。复旦大学商学院的国际贸易系成立于 1926 年,三十年代曾更名为国内外贸易系,1937 年停办,1949 年暨南大学的商学院并入复旦,国际贸易系遂以恢复。1933 年课程设置大纲规定国际贸易系的目的是"造就国内外贸易的专门人才,灌输现代国内外贸易之学识和技能"。主要的专系必修课:国际贸易原理及实践、市场学、广告学、销售管理、进货学、商品学。

此外,广告学课程也出现在了复旦大学新闻学教育中。复旦大学新闻系萌芽于 1924 年,1926 年设中国文学科的新闻学组,1929 年 9 月系科改组时正是扩建为新闻系,隶属于文学院。谢六逸为首届新闻系主任,学制本科 4 年,以"理论与实践并重,教学与科研并重"为办系方针。复旦大学新闻学系的主旨在于养成新闻界需要的记者、编辑和经营管理人才,此时的报馆的主要收入是广告,广告知识与业务自然成为新闻学系的课程之一。当时开设的课程理论与实践并重,就其性质可以分为四类:一是基本工具的训练,设国文、英文、第二外语、心理学、统计学、自然科学、社会科学;第二是专门知识,设报学概论、编辑采访、报馆组织管理、广告发行、照相绘画、印刷;三是辅助知识课程,设政治、社会、法律、经济、历史、地理、外交;四是写作技术训练,设评论练习、速记术、校对术。一二年级注重基础知识和辅助知识的掌握,三四学年注重专门知识和写作技能的训练。1949 年 5 月 27 日上海解放后,暨南大学新闻系与中国新闻专科学校停办,两校学生并入复旦新闻系。1952 年 9 月,圣约翰大学因院系调整停办,该校新闻系在校学生及部分教师并入复旦新闻系。1955 年按照莫斯科大学新闻系教学大纲,改学制为五年,停开选修课,废除学分制。

圣约翰大学的广告教育

圣约翰大学创建于 1879 年 9 月 1 日,原名是圣约翰书院,是由美国圣公会上海主教施约瑟(S. J. Sekoresehewsky)将原来的两所圣公会学校培雅书院和度恩书院合并而成,在沪西梵皇渡购地兴办(见图 3、图 4)。1905 年升格为圣约翰大学,是中国第一所现代高等教会学府。

圣约翰大学的广告学课程开设在新闻系,隶属于文学院。圣约翰大学新闻系于 1920 年 9 月创办,美籍教授卜惠廉(W. A. S. Pott)在教务会议上提议设立新闻系,聘请在上海担任《密勒氏评论报》主笔、毕业于美国密苏里大学新闻学院的柏德逊(D. D. Patterson)担任系主任,初期授课在晚间,选修者 40 人,每年毕业 35 人。

图 3　圣约翰大学礼拜堂　　　　　　图 4　圣约翰大学校长楼

1924 年，柏德逊回美国后，圣约翰大学美国董事会聘请密苏里大学新闻学院硕士、俄克拉荷马州《新闻报》主编武道（M. E. Votau）来校担任系主任，用英语讲课，办有实习报纸《约大周刊》，课程有新闻、编校、社论、广告、新闻理论、新闻史等，培养英文报纸人才。1941 年底太平洋战争爆发后新闻系停办，1947 年恢复，仍由武道担任系主任，每年招生50 到 60 人，毕业 50 人。1949 年上海解放后，武道回美国，由黄嘉德担任系主任，教授有梁士纯、汪英宾等人，助教有伍必熙等人，课程改用汉语讲授，原实习报纸英文《约大周刊》停办，改出中文周刊《约翰新闻》，1952 年 8 月院系调整后停办。

南方大学的广告教育

上海南方大学的广告教育隶属于报学系下，1925 年春《申报》协理汪英宾与戈公振先生创办上海南方大学报学系与报学专修科，系主任为汪英宾。办学宗旨是："唯其感化人民思想及道德之重大无比，故亟宜训练较善之新闻记者，以编较善之报章，而供公众以较善之服务。报业之为职业也，举凡记者、主笔、经理、图解者、通信员、发行人、广告员，凡用报章或定期刊以采集新闻皆属之。本科之唯一目的，为养成男女之有品学者，以此职业去服务公众。"

南方大学报学系及报学专修科规程规定的课程有报学历史与原理、访事学、广告原理、报馆管理、编辑法等。报学系学制二年，报学专修科学制三年，必修课三门，报学原理及广告原理由系主任汪英宾讲授，《访事学》《新闻采访》聘《时报》编辑戈公振讲授。该系还办有供实习的南大通讯社，学生出外采集新闻，向上海各报免费供稿。1925 年 8 月因校长江亢虎报颜上书溥仪要求觐见的丑闻披露，舆论大哗，该系停办。系主任汪英宾离职后去光华大学报学科任教，戈公振与部分学生另办国民大学报学系。

大夏大学的广告教育

值得注意的是，据华东师范大学传播学院的陆鹏程副教授考证，[①]大夏大学（见图 5、图 6）商科约在 1928 年前后应时而出，将广告学课程拓展为广告系。1924 年大夏大学建校伊始，其商科（1929 年 11 月改为商学院）贸易系中就开设广告学课程，并被列为"专系必修课程"。当时中国各高校所开展的广告教育仅是新闻学或者商科等专业系统教育的一门课程。

──────────────

① 陆鹏程. 民国时期上海大夏大学广告学系考述[J]. 国际新闻界. 2011.3：87—93.

图 5　大夏大学校徽　　　　　　　　　　图 6　大夏大学校门

民国时期,学界就广告学的学科归属问题议论纷纷,"有主张着重心理学者,有主张艺术者,亦有主张着重实际者"。在当时形成了主张消费心理诉求的心理学派,强调广告美术设计的艺术学派,以及注重广告营销技巧的的商学派等三大学派。[①] 学界对于广告学学科归属的认识差异导致了大学广告教育的取向不同。如 1935 年上海沪江大学商学院与中国工商美术作家协会合办的"商业美术科",其核心课程主要有广告学、色彩学、素描、商品装潢、平面广告、立体广告等,[②]充分表现了以艺术学派为导向的广告教育特点。

二、近代上海广告教育的主要目标是培养应用型广告人才

民国时期,关于广告是"学"还是"术"的问题曾一时争论不休。大夏大学的广告学综合商学派和心理学派的主张,以培养商务型人才为主要的目标。基于这样的一培养目标,大夏大学广告学系制定出"专系选修课"合"主科选修学程"两大课程模块构成的专业培养体系。其"专系选修课程"即广告学系核心专业课程,包括商业函件、买卖学、广告学原则、广告心理学、广告媒介品之研究、实习广告学、心理学等七门课程,除去两门商学课程(商业函件、买卖学)和一门实习课程(实习广告学),在剩余的四门核心专业理论课程中,心理学相关课程占据一半,足见大夏大学广告学系对于心理学教研的重视。而"主科必修学程"旨在进行上学专业教育,其中包括经济学、货币学、银行学、国际贸易、商法等商学专业课程。广告学系在教学中除强调对于学生进行系统的理论培养与教育以外,还特别重视通过实践教学活动来提高学生的广告实务能力和专业技能。广告学系的实践教学主要是通过一般的假期实习和专业实习课程两种方式来实现的。一般假期实习,即要求学生参加商科统一安排的假期实习活动。学校教学计划规定,本大学商科学生在第三年暑假期内,由学校介绍至银行、铁路局或其他商业机关实习。

此外,广告学系还专门的开设实习广告学,这门课重在引导学生将广告理论知识应用到广告实务中去,以理论指导实践,在实践中深化对理论的理解和掌握,从而提高学生的

---

① 陆梅僧. 广告学[M]. 上海:商务印书馆. 1940:24.
② 许俊基. 中国广告史[M]. 北京:中国传媒大学出版社. 2006:182.

广告实务能力和水平，以保证学生专业实习课程的有效落实。广告学系制定严格的教学条例要求学生在"广告实习"课程期间，每周实习时间必须达到2—3个小时。

民国时期广告教育的形式多种多样，既有正规的全日制教育，也有在职进修和业余学习。例如，《上海青年》1917年第16卷第28和37期上，就分别刊登出了"半夜学堂增设贸易广告班"和"夜校广告术成立"的公告。1913年，近代广告教育家徐咏清利用商务印书馆美术室开办了"绘人友美术班"，征收练习生，美术班为期三年，由日本和德国的讲师教授西洋画和广告技法，由中国老师讲授中国画和技法。

表1　民国时期上海主要的函授学校情况表

学　校	创办人	创办时间	教学内容
商务印书馆函授学校	商务印书馆	1914	英文、国文、商业学
中华职业函授学校	谭人凤	1917	英文等科
上海新闻函授科	私立	1924	采访、编辑、评论
上海函授大学	李龙东等	1926	文法商本科，国文、英文、商业、艺术专科
中华会计函授学校	沈立人	1926	会计
广告函授学校	私立	1927	工商业广告设计制作
新闻函授学校	申报馆	1932	国文、新闻学、印刷、广告等
新光摄影函授学校	私立	1933	摄影技术
中国新闻函授学校	顾执中	1937	新闻学、广告
上海文化函授学院	私立	1946	新闻学

一些夜校及函授学校也开办了广告类课程（见表1），例如1920年7月10日的《东方杂志》上就刊出了一则某国际学校英文版的招生广告，大意是说广告在中国是一个新兴的行业，非常需要广告方面的人才，参加学习培训后不用担心找不到高薪的工作。1933年1月，上海《申报》馆创办申报新闻函授学校，[1]连续开办4年，《广告学》是该校10门必修课之一。夜校及函授学校在推动中国近代广告学研究和广告教育方面发挥了一定的作用。[2]

三、近代上海广告教育坚持通识教育与专业知识并重

广告学的多学科属性要求广告人才具有多方面的知识技能，这也就促使了广告教育

---

① 民国20年（1931年）1月，申报馆创办申报新闻函授学校，马荫良、张蕴和等主持校务，招收函授学员500多人。在民国24～25年（1935～1936年）间，编辑出版函授教材17种。这17种教材是：《新闻学概论》（孙怀仁编）；《报馆管理与组织》（钱伯涵、孙恩霖编）；《实用新闻学》（谢六逸编）；《通讯练习》（谢六逸编）；《评论作法》（郭步陶编）；《新闻储藏研究》（谢六逸编）；《记者常识》（汪馥泉编）；《报纸印刷术》（章先梅编）；《报纸发行学》（徐润若编）；《广告学》（赵君豪编）；《本国新闻事业》（郭步陶编）；《国外新闻事业》（谢六逸编）；《出版法》（凌其翰编）；《时事问题研究》（罗又玄编）；《散文研究》（蒋寿同编）；《国文讲议》（蒋寿同编）；《报文选读》。民国25年（1936年）停办。

② 祝帅. 心理学、经济学与早期中国广告学的发生[J]. 广告大观. 2010.5.

不单单要注重学生专业知识技能的培养,还要有广博深厚的多学科知识基础。这一点在近代上海的广告教育中已经凸显出来。

在 30 年代圣约翰大学的学科和课程建设中,有这样一种现象,即交叉课程的设置,或曰交叉设置课程,新闻学科的推销术和组织管理的学科的推销术,这样的状况在接下来将要介绍的学校里面也会出现,究其原因还是广告学是交叉学科的属性。新闻学科和组织管理学科之间似乎并不存在天然的学术血缘关系,但是在市场化前提下的新闻学,和作为经济学分支学科的组织管理学科之间,却都摆脱不了与商品推销的关系,尽管他们推销的商品或许在具体的形态上不尽相同,在需要推销这一点上却完全相同。于是,推销术同时走向了这两门学科的讲台。

除此之外,30 年代的圣约翰大学的选修制度在学科和课程体系化条件下有了新的发展,主要表现在两方面:一是实行主系辅修制度,二是预修与必修制度结合。其中,主系辅修制度的内涵是:该校学生在以某一学科为主要学习领域的同时,必须按照学校管理规定,同时选修其他相关学科的相关课程。预修与必修制度的主要内容是规定一定学科的课程作为学习某一学科或某一类学科的预习课程,同时将一些课程规定为一定年级或学院的必修课程。前者着眼于拓宽学生的学科知识,后者则主要考虑知识的专业化程度和知识之间的必要铺垫。参见表 2、表 3。

表 2　1934 与 1937 学年圣约翰大学的主系辅修制度[①]

主系 1934 学年	辅系学程 1934 学年	主系 1937 学年	辅系学程 1937 学年
英文学	1. 国文　2. 教育 3. 法文　4. 德文 5. 史学　6. 哲学 7. 新闻学	英文学	1. 国文　2. 教育 3. 法文　4. 德文 5. 史学　6. 哲学 7. 新闻学

表 3　1934 与 1937 学年圣约翰大学的必修与专修制度概况[②]

学 程 名 称	预 修 课 程	1937 年的变化
新闻学 101、102,新闻学	英文 1、2,一年级英文;英文 3、4,欧洲古典文学	同
新闻学 103、104,校对及时评	新闻学 102,新闻学	同
新闻学 107,广告原理	经济学 1、2,经济学概论	同
新闻学 110,推销术	经济学 1,经济学概论	同

据华东师范大学传播学院的陆鹏程副教授考证,[③]大夏大学商科在建立广告系的同时设立出一套颇具特色的广告教育模式。1924 年大夏大学建校伊始,其商科(1929 年 11月改为商学院)贸易系中就开设广告学课程,并被列为"专系必修课程"。当时中国各高校

　　① 《圣约翰大学一览》(1934—1935 年度),第 20—30 页;(1937—1938 年度),第 21—32 页.
　　② 《圣约翰大学一览》(1934—1935 年度),第 20—43 页;(1937—1938 年度),第 19—48 页.
　　③ 陆鹏程. 民国时期上海大夏大学广告学系考述[J]. 国际新闻界. 2011.3:87—93.

所开展的广告教育仅是新闻学或者商科等专业系统教育的一门课程。大夏大学意识到，广告学作为一门社会应用学科，其学生应该具备广博与专精兼容并蓄的知识结构。为此，它除了开设旨在专业训练的"主科必修学程"和"专系选修课程"外，还开设有强调通识教育的"普通必修学程"，参见表4。

表4　1928 年大夏大学广告学系课程计划表

课程类型	课　程　名　称	学分
普通必修学程	国文、英文、社会学、政治学、法学通论、历史学、演讲学、经济学、心理学、伦理学、哲学概论、军事学	57
主修必修学程	数学、会计学、商学、银行学、商法、货币学	61
专系选修课程	商业函件、买卖学、广告学原则、广告心理学、广告媒介品之研究、实习广告学、心理学	22

四、近代上海广告教育的师资力量来源于行业内的专业人员

师资是一门课程开办成功与否重要条件，保证教学质量不仅需要科学合理的课程体系和先进完备的教学设备，更有赖于一流的师资。在 20 世纪上半叶，中国广告学始终没有完成充分的独立化与专业化——汪英宾、赵君豪、蒋裕泉等人是报人，苏上达、何嘉是经济学者，陆梅僧是广告从业人员，其他作者也大都分别来自于学界的其他领域或广告业界。

在大夏大学广告学系执教的是民国著名的广告学者陆梅僧，陆梅僧不仅仅具有深厚的广告理论造诣，而且具有丰富的广告实践经验。陆氏早年留学欧美专攻广告，并把美国广告公司的经营办法带来上海，参与创办了沪上第一大广告公司——联合广告公司（见图8），[①]当时他白天担任联合广告公司的总经理，晚上在大夏大学兼任广告学系教授，前后任教长达 15 年。陆梅僧讲授的广告学，形式生动活泼，内容详尽实用，深受学生好评。曾就读于大夏大学商学院的王沿津对陆梅僧的广告课有着深刻的印象，他回忆说："尤其每周两小时的广告学，教授法新奇而切实用，听得特别仔细，陆教授开出的英文参考书（见图7），我不惜重金购买，勤加研习，自知受益不少，想每次考试总得一百分。"[②]

图 7　陆梅僧的《广告》

---

①　徐百益. 老上海广告的发展轨迹[M]. 益斌等编著. 上海画报出版社. 1995：7.
②　王沿津. 我与大夏大学拉杂谈[C]. 大夏大学创校五十周年纪念文集编辑委员会. 大夏大学[C]. 台北：台湾大夏大学旅台校友会. 1974：142—143. 转引自陆鹏程. 民国时期上海大夏大学广告学系考述[J]. 国际新闻界. 2011.3：87—93.

　　1925 年夏天,上海国民大学开设新闻系及新闻专修科,由戈公振负责,《时事新报》总编辑潘公弼担任《报业经营与广告经营》的授课老师。潘公弼(见图 9),江苏嘉定(今属上海市)人,1914 年赴日本留学,入东京政法学校,在留学期间,与邵振青合办"东京通讯",并担任上海《申报》、《时事新报》驻日通讯员。1916 年回国,入时事新报馆任编辑。1919 年春起在北京,任《京报》主笔,因批评北洋政府入狱,报纸被封。释放后重入《时事新报》,先后任总编辑、总经理、总主笔。1921 年 6 月参加创办上海《商报》,任主笔。1926 年起,先后曾在上海国民大学新闻系、上海沪江大学商学院新闻科任教。

图 8　联合广告公司印章

图 9　潘公弼(1895～1961)

图 10　光华大学校门

光华大学报学科于 1925 年夏创办。因圣约翰大学发生反对校长的学潮，部分师生脱离约大，另组光华大学(见图 10)，聘汪英宾等为教授，设立报学科与广告学科。报学科选读者60 余人，文科学生居多；广告学科选读者 20 余人，商科学生居多。1931 年秋，张竹平创办沪江大学商学院新闻科，聘《申报》协理为科主任；1932 年改新闻科为新闻系，聘任黄宪昭为系主任。任课教授有黄天鹏、董显光、潘公弼、曾虚白等。汪英宾(1897—1971)，别名省齐，江西婺源人，我国著名书画家、新闻史研究专家、报刊经营者、教育家。1920 年，他毕业于上海圣约翰大学政治学系，后在《申报》馆担任协理。1922 年他由《申报》派往美国密苏里大学新闻学院、哥伦比亚大学新闻学院进修，他以《中国本土报纸的兴起》为题撰写的论文(用英文撰写，中文译名为《中国报刊的兴起》)，获硕士学位，这篇论文于 1924 年 5 月在美国纽约出版，成为西方学者研究中国早期报纸的重要参考资料。1924 年 10 月，汪英宾回国后继续在《申报》服务；抗战爆发后，他转至国民政府交通运输部门工作。1947 年 7 月，汪英宾重返新闻界，任上海《大公报》设计委员会副主任。1950 年初他被调到上海圣约翰大学新闻系担任教授。1952 年 9 月，全国高等院校院系调整时，他又调入上海复旦大学，担任新闻系教授。

五、近代上海广告教育所使用的教材逐渐丰富

工欲善其事，必先利其器。教材是专业教育能否取得成效的关键要素之一。近代上海广告教育的发展得益于当时广告相关的论著逐渐丰富完备，为广告学习提供了可参考的蓝本。一方面，广告作为报社经营的主要业务，涉及新闻学或者报业管理的书籍中出现了关于广告学的知识经验的积累。1918 年 9 月，徐宝璜(见图 11)著《新闻学》一书首先在上海《东方杂志》连载，具体论述了新闻的性质、作用、职务，"新闻"之定义，新闻之价值，新闻的采访编辑，新闻人才的培养，报纸发行与广告经营等。

图 11　徐宝璜(1894—1930)及其著作《新闻学》书影

1930 年,吴定九的《新闻事业经营法》(上海联合书店),是中国第一部论述报业经营管理方面的专著。特别是对经营部的任务、职责、工作原则、方式、方法等作较详细的介绍。1936 年,刘觉民的《报业管理概论》(上海商务印书馆),详细介绍了报馆的组织机构、管理制度、人事制度、广告、发行、印刷材料、财务政策等实际问题,并论述了报业与社会、报业与商业的关系、管理范围等。作者既吸收外国的研究成果,又参以国内报业经营管理经验,提出:"报业的经济独立,是保持报纸的独立和言论自由的必要条件之一,这是从封建专制政治中解放出来的唯一武器"。

表 5　商科学校广告学教科书一览①

类别	书　名	编著者	出版商	定　价
广告术	《广告须知》	甘永龙	商务印书馆	四角
	《新广告学》	李培恩	商务印书馆	三角
	Printer of Advertising	Pitman	伊文思书局	一元三角
	How to teach Advertising & selling	Opdycke	中美图书公司	五角
卖货术	《新式贩卖术》	华文祺	商务印书馆	六角
	《售货法五百种》	蔡文森	商务印书馆	六角

图 12　民国广告著作

六、近代上海广告教育借鉴美国的广告教育模式

1893 年美国宾夕法尼亚大学沃顿商学院的约瑟夫·约翰逊教授在该学院讲授广告课,这被认为是世界范围内的广告课程第一次正式进入大学的课堂。1905 年纽约大学开设了美国第一门广告学课程,1913 年密苏里大学开设了美国的第一个广告专业,1959 年伊利诺伊大学成立了全美第一个广告学系美国广告教育逐渐成形。

正如著名的广告教育学家陈青之指出,20 世纪 20 年代的中国教育"完全是美国式的

① 陈培爱,杜艳艳. 五四时期广告教育与广告学研究初探[J]. 新闻与传播研究. 2010. 4;70—77.

教育：凡关于教育制度、教学方法、教育思潮以及教育垄断人物，没有一处不是美国式的。"①不仅仅是大夏大学广告学系的教学模式主要是针对中国广告业的发展趋势而创设，同时也深受美国大学广告学教学模式的影响，近代沪上的高等教育都受到西方特别是美国教育模式的影响，②这种影响主要体现在两个方面：

一是科系架构和课程设置。当时美国大学的商学院一般都开设有广告学专业教育，并且其在课程设置上注重商业理论、销售实务，具有浓郁的商学色彩。大夏大学广告学系在科系架构和课程设置上都沿袭了这种美国商学院式的广告学教育模式。大夏大学广告学系的资深教授陆梅僧和商科的其他教授几乎都毕业于美国著名的大学，他们将美国大学商学院的广告教育模式引入到大夏大学。其实，具有西方/美国商学色彩的广告研究和教育在当时的中国颇具普遍性，商科大学或者综合大学的商学院中普遍开设有广告专业教育（见表5），如东南商科大学、沪江大学商学院等。广告学著作（见图12）隶属于商业丛书或商学丛书，其作者或具有商学背景，或是经济学家，如《现代实用广告学》的作者何嘉是经济学家，撰写《广告经济学》的作者顾孝钧是南洋大学的经济学学士。

二是理论取向和教学内容。当时，美国的广告理论偏重以心理学为取向，其广告理论著作基本上都是基于心理学实验的研究成果，如 Harlow Gal 的《广告理论》（1903年），以及美国著名广告学家 Walter D. Scott 的《广告理论：有关成功广告之心理学原理初探》（1903年）。而美国广告业界则推崇"推销主义"，1903年肯尼迪提出"广告是印在纸上的推销术"的观点，揭开了"推销主义"广告时代来临的序幕。1923年，美国著名的广告大师霍普金斯更是直截了当地说："广告是推销术的一种，它的基本原则就是推销术的基本原则。"这些美国学界和业界风行一时的理论取向规制着大夏大学广告学系教学的方向，促使它特别重视"广告心理学"和"买卖学"方面的教学。此外，美国商学院式的广告教育普遍忽略广告设计和广告制作技术。

近代上海的广告教育得益于商业的繁荣和广告业的发展，对于广告人才的大量需求反向促动了广告教育的发展。近代上海的广告教育凸显出了六大特点：一是近代上海广告学教育主要分布在新闻学和商学两大门类；二是近代上海广告教育的主要目标是是培养应用型广告人才；三是近代上海广告教育的通识教育与专业知识并重；四是近代上海广告教育的师资力量来源于行业内的专业人员；五是近代上海广告教育所使用的教材逐渐丰富；六是近代上海广告教育借鉴美国的广告教育模式。

① 陈青之. 中国教育史（下册）[M]. 福建教育出版社. 2009：776.
② 陆鹏程. 民国时期上海大夏大学广告学系考述[J]. 国际新闻界. 2011.3：87—93.

上海广告史大事年表(截止到 2011 年)

1842 年(清道光二十二年)

8 月,中英《南京条约》签订,上海成为五个通商口岸之一。

1843 年(清道光二十三年)

11 月 17 日,英驻沪领事巴富尔到上海,上海开埠。

是年,英国传教士麦都思在上海创办墨海书馆。

1845 年(清道光二十五年)

11 月 29 日,英驻沪领事巴富尔与上海道台宫慕久签订《上海租地章程》23 条,首开租地恶例。

1849 年(清道光二十九年)

4 月 6 日,上海法国领事敏体尼与上海道划定法租界。

1854 年(清咸丰四年)

7 月 11 日,上海租界工商局成立。

1861 年(清咸丰十一年)

12 月,字林洋行创办《上海新报》,其创刊时即发表承办刊登广告的启事,成为上海最早刊登广告的报纸。

1862 年(清同治元年)

2 月 1 日,《上海新报》增为四版以后,1、3、4 版全部都是广告、船期、行情等商业性信息内容,其中广告平均大约有一个版到一个半版。

1865 年（清同治四年）

美国圣公会在上海开设培雅学堂。

1872 年（清同治十一年）

4 月 30 日，英人美查在上海创办《申报》，创刊号上有征求广告客户的告白。

9 月 28 日，《申报》首次刊出戏剧广告，此后又扩大到服务性启事广告、如声明、婚丧、学校招生等等。

1876 年（清光绪二年）

11 月 23 日,《上海新报》馆设立。

1877 年（清光绪三年）

6 月 15 日，上海有线电报告成。

1879 年（清光绪五年）

是年，英文版《文汇报》创刊于上海。

1882 年（清光绪八年）

5 月 18 日,《沪报》在上海创刊。

1886 年（清光绪十二年）

4 月 4 日,《字林沪报》刊登了新载洋行订制舰船的广告,这种广告为其他报纸所罕见。

1895 年（清光绪二十一年）

12 月,《蒙学报》在上海创刊。

1896 年（清光绪二十二年）

1 月 12 日,上海强学会机关报《强学报》创刊。

8 月 9 日,《时务报》在上海创刊。《时务报》总理为汪康年,撰述为梁启超。梁启超《变法通议》在《时务报》陆续发刊。

1897 年（清光绪二十三年）

2 月 11 日,商务印书馆在上海创设,先设印刷所。

5 月,罗振玉、蒋黻等于上海创设农学会,发刊《农学报》。

10 月 26 日,译书公会在沪成立后,本日创刊《译书公会报》（周刊）,章太炎、杨模任总主笔。

1898 年（清光绪二十四年）

7 月 26 日，改《时务报》为官报，派康有为督办其事。并命津、沪、鄂、粤凡有报章，各地督抚咨送当地报纸于都察院及大学堂。

1902 年（清光绪二十八年）

1 月 4 日，张元济等在上海创办《外交报》。

12 月，归国留学生戢元丞、秦力士在上海创办《大陆》杂志（月刊），后改为半月刊。

1903 年（清光绪二十九年）

5 月，李宝嘉主编的《绣像小说》在上海创刊（半月刊）。

12 月 19 日，林獬在上海创办《中国白话报》。

1904 年（清光绪三十年）

1 月，丁初我主编《女子世界》（月刊）在上海出版，以反礼教、倡女权为宗旨。

6 月 12 日，《时报》在上海发刊问世。

是年，商务印书馆出版的《东方杂志》、《妇女杂志》刊登了不少外商广告。

是年，以经营路牌广告为主的闵泰广告社成立。

1905 年（清光绪三十一年）

2 月 23 日，邓实、黄节等在上海创刊《国粹学报》。

5 月 10 日，上海总商会发起抵制美货运动，反对美国迫害华工，各地响应。6 月 11 日，《大公报》申明不登美商广告。

7 月 20 日，上海总商会决定次日起不用美货，以抵制美华工禁约。

9 月，马相伯创办的复旦公学在沪江湾成立。

是年，美国教会在上海办的约翰书院正式改名为圣约翰大学，在美国哥伦比亚注册立案。

是年，广学会在河南北路开设发行所，门市左右两面各有玻璃大橱窗一个，玻璃上有"广学会发行所"中文字样。

1908 年（清光绪三十四年）

是年，第一辆外商有轨电车在上海通车。此后，上海公交车辆广告迅速发展起来。

1909 年（宣统元年）

5 月 15 日，于右任在上海创办《民呼日报》，主笔为陈非卿。

是年，维罗广告公司成立，主要经营户外广告。

1911 年(清宣统三年)

是年,路牌广告出现,起源于"明泰"、"又新"广告社制作的"美孚火油"、"日本仁丹"等广告。

1912 年(中华民国元年)

1 月 1 日,中华民国建立。

2 月 12 日,清帝退位。

10 月,史量才接办《申报》,使之逐渐成为著名大报。

是年,上海市政厅公布《上海市政厅征收广告税章程》,规定了广告工作由市政厅税务科负责管理。

1914 年

6 月 6 日,上海中华图书馆发行《礼拜六》杂志,它是鸳鸯蝴蝶派的代表性刊物,深受沿海大中城市市民欢迎。

1915 年

1 月 20 日,梁启超主持之《大中华》杂志在上海创刊。次年 6 月 20 日停刊。

1917 年

6 月 6 日,《民国大新闻》在上海创刊,用整张报纸印刷,为此时中国最大之报纸。

1919 年

4 月 15 日,全国报界联合会在沪成立,86 家报社参加。

10 月 12 日,上海《人言周刊》创办,提倡人道主义。

12 月 6 日,上海《民心周报》创刊。

是年,中国广告公会成立。

是年,"上海商务印书馆活动影片部"制作了一张文字和绘画相结合的海报,名为"中国自制的活动影戏出现了",主要宣传该活动影片部创制的有关教育、风景、时事、古剧、新剧等影片出租的情况,标志着中国电影海报的诞生。

1921 年

是年,老上海规模最大的路牌广告公司荣昌祥广告社创立。1927 年,受美灵登及陈泰兴联合广告公司的委托,开始专营路牌广告。

1923 年

1 月 23 日,上海中国无线电社在广东路大赉洋行屋顶播音,是为国内商业无线电台之始。

3月,上海特别市政府发布了《上海特别市广告管理规则》,对广告内容有了较为具体的管理要求。

1925 年

是年,《申报》首创分类广告,即按广告的内容分门别类刊出,诸如出租、出售、教育、启事、房产、征求等等。

是年,美国开洛公司在上海建立了播音台,开始广播商业广告。

1926 年

9月16日,《申报》发表署名文章,提出广播电台要补救广播经费的不足,应征集商店广告,在播送节目之时插入广告,或由商店自行组织节目付费给电台,播送节目时顺便报告该厂或商品名称。

是年,在南京路(河南路口)伊文思图书公司橱窗内,装有从国外传入的 ROYAL(皇家牌)打字机英文吊灯,是上海最早出现的霓虹灯。

1927 年

2月21日,上海特别市中华广告公会成立,旨在解决同业纠纷,联络各报馆,争取同业利益,增强内部团结。

是年,新新公司在楼顶建立了一座50瓦的电台,兼播销售商品的商业广告。

是年,上海本土橱窗广告出现。这一年,上海中西药房新楼落成,楼中设有橱窗,外商便委托中西药房设计布置了"勒吐精奶粉"橱窗广告。

此年开始,上海的广告主管机关是公用局。

1928 年

是年,由美商丽安公司承制、英美烟草公司设置,老上海最大的霓虹灯广告出现在大世界斜对面屋顶上,为红锡包香烟广告。

1929 年

上海出现了全国第一家霓虹灯厂——远东霓虹灯厂,制作霓虹灯广告。

1930 年

5月6日,国民政府公布《商标法》。

6月9日,中华广告公会更名为上海特别市广告同业公会。

6月28日,中国工商管理协会在上海成立。

6月上海特别市政府发布《上海特别市取缔报纸违禁广告规则》。

是年,上海华商广告公司开始代理电影广告。

是年,交通广告公司成立,投标承包上海铁路局沪宁、沪杭甬沿线和月台路牌广告。

是年,耀南、商业、一大、大华 4 家广告公司投资王万荣开设的荣昌祥广告社,后组建为荣昌祥广告股份有限公司。

是年,天灵无线电广告公司播音台成立,是上海首家以经营广播广告收入以维持播音的商业电台。

1932 年

4 月 7 日,上海《晨报》创刊,社长潘公展。

8 月 9 日,广告管理方面增加了禁止有关花柳病症医方药方说明文字或标本模型、专用药物名称和含有赌博性质的文字、图画等作为广告内容。

11 月 12 日,国民党中央广播电台正式开播。

是年,上海(亚美)广播电台开始向厂商征求广告。

1933 年

2 月 4 日,《自由言论》半月刊在上海创刊,王造时主编。

2 月 9 日,中国电影文化协会在上海成立,夏衍、田汉、洪深、聂耳为执委。

3 月 5 日,上海明星影片公司第一部左翼影片《狂流》问世。

8 月 1 日,《科学画报》月刊在上海创刊。

是年,上海特别市广告同业公会更名为上海市广告业同业公会。

1934 年

1 月 15 日,《音乐杂志》季刊在上海创刊。

2 月 14 日,杜重远在上海创办《新生周刊》。

8 月 16 日,国际政治经济文化半月刊《世界知识》在上海创刊。

9 月 16 日,上海《译文》月刊创刊。鲁迅主持,黄源主编。

10 月 1 日,《世界文学》月刊在上海创刊。

11 月 13 日,上海《申报》总经理史量才被国民党特务暗杀。

12 月 1 日,陶希圣主编的《食货》半月刊在上海创刊。

1935 年

8 月 1 日,为迎接当时的"儿童节",中华书局举办广播儿童节目,在交通部上海电台邀请西城小学一位女教师陆振亚每日下午 6 时起播音半小时,除解答各种问题外,宣传儿童图书八折优待两个月,反映了 30 年代上海书业界利用广播进行图书发行宣传推广的面貌。

9 月 16 日,《宇宙风》半月刊在上海创刊,林语堂主编。

是年,联合广告公司与华成烟草公司合办联合广告公司。

是年,第六届全国运动会在上海召开,《新闻报》报馆在空中悬浮了几只巨大的氢气球,其下悬挂的长布条幅上书写"《新闻报》、《新闻夜报》销量最多"、"《新闻报》、《新闻夜报》效力最大"、"《新闻夜报》欢迎各位选手"等标语,用以宣传新闻报馆发行的各类报纸。这是上海首次出现的空中广告。

1936 年

2 月 1 日,"左联"编辑的《新文化》在上海创刊。

4 月 1 日,上海《大公报》创刊。

10 月 9 日,上海市政府发布《上海市管理中西医药新闻广告暂行规则》。

是年,双层公共汽车在上海出现,其车身广告引人注目。

是年,经国民党政府立法院通过的出版法出现有涉及到广告宣传的条文。

1937 年

3 月 22 日,《申报》馆与民营电台同业公会各会员电台及"公营"建成、合作两电台商定合作广播广告,试办 3 个月。

4 月,播音节目事件每档由 45 分钟改为 30 分钟,上海市民营广播电台商业同业公会为此向各会员电台发出相应核减每档广告费的通知。

7 月 7 日,卢沟桥事变,抗日战争爆发。

8 月 13 日,淞沪会战爆发,至 11 月中国军队撤离,上海除租界外为日军占领。

8 月 19 日,《抵抗》(后名《抗战三日刊》)在上海创刊,邹韬奋任主编。

8 月 24 日,上海文化界救亡协会的机关报《救亡日报》在上海创刊,郭沫若任社长。

9 月,同业公会发布《播音合同(草案)》,其中规定每月广告费须先付后播。

12 月 14 日,上海大报《申报》、《大公报》在日军新闻检查下被迫停刊。

1938 年

1 月 25 日,中文《文汇报》在上海创刊。

2 月 6 日,上海《社会晚报》被日方禁止发行,经理蔡钧被杀害。

1942 年

12 月,太平洋战争爆发,日本占领租界。

1945 年

8 月 15 日,日本宣布无条件投降,上海光复。

11 月 5 日,上海市政府发布了《广告商登记规则》规定,凡在上海市区内代客设计、装置含有招徕营业性的广告,都必须向公用局呈请登记。

是年,光明霓虹厂首次进口一批荧光粉喷涂粉管,制成第一幅霓虹灯广告——消治龙(信谊药厂出品),由于广度强烈,色彩鲜艳,各霓虹灯厂相继效仿。

1946 年
6 月 9 日,上海市广告商业同业公会成立。

1949 年
3 月 18 日,国民党上海当局取缔《和与战》、《时局人物》等 28 种刊物,命令《群言》、《中建》、《舆论》等 3 种刊物停刊。

5 月,人民解放军解放上海。上海市人民政府公用局接管了广告管理工作,并于 1949 年 12 月 18 日公布《上海市广告管理规则》。

10 月 1 日,中华人民共和国成立。市工商局发布《霓虹灯广告使用办法及登记要点》。

11 月,新华书店华东总分店在南京东路 364 号开设门市部,称第二门市部。两开间店面的左右两侧是小型橱窗,这是上海地区新华书店首次使用门市橱窗进行图书宣传推广。

1950 年
2 月,"二·六大轰炸"后,上海霓虹灯一度全部停止使用,6 月后才逐渐得到恢复,但受到一系列法规的限制。同年 10 月,上海市人民政府出台《关于恢复使用霓虹灯广告使用办法及登记要点》。

10 月 1 日,上海市人民政府发布《关于恢复使用霓虹灯广告使用办法及登记要点》,规定新装或添装霓虹灯广告或招牌标志的,应先报市工商局核准登记,方能装置。

11 月,工商局制订《赠品广告的审核原则》。

是年,上海市广告商业同业公会改组为上海广告商同业公会。

1951 年
2 月 12 日,上海市广告商业同业公会成立。

8 月 31 日,市人民政府发布了《上海市广告管理办法》,规定广播电台广播的广告内容以及广告列入何项节目的时间,必须报送工商局审核,经批准方可播送。

是年,上海市土特产产品交流大会期间,上海市广告商业同业公会路牌组的广告商在会场内设置了一批路牌,刊登产品广告。

1953 年
9 月,由原私营广播电台改造组成的公私合营上海联合广播电台并入上海电台后,上海电台开始有了广告节目和广告收入。

1954 年

9 月,新华书店第一门市部的大橱窗布置了各族人民热烈欢呼《宪法》诞生的宣传画。市工商局和建国五周年国庆活动筹备委员会,对商业广告采取划区管理的办法,并对全市三点四线地段的广告进行整顿。拆除人民广场周围高楼大厦上的霓虹灯广告。

1955 年

上海市广告商业同业公会路牌组承办了在中苏友好大厦(现上海展览中心)举办的苏联展览会、捷克斯洛伐克展览会等会场的布置及广告绘制任务。

1956 年

1 月,上海广告业全行业实行公私合营,形成了 6 家专业的广告经营单位,即荣昌祥广告公司(经营路牌)、联合广告公司(经营报纸广告)、大新广告公司(经营印刷品广告)、银星广告公司(经营幻灯片广告)、工农兵美术工场(经营橱窗广告)、联挥广告美术社(经营照相喷绘)以及 14 户霓虹灯工厂。

1 月,上海高层建筑的霓虹灯商业广告全部改成政治标语,市场上只有少量的霓虹灯商业招牌。

1 月 20 日,上海有 95 家私营广告业实行全行业公私合营。全行业公私合营,上海的路牌广告业并入荣昌祥广告公司。

10 月,上海霓虹灯业划归广告业。

10 月 27 日,市人民政府决定成立中国广告公司上海市公司(内贸系统)。

1957 年

6 月 5 日,中国广告公司上海市公司(现上海市广告装潢公司)将全市 14 家霓虹灯厂合并为 8 家,即开明、中国、金光、大隆、协鑫、金星灯 6 家霓虹电器厂,以及家庭电机工业社、正明荧光化学工业社。

1958 年

1 月 31 日,为加强对霓虹广告的统一经营管理,6 家霓虹灯广告经营单位实行大合并,成立"上海市霓虹广告公司",5 月又改名为"上海市霓虹电器厂",正式成为中国广告公司上海市公司的一家下属企业。

是年,中国广告公司上海市公司开始代理外省市的报刊、电台杂志广告,同时试办香港、新加坡的报纸广告业务。

1959 年

8 月,为迎接中华人民共和国成立 10 周年,商业部在上海召开由 21 个城市参加的"全国商业广告、橱窗和商品陈列工作会议"。会议期间,代表们到上海国营第一百货商店、第一食品商店、永安公司和万象照相馆等 19 个商店以及上海市广告公司美术工场现场观摩,对这些地方橱窗、柜台的陈列和路牌广告的设计制作进行了交流。北京、天津、上海等 10 大城市的代表还在卢湾区第二百货商店、妇女用品商店等 10 个沿街橱窗进行了现场陈列表演。

1960 年
是年,广告经营被取消。

1962 年
6 月,根据对外贸易部对外出口工作会议精神,上海成立了上海广告公司(外贸系统),统一办理全国各口岸进出口商品广告业务,成为中国第一家外向型广告企业。

1963 年
上海广告公司直接承接了展出面积达 1 万平方米的日本工业展览会,是为该公司直接承接国外来沪展览的业务。

1966 年
"文化大革命"开始,报纸停止刊登商业广告。

1977 年
上海各书店门市部恢复传统特点,积极配合一年中各重大节日进行宣传布置,并加强了对各类优秀图书的宣传推荐。

1978 年
12 月,《上海银幕》月报创刊,以上海电影观众为对象,主要报道电影市场消息,下月新片内容简介,编导演名单,以及科教片、美术片、电影录像节目简介等。

1979 年
1 月 14 日,《文汇报》发表了丁允朋的《为广告正名》署名文章,论述了应该如何正确看待广告,公开为广告恢复名誉。

1 月 27 日,上海电视台广告业务科委托上海美术公司(现为上海广告装潢公司)代理首播广告业务,确定上海市药材公司的"参桂养荣酒"的广告内容,次日播出,这是中国内地第一条电视广告。

1 月 28 日,《解放日报》率先恢复刊出商品广告。

1 月 28 日,上海市广告装潢公司和解放日报社在《解放日报》刊登"上海市食品工业公司所属工厂部分产品介绍"和"上海市工艺美术公司所属部分工厂产品介绍"的广告。

2月，上海11个街道站点树立了40余块广告牌，标志着户外商业广告在上海的全面恢复。同年，上海南京路上出现了第一块外商路牌广告——日本航空公司路牌广告。

2月23日，《文汇报》在三版用1/6的篇幅刊登瑞士雷达表广告，这是上海乃至全国报纸在文化大革命后最早登出的外商广告。

3月5日，上海人民广播电台播送了"上海家用化学品厂的春蕾药性发乳"广告。上海电台在全国广播电台中第一个恢复了广告业务，在社会上引起了很大反响。

3月15日18时51分，上海电视台播放了中国内地第一条外商电视广告。

5月，《每周广播电视报》在全国同行业中率先开展广告经营活动，现已发展成为上海报业广告四强之一。

5月26日，广州"生胃酮"广告播出，这是广东电视台广告部门制作和代理、委托上海电视台播放的，此举开地方电视台之间相互代理广告之先河。

7月16日，上海电视台与香港《文汇报》、电视广播国际有限公司签订了为期5年的广告业务合作协议。

11月，上海电视台与香港太平洋行签订日本西铁城手表报时广告协议，为期1年，广告总金额130万港币。

是年，上海市美术公司改名为上海市广告装潢公司，恢复经营广告业务。

是年，科普杂志《大众医学》开始刊登药品和医疗器械的广告，有国有大中型药厂的产品、外商和中外合资企业的产品。

1980年

松江县有线广播站开始广告经营。

1981年

7月，上海电台设立广告科（1989年改为广告部），配备专职广告业务人员，建立和发展区域性广告网。

上海人民广播电台与上海无线电四厂首次广告文艺晚会直播成功，引起轰动。

1982年

1月，《新民晚报》复刊。

2月6日，国务院发布建国后第一个《广告管理暂行条例》。

7月，上海市工商行政管理局针对上海出现的广告多头经营、内容过滥、管理混乱等情况，公布了《上海关于整顿广告的意见》，全面检查全市广告业。

10月，国务院公布了《关于加强广告宣传管理的通知》。

是年，上海恢复广告登记。

1983 年

3 月 14 日,马克思逝世 100 周年,上海新华书店各主要门市部布置专题橱窗,突出陈列马克思著作。

是年,上海电台倡导并协办了"沿海地区广播广告经验交流会",借此形成互相交流、互相充实和互相协作的沿海城市广播广告网络。

1984 年

6 月,"上海书展"在香港展出,香港电台的三个文化节目都作了报道,还在商业电台作了广告宣传,效果都较好。上海电视台摄制的电视片《上海的书》"上海书展"中播放。

11 月,上海商业橱窗广告装潢研究中心经商业一局批准成立。

12 月,上海市第一商业局橱窗广告展览会在上海美术馆举办。

是年,上海电台广告科全方位拓展广告业务,大力开展"公关"活动,与众多工商企业建立了广告业务关系。

是年,上海美术设计公司率先在电车一场的 20 路等公交车上制作少量广告。

是年,川沙县有线广播站开始广告经营。

是年,上海广告艺术家冷耀中创制的"鹅牌"汗衫浮雕式广告牌,成为当时利用新材料、新工艺创制广告的典范。

1985 年

4 月,国家工商行政管理局、广播电视部、文化部联合发出《关于报纸、书刊、电台、电视台经营、刊播广告有关问题的通知》。

是年,上海报纸广告营业额为 1 771 万元。

是年,上海人民广播电台创作的"会说唱的坠胡",利用坠胡能模拟人声的特点,采用人与坠胡对话的形式,介绍上海民族乐器一厂的敦煌牌民族乐器。

1986 年

3 月,全市广告行业成立上海市广告协会,并根据行业特点建立了 13 个行业工作委员会,制定了规章制度,以行业自律与工商行业特点建立了 13 个行业工作委员会,制定了规章制度,以行业自律与工商行政管理相结合的方式,加强对广告经营单位盒广告个体会的监督。

是年,上海的广告经营单位增加到 411 家,营业额从 3 192 万元增加到 8 976 万元,从业人员增加到 4 586 人,分别比 1983 年增加了 1.7 倍、1.8 倍和 1.4 倍。

是年,上海市财贸办公室宣教处、上海市广告协会、上海商报和上海商业橱窗广告装潢研究中心等四个单位联合举办 1986 年度上海市优秀初创评选活动。

是年,《新民晚报》由 6 版扩为 8 版,广告版面相应增加,日均刊登各类广告 50 余条。

是年,金山县广播电台成立电台广告部,主营广播广告。

是年,上海有些地方出现了用白炽灯显示的广告牌。

1987 年

10 月,国务院办公厅发布《广告管理条例》。

10 月,上海市广告协会售点广告委员会成立,主要以上海商业橱窗广告研究中心为依托,后来随着 POP 广告业务的延伸,于 2001 年 1 月更名为"售点展示广告专业委员会",隶属于上海市广告协会。

是年,文艺刊物《故事会》开始承办广告业务。

是年,上海报纸广告营业额为 3 395 万元。

是年,松江县电视台建立后,即承接广告业务,当年创收 21 105.48 元。

是年,上海电台广告部门被评为"上海市重信誉、创优秀服务先进单位"。

是年,上海夜市开放,南京路规划开辟出一条壮观的霓虹灯街。

是年,上海县广播电台开始广告业务,当年收入广告费 3 600 元,1993 年增至 50 万元。

1988 年

1 月,国家工商行政管理局公布了《广告管理条例实施细则》。

1 月,广播电影电视部和国家工商行政管理局联合发出《关于进一步加强电视广告宣传管理的通知》。

6 月,根据国家工商行政管理局《关于当前一些不法单位和个人利用虚假广告坑骗消费者情况的通报》,上海市工行政管理局从 1988 年 7 月起,对全市虚假广告展开专项检查。

8 月,以公共交通车辆和设施为媒体的上海市公交广告公司成立。之后,承接上海圆珠笔厂、上海华生电器厂等企业的广告。

10 月,上海人民广播电台制作的"玩具汽车"在澳大利亚国际广告评比中获第七届国际广播电台"佩特"奖。

是年,《解放日报》由原来的 1 张 4 版扩为 2 张 8 版,平均每天刊登各类广告占总版面的 1/4。

是年,上海人民广播电台制作出国内第一条立体声广播广告。

是年,崇明县广播电台开始经营广告。

1989 年

是年,上海市城乡社会经济调查队在"上海市广告主广告情况调查"中,对 200 家企业就广告服务态度、广告质量、广告服务时效、广告收费价格进行评分,上海人民广播电台总分名列前茅。

是年,上海市工商行政管理局开始在全市范围内,对广告经营单位实行广告审查员制度。

是年,《解放日报》广告费收入达 1 900 万元。《新民晚报》广告收入为 1 932 万元。

是年,在全国橱窗广告评比中,上海囊括了全部 8 块奖牌。

是年,上海报纸广告营业额为 5 314 万元。

是年,上海电台广告部获得"全国重信誉、创优秀服务先进单位"的称号。

1990 年

3 月,国家工商行政管理局、新闻出版社署发出《关于报社、期刊设和出版社刊登、经营广告的几项规定》。

10 月,经上海市人民政府批准,上海市工商行政管理局会同财政局、税务局、审计局联合发布了《关于加强广告经营和企业广告费管理的若干规定》,对全市广告经营单位实行"统一发票"和"广告费专用章"制度。

是年,上海新华书店在上海少年儿童出版社支持下,在 8 个区县书店共 9 个大橱窗专门陈列了《世界儿童文学名著故事大全》等图书,有图有字,色彩绚丽,形象生动。

是年,上海市工商行政管理局会同上海市广告协会,按区、县分批组织开办了 8 期广告审查员培训班,有 530 个单位的 695 名专职广告审查员参加了法规培训学习,并通过考核取得了《广告审查员证》。

1991 年

6 月 22 日,上海《新闻报》"看广告"栏目第一次对公交车身广告开展大讨论。

7 月 1 日,上海市闹市区几条公交线路上,出现车身广告。直到 1992 年 10 月 10 日,公安部交通管理局、建设部城市建设司才联合发文,对"中广协"广告公司委员会《关于要求批准开展车身广告的请示》给予答复:同意在公交车身制作广告。

9 月,上海市广告协会举办第三届优秀广告展评赛,入选的 211 件参赛广告作品中,有 18 幅是报纸广告,占 8.5%。

是年,上海公交广告公司调整体制,充实人员,业务进一步发展,营业额由 1990 年的 80 万元跃为 236 万元。

是年,《新民晚报》扩为 16 版,广告版面再次增加,同时不定期出版广告增刊。

1992 年

8—10 月,上海东方广播电台广告部与公关部联合,先后举办了有关广告业务的系列活动。

11 月 18 日,经上海市政府批准,上海美术设计公司和日本合资创立的上海创导广告公司成为了中国第一家拥有飞艇的广告公司。

由广告公司代理的广告,占播出量的 60% 左右,1993 年上升到 90%。

上海大豪广告公司成立,主营广播电视广告、灯箱广告、代理广告等,年营业额达 100

万左右。

上海启明广告公司成立,由上海东方明珠股份有限公司与香港乔立集团合资组建。

媒体伯乐在上海虹桥路竖立起国内第一根单立柱广告牌。

1993 年

7月,上海有线电视台第一条电视广告在综合频道播出,内容是"力士香皂"。

7月,上海威笛广告实业公司成立,由《每周广播电视》报与上海广播电视发展公司合资组建,是集市场调研、营销企划、创意制作和媒介代理于一身的专业广告公司,注册资金100万元。

是年,《解放日报》再扩版,为3张12版,广告数量随之大增。

是年,200多平方米巨型灯箱广告错落有致地挂在上海南浦大桥上,成为当时的全国之最,为夜色下的大桥增色不少。

是年,上海公交广告公司营业额为1 350万元。

是年,上海电台广告创收达2 163万元,居中央电视台之后名列全国第二。

是年,广告播出收费顺应国际惯例,作了重大改革,按广告播出事件段的收视率高低,定出不同的收费标准,按质论价,收费更趋合理。

是年,东上海文化策划公司成立,注册资金20万。该公司系国内成立较早、为数不多的专业策划公司之一,主要业务是进行广告创意和代理、设计制作各类印刷品,参与商务促销活动和企业CI设计等各项业务。

是年,上海高文广告公司成立,注册资金20万,是由东上海国际文化影视有限公司与上海市外高桥保税区新发展有限公司合资建立的全功能广告公司,拥有整个外高桥保税区的广告发布阵地和中外广告代理权。

是年,东方电视台广告创收达12 072.4万元,占当年总收入12 300万元的98%。

1994 年

6月,上海数十家广告公司在文汇报社召开"上海新闻广告研讨会",与会者就新闻广告状况、内容、形式及前景进行讨论。

10月,国家公布了《中华人民共和国广告法》,于1995年2月1日正式实施,这是中国的第一部广告法,从此将广告纳入国家法制的轨道。

是年,据统计上海84家报纸广告总收入达6亿以上。

是年,上海公交广告公司营业额为2 200万元。

1995 年

是年,上海公交广告公司营业额为4 068万元。

是年,《大众医学》将原来每期3各彩版广告扩为7各彩版广告,广告营业额从每年10万余元增加到近300万元。

是年,《新民晚报》广告收入激增至 3.2 亿元。

是年,《解放日报》试行广告代理制,报社广告部与上海具有广告代理权的 130 多家媒介公司先后签订了代理合约。当年《解放日报》广告收入 2.015 0 亿元。

是年,《新闻报》新辟《广告世界》专版,每周一期,共设有 16 个栏目,每期滚动刊出。

是年,上海报纸广告营业额为 7.4 亿元。

是年,上海广播广告的营业额达 7 983 万元,为 1989 年的 10 倍多。

是年,由中国香港梅迪派勒广告有限公司发展而来的"媒体伯乐(MPl)"在上海成立总部,开展内地业务。

截至该年,上海经批准经营广告业务的报纸有 59 家。

1997 年

12 月,上海市工商局颁布了《上海市户外公益广告管理实施细则》。

1998 年

1998 年 3 月 3 日,中国广告团赴泰国参加首次亚太广告节,上海电扬广告公司的公益广告作品《教师节》获得铜奖。

1999 年

1 月,上海市政府颁布了《上海市户外广告设置规划和管理办法》。

2 月 1 日—28 日,人民广场上出现了当时中国最大的外墙广告——可口可乐贺岁广告,该外墙广告面积达 9 000 平方米,重约 2 900 公斤,由 4 幅画面组成,已被列入中国广告吉尼斯纪录。

2000 年

1 月 6 日,上海市广告协会户外广告专业委员会成立(简称户外专委会),隶属于上海市广告协会,旨在加强上海经营户外广告公司之间的协调、合作、交流,协助政府进行户外广告管理和行业自律。

4 月 29 日,上海市城市规划管理局、上海市工商行政管理局、上海市市政管理委员会办公室联合发布《关于委托上海市广告协会编制北外滩户外广告设施设置阵地整治规划的通知》,委托上海市广告协会对北外滩户外广告进行整治性规划。

是年,由上海众苑电脑喷画装饰实业有限公司创作了户外大型喷绘作品,长 444.5 米,宽 4.5 米,由多幅 50 米整卷底材喷制拼接而成,创下了历史新纪录。

是年,TOM 户外媒体业务以其收购的上海美亚文化传播有限公司和昆明风驰明星信息产业有限公司为旗舰,依托强大的资金实力,在我国内地户外广告市场闪电式地战略布局,在全国范围内大量收购媒体资源。

2002 年

2 月，上海市工商行政管理局、上海市公安局联合印发《上海市机动车车体广告设置和发布管理规定》，要求凡是在悬挂本市号牌机动车的整车、车身喷绘、绘制、张贴的经营性、自设性或公益性广告的，均应遵守本规定；外省市在本市从事广告宣传的机动车车体广告参照本规定管理。

4 月 15 日，上海 16 条公交线路的 60 辆公交车开始发布交通安全公益广告。

4 月 15 日，上海市工商局协助上海市申博办组织开展申办 2010 年世博会公益广告宣传工作。共发布广告牌、高立柱、公交车体、彩旗等户外广告面积达 77 330 平方米，另外，52 种报刊、电视媒体按照要求发布了申博公益广告。

5 月 30 日，上海首次进行户外广告位使用权拍卖。

7 月 20 日，上海市市容环卫局、上海市城市规划局、上海市工商局联合发出《关于 20 层(60 米)以上建筑物顶部不再设置户外广告设施的通知》。

8 月 8 日，上海市工商局、上海市城市规划局、上海市市容环卫局联合发出《关于加强户外广告设施管理的通知》。

10 月 30 日，上海市建设和管理委员会批准上海市广告协会主编的《户外广告设施结构技术规程》为上海市工程建设规范，并自 2003 年 2 月 1 日起实施。

11 月 3 日，工商卢湾分局率先实行户外广告网上并联审批制，以减少繁琐程度，缩短审批时间。

12 月 11 日，浦东新区人民政府公布了《浦东新区户外广告设置规划和管理若干规定》，建立浦东新区户外广告联席会议制度，负责浦东新区户外广告重要事项的决策和重点问题的协调。

12 月 12 日，上海市人民政府同意市容环卫局、市工商局、市规划局的意见，即日起开展人民广场周边地区、延安路高架两侧户外广告设施整治工作。

2003 年

1 月，上海率先在我国大陆开通移动电视业务，上海东方明珠移动多媒体有限公司成为大陆第一家公交移动电视的经营者。

1 月 9 日，上海市广告协会霓虹灯专业委员会召开全体委员会议，通过上海市霓虹灯企业资质等级认定及管理办法，拟在上海霓虹灯企业开展资质等级认定工作。同月，上海市技术监督局发布的《户外广告设施设置技术规范》正式实施。上海市广告协会四届四次理事会在解放日报社会议室举行，通过了上海市广告协会 2002 年度工作报告和 2003 年度工作计划；通报了经上海市建设和管理委员会批准为上海市工程建设规范的《户外广告设施结构技术规程》的主要内容。

2 月 1 日，上海市建设和管理委员会批准《户外广告设施结构技术规程》实施。

是年，上海分众传媒有限公司正式成立，用户外视频的概念开创了网络化的分众传媒领域，为户外媒介广告市场细分出"生活圈媒体"，以其独特的商业模式，精准的受众定位和传播效果赢得了众多知名品牌的高度认同。2006 年 1 月,分众传媒与中国第二大楼宇视频媒体运营商—聚众传媒合并。

是年,触动传媒把全球独有的"亲和力媒体平台"概念通过旗下专利"移动触摸式交互设备"在中国大陆进行推广,借助移动数字视频与消费者巧妙地互动,并通过与出租车公司的紧密合作成功实现商业化运作。

是年,非典肆虐,上海的广告公司擎起公益大旗,创作出了大量的公益广告。

2004 年

7 月 1 日,上海商娱文化传播有限公司推出的国内第一个精确定位于小型汽车上高端受众的分众电视专业频道试播,并于 8 月 1 日正式运营。

9 月 20—22 日,中国户外广告论坛"生存的依据,发展的规则"专题研讨会在上海举行,研讨会集中探讨了如何解决户外广告行业生存与发展的基础性问题,及如何形成有序竞争、规范发展的环境。与会的 130 余位各地户外广告经营单位共同签署了《中国户外广告产业上海宣言》。

12 月 15 日,上海市市长韩正签署发布上海市人民政府令第 43 号《上海市户外广告设施管理办法》。1999 年 1 月 27 日上海市人民政府令第 65 号发布的《上海市户外广告设置规划和管理办法》同时废止。

2005 年

是年,在上海户外专委会和中国广告协会户外广告委员会等单位的支持下,第二届中国户外广告大会成功举办;第一本专业性年鉴《2004 年户外广告年鉴》编辑出版;户外广告业第一本《亚洲户外》广告专刊正式出版发行。

是年,"男女平等基本国策"公益广告大赛,由上海市妇女联合会、上海市工商行政管理局、上海文广新闻传媒集团、解放日报报业集团联合举办。历时两个月,共收到平面作品 412 幅,影视脚本 41 个。之后,由文汇出版社出版《男女平等——公益广告大赛作品选集》。

是年,户外巨型 LED 媒体网络的霸主——上海郁金香媒体国际有限公司打造了上海第一块高清户外 LED—东方商厦近 350 平方米的弧形户外 LED 大屏幕。

2006 年

3 月 18 日,上海市文明办、公益广告管理中心主办的"中国公益广告网"(www. pad. gov. cn)试开通。

4 月 1 日起,中国最大的户外广告公司之一、内地候车亭广告最大的垄断者白马户外改革了灯箱广告,将上海 2 000 多个候车亭广告灯箱全部设置成以垂直转动卷画的方式,使静止的灯箱广告"动"了起来。

10 月,中国最大的 LED 广告船"Vega"号首次航行于上海最繁华的外滩地区——杨浦大桥和卢浦大桥之间的黄浦江上,成为黄浦江一景。

2007 年

世界夏季特殊奥运会在上海举行,从 6 月 24 日开始,上海开展了大规模的公益广告宣传活动,综合性地启动了各种媒体,对特奥会进行宣传。

2008 年

1 月,《上海市户外广告设施设置阵地规划》出台,为户外广告媒体的规范、有序设置提供了科学的依据。

3 月,上海市市容局内部通知,要求上海市各级政府立即暂停所有户外广告的审批。此后,市政府又出台了多项户外广告新规,禁止广告飞艇和黄浦江专业广告船等专门用于广告发布的交通工具发布广告。

2009 年

市工商局发布《上海市工商行政管理局关于公布利用车辆、船舶设置、发布可能产生不良影响内容的户外广告具体范围的通知》和《上海市工商行政管理局关于公布禁止在本市特定区域设置、发布可能产生不良影响内容的户外广告具体范围的通知》,规范上海户外广告市场。

2010 年

上海世博会开幕式上,9 500 平方米全球最大 LED 显示屏精彩亮相。

上海滨江星广告传播有限公司在浦东陆家嘴花旗银行大厦西立面建上海地标户外大屏——外滩之窗,高 139.6 米,宽 43.2 米,总面积 6 030 平方米,成为外滩及陆家嘴地区金融、文化、娱乐领域品牌展示和互动营销的首选平台。

12 月 28 日,为了规范后世博时期上海户外广告业,市政府第 93 次常务会议通过《上海市户外广告设施管理办法》和《上海市流动户外广告设置管理规定》,并于 2011 年 1 月 1 日起施行。

2011 年

1 月 24 日,上海市工商局向各分局及相关单位发布了《关于明确上海可能产生不良影响的户外广告具体范围的通知》。

3 月,成立于 1990 年的上海霓虹灯广告工作组,1995 年年改组为上海市广告协会霓虹灯广告委员会(简称上霓会),更名为上海市广告协会光源与标识专业委员会。

上海电影海报图片资料

序号	影片名称/时间/制片公司	海　报	宣传的基本诉求点
1	中国自制的活动影戏出现了 1919 年 商务印书馆活动影戏部		影片分教育、时事、风景、新剧、古剧五大类家庭喜庆、团体宴会、新式戏团都可适用
2	爱国伞 1924 年 商务印书馆活动影戏部		剧照(爱国伞之最后一幕) 商务印书馆最新摄制

序号	影片名称/时间/制片公司	海 报	宣传的基本诉求点
3	觉悟 1925 年 三星影片公司		醒世名片出世了 批评者谓此片一出世唤醒醉心虚荣之女子不少
4	最后之良心 1925 年 明星影片公司		明星影片公司社会新片
5	孰胜 1925 年 大亚洲影片公司		大亚洲影片公司爱情杰作

续 表

序号	影片名称/时间/制片公司	海 报	宣传的基本诉求点
6	邻家女 1925 年 上海影戏公司		殷明珠主演　但杜宇 导演
7	醉乡遗恨 1925 年 商务印书馆活动影戏部		已为本院租得之国产新 片预告 社会家庭悲剧
8	立地成佛 1925 年 天一影片公司		天一影片公司警世新片
9	谁是母亲 1925 年 大中国影片公司		剧照 公司地址

序号	影片名称/时间/制片公司	海 报	宣传的基本诉求点
10	一串珍珠 1926 年 长城画片公司		警世哀情佳片
11	飞刀记 1926 年 匡时影片公司		摄制竣工,不日即开映。所有前曾来函询及订购者自即日敬请惠临本公司办处接洽手续
12	玉洁冰清 1926 年 民新影片公司		剧照

序号	影片名称/时间/ 制片公司	海　报	宣传的基本诉求点
13	上海之夜 1926 年 神州影片公司		剧照
14	未婚妻 1926 年 明星影片公司		剧照
15	和平之神 1926 年 民新影片公司		图片

序号	影片名称/时间/制片公司	海　　报	宣传的基本诉求点
16	良心复活 1926 年 明星影片公司		良心复活，一名忏悔
17	孟姜女 1926 年 天一影片公司		剧照
18	忏悔 1926 年 明星影片公司		导演、主演
19	奇峰突分 乱世英雄 1926 年 华剧影片公司		尚武哀情 社会武侠爱情

序号	影片名称/时间/制片公司	海　报	宣传的基本诉求点
20	地狱天堂 1926 年 大中国影片公司		图片
21	石榴裙下 1926 年 开心影片公司		开心新片　艳情喜剧 现正拍摄　不日公映 导演、编剧
22	探亲家 1926 年 大中华百合影片公司		滑稽爱情香艳巨片 导演、合演

序号	影片名称/时间/制片公司	海　报	宣传的基本诉求点
23	连环债 1926 年 大中华百合影片公司		社会香艳影片 导演、编剧
24	爱情与黄金 1926 年 明星影片公司		图片
25	孔雀东南飞 1926 年 孔雀电影公司		图片 导演,明星阵容

序号	影片名称/时间/制片公司	海 报	宣传的基本诉求点
26	为亲牺牲 1927 年 明星影片公司		剧照
27	儿女英雄（又名十三妹大破能仁寺） 1927 年 友联影片公司		剧照
28	田七郎 二八佳人 1927 年 明星影片公司		剧照 导演、主演

序号	影片名称/时间/ 制片公司	海　报	宣传的基本诉求点
29	女侠红蝴蝶 1927 年 友联影片公司		剧照 现已开摄　不日公映
30	白芙蓉 1927 年 华剧影片公司		剧照,选取"白芙蓉将珍珠击碎瞀陆义鸿敷伤"一幕。 陆义鸿说:"为爱情,死也甘心。"
31	复活的玫瑰 1927 年 民新影片公司		中国最高尚之唯一爱情巨片 导演、主演 图片与人物特写

序号	影片名称/时间/制片公司	海 报	宣传的基本诉求点
32	卖油郎独占花魁女 1927 年 神州影片公司		剧照
33	山东响马 1927 年 友联影片公司		图片
34	西厢记 1927 年 民新影片公司		开摄古装 爱情巨片 导演、主演

序号	影片名称/时间/制片公司	海　报	宣传的基本诉求点
35	湖边春梦 1927 年 明星影片公司		图片 导演、主演、编剧 预告新片
36	花国大总统 1927 年 中华第一影片公司		浪漫派香艳名剧 主演、导演 杨耐梅演唱歌曲
37	山东马永贞 1927 年 明星影片公司		空前第一国产武侠掌故电影 明星影片公司第三十六次出品 导演、主演
38	刘关张大破黄巾 1927 年 天一青年影片公司		剧照

序号	影片名称/时间/ 制片公司	海 报	宣传的基本诉求点
39	美人计 1927 年 大中华百合影片公司		图片
40	月老离婚 1927 年 民新影片公司		神怪滑稽讽刺片
41	卫女士的职业 1927 年 明星影片公司		摄制已竣 不日开映 导演、主演
42	侠凤奇缘 1927 年 明星影片公司		导演、主演

序号	影片名称/时间/制片公司	海　报	宣传的基本诉求点
43	桃李争春 1927 年 大中华百合影片公司		剧照
44	再造共和 1927 年 郎华影片公司		剧照 导演、主演
45	豹子头林冲 1927 年 国光影片公司		宋代稗史伟大古装名片 第一侠义尚武巨片

序号	影片名称/时间/制片公司	海　报	宣传的基本诉求点
46	红楼梦 1928 年 孔雀影片公司		古装稗史　香艳巨片 导演
47	王氏四侠 1928 年 大中华百合影片公司		武侠巨作预告 人物特写
48	小妹妹情窦初开 1928 年 大中华百合影片公司		图片 主演

序号	影片名称/时间/制片公司	海　报	宣传的基本诉求点
49	柳暗花明 1928 年 大中华百合影片公司		有情人既离复合,泼辣妇死而复生,神出鬼没的黑影,蝶舞莺飞的裸舞
50	古宫魔影 1928 年 大中华百合影片公司		剧照 导演、主演、摄像、布景
51	洪宪之战 1928 年 郎华影片公司		空前国产历史战争巨片 摄制已竣　不日开映 导演、主演
52	大侠复仇记 1928 年 明星影片公司		剧照 导演

续　表

序号	影片名称/时间/制片公司	海　报	宣传的基本诉求点
53	猛虎劫美记 1928 年 华剧影片公司		图片 冒险武术奇情巨片　不日开映
54	小剑客 1928 年 上海影戏公司		最新摄制惊心动魄侠情影片 中国电影界第一小明星但二春主演 导演、监制
55	上海一舞女 1928 年 大中华百合影片公司		香艳浪漫 剪贴画、剧照 导演、主演
56	爱国魂 1928 年 大中华百合影片公司		剧照 导演、主演、监制
57	飞行鞋 1928 年 民新影片公司		剧照 导演、主演

序号	影片名称/时间/制片公司	海　报	宣传的基本诉求点
58	热血鸳鸯 1928 年 大中华百合影片公司		剧照 导演
59	出品一览 1928 年 复旦影片公司		影片公司预告新片摄制
60	火里英雄 1929 年 华剧影片公司		图片 导演、编剧、主演 预告新片
61	雪中孤雏 1929 年 华剧影片公司		剧照 导演、主演、编剧、摄影 新片预告

序号	影片名称/时间/制片公司	海　报	宣传的基本诉求点
62	异性的冲突 1929 年 联艺影片公司		导演 漫画形式
63	义海情天 1929 年 青天影片公司		描写义的方面可为社会之棒喝 描写情的方面可为社会之南针 图画 导演、主演
64	穷乡艳遇 1929 年 上海新世纪影片公司		空前香艳爱情武侠巨片 导演、主演
65	半夜飞头记 1929 年 大中华百合影片公司		剧照 导演、主演

序号	影片名称/时间/制片公司	海 报	宣传的基本诉求点
66	红蝴蝶(二集) 1929 年 友联影片公司		武术爱情巨片 剧照、人物特写 导演、主演、监制
67	情欲宝鉴 1929 年 大中华百合影片公司		剧照 导演、主演
68	野草闲花 1930 年 联华影业公司		国片复兴运动中之铁军 我国电影光荣史之一 页 树歌舞有声国片之 先声 揭上海神秘社会 之黑幕 导演、主演
69	万侠之王 1930 年 华剧影片公司		武侠神怪奇情巨片 导演、编剧、摄影 预告新片

序号	影片名称/时间/制片公司	海　报	宣传的基本诉求点
70	百劫鸳鸯 1930 年 上海青天影片公司		图片 导演、主演、摄影 预告新片
71	荒江女侠（六集） 1931 年 友联影片公司		剧照、人物特写 导演、主演
72	逃情的哥哥 1931 年 联华影业公司		人物特写 导演、主演、监制
73	爱欲之争 1931 年 大中华百合影片公司		描写爱欲焦点　反映新旧妇道　抨击现代婚制归纳家庭幸福 导演、编剧、监制、主演

序号	影片名称/时间/制片公司	海　报	宣传的基本诉求点
74	心痛 1931 年 联华影业公司		人物特写 影片内容、意义 导演、编剧、监制、主演
75	碧血丹心 1931 年 孤星影片公司		行将问世之伟大贡献 悲壮热烈　慷慨激昂 国家兴亡　匹夫有责 闻鸡起舞　男儿本色 导演、主演
76	一剪梅 1931 年 联华影业公司		数千军队　全体明星 是一部给国片开新纪元 　给联华开新纪录的 巨片 剧照 主演、监制、原著、导演、制片

序号	影片名称/时间/制片公司	海　报	宣传的基本诉求点
77	虞美人 1931 年 一鸣影片公司		国产有声歌唱对白电影巨片 剧照素描 主演、编剧、导演、摄影、美术 影片优点
78	自杀合同 1931 年 联华影业公司		影院评价(管理最善、选片最精、音乐最优、价格最廉) 国产谐剧短片 剧照及说明
79	王氏三雄 1931 年 大中华百合影片公司		最兴奋最肉感武侠艳情巨片 人物特写 导演、主演
80	恋爱与义务 1931 年 联华影业公司		剧照 影院评价

序号	影片名称/时间/制片公司	海　报	宣传的基本诉求点
81	如此繁华 1931 年 华光片上有声电影公司		用全副精神摄制之全部歌舞对白 空前伟大有声片有风流一世之名伶　有绝代倾城之淑女 图片 导演、主演
82	歌女红牡丹 1931 年 明星影片公司		中国有声对白影片 剧照、片中歌曲 主演
83	雨过天青 1931 年 华光片上有声电影公司		图片
84	桃花泣血记 1931 年 联华影业公司		撩人情感　动人幽思 剧照 主演、地点、时间

序号	影片名称/时间/ 制片公司	海 报	宣传的基本诉求点
85	自由魂 1931 年 联华影业公司		图片 原著、导演、监制、主演 上映时间、地点
86	玉堂春 1931 年 上海影戏公司		剧照 强调明星阮玲玉、监制、 导演、编剧
87	银汉双星 1931 年 联华影业公司		有声歌舞巨片 剧照 导演、监制、主演、原著、 编剧影片说明
88	粉红色的梦 1932 年 联华影业公司		人物特写 导演、监制、主演 放映地点

序号	影片名称/时间/制片公司	海　报	宣传的基本诉求点
89	如此英雄 1933 年 联华影业公司		人物特写 导演、主演、监制、编剧
90	都会的早晨 1933 年 联华影业公司		剧照 导演编剧、监制、主演
91	城市之夜 1933 年 联华影业公司		剧照 主演、导演、编剧、监制

续　表

序号	影片名称/时间/制片公司	海　报	宣传的基本诉求点
92	春潮 1933 年 亨生影片公司		颜鹤鸣氏五年心血 自制声机精心摄制　第一部纯粹国产有声大名剧　有舶来声机所无之优点　无舶来声机所有之弊病 导演、主演
93	天明 1933 年 联华影业公司		联华影业公司巨片 剧照 监制、编剧导演、主演
94	女性的呐喊 1933 年 明星影片公司		剧照 导演、主演

序号	影片名称/时间/制片公司	海报	宣传的基本诉求点
95	渔光曲 1934 年 联华影业公司		连绵三十年的惨剧　惆怅两世代的恨史 剧照 编导、摄影、布景、主要演员
96	再生花 1934 年 明星影片公司		全部对白歌唱有声巨片 导演、主演、放映地点
97	神女 1934 年 联华影业公司		吴永刚一鸣惊人之大杰作 剧照、阮玲玉肖像 制片、主演 对女主人公的评价

序号	影片名称/时间/制片公司	海　报	宣传的基本诉求点
98	桃李劫 1934 年 电通影片公司		人物特写 导演、监制、主演、作曲、摄影、录音
99	天伦 1935 年 联华影业公司		联华公司空前奇迹　中国影坛光荣记录 全部配音歌唱巨片 人物头像特写 制片、编剧、导演、主演（出场先后为序）
100	无愁君子 1935 年 联华影业公司		人物头部特写 主演、监制、导演

序号	影片名称/时间/ 制片公司	海　报	宣传的基本诉求点
101	新女性 1935 年 联华影业公司		剧照 导演、主演、编剧
102	都市风光 1935 年 电通公司制片厂		新型乐剧 漫画人物 导演、监制、主演
103	四姐妹 1935 年 联华影业公司		图片 监制、导演、主演
104	国风 1935 年 联华影业公司		人物头像 导演、主演、编剧

序号	影片名称/时间/制片公司	海 报	宣传的基本诉求点
105	幼年中国 1935 年 联华影业公司		人物头像 导演、主演
106	劫后桃花 1935 年 明星影片公司		对白有声巨片 人物头像 导演、编剧、主演
107	狂欢之夜 1936 年 新华影业公司		人物头像 导演、监制、主演
108	兄弟行 1936 年 明星影片公司		人物头像 全部对白有声巨片 导演、主演

序号	影片名称/时间/制片公司	海　报	宣传的基本诉求点
109	长恨歌 1936 年 新华影业公司		又是一部惊人伟大巨片 全部有声对白歌唱 监制、编剧、导演、主演
110	十字街头 1937 年 明星影片公司		图片 编导、主演
111	马路天使 1937 年 明星影片公司		人物形象、漫画 导演、主演

序号	影片名称/时间/制片公司	海 报	宣传的基本诉求点
112	夜半歌声 1937 年 新华公司		人物形象 编导、主演
113	貂蝉 1938 年 新华影片公司		耗资十五万元空前历史古装巨片 人物形象、影片背景图片 监制、编剧、主演
114	风流冤魂 1938 年 国华影业公司		哀感顽艳　怪异杰作 剧照 主演
115	新人道 1938 年 民新影片公司		原著、编剧、导演、主演、客串 图片

序号	影片名称/时间/制片公司	海　报	宣传的基本诉求点
116	文素臣（一） 1939 年 合众影业公司		人物形象 导演、主演
117	文素臣（二） 1940 年 合众影业公司		人物形象 导演、主演
118	文素臣（三） 1940 年 合众影业公司		人物形象 导演、主演

序号	影片名称/时间/制片公司	海　报	宣传的基本诉求点
119	文素臣（四） 1940 年 合众影业公司		人物形象 导演、主演
120	桃色惨案 1939 年 林华影片公司		剧照 导演、主演
121	歌声泪痕 1939 年 国华影业公司		剧照 导演、主演
122	夜明珠 1939 年 国华影业公司		侦探离奇巨片 剧照 导演、主演

序号	影片名称/时间/制片公司	海　报	宣传的基本诉求点
123	云裳仙子 1939 年 华成影片公司		划时代的佳作 剧照
124	林冲雪夜歼仇记 1939 年 新华影片公司		孤岛上四百万人之精神食粮 剧照
125	麻疯女 1939 年 新华影片公司		极度神秘　非常紧张 剧照 主演、导演（强调导演之前的杰出作品）
126	王先生与二房东 1939 年 华新影片公司		中国影坛最宝贵趣片 剧照 主演

续　表

序号	影片名称/时间/制片公司	海　报	宣传的基本诉求点
127	一夜皇后 1939 年 华成影片公司		剧照 编导、主演（强调演员之前的杰出作品） 时间、地点
128	亡命之徒 1939 年 新华影片公司		硬性影片 剧照 主演
129	王熙凤大闹宁国府 1939 年 新华影片公司		剧照 主演

序号	影片名称/时间/制片公司	海　报	宣传的基本诉求点
130	生死恨 1939 年 新华影片公司		凄艳绝伦　精彩透顶 剧照 编导、主演
131	杨乃武 1939 年 国华影业公司		清代四大奇案之一 剧照 导演、主演
132	七重天 1939 年 国华影片公司		旷男怨女的当头棒喝晨鼓暮钟 剧照 导演、编剧、主演、监制
133	孟丽君 1940 年 国华影业公司		人物形象 导演、主演、编剧、监制

续　表

序号	影片名称/时间/制片公司	海　报	宣传的基本诉求点
134	泰山历险记 1940 年 新华影片公司		剧照 主演
135	欢喜冤家 1940 年 鹤鸣影业公司		中国影坛空前创见　天然五彩影片 人物形象 编导、主演
136	董小宛 1940 年 国华影业公司		古装巨片 主演
137	梁山伯与祝英台 1940 年 中国联美影片公司		主演、编导、剧照

序号	影片名称/时间/制片公司	海 报	宣传的基本诉求点
138	苏三艳史 1940 年 国华影业公司		百年恩爱百年良　为郎 憔悴为郎死 剧照 主演
139	黑天堂 1940 年 国泰影业公司		剧照 主演
140	碧玉簪 1940 年 国华影业公司		剧照 主演
141	风流天子 1940 年 国华影业公司		古装艳情巨片 剧照 主演
142	隋宫春色 1940 年 华成影业公司		历史古装宫闱秘闻空前 巨片 剧照 编导、主演

序号	影片名称/时间/制片公司	海　报	宣传的基本诉求点
143	李阿毛与僵尸 1940 年 国华影业公司		人物形象 导演、主演、编剧、监制
144	三娘教子 1940 年 新华影片公司		剧照 主演
145	西厢记 1940 年 国华影业公司		剧照 主演

序号	影片名称/时间/制片公司	海报	宣传的基本诉求点
146	黑夜孤魂 1941 年 国华影片公司		人物形象 导演、合演、监制、编剧
147	天涯歌女 1941 年 国泰影业公司		剧照 主演
148	警魂歌 1945 年 中国电影制片厂		人物形象 导演、编剧、监制

续　表

序号	影片名称/时间/ 制片公司	海　报	宣传的基本诉求点
149	夜店 1947 年 文华影片公司		影片背景图片 导演、主演、合演
150	幸福狂想曲 1947 年 中央电影企业公司第 二厂		人物形象 导演、主演（出场先后为 序）、编剧、监制、制片
151	郎才女貌 1947 年 中央电影企业公司第 二厂		监制、制片、编剧、导演、 主演（出场为序）

序号	影片名称/时间/制片公司	海 报	宣传的基本诉求点
152	八千里路云和月 1947 年 联华影艺社		剧照、背景图片 导演、主演
153	假凤虚凰 1947 年 文华影片公司		人物形象(夸张) 导演、主演、编剧
154	八年离乱("一江春水向东流"前集) 1947 年 联华影艺社		人物形象 编导、主演、制片、客串

续　表

序号	影片名称/时间/ 制片公司	海　报	宣传的基本诉求点
155	遥远的爱 1947 年 中央电影摄影场第二厂		人物形象 编导、主演
156	湖上春痕 1947 年 国泰影业公司		国泰影业公司新春巨献 主演、监制、制片、编导
157	衣锦荣归 1947 年 中央电影企业公司第二厂		人物形象 导演、主演、监制、制片

序号	影片名称/时间/制片公司	海 报	宣传的基本诉求点
158	母与子 1947 年 文华公司		人物形象 编导、主演
159	十步芳草 1948 年 国泰影业公司		人物形象 编导、监制、制片、联合主演、合演
160	古屋魔影 1948 年 国泰影业公司		人物形象 合导、主演、合演、监制、制片

序号	影片名称/时间/制片公司	海　报	宣传的基本诉求点
161	哑妻 1948 年 大同电影企业公司		高乘大笑剧 人物形象 编导、主演、监制、制片
162	痴男怨女 1948 年 国泰影业公司		导演、主演（出场先后为序）、编剧、监制、制片
163	平步青云 1948 年 国泰影业公司		人物形象 导演、编剧、监制、制片、主演、客串主演、联合主演

序号	影片名称/时间/ 制片公司	海　报	宣传的基本诉求点
164	万家灯火 1948 年 昆仑影业公司		人物形象 导演、编剧、主演（出场 为序）、制片
165	小城之春 1948 年 文华影片公司		人物形象、背景图片 导演、编剧、主演
166	群魔 1948 年 清华影片有限公司		人物形象 出品人、制片、原著、导 演、合演

续　表

序号	影片名称/时间/制片公司	海　报	宣传的基本诉求点
167	国魂 1948年 永华影业公司		永华影业公司首次巨献 　主要工作人员　阵势 描述
168	吸血鬼 1948年 良友影片公司		人物形象 导演、主演 刺激紧张、锄强扶弱、反 霸巨制
169	三人行 1948年 中央电影摄影场第 二厂		人物形象 导演、编剧、监制、制片、 主演(出场先后为序)

序号	影片名称/时间/ 制片公司	海 报	宣传的基本诉求点
170	喜迎春 1948 年 中央电影企业公司第 二厂		人物形象 导演、主演(出场先后为 序)、编剧、监制、导演 助理
171	新闺怨 1948 年 昆仑影业公司		人物形象 编导、制片、主演(姓氏 笔画为序)
172	肠断天涯 1948 年 中央电影企业公司		人物形象 监制、制片、编剧、导演、 主演(出场先后为序)

序号	影片名称/时间/制片公司	海 报	宣传的基本诉求点
173	终身大事 1948 年 大华影业社		人物形象 编导、主演
174	鸡鸣早看天 1948 年 启明影业公司		人物形象 词作、主演(出场先后为序)、编剧、导演
175	水上人家 1948 年 大光明影业公司		人物形象 监制、编剧、导演、主演(出场序)、联合主演

序号	影片名称/时间/制片公司	海 报	宣传的基本诉求点
176	一帆风顺 1948 年 国泰影业公司		人物形象 联合主演(出场先后为序)、联合导演、监制、制片、编剧
177	舐犊情深 1948 年 中大电业影片公司		上海奇谭之一 人物形象 编导、监制、制片、主演、合演
178	失去的爱情 1949 年 国泰影业公司		人物形象 主演、合演、导演、编剧、原著、监制、制片

续　表

序号	影片名称/时间/制片公司	海　报	宣传的基本诉求点
179	三毛流浪记 1949 年 昆仑影业公司上海分公司		人物形象 编剧、导演、制片、主演、合演（出场序）
180	残冬 1949 年 国泰影业公司		人物形象 监制、制片、导演、编剧、主演（出场为序）
181	表 1949 年 文华影片公司		儿童教育片 人物形象 联合主演

序号	影片名称/时间/制片公司	海　报	宣传的基本诉求点
182	希望在人间 1949 年 昆仑影业公司上海分公司		人物形象 编导、制片、主演（出场先后为序）
183	欢天喜地 1949 年 大同电影企业公司		人物形象 编剧、导演、监制、制片、主演（姓氏笔画为序）
184	望穿秋水 1949 年 大同电影企业公司		人物形象 导演、编剧、制片、监制、主演（出场为序）

续　表

序号	影片名称/时间/制片公司	海　报	宣传的基本诉求点
185	年年如意 1949 年 华光影业公司		人物形象 导演、副导演、监制、制片、编剧、主演、合演
186	二百五小传 1949 年 大同电影企业公司		人物形象 编剧、导演、导演助理、监制、制片、主演（出场为序）
187	丽人行 1949 年 昆仑影业公司		人物形象 编剧、导演、主演（出场为序）、制片

序号	影片名称/时间/制片公司	海　报	宣传的基本诉求点
188	乌鸦与麻雀 1949 年 昆仑影业公司		人物形象 导演、主演（以出场为序）、编剧、制片
189	12 小时的奇迹 1949 年 国泰影业公司		人物形象 主演（出场先后为序）、监制、制片主任、编导
190	哀乐中年 1949 年 文华影业公司		人物形象 编导、主演、合演

序号	影片名称/时间/制片公司	海　报	宣传的基本诉求点
191	青山翠谷 1949 年 中电二厂		导演、编剧、监制、制片、主演（出场为序）

上海市广告协会成立 30 周年表彰名单

2016 年 3 月 26 日,上海市广告协会成立满 30 周年。经会员单位和广告企业推荐、自荐,经协会秘书处和上海广播电视台(SMG)广告管理中心、上海报业集团经管办、上海美术设计有限公司、上海广告有限公司、麦肯光明广告有限公司上海分公司、互动通控股集团、上海观池文化传播有限公司、上海大学新闻传播学院(原上海电影学院)广告学系、上海市广告协会户外专委会等九家单位及组织组成的"30 周年活动小组"对提名进行甄选,共推选出杰出贡献单位 83 家,个人 24 名,风云人物 16 名。获奖名单如下:

上海市广告协会 30 周年杰出贡献单位名单
(按单位名称首字母排序)

序 号	单 位 名 称
1	北京电通广告有限公司上海分公司
2	触动多媒体技术(上海)有限公司
3	德高广告(上海)有限公司
4	东方航空传媒股份有限公司
5	互动通天图信息技术有限公司
6	互联空间(上海)文化传媒股份有限公司
7	解放日报广告部
8	凯帝珂广告(上海)有限公司
9	灵智精实广告有限公司上海分公司
10	麦肯光明广告有限公司上海分公司
11	上海奥美广告有限公司
12	上海百成图片有限公司
13	上海报业集团

续　表

序　号	单　位　名　称
14	上海博报堂广告有限公司
15	上海大同文化传播有限公司
16	上海大学上海电影学院广告学系
17	上海大众广告有限公司
18	上海电力广告有限公司
19	上海东方广播有限公司
20	上海东方明珠国际广告有限公司
21	上海东湖霓虹灯厂有限公司
22	上海东艺广告有限公司
23	上海飞帆广告有限公司
24	上海分众德峰广告传播有限公司
25	上海工合广告展览有限公司
26	上海公共交通广告有限公司
27	上海观池文化传播有限公司
28	上海广告有限公司
29	上海宏拓广告传媒有限公司
30	上海华鹏广告有限公司
31	上海机场德高动量广告有限公司
32	上海焦点品牌管理股份有限公司
33	上海九木传盛广告有限公司
34	上海蓝梦广告传播股份有限公司
35	上海李奥贝纳广告有限公司
36	上海灵狮广告有限公司
37	上海路通国际广告有限公司
38	上海梅高创意咨询有限公司
39	上海梅花信息股份有限公司
40	上海美术设计有限公司
41	上海强生广告有限公司
42	上海申浦广告装潢有限公司

序　号	单　位　名　称
43	上海申通德高地铁广告有限公司
44	上海申暄广告有限公司
45	上海神兵影视广告有限公司
46	上海圣峰广告有限公司
47	上海市静安区广告协会
48	上海市闵行区广告协会
49	上海市浦东新区广告协会
50	上海市松江区广告协会
51	上海市徐汇区广告协会
52	上海市闸北区广告协会
53	上海四维文化传媒股份有限公司
54	上海索能广告装饰工程有限公司
55	上海唐神广告传播有限公司
56	上海铁路文化广告发展有限公司
57	上海外滩广告装潢有限公司
58	上海广播电视台、上海文化广播影视集团有限公司
59	上海广播电视台、上海文化广播影视集团有限公司(SMG)广告经营中心
60	上海现代国际展览有限公司
61	上海香榭丽广告传媒有限公司
62	上海欣影国际传播有限公司
63	上海新大陆传播有限公司
64	上海新民传媒有限公司
65	上海新亚霓虹广告有限公司
66	上海新云传媒股份有限公司
67	上海旭通广告有限公司
68	上海雅润文化传播有限公司
69	上海雅仕维广告有限公司
70	上海医药广告有限公司
71	上海邮政广告有限公司
72	上海郁金香广告传媒有限公司

续 表

序 号	单 位 名 称
73	上海中润解放传媒有限公司
74	上海中宣国际传播(集团)有限公司
75	上海中艺美术合作公司
76	盛世长城国际广告有限公司上海第二分公司
77	天联广告有限公司上海分公司
78	文汇报广告部
79	新好耶数字技术(上海)有限公司
80	远誉广告(中国)有限公司
81	智威汤逊—中乔广告有限公司上海分公司
82	中广国际广告创意产业基地发展有限公司
83	《中国广告》杂志社有限公司

上海市广告协会 30 周年风云人物名单
(按姓名首字母排序)

序 号	姓 名	单 位 名 称
1	邓广梼	互动通控股集团
2	高 峻	上海梅高创意咨询有限公司
3	江南春	上海分众德峰广告传播有限公司
4	蒋金戈	上海广播电视台(SMG)广告经营中心
5	金定海	上海师范大学人文与传播学院
6	劳双恩	智威汤逊—中乔广告有限公司上海分公司
7	莫康孙	麦肯光明广告有限公司上海分公司
8	裘东明	上海工合广告展览有限公司
9	邵隆图	上海九木传盛广告有限公司
10	沈 刚	上海唐神广告传播有限公司
11	沈赞臣	上海灵狮广告有限公司
12	宋秩铭	上海奥美广告有限公司
13	王濂洪	上海美术设计有限公司
14	张 斌	上海观池文化传播有限公司
15	张定国	上海现代国际展览有限公司
16	张惠辛	《中国广告》杂志社

上海市广告协会 30 周年杰出贡献个人名单
（按姓名首字母排序）

序　号	姓　名	单　位　名　称
1	曹　旭	智威汤逊—中乔广告有限公司上海分公司
2	查灿长	上海大学上海电影学院
3	陈　观	上海东湖霓虹灯厂有限公司
4	郭　薇	上海雅仕维广告有限公司
5	黄　琼	新闻报社
6	蒋小燕	上海中宣国际传播（集团）有限公司
7	林德兴	上海雅仕维广告有限公司
8	栾跃生	上海百成图片有限公司
9	马　强	上海美术设计有限公司
10	任向晖	上海梅花信息股份有限公司
11	邵国平	上海新亚霓虹广告有限公司
12	沈念慈	上海申浦广告装潢有限公司
13	屠玉华	上海奥美广告有限公司
14	熊景华	上海广告有限公司
15	徐　丽	上海焦点品牌管理股份有限公司
16	徐炳昌	上海华鹏广告有限公司
17	许正林	上海大学上海电影学院
18	姚晓洁	新好耶数字技术（上海）有限公司
19	应曙光	上海飞帆广告有限公司
20	余建生	文汇报社
21	赵抗卫	上海新大陆传播有限公司
22	郑　斌	互动通控股集团
23	朱利民	上海索能广告装饰工程有限公司
24	祝卫东	上海雅润文化传播有限公司

上海市广告协会历届会议情况一览表

一届一次 会员大会	时间	1986-3-27	地点	上海展览中心友谊电影院
	通过 议案	听取上海市广告协会筹建工作情况报告；审议通过上海市广告协会章程；选举产生上海市广广告协会理事会。		
	会议 情况	1. 成立大会有268家会员单位代表与会，应邀来宾共600余人。2. 市工商局副局长沈言洪主持会议。中共上海市委书记芮杏文、国家工商总局副局长费开龙、市人大常委会财经委员会副主任蔡北华、市政府副秘书长胡正昌等领导同志在成立大会上讲话。		
一届一次 理事会	时间	1986-3-27	地点	上海展览中心友谊电影院
	通过 议案	1. 选举产生会长、副会长、秘书长。2. 选举产生由二十七名常务理事组成的上海市广告协会常务理事会。		
二届一次 理事会	时间	1989-8-18	地点	上海工贸中心礼堂
	通过 议案	1. 会议一致通过了由28名常务理事组成的常务理事会。2. 会议一致通过了协会会长、副会长、秘书长人选。根据会长提名一致同意六为特邀理事人选。 3. 会议还同意聘任五位副秘书长。		
三届一次 会员大会	时间	1995-6-2	地点	解放日报新闻大楼
	通过 议案	1. 审议并通过上海市广告协会二届理事会工作报告。2. 审议并通过《上海市广告协会章程》《上海市广告协会自律规则》《上海市广告协会会员接纳与管理办法》《上海市广告协会会费缴纳与管理办法》。3. 选举产生上海市广告协会第三届理事会和新的领导机构，聘请名誉会长、名誉顾问等。		
	会议 情况	1. 出席大会的有会员单位204家。上海市副市长孟建柱、国家工商局广告司司长和中国广告协会会长刘保孚、市人大财经委员会主任朱崇彬、市市政管理委员会副主任景晨，市工商局副局长张文蔚和老领导蔡北华、沈言洪以及政府有关部门的代表应邀参加了大会。大会由陈锡周秘书长主持，市工商局张文蔚副局长致"开幕词"。2. 上海市副市长孟建柱、市工商局局长，市广告协会会长崔善江、国家工商局广告监督管理司司长，中国广告协会副会长刘保孚讲话。		

续　表

三届一次 理事会	时间	1995 - 6 - 2	地点	解放日报新闻大楼会议室
	通过 议案	第三次会员大会审议并通过了63名理事组成的上海市广告协会第三届理事会。大会休会期间召开了三届理事会第一次会议。会议一致通过由33名常务理事组成的第三届常务理事会。通过崔善江同志为会长,熊景华等13位同志为副会长,张大镇为秘书书长,梁健为常务副秘书长。大会聘请孟建柱副市长、龚学平副市长为名誉会长。聘请毛经权、蔡北华、陈正兴、尹继佐、朱崇彬、沈言洪同志为名誉顾问。聘请徐百益、蔡振华、丁浩同志为顾问。			
四届一次 会员大会	时间	2001 - 1 - 11	地点	上海市工商行政管理局多功能会议厅
	通过 议案	1. 审议通过了由58名理事组成上海市广告协会第四届理事会。2. 审议通过了四届一次理事会选举张大镇为上海市广告协会秘书长;梁健、范幼元、梅利君、曹旭为上海市广告协会副秘书长。选举甘忠泽为上海市广告协会会长、选举张大镇等15名同志为上海市广告协会副会长。聘请龚学平、周禹鹏同志为上海市广告协会名誉会长、继续聘请崔善江同志为上海市广告协会名誉顾问、继续聘请蔡振华、丁浩、陈锡周同志为上海市广告协会顾问。			
	会议 情况	出席大会的会员代表147名。(应到会代表194名,应事请假47名)。			
四届一次 理事会议	时间	2001 - 1 - 11	地点	上海市工商行政管理局多功能会议厅
	通过 议案	会议选举张大镇为上海市广告协会秘书长;梁健、范幼元、梅利君、曹旭为上海市广告协会副秘书长。会议建议大会选举甘忠泽为上海市广告协会会长、张大镇等15名同志为上海市广告协会副会长。大会建议聘请龚学平、周禹鹏同志为上海市广告协会名誉会长、继续聘请崔善江同志为上海市广告协会名誉顾问、继续聘请蔡振华、丁浩、陈锡周同志为上海市广告协会顾问。			
	会议 情况	出席会议有理事58名。			
五届一次 会员大会	时间	2010 - 6 - 22	地点	上海锦江饭店锦江小礼堂
	通过 议案	1. 审议通过四届理事会工作报告和财务报告、《上海市广告协会章程》和章程修改说明。2. 进行理事会选举。经投票选举产生了71名理事组成的上海市广告协会第五届理事会。			
	会议 情况	1. 上海市社团管理局副局长徐乃平,主管单位上海市工商局副局长钟民、广告处处长缪钧出席了大会。2. 大会休会期间,召开五届一次理事会议,选举常务理事、副会长、会长。3. 宣布五届一次理事会选举结果;新任会长就职致辞;主管单位上海市社团管理局副局长徐乃平,上海市工商局副局长钟民讲话等。			
五届一次 理事会	时间	2010 - 6 - 22	地点	上海锦江饭店锦江小礼堂
	通过 议案	1. 选举王濂洪等28位代表为常务理事,组成上海市广告协会第五届常务理事会。第五届常务理事会任期四年,特殊情况需延期换届的最长不超过一年。2. 会议选举孔祥毅先生为会长。3. 会议选举王濂洪等12位代表为副会长。4. 经会长提名,会议聘任邵巧珍女士为副秘书长。5. 会议决定秘书长人选暂时空缺。			

续　表

五届一次 常务理事会	时间	2010 - 12 - 28	地点	市工商局五楼第一会议室
	通过 议案	审议通过薛九委秘书长作的 2010 年工作总结和 2011 年工作计划，拟在补充部分内容后提交会员大会讨论。		
	会议 情况	1. 应到代表 28 名，实到代表 26 名，王濂洪副会长主持会议。各区广告协会会长和各专业委员会主任列席会议。王濂洪副会长主持会议。2. 市广告协会会长孔祥毅、市工商局广告处缪钧处长讲话。		

上海国际广告节

由中共上海市委宣传部、上海市工商行政管理局、中国广告协会指导,上海市广告协会、上海现代国际展览有限公司主办,青浦区人民政府、上海东浩兰生集团、上海大学支持,上海国际广告节执委会承办的首届上海国际广告节于2018年3月28日—3月31日在上海国家会展中心成功举行。具体情况如下:

1. 创办上海国际广告节的背景、意义与宗旨

当前世界经济发展重心向东方转移,新媒体技术和创意产业中心也在转向中国。中国也成为世界第二大广告市场,上海又是中国第二大广告市场。国家"一带一路"倡议是中国企业、中国品牌、中国文化"走出去"的难得机遇。但目前国内企业对国际贸易环境和市场趋势以及广告营销策略等都知之甚少,急需一个高端又专业的平台来提供信息与服务,中国广告本身也需要世界了解、也需要走向世界,上海国际广告节正好对接这一多重需求。在国际国内广告发展日新月异的背景下,打造一个具有国际影响力的上海国际广告节已经具备天时、地利、人和的绝佳条件,举办上海国际广告节负有重要的历史使命。

中国共产党"十九大"以后,中国要更加对外开放,上海的城市发展战略也更聚焦科技创新。上海是国家对外经济的重要阵地。上海国际广告节积极顺应世界经济发展与产业变化的节奏,顺应世界经济变化的潮流,响应上海大力发展文化创意产业大局,落实市委、市政府《关于加快本市文化创意产业创新发展的若干意见》的精神,对接国家"一带一路"倡议,推进中国广告、中国品牌"走出去",促进与培育上海广告自有的领袖企业和人才,通过活动造势造人,通过平台留人留势,打造万商云集的上海广告等,具有多重的重要意义。

上海国际广告节的口号是:超越所见。目标是:国际性、专业性、引领性、平台化、年轻化。宗旨是建立一个大型国际广告、创意、品牌、媒体、城市等多功能交流的平台,对接国际资源,会集世界创意大脑,聚焦和吸引更大范围的国际化和专业性人才、资金、技术、资源的进入和互动,进一步拓展本土广告企业业务,促进国际间广告与文化的交流与互动,有利于进一步彰显上海作为国际大都市的综合实力和文化吸引力,逐步将上海打造成为广告产业与广告文化全球性的新中心。

2. 上海国际广告节的活动盛况

2018 年 3 月 28 日,首届上海国际广告节开幕式于上海虹桥绿地铂瑞酒店隆重举行。出席开幕式的重要领导与嘉宾有上海市人民政府副秘书长顾金山、国家工商行政管理总局广告监督管理司司长刘敏、中国广告协会会长张国华、中共上海市委宣传部副部长兼市文明办主任潘敏、上海市工商行政管理局局长陈学军、东浩兰生集团总裁池洪、青浦区人民政府副区长王凌宇、上海文化广播影视集团副总裁刘晓峰、上海市工商行政管理局副巡视员缪钧、上海市广告协会会长孔祥毅、分众传媒创始人兼董事长江南春、宝洁公司大中华区董事长兼总裁马睿思、WPP 集团中国区董事长宋秩铭、英国广告从业者协会常务董事郝佳昵、日本近畿户外广告联合会会长高见彻、美国罗格斯大学纽瓦克分校教务长与行政副校长杰罗姆. D. 威廉姆斯,还有来自国内各省市工商局和广告协会的领导,以及相关科研院校和国际国内知名品牌企业的嘉宾。

上海国际广告节以全程活动为期四天,除提前完成的作品评奖外,活动期间分设高峰论坛、专业展览和颁奖典礼三大单元。

上海国际广告节的基础是作品评奖。首届上海国际广告奖共征集 1 424 件作品与案例,其中海外作品约占四分之一。为了确保赛事的客观公正,执委会特别聘请初审通讯评委 90 位,终审现场评委 66 位,评委阵容强大,涵盖了品牌方、创意代理公司、媒体公司、行业媒体、时尚达人及学术机构等多方组织,而外籍评委的参与使得整个评审能够以更多元和更广阔的视野开展。初审获得入围的作品与案例为 400 件。终审获奖作品共 107 项,涵括创意、营销传播、创新应用、公益广告、年度企业及年度精英等六大类别,其中金奖作品 15 个、银奖作品 23 个、铜奖作品 54 个、年度精英企业 9 个、年度精英人物 6 个。上海国际广告奖参赛企业较充分地展现了多元化背景,吸引如宝洁等国际品牌的积极参与,也涵盖了 BAT、新浪、网易、360 等互联网企业的积极参赛,中国本土独立创意公司非常耀眼。

上海国际广告节的规模主要体现在展览。专业展览是上海国际广告节的宏大看点。作为全球广告技术设备展览会的航母,第 26 届上海广印展同时开展,整个展览面积达到二十万平方米,展商超 2 000 余家,吸引来自全球 120 多个国家和地区的近 20 万人次前来场馆参观。广告节展览还设立了国际优秀作品展、上海国际广告奖入围作品展、艺术画展等一系列展出。其中,展览现场最显著的是宝洁中国 30 周年回顾展,这是宝洁公司首次举办规模如此盛大的营销主题展览;此外,广告节还与与野岛展合作特别推出了品牌博览馆,吸引了百雀羚、恒源祥等近十家上海老品牌进馆布展,通过科技、艺术与娱乐的方式,吸引更多年轻人群来关注、了解品牌的发展历史、文化精粹和经典案例,极大地增添了上海国际广告节的特殊品质与内涵。

上海国际广告节的高度体现在论坛。首届上海国际广告节共设六大论坛,包含一个主论坛五个分论坛。本届广告节主论坛为"一带一路"倡议与国家品牌发展战略高峰论坛,主论坛上,中国广告协会会长张国华先生率先以《"一带一路"与中国广告产业国际化发展战略》演讲展开,透析在"一带一路"国策之下,中国广告行业所将引来的发展契机和国际化发展目标。国际品牌营销大师,享有"品牌之父"美誉的戴维·阿克先生通过视频和现场对话的形式分享了从全球视野如何看待中国品牌及广告企业的全球化战略布局。论坛还云集了宝洁、汉威士、英国广告协会等国际品牌、广告集团及行业协会翘楚,也邀请到了恒源祥、分众、腾讯和网易等中国本土品牌、广告传媒及互联网公司的巨擘,共同围绕中国文化创意产业的国际化发展建言献策,把脉全球广告营销的新趋势。

持续两天的五大分论坛,分别从商业创意、数字营销、媒介和智能营销、"她经济"影响力及广告教育等角度聚焦了目前行业发展中所牵系的热点话题,汇聚品牌、广告公司、媒体及互联网企业,共同寻求并探讨品牌营销传播过程中所面临的最新挑战及解决方案。整个论坛邀请演讲嘉宾73位,其中论坛国际嘉宾有来自世界五大洲的包括美国、英国、荷兰、玻利维亚、多米尼加、韩国等多个国家专家,论坛现场观众约3 000人次。

论坛之外还增设了一个品牌训练营,由品牌命题,在限定时间内,来自不同公司及背景的学员分组协作准备方案,最终以比稿方式决出胜者。品牌训练营旨在培训那些初入职场的营销新人,为他们营造一个学习、交流和提升自己的舞台,学员无论来自品牌,还是广告公司都可以从中更好地了解创意产生的全过程与流程分工,学会在压力下有效进行团队合作,达成目标。首届训练营导师均来自国际及国内广告公司的创意高层,以为学员们做出更好的创意引导。

2018年3月29日晚上,首届上海国际广告奖在上海市虹桥绿地铂瑞酒店举行了盛大颁奖典礼,出席典礼的现场嘉宾超过400人,所有嘉宾都走过红地毯,逐一颁出107项奖项,其中全场大奖为上海意类广告有限公司的 *ofo X minions*。颁奖晚宴现场文艺演出还特别进行了上海国际广告节的会歌 *Beyond Vision* 首发,更值得一提的是,会歌已经上线网易云音乐平台,并被宝洁线上 H5 推广选为背景音乐。

3. 上海国际广告节的社会影响

作为在上海举办的第一届国际性广告节,得到了来自国际及国内一流品牌企业、创意公司、传媒机构、学术院校及政府相关部门的高度重视和大力支持。

早在广告节开幕前三个月,上海国际广告节就在各大媒体持续宣传3个月,同时在上海、北京、广州、深圳、武汉等大城市户外大屏、地铁、公交等做了立体式宣传造势。

上海国际广告节举办期间,现场参观总人数为20万人次,广告节线上直播由网易、爱奇艺、腾讯三大网络平台同时提供,网上浏览关注总人次超过180万。

新浪微博社交媒体平台参与的讨论数据是100万,不包括朋友圈、微信公众号数据。传统媒体报道上,共有大众媒体首发报道61篇,行业媒体首发报道8篇,网络媒体转载量高达600篇次。

4. 上海国际广告节的成果

上海国际广告节从酝酿到活动圆满落幕,持续一年时间,在国际上已经有了三大国际广告节、国内也有大大小小诸多行业活动与赛事,但我们仍然创办了上海国际广告节,真正创办了一届与上海这座伟大的国际城市的文化精神相匹配的大型国际活动,在上海、在中国掀起了一场广告的风暴,活动是非常成功的,体现在以下十个方面:

1) 领导的重视。上海国际广告节得到国家主管部门国家工商总局、中国广告协会、到中共上海市委、上海市政府、上海市工商行政管理局、市文广局、市文创办、市广告协会等的大力支持；

2) 行业的参与。上海国际广告节自启动之日起，就得到了上海市广告协会的具体领导与推进，也得到了全市广告人的积极关心、支持、参与与大量资源的无偿投入（比如中广国际、申通德高、上海文广集团、分众传媒、观池等），真正将上海国际广告节当成上海广告人自己的事情、自己的节日。同时，上海国际广告节也得到了全国兄弟省市广告协会和行业组织的广泛支持、组织与筹备。

3) 国际化程度。世界最大的广告主积极参与上海国际广告节，在现场布置了最大展位，设立"三十而立三十而丽"宝洁中国 30 周年回顾展，宝洁公司大中华区董事长总裁马睿思（Matthew Price）全程参加两天的活动，还专为上海国际广告节设 VIP 晚宴。世界最大广告集团 WPP 大中华区老总宋轶铭先生开幕式致辞对上海国际广告节的创办给予了充分肯定。同时还体现在参赛作品、评奖专家、参展企业、现场观众、论坛嘉宾、活动影响等，都无不体现了真正的国际化。

4) 人气的旺盛。上海国际广告节举办期间，现场参观总人数为 20 万人次，广告节线上直播由网易、爱奇艺、腾讯三大网络平台同时提供，网上浏览关注总人次超过 180 万。百度搜索结果 1 000 万。共有 100 家大众媒体首发报道，8 篇行业媒体首发报道，网络媒体转载量高达 600 篇次。新浪微博参与的讨论话题量 120 万。

5) 作品的数量与质量。首届上海国际广告奖募集作品就突破一千项大关达到 1 400 份，获奖的金银铜奖作品都达到了国际水平。

6) 论坛的高端与专业。上海国际广告节共设六个高峰论坛，全是国际化论坛，话题涉及一带一路、广告战略、商业创新、数字营销、女性经济、广告教育等，真正是思想的盛宴。

7) 媒体的反应。网易、爱奇艺、腾讯三大网络平台同时直播，总浏览量超过 180 万人次。新浪微博社交媒体平台参与的讨论数据是 100 万，还不包括朋友圈、微信公众号的反应。

8) 颁奖的氛围。400 人参加的宏大场面。107 个奖项，活动持续两个半小时。

9) 专家的口碑。上海国际广告节得到了国际国内广告行业专家的普遍赞许。

10) 合作单位的认可。本届上海国际广告节得到 60 余家企业、品牌及媒体的大力支持，上海国际广告节也获得了北京、广东、湖北、河南、湖南、河北等兄弟省份行业组织以及台北 4A 广告协会的大力协助。

5. 上海国际广告节的社会评价

上海市人民政府副秘书长顾金山："上海国际广告节的举办既是打响上海四大品牌、加快文化创意产业创新发展的具体举措，也是上海国际交流新的内容、上海广告业新的名片，上海城市文化新的盛会，我们深信举办上海国际广告节、打造世界级的行业交流平台必将有利于促进广告业和其他领域的发展、合作，有利于吸引专业人才，有利于提升上海城市,有利于扩大上海广告业和中国广告业的国际影响力。"

国家工商行政管理总局广告监督管理司司长刘敏:"上海举办国际广告节有着良好基础和深厚底蕴。上海作为我国经济、金融、贸易、航运中心和现代化国际大都市,有着强劲的经济动能和巨大的消费市场,是我国广告经营中心之一,有着丰富的广告人才资源和良好的广告营商环境,有着海纳百川、追求卓越的城市精神。这些,都为举办上海国际广告节奠定了坚实基础。希望上海国际广告节成为广告业精英的汇聚平台、展示平台,引领创新创意,恪守国家核心价值导向,积极探索可持续发展之路;希望上海国际广告节发挥中国广告走向世界以及世界了解中国广告的重要平台作用,不断扩大国际影响力和吸引力。""上海国际广告节的举办,将进一步推动广告业集约化、专业化、国际化发展,不断提升广告创意和制作水平。"

中国广告协会会长张国华:"今天上午"一带一路"的广告论坛,我觉得和上海市国际广告节的调性是非常相符的。不论从旧上海的十里洋场还是到改革开放之后广告业的迅猛发展,上海一直是中国广告业的排头兵。""广告作为推广商品和服务的信息,应该走在推广商品和服务之前,现在看来我们这么大的出口份额,我们这么大的经济体量而我们出去的广告的份额、广告的影响是少之又少的。我们给人的概念中国是制造大国,不是品牌大国。"

上海市广告协会会长孔祥毅:"构建全球的品牌交流平台,促进国际先进广告传播集团品牌企业和中国市场的互动,推动上海乃至全国的文创产业发展,加快上海建设、上海制造、上海购物、上海服务、上海文化这四个中心的步伐,上海国际广告节的举办可谓是盛事而动,应运而生",是"打造广告行业的上海之春"。

分众传媒创始人兼董事长江南春:"首届上海国际广告节的召开又让世界的眼光聚焦在中国、聚焦在上海,设立了国际性的广告奖项,表彰全球那些富有引领精神,真正将创新、创意理念,引领整个行业共同前行。这显示了中国广告业的自信,也是我们上海这座国际顶级大都市的自信。""这将是全球一流的广告行业的盛会和重量级的平台。大力促进国际领先的传媒品牌,政府行业机构、高等学府与中国市场的互动,能够聚焦更多的国际化人才,把资金、技术、资源注入上海,服务于上海科创中心的建设新战略,促进上海乃至中国文创产业的蓬勃发展。"

宝洁公司大中华区董事长总裁马睿思:"上海国际广告节这么一个活动我们觉得它在世界上非常有影响力的。它拥有无限的潜力,对世界市场都有影响的。""我们相信上海国际广告节是表达上海品牌服务,可以表达上海服务、上海制造、上海文化,会启发我们整个行业,促进我们和中国消费者很大的成功"。

WPP集团大中华区董事长宋秩铭:"根据上海市委书记李强最近提到很重要的方向,上海要聚天下英才而用之,我们要吸引最好的人才,我相信上海已经有这个基础在的,随着是工作市场机会之外,你要让相关的创意人员、广告界他们觉得上海是一个很适合居住的环境,这包括一些文化氛围、软件的氛围,我相信上海已经逐步开始往这方面走,可以吸引越来越多的一流人才在上海,从WPP、奥美角度我们最近招来上海工作的欧洲人、美国人都已经相对和十年前比差别很大,比较容易招到了。""希望上海国际广告节更具有包容力,能够把中国的各个地方的广告节都包容、集中到上海,让我们业界、客户都认为到上海参加上海国际广告节是一个很兴奋,可以学习、可以提升自己的一段日程。我希望这是可以达到的。"

6. 上海国际广告节的经验

上海国际广告节致力于打造全球顶级的广告行业交流平台,促进国际顶尖广告传媒集团、品牌企业、政府行业机构及高等学府与中国市场的互动与引入,聚焦和吸引更大范围的国际化和专业性人才、资金、技术、资源的入驻和互动。经过一年的艰辛努力,我们的预期目标初步达到了。能够达到预期的目标,应该是做到了以下几点:

1)抓住了机遇。国家"一带一路"倡议是中国企业、中国品牌、中国文化走出去的难得机遇。但目前国内企业对国际贸易环境、规划和市场趋势,广告营销策略等都知之甚少,急需一个高端又专业的平台来提供信息与服务,上海国际广告节正好对接这一市场需求。

2)政府支持与市场运作机制。上海国际广告节给自己订了一个远大目标,要把上海国际广告节办成国际顶级广告节事活动,集展览与展示、论坛与评奖、交流与交易为一体,内容覆盖国别广告、广告创意、城市形象、品牌传播、技术设备、媒体数字等,遵循政府支持、商业运作、全产业链、尊重原创、崇尚卓越、公平公正、国际一流、创造经典的原则。

3)领导的重视。上海国际广告节自始至终得到了上海市工商行政管理局的指导,得到了东浩兰生集团、青浦区政府、上海大学等单位的大力支持,得到了上海市广告协会的有力领导。

4)团队的精诚合作。上海国际广告节执委会核心成员只有9人,现场管理志愿者50多人。为完成这项空前的工作,确实进行了超强度的工作,表现出了高度的执行力和专业性,这种团队精神主要体现在六个方面:一是对广告的热爱;二是丰富的工作经验;三是超强的执行能力;四是责任意识;五是敬业精神;六是行业资源。

上海国际广告节希望通过两到三届的持续努力,要将上海国际广告节打造成为真正世界级的广告与创意的影响力现场。上海国际广告节的口号是:超越所见!

上海国际广告节执委会秘书长　许正林

参考文献

［1］杨海军主编. 中外广告史. 武汉大学出版社. 2006.

［2］许俊基主编. 中国广告史. 中国传媒大学出版社. 2006.

［3］国际广告杂志社，北京广播学院广告学院，IAI 国际广告研究所编. 刘立宾主编. 中国广告猛进史. 华夏出版社. 2004.

［4］黄勇编. 中外广告简史. 四川大学出版社. 2003.

［5］丁俊杰. 现代广告通论. 中国物价出版社. 1997.

［6］陈培爱. 中外广告史. 中国物价出版社. 1997.

［7］刘家林. 新编中外广告通史. 暨南大学出版社. 2000.

［8］张仲礼主编. 近代上海城市研究（1840—1949 年）. 上海人民出版社. 1990.

［9］熊月之主编. 上海通史. 上海人民出版社. 1999.

［10］上海通志编纂委员会编. 上海通志. 上海人民出版社. 2005.

［11］马光仁主编. 上海当代新闻史. 复旦大学出版社. 2001.

［12］沈渭滨，姜鸣. 阿拉上海人———一种文化社会学的观察. 复旦大学出版社. 1993.

［13］刘家林. 新编中外广告通史. 暨南大学出版社. 2000.

［14］陈旭麓. 近代中国社会的新陈代谢. 上海人民出版社. 1992.

［15］唐振常. 近代上海繁华录. 商务印书馆国际有限公司. 1993.

［16］马军. 舞厅·市政：上海百年娱乐生活的一页. 上海辞书出版社. 2010.

［17］熊月之. 异质文化交织下的上海都市生活. 上海辞书出版社. 2008.

［18］唐艳香，褚晓琦. 近代上海饭店与菜场. 上海辞书出版社. 2011.

［19］白吉尔. 上海史———走向现代之路. 上海社会科学院出版社. 2005.

［20］徐宝璜. 新闻学. 国立北京大学新闻学研究会. 1919.

［21］井开十二郎. 唐开斌译. 广告心理学. 商学丛书：第 10 种. 商务印书馆. 1925.

［22］W. D. Scott 著. 吴应图译. 广告心理学. 商务印书馆. 1926.

［23］蒋裕泉. 实用广告学（新学制高级商业学校教科书）. 商务印书馆. 1926.

［24］戈公振. 中国报学史. 商务印书馆. 1927.

［25］蒯世勋. 广告徐 ABC（ABC 丛书）. 世界书局. 1928.

［26］苏上达. 广告学纲要. 商务印书馆. 1930.

［27］高伯时. 广告浅说（民众商业丛书）. 中华书局. 1930.

［28］刘葆儒. 广告学. 中华书局. 1930.

［29］苏上达编. 广告学概论. 商务印书馆. 1931.

［30］孙孝钧. 广告经济学. 南京书店. 1931.

［31］郑逸梅. 书报话旧. 学林出版社. 1983.

［32］秦绍德. 上海近代报刊史论. 复旦大学出版社. 1993.

［33］方汉奇. 中国新闻事业通史(第二卷). 中国人民大学出版社. 1996.

［34］方汉奇. 中国新闻事业编年史. 福建人民出版社. 2000.

［35］施宣圆主编. 上海 700 年. 上海人民出版社. 2000.

［36］丁淦林. 中国新闻事业史. 高等教育出版社. 2002.

［37］方汉奇,李矗. 中国新闻之最. 新华出版社. 2005.

［38］林升栋. 中国近现代经典广告创意评析:《申报》七十七年. 东南大学出版社. 2005.

［39］黄瑚,李新丽. 简明中国新闻事业史. 中南大学出版社. 2005.

［40］王儒年. 欲望的想象——1920—1930 年代《申报》广告的文化史研究. 上海人民出版社. 2007.

［41］谢鼎新. 民国时期的广播认知. 安徽师范大学学报(人文社会科学版). 2009(37).

［42］李志成. 民国时期无线广播对民众娱乐生活的影响述论. 首都师范大学学报(社会科学版). 2010(01).

［43］汪英. 声音传播的社会生活——1927 年至 1937 年的上海广播演变轨迹. 社会科学家. 2006(01).

［44］李敬一,彭垒. 美国广播早期商业化与广播广告的兴起. 湖南大众传媒职业技术学院学报. 2006(06).

［45］招宗劲. 解放前上海广播事业概述. 中山大学研究生学刊(社会科学版). 2006(02).

［46］王珩. 广播广告与电视广告特色比较. 中南民族大学学报(人文社会科学版). 2003(04).

［47］朱莺. 民国时期广播事业发展状况研究. 求索. 2004(03).

［48］程树仁. 中华影业年鉴. 中华影业年鉴社. 1927.

［49］中国电影资料馆. 中国无声电影. 中国电影出版社. 1996.

［50］郦苏元,胡菊彬. 中国无声电影史. 中国电影出版社. 1996.

［51］陈培爱. 商标广告策略. 厦门大学出版社. 1994.

图书在版编目(CIP)数据

上海广告史 / 许正林主编. —上海：上海古籍出
版社，2018.11
ISBN 978 - 7 - 5325 - 8848 - 0

Ⅰ.①上… Ⅱ.①许… Ⅲ.①广告—历史—上海
Ⅳ.①F713.8 - 092

中国版本图书馆 CIP 数据核字(2018)第 108648 号

上海广告史

许正林　主编

上海古籍出版社出版发行

(上海瑞金二路 272 号　邮政编码 200020)

(1) 网址：www. guji. com. cn

(2) E-mail：guji1@guji. com. cn

(3) 易文网网址：www. ewen. co

常熟人民印刷厂印刷

开本 787×1092　1/16　印张 45.25　插页 5　字数 990,000
2018 年 11 月第 1 版　2018 年 11 月第 1 次印刷
ISBN 978 - 7 - 5325 - 8848 - 0

G·680　定价：198.00 元

如有质量问题,请与承印公司联系